# La rive gauche

# DU MÊME AUTEUR

AUX MÊMES ÉDITIONS

Albert Camus
*1978*
*et collection « Points », 1980*

A PARAÎTRE

Pétain

Herbert R. Lottman

# La rive gauche

Du Front populaire à
la guerre froide

Traduit de l'américain
par Marianne Véron

Éditions du Seuil

EN COUVERTURE

Malraux et Gide, Congrès des écrivains, 1936.
Photo David Seymour, Magnum.

*Titre original,* The Left Bank
*Wallace and Sheil agency Inc., New York*
© *1981, Herbert R. Lottman.*
© *1981, Éditions du Seuil, pour la traduction française*


ISBN 2-02-006776-5
(ISBN 2-02-005929-0, 1ʳᵉ publication.)

C'est grâce à ce « droit de regard » [sur la juridiction du voisin] que l'idée d'une justice internationale commence à dominer celle d'une justice « d'intérêt local » pour le commode usage des nationalismes divers. C'est grâce à lui, grâce à la pression de ce « regard », que le procès du Reichstag a abouti à l'acquittement des innocents [...]

André Gide (1934).

Des écrivains, nos camarades, qui ont voyagé pendant des vacances, aux États-Unis, à travers les républiques de l'Amérique du Sud, nous disaient avec quelle attention tous ces peuples suivent l'histoire actuelle de la France. De la réussite ou de l'échec du Front populaire français peut dépendre, nous assurent-ils, l'orientation politique du monde pendant cinquante ans.

Jean Guéhenno (1936).

Jamais j'ai monté sur l'estrade pour gueuler... Non ! Non ! Non ! J'ai jamais micronisé, macronisé dans les meetings !... Je vous adore mon Staline ! mon Litvinoff adoré ! mon Comintern !... Moi j'ai jamais voté de ma vie !... Jamais j'ai signé de manifeste... pour les martyrs de ceci... les torturés de par là... Vous pouvez être bien tranquilles... c'est toujours d'un Juif qu'il s'agit... d'un comité youtre ou maçon...

Louis-Ferdinand Céline (1937).

# Avant-propos

Ce récit commence dans le Paris des années trente, lorsqu'un groupe restreint d'hommes et de femmes — qui n'étaient pas tous français, mais qui presque tous étaient des écrivains (ou des journalistes, ou des professeurs) — apparut sur la scène internationale. Dans le monde entier, l'élite intellectuelle s'intéressait à leurs faits et gestes ; leurs manifestes rencontraient un écho jusque dans l'Amérique capitaliste et la Russie stalinienne. Certains furent invités à venir témoigner loin de chez eux — aux États-Unis ou en Union soviétique ; d'autres se rendirent à Berlin, pour défier Hitler (ou pour le glorifier) ; un certain nombre enfin combattirent en Espagne, lors de la guerre civile. L'histoire ne s'achève qu'après deux confrontations majeures entre les représentants dudit groupe : lors de l'occupation de la France par les Allemands, lorsqu'ils s'affrontèrent de part et d'autre des barricades — et « barricades » ici n'a rien d'une métaphore, car la vie et la liberté de tout un chacun se trouvait bien souvent en jeu —, et puis dans la France d'après la Libération, une France où les divisions s'accusaient, selon des lignes de faille non moins profondes.

Un gros nuage allait recouvrir la Rive gauche. Une sorte de nuage atomique, la « retombée » des luttes entre l'Est et l'Ouest. Ce nuage eut un curieux effet secondaire : celui de réduire les dimensions apparentes et l'influence internationale de Paris. Pour les universitaires, les écrivains et les gens qui comptent dans le domaine des idées, ce qui se disait ou faisait autour du café de Flore perdit de son importance. L'année 1930 et l'année 1950 marquent à peu près les frontières de cette période, qui vit la montée puis le déclin des « intellectuels engagés ». Quand la fumée se

dissipa, la plupart d'entre eux, les meilleurs, avaient cessé
de s'intéresser publiquement aux affaires du monde. Lorsque nous en entendrons de nouveau parler, ils se préoccu-
peront de problèmes strictement nationaux comme la
guerre d'Algérie, le régime gaulliste et la crise de 1968.

Deux points à souligner sans plus attendre : d'abord,
l'impact international des acteurs que nous étudierons dans
ces pages n'avait pas de rapport avec le poids de leurs
œuvres. Ainsi, personne ne jouissait à l'époque d'un plus
grand prestige qu'André Malraux ; pourtant, la valeur
proprement littéraire de ce qu'il a publié pendant ces
années d'intense activité politique est sérieusement remise
en question. Il reconnaissait lui-même que son livre le plus
« engagé », le roman antifasciste intitulé *le Temps du
mépris,* constituait un échec ; et l'on disait volontiers la
même chose de son roman sur la guerre d'Espagne, *l'Espoir*
ainsi que des *Noyers de l'Altenburg,* long fragment d'un
ouvrage inachevé, qu'il avait entrepris sous l'Occupation.
Gide devait avouer qu'il avait cessé d'écrire quand il avait
choisi d'agir ; et la partie de son œuvre où il s' « engage »
ne peut guère être considérée comme la meilleure. De
même, certains écrivains mineurs, tel Pierre Drieu La
Rochelle, ne firent tant de bruit que parce que leurs
opinions politiques présentaient un caractère provocateur.
Comme il s'agit ici d'une histoire politique plutôt que
littéraire, les titres les plus souvent cités d'un auteur réputé
ne sont pas nécessairement ceux qui suscitent le plus
l'admiration, mais plutôt des œuvres peut-être moins
réussies qui définissent une activité ou un engagement, ou
décrivent un milieu. Il m'apparaît que, pour produire une
littérature durable, il faut être solitaire : ainsi Céline quand
il écrivit le *Voyage au bout de la nuit* et *Mort à crédit,* le
Sartre de *la Nausée,* ou le Camus de *l'Étranger.*

Second point sur lequel nous devons nous arrêter, et là
l'observateur qui vient d'ailleurs doit dire quel étonnement
est le sien : des hommes et des femmes que leurs opinions
et, parfois, les guerres auraient dû séparer à jamais, se
montrèrent — entre eux — d'une loyauté remarquable. Ils
avaient fréquenté les mêmes écoles, puis enseigné dans les
mêmes universités, collaboré aux mêmes revues, été

publiés par les mêmes maisons d'édition ; ils avaient pris le thé dans les mêmes salons, s'étaient trouvés côte à côte dans les mêmes restaurants et cafés. Ils pouvaient même avoir combattu ensemble à l'extrême droite, par exemple, jusqu'à ce que l'un d'eux virât à l'extrême gauche, sans jamais vraiment rompre les attaches avec l'ami laissé en arrière. La complexité des situations vécues par certains de nos personnages donnerait presque le vertige. On pourrait même penser que l'engagement de certains d'entre eux ne constituait pas une affaire sérieuse, surtout quand les individus en question arboraient la nonchalante élégance des dilettantes de la *Nouvelle Revue française.* Cela dit, si certains engagements nous semblent aujourd'hui superficiels, d'autres étaient fondamentaux. Ainsi, Jean Paulhan, patron de la *Nouvelle Revue française,* qui brouille l'analyse par une apparence totalement dégagée quand il est précisément le plus engagé, fut arrêté par les Allemands pour avoir commis de dangereux actes de résistance ; mais, contrairement aux autres membres du réseau, il échappa au peloton d'exécution grâce à l'intervention d'un collaborateur profasciste qui l'avait remplacé à la direction de la célèbre revue. Nous verrons également de vieux amis se dénoncer les uns les autres dans des circonstances qui pouvaient mener à l'arrestation, à la torture, à la mort. Et, après la Libération, à l'apogée du stalinisme dans les milieux de la rive gauche, un vieil ami pouvait vous condamner à perdre votre emploi, votre position sociale, à cause d'une divergence d'opinion ; et cette divergence pouvait ne concerner que la manière de représenter la moustache de Staline (je songe au portrait très controversé de Picasso).

Bien que ce livre traite d'histoire culturelle et non pas économique, rappelons que les guerres politico-littéraires de la rive gauche se déroulèrent dans un contexte exceptionnel : celui de la longue dépression qui affecta tous les aspects de l'existence économique et sociale de la France depuis le début des années trente, et dans un climat de crise internationale qui n'ouvrait sur aucune espérance. Une crise que les radicaux-socialistes raisonnables et bien intentionnés, formant le parti et la classe traditionnellement au

pouvoir (ils n'étaient ni très radicaux ni très socialistes), se
trouvaient impuissants à résoudre ou même juguler. Cette
situation encourageait certaines personnalités à faire
preuve de curiosité — ou de sympathie — à l'égard de
l'expérience soviétique, et renforçait le parti communiste
français ; elle favorisa également l'expérience du Front
populaire menée plus tard par Léon Blum. Mais la France
allait d'abord vivre l'agonie d'une politique de déflation
délibérée, instituée par Pierre Laval. En 1935, la France
comptait deux millions de chômeurs sur une population
active de douze millions et demi de personnes. De la
dépression à la défaite militaire et à l'Occupation, de
l'Occupation au douloureux redressement de l'après-
guerre : nul ne pourrait prétendre que les années décrites
au fil de cette histoire furent idylliques. Si ces considérations matérielles apparaissent rarement dans les mémoires
concernant cette époque, sans doute est-ce parce que les
écrivains et autres intellectuels vivaient en marge de la
société, et que de toute façon la misère constituait une
affaire personnelle et intime ; aucun des amis littéraires
d'un Gide ou d'un Malraux n'était informé de leurs
problèmes financiers.

On verra à la lecture de ce livre que l'auteur s'est penché
sur une « rive gauche » dont, au milieu des années trente,
l'influence dépassait largement les frontières de la France.
Cette « rive gauche » là, naturellement, ne représente
qu'un groupe de personnes assez restreint, toujours enga-
gées et généralement de gauche. L'auteur s'est moins
attaché en revanche à décrire d'autres milieux littéraires
pourtant significatifs mais dont l'audience internationale
était alors plus limitée. Il y avait ainsi, assurément, une rive
gauche catholique, engagée parfois, avec des personnalités
comme Emmanuel Mounier et sa revue *Esprit,* ou Stanislas
Fumet. (Il existe également des écrivains aussi considérables — et contestés — que Georges Bernanos.) D'autres
ouvrages — notamment *l'Histoire politique de la revue
« Esprit »* de Michel Winock — ont montré l'importance de
ces auteurs et de ces mouvements. La droite littéraire,
quant à elle, a eu encore moins d'influence sur le plan
international et l'auteur a délibérément choisi de ne lui

accorder dans ces pages qu'une place limitée ; sauf pour
ceux de ces auteurs qui basculeront, en 1940, dans la
collaboration.

Lorsque commence ce livre, en un temps plus ancien
mais non pas nécessairement plus innocent, les hommes et
les femmes qui joueront les rôles principaux semblent
poser pour un portrait de groupe, comme peut-être cet
*Hommage à Delacroix* de Fantin-Latour où sont rassemblés
Manet, Whistler, Baudelaire ainsi que d'autres contemporains éminents. Il existe également des portraits de groupe
des protagonistes de cette histoire, telles ces photographies
des grands personnages de la littérature et de la politique
françaises, prises au cours des colloques d'été à l'abbaye de
Pontigny. Avant que l'orage éclate.

# Remerciements

Parmi les principaux acteurs de la période couverte par la présente étude, nombreux sont ceux qui ont disparu ; pour les interroger, j'ai dû me fier aux documents écrits : souvenirs et correspondances, mais également au témoignage de leurs compagnons. D'autres, avec qui j'aurais souhaité m'entretenir, n'étaient pas disponibles pour des entretiens objectifs et neutres, et leurs biographies sont l'œuvre de disciples très respectueux. Heureusement, nombre de leurs secrets — j'entends par là les actes historiquement significatifs dont ils aimeraient nous empêcher de nous souvenir — figurent dans de vieux journaux et de vieilles revues, ainsi que dans les livres et les documents surannés de cette période, que l'on retrouve moins dans les bibliothèques que dans les librairies d'occasion de la rive gauche actuelle.

J'ai cependant obtenu l'aide de nombreux témoins de ces années. Ils incluent, et envers chacun d'eux j'éprouve une vive reconnaissance, Jorge Amado, Henri Amouroux, Raymond Aron, André Bay, M^me Julien Benda, François Bondy, Claude Bourdet, Christian Bourgois, Jean Cassou, M. et M^me Chamson, Edmond Charlot, Pierre Daix, Marguerite Duras, Max-Pol Fouchet, Eugène Guillevic, Gerhard Heller, Jean Lescure, Yves Lévy, Clara Malraux, Dionys Mascolo, Claude Morgan, M^me Jacqueline Paulhan, Charles Ronsac, Pierre Schaeffer, Lucien Scheler, Gilbert Sigaux, Manès Sperber, Roger Stéphane, René Tavernier et Vercors (Jean Bruller).

Un travail fort utile a pu être mené à la bibliothèque Sainte-Geneviève, et dans les archives qu'elle abrite : la bibliothèque Jacques Doucet. Ainsi qu'au Centre de docu-

mentation juive contemporaine, dans les bibliothèques de
la Documentation française et de l'Assemblée nationale, à
l'Institut Maurice Thorez (devenu l'Institut de recherches
marxistes) du parti communiste, et à la bibliothèque du
Cercle de la librairie.

Je tiens également à exprimer ma gratitude envers le
P^r Suzanne Berger, qui a bien voulu lire ce manuscrit d'un
œil bienveillant et cependant critique.

# Lever de rideau

En ce temps-là, on ne savait jamais où l'on risquait de rencontrer Ilya Grigorievitch Ehrenbourg — souvent à Paris, plus souvent encore à Moscou. Et l'on ne savait pas très bien non plus de quel bord il était vraiment, lui qui avait écrit des romans satiriques (comme *les Aventures extraordinaires de Julio Jurenito*) qu'aux plus sombres heures du stalinisme on ne trouvait guère dans les librairies ou bibliothèques soviétiques (ni sans doute non plus chez les gens). Ehrenbourg lui-même avouerait par la suite que, dans les années trente, à Montparnasse, il avait vécu en jeune poète plus qu'en écrivain sérieux. Mais ce même Ehrenbourg, quand le dernier invité avait quitté son appartement, situé au rez-de-chaussée d'un immeuble donnant sur les voies de la gare Montparnasse, se mettait à sa table au milieu du désordre des livres empilés, des tableaux et des pipes favorites, et rédigeait un nouvel article — dans la ligne dure du Parti — pour les *Izvestia*, quotidien moscovite dont il était le correspondant à Paris. Bon vivant, et habitué du bar de la Coupole, Ehrenbourg faisait partie de la faune locale sans en être aimé pour autant. Habile manipulateur politique, écrivain de grande réputation, il devait être l'un des rares auteurs juifs à survivre aux années de purges. Pendant que ses pairs connaissaient les camps de détention, il recevait des prix Staline ; et il vivait encore quand vint le moment de raconter cette singulière époque.

On peut croire à la sincérité d'Ehrenbourg lorsqu'il exprimait son inquiétude devant la montée du fascisme ; l'homme de Montparnasse pouvait s'en alarmer tout comme le journaliste soviétique...

Ayant accompagné André Malraux à Moscou en 1934, ainsi que Louis Aragon et d'autres délégués étrangers, il y assista à un congrès d'écrivains soviétiques sur lequel nous reviendrons. De retour à Paris, il participa à un meeting organisé cet automne-là dans la grande salle du palais de la Mutualité, où André Gide rejoignit Malraux à la tribune pour présenter les comptes rendus dudit congrès. Comme il le raconta par la suite, une Française lui suggéra de tenter d'associer les écrivains français et les écrivains soviétiques dans un mouvement antifasciste. Ehrenbourg avait-il besoin de se faire convaincre ? Quelle que soit la réponse à cette question, il en informa Moscou.

La réponse du Kremlin ne tarda pas, et elle lui arriva sous la forme d'un appel téléphonique de l'ambassadeur d'URSS à Paris : Staline en personne désirait voir Ehrenbourg. Il refit donc ses bagages et repartit pour son pays en novembre. Alors qu'il attendait d'être convoqué, il passa un jour voir le rédacteur en chef des *Izvestia*. L'homme semblait frappé par le tonnerre. Sergei M. Kirov, membre du Politburo et secrétaire du Parti à Leningrad, venait d'être assassiné (cela se passait le 1er décembre 1934). Le meurtre de Kirov déclencha l'un des massacres les plus sanglants de l'histoire — procès, exécutions, déportations —, et il marqua le début de presque vingt ans de terreur stalinienne. Les survivants mirent un certain temps à oser supposer que Staline aurait lui-même donné l'ordre d'assassiner Kirov, son éventuel rival.

Quelle que soit l'explication, Ehrenbourg ne devait pas rencontrer Staline dans un avenir proche (celui-ci avait pris la direction de l'enquête sur la mort de Kirov), et il reçut ses instructions par l'intermédiaire de la section culturelle du comité central du Parti. Il devait soumettre un plan précis pour la création d'une organisation internationale des écrivains. De retour à Paris, il prit les contacts nécessaires. Avec Malraux, bien sûr, et avec Gide, sur qui l'on pouvait également compter ; avec le jeune intellectuel communiste par excellence Paul Nizan ; avec Paul Vaillant-Couturier, qui constituait la principale liaison entre l'appareil du PCF et les écrivains et les intellectuels, mais également avec d'éminents compagnons de route comme

Jean-Richard Bloch et Jean Guéhenno, ce dernier étant le rédacteur en chef humaniste et pacifiste de la revue *Europe*. A son propre retour de Moscou, Louis Aragon, rédacteur avec Nizan de *Commune,* qui était déjà l'organe d'une Association des écrivains et artistes révolutionnaires, fut relevé de ses fonctions au quotidien du Parti *l'Humanité*, et cela afin qu'il pût se consacrer aux préparatifs du congrès. De son côté, Henri Barbusse, le vétéran du pacifisme devenu stalinien, lança un appel (en décembre 1934) pour la création d'un mouvement « très large, très éclectique, mais nettement progressif, des hommes de lettres du monde entier ».

Puis, en mars 1935, un groupe plus vaste d'écrivains fut invité à se rassembler pour établir un programme ; parmi eux, il y avait des intellectuels qui ne s'identifiaient pas à l'activité communiste, par exemple André Chamson, romancier de la vie de province, radical-socialiste, ami et collaborateur d'Édouard Daladier. Et c'est ainsi qu'un Congrès international des écrivains pour la défense de la culture fut annoncé pour le mois de juin à Paris, dans l'inévitable palais de la Mutualité. D'un très grand nombre de pays arrivèrent des écrivains de renom également connus pour leur conscience sociale. Si l'on excepte les Français, la délégation d'outre-Manche fut sans doute la plus prestigieuse, qui comprenait E. M. Forster, Aldous Huxley et John Strachey (le gentleman marxiste). Des États-Unis, les organisateurs n'avaient pu faire venir qu'un groupe moins prestigieux de communistes et de compagnons de route, au nombre desquels Waldo Frank, qui venait de participer à l'élaboration d'une Ligue des écrivains américains, et Michael Gold, journaliste au *Daily Worker,* le quotidien du Parti. Heinrich Mann, Ernst Toller, Bertolt Brecht, Anna Seghers, Lion Feuchtwanger et Robert Musil devaient prendre la parole. L'Union soviétique allait envoyer son écrivain le plus connu, Alexei Tolstoï (aucun rapport avec Léon, comme allaient le découvrir les Français, à leur grande déception) et, bien sûr, Ehrenbourg.

L'équipe française était impressionnante. Elle devait compter dans ses rangs Gide, Malraux, Aragon, Barbusse,

Guéhenno, Bloch, Chamson, mais également Tristan
Tzara, du mouvement dadaïste, le surréaliste René Crevel,
et même le dramaturge et critique non partisan Henri-René
Lenormand. Le congrès se déroulerait du 21 au 25.[1]

Peu de temps avant l'ouverture officielle du congrès,
André Breton aperçut Ilya Ehrenbourg qui traversait le
boulevard Montparnasse — en quête de tabac pour sa pipe.
Breton était le chef de file des surréalistes politisés qui
avaient adhéré au communisme et à la révolution russe
jusqu'à ce que l'orientation de plus en plus policière du
système soviétique et la doctrine officielle du réalisme
socialiste, qui semblait exclure toute expérimentation littéraire et artistique, les eussent conduits à s'en éloigner.

La soudaine apparition d'Ehrenbourg à cet instant
rappela à Breton les attaques dirigées contre ses amis et lui-
même dans le livre qu'Ehrenbourg avait publié l'année
précédente, et dont le titre complet était : *Duhamel, Gide,*
*Malraux, Mauriac, Morand, Romains, Unamuno, vus par*
*un écrivain d'URSS.* Ehrenbourg s'y moquait des surréalistes : au lieu de travailler, affirmait-il, ils se consacraient à
« la pédérastie et (aux) rêves » tout en mangeant quelque
héritage — ou la dot d'une épouse. Les femmes (disait
Ehrenbourg) ne représentaient que le conformisme aux
yeux des surréalistes, qui préféraient « l'onanisme, la
pédérastie, le fétichisme, l'exhibitionnisme, et même la
sodomie ». Quant à leurs idées politiques : « L'Union
soviétique les dégoûte parce que là-bas les gens travail-
lent... »

Breton entra dans le bureau de tabac, et se mit à gifler
Ehrenbourg qui, les bras le long du corps, lui demanda de
quoi il s'agissait. Bien entendu, Ehrenbourg savait fort bien
de quoi il s'agissait, et qui était Breton. Et Breton ne tarda
pas à apprendre que, ayant offensé un membre officiel de
la délégation soviétique au Congrès international des
écrivains, il en serait exclu, car Ehrenbourg avait décrété

1. Ilya Ehrenbourg, *La nuit tombe*, Paris, 1966 ; Pierre Daix,
*Aragon, une vie à changer,* Paris, 1975 ; Nino Frank, *Le Bruit parmi le*
*vent* (*Mémoire brisée*, II), Paris, 1968 ; Lucie Mazauric, « *Vive le Front*
*populaire !* », Paris, 1976.

que quiconque employait ses poings comme argument était un fasciste. Quand les organisateurs du congrès demandèrent à Breton « s'il voulait faire entendre que le recours à la brutalité fût le synonyme de culture », Breton répliqua : « Le recours à la brutalité n'est pas plus pour moi " synonyme de culture " que ne l'est le recours à la calomnie la plus abjecte. Le premier ne peut être envisagé que comme conséquence naturelle du second. » Il ne considérait pas qu'en offensant Ehrenbourg, il eût davantage offensé la délégation soviétique qu'il ne s'était lui-même senti offensé par la délégation soviétique quand le livre d'Ehrenbourg était paru. Il ne s'était même pas rendu compte, ajouta-t-il, qu'Ehrenbourg, résidant communément à Paris, était membre de cette délégation, « et je n'ai vu en lui qu'un faux témoin comme un autre ».

On prévoyait — en particulier Malraux et Gide — que Breton se vengerait. Les surréalistes étaient réputés pour leurs pamphlets scandaleux et leurs discours provocateurs ; pour beaucoup de gens extérieurs à leur mouvement, le surréalisme se limitait à cela. Par fidélité à l'esprit de révolte, les surréalistes étaient devenus communistes dans les années vingt ; l'un des plus provocateurs de la bande, Louis Aragon, s'était beaucoup plus rapproché des communistes que les autres, tellement même qu'il s'était laissé convaincre de désavouer ses camarades surréalistes en 1930 et que, quand Breton, Paul Eluard, et René Crevel furent exclus du PCF, Aragon en devint le plus beau fleuron littéraire.

Mais René Crevel continuait à entretenir de bonnes relations avec les communistes. Il écrivait même dans leur revue *Commune*. Et ce fut donc Crevel, que tout le monde aimait pour sa désarmante spontanéité — et en dépit d'une santé fragile —, qui entreprit de concilier ses deux loyautés chéries, le communisme et le surréalisme. Au mieux, les surréalistes représentaient une minorité insignifiante aux yeux des communistes ; les offenser n'avait guère d'importance, même dans les cercles restreints du Paris intellectuel ; l'essentiel était de maintenir les provocateurs à l'écart du Congrès international des écrivains.

Crevel demanda à Malraux et à Jean Cassou, critique

d'art qui s'intéressait aux surréalistes ainsi qu'aux diverses tendances contemporaines de l'art et de la littérature, fervent avocat de l'unité d'action avec les communistes contre le fascisme, d'intervenir auprès d'Aragon pour que Breton pût participer au congrès. Aragon répondit que l'affaire était entre les mains des délégués soviétiques, puisqu'ils avaient menacé de se retirer si Breton était autorisé à y participer. Crevel convainquit alors Cassou, un respectable fonctionnaire âgé de trente-huit ans, d'employer son autorité contre les inflexibles Russes. Une réunion des délégués dans l'un de leurs cafés favoris, la Closerie des Lilas, lui en fournirait l'occasion.

Quand Cassou entra, Crevel le repéra et hocha la tête en direction d'Ehrenbourg. Cassou s'approcha de l'écrivain russe sous le regard manifestement anxieux de Crevel. Cassou déclara à Ehrenbourg : « Dans un congrès antifasciste, vous ne pouvez pas interdire André Breton, qui représente le mouvement surréaliste. » Ehrenbourg grommela : « Il s'est conduit comme un flic. S'il prend la parole, la délégation soviétique se retirera du congrès. » Cassou rejoignit Crevel et murmura : « Rien à faire. » Visiblement troublé, Crevel sortit avec Cassou et Tristan Tzara pour chercher un taxi. Ils déposèrent Tzara rue de Condé, Cassou s'arrêta rue de Rennes, et Crevel garda le taxi pour rentrer à Montmartre. Cette nuit-là il se suicida. *L'Humanité* traita l'événement avec respect ; l'article parut le jour de l'ouverture du congrès :

## L'ÉCRIVAIN RÉVOLUTIONNAIRE
## RENÉ CREVEL EST MORT

« Depuis de longues années, il était malade », pouvait-on y lire. « Dans les dernières semaines, la maladie avait reparu sous des formes diverses et déprimantes. René Crevel n'a pu supporter cela. » Le quotidien du Parti continuait en expliquant que, dans les derniers mois de sa vie, le poète s'était totalement consacré à la cause ouvrière, en tant que membre de l'Association des écrivains et artistes révolutionnaires, collaborateur de *Monde* et de *Commune,* et organisateur du Congrès international des écrivains.

« Tuberculeux, perdu », nota dans son journal Eugène Dabit, romancier populiste issu de la classe ouvrière, auteur d'*Hôtel du Nord,* et qui devait prendre la parole au congrès. « Mais qui cachait avec tant de courage sa maladie. Tant de fraîcheur, de générosité, de passion, en lui, de dégoût pour les choses basses, de violences contre un monde bourgeois. »

Écrivant dans la *Nouvelle Revue française,* Marcel Jouhandeau suggéra que le communisme de Crevel était sans doute la cause de son suicide — et parvint à fâcher en même temps Aragon et Breton. [2]

2. Entretien avec Jean Cassou. André Breton, *Entretiens (1913-1952),* Paris, 1969 ; Eugène Dabit, *Journal intime (1928-1936),* Paris, 1939 ; Pierre Daix, *Aragon, une vie à changer,* Paris, 1975 ; Ilya Ehrenbourg, *Vus par un écrivain d'URSS,* Paris, 1934 ; *La nuit tombe,* Paris, 1966 ; Maurice Nadeau, *Histoire du surréalisme,* Paris, 1964 ; Maria van Rysselberghe, « Les cahiers de la petite dame » (1929-1937), *Cahiers André Gide 5,* Paris, 1974.

# 1

*Le décor*

# 1

## L'entrée en scène

Il y eut une époque où, si l'on était un homme en vue, si l'on avait fréquenté les bonnes écoles et si l'on possédait les relations nécessaires, certain secteur de la rive gauche pouvait en quelque sorte prolonger votre salon. Et votre salon, s'il était convenablement situé, pouvait temporairement remplacer les tables de café, les bureaux éditoriaux, et même les salles de réunion. Ce quartier privilégié englobait quelques rues de Montparnasse et, en particulier, certains cafés du boulevard Montparnasse. Mais, dès le milieu des années trente, les rues étroites de Saint-Germain-des-Prés, avec leur singulière densité de maisons d'édition et de librairies, leurs galeries et leurs terrasses de café, avaient déjà commencé à s'approprier la position qui allait rester la leur pendant plus de vingt ans (plus à l'est le long de la rive gauche, au quartier Latin, on avait fait ses études et l'on avait enseigné ; parfois même, l'on enseignait encore...). En cas de crise, nombreuses étaient les salles de réunion ; la plus neuve et la plus vaste, le palais de la Mutualité, allait devenir le lieu de rassemblement privilégié de plusieurs générations. Il existe un autre trait caractéristique de la rive gauche, qu'il nous faut mentionner ici : toute la vie des « créateurs », entremêlée d'amitiés et d'affections, se déroulait sur une scène qui allait bientôt retenir les regards du monde entier.

De l'avis de la plupart des acteurs de l'époque, c'est en 1935 que Saint-Germain-des-Prés prit ainsi son essor. Ce fut à cette époque qu'André Breton et sa bande de surréalistes commencèrent à fréquenter le café des Deux Magots, en face de l'église romane de la place Saint-Germain-des-Prés ; et qu'une nouvelle génération d'écri-

vains et de poètes prit possession du café de Flore,
quelques mètres plus loin. Pour beaucoup d'entre ces
migrants, il ne s'agissait guère que d'un déplacement de
quelques centaines de mètres vers le nord ; la mode exigeait
que l'on s'éloignât... Montparnasse (qui avait succédé à
Montmartre comme quartier d'élection des peintres, des
poètes) avait offert ses consolations et ses divertissements à
la presque totalité de l'élite du début du siècle — à Picasso,
à Apollinaire, à Max Jacob, à Modigliani, à Braque, à
Vlaminck et à Cocteau — et l'on s'en éloignait donc.

Ce fut apparemment aussi en 1935 que Picasso déplaça sa
cour de Montparnasse vers ce qui lui apparut comme le
calme provincial de Saint-Germain-des-Prés ; il se fixa tout
d'abord aux Deux Magots, puis au Flore. Un ami de
Picasso, Christian Zervos, décrivit la génération de Picasso
dans les *Cahiers d'art*, à deux pas du boulevard Saint-
Germain, rue du Dragon. Arno Breker, le sculpteur
allemand, qui eut à accompagner un touriste inattendu,
Adolf Hitler, dans les lieux qu'il avait hantés lors de ses
années d'études, se souvient également du Flore et des
Deux Magots comme d' « oasis de silence » où « l'écrivain
assidu trouvait les conditions requises à la concentration ».
Pour Breker, « ces établissements ont toujours su ancrer
dans ce quartier le cœur vagabond des déracinés du monde
entier ».

Ce fut aussi en 1935 que le poète Léon-Paul Fargue,
véritable incarnation du poète de café, apporta de Montparnasse à Saint-Germain-des-Prés sa légende. Devenu le
Baedeker reconnu du quartier, il résuma de la sorte ses
observations dans *le Piéton de Paris* :

> Qu'il y ait eu dans la journée un Conseil de cabinet, un
> match de boxe dans l'État de New Jersey, un grand prix
> de conformisme, un coup de flanc littéraire, un concours
> de ténors sur la rive droite ou quelque prise de bec, les
> habitués des cafés de la place Saint-Germain-des-Prés
> sont parmi les premiers touchés des résultats de ces
> conciles ou de ces compétitions.

Pour Fargue, la *place* était l'un des endroits où « l'on se
sent le plus " à la page ", le plus près de l'actualité vraie,

des hommes qui connaissent les dessous du pays, du monde, et de l'art ». Il continue en décrivant chacun des cafés, devenus « aussi célèbres aujourd'hui que des institutions d'État » : les Deux Magots avec ses écrivains connus, comme Giraudoux, ses snobs, et ses riches Américaines ; le Flore avec ses traditions politiques et littéraires, et puis son Lipp bien-aimé, dont la décoration fin de siècle en céramique se trouvait être l'œuvre de son propre père et de son oncle. La brasserie Lipp, remarque Fargue — citant Albert Thibaudet —, devait beaucoup à la proximité de la *Nouvelle Revue Française,* des éditeurs Grasset et Rieder, de la librairie Le Divan, des revues comme *Voilà, Marianne, la Revue universelle, la Revue critique,* du théâtre du Vieux-Colombier, du Sénat, mais aussi « au Front populaire, aux libraires, aux bouquinistes et aux hôteliers intellectuels de ce quartier unique… ».

Si l'on avait la chance d'habiter ce village, comme c'était le cas de Jean Cassou, on avait l'impression d'ouvrir ses fenêtres sur le monde ; il s'agissait en vérité d'ouvrir ses fenêtres au-dessus des cafés. Ainsi, l'épouse de Cassou pouvait d'un seul coup d'œil avertir son mari que tel écrivain de leurs amis entrait aux Deux Magots, en sortait, entrait au Flore. Une fois attablé aux Deux Magots, Cassou pouvait lui-même observer et retrouver des amis attablés aux cafés avoisinants. En cette époque où l'automobile ne rendait pas encore déplaisant le spectacle de la rue, ces allées et venues de table en table étaient naturelles, de même qu'à Montparnasse de la Rotonde au Dôme, et du Dôme au Sélect. Faut-il préciser que les éditeurs de Cassou — Émile-Paul, Grasset, Gallimard — se trouvaient tous à quelques minutes de chez lui ?

On admettait communément, en ces années d'entre-deux-guerres, que la France était le centre du monde littéraire et artistique, et que, bien sûr, Paris était le centre de ce centre. Non seulement le meilleur de sa génération s'y trouvait rassemblé depuis les lointaines provinces et les pays voisins, mais le meilleur de la prochaine génération s'y formait. Juste avant la Seconde Guerre mondiale, 45,7 % des étudiants français étaient inscrits à Paris, et 91 % des élèves des grandes écoles se trouvaient à Paris. Est-il nécessaire de préciser que celles-ci étaient concentrées dans quelques rues de la rive gauche ?

« La rive gauche, c'est la province de Paris », écrivait un critique influent, Albert Thibaudet, dans *la République des professeurs* :

> De jeunes provinciaux abordent Paris non comme Rastignac par Montmartre, mais par la montagne Sainte-Geneviève, ses lycées, ses grandes écoles, sa Sorbonne... Ils y apportent, pour la circulation et la lumière, les réserves d'économie provinciale, de substance terrienne et de durée française...

Un ami oxfordien faisait observer à Thibaudet : « N'empêche qu'il se remue en un jour plus d'idées au [jardin du] Luxembourg qu'en un an dans les jardins de nos collèges. »

Jean Guéhenno, qui allait jouer un rôle important dans les guerres politiques de la rive gauche, décrivait une « république » non pas des professeurs mais « des Lettres », « celle où se défont et se refont les idées », et qui « n'est pas beaucoup plus étendue qu'il y a deux cents ans, au temps de nos maîtres, les philosophes qui la fondèrent ». Il poursuivait par la meilleure introduction possible à la topographie de la rive gauche :

> Elle (la République des Lettres) tient toute dans quelques maisons de Paris, quelques étroits bureaux de rédaction ou d'édition, quelques salons, quelques cafés, quelques ateliers, quelques « galetas[1] ». Il n'est pas facile d'y pénétrer. Le débat réel n'est qu'entre quelques dizaines d'écrivains qui se sont reconnus les uns les autres, pas davantage...[2]

1. Dans son texte, Jean Guéhenno écrit « galatas ».
2. Entretien avec Jean Cassou. Arno Breker, *Paris, Hitler et moi*, Paris, 1970 ; Jean Cassou, *Une vie pour la liberté*, Paris, 1981 ; Pierre Daix, *La Vie de peintre de Pablo Picasso*, Paris, 1977 ; *Du côté de chez Lipp*, Paris, 1963 ; Léon-Paul Fargue, *Le Piéton de Paris*, Paris, 1939 ; Jean-François Gravier, *Paris et le Désert français en 1972*, Paris, 1972 ; Jean Guéhenno, *La Foi difficile*, Paris, 1957 ; Edmée de la Rochefoucauld, *Léon-Paul Fargue*, Paris, 1959 ; Albert Thibaudet, *La République des professeurs*, Paris, 1927.

Ce qui était vrai pour un Français pouvait également l'être pour un étranger, tel ce jeune écrivain allemand réfugié, Ernst Erich Noth, qui dans les années trente voyait Paris comme son centre à lui de la littérature mondiale, moins à cause de la littérature qui s'y produisait, que pour « l'intensité et l'authenticité de sa vie littéraire ». Et pas seulement dans les maisons d'édition, les revues et les bureaux de rédaction, les cafés et les salons de la rive gauche.

Elle s'intégrait à la vie de tous les jours et se reflétait dans l'aspect des rues. Le quartier des éditeurs, situé entre la Seine et Montparnasse [poursuivait Noth] est, du seul point de vue de sa superficie, le plus grand du monde. Les établissements d'éducation les plus importants de la capitale, tels que la Sorbonne, l'École normale, l'Académie française et l'Institut, d'où sont sortis et dans lesquels ont atterri d'innombrables écrivains, y sont évidemment inclus... Le nombre infini des libraires (Paris en compte plus que toutes les villes des États-Unis réunies), qui me paraissaient former, dans cet enchevêtrement serré des rues, les maillons d'une chaîne inextricable reliant les maisons d'édition les unes aux autres, illustre à l'évidence la présence d'un véritable public de lecteurs...
Quelles que soient son origine et sa résidence, volontaire ou forcée, l'auteur qui a séjourné une fois dans cet univers fascinant, surtout s'il y a travaillé, s'y retrouve immédiatement chez lui, comme dans une demeure qui aurait été faite pour lui, sur mesure.

Même les écoliers savaient cela. Un manuel scolaire au moins, publié entre les deux guerres, présentait des cartes pour confirmer la concentration des grandes écoles et des maisons d'édition sur la rive gauche.

Bien entendu, la tradition universitaire du quartier Latin remontait au Moyen Age, et il y fleurissait une vie littéraire abondante au xviie siècle avec Racine, Molière, Madame de la Fayette, au xviiie siècle avec Voltaire et, au xixe, avec Sainte-Beuve. Peut-être le quartier acquit-il sa spécificité au xixe siècle, symbolisée sinon même circonscrite par toute cette vie chaotique dans les cafés. On ne peut pas

n'avoir jamais entendu parler du légendaire café Procope,
rue de l'Ancienne-Comédie, que fréquentaient les encyclo-
pédistes — Diderot, Voltaire, Rousseau, Beaumarchais,
Danton et Marat, puis à l'époque romantique Balzac,
George Sand, Musset, et plus tard encore Zola, Huysmans,
Maupassant, Cézanne. Ou du café Voltaire, sur la place de
l'Odéon, ensuite transformé en Bibliothèque américaine ; il
avait accueilli Verlaine et Mallarmé à l'époque des symbolistes, et Courteline, Bourget, Barrès.

Dès les dernières années du siècle, les cinquième,
sixième et septième arrondissements qui constituent la rive
gauche du présent ouvrage, figuraient déjà parmi les
quartiers de résidence privilégiés des intellectuels, bien que
ce ne fût pas nécessairement le cas des écrivains à succès,
qui suivaient la bonne bourgeoisie dans les beaux quartiers
de la rive droite. Mais les revues littéraires se trouvaient sur
la rive gauche, surtout celles d'avant-garde, ainsi que leurs
auteurs et leurs lecteurs. (Quand une revue réussissait, elle
déménageait sur la rive droite avec toute son équipe).[3]

Il existait également une rive gauche américaine, super-
posée à celle des Français, fréquentant les mêmes rues et
cafés, mais pas exactement — ou pas nécessairement —
aux mêmes moments ou de la même façon. Il s'agissait
d'une rive gauche centrée sur le célèbre carrefour Dôme-
Rotonde-Sélect et de la Coupole à Montparnasse, mais
incluant les Deux Magots et le Flore à Saint-Germain-des-
Prés (où les habitués français les observaient bien souvent
d'un œil moqueur, comme Léon-Paul Fargue). « De la rive
droite, quel que soit le café où vous demandez au chauffeur

3. Albert Demangeon, *Paris-la-Ville et sa banlieue*, Paris, [1939] ;
Ernst Erich Noth, *Mémoires d'un Allemand*, Paris, 1970. Christophe
Charle, « Situation sociale et position spatiale, essai de géographie
sociale du champ littéraire à la fin du XIXᵉ siècle », *Actes de la
Recherche en sciences sociales*, Paris, février 1977. Dans le même
numéro, Pierre Bourdieu (« La production de la croyance : contribution à une économie des biens symboliques ») observe qu'en matière
d'art, avant-garde et rive gauche sont des concepts synonymes. René
Doumic, « Les écrivains du VIᵉ arrondissement », in *Le VIᵉ Arrondissement de Paris à travers les âges*, Paris, 1937 ; Auguste Dupouy,
*Géographie des Lettres françaises*, Paris, 1942.

de taxi de vous conduire », fait dire Hemingway à Jack Barnes dans *Le soleil se lève aussi*, « il vous dépose toujours devant la Rotonde. Dans dix ans, ce sera sans doute le Dôme. » Les Américains de Montparnasse étaient déjà légendaires en 1925, quand Gustave Fuss-Amoré et Maurice des Ombiaux décrivaient pour le grand public le Montparnasse qu'ils connaissaient. « Montparnasse est le centre du monde ! » proclamait la première ligne. Ces auteurs rendaient particulièrement hommage aux jeunes Américaines :

> Après le repas, quand les jeunes Américaines se promènent dans Montparnasse, les soirs d'été, dans leurs robes claires, c'est une véritable fête de jeunesse ! Elles ont pris l'habitude d'aller tête nue, familières et désinvoltes, une désinvolture soulignée par la badine qui occupe la main ou par la cigarette collée aux lèvres...
> Parfois la terrasse du Dôme donne l'impression d'être pour les jeunes Yankees comme une cour de récréation. Le soir, elles sacrifient consciencieusement au one-step ou au shimmy ; l'après-midi, elles jouent comme des petites filles...

Cela n'avait pas toujours été aussi fort, d'après les auteurs.

> Il existait un esprit de la rive gauche, très nettement opposé à celui de la rive droite. Disons franchement les choses : l'existence d'une puissante colonie étrangère à Montparnasse, le respect qu'elle témoignait envers les plus hautes manifestations de la pensée et de l'art français, contribuèrent à fortifier cet antagonisme.

Mais les auteurs craignaient qu'à présent — en 1925 — la colonie américaine, grâce à un taux de change avantageux, ne se fût développée en quantité plus qu'en qualité. On ne se sentait plus vraiment chez soi. Pourtant, la rive gauche des jeunes Américains est aussi celle d'Ernest Hemingway et de F. Scott Fitzgerald ; et, dans *Paris est une fête*, Hemingway décrit une promenade dans le quartier, depuis la rue Cardinal-Lemoine où il habitait, en bordure orientale du quartier Latin, longeant les quais avec leurs échoppes de bouquinistes, passant dans les bistrots, entrant à la brasserie Lipp, et puis poussant jusqu'au Dôme, à la Rotonde, et au Sélect.

> Dans les trois principaux cafés je vis des gens que je connaissais de vue et d'autres que j'avais déjà rencontrés. Mais il y en avait toujours de beaucoup plus sympathiques que je ne connaissais pas et qui, dans le soir où les premières lumières s'allumaient, se hâtaient pour aller quelque part boire ensemble, manger ensemble, et puis faire l'amour.

Après une telle promenade, Hemingway atterrissait bien souvent à la librairie Shakespeare & Company, au 12 de la rue de l'Odéon, qui appartenait à Sylvia Beach et constituait un monument culturel américain. Il existait un autre monument culturel, plus ancien, au 7 de la même rue : la Maison des Amis des livres, petite librairie où l'on pouvait également emprunter des livres, et où Adrienne Monnier accueillait les personnalités les plus prestigieuses des lettres contemporaines, ainsi que d'autres, encore inconnues, qui allaient devenir célèbres.

Sylvia Beach ouvrit donc une librairie analogue, où l'on prêtait également des livres, mais strictement réservée aux œuvres de langue anglaise. Les Américains et les Anglais ne tardèrent pas à s'y retrouver chez eux. Il leur arrivait même de s'y faire adresser leur courrier, et certains y jouissaient de privilèges quasi bancaires. Elle fut le premier éditeur de l'_Ulysses_ si controversé de James Joyce, ce qui fit d'elle un chaînon officieux reliant Joyce au reste du monde pendant son séjour à Paris ; de la même manière informelle, elle commença à représenter des écrivains et des petits éditeurs américains. Son activité polyvalente, de même que son association avec Adrienne Monnier, la met en contact non seulement avec des Américains comme Gertrude Stein, Ezra Pound, Hemingway et Fitzgerald, mais avec des auteurs français curieux de littérature anglo-saxonne, tels qu'André Gide, Paul Valéry, Jean Paulhan, Jules Romains, Georges Duhamel, André Chamson ou Jean Schlumberger. Les « Amis du Livre » d'Adrienne Monnier faisaient bien souvent office de salon littéraire ; on y lisait des œuvres nouvelles d'un Valéry ou d'un André Breton ; Erik Satie, Darius Milhaud y venaient donner des récitals de leur musique moderne. La notoriété d'un Paul Valéry ou d'un Valery Larbaud était assurément due en partie à Adrienne Monnier, et ce fut certainement chez elle que Joyce trouva un public français. De nombreux auteurs au tout début de leur carrière, devait se rappeler Lucie Mazauric, épouse et consœur d'André Chamson, se rencontraient pour la première fois dans les librairies Monnier ou Beach, et recevaient de ces deux dames aide et encouragements. Pour André Breton :

> Les plus attachantes figures de l'époque se montraient un jour ou l'autre aux *Amis des Livres*.
> [...] Je fis en sorte que Valéry et Apollinaire en découvrissent le chemin — qu'ils ne perdirent plus. A propos de Valéry, Paul Léautaud a pu dire sans trop d'exagération que toute sa réputation et ses succès officiels sans précédent sont partis de là. [4]

On apprendra sans surprise qu'il existait une mentalité rive gauche : une sorte de patriotisme particulier, quand même il ne s'agissait pas d'idéologie. La rive droite, nota un historien sérieux, s'enorgueillissait d'André Maurois, Sacha Guitry, Marcel Pagnol, *le Roi des resquilleurs* (film célèbre du début des années trente), Ginger Rogers et Fred Astaire. La culture de la rive gauche comprenait Jean Giraudoux, Luis Buñuel, *Drôle de drame* (le film comique de Marcel Carné et Jacques Prévert), Gaston Baty, William Powell et Myrna Loy. Dans *Saint-Germain-des-Prés, mon village*, Léo Larguier exprimait son mépris pour les cafés de la rive droite, « des caravansérails gigantesques, des palaces éblouissants, où il n'y a pas un coin intime et où les bons habitués de notre quartier ne sauraient vivre ». Évoquant le mépris de la *Nouvelle Revue française*, pilier de la rive gauche, pour le Sacha Guitry de la rive droite, Emmanuel Berl expliqua :

---

4. André Breton, *Entretiens*, Paris, 1969 ; Lucie Mazauric, *Ah Dieu ! que la paix est jolie*, Paris, 1972.

Il y a toujours eu ce préjugé à la NRF, que quand on n'habitait pas rive gauche, du côté de la rue Vaneau, c'est-à-dire dans un quartier austère et un peu provincial, on était un type louche... Et pas un véritable écrivain...

Quand Berl annonça à Roger Martin du Gard qu'il allait emménager sur la rive droite, Martin du Gard parut consterné : « Vous n'avez rien pu trouver par ici ? » Pour les Martin du Gard, la rive droite appartenait à la bourgeoisie inculte des grands boulevards, et « le vent de l'esprit ne passait pas le pont du Carrousel ». En s'exilant sur la rive droite, Berl se retrouva plus que jamais en dissidence spirituelle par rapport à la *Nouvelle Revue française* et à son clan.

On pourrait également tracer une carte politique de la rive gauche. Pour un étudiant militant des années trente, le quartier universitaire qui s'étendait de la place du Panthéon jusqu'au carrefour de l'Odéon, à l'ouest, était aux mains du mouvement de l'Action française, dont le quartier général se trouvait rue Saint-André-des-Arts. La gauche n'allait dominer le quartier que le temps du Front populaire. Plus à l'ouest, et au sud jusqu'à Montparnasse, le quartier appartenait à des artistes, à des écrivains qui, en principe, demeuraient en dehors de ces querelles politiques. En vérité, les écrivains et les artistes avaient aussi leur « idéologie » (suivant l'expression de Simone de Beauvoir), mais sans dominante strictement politique. Les habitués du café de Flore avaient pris Jacques Prévert pour idole. « Leur anticonformisme leur servait surtout à justifier leur inertie ; ils s'ennuyaient beaucoup », observa Beauvoir. « Ils passaient leur journée à exhaler leur dégoût en petites phrases blasées entrecoupées de bâillements. Ils n'en avaient jamais fini de déplorer la connerie humaine. » A plusieurs dizaines d'années de là, Régis Debray décrivit le profond schisme entre les intellectuels universitaires de la Sorbonne d'une part, et les écrivains gravitant autour de l'Académie française d'autre part : les intellectuels pour Dreyfus, les salons littéraires contre lui. Seul l'écrivain Zola semblait constituer une exception ; mais Debray rappelait que Zola avait essuyé de nombreux échecs dans ses tentatives d'entrer à l'Académie française.

Si les Dreyfusards, les partisans et les adversaires de Charles Maurras semblaient mener leurs guerres à ces tables de café, c'était également là que les exilés préparaient les leurs. Avant la Révolution russe, Léon Trotski et Anatole Lounatcharski, critique et dramaturge, compagnon de Lénine, qui, comme commissaire soviétique à l'Éducation, allait continuer de représenter un lien entre l'Ouest et l'Est, étaient tous deux des habitués des cafés de la rive gauche. Plus tard, dans les années trente, il allait littéralement exister un coin soviétique à la Coupole, animé par ce maître ès relations publiques qu'était Ilya Ehrenbourg. Mais, à cette époque, la politique était devenue la préoccupation essentielle de presque tous ceux qui vivaient leur existence entière dans certains sites privilégiés de la rive gauche. [5]

5. Entretien avec Pierre Daix. Simone de Beauvoir, *La Force de l'âge*, Paris, 1972 ; Emmanuel Berl, *Interrogatoire par Patrick Modiano*, Paris, 1976 ; Régis Debray, *Le Pouvoir intellectuel en France*, Paris, 1979 ; Henri Dubief, *Le Déclin de la IIIe République (1929-1938)*, Paris, 1976.

# 2

## Faire connaissance

Parmi les grandes écoles du quartier Latin, l'École normale supérieure jouissait d'un statut particulier. Le processus de sélection était tel (préparation forcenée en khâgne) et le programme conçu de telle manière que les élèves de l'ENS semblaient une caste. Le fait de se situer à part constituait une caractéristique de presque toutes les grandes écoles. Mais la particularité de l'ENS tenait à l'importante proportion d'anciens élèves, bien qu'ils dussent obligatoirement consacrer un certain nombre d'années à l'enseignement, qui devenaient des personnalités culturelles ou politiques. Léon Blum, Jean Jaurès, Charles Péguy, Romain Rolland, Jules Romains, Jean Giraudoux — tous avaient été normaliens. Ils devenaient membres et parfois chefs de gouvernements ; l'un d'entre eux devint président de la République. Ils dirigeaient des mouvements politiques, se distinguaient dans le journalisme, et puis, quel que fût le domaine choisi, ils achevaient fréquemment leur carrière à l'Académie française. Les normaliens figurent parmi les principaux protagonistes du présent ouvrage, à cause du rôle qu'ils jouèrent dans les périodes de crise des années trente et quarante. Et ils jouaient parfois ces rôles dans des camps opposés, bien que leur comportement fût bien souvent déterminé par un point de départ commun.

Dans *la République des professeurs,* Thibaudet souligne une autre caractéristique de l'École normale supérieure : son rôle de creuset. Si les coûts d'enseignement préparant à certaines professions comme la médecine ou le droit étaient hors de portée des classes ouvrière ou rurale, les enseignants, eux, pouvaient sortir du rang, grâce à des bourses leur permettant de poursuivre leurs études. Écrivant dans les années vingt, Thibaudet estimait que huit ou neuf élèves de l'ENS sur dix avaient obtenu des bourses d'études sur concours. Même ceux qui se lançaient dans l'enseignement sans passer par l'ENS pouvaient obtenir des bourses pour passer la licence ou l'agrégation, devenir professeurs de lycée, ou enseigner dans certaines facultés universitaires. « Dans les professions libérales », concluait Thibaudet, « l'enseignement représente rigoureusement la section des hommes nouveaux. » En effet, on pouvait être né et avoir grandi dans une lointaine province, et, pendant ses études en khâgne puis à l'ENS, s'être forgé des amitiés qui serviraient pendant toute une vie et toute une carrière. C'était là un moyen d'entrer dans la société au moins aussi efficace que d'avoir grandi dans un bon quartier de Paris, et d'avoir fréquenté un bon lycée en compagnie d'autres élèves privilégiés.

Dans la génération qui nous concerne, les exemples les plus connus d'amitiés d'ENS sont bien sûr Jean-Paul Sartre et Raymond Aron, Sartre et Paul Nizan, Sartre et Simone de Beauvoir — car celle-ci préparait l'agrégation de philosophie plus ou moins en même temps et dans les mêmes institutions. Avant de partager sa vie avec Simone de Beauvoir, Sartre avait été très lié avec Aron ; ils avaient ensemble livré des batailles d'idées avec toute la fougue d'étudiants en philosophie ; mais, une fois Beauvoir entrée dans le cercle, jamais personne d'autre ne put plus être aussi proche de Sartre. Les débuts de ce couple sur fond de Sorbonne, de grandes écoles et des divers jalons de la rive gauche, sont relatés suffisamment en détail dans les mémoires de Simone de Beauvoir. Les carrières de Aron — écriture, enseignement, action politique et science politique — et de Sartre — philosophe et par la suite (seulement par la suite) écrivain engagé — les séparaient comme auparavant l'éloignement de leurs postes d'enseignement les avait séparés. Après la guerre, Aron participa au premier comité de rédaction de la revue de Sartre, *les Temps modernes,* mais il apparut très vite qu'ils appartenaient à deux univers politiques extrêmement différents. Sartre écrivit sur ces séparations (parlant de son amitié d'après-guerre avec Albert Camus) :

Nous étions brouillés, lui et moi : une brouille, ce n'est
rien — dût-on ne jamais se revoir —, tout juste une autre
manière de vivre *ensemble* et sans se perdre de vue dans le
petit monde étroit qui nous est donné. Cela ne m'empê-
cherait pas de penser à lui, de sentir son regard sur la
page du livre, sur le journal qu'il lisait, et de me dire :
« Qu'en dit-il ? Qu'en dit-il *en ce moment* ? »

Sartre écrivit également en termes tendres sur ses années
d'École avec Nizan. Tous deux savaient qu'ils voulaient
devenir écrivains. « C'étaient Racine et Corneille », devait
par la suite dire Aron. Nizan se fit une réputation très tôt,
bien que dans des cercles limités, car ses véritables énergies
s'employèrent dans la politique, et Sartre nota que, lorsqu'il écrivit *la Nausée*, Nizan aurait bien pu lui faire une
préface puisqu'il l'avait précédé dans le monde des lettres.
Les deux hommes se ressemblaient physiquement (affligés
de lunettes et des tics particuliers aux gens atteints de
strabisme). Le vieux professeur Léon Brunschvicg, les
rencontrant ensemble chez Gallimard, félicita Sartre pour
*les Chiens de garde*, où Nizan, le véritable auteur, dénonçait vigoureusement Brunschvicg pour son idéologie bourgeoise. Pendant les années trente, tandis que Nizan gravis-
sait les échelons de la hiérarchie communiste et faisait
sentir sa présence dans toute la France et jusqu'en Union
soviétique, Sartre était de son propre aveu apolitique,
même s'il « avait le cœur à gauche, bien sûr, comme
chacun ». La rapide montée de Nizan flattait donc Sartre,
car elle semblait faire bénéficier l'ami passif d'une sorte de
grâce révolutionnaire. « Notre amitié avait été si précieuse
et l'on nous prenait encore si souvent l'un pour l'autre que
c'était moi tout aussi bien que lui qui écrivais dans *Ce Soir*
les leaders de politique étrangère. » En 1927, Sartre et
Raymond Aron furent témoins au mariage de Nizan.

Après la rupture spectaculaire de Nizan avec le parti
communiste lorsque celui-ci approuva le pacte de non-
agression conclu entre l'Union soviétique et l'Allemagne
nazie en août 1939 — Nizan allait mourir peu de temps
après sur un champ de bataille du Nord de la France —, la
campagne sournoise du Parti contre Nizan redonna toute sa

vigueur à l'amitié endormie de Sartre. En dépit de l'atmosphère d'euphorique Front populaire qui régna dans Paris après la Libération, Sartre osa mettre au défi les communistes de prouver que Nizan, comme ils l'affirmaient, avait été un agent secret du gouvernement au sein du Parti, ou bien de cesser leur campagne de calomnies. Ce fut comme si une bombe à retardement posée dans les salles de classe du quartier Latin avait explosé un quart de siècle plus tard. Il en résulta en tout cas l'un des premiers heurts entre la gauche non communiste et les communistes intransigeants de l'après-guerre *.

Sartre devait également connaître Maurice Merleau-Ponty à « l'École », mais sans jamais être vraiment proche de lui. Simone de Beauvoir avait rencontré Merleau-Ponty séparément — ainsi que Claude Lévi-Strauss — lors de son stage, de même qu'elle avait rencontré la normalienne Simone Weil — mais tels des navires se croisant dans la nuit. Sartre et Merleau-Ponty communiaient dans la philosophie de Husserl et de Heidegger mais, de même qu'avec Aron, l'éloignement de leurs postes d'enseignement et la Seconde Guerre mondiale les séparèrent. Lorsqu'ils unirent leurs forces, ils apparurent aussi proches l'un de l'autre dans le domaine de la philosophie politique que Sartre l'avait été de Nizan par son aspect physique. Merleau-Ponty devint rédacteur en chef et *directeur politique* des *Temps modernes,* mais refusa d'inscrire son nom sur la couverture à côté de celui du *directeur* Sartre, de sorte qu'on attribua souvent à Sartre les éditoriaux qu'il écrivait et signait « Temps Modernes ». [1]

La vie très particulière d'un normalien fut récemment décrite par le romancier Henri Queffélec, qui avait lui-même émigré de sa Bretagne natale pour venir préparer au

---

* Voir chapitre 3 de la quatrième partie, « D'une génération à l'autre ».

1. Entretien avec Raymond Aron. Simone de Beauvoir, *Mémoires d'une jeune fille rangée*, Paris, 1958. Jean-Paul Sartre, « Merleau-Ponty vivant », *Les Temps modernes* (Paris), n° 184-185 [octobre 1961]. Voir également la préface de Sartre à Paul Nizan, *Aden Arabie*, Paris, 1960. Bernard Alliot, « Sartre à huis clos », *Le Monde*, Paris, 20-21 avril 1980.

lycée Louis-le-Grand le concours d'entrée à l'École normale. Queffélec était un produit de ce creuset, « la
" géographie cordiale " de la grande France », où des
provinciaux comme lui-même se trouvaient mêlés à de
jeunes Parisiens sophistiqués, mieux habillés, plus désinvoltes. En khâgne, Queffélec suivait les mêmes cours que
le futur orientaliste René Etiemble (qui allait par la suite
collaborer aussi aux *Temps modernes*), Robert Brasillach le
néophyte fasciste, Roger Vailland, militant d'extrême
droite qui allait virer à l'extrême gauche. (Dans ses
mémoires, Queffélec note que, lorsque Brasillach fut
exécuté après la guerre pour avoir collaboré avec les
Allemands pendant l'Occupation, les choses les plus émouvantes sur lui furent écrites par Vailland, pourtant bien
connu pour son attachement farouche à la cause communiste — mais quand même vieux camarade d'École.) Il y
avait également là Jacques Talagrand, qui allait d'abord
devenir un polémiste d'*Action française,* puis un critique
plus modéré, sous le nom de plume Thierry Maulnier ;
Louis Poirier, qui devait signer son œuvre littéraire Julien
Gracq ; Simone Weil et Georges Pompidou (encore un qui
provenait de la lointaine France rurale).

Si le monde de l'École normale supérieure semblait
moins homogène que ne l'avaient été les classes d'hypokhâ-
gne et de khâgne, « malgré tout il existait, si vague fût-elle,
une vie communautaire, un rituel », a écrit Queffélec.
« D'année en année, l'impression d'appartenir à un même
chantier s'accentuait. » Comment aurait-il pu en être
autrement ? Les étudiants se voyaient attribuer de petites
cellules monacales qu'ils appelaient *turnes* ; ils constituaient
une élite choisie. « On est normalien », écrivit Pompidou,
« comme on est prince de sang... Le concours n'est que
l'adoubement. La cérémonie a ses rites, la veillée d'armes
se déroule dans des lieux de retraite placés comme il
convient sous la protection de nos rois. » Et puis l'École
elle-même, comme le raconta Thierry Maulnier, était
« une société secrète, avec son langage codé, ses signes de
reconnaissance, cette solidarité entre les membres qui
semble plus forte que les divisions religieuses ou politiques,
que les oppositions et les vanités ». Une étrange école, où

n'intervenait aucun enseignement : les étudiants y logeaient, mais travaillaient ailleurs. Ils étaient censés suivre à la Sorbonne les cours de licence puis d'agrégation ; en vérité, certains cours se donnaient à l'École, et certains élèves y demeuraient même après la fin de leurs études pour enseigner les générations suivantes. Sur le plan politique, les normaliens adhéraient en général à la gauche libérale ; on a même défini l'École comme le bouillon de culture du groupe politique qui dominait alors. Et le corps étudiant était assurément fort actif dans les meetings du Front populaire et les mouvements antifascistes des années trente. [2]

Et pourtant : un élément significatif de l'École, à l'époque qui nous intéresse, était le noyau d'extrême droite dure que représentait un Robert Brasillach. Né dans le sud de la France et élevé en Bourgogne, Brasillach arriva à Paris à l'âge de seize ans pour préparer au lycée Louis-le-Grand le concours d'entrée à l'ENS. En plus de Thierry Maulnier et de Roger Vailland, son cercle d'amis comprenait Maurice Bardèche, qui allait épouser sa sœur. Brasillach avait même alors un ami juif : il nous le révèle dans ses mémoires. Encore étudiant, il avait commencé à sympathiser avec Charles Maurras et son mouvement d'Action française, qui comptait de nombreux disciples dans les universités, dont beaucoup allaient occuper des postes clés dans les mouvements fascistes des années trente, puis des années d'occupation nazie. L'atmosphère élitiste de l'ENS, avec les occasions de canulars qu'elle prodiguait aussi bien que les moments sublimes, attirait comme un véritable aimant les gens de l'extérieur, tel Lucien Combelle, jeune

2. Les réminiscences de normaliens tels que Pompidou et Thierry Maulnier, ainsi que d'élèves de promotions antérieures comme Michelet, Sainte-Beuve, Louis Pasteur, Charles Péguy, et Romain Rolland, se trouvent dans : Alain Peyrefitte, *Rue d'Ulm — Chroniques de vie normalienne*, Paris, 1977. Voir également Henri Queffélec, *Un Breton bien tranquille*, Paris, 1978. Il manque encore une histoire complète de l'ENS et de ses ramifications dans la France contemporaine, mais Jean-François Sirinelli qui prépare une étude sur ce sujet a eu l'obligeance de répondre aux questions de l'auteur du présent ouvrage. Les bibliothécaires de l'ENS lui ont permis de consulter les documents existants.

écrivain et homme du monde qui, par la suite, devint
journaliste dans la presse de la collaboration. Il venait à
l'École voir ses amis Brasillach et Thierry Maulnier, attiré
par ces « merveilleux causeurs ». Et Brasillach, qui
publiait des articles dans le journal étudiant de l'Action
française et dans le quotidien *l'Action française*, ainsi que
dans les hebdomadaires *Candide* et *Je suis partout*, ramenait ses amis politiques rue d'Ulm pour participer aux fêtes.
Cela équivalait-il à la création d'une cellule fasciste au sein
de l'École ? Probablement pas. On ne trouve que fort peu
de normaliens sur la liste des signataires de la vaine pétition
adressée au général de Gaulle en 1945 pour solliciter la
grâce de Brasillach, condamné à mort.

Claude Jamet, qui suivait en khâgne les cours du
philosophe Alain au lycée Henri-IV, donne bien l'exemple
de la confusion idéologique d'alors. A l'ENS, il signa avec
sa camarade Simone Weil une pétition, considérée à
l'époque comme subversive, s'opposant à la conscription
militaire. Avec Jacques Soustelle, qui militait alors à
gauche, il écrivait pour une revue intitulée *l'Université
républicaine*, et fut arrêté lors d'une manifestation du
Premier Mai. Après avoir quitté l'École, il plongea dans les
activités du Front populaire, adhéra même au Comité de
vigilance des intellectuels antifascistes et, tandis qu'il
enseignait en province, fonda un hebdomadaire également
de gauche. Lorsqu'il dut choisir son camp sous l'Occupation, il adhéra à ce que Pascal Ory a appelé *la gauche
collaborationniste*, travaillant pour des journaux qui soute-
naient les forces d'occupation, mais au nom du socialisme.

Si bien que, en fin de compte, l'*esprit normalien* ne
définissait guère des choix politiques. Un autre ancien
élève de l'École, Pierre Gaxotte, historien et polémiste de
*l'Action française*, prétendit qu'il s'agissait plus d'une
manière d'aborder les problèmes que de leur fond proprement dit : « un certain goût de la cocasserie érudite », mais
aussi « le goût invincible de l'indépendance ». Écrivant en
1935 dans le quotidien *le Temps*, Émile Henriot exprima
sensiblement la même idée en niant que l'École fût tout
simplement « le séminaire de la République » ; en vérité,
c'est là que se renforça le catholicisme de Péguy, et là aussi

que se développa l'idéologie républicaine d'Édouard Her-
riot. Il citait la plus récente promotion, où se trouvaient
représentées les doctrines chrétienne et royaliste aussi bien
que socialiste. (Mais le socialiste qu'il cite pour exemple,
Marcel Déat, allait devenir le chef d'un mouvement
fasciste.) Pour Paul Nizan, le corps enseignant auquel se
trouvaient exposés les élèves de l'École se composait
strictement des valets de la bourgeoisie.

En consultant l'annuaire de l'ENS, on découvre certaines juxtapositions intéressantes dans les dernières promotions précédant les années trente. (Il s'agit ici exclusivement du département des Lettres, car l'École avait également un secteur scientifique, dont les élèves ne concernent
pas notre propos.)

1922     Pierre Brossolette

1923     Georges Friedmann (philosophe marxiste)
           Henri Guillemin (historien et biographe)
           Jacques Heurgon (professeur de littérature ;
             ami de Gide, gendre du fondateur des collo-
             ques de l'abbaye de Pontigny)

1924     Raymond Aron
           Paul-Yves Nizan *
           Jean Sartre *

1925     René Maheu (directeur général de l'UNESCO)
           Jacques Monod (directeur de l'Institut Pasteur)

1926     Maurice Merleau-Ponty

1927     Lucien Paye (ministre de l'Éducation ; ambas-
           sadeur en Chine)

1928     Maurice Bardèche
           Robert Brasillach
           Claude Jamet
           Simone Weil

---

* Ainsi sont enregistrés les noms à l'ENS, ainsi que dans les
premières années des carrières d'enseignement de Nizan et de Sartre.

1929     René Etiemble
         Henri Queffélec
         Jacques Soustelle
         Pierre Uri (économiste, spécialiste des affaires
             internationales)

On notera que, si tous les élèves de l'École normale supérieure ne sont pas devenus écrivains, tous étaient des intellectuels par la nature même de leur vocation. La pratique est assez fréquente, en France comme en Union soviétique, de situer tous les membres du corps enseignant dans l'intelligentsia. Si l'on s'en tient à cette pratique, il faut accepter la statistique établissant qu'en 1936, l'année où fut élu le gouvernement de Front populaire, il y avait en France 450 000 intellectuels, soit 2 % de la population active, parmi lesquels 186 000 instituteurs dans les écoles communales[3].

3. Robert Brasillach, *Une génération dans l'orage,* Paris, 1968 ; Lucien Combelle, *Péché d'Orgueil,* Paris, 1978 ; Claude Jamet, *Notre Front populaire : journal d'un militant (1934-1939),* Paris, 1977 ; Paul Nizan, *Les Chiens de garde,* Paris, 1932 (réédité 1976). Claude Willard, « Les intellectuels français et le Front populaire », *Cahiers de l'Institut Maurice Thorez,* Paris, n° spécial 3/4. 2e année, octobre 1966-mars 1967.

# 3

## *Chez soi*

Le jeune réfugié Ernst Erich Noth souligne dans ses mémoires l'importance des salons littéraires pour faire des rencontres. « Seuls des confrères réellement lancés ou dont la sécurité matérielle était assurée par ailleurs pouvaient s'offrir le luxe de refuser en permanence ces invitations. » A l'époque, plus encore qu'aujourd'hui, le « chez soi » représentait en France un lieu très fermé ; et l'on vous y recevait beaucoup moins qu'à New York, Londres ou, semble-t-il, Berlin. Cependant, s'il était plus difficile à un nouveau venu de pénétrer dans un salon que dans un café, Noth rapporte une certaine tendance générale à s'imposer dans les réceptions privées sans y avoir été convié. Plus l'événement marquait de solennité, et moins il donnait de satisfaction d'un point de vue spirituel. Noth avouait donc une nette préférence pour les réunions sans cérémonies d'hommes de lettres comme Charles du Bos et Daniel Halévy. Jean Cassou appuie cette vision de Du Bos, qui savait apparemment réunir avec bonheur des gens divers et influer sur ses invités. En ce temps-là, il existait encore des salons du style de ceux du XIXᵉ siècle, où recevaient des Polignac, des La Rochefoucauld, des Noailles — familles aristocratiques qui protégeaient les arts et les artistes. Mais les protagonistes des drames des années trente et quarante se rencontraient dans des cadres plus quotidiens : dans les appartements d'un petit nombre de guides spirituels, à la tribune de meetings politiques ou dans les salles de réunion des nouveaux mouvements politico-intellectuels, tantôt dans telle prestigieuse maison d'édition de la rive gauche, tantôt même dans une librairie. Les lieux de rencontre les plus formels et les plus délibérés étaient par définition le domicile de certains hommes ou femmes de lettres ; ils sont particulièrement difficiles à recréer de nos jours, car ils diffèrent fondamentalement de nos habitudes contemporaines, mais il nous apparaît d'autant plus nécessaire d'essayer de les comprendre.

En l'absence d'une histoire de l'influence de Daniel Halévy comme animateur de son époque, nous donnerons ici quelques éléments pouvant servir à l'établir ; ils valent bien qu'on se donne la peine d'en prendre connaissance, pour la lumière projetée sur des relations qui allaient devenir importantes par la suite. Dans le salon de Halévy, le jeune André Malraux pouvait faire la connaissance d'un Pierre Drieu La Rochelle, qui allait toute sa vie être son ami personnel en même temps que son ennemi politique ; d'après des témoins, l'un comme l'autre pouvaient dominer une assemblée entière d'auteurs qui étaient leurs aînés. Ce fut là qu'André Chamson rencontra Malraux. Quant à Jean Guéhenno, personnage familier des organisations et des publications de l'époque, le salon de Halévy lui permit d'être introduit dans « *la République des Lettres* ». Après avoir lu un article de Guéhenno qui attaquait *Mesure de la France* de Drieu La Rochelle, publié dans la collection des Cahiers verts que dirigeait Halévy, ce dernier invita Guéhenno à venir le voir, l'encouragea à travailler, le publia, le présenta à ses contemporains. (Guéhenno avait perdu ses meilleurs amis dans la Première Guerre mondiale, ce qui avait certainement contribué à faire de lui le pacifiste viscéral qu'il était.)

Dans le salon de Halévy, dans « une vieille maison sombre, au bord de la vieille Seine, devant le rideau des peupliers frémissants », Guéhenno eut le sentiment de découvrir « la culture même ». Il y rencontra Malraux et Drieu, Chamson (qui allait par la suite travailler avec lui à l'hebdomadaire *Vendredi* du Front populaire) ; également Jean Grenier, professeur de lycée — mentor d'Albert Camus à Alger — et essayiste ; Emmanuel Berl, directeur de *Marianne*, la revue hebdomadaire que publiait Gallimard. Le romancier Louis Guilloux retrouvait souvent le philosophe Julien Benda chez Halévy mais, nota Guilloux dans son journal, cela n'empêchait pas Benda d'aller partout dire du mal de Halévy. Selon Lucie Mazauric, épouse et compagne de travail d'André Chamson, Benda était comme l'invité d'un seul jour qui reste des années entières, et puis s'en va mécontent. En plus de Benda, d'autres habitués appartenaient à la génération de Halévy : le philosophe catholique Gabriel Marcel, François Mauriac, l'écrivain Abel Bonnard, enfin le jeune peintre et critique d'art Jacques-Émile Blanche.

Daniel Halévy était l'arrière-petit-fils d'un juif allemand qui avait été *cantor* à la grande synagogue de Paris, et l'auteur en collaboration avec l'un de ses fils du premier dictionnaire français-hébreu (l'autre fils devint un compositeur réputé). Le père de Daniel Halévy était critique, dramaturge, auteur d'opérettes, collaborateur de *la Vie parisienne,* ainsi qu'un habitué des salons littéraires. A cette époque, les Halévy avaient franchi une distance considérable depuis leur judaïsme ancestral, et ils s'identifiaient plutôt à la haute bourgeoisie catholique ou protestante. Daniel Halévy était lui-même historien et biographe (de Nietzsche, de Proudhon), et intimement lié à Péguy (dont il écrivit également la biographie). Ardent défenseur du capitaine Dreyfus, il fut amené à rompre avec un ami antisémite, le peintre Degas, pendant cette époque enfiévrée. Par la suite, son côté conservateur prit le dessus, et il finit par regretter l'intensité de son engagement. Avec le recul, et considérant la réalité politique d'aujourd'hui, cet homme qui pouvait tout à la fois être un humaniste socialiste et l'ami d'un nationaliste comme Maurice Barrès, nous apparaît tout en contradictions surprenantes. Guéhenno le considérait comme « un homme étrange, difficile à comprendre », et finit par le classer comme grand bourgeois conservateur — mais disposé à écouter toutes les opinions. « Très paysan de Paris », au dire de Lucie Mazauric, selon qui il préférait « les habits de futaine sombre qu'il portait avec une élégance nonchalante ; il avait un fin visage encadré d'une barbe courte en collier », et « il guidait la conversation sans hausser le ton ».

En 1897, Daniel Halévy emménagea avec ses parents dans l'hôtel particulier des Bréguet (sa mère était une Bréguet, Suisse protestante). C'était une haute maison

située sur le quai de l'Horloge, à proximité du Pont-Neuf :
pas vraiment sur la rive gauche, mais à quelques pas de là.
Dans les années vingt, Halévy lança la collection Cahiers
verts aux éditions Bernard Grasset ; il en fit un véhicule
pour la publication d'auteurs débutants, souvent avec des
textes brefs. De nombreuses personnalités littéraires et
politiques de l'époque y avaient été publiées, quand elles
n'y avaient pas même été présentées au public pour la
première fois. Dans les seules années vingt, les Cahiers
verts publièrent Julien Benda, Emmanuel Berl, André
Chamson, Pierre Drieu La Rochelle, Alfred Fabre-Luce,
Jean Giono, Jean Giraudoux, Jean Guéhenno, André
Malraux, Gabriel Marcel, François Mauriac, Charles
Maurras, Henry de Montherlant, Paul Morand et Albert
Thibaudet, pour ne mentionner que les noms le plus
souvent cités dans le présent ouvrage. Il s'agissait souvent
des premières œuvres publiées par ces auteurs, des œuvres
qui allaient bientôt les faire connaître du public qui
comptait : la République des Lettres.

Bien qu'il pût publier un Malraux ou un Chamson,
Halévy, dans ses propres écrits, apparaissait comme un
adversaire du Front populaire, et même de la Troisième
République ; puis, lorsqu'il alla jusqu'à approuver le
régime de Vichy, il perdit son rôle de mentor des jeunes de
la rive gauche. André Chamson a écrit que, en 1934,
l'année des émeutes d'extrême droite et des réactions de la
gauche, Halévy cessa d'apparaître comme un hôte désira-
ble pour ceux qui partageaient les idées de Chamson.

Halévy recevait ses invités dans un salon Second Empire
orné de peintures de Degas, au premier étage, au-dessus du
quai. Quand il y avait trop de monde, on ouvrait une vaste
bibliothèque à l'étage au-dessus. On a prétendu qu'il
s'agissait d'assemblées masculines, et que M^me Halévy se
retirait après avoir servi le thé. Mais Lucie Mazauric
participait régulièrement à ces réunions et, au cours de la
décennie (1925-1934) où les Chamson fréquentèrent le
salon des Halévy, elle se souvient de la constante présence
de l'épouse et de la mère de Halévy, ainsi que, parfois, de
sa fille. Et puis Clara Malraux y accompagnait son mari.
Les Chamson les y rencontrèrent pour la première fois, à

l'issue des aventures indochinoises du couple. « Halévy
était assez content, selon M^me Chamson, d'enchâsser ce
diamant noir au milieu de la guirlande bigarrée de vedettes
qui ornait son salon. » Lors de ses après-midi chez lui,
Halévy ne recevait pas seulement des Parisiens mais des
provinciaux ou des étrangers de passage qui n'étaient pas
tous des gens de lettres. Robert Aron se souvient d'un
après-midi des années trente où un certain colonel Charles
de Gaulle expliqua sa philosophie militaire aux invités
rassemblés. [1]

Aucune des autres scènes où apparaissaient les protagonistes de notre drame n'était vraiment aussi officielle que le
salon Halévy. Plus typique des années trente, le salon ou le
bureau encombré d'un auteur plus jeune et fort actif,
encore jeune époux ou jeune père, et tout aussi engagé
dans la lutte pour son pain quotidien que dans la lutte des
classes ou le mouvement antifasciste : tel était le cas
d'André Malraux, qui recevait chez lui au 44 de la rue du
Bac, juste en face de chez son éditeur Gallimard, dont la
*Nouvelle Revue française* constituait en quelque sorte
l'étendard. Parfaitement situé entre le bureau et l'appartement de Malraux, se trouvait l'hôtel Pont-Royal, dont le
sous-sol servait de repaire à la bande de la *NRF*.
Remarquable romancier d'idées, Malraux avait combattu de manière si convaincante aux côtés de la révolution
chinoise, dans ses romans, que l'on croyait — et il jouait
parfaitement le jeu — qu'il avait assisté et peut-être même

---

1. Entretiens avec Jean Cassou, M. et M^me André Chamson (M^me
Lucie Mazauric). *Cahiers Romain Rolland 23*, « L'indépendance de
l'esprit — Correspondance entre Jean Guéhenno et Romain Rolland
(1919-1944) », Paris, 1975 ; Frédéric J. Grover, *Six entretiens avec
André Malraux sur des écrivains de son temps (1959-1975)*, Paris, 1978 ;
Jean Guéhenno, *La Foi difficile*, Paris, 1957 ; Louis Guilloux, *Carnets
(1921-1944)*, Paris, 1978 ; Jean Lacouture, *André Malraux*, Paris,
1973 ; Lucie Mazauric, *Ah Dieu ! que la paix est jolie*, Paris 1972 ; Ernst
Erich Noth, *Mémoires d'un Allemand*, Paris, 1970 ; Alain Silvera,
*Daniel Halévy and His Time*, Ithaca, New York, 1966. Pierre Guiral,
« Daniel Halévy, esquisse d'un itinéraire », *Contrepoint*, n° 20, 1976 ;
Jean Guitton, « Rencontres avec Daniel Halévy », *ibid.* ; Hélène G.
Maire, « Sur Daniel Halévy », *Écrits de Paris*, Paris, février 1975.

participé aux événements. Il dissertait avec la même
conviction de la psychologie de l'art et, si ses auditeurs en
retiraient le sentiment d'une certaine confusion, ils ne
manquaient cependant jamais de demeurer impressionnés
par son brio. Ce n'était certes pas un intellectuel de salon ;
et le prix Goncourt décerné en décembre 1933 à *la
Condition humaine* lui conféra une notoriété nationale.
« Dans les vitrines des librairies, on peut voir les couvertures de sa 25e édition », avait relaté Ehrenbourg à ses
lecteurs soviétiques au mois de mai précédent, « et, dans
les journaux, les critiques lui consacrent des articles
enthousiastes... » Trotski lui-même, de son exil, entama le
dialogue avec lui, le reconnaissant pour un camarade,
même s'il était mal orienté.

Les puristes de la *Nouvelle Revue française* ne devaient
jamais pardonner à Malraux son éloquence quelque peu
obscure — « un Byzantin de bar », comme le décrivit
sans bonté Paul Valéry à Maurice Martin du Gard. Gide
déclarait à Paul Léautaud que jamais Malraux ne serait un
grand écrivain — un grand fasciste ou un grand leader
communiste, peut-être, suivant le parti qui servirait le
mieux ses ambitions —, et, en effet, après la libération de
Paris, Gide fut consterné d'apprendre que Malraux comptait voir publier son œuvre dans la Bibliothèque de la
Pléiade, collection qui conférait littéralement à ses auteurs
le statut de « classiques ». Le réfugié antinazi Manès
Sperber, récemment arrivé à Paris, décrivit ainsi Malraux :

> Il était grand, svelte, les cheveux brun clair, avec une
> large mèche qui lui barrait le front... Le visage allongé
> aux traits mobiles, mais qu'une contraction nerveuse
> déformait par instants, semblait changer d'âge au cours
> d'une conversation... Les grands yeux gris-vert étaient en
> harmonie tantôt avec le romanisme du front, tantôt avec
> l'éloquence de l'intellectuel qui domine souverainement
> ses moyens et qui, d'un regard aigu, en mesure exacte-
> ment les effets.

« Malraux a un mince visage de jeune fille », rapporta
Ehrenbourg à ses lecteurs russes. « Il est extrêmement
nerveux. Dans la conversation, il ne sait pas écouter. »

Mais Ehrenbourg éprouvait du respect pour la versatilité de cet écrivain français : « Il vit au milieu de bouddhas romans et gothiques [*sic*], mais cela ne l'empêche pas de se passionner pour l'économie mondiale. »

Un comédien, affirmaient ses détracteurs. Beaucoup plus tard, il devait expliquer à Frédéric Grover, qui l'interviewait, que les intellectuels avaient vécu le Font populaire comme un sentiment, tandis que pour l'Internationale communiste il avait résulté d'une stratégie construite avec une grande précision (il niait alors avoir lui-même été un internationaliste révolutionnaire). Mais dans les mois précédant le Congrès international des écrivains, Malraux fut interviewé pour une revue de propagande publiée à Moscou, *la Littérature internationale*. Il profita de l'occasion pour parler des différents types d'engagement. Il divisait la gauche française ainsi : « les sentimentaux, type pacifistes devenus révolutionnaires » à cause du péril fasciste, d'une part, et les vrais marxistes de l'autre. Il estimait que les intellectuels français comprenaient mal le communisme, et « l'une de nos premières tâches » allait donc consister à les mettre dans le droit chemin. « Je crois que ce qui retient bon nombre de nos écrivains, c'est leur manque de confiance dans le prolétariat, et même... un manque de confiance en l'homme », disait Malraux. Et il concluait : « Seuls l'URSS et les États-Unis ont confiance en l'homme. Mais le prolétariat soviétique peut répondre mieux que de bonnes paroles. » Quels que fussent ses sentiments réels sur le marxisme et le parti communiste, Malraux participa avec enthousiasme au mouvement anti-fasciste et aux organisations et activités diverses créées par « les sentimentaux » aussi bien que par les « vrais marxistes. »[2]

2. Ilya Ehrenbourg, *Vus par un écrivain d'URSS,* Paris, 1934 ; Frédéric J. Grover, *Six entretiens avec André Malraux,* Paris, 1978 ; Paul Léautaud, *Journal littéraire,* XII (mai 1937-février 1940), Paris, 1962 ; Maurice Martin du Gard, *Les Mémorables,* III (1930-1945), Paris, 1978 ; Maria van Rysselberghe, « Les cahiers de la petite dame » (1937-1945), *Cahiers André Gide 6,* Paris, 1975 ; également (1945-1951), *Cahiers André Gide 7,* Paris, 1977 ; Manès Sperber, *Au-delà de l'oubli (Ces Temps-là,* III), Paris, 1979. « Interview avec André Malraux », *La Littérature internationale,* Moscou n° 5-6, 1934.

L'appartement des Malraux, bien que de dimensions confortables, était incommodément disposé. Pour arriver jusqu'au salon qui servait également de salle à manger et de chambre, le visiteur devait traverser le bureau de Malraux. Ils recevaient rarement beaucoup de gens à la fois, mais il semblait qu'il y eût toujours quelqu'un chez eux. Cinq ou six couples représentaient les habitués ; parmi eux, Bernard Groethuysen, essayiste et philosophe dont l'influence s'est essentiellement transmise par le biais des œuvres d'autres écrivains, ainsi que sa femme, Alix, politiquement fort active et qui écrivait dans *l'Humanité ;* également Louis Martin-Chauffier, journaliste catholique de gauche qui allait devenir le rédacteur en chef de *Vendredi.* Raymond Aron aussi leur rendait volontiers visite, ainsi que Léo Lagrange, membre du gouvernement de Front populaire, ou Emmanuel Berl. Il arrivait même que sans quitter l'appartement on se sentît en première ligne de l'effervescence politique : de ses fenêtres, Clara Malraux pouvait entendre les militants d'extrême droite scander leurs slogans en défilant sur leur terrain de parade préféré, le boulevard Saint-Germain.

Pendant les premières années du fascisme et de l'antifascisme, les Malraux s'engagèrent dans une incessante tournée de réunions avec leurs amis, rue du Bac ou chez quelqu'un d'autre, dans les cafés, dans les rues : « La révolution », décida Clara, « c'est se voir beaucoup ». Elle nota par la suite avec ironie le nombre de gens qui prétendirent avoir intimement connu les Malraux pendant les années trente.

Et puis il y avait les étrangers. Les réfugiés d'Allemagne, les antifascistes italiens comme Nicola Chiaromonte, et ensuite les réfugiés de l'Espagne républicaine vaincue. Et aussi Ilya Ehrenbourg. Quant à l'atmosphère, Ernst Erich Noth relève que Malraux était entouré d'objets d'art glanés en Extrême-Orient, et que Clara s'efforçait de protéger son mari contre les intrusions de visiteurs. Eddy du Perron, écrivain hollandais qui faisait partie du cercle intime des Malraux, leur avait recommandé Noth comme une autorité sur l'hitlérisme, susceptible de fournir à Malraux de précieuses informations pour la rédaction de son roman antinazi, *le Temps du mépris*. Mais sans doute Malraux oublia-t-il l'objet premier de la présentation de Noth, car au cours des nombreuses visites que fit Noth rue du Bac dans les premières semaines, jamais Malraux ne lui posa la moindre question. Il jugeait Malraux passionné de politique, mais manquant de chaleur humaine. « C'était plutôt une énergie glaciale et concentrée qui contrastait par ailleurs ostensiblement avec la nervosité fébrile et presque contagieuse de son comportement », observa Noth dans ses mémoires. « A la longue, il devenait épuisant de l'écouter ; parfois, on s'éloignait en titubant. » Le souvenir de ce qu'avait dit Malraux ne revenait qu'ensuite, mais fournissait, bien sûr, ample matière à réflexion.

Manès Sperber, qui avait déjà séjourné dans une prison allemande avant d'arriver à Paris au printemps 1934 pour travailler avec d'autres réfugiés dans une organisation antifasciste contrôlée par les communistes, rencontra Bernard Groethuysen alors qu'il signait un contrat chez Gallimard pour la publication d'un livre. Groethuysen lui annonça que Malraux souhaitait le rencontrer, et l'invitait à venir prendre le thé rue du Bac. Il se retrouva assis devant une table ronde dans le salon à tout faire, Clara lui servant d'interprète d'allemand en français. Il devait être difficile de traduire « les phrases percutantes qu'il [Malraux] faisait partir comme des fusées ; conclusions abrégées de sa démarche intellectuelle, et dont l'interlocuteur ne pouvait que présumer le contenu, car Malraux, au lieu d'exposer ses conclusions, se hâtait déjà d'en formuler d'autres ». Il fallait concentrer son attention, « car Malraux parlait trop et indistinctement, avec une rapidité qui vous coupait le souffle ». Il rappelait à son visiteur « un coureur de fond qui chercherait à se dépasser lui-même ». Mais Sperber y retournait encore et toujours, car les Malraux accueillaient particulièrement volontiers les émigrés antifascistes.

A l'époque, observe Sperber, Malraux était le « Saint-Just de l'antifascisme » ; les jeunes intellectuels voyaient en lui « leur représentant exemplaire, leur porte-parole et protagoniste ».

Plus tard, alors que Sperber survivait difficilement à Paris, gelant dans sa chambre d'hôtel et ne pouvant se

permettre de faire qu'un seul repas par jour, il fut invité rue
du Bac à prendre le café, après que les Malraux eurent
déjeuné avec André Gide et Paul Nizan. Le malheureux
Sperber affamé se vit offrir un cognac et, la chaleur de
l'appartement venant renforcer l'effet de l'alcool bu à jeun,
il somnola tandis que Gide lui parlait. « Que quelqu'un fût
capable de s'endormir lors de sa première rencontre avec
André Gide... c'était, à l'époque, une chose inimagina-
ble. » Mais cela arriva à Sperber ; telle était la vie d'un
intellectuel réfugié, « celle d'un misérable qui est d'autant
plus rarement invité à des repas qu'il en aurait un plus
grand besoin ». Il se hâte d'ajouter qu'André et Clara
Malraux se trouvaient être les hôtes les plus généreux qu'il
eût jamais rencontrés. [3]

A cette époque, André Gide était sans doute l'homme de
lettres français le plus connu à l'étranger. Il y avait près
d'une trentaine de livres en circulation et, bien que la
plupart de ses œuvres aient développé une esthétique
essentiellement introspective, il faisait ce qu'il pouvait pour
demeurer en contact avec l'avant-garde de son public.
Dans ses premières œuvres, il était apparu comme l'image
même du protestantisme traditionnel français, austère et
intransigeant, mais ses thèmes s'étaient bientôt élargis
jusqu'à embrasser l'hédonisme le plus sensuel ; et il se fit
très tôt le défenseur d'une homosexualité très littéraire. Il
vivait dans un cadre raffiné et peuplé de livres, mais en
même temps s'intéressait à d'autres cultures et d'autres
littératures. Lorsqu'il se résolut finalement à admettre les
préoccupations politiques et sociales à sa table de travail,
ce fut comme s'il commençait une seconde carrière. « C'est
au cours de son voyage au Congo », nota son ami Jean
Schlumberger en 1935, « qu'il s'est, pour la première fois,
trouvé face à face avec l'iniquité sociale et avec l'alternative
de prendre ou de ne pas prendre parti contre elle. »

---

3. Entretiens avec Clara Malraux, Manès Sperber. Clara Malraux,
*Voici que vient l'été* (*Le Bruit de nos pas*, IV), Paris, 1973 ; Ernst Erich
Noth, *Mémoires d'un Allemand*, Paris, 1970 ; Manès Sperber, *Au-delà
de l'oubli* (*Ces Temps-là*, III), Paris, 1979.

Cependant, même après ses voyages en Afrique française et sa condamnation du colonialisme, l'image de dilettante lui resta. « Destructeur, Gide transperce de coups de lance les idéologies bourgeoises », jugea un critique dans le journal procommuniste *Monde* que dirigeait Henri Barbusse, en 1929. « Mais après cela, il se lave les mains, il se refuse à l'action, il ne nous propose rien que de nouvelles inquiétudes. »

Ses détracteurs de gauche cessèrent ensuite de le critiquer. Dans le numéro de juillet 1932 de la *Nouvelle Revue française,* Gide proposa à l'examen du public une partie de son journal. « Mais surtout j'aimerais vivre assez pour voir le plan de la Russie réussir », avait-il écrit. « Tout mon cœur applaudit à cette gigantesque et pourtant toute humaine entreprise. » En septembre, une autre partie de son journal fut publiée. « Je voudrais crier très haut ma sympathie pour l'URSS et que mon cri soit entendu. » Le lecteur pouvait observer que ces notations du journal de Gide dataient de 1931. La *Nouvelle Revue française* publia ensuite — tiré du journal de Gide d'avril 1932 — cet aveu : « S'il fallait ma vie pour assurer le succès de l'URSS, je la donnerais aussitôt. » Il avait cette année-là soixante-trois ans.

Considérant la réputation de Gide, sa position dans le monde littéraire français, il s'agissait là d'une confession bien remarquable, que la presse ne se priva certes pas de relever, et dans bien des cas avec ironie car on n'y voyait qu'une mode éphémère. Plus solennellement, *l'Humanité* décrivait les révélations de Gide comme « typiques de l'attrait qu'exerce, même sur des intellectuels bourgeois, la formidable expérience soviétique ». Dans la revue *Literatournaïa Gazeta* publiée à Moscou, Ivan Anissimov considérait cette déclaration comme « un témoignage extraordinaire du développement rapide de l'esprit révolutionnaire dans les pays bourgeois ». Ilya Ehrenbourg écrivit pour ses lecteurs russes, avec un enthousiasme plus ardent encore : « Il n'est point besoin de parler ici du courage d'André Gide — toute sa vie passée nous dispense de telles louanges. Paul Claudel a abouti à l'Église, Paul Valéry à l'Académie, André Gide a abouti à la vie. »

Plus tard, avec ce recul que permettait une connaissance détaillée des commentaires désappointés de Gide à son retour d'Union soviétique, Ehrenbourg allait affirmer que, tout en se réjouissant de la conversion de Gide, car celui-ci « était l'idole de l'intelligentsia occidentale », déjà à cette époque l'attitude égocentrique de l'écrivain l'avait frappé : en 1937, il le dénonça comme un « vieux renégat hargneux à la conscience impure ». Dans les mémoires qu'il rédigea dans les dernières années de sa vie, Ehrenbourg reconnut s'être trompé dans ses louanges de Gide, et trompé encore dans ses accusations, car « les papillons ne volettent pas d'après des plans d'architecte ». Se rappelant ces années avec moins d'amertume, Malraux voyait en Gide « le dernier des symbolistes » dans son « mépris pour l'histoire ».

Sur le moment, avec cette déclaration d'amour pour le communisme soviétique, Gide ne tarda pas à se trouver happé dans le cours de l'histoire. Peu de temps après la publication de ces premières pages saisissantes, Gide fut sollicité pour apporter son soutien au Congrès mondial contre la guerre qu'organisaient Henri Barbusse et Romain Rolland ; ce congrès, plus tard mieux connu sous l'appellation de Congrès d'Amsterdam, fut l'un des tout premiers rassemblements internationaux de ce type et de cette envergure. Gide accepta de présider un meeting contre l'hitlérisme, patronné en mars 1933 par l'Association des écrivains et artistes révolutionnaires, en compagnie de Malraux, Guéhenno, Vaillant-Couturier. Gide y déclara que, même si l'URSS *aussi* restreignait la liberté, c'était « pour permettre enfin l'établissement d'une société nouvelle ».

Il faut se reporter au journal complet de Gide pour commencer à comprendre l'ambiguïté fondamentale de sa position. L'écrivain qui révélait son antisémitisme par certaines réflexions sur son camarade de lycée Léon Blum, qui avait à une époque sympathisé avec Charles Maurras et l'Action française, et qui demeurait ambigu dans son appréciation de la personnalité d'Adolf Hitler (notation de mai 1933 dans son journal), cet écrivain avouait dans son journal (dans la même période) : « Je n'entends rien à la

politique. Si elle m'intéresse, c'est à la manière d'un roman
de Balzac. » Il refusait d'apposer son nom sur des manifestes ou des pétitions, non pas pour se tenir à l'écart (écrivit-
il), « mais je ne crois pas avoir rencontré jusqu'à présent
une seule proclamation de ce genre dont j'aie pu entièrement approuver le texte, et qui ne faussait pas ma pensée
sur quelque point ».

Désormais, et bien malgré lui, il appartenait à une cause.
Son nom devenait même familier à des gens qui ne liraient
jamais une seule ligne de son œuvre. Ramon Fernandez,
critique à la *Nouvelle Revue française*, certifiait l'authenticité de l'anecdote suivante : le 12 février 1934, lors de la
grève générale qui fit suite aux violentes manifestations
d'extrême droite du 6 février devant l'Assemblée nationale, un ouvrier du bâtiment s'exclama : « Il nous faudrait
des fusils, et descendre vers les quartiers riches. C'est là-
bas seulement qu'on fait du sérieux. Et puis, il faudrait un
homme qui marche à notre tête, un chef, un homme
enfin... tenez, un type dans le genre de Gide. » Fernandez
décelait dans cette phrase « la puissance mythique de la
littérature » ; il aurait tout aussi bien pu parler du pouvoir
de la presse communiste.

Cependant, un mois avant les émeutes du 6 février, Gide
avait accompagné André Malraux dans l'antre du dragon, à
Berlin, pour tenter de convaincre le ministre de la Propagande nazie, Joseph Goebbels, de relâcher Georgui Dimitrov et ses camarades reconnus à Leipzig non coupables
d'avoir mis le feu au Reichstag. Goebbels ne les reçut pas ;
Gide et Malraux durent se contenter de lui adresser un
message : Dimitrov fut libéré avant la fin du mois de
février. En mars, Gide écrivit à un journaliste une lettre
dans laquelle il affirmait « le droit de regard » que chacun
possédait chez son voisin, et grâce auquel la justice
internationale l'emportait sur des considérations locales
plus faciles à manipuler. « C'est grâce à lui, grâce à la
pression de ce " regard " que le procès du Reichstag a
abouti à l'acquittement des innocents ; c'est grâce à lui que
les acquittés ont enfin été relâchés. » Désormais, Gide
devenait un habitué des tribunes dans les meetings et —
bien malgré lui — un nom au bas des pétitions. Il devait

avouer en janvier 1935, lors d'un débat sur son œuvre à l'Union de la Vérité : « Depuis quatre ans que les questions sociales me préoccupent, je n'écris plus. » [4]

Pour aller chez Gide — et Gide et Malraux se rendaient assez souvent visite en ce temps-là —, il suffisait de traverser le boulevard Saint-Germain, et de prendre la seconde ou la troisième rue à droite jusqu'au bout de la rue Vaneau ; de même, quand il allait chez Gallimard, Gide pouvait difficilement éviter de passer devant chez les Malraux. Le marcheur le plus lent parcourait cette distance en dix minutes à peine. En 1935, Gide appartenait déjà de longue date à la gauche engagée, et constituait un objet de respect pour les visiteurs étrangers aussi bien que français ; en dépit de son absence de cérémonie, le salon de Gide était sans doute — à l'exception de celui des Halévy — le plus traditionnel que pût connaître un écrivain de la jeune génération. Le meilleur biographe de Gide, la fidèle Maria van Rysselberghe qui lui servait à la fois d'hôtesse officieuse et de confidente, et qui était mère de la femme qui lui donna un enfant hors des liens du mariage, vivait sur le même palier que lui, au dernier étage d'un vieil immeuble cossu situé au 1 bis de la rue Vaneau ; elle considérait l'appartement de son voisin comme un carrefour : il lui semblait que quiconque avait un problème, partait en voyage ou en revenait, éprouvait le besoin de venir. La liste des visiteurs qu'elle décrit dans l'extraordinaire journal qu'elle nous a laissé, constitue un véritable annuaire du Paris intellectuel. Quelqu'un de plus jeune pouvait se sentir

4. Ilya Ehrenbourg, *Vus par un écrivain d'URSS,* Paris, 1934 ; *La nuit tombe,* Paris, 1966 ; André Gide, *Journal (1889-1939),* Paris, 1948 ; André Gide, *Littérature engagée,* Paris, 1950 ; Frédéric J. Grover, *Six entretiens avec André Malraux,* Paris, 1978 ; Maria van Rysselberghe, « Les cahiers de la petite dame » (1929-1937), *Cahiers André Gide 5,* Paris, 1974. André Gide, « Pages de Journal », la *Nouvelle Revue française,* Paris, juillet 1932, septembre 1932, octobre 1932 ; Ramon Fernandez, « Littérature et politique », la *Nouvelle Revue française,* février 1935 ; Augustin Habaru, « André Gide », *Monde,* Paris, 23 novembre 1929 ; Jean Schlumberger, « Gide Rue Visconti », la *Nouvelle Revue française,* mars 1935. Nous avons consulté, enfin, le dossier de coupures de presse de Gide dans les Dossiers Gide, à la bibliothèque de Jacques Doucet.

particulièrement impressionné par l'aspect traditionnel de la maison de Gide. Voici comment Claude Mauriac le vit en 1938 :

> Rue Vaneau. André Gide vient me chercher dans la petite pièce où la secrétaire m'a introduit. Muet, glacé, intimidant, il me désigne d'un geste large le couloir où il s'engage à ma suite. « Une lettre à signer ? Vous permettez ? » Et il s'en va. Demeuré seul, je regarde cette haute pièce tapissée de livres. Le jour tombe. La petite baie ouvre sur des jardins embrumés, des toits gris… Deux minutes, et Gide reparaît détendu, allègre ; il me donne la main avec affabilité. En fait, il commence seulement à me voir.

Claude Mauriac n'allait pas tarder à devenir un fidèle de la suite de Gide. Il fut introduit dans le vaste atelier du jeune ami de Gide, Marc Allégret, où le trapèze suspendu au plafond se trouvait encore à la fin de la Seconde Guerre mondiale, lorsque Camus y habita. Ou bien Mauriac déambulait avec Gide sur le boulevard Saint-Germain : l'un des moments les plus intenses de leur relation se déroula sur un banc de ce boulevard, juste devant le restaurant Calvet (en face du café de Flore).

Pour le jeune couple que formaient André Chamson et Lucie Mazauric, l'appartement de Gide représentait davantage une expérience collective. Ils s'asseyaient en cercle avec les autres invités, et chacun s'exprimait à son tour « comme dans une université américaine ». Gide sollicitait l'avis de ses visiteurs, jeunes ou vieux, sur les questions qui l'intéressaient, faisant tourner subtilement la conversation autour de son sujet — car il y avait toujours un sujet du jour. Il arrivait que l'on parlât de littérature ; mais, en ces turbulentes années trente, la politique occupait plus souvent le devant de la scène. Parmi les visiteurs se retrouvaient fréquemment Jean Guéhenno et Emmanuel Berl. Un personnage nettement plus surprenant était Lucien Combelle, fils du peuple de la rive gauche et militant de droite, qui s'était construit une culture le hissant jusqu'à l'élite de son temps. A la suite d'un échange de lettres entre ce jeune admirateur et son aîné, Gide l'avait invité à venir

prendre le petit déjeuner un dimanche. Combelle n'avait
pas tardé à devenir un habitué, chose étrange dans un
groupe d'intellectuels de gauche, mais Gide savait mettre
ses invités à l'aise. Fait incroyable, Combelle fut son
secrétaire avant de devenir celui de Pierre Drieu La
Rochelle, puis d'entrer dans la presse de la collaboration. [5]

Et puis il y avait d'autres pôles d'attraction — on est
tenté de dire : de pouvoir. Les surréalistes, par exemple,
qui vivaient et luttaient ensemble dans une partie à présent
disparue de la rue du Château (au numéro 54) derrière la
gare Montparnasse, à peu près aussi loin que l'on pouvait
être, spirituellement ou géographiquement, du quartier
général d'André Breton — rue Fontaine, au-dessous de
Montmartre. Un triste petit pavillon dans un triste petit
quartier, caché par un mur, qui était tombé aux mains des
chiffonniers et puis qu'eux-mêmes avaient abandonné.
Marcel Duhamel le loua et le transforma, Yves Tanguy le
décora dans un style lugubre. Les jeunes surréalistes, qui
n'y vivaient pas, l'utilisaient comme lieu de réunion infor-
mel. Selon André Thirion, le membre de la communauté
qui en donna la meilleure description, la différence essentielle entre le groupe d'André Breton de la rive droite et
celui de la rue du Château résidait dans l'atmosphère plus
libre de ce dernier. Breton dirigeait son groupe suivant ses
décisions personnelles, tandis que la jeune meute de la rue
du Château échappait davantage à la doctrine ; à la
« pureté » de la rue Fontaine, Thirion oppose l'environnement plus éclectique du travail accompli rue du Château,
où les habitants « étaient à bien des égards plus *dans leur
temps* ». Après le départ de Marcel Duhamel, le critique de
cinéma et camarade de Louis Aragon, Georges Sadoul
reprit le bail, et s'y établit avec Thirion. L'atmosphère
devint de plus en plus politique, et ils hébergèrent même
pendant quelque temps un certain Alfred Kurella, agent de
l'Internationale communiste chargé des affaires culturelles.

5. Lucien Combelle, *Péché d'orgueil*, Paris, 1978 ; Claude Mauriac,
*Conversations avec André Gide*, Paris, 1951 ; Lucie Mazauric, *Ah
Dieu ! que la paix est jolie*, Paris, 1972 ; Maria van Rysselberghe, « Les
cahiers de la petite dame » (1929-1937), *Cahiers André Gide 5*, Paris,
1974.

Quant au vaste atelier de Louis Aragon, il se trouvait à Montparnasse, au 5 de la rue Campagne-Première (Aragon était également réputé avoir décoré les toilettes du 54 rue du Château). Près de là, Ilya Ehrenbourg habitait rue du Cotentin. Selon Nino Frank, la clé demeurait en permanence sur la porte comme pour proclamer que tous les visiteurs étaient bienvenus. L'écrivain évoque une soirée donnée par Ehrenbourg en l'honneur de l'écrivain russe Eugène Zamiatine, auteur de *Nous autres,* qui n'était pas encore tombé en disgrâce dans son pays natal et qui séjournait brièvement à Paris. André et Clara Malraux étaient également présents ce soir-là, elle servant une fois de plus d'interprète — pour Zamiatine, cette fois, car il parlait l'allemand. André et Lucie Chamson gardèrent le souvenir d'un appartement anonyme, un meublé typique, où la seule touche personnelle apportée par Ehrenbourg était un chien, un mélange de terrier griffon et d'épagneul. Ehrenbourg lui-même relate une visite de Gide, qui prenait un biscuit et s'en servait pour gesticuler tout en parlant, jusqu'au moment où le chien sautait et s'emparait du biscuit ; sans paraître s'en apercevoir, Gide reprenait un biscuit et poursuivait son discours, ponctué de gestes, jusqu'au moment où le chien recommençait, et ainsi de suite inlassablement.

Lorsqu'ils vivaient encore à Paris, les Chamson recevaient chez eux rue Thouin, près de la place du Panthéon ; ils invitaient leurs amis à venir après le dîner, n'ayant guère les moyens de nourrir leurs éminents invités. Gide y rencontra un certain nombre de membres de la nouvelle génération, et Roger Martin du Gard y fit la connaissance de Louis Guilloux. Et Gide y rencontra un jour le leader radical-socialiste Édouard Daladier, car les deux hommes souhaitaient se connaître. Quand Gide annonçait sa visite chez les Chamson, il suppliait que l'on demeurât « en tout petit comité » ; de même que leur ami Martin du Gard, il évitait en effet de rencontrer de nouvelles têtes.

On frappa un jour à la porte et, en ouvrant, Chamson se trouva devant trois élèves de l'ENS qui lui déclarèrent qu'ils admiraient son œuvre, et qu'ils souhaitaient le rencontrer. Il s'agissait de Robert Brasillach, Jean-Pierre

Maxence et Jacques Talagrand (qui devait signer plus tard,
nous l'avons déjà dit, Thierry Maulnier), tous d'extrême
droite et fiers de l'être ; jusqu'alors, Chamson n'avait rien
écrit qui pût les choquer. L'attaque lancée par Brasillach
contre Chamson dans *l'Action française,* le quotidien
réactionnaire, royaliste et raciste que dirigeait Charles
Maurras, mit fin aux relations qu'ils avaient pu développer.
Chamson partit pour Versailles, où il était nommé conservateur du château ; avec sa femme, ils purent commencer à
recevoir plus élégamment — mais moins commodément, et
une partie de la gauche engagée s'y rendait pour assister à
leurs réceptions dominicales — parmi eux Gide et Martin
du Gard, Guéhenno, Aragon Ehrenbourg, Nizan, Louis
Martin-Chauffier, parfois Antoine de Saint-Exupéry, Jean
Prévost, Jean Schlumberger et Jean Paulhan.

Dans le milieu de la *Nouvelle Revue française,* Bernard
Groethuysen représentait une sorte d'éminence grise. Une
fois de plus, nous disposons, grâce à la *petite dame* de
Gide, d'impressions sur les Groethuysen, rue Campagne-
Première où elle accompagna Gide pour un thé studieux.
« Quelle bonne atmosphère règne autour de Groethuysen ! » s'exclame-t-elle. « Son imagination féconde, son
désintéressement aèrent tous les points de vue. » « Groeth
— c'est ainsi qu'avec respect et sympathie on l'appelait à la
*NRF* », selon Manès Sperber, « était un homme de belle
prestance, accordée au ton tranquille et assuré de son
discours et à la qualité des gestes qui l'accompagnaient. » Il
portait la barbe, et fumait sans répit. De parents hollandais
et russe, il était germaniste, avait enseigné à l'université de
Berlin, et sympathisait avec le communisme. Éminence
grise ? Tous s'accordaient à lui reconnaître une influence,
occulte peut-être, sur Gide, Malraux, et bien d'autres
personnages importants du groupe Gallimard et *Nouvelle
Revue française ;* à bon nombre d'entre eux il révéla Marx
aussi bien que Kafka. On disait également de Groethuysen
qu'il était plus souvent invité qu'hôte, et il dînait chaque
semaine chez les Malraux après la réunion du comité de
lecture chez Gallimard.

Martin du Gard recevait dans son charmant et curieux
appartement de la rue du Cherche-Midi, entre Saint-

Germain-des-Prés et Montparnasse. D'après les souvenirs des Chamson, les discussions y étaient moins politiques, moins passionnées ; de même que rue Vaneau, on y servait de délicieux canapés. Un autre initié de la *NRF*, Jean Schlumberger, habitait tout près de là, rue d'Assas. Invités à déjeuner chez lui en compagnie d'Adrienne Monnier et de Sylvia Beach, les libraires de la rue de l'Odéon, les Chamson se virent escorter par un maître d'hôtel jusque dans une austère bibliothèque ornée de tableaux. Ernst Erich Noth se souvenait du salon de Gabriel Marcel, rue de Tournon ; Gabriel Marcel dirigeait une collection de littérature étrangère aux éditions Plon, à une ou deux rues de chez lui. Bien que politiquement conservateur, il recevait chez lui des gens de toutes tendances : Pierre Jean Jouve, Jean Wahl, Ramon Fernandez (que l'on pouvait alors définir comme un homme de gauche), Marc Slonim et Nicolas Berdiaeff, Charles Du Bos et Daniel Halévy, Adrienne Monnier et Sylvia Beach.

Les librairies de ces deux maîtresses femmes ont déjà été décrites. Leur importance comme lieux de rencontre pour ceux qui n'avaient pas de salon où aller, mais surtout comme lieux où primait le livre du moment, le visiteur du moment, le poème qu'on allait lire en public, cela apparaît clairement dans les souvenirs pleins de gratitude de ceux qui s'y rendaient régulièrement. Lucie Mazauric s'inscrivit à la bibliothèque de prêt d'Adrienne Monnier dès son arrivée à Paris, ajoutant son nom à une liste qui comprenait déjà Gide, Jules Romains, André Maurois, Valery Larbaud et Léon-Paul Fargue, de sorte qu'elle avait souvent l'occasion de s'entretenir avec ses prestigieux aînés ; son mari André Chamson était l'un de ces jeunes auteurs dont la carrière bénéficiait des précieuses louanges d'Adrienne Monnier, prononcées au bon moment. Celle-ci avait « des yeux très clairs, un timbre de voix doux », et portait de « longues robes grises, froncées à la taille, en tissu épais, un peu monacales, un peu savoyardes, comme son pays d'origine ».

Adrienne Monnier et Sylvia Beach semblaient recevoir sans discontinuer. « Fastueuses et simples, sans fortune et sans complexe par rapport à l'argent, elles avaient toujours

quelque bon prétexte pour réunir leurs amis... On y était
gai, drôle, pas femme de lettres pour un sou, sympathique
à la littérature vivante, sévère pour les conformistes... »
Pendant toutes ces années d'apprentissage, « le grand
quartier général des amis » était pour André et Lucie la
Maison des Amis des livres, où Adrienne et Sylvia présentaient les jeunes espoirs de la littérature française à leurs
aînés, Valéry, Claudel, Gide, Schlumberger, Martin du
Gard et, parfois, grâce à Sylvia Beach, James Joyce.

Pour un futur écrivain encore plus jeune, qui n'avait ni
l'âge ni le rang d'entrer dans le saint des saints, le seul fait
de s'inscrire à la bibliothèque de prêt d'Adrienne Monnier
constituait une clé pour entrer dans le monde des lettres.
Claude Roy, intimidé par un employé hargneux de la
bibliothèque de prêt Gallimard, sise boulevard Raspail, fut
immédiatement conquis par la gentillesse d'Adrienne.
« Moniale discrètement bouddhiste, Adrienne était ronde
et rustique, vêtue de bure grise et de fichu de laine crue, les
yeux bleus doucement entêtés, les joues comme lavées au
savon de Marseille. J'étais un garçon frisé amoureux des
poètes. » Claude Roy mentionne Yves Bonnefoy, Michel
Cournot, Jean Amrouche et Henri Pichette parmi les
jeunes gens dont on pouvait dire que la carrière a débuté
rue de l'Odéon. Il se souvenait d'Adrienne Monnier
comme d'une intermédiaire, telle l'abeille allant de fleur en
fleur, rendant hommage aux libraires qui ne se préoccupent
pas exclusivement de gagner de l'argent, mais qui ont la
passion des bons livres et le désir de faire partager cette
passion aux visiteurs, qui leur sont amis autant que
clients. [6]

6. Entretiens avec M. et M^me André Chamson, Clara Malraux. Ilya
Ehrenbourg, *La nuit tombe*, Paris, 1966 ; Nino Frank, *Le Bruit parmi le
vent* (*Mémoire brisée*, II), Paris, 1968 ; Lucie Mazauric, *Ah Dieu ! que
la paix est jolie*, Paris, 1972 ; *Le Louvre en voyage (1939-1945)*, Paris,
1978 ; Ernst Erich Noth, *Mémoires d'un Allemand*, Paris, 1970 ;
Claude Roy, *Moi je*, Paris, 1978 ; Maria van Rysselberghe, « Les
cahiers de la petite dame » (1929-1937), *Cahiers André Gide 5*, Paris,
1974 ; Manès Sperber, *Au-delà de l'oubli* (*Ces Temps-là*, III), Paris,
1979 ; André Thirion, *Révolutionnaires sans révolution*, Paris, 1972.

# 4

## Côté cour, côté jardin

En observant de si loin le ferment des années trente, on ne peut s'empêcher d'être frappé par le fait qu'il s'agissait d'un effort collectif, résultant de réunions — qu'elles fussent informelles et restreintes, ou bien vastes et publiques. Il est vrai que l'accomplissement le plus notable des protagonistes si grégaires de cette histoire fut le dialogue politique, car il faut se rappeler qu'aucune œuvre importante ne vit le jour au cours de ces années politiques. André Malraux, par exemple, avait écrit le meilleur de son œuvre avant de monter sur les tribunes politiques, et, bien sûr, André Gide aussi. Lorsqu'une œuvre importante paraissait, elle était l'œuvre d'un solitaire rejetant les réunions et les organisations : ainsi, Louis-Ferdinand Céline, ou même Jean-Paul Sartre, qui réduisit également sa production créatrice lorsqu'il monta finalement sur la scène politique ; plus tard, on allait pouvoir en dire autant d'Albert Camus, qui dut littéralement devenir un exilé intérieur avant de retourner à l'écriture créatrice. Ce qui demeurera de ces années d'avant-guerre, sans compter les écrits des solitaires et des misanthropes, c'est précisément une critique littéraire et politique, la rhétorique contenue essentiellement dans les revues hebdomadaires et mensuelles. Face à l'énergie créée sous la pression de ces années, la littérature pure n'avait pratiquement aucune chance.

Le terrain commun aux intellectuels de la rive gauche était constitué par les bureaux de leurs maisons d'édition et des revues auxquelles ils collaboraient. Pour ceux à qui manquait une lettre d'introduction auprès d'hommes ou de femmes de lettres influents, la maison d'édition pouvait représenter une véritable compensation. Il n'était même pas nécessaire d'avoir en poche assez d'argent pour un café, car il y avait toujours quelqu'un de la maison pour vous emmener dans un bar voisin. A l'époque déjà, la plupart des maisons d'édition se trouvaient situées dans les cinquième, sixième et septième arrondissements. Mais les plus prestigieuses se trouvaient à proximité de l'église Saint-Germain-des-Prés : Gallimard, avec la *Nouvelle Revue française*, rue Sébastien-Bottin ; Grasset, rue des Saints-Pères ; Émile-Paul Frères, rue de l'Abbaye ; Flammarion, rue Racine ; Plon, rue Garancière ; le Mercure de France (et la revue du même nom), rue de Condé ; Rieder, boulevard Saint-Germain ; et enfin Fasquelle, rue de Grenelle.

A l'époque, Gallimard dominait la scène. Gallimard, la *Nouvelle Revue française :* qui aurait pu faire la différence entre les collaborateurs de la maison d'édition, les rédacteurs de la revue, et les auteurs proprement dits, dans cette cage à lapins de la rue Sébastien-Bottin, souvent encore appelée rue de Beaune (car une partie de la rue venait juste d'être rebaptisée) ? Gaston Gallimard aimait appeler sa maison les « Éditions de la Nouvelle Revue française », et le sigle « *NRF* », dessiné par Jean Schlumberger, l'un des fondateurs de la revue, figurait sur chaque livre publié. Et, de fait, la plupart de ceux qui collaboraient à la revue avaient leurs livres publiés par Gallimard ; les livres paraissaient même, parfois, en feuilleton dans la revue. André Gide était l'un des fondateurs de la revue (avec Schlumberger et l'homme d'affaires Gaston Gallimard). Par sa curiosité à l'égard de toute littérature nouvelle et de tout mouvement politique nouveau, il courait le risque de se laisser entraîner fort loin ; mais il personnifiait l'esprit de la *Nouvelle Revue française*. L'une des premières publications des Éditions de la Nouvelle Revue française, en 1911, avait été une œuvre de Gide, et cet écrivain politique, ou tout au moins constant, allait être l'un des auteurs les plus sûrs de la maison d'édition, comme de la revue, pendant les décennies à venir. Si tout d'abord le mensuel avait été publié chez Schlumberger, au 78 de la rue d'Assas, il n'avait pas tardé à rejoindre la maison d'édition, afin que nul ne pût séparer ce qui s'était si bien uni.

Curieux de nouvelle littérature, Gide l'était, certes...
mais c'est presque un cliché que de rappeler comment les
classiques de la *NRF* avaient laissé passer Marcel Proust,
ainsi que d'autres jeunes prometteurs qui eurent parfois la
chance d'être publiés par Grasset. Dès 1923, Gide avouait
dans son *Journal* qu'il existait un groupe de refusés de la
*NRF*; huit auteurs au moins avaient été « blackboulés par
nous ». Quant à l'esprit de la *NRF*, on peut également
préciser que le copinage y régnait à grande échelle. On
écrivait dans la revue pour ses amis, mais pouvait-on
compter sur une critique objective, justement, de la part de
ses amis ? Si André Malraux, lecteur chez Gallimard,
écrivait une critique d'un nouveau livre de Gide pour la
*Nouvelle Revue française*, ce dernier en était averti. Et
même, on pouvait lire les épreuves d'une critique de son
propre livre grâce à l'obligeance d'un collègue. (Cela ne se
produisait pas seulement à la *NRF* : dans le journal
posthume d'Eugène Dabit, nous pouvons lire le récit d'une
visite chez Gide, où l'écrivain lui donna à lire un article
qu'écrivait à son sujet Guéhenno et qui devait paraître dans
*Europe*...)

Lorsque commence notre histoire, le principal animateur
de la maison d'édition et de la revue n'était plus Gide, mais
Jean Paulhan, plus jeune que lui d'une quinzaine d'années.
S'il ressemblait le moins du monde à Gide, c'était par
l'éclectisme de son goût, une certitude sous-jacente quant à
son propre jugement littéraire, le tout allié à une apparente
naïveté. Mais, contrairement à Gide qui se révélait aventu-
reux dans ses choix politiques et confus dans ses déclarations, Paulhan (d'après un disciple et admirateur) rejetait
les doctrines. Il aspirait à être une sorte de Montaigne, et à
demeurer aussi éloigné que possible du genre d'engagement que devait prôner Sartre dans les années d'après-
guerre. Plus tard, Julien Benda, extrêmement rigide, allait
fourrer dans le même sac Paulhan et Malraux, et Gide et
Valéry, dans ses attaques contre l'anti-intellectualisme de
la littérature française contemporaine. Pour Benda, l'esthétique d'un Valéry ou d'un Gide apparaissait indiffé-
rente, et la création de la *Nouvelle Revue française*
représentait le triomphe de la littérature pour la littérature.

La collaboration même de Benda à la revue était considérée comme une anomalie, voire un scandale.

L'attitude politique de Paulhan avant la Seconde Guerre mondiale se résumait ainsi : « Il ne faut pas compter sur nous » — titre d'un essai qu'il publia en décembre 1938 dans la *Nouvelle Revue française* après la signature du pacte de Munich : il refusait que la littérature fût réduite au service de la politique. « Je ne sais si Baudelaire est sain ou malsain », écrivit-il. « Je ne sais s'il faut le recommander aux familles et aux généraux... Mais s'il est pour cet État une attitude absurde, c'est celle qui consiste à prier Baudelaire... d'écrire désormais ses poèmes à la gloire de la famille. » Paulhan demandait que l'État fît son métier, et permît à Baudelaire de faire le sien. Et, après la Libération, Paulhan revendiqua le droit pour l'écrivain de se tromper, et, pour son compte, rejeta la liste noire de ceux qui avaient collaboré avec l'ennemi. Pourtant, entre ces deux événements, Paulhan fit montre d'un rare courage comme recruteur, agent de liaison et receleur de manuscrits pour les publications clandestines de la Résistance.

La *NRF* pouvait assurément servir de tribune, et quand, dans un numéro de la revue, Jean Schlumberger écrivit que les auteurs ne devaient se risquer dans l'arène politique qu'avec précaution (cela se passait en décembre 1934), Ramon Fernandez lui rétorqua que les écrivains et même les poètes avaient un rôle légitime à remplir en influant sur l'action. Pour Fernandez, « une revue comme la *NRF* [était] la vraie place publique pour lettrés ». Cela laissait une marge considérable quant à la position qu'il fallait prendre, et à la direction dans laquelle on devait influer sur l'action. Car la *Nouvelle Revue française* ouvrait aussi largement ses colonnes à un Drieu La Rochelle fasciste qu'à un André Malraux antifasciste. Si un critique pouvait déplorer l'apologie de l'hitlérisme dans quelque œuvre de Jérôme et Jean Tharaud (« C'est l'humain qui fait la littérature ; et un juif tué ou un socialiste tué est aussi tragique que Dollfuss »), un autre critique, qui se trouvait être un collaborateur régulier de la revue, Marcel Arland, avait de fort bonnes choses à dire sur le livre scatologique de Céline, *Bagatelles pour un massacre,* véritable classique de la littérature raciste : Arland regrettait que les attaques de Céline contre les juifs fussent sans nuance ni équité, mais estimait légitime que ces accusations pussent être exprimées, même si la moitié d'entre elles étaient fausses. « Qu'on lise les pages qui ont trait à la critique, au cinéma, à la littérature, en dépit des erreurs et des généralisations simplistes, la position essentielle de Céline est solide et sa voix porte loin. » Céline avait affirmé que les critiques étaient « enjuivés » et conspiraient pour imposer au public Gide, Proust et autres homosexuels ; il qualifiait *la Grande Illusion* de propagande juive, l'académie Goncourt et la Comédie-Française d'instruments juifs — et protestait même que la France entière était aux mains des juifs, « corps, biens et âmes ».

Tout cela pour montrer qu'il y avait place chez Gallimard pour le *Socialisme fasciste* de Drieu (1934) en sandwich entre *la Condition humaine* (1933) et *le Temps du mépris* (1935) de Malraux. Le catalogue de cette maison d'édition pouvait pratiquement se confondre avec une bibliographie de littérature contemporaine, où n'auraient manqué que quelques noms. Et un auteur Gallimard pouvait faire toute une carrière littéraire grâce aux critiques d'autres auteurs Gallimard et aux prix littéraires décernés par des jurés Gallimard. Des réceptions Gallimard, qui rassemblaient l'élite des lettres françaises, la *petite dame* de Gide disait : « C'est l'occasion de revoir des êtres qu'on avait perdus de vue, ou d'adapter enfin un visage à un nom. » D'une de ces réceptions — en juin 1939, dans les derniers mois de la paix — Paul Léautaud nota dans son journal fourre-tout : « Un monde fou. On ne pouvait pas circuler. » Il taquina Gaston Gallimard et Jean Paulhan : « J'espère que tous ces gens-là n'écrivent pas dans la revue. »

A l'intérieur de la ruche de la rue Sébastien-Bottin, on voyait littéralement la littérature se faire, car les lecteurs travaillant dans les bureaux y écrivaient également leurs essais et leurs livres. L'histoire littéraire pouvait s'y faire dans un bureau de quatre mètres carrés — les dimensions de celui de Malraux. Ou bien dans cette salle des pas perdus que constituait le hall d'entrée, et qui fut l'un des grands carrefours de civilisation de ces années-là. Les

réunions débordaient dans la rue, dans les lugubres petits
cafés du quartier, dans le sous-sol plus élégant de l'hôtel
Pont-Royal. Dans l'immeuble même, dans l'un ou l'autre
de ces minuscules bureaux, les Malraux, les Paulhan, les
Raymond Queneau lisaient des manuscrits, préparaient des
rapports, organisaient des collections, des anthologies, des
livres d'art, rédigeaient des prières d'insérer. Ce pouvait
être une expérience terrifiante pour de jeunes auteurs
impressionnables. Après une visite à Gaston Gallimard en
mars 1934, Eugène Dabit confia à son journal qu'en dépit
de l'accueil affectueux et chaleureux de l'éditeur, il n'avait
pas osé lui parler de livres, « alors que presque tout le jour
il entend parler littérature ». Pour conclure : « Je ne sors
pas toujours joyeux de la *NRF*. » Quelques mois plus tard,
une visite à Paulhan dans le même immeuble le laisse empli
de « doute, incertitude, dégoût parfois ».

> Quelle usine à livres... La façon dont on en parle, comme
> on les voit naître et mourir. Mais l'épreuve est plus
> pénible encore dans le bureau de Jean Paulhan. Les
> auteurs qu'on y rencontre : les précieux, les esprits forts
> ou singuliers. La place que Paulhan accorde à ces auteurs,
> celle qu'il donne à la littérature la plus particulière,
> parfois excellente, et d'autres fois...
> Lui-même si curieux, complexe. Je n'en ai pas moins pour
> lui une vraie sympathie [1].

Il existait d'autres regroupements de ce type, et en
particulier la maison Grasset, rue des Saints-Pères. Et puis
il y avait les salles de rédaction des hebdomadaires culturels
et politiques ; ce fut dans les bureaux de la revue *Marianne*,
financée par Gallimard et dirigée par Emmanuel Berl,
qu'André Malraux remarqua pour la première fois la jeune

1. Entretien avec M. et Mme Chamson. Julien Benda, *Les Cahiers
d'un clerc (1936-1949)*, Paris, 1949 ; Eugène Dabit, *Journal intime
(1928-1936)*, Paris, 1939 ; André Gide, *Journal (1889-1939)*, Paris,
1948 ; Paul Léautaud, *Journal littéraire*, XII (mai 1937-février 1940),
Paris, 1962 ; Maria van Rysselberghe, « Les cahiers de la petite
dame » (1929-1937), *Cahiers André Gide 5*, *Cahiers André Gide 6*,
également (1937-1945), Paris, 1974, 1975. Ramon Fernandez, « Littérature et Politique », *La Nouvelle Revue française*, février 1935.

femme qui allait devenir sa compagne et la mère de ses deux fils ; elle était la secrétaire de Berl, et il devait la revoir un dimanche lors d'un déjeuner chez les Gallimard. Le samedi soir, quand la revue était prête à mettre sous presse, les femmes et les amis des rédacteurs et des collaborateurs les rejoignaient chez l'imprimeur — un Gide, un Jean Cassou, un André Maurois, un Joseph Kessel pouvaient se trouver là avec les Malraux et les Gallimard, et tous ensemble ils partaient dîner au restaurant. (D'après les souvenirs de la veuve de Pierre Brossolette, ancien élève de l'École normale supérieure, qui était le directeur technique de *Marianne*. Brossolette nous est mieux connu comme coordinateur des divers mouvements de la résistance française ; il se suicida entre les mains des Allemands pour éviter de trahir sous la torture la stratégie de De Gaulle.)

Il y avait également la revue de Guéhenno, *Europe,* publiée dans les bureaux de l'éditeur Rieder, au 7 de la place Saint-Sulpice, puis au 108 du boulevard Saint-Germain, plus précisément dans une unique pièce chichement éclairée et bourrée de livres et de manuscrits. On y rencontrait, bien sûr, Guéhenno, pacifiste de gauche et professeur de lycée, des collaborateurs occasionnels. Quand Guéhenno démissionna pour protester contre ce qui lui parut une mainmise communiste sur *Europe,* son successeur Jean Cassou continua à recevoir les auteurs dans ses locaux successifs, boulevard Saint-Michel puis place de la Sorbonne.[2]

L'histoire des salles de réunion de la rive gauche réclame également d'être écrite. Quand commence notre histoire, le site principal en était le palais de la Mutualité, dans un vaste immeuble de belle conception qui servait de siège social à un organisme d'assurances sociales, tout près de la place Maubert, dans le quartier Latin. La grande salle du sous-sol, dans le style art-déco qui était à la mode à

---

2. Gilberte Brossolette, *Il s'appelait Pierre Brossolette,* Paris, 1976 ; Suzanne Chantal, *Le Cœur battant — Josette Clotis-André Malraux,* Paris, 1976.

l'époque de son édification, en 1931, pouvait accueillir 2 200 personnes, tandis qu'un auditorium du rez-de-chaussée pouvait en contenir 900 de plus. Avec le recul, il semble que la Mutualité ait vu se succéder, continuellement, au cours des années trente, meetings, congrès et conférences ; mais les registres du bureau de location n'existent plus, et son histoire ne pourrait être reconstituée que grâce aux coupures de presse. Pour des rassemblements moins ambitieux, on pouvait choisir entre l'étrange coupole des Sociétés savantes, rue Danton, la salle de Géographie, boulevard Saint-Germain près du café de Flore, ou l'indescriptible bâtisse à tout faire du 44 rue de Rennes, juste à côté des Deux Magots, où l'on pouvait organiser un meeting — ou bien encore une réunion de cellule clandestine. Au carrefour de l'Observatoire, la vieille salle Bullier, lieu traditionnel des bals d'étudiants, constituait un lieu privilégié pour les meetings populaires de la première moitié des années trente.

Mais il ne faudrait pas oublier que, de toutes les institutions littéraires, les plus officielles siégeaient aussi au cœur de la rive gauche : l'Académie française, l'Institut, avec leurs séances solennelles auxquelles assistaient les écrivains, les professeurs et les hommes de science parvenus au faîte de la renommée. En ce temps-là, l'Académie française comptait par exemple parmi ses membres François Mauriac (élu en 1933) et Georges Duhamel (1935), cette éminente institution comptait également parmi ses quarante membres de nombreux dirigeants de la droite intellectuelle : Abel Bonnard, Abel Hermant, André Bellessort, Jacques Bainville, Jérôme Tharaud et Charles Maurras (1938). Mais, par définition, les académies et les instituts n'attiraient qu'un public limité, et la vie ne semblait y reprendre que lorsqu'un fauteuil était déclaré vacant.

Nous pouvons à présent nous tourner vers les lieux de réunion les plus démocratiques : les cafés. Pour en saisir le rôle, il faut d'abord comprendre à quel point les échanges entre Parisiens se déroulaient hors de chez eux. On pouvait non seulement rencontrer ses amis au café, mais aussi y régler ses affaires, y passer la moitié de sa journée à écrire

des lettres — ou bien un livre. Point n'était besoin
d'invitation pour adresser la parole à un autre client du
café, et un rendez-vous au café remplaçait bien souvent une
invitation chez soi ; cela protégeait l'intimité du domicile
et, s'il s'agissait d'une modeste chambre sous les combles,
c'était une raison de plus de recevoir dans une brasserie
étincelante. Peu de mémoires de cette époque font abstrac-
tion de ces salons traditionnellement littéraires et artistiques qu'étaient les cafés de Montparnasse et de Saint-
Germain-des-Prés. Certains de ces cafés allaient être
associés à des groupes politiques spécifiques, à des idéologies particulières : au début de ce siècle le Flore, fondé au
Second Empire, constituait d'une certaine manière le vrai
quartier général de l'Action française ; les premiers manifestes royalistes y furent composés, et Maurras intitula l'un
de ses livres, *Au signe de Flore.* Maurras vivait à quelques
rues de là, au 60 de la rue de Verneuil. Pour les écrivains à
qui manquaient la place ou les moyens de recevoir leurs
amis, les cafés représentaient un terrain de rencontre :
Apollinaire, qui avait habité à quelques centaines de
mètres de là, sur le même boulevard, retrouvait ses amis au
Flore, où ensemble ils fondèrent leur revue, *les Soirées de
Paris.*

Le poète Eugène Guillevic arriva à Paris en 1935,
virtuellement sans amis ; mais il se rendit bientôt compte
que les poètes se retrouvaient dans une salle au sous-sol de
Chez Capoulade, boulevard Saint-Michel ; il s'en trouvait
là facilement dix ou vingt, chaque soir de la semaine, y
compris des gens aussi importants que Max Jacob. La salle
de réunion du sous-sol de ce café fournit à Guillevic sa
première occasion d'obtenir des réactions sur son œuvre, et
de rencontrer des amis qui lui resteraient. Par opposition
au Flore et aux Deux Magots, traditionnels, à la mode, et
relativement coûteux, la jeune génération choisissait de
préférence un café distinct, en vue des cafés plus réputés :
le Bonaparte au pied de la place Saint-Germain-des-Prés,
le Mabillon sur le boulevard. Cependant qu'au Flore ou
aux Deux Magots un poète ou un peintre déjà établi
(André Breton, Pablo Picasso) pouvait provoquer un
véritable rassemblement ; son apparition était générale-

ment accompagnée d'une certaine solennité. Picasso arrive, il passe à la brasserie Lipp, cherche quelque visage
familier aux Deux Magots, puis s'attarde plus longuement
au Flore, à une table amie où sont installés Paul Eluard,
Christian Zervos, ou Braque. Ce fut aux Deux Magots
qu'Eluard présenta à Picasso Dora Maar, qui allait représenter la principale influence féminine de sa vie pendant les
années qui nous intéressent ici. Quand venait l'heure du
déjeuner ou du dîner, Picasso traversait le boulevard et
allait prendre place à la brasserie Lipp parmi des députés,
un ministre ou deux, des avocats célèbres, des membres de
l'Académie française, des vedettes de théâtre et de cinéma,
et ses pairs dans le domaine de l'art et de la littérature.

Léon-Paul Fargue évoque l'ambiance de chez Lipp à la
veille de la guerre dans *le Piéton de Paris.* « On ne saurait
écrire trente lignes dans un journal à Paris, peindre une
toile ou afficher des opinions un peu précises sur le plan
politique », affirme-t-il avec une exagération pardonnable,
« sans consacrer au moins un soir par semaine à cette
brasserie... Lipp est à coup sûr un des endroits, le seul
peut-être, où l'on puisse avoir pour un demi le résumé
fidèle et complet d'une journée politique ou intellectuelle
française. » Homme de droite, Fargue ne pouvait résister à
la tentation de décrire une soirée où le leader socialiste
Léon Blum et sa femme furent pris à partie, et où l'incident
dégénéra en bagarre : Fargue lui-même fut atteint par
« une carafe réactionnaire », et soigné par deux médecins
qui justement partageaient sa table. Les propriétaires de
Lipp ouvrirent, en 1931, un autre café de style alsacien, le
Balzar, près de la Sorbonne. Ce café n'atteignit jamais la
gloire du premier, ce qui explique sans doute pourquoi il
attirait ceux qui recherchaient un cadre agréable et quelque
discrétion — Sartre, par exemple. Lorsque sa réputation le
contraignit à quitter Saint-Germain-des-Prés, dans les
années qui suivirent la libération de Paris, Sartre trouva
également refuge au bar du sous-sol de l'hôtel Pont-Royal,
à côté de chez Gallimard. La période Pont-Royal de
Malraux datait des années d'avant-guerre ; une fois devenu
célèbre, plus jamais il ne se laissa entraîner dans un café.

Au sud et à l'ouest de Saint-Germain-des-Prés, au

croisement stratégique du *Boul'Mich'* et du boulevard du Montparnasse, se trouvait la Closerie des Lilas, volontiers fréquentée par les poètes depuis le temps de Baudelaire et de Verlaine, et appréciée de Gide, d'Apollinaire, de Max Jacob. Dans les années trente, c'était un café paisible où Ernest Hemingway pouvait écrire devant un café crème sans risquer d'être interrompu par un ami. Car, plus loin sur le boulevard du Montparnasse, on rencontrait tout le monde. Comme le racontait Fargue dans les années trente, avec un certain mépris : « Tel poète obscur, tel peintre qui veut réussir à Bucarest ou à Séville, doit nécessairement, dans l'état actuel du Vieux Continent, avoir fait un peu de service militaire à la Rotonde ou à la Coupole, deux académies de trottoir où s'enseignent la vie de Bohème, le mépris du bourgeois, l'humour et la saoulographie. » Mais les cafés pouvaient aussi servir de postes d'écoute, de salons même, pour de jeunes professeurs et écrivains passionnés comme Sartre et Beauvoir : vers le milieu des années trente, lorsqu'ils se trouvaient à Paris — tous deux enseignaient en province —, ils tenaient leurs assises au Dôme, prestigieux établissement trônant à la croisée des boulevards Raspail et Montparnasse.

A l'heure du petit déjeuner, Simone de Beauvoir venait y travailler dans un box tranquille, tandis que des réfugiés allemands passaient le temps en lisant les journaux et en jouant aux échecs. Les étrangers décrits par Fargue s'y trouvaient également représentés, et discutaient avec fougue. Beauvoir appréciait toute cette animation : d'une page blanche, il était encourageant de lever les yeux pour s'assurer que les gens continuaient d'exister. Elle reconnaissait des peintres célèbres, des artistes moins connus comme Albert Giacometti, ou Ilya Ehrenbourg avec « sa face trapue sous son épaisse tignasse ». Le soir, « de grandes Américaines se saoulaient majestueusement ». Plus tard, quand avec Sartre elle emménagea dans un hôtel situé tout près du cimetière Montparnasse, quelques centaines de mètres plus au sud, elle put commencer à travailler dans sa chambre, mais les discussions littéraires sérieuses, même avec Sartre, continuaient à se dérouler dans un box du Dôme. Les énormes mémoires de Beauvoir sont parsemés de noms de cafés, et nous savons ainsi qu'ils lui servaient à travailler, à retrouver ses amis, à rencontrer de nouvelles têtes.

La Coupole était sans aucun doute le plus grand café-restaurant de Paris. Lorsque l'établissement ouvrit en 1927 juste avant Noël, il devint presque aussitôt le forum de Montparnasse, et il avait bien la dimension de l'emploi : des centaines de personnes pouvaient s'y tenir en même temps, parmi les colonnes décorées par des peintres, français ou étrangers, dont les visages étaient alors familiers dans le quartier Montparnasse. A un bout du café, une porte à double battant donnait sur un bar séparé qui devint un lieu de rencontre favori des personnages politiques, des journalistes, des peintres, des sculpteurs ; André Thirion, membre du groupe surréaliste, relate qu'il y a rencontré, dès la première année, Brancusi, Zadkine, Man Ray et Robert Desnos. A l'époque, Thirion jugeait le Dôme plus mélangé, tandis que le Sélect avait sensiblement la même clientèle que la Coupole.

L'ambivalent Ehrenbourg, stalinien à Moscou mais homme libre parmi les hommes libres, se distinguait hardiment dans le Paris des années trente. Il apparaîtra dans des chapitres ultérieurs comme l'un des agents politiques les plus efficaces de l'Union soviétique en France (mais, selon Nino Frank, il ne vivait pas « en France » mais « à Montparnasse », là « où il lui était loisible de se fabriquer une URSS portative, docile, entreposée dans un Paris qu'il s'était pareillement fabriqué »). On pouvait toujours le trouver à une grande table du bar de la Coupole, parfois en compagnie des surréalistes, et parfois même avec des écrivains soviétiques de passage. L'une de ses soirées à la Coupole, pour le meilleur ou pour le pire, contribua à l'histoire littéraire et politique : Elsa Triolet, la sœur de Lili Brik — celle-ci partageait à Moscou la vie de Vladimir Maïakovski —, se trouvait à sa table quand Louis Aragon s'en approcha, pour dire bonjour. « Elle attaqua immédiatement, presque sans pudeur », écrit André Thirion. « Aragon, au début, s'inquiéta. Avec son goût du mystère, l'obsession surréaliste de la police, il crut déceler un piège. " C'est une espionne, sans doute ", nous dit-il quand il nous raconta la première entrevue. »

Lorsque Aragon se gardait de paraître, Elsa s'obstinait à le pourchasser par l'intermédiaire de ses amis. Et c'est ainsi que la liaison amoureuse de ce couple politico-littéraire allait durer pendant les années trente, quarante, cinquante, et au-delà même ; on put en effet rencontrer le couple Aragon à la Coupole jusque dans les dernières années de leur vie commune, qui ne cessa qu'à la mort d'Elsa. [3]

3. Entretiens avec Eugène Guillevic, Clara Malraux, Manès Sperber. Simone de Beauvoir, *La Force de l'âge*, Paris, 1972 ; Brassaï, *Conversations avec Picasso*, Paris, 1964 ; Ilya Ehrenbourg, *La nuit tombe*, Paris, 1966 ; Léon-Paul Fargue, *Le Piéton de Paris*, Paris, 1939 ; Nino Frank, *Le Bruit parmi le vent* (*Mémoire brisée*, II), Paris, 1968 ; Léo Larguier, *Saint-Germain-des-Prés, mon village*, Paris, 1938 ; André Thirion, *Révolutionnaires sans révolution*, Paris, 1972. « Montparnasse à travers les âges », conférence par Henri Baudin, novembre 1935, in *Annuaire du XIV<sup>e</sup> Arrondissement de Paris*, Paris, 1955.

# 5

## *Microcosmes*

La plupart des endroits où l'on rencontrait les écrivains et les artistes étaient des lieux publics, mais les *décades* de l'abbaye de Pontigny constituaient des événements très fermés. On n'y pénétrait pas sans invitation, comme dans le bureau d'un éditeur, dans un café, ou même dans un salon littéraire (Ernst Erich Noth relate que certains se glissaient sans invitation dans ces soirées). Les *décades* avaient lieu l'été, chaque année, à une bonne distance de Paris ; les gens de la *NRF* pouvaient y parler des choses sur lesquelles ils écrivaient habituellement.

Le fondateur, Paul Desjardins, était passé par l'École normale supérieure, dans la même promotion que Henri Bergson et Jean Jaurès, et il avait commencé une carrière dans l'enseignement. (Il était né à Paris en 1859, et son père avait enseigné à l'École pendant un quart de siècle avant d'entrer au Collège de France.) Ardent défenseur du capitaine Dreyfus, hostile à l'influence de l'Église catholique dans la vie publique, Desjardins avait inspiré un mouvement proposant un programme de morale non religieuse, l'Union pour l'Action morale, qui devint ensuite l'Union pour la Vérité. Les débats que patronnait cette Union sur des thèmes et des livres controversés faisaient de son siège, situé rue Visconti, l'un des principaux centres de culture de la rive gauche. Lorsque Desjardins fit en Bourgogne l'acquisition d'une ancienne abbaye cistercienne, il commença d'y inviter des écrivains, des professeurs, des intellectuels de tous horizons et de nombreux pays. Il organisait là des séminaires — les *décades* — de philosophie, de littérature, de pédagogie, de droit international. Les amis de Desjardins qui collaboraient à la *NRF* avaient la responsabilité de préparer ces séminaires.

Et c'est ainsi que les pionniers de la *NRF,* André Gide, Jacques Copeau et Jean Schlumberger, devinrent également les pionniers de Pontigny, à l'époque où la *NRF* constituait un groupe plus austère, moins ouvert à l'hétéro-doxie — au surréalisme, par exemple. Avec l'âge, Desjardins abandonna en partie la responsabilité de l'organisation de l'Union pour la Vérité et du programme d'été de Pontigny ; dans les années vingt, Léon Brunschvicg partageait avec Gabriel Marcel la direction de l'Union, et le conseil d'administration de Pontigny comprenait Brunschvicg, Charles Du Bos, Roger Martin du Gard, André Maurois, André Siegfried et Jean Schlumberger.

Fait important, les jeunes espoirs étaient bienvenus à Pontigny. Ils pouvaient écouter, mais ils pouvaient également s'exprimer. Ils se trouvaient lors des longues soirées d'été en compagnie d'aînés prestigieux qui, peut-être, n'auraient pas été accessibles en d'autres circonstances ; l'existence s'y déroulait de la manière la plus détendue possible et, Du Bos, critique et enseignant, ami de Gide, possédait le grand talent de rapprocher les personnalités susceptibles de devenir amies. Lors de l'un des premiers colloques d'été — en 1912 —, le critique anglais Edmund Gosse lut une pièce élisabéthaine dans le texte original, tandis que le metteur en scène Jacques Copeau bâtissait des projets pour le théâtre du Vieux-Colombier, qui allait ouvrir l'année suivante. Quelques années plus tard, Raymond Aron y rencontra le jeune mais déjà célèbre André Malraux (Aron devait devenir le directeur de cabinet de Malraux au ministère de l'Information après la libération de Paris).

Une autre fois, Pontigny rassembla Malraux et André Chamson. Chamson avait déjà rencontré Malraux, mais il trouva à Pontigny l'occasion de mieux le connaître ; ils s'affrontèrent même en combat verbal, tandis que leurs aînés — Gide, Martin du Gard — écoutaient. Leur sujet de discussion était la génération d'après-guerre.

Les repas se prenaient à de grandes tables ; le soir, on jouait à des jeux intellectuels. Lucie Mazauric rejoignit une

fois le groupe pour un long week-end ; le couple Chamson
se lia d'amitié à cette occasion avec le « trio » Gide-Martin
du Gard-Schlumberger et, par la suite, fut invité par
chacun des trois écrivains à Paris, ou bien, souvent, les
accueillit. Quant à Malraux, il était déjà accepté comme
membre à part entière de la tribu que formait la *NRF,* ou
en tout cas comme interlocuteur valable pour les meilleurs
d'entre eux. Et les entretiens volaient haut. « Le dialogue
de Pontigny, avec ses programmes tracés, son cours
méthodique et discipliné, son abondance de participants et
d'orateurs, ne comporte pas la liberté d'un entretien au
Luxembourg », écrivait Albert Thibaudet dans *la République des professeurs,* « et il est plus intimidant. Il fait un
rendez-vous de vacances studieuses... »

Pourtant, quel endroit pour commencer une carrière : si
près du sommet ! Tout ce qu'il fallait, c'était promettre ; et
des références telles que les grandes écoles y aidaient
considérablement. Ainsi, une photographie prise lors de la
*décade* de 1926, dont le sujet était l'héritage chrétien,
montre Charles Du Bos (qui l'année suivante se convertit
spectaculairement au catholicisme), le jeune professeur de
philosophie René Poirier, l'écrivain-journaliste catholique
de gauche Louis Martin-Chauffier, et un certain Jean-Paul
Sartre, sorti de l'ENS depuis deux ans. Dans les années
vingt, ce type de mélange était courant. Ainsi, le jeune
normalien Vladimir Jankélévitch se voyait proposer par
l'ancien normalien Léon Brunschvicg de le remplacer lors
d'un séminaire à Pontigny. Jankélévitch raconta par la
suite : « Pouvoir prendre son café au lait avec André
Gide..., jouer aux portraits avec Charles Du Bos, voilà les
divines faveurs que chaque été nous réservait... » Encore
des noms des années vingt : Jacques Heurgon, qui allait
épouser la fille de Desjardins ; Edith Wharton et Walter
Barry, du monde des lettres américaines, Lytton Strachey
du côté britannique, le professeur Jean Guéhenno, Jean
Prévost, Alfred Fabre-Luce.

Le jeune Fabre-Luce venait de publier ses premiers
livres, qui avaient attiré l'attention de Jacques Rivière dans
la *Nouvelle Revue française*, et de Thibaudet. A Pontigny,
il rencontra Roger Martin du Gard, et eut le temps d'y

forger une amitié durable — qui se développa lors d'étés ultérieurs à Pontigny, ainsi que par correspondance. Gide et Du Bos dirigeaient alors les discussions, et les soirées s'écoulaient gaiement en jeux littéraires où participaient Ramon Fernandez, Jean Fayard, bien d'autres. On remarquait également André Maurois, François Mauriac et Bernard Groethuysen — pour ne citer que des hommes de lettres. « André Malraux séduisait par son ardeur, son éloquence, sa nervosité... Il feignait de lire dans la main des dames ce qu'il avait observé d'elles. » Fabre-Luce résuma l'expérience : « Faute de campus, j'aurai connu Pontigny. » Les sujets élevés ne constituaient à son avis qu'un prétexte : il s'agissait en réalité de quitter le monde actif et de rencontrer des auteurs « dont les œuvres avaient contribué à me former ». Pour Clara Malraux, son mari et Groethuysen avaient contribué à élargir les objectifs de Pontigny, et les pages qu'elle consacre dans ses mémoires à Pontigny sont sans aucun doute les plus vivantes qui aient été écrites sur les *décades.*

Et Malraux devait quelque chose à Pontigny. Car lorsqu'il fut condamné à la prison en Indochine française pour s'être approprié des statues d'un temple khmer, son ami Marcel Arland se rendit à l'abbaye et en revint avec une douzaine de signatures prestigieuses implorant la clémence. Toutes les vedettes de Pontigny acceptèrent de signer, Gide, Charles Du Bos, Mauriac et Maurois, mais aussi Jacques Rivière et Jean Paulhan, Max Jacob, Edmond Jaloux, Philippe Soupault, et Louis Aragon. Peut-être la pétition eut-elle quelque effet, car Malraux s'en tira en appel, avec une suspension de peine.

Le reste de l'année, Desjardins et ses amis de la *NRF* se réunissaient à l'Union pour la Vérité, dans une petite salle basse d'une belle et vieille maison, au 21 de la rue Visconti, où la lumière du jour parvenait rarement. Conçue pour recevoir cinquante personnes, cette salle en accueillait parfois deux cents quand le débat portait sur l'œuvre d'un André Gide. Ces réunions, véritables messes laïques de la *NRF,* dégageaient une fervente moralité, des sympathies pour le socialisme et, bien souvent, dans les années trente,

des sympathies pour l'Union soviétique. Des extraits du
carnet intime de Paul Desjardins éclairent les personnages
et les sujets des réunions de la rue Visconti. Dans les
années vingt, une séance de janvier pouvait présenter l'un
des hommes les plus brillants de la jeune génération de
Pontigny, Ramon Fernandez ; avec Gaston Gallimard et
Jean Paulhan dans l'assistance, tandis que Groethuysen,
Gabriel Marcel et Benjamin Crémieux prenaient part à la
discussion. Ou bien les participants pouvaient être Léon
Brunschvicg, Gabriel Marcel et Julien Benda. Lors d'une
séance sur « Les non-civilisés et nous », nota Desjardins,
« on s'écrasait, ou plutôt on s'asphyxiait ». Georges Duhamel était présent, ainsi que Malraux. (Desjardins nota dans
son journal en décembre 1927 : « Je trouve chez Martin-
Chauffier des jeunes gens de lettres dont l'un, André
Malraux, m'a plu extrêmement ; nous avons parlé de
Michelet qu'il aime et comprend. » (Sur Guéhenno, Desjardins avait confié à son carnet : « C'est mon homme ; il
est du peuple, un nouveau Péguy. »)

   La *petite dame* de Gide relate une réunion de la rue
Visconti, en juin 1929, à laquelle Malraux était invité à
défendre la position morale de son héros Garine, dans *les
Conquérants*. « Malraux fut étonnant de lucidité. Il défendait sa position avec frémissement comme on défend sa vie,
et avec beaucoup de fierté. » Elle est également notre
témoin lors de cette séance fameuse, en 1935, où Malraux
dut expliquer la préface qu'il avait écrite pour *le Temps du
mépris*, sur la nature de son engagement politique qu'il
appelait *communion*. (Il avait discuté de cette question
quelques jours plus tôt chez Gide, avec Groethuysen.)
Avant la réunion du samedi après-midi à l'Union pour la
Vérité, de nombreux participants se retrouvèrent à la
terrasse des Deux Magots, à cinq minutes de la rue
Visconti. « Quand nous pénétrons dans la petite salle de
l'Union, la foule y est déjà si dense que c'est à peine si nous
pouvons nous frayer un passage. » Ramon Fernandez
marchait devant eux, en jouant des coudes, car c'était lui
qui devait présider la séance.

   Assis à la table avec Du Bos et Gabriel Marcel, en
quelque sorte les saints patrons philosophiques de la

réunion, Malraux présenta soigneusement son cas, et Jean Guéhenno prit la parole pour le soutenir en attaquant violemment les artistes qui préfèrent cultiver leurs différences au détriment de la communion humaine. Gide, que l'on aurait pu prendre pour la cible de cette accusation, opposa une brève objection : il ne voyait pas en quoi les différences empêchaient la communion. Mais la *petite dame* observe que Gide et Guéhenno conversent cordialement à la porte. Et puis ils retournent tous prendre un verre aux Deux Magots, avant d'aller dîner à une longue table sur l'étroit trottoir de la rue Saint-Benoît. Le groupe comprend Malraux, Guéhenno, Schlumberger, Saint-Exupéry, Ramon Fernandez, enfin Andrée Viollis, la journaliste procommuniste qui allait bientôt devenir l'un des trois directeurs de l'hebdomadaire *Vendredi*. Mais également deux jeunes gens de droite, Jean-Pierre Maxence qui devint journaliste à *Gringoire* et militant d'extrême droite et Thierry Maulnier. Gide quitte le groupe, revient, le quitte à nouveau — mais nul ne s'étonne du comportement de Gide, précise sa confidente. Par la suite, Gide reviendra à la question de Guéhenno et à son propre point de vue, et exprimera sa satisfaction d'avoir pu fraterniser avec ceux « de l'autre bord » : Maxence, Maulnier, Gabriel Marcel. Et en effet, lorsque, la même année, une autre séance de l'Union fut consacrée à Gide, quand son engagement politique était le plus fervent, il insista pour que ses adversaires fussent invités à y participer. Gide prit alors place à un bout de la table, et son ennemi doctrinaire, Henri Massis, à l'autre ; parmi les personnes présentes figuraient Daniel Halévy, Thierry Maulnier, Gabriel Marcel, Jacques Maritain et François Mauriac. [1]

1. Entretiens avec Raymond Aron, M. et M^me André Chamson. Marcel Arland, *Ce fut ainsi*, Paris, 1979 ; Clara Malraux, *Voici que vient l'été* (*Le Bruit de nos pas*, IV), Paris, 1973 ; Lucie Mazauric, *Ah Dieu ! que la paix est jolie*, Paris, 1972 ; *Paul Desjardins et les Décades de Pontigny*, Paris, 1964 ; Maria van Rysselberghe, « Les cahiers de la petite dame », *Cahiers André Gide 5* et *6*, Paris 1974 et 1975. Jean Schlumberger, « Gide rue Visconti », *La Nouvelle Revue française*, Paris, mai 1935.

Il ne pouvait exister de club plus fermé que celui des réfugiés politiques — mais ils n'avaient guère le choix. Le principal groupe dans les années trente se composait bien sûr d'exilés volontaires et de fugitifs venus d'Allemagne et d'autres pays sous domination nazie ou fasciste ; par force, il s'agissait de gens politiquement engagés, quand même ils ne militaient pas activement. A l'avant-garde figuraient ceux qui étaient moins réfugiés qu'émissaires, ou agents communistes s'occupant d'action antifasciste dans un certain nombre d'organisations parallèles. Le personnage le plus extraordinaire de tous était assurément Willy Münzenberg, mais il mérite une attention toute particulière, et nous le retrouverons plus loin. Dans ses mémoires, Arthur Koestler raconte par quelles méthodes un noyau communiste contrôlait l'Association des écrivains allemands en exil, qui servait de base culturelle aux émigrés résidant à Paris, grâce principalement à des réunions hebdomadaires où des auteurs allemands ou français lisaient des extraits de leurs œuvres, prononçaient des conférences sur la littérature, et où le public pouvait intervenir. Parmi les membres de ce noyau communiste figurait Anna Seghers, qui jouissait déjà d'une réputation internationale comme écrivain. En faisaient également partie Egon Erwin Kisch, un journaliste originaire de Tchécoslovaquie : Bodo Uhse, qui, par la suite, combattit aux côtés des républicains espagnols lors de la guerre d'Espagne, et, après la Seconde Guerre mondiale, retourna en Allemagne de l'Est pour y fonder une revue ; également Gustav Regler, dont on parlera plus loin. Il y avait aussi Walter Benjamin, éminent critique et sociologue de la littérature, personnage solitaire bien qu'il remplît son rôle dans l'Association des écrivains allemands. Quant à Manès Sperber, psychologue et écrivain, il allait adhérer à ce groupe dès son arrivée à Paris.

Parmi les réfugiés, certains étaient aussi actifs au sein du parti communiste qu'en littérature : Alfred Kantorovicz, par exemple, bien que par la suite il se trouvât réduit à vivre en exil une seconde fois, quand il quitta le paradis communiste de l'Allemagne de l'Est en 1957. Du temps de ses années parisiennes, Ilya Ehrenbourg rencontra Bertolt Brecht et Ernst Toller, Un de ces écrivains n'appartenait pas au noyau mais simplement sympathisait avec le parti communiste : le célèbre romancier et dramaturge juif, Lion Feuchtwanger.

Il existait un groupe d'émigrés que pratiquement aucun autre ne connaissait : les révolutionnaires macédoniens, tel le poète Gantcho Hadjipanzov, qui, travaillant à Paris comme cordonnier, fréquentait le Procope et d'autres cafés de la rive gauche. Il partit combattre en Espagne avec les Brigades internationales, ainsi que de nombreux autres Macédoniens, et y trouva la mort.

A de rares exceptions près, les réfugiés vivaient mal, et jugeaient la société parisienne très fermée. Il leur arrivait d'être acceptés comme écrivains par d'autres écrivains ; et leurs convictions politiques leur assuraient parfois un accueil chaleureux de la part des communistes locaux. Mais la plupart de ces rencontres avaient lieu dans les cafés, en dehors des heures de repas. Un Hemingway, qui n'en avait aucun besoin, pouvait être invité à dîner chez des Français — mais pas un réfugié. Et les écrivains réfugiés se retrouvaient entre eux dans les cafés de Montparnasse et de Saint-Germain-des-Prés ; inévitablement, ils parlaient d'argent — ou plus exactement, du manque d'argent, angoisse que rendait plus aiguë encore l'obligation de pouvoir prouver aux autorités françaises qu'ils disposaient de fonds suffisants pour vivre. « Nous étions une quarantaine avec un unique billet de mille francs que chacun refilait après usage à son voisin », raconta Irmgard Keun, jeune romancière qui avait été contrainte de fuir l'Allemagne nazie à cause de l'image « anti-allemande » que projetaient ses livres. « Lorsque ce fut mon tour de montrer au commissaire ce fameux billet devenu entre-temps une loque, celui-ci me regarda d'un drôle d'air : " Il me semble avoir déjà vu ce billet quelque part ". » Keun cite un autre problème que partageaient les réfugiés : celui d'écrire quand on se trouvait coupé de ses racines, et qu'on ne connaissait pas encore assez son pays d'adoption pour pouvoir y puiser un sujet.

Arthur Koestler était habitué à se débrouiller. D'origine hongroise, il avait à une époque habité la Palestine et, au cours d'une carrière électrique, avait écrit dans les revues de l'empire de presse Ullstein dans le Berlin d'avant Hitler, jusqu'au jour où il avait quitté le journalisme au profit du communisme, pour aller voyager et écrire en Union soviétique. A la fin des années vingt, il avait été envoyé comme correspondant à Paris, où il était devenu un habitué des cafés de Montparnasse. Mais, quand il revint à Paris en 1933, ce fut en réfugié démuni, car tous ses biens avaient été confisqués à Berlin. Ses mémoires décrivent la vie d'un réfugié vivant dans de petits hôtels modestes, et ne survivant que grâce à la charité. Un jour, il boucha au papier collant les fermetures de la porte et de la fenêtre de sa chambre, et ouvrit le gaz. Comme il se penchait vers son matelas souillé par les punaises pour s'y coucher et attendre la mort, un livre lui tomba sur la tête. Cela le secoua, et lui donna l'élan de se relever pour aller fermer le gaz.

Même lorsqu'il travaillait dans une organisation parallèle pour l'agent du Komintern Willy Münzenberg, Koestler trouvait que les intellectuels français du même bord, en dépit de tous leurs encouragements et de l'aide matérielle qu'ils fournissaient, gardaient leurs distances. Jamais Koestler ni aucun de ses amis ne fut invité dans une maison française. Il comprenait bien que cette réserve constituait un comportement français normal et, lorsqu'il avait vécu à Paris comme correspondant étranger, cela ne l'avait guère dérangé. Mais la misère et l'exil le rendaient particulièrement sensible : l'hospitalité d'une vraie maison lui manquait douloureusement. Au lieu de cela, un Français vous serrait entre ses bras puis vous abandonnait, « tout frissonnant dans la rue, condamné à rester un éternel touriste ou un éternel exilé, selon le cas ».

> C'est ainsi que la grande masse des réfugiés vécut en France, coupée de tout contact français et menant une espèce d'existence de ghetto. Ils lisaient leurs journaux d'émigrés, fréquentaient leurs clubs, leurs cafés d'émigrés... Durant les sept ans où je fus réfugié en France, je vécus uniquement dans la société de mes coréfugiés et continuai à écrire et à penser en allemand...

Son arrestation par la police française, lorsque la guerre éclata, puis son internement en camp de détention, et, après sa libération, le harcèlement de la police pendant trois mois entiers — tandis qu'il terminait *le Zéro et l'Infini* — n'améliorèrent évidemment pas l'image qu'il avait pu se faire de la France.

Manès Sperber avait rencontré Koestler à Vienne, puis l'avait retrouvé à Berlin. A Paris, ils travaillaient ensemble à l'Institut pour l'étude du fascisme, que contrôlait le parti communiste. Et Sperber, disciple et biographe du psychanalyste viennois Alfred Adler, faisait le lien entre les réfugiés allemands et André Malraux ainsi que, par l'intermédiaire de Malraux, d'autres intellectuels français. Sperber apprit également à connaître les principaux cafés de la rive gauche. Un café du boulevard Saint-Michel, le Mahieu, présentait à ses yeux un intérêt particulier. Lénine avait fréquenté le Mahieu au temps de son exil ; et, quand Sperber arriva, les communistes le fréquentaient encore (ils se réunissaient dans une salle du premier étage). Quand il en avait le choix, Sperber préférait cependant traverser le boulevard et aller au jardin du Luxembourg.

Gustav Regler habitait à quelques centaines de mètres du Luxembourg, dans un hôtel de la rue de Tournon où Koestler avait également séjourné. En effet, Koestler y avait vécu avec un autre écrivain, Johannes R. Becher, qu'il avait ensuite suivi dans un studio de la porte d'Orléans. Puis, lorsque Regler fut interné au commencement de la guerre, la police fouilla le studio et trouva des plans de la défense antiaérienne de Paris dissimulés dans le réservoir d'eau des w.-c. ; la maîtresse de Becher, agent soviétique, les y avait apparemment abandonnés quand elle avait accompagné Becher à Moscou au moment de la déclaration de guerre. Ainsi se déroulait la vie sociale des réfugiés. (Becher, l'auteur de « L'hymne à Staline », devint, après la guerre, ministre de l'Éducation en Allemagne de l'Est.)

Quant à Regler, il avait abandonné sa confortable existence d'homme d'affaires à Berlin parce qu'il désirait écrire ; la lecture du *Retour de l'enfant prodigue* de Gide l'avait inspiré, dans l'atmosphère séduisante du Dôme. Installé à Paris avec la femme de sa vie, il avait réagi à l'accession de Hitler au pouvoir en s'inscrivant au parti

communiste, et n'avait pas tardé à se trouver engagé dans
l'organisation de Münzenberg avec Koestler et Sperber.
Lorsque la doctrine officielle du parti le décourageait, il
découvrit qu'aller voir Malraux l'apaisait. « Les conversations dans son appartement de la rue du Bac constituaient
le meilleur antidote aux formules officielles », écrivit-il par
la suite. « Nous luttions pour transpercer la confusion de la
réalité, et nous croyions tous à la tolérance. Il y avait là
l'incorruptible Guéhenno, Chiaromonte avec son esprit
lumineusement clair, et puis Clara Malraux, logique, fière,
rebelle, qui taquinait si salutairement ma tendance à
retomber dans l'ornière et devenir absurdement docile. »

A l'occasion d'une visite au Club des écrivains de
Leningrad en ces années-là, Regler s'entendit demander
s'il pensait que Malraux s'opposerait à la révolution à cause
des défauts des dirigeants du Parti à Paris. Regler répondit
en riant : « Je ne pense pas que le lion du zoo s'inquiète
beaucoup des chats sauvages qui occupent la cage d'à
côté. » Et il ne pensait pas que Malraux voulût jamais
pénétrer dans la cage voisine, c'est-à-dire adhérer au Parti.
En ce qui le concerne, Regler fut commissaire politique
dans les Brigades internationales pendant la guerre d'Espagne puis il perdit ses illusions sur le communisme et,
lorsqu'il quitta la France en mai 1940, ses anciens camarades le considéraient comme un ennemi.

Nicola Chiaromonte n'était, à cette époque-là, qu'un
réfugié italien antifasciste parmi d'autres. Le mouvement
de résistance Giustizia e Libertà, fondé à Paris en 1929, en
comptait bien d'autres malgré l'assassinat en France de
deux de ses fondateurs, Carlo et Nello Rosselli : assassinat
perpétré par des militants d'extrême droite en 1937.
Chiaromonte lui-même, dont le séjour en France de 1934 à
1940 ne fut interrompu que par son engagement dans la
guerre d'Espagne, s'était lié d'amitié avec Malraux, et il
participa à l'un des séminaires d'été de Pontigny, ainsi qu'à
une réunion de l'Association internationale des écrivains,
en juin 1936 à Londres, où Malraux prit la parole. [2]

2. Entretiens avec Manès Sperber, Jordan Plevnes ; correspondance avec Miriam Chiaromonte. Ilya Ehrenbourg, *La nuit tombe*,

Un groupe d'étrangers demeurait cependant à l'abri des commotions de la France en crise : les jeunes Américains qui étaient venus à Paris pour jouir de sa beauté et de son atmosphère favorable à la création. Comme on devait l'apprendre par la suite, Henry Miller fut par exemple d'une productivité exceptionnelle pendant la décennie précédant la Seconde Guerre mondiale. Il vivait avec ses amis dans un petit univers clos, ainsi que l'a raconté Anaïs Nin. Henry Miller avait commencé par mépriser ses concitoyens de Montparnasse, refusant de s'associer « aux insupportables idiots du Dôme et de la Coupole », mais il décida par la suite qu'il lui était finalement possible de s'attabler avec d'autres Américains à une terrasse de café. Il eut peu de contact avec les Français jusqu'à la publication du *Tropique du Cancer,* et, même après, la plupart des gens qui vinrent le voir à la villa Seurat furent des étrangers résidant en France ou y étant de passage. Non seulement la crise européenne et mondiale le laissait de marbre, mais il y voyait un obstacle à son travail, redoutant que des forces extérieures échappant à son contrôle ne vinssent troubler sa quiétude d'esprit.

« J'ai vu Henry gémir et trembler », nota Anaïs dans son journal, « Henry dans une agonie d'inquiétude égoïste, rageant parce que la paix et la sécurité lui étaient enlevées par des forces extérieures plus grandes. »

Les correspondants de presse à Paris étaient l'exception, car ils étaient obligés par la nature même de leur travail de savoir ce qui se passait. L'un des plus sensibles — et aussi le plus proche des Français, mais pas des groupes intellectuels qui constituent le sujet du présent ouvrage — était Elliot Paul, rédacteur de l'édition parisienne du *New York Herald* et fondateur, avec Eugene Jolas, de la petite revue *Transition* qui avait la première publié des extraits du

Paris, 1966 ; Arthur Koestler, *Hiéroglyphes 2,* Paris, 1978 ; Gustav Regler, *Le Glaive et le Fourreau,* Paris, 1960 ; Manès Sperber, *Au-delà de l'oubli* (*Ces Temps-là,* III), Paris, 1979. *Cahier Arthur Koestler,* Paris, 1975 ; « Être une Allemande sous le nazisme », interview d'Irmgard Keun par Jean-Louis de Rambures, *Le Monde,* Paris, 29 février 1980.

*Finnegans Wake,* de Joyce. A Paris, Paul habitait une humble rue du quartier Latin, qu'il n'abandonna qu'à l'arrivée de l'envahisseur allemand, pour l'immortaliser ensuite dans *The Last Time I Saw Paris.* A la génération suivante, plus d'un Américain fut attiré à Paris par le livre de Elliot Paul à la mémoire d'une ville morte. [3]

3. Anaïs Nin, *Journal (1934-1939),* Paris, 1970 ; Elliot Paul, *The Last Time I Saw Paris,* New York, 1942 ; George Wickes *Americans in Paris,* New York, 1969.

# 2

*Les années trente*

# Les pères fondateurs

L'une des qualités qui distinguaient les écrivains et les artistes des années trente de ceux qui les avaient précédés dans l'engagement politique était l'internationalisation de leur préoccupation et la conviction (suivant l'expression d'André Gide) que chacun d'eux disposait d'un « droit de regard sur la juridiction du voisin ». Bien entendu, des artistes, des écrivains, des poètes, des professeurs s'étaient déjà engagés en leur temps : Victor Hugo, le républicain exilé ; Émile Zola, le défenseur de Dreyfus et de la justice. Mais ils s'engageaient habituellement dans des protestations contre leur propre gouvernement, ou contre certains abus précis reprochés à la classe dirigeante. Les années trente virent se développer un nouvel état d'esprit : à partir de ce moment, la principale préoccupation des gens qui s'engageaient et de leurs organisations devint extérieure : pour la France, il s'agissait d'une réaction face à la montée du fascisme, au danger de la guerre, à la guerre civile en Espagne et aux idéologies adverses qui s'y développaient ; au stalinisme (et à l'antistalinisme).

En vérité, la plupart des grands protagonistes de notre récit, au cours des années trente, seront plus souvent les alliés de leur gouvernement, tout au moins pendant quelque temps : de même que les membres de la société littéraire soviétique seront les alliés du leur. L'idéologie dominante de l'époque pouvait même être décrite comme radicale-socialiste (le parti radical-socialiste tint le pouvoir, ou participa au gouvernement pendant pratiquement toute cette période) ; et l'historien Jean Touchard définissait Gide, Jean Giraudoux et Jules Romains comme les garants intellectuels du radical-socialisme : « Gide est l'image

même de l'homme libre : libre contre les familles, contre
les convenances, contre les juges, contre les Églises et les
convertis indiscrets, contre les partis et les partis pris,
contre le nationalisme à la manière de Barrès, contre le
dogmatisme, contre l'autorité, contre le fanatisme. » Ce
radicalisme ne constituait pas une doctrine, mais une liste
d'exigences minimales que n'importe qui pouvait adopter ;
la tradition républicaine qu'il alimentait aidait la France à
résister aux tentations du fascisme.

Le Congrès international des écrivains de 1935 différait
assurément de la plupart des manifestations antérieures de
ce genre, en ce sens que la « défense de la culture » devait
se mener contre le fascisme et le nazisme, et tout d'abord
dans les pays étrangers qui leur avaient donné naissance.
« Toute notre histoire est une suite d'affaires Dreyfus »,
devait par la suite expliquer Jean Cassou. « La Résistance
fut une affaire Dreyfus. La guerre d'Espagne, ce déchire-
ment civil du peuple espagnol devant la pire des iniquités,
fut pour l'opinion française une affaire Dreyfus... » Si la
justice était un concept universel, Cassou et ses disciples
pouvaient passer d'une affaire Dreyfus intérieure à une
affaire Dreyfus extérieure, et se mêler des problèmes de
leur voisin aussi ardemment que des leurs.

Les dictionnaires attribuent la notion d'engagement
littéraire à Jean-Paul Sartre, et le datent de l'immédiat
après-guerre. En fait, Jean Guéhenno avait déjà parlé de
l'*engagement* de l'écrivain en 1933, et il en existe peut-être
des références antérieures. *La Trahison des clercs* de Julien
Benda, publiée en 1927, laissa le souvenir d'une attaque
contre l'engagement dans l'arène politique. Les clercs de
Benda étaient des philosophes, des religieux, des écrivains,
des artistes, des savants ; ce contre quoi il protestait, c'était
la nature *partisane* de leur engagement ; car, au bon vieux
temps, les intellectuels étaient demeurés à l'écart des
passions politiques de ce monde. « Grâce à eux on peut
dire que, pendant deux mille ans, l'humanité faisait le mal
mais honorait le bien ».

Mais en des temps plus récents, expliquait Benda, les
intellectuels eux-mêmes cédaient au nationalisme et à la
xénophobie, et y prenaient même un plaisir manifeste,

introduisant ces passions dans leurs œuvres, et devenant des poètes politiques, des romanciers politiques, des critiques politiques, des métaphysiciens politiques. Les maudits, pour lui, étaient Maurice Barrès et Charles Maurras, véritables promoteurs du nouveau nationalisme, mais également Charles Péguy, Gabriele D'Annunzio, Rudyard Kipling, et les philosophes allemands qui glorifiaient la nation et la race. Telle était la nature de leur trahison. Mais, interrogé en 1934 sur la signification de sa propre signature au bas du manifeste des intellectuels antifascistes, Benda répliqua que ce manifeste défendait des principes éternels ; il avait refusé de signer une autre pétition parce qu'elle concernait des « actes de politique temporelle et concrète ». « Je tiens que je suis dans mon rôle de clerc en défendant une mystique, non en faisant de la politique », expliqua-t-il. « Zola était dans son rôle de clerc en rappelant le monde au respect de la justice. Anatole France ne l'était pas en se faisant le conseiller quotidien du ministère Combes. »

En vérité, Benda se trouvait régulièrement engagé dans des causes : il avait soutenu Dreyfus ; il avait appelé à la guerre contre l'Allemagne ; non seulement il participa au Congrès international des écrivains en 1935, mais il y proclama qu'il préférait le communisme au fascisme (car si le communisme menaçait également la liberté, affirma-t-il, c'était dans le dessein de donner du pain à tous). Rencontrant Benda, lors d'une réception chez Gallimard en juin 1939, Paul Léautaud, qui, lui, ne s'engageait guère, s'exclama : « Vous voilà homme violent, féroce, sectaire. On ne vous reconnaît plus... Vous êtes le clerc qui a trahi. » Benda riait d'un air satisfait, et Léautaud poursuivit : « Ce n'est plus maintenant que vous communieriez avec moi dans le mot de Renan : *Quand même l'Empire croulerait, il faudrait encore philosopher.* » « Mais si, mais si », rétorqua Benda, « on peut très bien philosopher et descendre sur la place publique. Renan lui-même... »

Mais Benda constitue un cas trop particulier pour qu'on puisse fonder sur lui une théorie. Dans la *Nouvelle Revue française* de juillet 1937, il expliqua pourquoi il ne signerait pas une protestation contre le massacre des antifascistes

espagnols. Car, si l'on avait massacré les fascistes, il aurait
applaudi ; il n'était pas « pour la religion de la vie
humaine », mais « pour l'extermination d'un principe... ».
Il n'était pas humaniste mais métaphysicien. « Juste le
contraire. »[1]

Les historiens des années trente citent parfois le débat
qui fut ouvert dans la *Nouvelle Revue française,* débat au fil
duquel toute une génération de jeunes auteurs et penseurs
trouvèrent l'occasion d'exposer leurs objectifs dans un
« Cahier de revendications » (décembre 1932). Il s'agissait
d'un groupe assez peu représentatif, mais Guéhenno se
montra peut-être trop dur lorsqu'il émit le jugement (dans
une lettre à Romain Rolland) que « le programme intellectuel fasciste y était au complet ». Car le communiste Paul
Nizan figurait parmi les signataires, de même que Henri
Lefebvre, présenté comme *marxiste doctrinaire et militant,*
Emmanuel Mounier et Georges Izard de la revue *Esprit* (la
revue venait tout juste d'être lancée cet automne-là pour
propager une version catholique et humaniste du socialisme, une « Troisième Force » allant au-delà — ou se
situant à mi-chemin — du capitalisme et du communisme).
D'autres réponses, reprises dans le même « Cahier de
revendications », étaient plus ambiguës ; elles émanaient
de groupuscules qui n'étaient ni-de-droite-ni-de-gauche
(mais plus souvent de droite que de gauche). Leurs auteurs
prônaient une forme ou une autre de renouveau spirituel.
On les a décrits comme « les non-conformistes des années
trente ». Dans une préface au Cahier, l'un de ces non-
conformistes, Denis de Rougemont, se demandait s'il était
possible de définir une *cause commune* de la jeunesse
française. Il lui semblait discerner un commun dénominateur d'anticapitalisme, un mouvement orienté vers une

1. Julien Benda, *La Trahison des clercs*, Paris, 1927 ; Jean Cassou,
préface à Louis de Villefosse, *L'Œuf de Wyasma*, Paris, 1962 ; Paul
Léautaud, *Journal littéraire*, XII (mai 1937-février 1940), Paris, 1962 ;
Jean Touchard, *La Gauche en France depuis 1900*, Paris, 1977. Yves
Benot, « Benda est-il actuel ? », *La Pensée*, Paris, juin 1969 ; Julien
Benda, « Refus de signature », la *Nouvelle Revue française*, Paris,
juillet 1937.

nouvelle révolution française, dans les organisations et les revues qui s'intitulaient *Ordre nouveau*, *Combat*, *Esprit*, *Plans* ou *Réaction* ; il décelait des points de convergence entre leurs objectifs et ceux des communistes, car en chacune d'entre elles Rougemont voyait « un véritable acte de présence à la misère du siècle ». Cette génération refusait l'impartialité, rejetait le mode de vie bourgeois aussi bien que les utopies ; elle voyait la solution tantôt dans une révolution matérialiste à la manière soviétique, tantôt dans la révolte intérieure.

Nizan, qui refusait la révolte « personnaliste » d'*Esprit* et d'*Ordre nouveau* comme antihistorique, décrivait une société violente à laquelle il fallait faire violence ; on pouvait compter sur le parti communiste pour cela. « Les intellectuels solitaires », prophétisa-t-il, « renonceront à leurs méditations privées pour embrasser [la] doctrine [du prolétariat] et ses plans, et le projet héroïque du monde que construit déjà l'URSS. » Cette même année-là, Nizan publia son livre-pamphlet *les Chiens de garde* ; il y dénonçait ce qu'il considérait comme la tour d'ivoire de Benda, attitude qui finalement ne se révélait « profitable qu'au pouvoir des banquiers » ; il réclamait que les philosophes en descendissent pour se préoccuper des impérieuses urgences sociales.

Ce fut alors que Gide publia ces « Pages du Journal » où il offrait sa vie pour protéger l'Union soviétique et sa révolution. La confidente de Gide, Maria van Rysselberghe, assista à un entretien entre Gide et Roger Martin du Gard (mars 1932), au cours duquel Gide exprima le sentiment qu'il était grand temps que leur *Nouvelle Revue française* reflétât les problèmes du temps. Pour sa part, la *petite dame* de Gide observa qu'avec des auteurs comme Jean Schlumberger, Ramon Fernandez, et André Malraux, la *NRF* couvrait déjà largement ce domaine. Il devait y avoir un débat en cours sur l'engagement social de la *NRF*, bien que ce ne fût pas toujours explicite, car tous les dilettantes de la maison Gallimard ne choisissaient pas nécessairement d'attirer l'attention sur leur attentisme. En décembre 1934, la « Note sur la politique » de Schlumberger dénonçait le danger que présentait, pour la littérature, la nature sans cesse plus partisane des articles publiés dans la *NRF*. Si l'on ne pouvait rien y faire, mieux valait à son avis publier des déclarations politiques originales plutôt que des commentaires sur les positions des uns et des autres.

Ramon Fernandez, qui apparaissait alors plutôt comme un homme de gauche, répondit à Schlumberger que les écrivains et les poètes engagés dans la politique pouvaient influencer des gens d'action. Par la suite, il semble avoir changé d'avis sur ce point, car dans « Le procès de l'intellectuel » (août 1938) il se moque gentiment de ses confrères dont la production intellectuelle figure parmi les spécialités commerciales de la France. Quand un écrivain s'engage dans la politique, dit-il, il pénètre dans un système de spéculation.

> Il y a hausse sur la valeur nominale du parti, sans qu'il y ait eu accroissement réel des richesses... La présence de l'intellectuel sur une tribune est comme un chef-d'œuvre sans douleur... D'autre part, cette même présence « vaut » pour le parti... un nombre respectable de membres.

Outre ces articles de Fernandez, la *Nouvelle Revue française* publia en feuilleton le roman antifasciste de Malraux, *le Temps du mépris,* insatisfaisant sur le plan littéraire mais qui constituait un frappant exemple d'engagement fourni par l'un des principaux auteurs de la *NRF*. La *NRF* publia également les essais de Jean Grenier (le professeur d'Albert Camus à Alger) attaquant l'orthodoxie politique, et mettant les intellectuels en garde contre la tentation de se jeter entre les mains des mouvements politiques les plus doctrinaires — apparemment parce que leur engagement ne risquait sans doute guère de tirer à conséquence. Si l'on se trompe dans ses choix politiques, concluait amèrement Grenier, cela semble moins dangereux que si un pilote ou un chirurgien commettait une erreur. [2]

2. *Cahiers Romain Rolland 23*. « L'indépendance de l'esprit — Correspondance entre Jean Guéhenno et Romain Rolland (1919-

Romain Rolland et Henri Barbusse peuvent être appelés les pères fondateurs de l'engagement. Nés l'un en 1866 et l'autre en 1873, ils avaient marqué la littérature une génération entière avant la plupart de nos protagonistes — à l'exception de Gide. Rolland est surtout connu pour son roman-fleuve *Jean-Christophe,* publié avant la Première Guerre mondiale, et Barbusse pour *le Feu,* austère récit de la vie des tranchées publié pendant la guerre même.

Rolland avait beaucoup écrit, et, surtout, beaucoup écrit sur la musique et les musiciens ; son *Jean-Christophe* est un compositeur ressemblant à Beethoven, dont Rolland a aussi écrit la biographie. Pendant la Grande Guerre, Rolland s'exila volontairement en Suisse (renonçant à jamais à son appartement du boulevard Montparnasse, situé juste en face de la Closerie des Lilas) ; son pamphlet, *Au-dessus de la mêlée,* réclamant la fin des hostilités, fut dénoncé en France comme proallemand et subversif. Il versa à la Croix-Rouge internationale la totalité du montant de son prix Nobel de Littérature, s'enthousiasma pour la révolution russe en 1917 et, ensuite, soutint toujours ardemment les causes communistes et pacifistes. Idéaliste naïf et collaborateur régulier de la presse communiste ou sympathisante, Rolland fut l'inspirateur de la revue mensuelle *Europe,* fondée en 1923, et dont Jean Guéhenno fut le rédacteur en chef pendant la première moitié des années trente. Barbusse, qui avait vécu en Union soviétique, publia l'hebdomadaire *Monde* jusqu'à sa mort en 1935. Et,

---

1944) », Paris, 1975 ; Jean Grenier, *Essai sur l'esprit d'orthodoxie,* Paris, 1938 ; Jean-Louis Loubet del Bayle, *Les Non-Conformistes des années trente,* Paris, 1969 ; Maria van Rysselberghe, « Les cahiers de la petite dame » (1929-1937), *Cahiers André Gide 5,* Paris, 1974 ; Paul Nizan, *Les Chiens de garde,* Paris, 1976 (originalement publié en 1932) ; *Paul Nizan, intellectuel communiste (1926-1940),* II, Paris, 1967. « Cahier de revendications », *La Nouvelle Revue française,* Paris, décembre 1932 ; Ramon Fernandez, « Littérature et politique », *La Nouvelle Revue française,* Paris, février 1935 ; Ramon Fernandez, « Le Procès de l'intellectuel », *La Nouvelle Revue française,* Paris, août 1938.

quand il mourut, Rolland se lamenta auprès de Guéhenno
que c'était « honteux que toutes les organisations communistes, antifascistes, etc., [dussent] toujours recourir à des
vieux, malades, septuagénaires, comme moi et Barbusse,
pour les diriger, présider, haranguer !... » Et alors ces
jeunes, Jean-Richard Bloch, André Malraux, Paul Nizan,
Jean Guéhenno lui-même ? Guéhenno objecta que, seule,
une solide réputation fondée sur une œuvre accomplie
donnait l'influence nécessaire, et qu'aucun jeune écrivain
ne possédait cela. « Tout cela veut dire », conclut Guéhenno, « que nous avons grand besoin de vous. »

Rolland et Barbusse furent parmi les premiers à voir
dans la crise de leur époque un phénomène universel, à
tenter d'élargir les préoccupations des intellectuels français
au-delà des frontières, et à obtenir la coopération de leurs
pairs étrangers dans ces causes. Tous deux durent faire face
à un autre problème au cours des années trente : réconcilier leur pacifisme convaincu avec la certitude croissante
que le fascisme, et en particulier sous sa forme nazie, ne
pourrait être arrêté autrement que par la guerre ; l'Union
soviétique, à la défense de qui ces deux hommes avaient
consacré leur carrière et leur existence, ne pourrait certainement pas être sauvée par de simples paroles.

Le choix d'Henri Barbusse ne présentait aucune ambiguïté. Il avait été le critique littéraire de *l'Humanité* et, à la
fin de sa vie, il publia un livre à la gloire de Staline. Sa
revue *Monde* fut fondée dans le sillage d'une conférence
internationale d'écrivains révolutionnaires à Moscou en
1927, bien que le comité directeur eût proposé une base
plus ample : Maxime Gorki, oui, mais aussi Albert Einstein, Upton Sinclair, Manuel Ugarte (d'Argentine),
Miguel de Unamuno (d'Espagne). Mais Barbusse, comme
tant d'autres sympathisants communistes vivant hors des
frontières soviétiques, devint bien malgré lui la victime de
la politique intérieure soviétique. Ses efforts furent dénon-
cés au Congrès des écrivains qui se tint à Kharkov en
novembre 1930, sous prétexte que *Monde* traitait mal la
littérature prolétarienne. Sans comprendre ce qui se passait, Barbusse et d'autres écrivains également critiqués à ce
congrès (en particulier les surréalistes français) furent

victimes des luttes internes que se livraient les Soviétiques pour le pouvoir ; l'URSS traversait alors l'une de ses premières périodes de purges staliniennes.

Et Barbusse fut donc pendant quelque temps traité en hérétique par les communistes, jusqu'à ce que la ligne changeât de nouveau. Lorsque l'unité d'action devint une priorité soviétique, Barbusse réagit avec enthousiasme. Peu avant de mourir, il déclara : « Si Staline a foi dans la masse, la réciproque est vraie. C'est un véritable culte que la Russie nouvelle a pour Staline, mais ce culte fait de confiance jaillit tout entier d'en bas. » Et cet humaniste entêté termina sa carrière comme il l'avait commencée, dans les bonnes grâces du communisme soviétique et même français. Il mourut à Moscou deux mois après la clôture du Congrès international des écrivains à Paris. [3]

Le mouvement qui allait devenir célèbre sous le nom de *Amsterdam-Pleyel* devint une bannière de ralliement dans les années trente. L'expression faisait référence à deux réunions dont les objectifs apparaissaient comme contradictoires.

Pour le pacifiste Romain Rolland, la grande priorité était d'empêcher le déclenchement d'une nouvelle guerre mondiale. Le fascisme constituait une nouvelle menace politique, mais il incarnait également la guerre ; n'était-il pas possible, en défiant l'une, de vaincre aussi l'autre ? En 1935 encore, Rolland lançait dans *Monde* un avertissement : la guerre ne servirait qu'à Hitler, tandis que la *paix* lui serait fatale. Et trois ans plus tôt, en 1932, alors que la forme moins menaçante du fascisme de Mussolini durait depuis déjà dix ans et que Hitler ne représentait encore qu'une menace potentielle, il était plus facile à un membre de la génération traumatisée par la guerre de Quatorze de voir

3. Jean-Pierre A. Bernard, *Le Parti communiste français et la Question littéraire (1921-1939)*, Grenoble, 1972 ; *Cahiers Romain Rolland 23 :* « L'Indépendance de l'esprit — Correspondance entre Jean Guéhenno et Romain Rolland (1919-1944) », Paris, 1975 ; Fred Kupferman, *Au pays des Soviets : le voyage français en Union soviétique (1917-1939)*, Paris, 1979 ; Romain Rolland, *Par la révolution, la paix*, Paris, 1935.

dans la paix l'objectif le plus cher, et le plus menacé par le nouveau visage du mal.

L'initiative vint de Rolland et de Barbusse qui, au printemps de 1932, fondèrent un comité (avec le parrainage du plus grand homme de lettres soviétique, Maxime Gorki) pour organiser une conférence internationale contre la guerre : le Congrès mondial de tous les partis contre la guerre, parfois appelé Congrès international de guerre contre la guerre, ou même Congrès international contre la guerre et le fascisme. Le prétexte immédiat en était une menace d'agression contre l'Union soviétique par le Japon, qui étendait alors son occupation de la Mandchourie à la frontière orientale de l'URSS, et par les petites nations d'Europe orientale aiguillonnées (comme le croyaient tout au moins les Soviétiques et leurs amis français) par l'impérialisme occidental. L'appel du 1er mai lancé dans *l'Humanité* par Rolland, et reproduit à Moscou dans la *Pravda,* commençait clairement :

> La Patrie est en danger ! Notre Patrie internationale...
> L'URSS est menacée.
> Et par contrecoup, c'est le monde entier qui est à la veille de s'effondrer...

L'Europe était offerte au fascisme, expliquait le message, tandis que les démocraties occidentales, trompées par leurs dirigeants parlementaires, étaient trop faibles pour réagir ; la guerre pouvait survenir à tout moment. Le plan original prévoyait de tenir le congrès à Genève le 28 juin 1932, pour l'anniversaire de l'assassinat de l'archiduc François-Ferdinand à Sarajevo, qui avait marqué le coup d'envoi de la Première Guerre mondiale ; mais des problèmes d'organisation, aggravés par la difficulté de trouver un lieu hospitalier après que le canton de Genève eut interdit le congrès, allaient retarder l'événement jusqu'en août, et le faire intervenir à Amsterdam.

Le premier acte du comité Barbusse-Rolland consista à solliciter le soutien d'Albert Einstein, Heinrich Mann, John Dos Passos, Theodore Dreiser, Upton Sinclair, George Bernard Shaw, H. G. Wells, et Mᵐᵉ Sun Yat-sen.

« Il s'agit de former un front uni des travailleurs intellectuels et manuels, pour arrêter et pour briser la criminelle
offensive des impérialismes agresseurs, de l'Occident et de
l'Extrême-Orient », déclara Rolland. Selon un autre
appel, cosigné par Rolland et Barbusse et publié dans
*Monde,* la tâche du congrès consistait à « éclairer avec
précision la situation historique, [à] mettre les masses en
face des réalités qui les menaçaient, et [à] organiser les
volontés des travailleurs en bloc autour de l'URSS en
danger ».

La réaction à cet appel fut réconfortante. Les organisa-
teurs reçurent des réponses par centaines, des comités
nationaux de parrainage se constituèrent : Roger Baldwin,
Malcolm Cowley, Theodore Dreiser, John Dos Passos,
Michael Gold, Upton Sinclair aux États-Unis ; Bertrand
Russell et le sexologue Havelock Ellis en Grande-Bretagne ; Eugène Dabit, Georges Duhamel, André Gide, Jean
Guéhenno, Bernard Lecache de la Ligue contre l'antisémitisme, Paul Vaillant-Couturier de *l'Humanité,* en France.
Les surréalistes, menés par André Breton — il y avait
Roger Caillois, René Char, René Crevel et Paul Eluard —,
annoncèrent leur soutien au congrès d'Amsterdam, tout en
attaquant avec leur habituelle grandiloquence « le rôle
néfaste et profondément contre-révolutionnaire » des fondateurs Barbusse et Rolland, avec leur « mysticisme humanitaire plus pernicieux à tout prendre que n'importe quelle
théologie abstraite... ».

Pourtant, si les communistes de France et d'ailleurs
promettaient leur soutien total, les socialistes — et en
particulier l'Internationale socialiste — rejetaient l'initiative Barbusse-Rolland comme étant inspirée par les communistes. Rolland confia à Guéhenno qu'il servait d'intermédiaire entre les Internationales socialiste et communiste,
et peut-être cet homme égocentrique et dénué de sophisti-
cation pensait-il réussir. Cette campagne communiste et ce
boycott socialiste eurent pour résultat de rassembler sous
les auspices du communisme international de nombreux
groupes d'intellectuels engagés, soit sympathisant avec les
communistes, soit assez éloignés de l'arène politique pour
ne pas être affectés par les attaques menées contre le

congrès d'Amsterdam. Par la suite, les communistes allaient évoquer l'événement comme étant le premier où ils s'étaient trouvés mêlés à des gens pensant comme eux mais non engagés dans leur mouvement, le premier exemple d'un front unique, le prototype du Front populaire.

Si nous acceptons le rapport de Romain Rolland sur le congrès d'Amsterdam, ce fut « la plus puissante manifestation de masse de tous les pays contre l'impérialisme de tous les pays... depuis la [Première] guerre ». Plus de 5 000 délégués furent mandatés par leurs mouvements respectifs, et il en vint près de 2 200, les autres ayant été empêchés par des difficultés d'ordre matériel, le prix du voyage ou l'interdiction par les autorités. Officiellement, les délégués présents représentaient plus de 30 000 organisations, trente millions de membres ; un grand meeting tenu à Amsterdam pendant la semaine du congrès rassembla entre vingt et trente mille personnes. A Paris, au cours de la semaine suivant le congrès (très exactement le 2 septembre), une vingtaine de milliers de personnes assistèrent à un meeting consécutif au congrès, dans une salle de la rive gauche — le traditionnel Bullier, à présent disparu —, et débordèrent sur la place de l'Observatoire où elles devinrent la cible, d'après Rolland dans *Europe,* des « charges sauvages » des forces de police menées par le préfet réactionnaire Jean Chiappe, qui pendant les années trente fut l'un des grands pourfendeurs de la gauche française. Le rapport de Barbusse comparait l'enthousiasme de la première séance du congrès d'Amsterdam à celui d'un événement antérieur, le Congrès contre l'impérialisme colonial, tenu à Bruxelles en 1926.

Le congrès d'Amsterdam se déroula dans les locaux habituellement employés pour le salon de l'automobile. Il s'ouvrit sur *l'Internationale ;* à la tribune des orateurs, Barbusse était encadré par le directeur de *l'Humanité,* Marcel Cachin, le romancier américain Sherwood Anderson, auteur de *Winesburg-en-Ohio,* et un personnage encore moins connu, un émigré allemand du nom de Willy Münzenberg, dont il sera beaucoup question par la suite.

On y lut un message exaltant de Romain Rolland, absent, appelant à former un « front unique », concept, qui, il l'admettait, devait effrayer bien des gens. Rolland opposait les nations occidentales piégées par l'impérialisme à l'URSS prolétarienne, « dont la seule existence est un défi pour le vieux monde exploiteur ». Le congrès publia en conclusion un manifeste au nom des « travailleurs intellectuels et manuels » contre la guerre et le fascisme, contre les nations impérialistes qui prônaient la guerre, et à la défense de l'URSS. Une organisation permanente fut créée, le Comité mondial de lutte contre la guerre ; les noms de Gorki, Cachin, Einstein, Heinrich Mann, Dreiser, Dos Passos, Anderson et Münzenberg s'y trouvèrent une fois de plus associés.

Münzenberg : « ce grand artiste en Révolutions », ainsi le décrivit Rolland, évoquant dans *Europe* son « éloquence enflammée » lors du congrès d'Amsterdam. Nous le rencontrerons moins souvent orateur de tribune qu'agent discret du Komintern, chargé de la création d'organisations parallèles en France. En vérité, l'Internationale socialiste, en la personne de son secrétaire Friedrich Adler, et le quotidien socialiste *le Populaire,* dénonçaient déjà Münzenberg comme « puissance occulte » derrière le congrès d'Amsterdam (à quoi Barbusse rétorqua dans *Monde* qu'il avait seul organisé ce congrès). Accusé d'avoir livré aux communistes le congrès, ses structures directrices, ainsi que l'organisation permanente créée pour en poursuivre les objectifs, Barbusse opposa les statistiques suivantes : les 2 196 délégués se composaient de 1 041 indépendants, radicaux-socialistes et autres gens du centre gauche ; 830 communistes ; 291 socialistes, 24 socialistes indépendants, 10 socialistes dissidents.

Bien entendu, certains délégués présents à Amsterdam et se définissant comme socialistes regrettèrent l'absence des représentants de l'Internationale socialiste, tandis qu'un trotskiste se fit huer lorsqu'il proposa l'unité d'action de tous les partis et internationales sans restriction. Répondant à son tour aux critiques sur la nature partisane de son congrès, Rolland devait par la suite citer des exemples d'opposition au thème du congrès par des pacifistes et des socialistes indépendants — et souligner la tolérance des congressistes à l'égard de cette opposition. [4]

Moins d'un an plus tard, un deuxième meeting international se tint à Paris, cette fois organisé quelques semaines à peine après l'arrivée d'Adolf Hitler au pouvoir, et spécifiquement dirigé contre le fascisme. Le Congrès antifasciste européen eut lieu à la salle Pleyel, salle de concert construite en 1927 sur la rive droite et pouvant accueillir 3 000 personnes, et qui fut pleine à craquer les 4 et 5 juin 1933. Le compte rendu du meeting s'étalait en première page de *l'Humanité* (dont le directeur Cachin, membre du bureau politique du parti communiste français, était l'un des organisateurs) :

## NOUVELLE VICTOIRE DU FRONT UNIQUE

Une fois de plus, des personnalités françaises de premier plan (parmi lesquelles, cette fois, André Gide) figuraient au comité de patronage. Des écrivains venus de vingt pays participèrent à une réunion séparée faisant suite au congrès de Pleyel, au cours de laquelle Paul Vaillant-Couturier proposa la création d'une organisation internationale des écrivains. Et, une fois de plus, l'Internationale socialiste et *le Populaire* boycottèrent le congrès à cause de son « parrainage » communiste. Bien entendu, le congrès de Pleyel partageait une autre caractéristique avec celui d'Amsterdam : il bénéficiait des talents d'organisateur de Willy Münzenberg.

Dix jours plus tard, les comités de patronage des congrès d'Amsterdam se réunirent pour rassembler leurs forces dans un unique Comité de lutte contre la guerre et le

4. *Cahiers Romain Rolland 23*, « L'indépendance de l'esprit — Correspondance entre Jean Guéhenno et Romain Rolland (1919-1944) », Paris, 1975 ; Romain Rolland, *Par la révolution, la paix*, Paris, 1935. Romain Rolland, « La Patrie est en danger ! », *L'Humanité*, Paris, 1er mai 1932 ; *Monde*, Paris, mai-septembre 1932. *Cf.* Jean-Pierre A. Bernard, *Le Parti communiste français et la Question littéraire (1921-1939)*, Grenoble, 1972 ; Maurice Nadeau, *Histoire du surréalisme*, Paris, 1964.

fascisme, conjuguant les thèmes des deux meetings. Peu de temps après, les organisations internationales auxquels étaient affiliés les groupes français s'unirent également ; au sein des secrétariats, on pouvait remarquer la présence de Willy Münzenberg et celle de Barbusse. Désormais, cette organisation, dont l'activité essentielle allait se dérouler en France, fut connue sous le nom de « mouvement Amsterdam-Pleyel », ou Paix et Liberté (du nom de sa revue). En son nom, une intense activité se manifesta dans les années suivantes ; la structure organisationnelle fournissait aux communistes un instrument permettant d'atteindre des gens jusqu'alors hors de portée, au nom de la paix et de l'antifascisme. Et, jusqu'en Algérie (alors française), par exemple, l'étudiant Albert Camus allait faire son apprentissage politique dans les rangs du mouvement Amsterdam-Pleyel. La section algérienne avait été organisée par un militant communiste qui devait faire entrer Camus au Parti. [5]

---

5. *Front mondial,* organe mensuel du Comité mondial contre la guerre impérialiste, Paris, numéros 1-9, 1933 ; *L'Humanité,* Paris, 29 mai, 4-9 juin 1933 ; Claude Willard, « Les intellectuels français et le Front populaire », *Cahiers de l'Institut Maurice Thorez,* Paris, octobre 1966-mars 1967. *Cf.* Herbert R. Lottman, *Albert Camus,* Paris, 1978 (New York, 1979).

# 2

## L'engagement avec Moscou

Peu importe où l'on commence une histoire, il existe toujours une période antérieure. Le seul fait de devoir décider *quand* il faut faire commencer l'histoire de l'engagement intellectuel pose un problème. Et cela ne nous enseigne encore rien sur les causes : est-ce parce que l'Union soviétique, par l'intermédiaire du Komintern (Internationale communiste), avait mis au point une stratégie et une technique pour recruter le soutien d'individus et de groupes hors de ses frontières, que les mouvements antifascistes des années trente se développèrent ainsi ? Ou bien parce que des hommes et des femmes de bonne volonté, sympathisant ou non avec la doctrine communiste, se lançaient dans la lutte antifasciste, où ils voyaient un effort légitime, quelles qu'en fussent les origines ? Et cela ne nous enseigne rien non plus sur la question de savoir si l'initiative communiste représentait une mainmise permanente sur le mouvement, et le compromettait de façon irrémédiable. De telles questions sont importantes quand il s'agit de la guerre d'Espagne, où les antifascistes communistes assassinaient les antifascistes trotskistes, et plus tard lorsque le pacte germano-soviétique d'août 1939 contraignit les communistes loyaux à saboter ce qui jusqu'alors avait constitué un front uni contre le fascisme. Convoqué en 1944 par Charles de Gaulle, André Malraux (comme il s'en souvint par la suite) évoqua la situation des intellectuels. « La politique française s'est volontiers réclamée des écrivains, de Voltaire à Victor Hugo », déclara Malraux à de Gaulle. « Ils ont joué un grand rôle dans l'affaire Dreyfus. Ils ont cru retrouver ce rôle au temps du Front populaire. Déjà celui-ci se servait d'eux plus qu'il ne s'en réclamait. Cette utilisation, du côté communiste, a été mise au point avec beaucoup d'habileté par Willy Münzenberg... »

On pourrait affirmer que l'engagement intellectuel, dans la forme archétypale qu'il prit en France dans les années précédant la Seconde Guerre mondiale, fut la création de Willy Münzenberg. Il s'agit, bien sûr, d'une exagération ; mais, avec le recul, il paraît incroyable que Romain Rolland ait pu, dès 1932, définir publiquement Münzenberg — nous venons de le voir — comme un « grand artiste en Révolutions ». Münzenberg n'a pas inventé les « compagnons de route » ; son œuvre consista à concevoir des instruments organisationnels grâce auxquels les compagnons de route des communistes pussent servir leur cause de la manière la plus efficace. Exerçait-il une influence occulte ? Pas vraiment occulte : son talent était aussi celui d'un meneur de foules. Mais les autres orateurs et membres de comités de parrainage connaissaient-ils son rôle d'agent du Komintern ? Clara Malraux se souvint du rôle que jouait Münzenberg dans les petites réunions informelles qui se tenaient chez elle, rue du Bac, et au cours desquelles se martelait la stratégie de l'organisation antifasciste. Il apparaissait clairement que Münzenberg avait l'initiative et que, la discussion achevée, il procédait au résumé et aux conclusions. Les autres n'étaient-ils pas troublés de le voir tirer les ficelles ? Apparemment non ; il n'était pas écrivain ; il était l'homme de Moscou, mais ne sympatisaient-ils pas tous avec la ligne de Moscou ? Dans ses mémoires, Manès Sperber l'explique ainsi :

> Que Münzenberg fût l'un des chefs du mouvement international financé et conduit par Moscou, c'était là chose bien connue de nombreux écrivains, musiciens, peintres, professeurs de faculté, prêtres de toute confession, hommes de théâtre et de cinéma, et de tant d'autres représentants de professions intellectuelles. Ils savaient ce qu'il en était et ils n'en éprouvaient que plus d'admiration pour Willy...

Münzenberg n'était pas un habitué des cafés littéraires et politiques ; il évitait *ce* genre de vie publique. Sa rive

gauche à lui se limitait à une étroite impasse du 83,
boulevard du Montparnasse, « dans une maisonnette apparemment construite par un architecte bouffon en œuvre de
parodie », ainsi que la décrivit Manès Sperber ; son bureau
consistait en une minuscule pièce à l'arrière de la maison,
où il siégeait derrière des montagnes de papier. « Il n'avait
toujours pas appris le français », précisa Gustav Regler,
son collègue dans l'appareil du Komintern. « Et il détestait
dicter des lettres. Le téléphone n'avait guère de prise sur
son isolement. Dès qu'il sonnait, le secrétaire se précipitait
pour y répondre, tandis que Münzenberg attendait d'un air
impatient et réglait finalement le problème d'une seule
phrase. Il avait le calme et l'intensité d'un maître d'échecs
allant d'échiquier en échiquier, menant vingt parties à la
fois... »

Grâce à Arthur Koestler, nous en savons davantage sur
les rouages internes de l'organisation de Münzenberg, chef
de la propagande en Occident de l'Internationale communiste, « l'éminence grise et l'organisateur invisible de la
croisade mondiale antifasciste ». Koestler arriva à Paris, en
1933, pour travailler auprès de ce chef de la propagande
occidentale qui mobilisait tout son cerveau et toute son
énergie contre les nazis, à l'époque où l'on accusait un
autre agent du Komintern, Georgui Dimitrov, ainsi que
quatre autres personnes, d'avoir mis le feu au Reichstag.
La tactique de Münzenberg consistait à créer des organisations antifascistes parrainées par des personnalités non
communistes, mais dont le contrôle réel fût aux mains d'un
noyau communiste. Dans cette étroite impasse de Montparnasse, se trouvait en réalité le quartier général du
Comité international d'aide aux victimes du fascisme
hitlérien de Münzenberg, mais sa présence ne frappait
guère les visiteurs, qui ne voyaient dans ce comité qu'une
activité essentiellement philanthropique et patronnée dans
chaque pays par des groupes de personnalités prestigieuses.
Münzenberg constitua également une société pour l'édition
de brochures de propagande telles que le *Livre brun sur
l'incendie du Reichstag et la terreur hitlérienne*, un chef-
d'œuvre du genre. Et le Comité mondial donna naissance à
une commission d'enquête sur les origines de l'incendie du

Reichstag. Le voyage de Gide et Malraux pour solliciter la libération de Dimitrov et de ses codétenus, maintenus en détention même *après* leur acquittement, faisait partie de cette campagne, utilisant astucieusement le prestige des intellectuels français. En effet, peu d'activités internationales de ce genre — sans oublier le Congrès international des écrivains en 1935 — eurent lieu ces années-là sans les talents et les finances de Münzenberg.

Né dans une famille de la classe ouvrière, Münzenberg avait dans sa jeunesse travaillé en usine. Pendant la Première Guerre mondiale, il avait vécu en Suisse, où il avait rencontré Lénine et d'autres révolutionnaires exilés. Il était l'un des fondateurs du parti communiste allemand et, en 1920, avait été président des Jeunesses internationales communistes à Moscou ; un an plus tard, il fondait et présidait l'Aide internationale ouvrière, organisme international dirigé de Moscou pour — en apparence — fournir à l'Union soviétique affamée l'aide du monde extérieur, et — en réalité — servir à recruter des sympathisants. Cette AIO mérita bientôt le surnom de « trust Münzenberg », car elle manœuvrait des maisons d'édition, des journaux, des revues, et des clubs de livres ; dans la seule Allemagne d'avant Hitler, elle possédait deux quotidiens en plus d'un hebdomadaire illustré diffusé à des millions d'exemplaires, et ses activités s'étendaient jusqu'au Japon. Son département cinématographique produisit certains des classiques de Sergei Eisenstein.

Après l'effondrement de la République de Weimar, l'AIO devint, de Paris, un centre de résistance clandestine au régime nazi. Lorsque Arthur Koestler rencontra Willy Münzenberg, ce dernier avait quarante-quatre ans. Dans son autobiographie Koestler le décrit ainsi :

Fortement charpenté, court, carré, trapu, dont les larges épaules vous donnaient l'impression que se cogner contre lui serait un peu comme d'entrer en collision avec un rouleau à vapeur. Son visage avait la simplicité puissante d'une gravure sur bois, mais il en émanait une affabilité profonde... Bien qu'absolument dénuée de prétention ou d'arrogance, sa personne respirait une telle autorité que j'ai vu des ministres socialistes, des banquiers endurcis et des ducs autrichiens se conduire en sa présence comme des écoliers...

Lors des purges staliniennes, Münzenberg sut se soustraire à la discipline du Komintern — et à la poigne de la police secrète soviétique. Demeurant à Paris, il fonda un hebdomadaire de langue allemande dont le titre, *Die Zukunft*, signifiait l'Avenir, où il travailla avec d'autres apparatchiks déçus comme Koestler et Sperber (ce dernier était un ancien employé d'une autre organisation parallèle du Komintern sur la rive gauche, l'Institut pour l'étude du fascisme). Münzenberg étant ce qu'il était, il ne tarda pas à obtenir le soutien de personnalités internationales telles que Thomas Mann, Sigmund Freud, E. M. Forster et Aldous Huxley. En 1940, comme nous le verrons, lorsque les Allemands envahirent la France, Münzenberg fut relâché d'un camp de détention pour les étrangers ennemis ; il mourut, pendu, dans des circonstances demeurées inexpliquées, alors qu'il partait sans doute chercher à nouveau refuge en Suisse. [1]

Considérons maintenant le cas d'Eugen Fried, un homme plus solitaire encore, et dont le rôle était d'agir pour le compte du Komintern de façon moins ouverte. Peu d'artistes et d'écrivains travaillant dans le mouvement communiste des années trente eurent l'occasion de le rencontrer, ou même d'entendre prononcer son nom ; en vérité, il se présentait sous le pseudonyme de Clément. Son activité n'est apparue à la surface que lors des recherches d'historiens sur l'époque du Front populaire, et l'on estime actuellement que la décision du PCF de renoncer à son hostilité quant à la coopération avec d'autres partis de gauche et en particulier le parti socialiste, fut soufflée au secrétaire du Parti, c'est-à-dire Maurice Thorez, par « Clément » : ce dernier était le principal agent du Komintern

1. Entretiens avec Clara Malraux, Manès Sperber, Arthur Koestler, *Hiéroglyphes 2*, Paris, 1978 ; André Malraux, *Antimémoires*, Paris, 1967 ; Manès Sperber, *Au-delà de l'oubli* (*Ces Temps-là*, III), Paris, 1979 ; Gustave Regler, *Le Glaive et le Fourreau*, Paris, 1960.

en France et il faisait donc la liaison entre Moscou et le
Parti. Le fait que « Clément » eût porté la responsabilité
de cette volte-face cruciale dans la ligne communiste fut
révélé par le fils aîné de Thorez, également prénommé
Maurice, et confirmé à contrecœur par le dirigeant communiste Jacques Duclos. Selon Maurice Thorez junior, « Clément » est responsable non seulement de la conception de
« front populaire », mais aussi d'ouvertures similaires à
l'égard des catholiques et d'autres groupes. « Si les Français savaient tout ce qu'il a fait pour eux », expliqua
Maurice Thorez à son fils aîné juste après la Seconde
Guerre mondiale, « ils lui élèveraient une statue ».

Un dirigeant communiste de l'époque devait relater que
« Thorez ne prit jamais une seule décision politique qui ne
fût au préalable dictée ou inspirée, et en tout cas vérifiée et
approuvée », par Fried-Clément. A moins que l'on ne
préfère l'ingénieuse explication du militant communiste de
toujours, André Wurmser, l'un des rares à demeurer un
fidèle communiste jusqu'au moment de rédiger son autobiographie, qui croit que Thorez lança son appel à l'unité
d'action avec le soutien de Fried et *en dépit* de Moscou ;
autrement dit, Thorez aurait inventé une ligne que Staline
aurait été obligé de suivre. Mais, avant de pouvoir convaincre les historiens, Wurmser devra réécrire non seulement
l'histoire du parti communiste français, mais celle de
l'URSS de Staline et de son Komintern, qui avait en vérité
fixé la ligne à suivre. Avec le recul, le changement de la
ligne communiste mondiale en faveur de l'unité d'action
avec d'autres forces de gauche (dont les démocrates
socialistes) au nom d'une action plus efficace contre le
fascisme, apparaît comme une stratégie assez logique *.

Eugen Fried était né en 1900 à Trnavna, en Slovaquie.
Membre du comité central du parti communiste tchèque, il
était entré à l'Orgburo du Komintern, qui contrôlait les
cadres communistes dans le monde entier. Bien que
considéré comme un déviationniste de gauche au sein du
parti tchèque, il entra comme permanent au Komintern en
1931, fut envoyé à Paris, et y vécut jusqu'en 1939 sous le

* Voir chapitre 5, « L'unité d'action ».

nom de « Clément ». Selon un ancien cadre du Parti, « Clément » partageait aussi bien les femmes que les idées avec Maurice Thorez. L'une de ces femmes était la première femme de Thorez ; une autre, Ana Pauker, également agent du Komintern à cette époque, qui, dans les années suivant la fin de la Seconde Guerre mondiale, allait devenir secrétaire général du parti communiste roumain, puis ministre des Affaires étrangères en Roumanie, jusqu'au moment où Staline s'en débarrassa. Au début de la guerre, « Clément » se replia en Belgique pour y diriger le PCF avec Thorez et Duclos ; et il y fut censément assassiné par les forces d'occupation allemande en 1943, mais plus vraisemblablement par la police secrète soviétique. Cependant, à l'époque du procès de Slanski dans la Tchécoslovaquie d'après-guerre, « Clément » était encore redouté ; la police secrète de la Tchécoslovaquie, modelée sur celle de Staline, cherchait à prouver qu'il avait été trotskiste pendant tout le temps où il avait travaillé pour la cause communiste.

« Clément » ne traita-t-il qu'avec les plus hautes sphères du PCF ? On pouvait le croire, jusqu'au jour où Louis Aragon (alors déçu par l'orthodoxie communiste, par suite de l'invasion soviétique en Tchécoslovaquie, en 1968) révéla que non seulement l'agent du Komintern organisait la stratégie avec Thorez, mais qu'il le conseillait également, lui, Aragon, ainsi que Jean-Richard Bloch, lorsqu'ils publiaient le quotidien *Ce Soir* dans les années précédant la guerre. Aragon reconnut qu'il rencontrait fréquemment Clément pour lui demander son avis ; Clément lui prodiguait une aide considérable. Si nous en croyons l'écrivain, Clément le soutenait contre les critiques concernant *Ce Soir* au sein même du Parti. Tel était le pouvoir, et l'omniprésence, d'Eugen Fried-« Clément ». [2]

2. Entretien avec Pierre Daix. Jean-Paul Brunet, *L'Enfance du parti communiste (1920-1938)*, Paris, 1972 ; Dominique Desanti, *Les Staliniens*, Verviers, Belgique, 1976 ; Branko Lazitch (en collaboration avec Milorad M. Drachkovitch), *Biographical Dictionary of the Comintern*, Stanford, Californie, 1973 ; Georges Lefranc, *Histoire du Front populaire (1934-1938)*, Paris, 1974 ; *L'Expérience du Front populaire*, Paris, 1972 ; Philippe Robrieux, *Maurice Thorez*, Paris,

Il ne faudrait certes pas en conclure que Louis Aragon lui-même fût un autre Münzenberg ou un autre « Clément », ou même un Ehrenbourg, dont le rôle de courroie de transmission pour la politique soviétique en France a déjà été étudié plus haut. Mais, étant l'artiste, le créateur le plus connu du PCF et le plus fidèle (près de quarante ans de loyauté), Aragon est un personnage clé des relations entre intellectuels communistes et non communistes pendant la période qui nous intéresse ici. Dans sa jeunesse, Aragon s'était essentiellement intéressé à la poésie, sous l'étoile d'Apollinaire. Avec son camarade de service militaire André Breton, il avait participé aux canulars de Dada ; avec Breton, Philippe Soupault et d'autres jeunes Parisiens, ils s'étaient taillé un territoire de fantaisie intitulé « surréalisme », qui allait sans contrainte de l'écriture automatique à la poésie ou la peinture iconoclaste, et s'accompagnait d'une attitude politique provocatrice. Embrasser le communisme soviétique, à une époque où ce système apparaissait comme la réponse d'avant-garde à la société bourgeoise, semblait une démarche logique. (Peu importait même que les jeunes surréalistes eussent d'abord pris le bolchevisme pour une nouvelle forme de société établie : en 1924, Aragon avait ricané au sujet de « Moscou la gâteuse ».) A la fin des années vingt, les principaux surréalistes adhérèrent au PCF. Et, au printemps 1930, Aragon et Breton s'engagèrent à lutter dans le camp soviétique si les impérialistes lui déclaraient la guerre.

Plus tard, toutefois, au cours de la même année, Aragon se rendit en Union soviétique avec Georges Sadoul — les premiers surréalistes à le faire. Ils devaient y assister à la Deuxième Conférence internationale des écrivains révolutionnaires, à Kharkov, ville universitaire du nord-est de l'Ukraine, du 6 au 15 novembre. Une première conférence s'était tenue à Moscou en 1927, sans programme officiel ni

---

1975 ; André Wurmser, *Fidèlement vôtre*, Paris, 1979. Louis Aragon, « Avez-vous lu *l'Aveu ?* », *Les Lettres françaises*, Paris, 12 février 1969.

invitations, et n'y avaient participé que des auteurs étrangers séjournant dans la capitale soviétique à l'occasion du dixième anniversaire de la Révolution d'Octobre ; cette première conférence avait tracé le cadre d'une collaboration entre écrivains du monde extérieur et un noyau basé (et orienté) à Moscou, que l'on appelait Bureau international de littérature révolutionnaire.

En 1930, à Kharkov, la minorité surréaliste se trouva prise dans la polémique soviétique interne, et dans une orthodoxie plus rigide qu'ils ne l'avaient jamais imaginé. La guerre était déclarée entre « populistes » et « écrivains prolétariens » : même Henri Barbusse et sa revue *Monde* pro-communiste étaient la cible d'un tir fourni, sous prétexte qu'ils collaboraient avec les trotskistes et la bourgeoisie... Les premiers grands procès d'éléments contre-révolutionnaires avaient commencé, avec d'extraordinaires confessions de sabotage et d'espionnage, suivies de condamnations et d'exécutions. Pour Aragon et Sadoul, accepter la nouvelle ligne soviétique, c'était également accepter de renier leurs camarades surréalistes. La rupture avec le groupe de Breton était inévitable ; à mesure qu'Aragon devenait plus conformiste, les autres membres du groupe se montraient sous un jour sans cesse plus libertaire. André Breton, Paul Eluard et René Crevel furent expulsés du Parti, tandis que l'étoile d'Aragon brillait d'une lueur plus vive. Toutes ces péripéties devaient être relatées suivant la forme de communication chère entre toutes aux surréalistes, le manifeste, au fil des années de déclin du mouvement.

Quant à Aragon, il parvint à concilier ses propres goûts avancés en matière d'art et de littérature avec la doctrine restrictive et à peine crédible — dans le contexte français — du réalisme socialiste. Dans les années trente et après, il exista un Aragon poète et un Aragon prosateur entre lesquels Aragon le politicien parut prendre plaisir à maintenir l'équilibre. En tant qu'évêque du PCF auprès des artistes et écrivains de la rive gauche, peut-être Aragon s'est-il vu dans le rôle de commissaire ayant tous pouvoirs pour expédier les dissidents vers de symboliques Sibéries. Aux yeux de la gauche indépendante de l'époque, il faisait figure de gosse de riche, avec ses aspirations bourgeoises et son goût pour le badinage avec des comtesses dans les salons littéraires, et il ne se trouvait guère de confrères pour dire du bien de lui. Au début des années trente, tout au moins, peut-être était-il plus difficile d'être un Aragon qu'un Breton.

L'activité communiste d'organisation de masse dans les milieux artistiques et littéraires ne se développa réellement qu'après le congrès de Kharkov. L'Union internationale des écrivains révolutionnaires prenait forme. Une revue publiée à Moscou en quatre éditions de langues différentes lui servait d'organe, *Littérature de la Révolution mondiale*. Dans le premier numéro parut le poème d'Aragon « Front rouge », qui causa la saisie de la revue par la police française et l'inculpation de l'auteur pour « incitation de militaires à la désobéissance..., provocation au meurtre ». [3]

Ainsi, dans les années trente, nous découvrons cette structure organisationnelle : à Moscou, une Union internationale des écrivains révolutionnaires, dont l'organe officiel *Littérature de la Révolution mondiale* devient en 1933 *la Littérature internationale* ; en France, une Association des écrivains révolutionnaires, qui ne tarde pas à devenir l'Association des écrivains et artistes révolutionnaires (AEAR), et dont l'organe à partir de juillet 1933 sera la revue *Commune*. Après une première année d'activité, Paul Vaillant-Couturier — qui, jusqu'à sa mort en 1937, se situa au-dessus d'Aragon dans la hiérarchie des intellectuels du PCF — pouvait annoncer que l'AEAR comptait 550 membres dans le monde de la littérature, des arts plastiques, de l'architecture, du cinéma, de la photographie — « écrivains et artistes non conformistes qui veulent lutter aux côtés du prolétariat ». Le comité de patronage incluait Aragon, Barbusse, J.-R. Bloch, André Breton, Luis Buñuel, René Crevel, Paul Eluard, Man Ray, Eugène

3. Entretiens avec Jean Cassou, André Chamson, Pierre Daix. Pierre Daix, *Aragon, une vie à changer,* Paris, 1975 ; Maurice Nadeau, *Histoire du surréalisme,* Paris, 1964 ; *Littérature de la Révolution mondiale,* Moscou, n° 1-5, 1931.

Dabit, Élie Faure, Paul Nizan et Romain Rolland. Ses principes déclarés étaient les suivants :

> Il n'y a pas d'art neutre, pas de littérature neutre... Une littérature et un art prolétariens sont en train de naître... La crise, la menace fasciste, les dangers de guerre, l'exemple du développement culturel des masses en URSS, en face de la régression de la civilisation occidentale, fournissent à l'heure présente des conditions objectives favorables au développement d'une action littéraire et artistique prolétarienne et révolutionnaire en France.

Le 21 mars 1933, l'AEAR organisa un meeting qui allait être le prototype des événements de la décennie organisés dans l'optique de l'unité d'action. Dans *l'Humanité* de ce jour-là, Paul Vaillant-Couturier écrivait que l'AEAR prouvait qu'elle s'était définitivement débarrassée des tendances sectaires. Citant Marx, il affirmait qu'une partie de la classe dirigeante se scinde pour rejoindre le mouvement révolutionnaire chaque fois que la lutte des classes atteint un moment décisif ; il ajoutait qu'il serait absurde de critiquer les origines de ceux qui se montraient prêts à lutter aux côtés de la classe révolutionnaire.

Peut-être un cours théorique de cet ordre était-il nécessaire pour présenter André Gide à la classe ouvrière. Car Gide était la vedette du meeting ce soir-là, comme président de séance et principal orateur. Peu après avoir fait part dans la *Nouvelle Revue française* de son admiration pour l'Union soviétique, Gide avait été convié par Henri Barbusse à participer aux activités de l'AEAR. « Nous attachons, mon cher André Gide, une grande importance à votre adhésion qui nous aidera à créer le grand mouvement qui s'impose. » Attitude caractéristique de Gide, il refusa de devenir membre de l'association tout en acceptant d'en présider les assemblées. Il allait également entrer au comité directeur de *Commune*. « Je crois mon concours... peut-être de plus réel profit à votre (à notre) cause si je l'apporte librement et si l'on me sait *non* enrôlé », répondit-il à l'invitation. « Ne voyez, dans ce que je vous dis là, aucun désir de protection personnelle et de sauvegarde. Déjà vous avez vu que je me suis *compromis* de mon mieux. »

Quand vint le moment du meeting, Gide tenta en vain de s'en libérer : Vaillant-Couturier le persuada d'y assister, sans s'engager plus loin qu'il ne le désirait.

Siégeant au milieu de la table des orateurs, il se trouvait en compagnie d'André Malraux, d'Eugène Dabit, Jean Guéhenno et de Paul Vaillant-Couturier ; rien ne laissait supposer que, par l'entremise de Vaillant-Couturier, les communistes étaient les véritables organisateurs du meeting. Gide s'excusa auprès du public : « Je ne suis rien moins qu'un orateur, et me sens on ne peut moins qualifié pour présider quoi que ce soit. Je voudrais qu'il me soit permis, après avoir dit quelques mots, de quitter cette estrade et de me confondre avec les simples auditeurs. » Il parla de l' « angoisse » créée par les événements en Allemagne — Hitler était au pouvoir depuis maintenant deux mois, et la répression nazie allait bon train —, mais il évoqua aussi le manque de libertés civiques en Union soviétique, tout en reconnaissant qu'il s'agissait d'un tout autre cas, puisque l'objectif consistait à fonder une nouvelle société. Il conclut par un appel à l'unité, dans l'intérêt commun et international. (Par la suite, son ami Roger Martin du Gard le critiqua pour la banalité de ses déclarations, dans leur fond aussi bien que leur forme, et surtout pour s'être laissé coincer dans cette affaire de meeting.)

Le discours de Guéhenno fut plus puissant : « Le devoir des écrivains est dans l'engagement. Si le fascisme est advenu en Allemagne, c'est qu'on n'a peut-être pas agi à temps, et je crois, pour ma part, que le devoir de tous les artistes et les écrivains est de dire tout de suite de quel côté ils sont. » « En cas de guerre », s'écria Malraux, « nous nous tournerons par la pensée vers Moscou, nous nous tournerons vers l'Armée rouge ! »[4]

---

4. Association des écrivains et artistes révolutionnaires, *Ceux qui ont choisi - Contre le fascisme en Allemagne, contre l'impérialisme français,* Paris, 1933 ; André Gide, *Littérature engagée,* Paris, 1950 ; Maria van Rysselberghe, « Les cahiers de la petite dame » (1929-1937), *Cahiers André Gide 5,* Paris, 1974. *Commune,* Paris, 1933-1939 ; *L'Humanité,* Paris, 21 et 23 mars 1933 ; *Littérature de la Révolution mondiale,* Moscou, et *La Littérature internationale,* Moscou, tous les numéros. Louis Aragon, « Vive Gorki ! », *Commune,* Paris, avril 1938.

Désormais, l'Association des écrivains et artistes révolutionnaires montrait qu'elle pouvait laisser de côté les
partisaneries étriquées et regrouper un plus grand nombre
d'écrivains ou d'artistes — et la crise mondiale était
suffisamment grave pour attirer nombre de personnalités.
Après les émeutes de février 1934, le mouvement se
développa, et un meeting eut lieu un mois plus tard au
palais de la Mutualité, que *Commune* décrivit comme « le
plus beau... qu'on ait vu au quartier [Latin]... Salle
comble, assemblée enthousiaste », avec Jean Cassou à la
tribune, dont Gide avait dit à sa confidente : « C'est
curieux, je sens que Jean Cassou se rapproche de moi
depuis que j'ai pris position vis-à-vis du communisme ; on
sent qu'il éprouve le besoin de se frotter au rouge, mais il
n'ose pas encore s'habiller en rouge. »
   En effet, le mariage de convenances entre les communistes et le monde extérieur donna lieu le 1er juin 1934 à une
manifestation publique faisant suite à une enquête publiée
dans *Monde,* « Pour qui écrivez-vous ? », avec une « distribution » incroyable : organisé par Ramon Fernandez, qui
se chargeait d'obtenir la participation de non-membres de
l'AEAR, ce meeting rassembla des gens aussi divers que
l'individualiste Julien Benda et Pierre Drieu La Rochelle.
Drieu avait passé une semaine à Berlin à la fin de 1933, et
en était revenu impressionné par le « socialisme » de
Hitler ; plus tard au cours de l'année 1934, Gallimard allait
publier son *Socialisme fasciste.* Aragon se leva pour
répondre aux réflexions de Drieu. Il commença très bien,
observa la *petite dame* de Gide, mais « tout à coup comme
emporté par son avantage », Aragon « est devenu si
discourtois, si bassement injurieux qu'il était impossible de
ne pas sentir à ce qu'il disait des dessous haineux, et qu'on
avait envie de prendre le parti de Drieu ». D'après les
souvenirs du poète concernant cet épisode, Drieu se
déclara fasciste, et Aragon répliqua : « Non, Drieu n'est
pas fasciste, c'est un lâche. » Les lecteurs de la biographie
de Drieu sauront que dans les premières années du
surréalisme, après la Première Guerre mondiale, Drieu
avait été proche d'Aragon ; leur rupture semblait entachée

de rivalités sexuelles aussi bien que politiques. Drieu mit Aragon dans son roman *Gilles*, et Aragon, Drieu dans *Aurélien*.

Lors du meeting de juin 1934, Ilya Ehrenbourg prit également la parole, pour suggérer que la dictature soviétique représentait une nécessité temporaire, mais que le régime se dirigerait vers la liberté d'expression.

Ce fut l'AEAR qui patronna les Maisons de la culture, dont la première s'ouvrit à Paris en avril 1934, proposant de la musique et de la poésie, des conférences sur la littérature, des films, des introductions à des cultures étrangères, ainsi qu'une structure politique ; en 1936, les Maisons de la culture proclamaient l'adhésion de 96 000 membres à travers la France. L'ampleur que prit le mouvement peut bien s'imaginer, à voir le développement qu'il eut dans la lointaine Algérie, où le jeune Albert Camus était passé du mouvement Amsterdam-Pleyel aux Amis de la revue *Commune* (groupe fondé à Paris en avril 1935) et, sous ces auspices, avait fondé une Maison de la culture à Alger où, du quartier général à Paris, allaient être envoyés des orateurs. Camus et ses amis créèrent également à Alger une troupe de théâtre amateur pour monter des pièces politiquement significatives, équivalent du Théâtre du Peuple que patronnait la Maison de la culture en France métropolitaine. [5]

Parallèlement à ces activités qui avaient pour cible le monde des créateurs, se développaient des mouvements antifascistes ayant une base plus large ; leurs objectifs n'étaient pas moins importants, et les amis de Moscou à Paris les inspiraient ; les contrôlaient aussi bien ; ces mouvements faisaient également appel à la participation

5. Pierre Andreu et Frédéric Grover, *Drieu La Rochelle*, Paris, 1979 ; Frédéric J. Grover, *Drieu La Rochelle (1893-1945)*, Paris, 1979 ; Herbert R. Lottman, *Albert Camus*, Paris, 1978 ; Maria van Rysselberghe, « Les cahiers de la petite dame » (1929-1937), *Cahiers André Gide 5*, Paris, 1974. *Commune*, Paris, 1933-1935 ; Claude Willard, « Les intellectuels français et le Front populaire », *Cahiers de l'Institut Maurice Thorez*, Paris, n° spécial 3 et 4, 2e année, octobre 1966-mars 1967.

des écrivains et des artistes. L'une de ces campagnes eut
pour résultat le spectaculaire voyage que firent à Berlin
Gide et Malraux, en janvier 1934, dans l'espoir d'obtenir la
libération de Dimitrov et de ses coacquittés du procès de
l'incendie du Reichstag. Il y eut également le Comité
international pour la libération de Thälmann, comité dont
Gide et Malraux partageaient la présidence, et qui avait
pour objectif de faire libérer le dirigeant communiste
allemand Ernst Thälmann, arrêté en mars 1933 par les
nazis. Lors d'un meeting organisé sous les auspices de ce
comité, en décembre 1935, Gide évoqua le procès de
l'incendie du Reichstag pour en tirer la leçon : « Le procès
de Leipzig, comme naguère l'affaire Dreyfus, déborde en
intérêt et en importance le pays où il se déroulait. Dans une
telle lutte, tous les pays du monde se trouvent solidaires, ou
du moins, si chaque impérialisme est particulier... la
grande cause du communisme est générale, elle appartient
à la fois à tous les peuples... » Thälmann mourut en 1944
dans le camp de concentration de Buchenwald. [6]

6. Dimitri T. Bratanov & Svetlornir D. Bratanov, *Romain Rolland
et la Bulgarie,* Sofia, 1970 ; André Gide, *Littérature engagée,* Paris,
1950.

# L'engagement à Mosc...

Jusque dans les années soixante-dix, l'Union soviétique n'adhérait à aucune convention internationale sur le droit d'auteur, et les maisons d'édition contrôlées par le gouvernement y publiaient la littérature étrangère sans autorisation aucune et sans rétribuer les écrivains. Mais, chaque fois qu'il y allait de l'intérêt de l'État soviétique, les maisons d'édition payaient quand même. Compte tenu de l'ampleur des tirages et du nombre de langues parlées en Union soviétique, les sommes dues aux auteurs pouvaient être considérables. Lorsqu'un auteur étranger était signalé pour un traitement de faveur, soit en argent liquide soit sous la forme de devises soviétiques valables pour un voyage en Union soviétique, cela lui faisait généralement grand plaisir. Et les plus favorisés pouvaient même voir telle ou telle de leurs œuvres jouée dans les théâtres soviétiques ou portée à l'écran.

C'est ainsi que certains auteurs européens des années trente purent voyager somptueusement en Union soviétique, et y dépenser de très grosses sommes. « Il est plusieurs d'entre vous dont les livres sont traduits dans les langues de notre Union [soviétique] », déclara Ilya Ehrenbourg à un public d'écrivains lors du Congrès international des écrivains qui se déroula en juin 1935 à Paris. « Ne pensez plus que ce soit simplement des traductions, quelques livres de plus... Ce sont des actes. » Il semblait presque faire allusion à leurs droits d'auteurs, quand il conclut ainsi : « Il y a des centaines de milliers, des millions d'hommes qui, par leur vie, répondent à vos livres. »

Notons comment Roland Dorgelès, sceptique, dénonça l'emploi du droit d'auteur comme appât, à son retour d'un

126

voyage en URSS en 1936... Ceux qui se rendent à Moscou comme on passe à l... sse. Ceux qui sortent de l'URSS avec des contr... viétique, Georges Duhamel, qui visita égale- ment le pa... ommunistes, ne pouvait guère être accusé de sympa... l'URSS. mais il se refusa dès lors à c... ge de Moscou. Dès 1928, il avait expliqué dans *le* ... spontanément » comment les éditions d'État lui avaient publiés en Union soviétique, offert de l'argent pour ses livres déjà prochaines œuvres. ainsi qu'un contrat pour ses

Prenons maintenant le cas de Malraux. Pendant la première période de son engagement, quand les Soviéti- ques accordaient la priorité à l'unité d'action entre commu- nistes et écrivains sympathisants de gauche, on l'appâta avec la possibilité de voir son roman *la Condition humaine* adapté à l'écran par le réalisateur Sergei Eisenstein, célèbre pour son *Cuirassé Potemkine*. Ce fut Ehrenbourg qui communiqua la proposition à Malraux — à la veille du Congrès des écrivains soviétiques, auquel Malraux devait participer pendant l'été 1934. En fin de compte, le projet n'aboutit pas, et Clara Malraux soupçonna qu'à l'époque déjà Eisenstein avait dû tomber en disgrâce auprès de Staline ; ses films allaient alors entrer dans une longue période de purgatoire.

Quant à Gide, les Soviétiques lui proposèrent — plus ou moins au même moment — d'adapter *les Caves du Vatican* au cinéma ; cette fois, la courroie de transmission pour communiquer l'offre fut Louis Aragon (qui lui indiqua également les modifications qu'opéreraient les Soviétiques dans le scénario pour le rendre plus antireligieux). Rien ne résulta de ce projet-là non plus ; mais, dans les premiers mois décisifs du régime nazi, Paul Vaillant-Couturier informa Gide qu'on envisageait de publier *les Caves du Vatican* en feuilleton dans *l'Humanité*. Alors même que l'auteur refusait ce projet, *l'Humanité* l'annonça, et Gide laissa faire. (Il n'y avait pourtant aucune urgence : la publication originale, en effet, datait de 1914.)

L'appât pouvait de la même façon être supprimé. L'unique œuvre politiquement engagée de Gide, la pièce *Robert ou l'intérêt général*, fut traduite en russe par Elsa

Triolet afin d'être mise en sc... ...Moscou. Gide effectua
alors son voyage en Union so... et à son retour
publia un fort critique *Retour de l'U...*, ...ui fit de lui un
ennemi aux yeux du régime soviétique, ...
triomphe assuré sur la scène moscovite. ...riva d'un

Gide relata par la suite son ébahissement d...
somptueux accueil qu'on lui avait réservé en tant qu...
prestigieux de l'Union soviétique, « sans qu'il y ait tentative de corruption », et il comprit que ses hôtes avaient tout
intérêt à cajoler les écrivains et autres visiteurs susceptibles
d'exprimer leur sympathie pour l'URSS, tandis que l'écrivain y trouvait lui-même son avantage. « Les bénéfices
démesurés que l'on m'offre là-bas me font peur. » Et il
expliquait :

> Les journaux de Moscou m'avaient appris qu'en quelques
> mois plus de 400 000 exemplaires de mes livres s'étaient
> vendus. Je laisse supputer le pourcentage de droits
> d'auteur. Et les articles si grassement payés ! Eussé-je
> écrit sur l'URSS et sur Staline un dithyrambe, quelle
> fortune !

Deux de ses compagnons de voyage, ajoutait Gide,
« couraient les magasins d'antiquités, les marchands de
curiosités, les revendeurs, ne sachant comment dépenser
les quelques milliers de roubles d'avances qu'ils venaient de
toucher et savaient ne pouvoir exporter ». Gide lui-même
ne put même pas entamer l'énorme somme mise à sa
disposition, car on leur fournissait jusqu'aux cigarettes.

L'iconoclaste Céline, à l'écart de tous pendant les années
trente, presque aussi éloigné de la droite que de la gauche,
nia dans *Bagatelles pour un massacre* que son voyage en
URSS lui eût été offert. « J'ai tout payé de mes clous... de
mon petit pognon bien gagné, intégralement : hôtel, taxis,
voyage, interprète, popote, boustif... » En effet, les Soviétiques lui devaient encore de l'argent — deux cents roubles
de droits d'auteur. Mais, en avouant qu'il avait dépensé
l'argent gagné, Céline révélait sans s'en rendre compte
qu'il avait, lui aussi, bénéficié du traitement de faveur que
réservaient les Soviétiques à ceux qu'ils désiraient cultiver.
Sans la situation qui régnait alors, les Soviétiques ne

payaient rien aux auteurs[...] ». Au vrai, Céline s'était rendu personnalités à « con̄ation du gouvernement soviétique, là-bas en 1936, ...és droits qui lui furent payés en devises afin d'y dép... Le camp soviétique avait tout simplement non ex... cas, un mauvais calcul.[1]

...n organisait également des voyages de groupe. Ainsi, à ...occasion du Premier Congrès des écrivains soviétiques, à Moscou, en août 1934. Du point de vue des relations publiques, cette rencontre fut organisée plus habilement que ne l'avait été celle de Kharkov quatre ans plus tôt, avec son atmosphère à la *Ivan le Terrible* sur fond de Prokofiev. Si les principaux enjeux étaient ceux de la politique intérieure soviétique, si l'accent restait mis sur la doctrine du réalisme socialiste, les sympathisants de l'expérience soviétique qui n'étaient pas inscrits au Parti purent cependant s'y sentir davantage à leur aise. Et Malraux, cette signature considérable de la gauche sympathisante, fut presque transporté à bout de bras par Ehrenbourg jusqu'à Moscou. Les Ehrenbourg et les Malraux prirent le train puis le ferry jusqu'à Londres, où ils s'embarquèrent sur un navire soviétique, le *Dzerjinski,* ainsi nommé à la mémoire du fondateur de la Guépéou ; à Leningrad, ils prirent le train pour Moscou où ils s'installèrent à l'hôtel National, à cinq minutes de la place Rouge et du Kremlin (jusqu'à l'heure de rejoindre les autres invités du congrès, rassemblés à l'hôtel Métropole, tout près de là).

Les Malraux devaient passer environ trois mois en URSS. Une grande partie de leur temps fut consacrée à des visites d'usines, occupation particulièrement prisée dans ce

1. Louis-Ferdinand Céline, *Bagatelles pour un massacre*, Paris, 1937 ; Ilya Ehrenbourg, *La Nuit tombe*, Paris, 1966 ; André Gide, *Littérature engagée*, Paris, 1950 ; *Retouches à mon Retour de l'URSS*, Paris, 1937 ; Fred Kupferman, *Au pays des Soviets : le voyage français en Union soviétique (1917-1939)*, Paris, 1979 ; Clara Malraux, *Voici que vient l'été* (*Le Bruit de nos pas*, IV), Paris, 1973 ; Maria van Rysselberghe, « Les cahiers de la petite dame » (1929-1937), *Cahiers André Gide 5,* Paris, 1974. Discours de Ilya Ehrenbourg, *Commune,* Paris, juillet 1935 ; André Pulicani, « Chez Gen Paul, à Montmartre », *Les Cahiers de l'Herne 3 :* « L.-F. Céline » I, Paris, 1963.

pays pour les invités. Ils virent également beaucoup les Nizan, car Paul Nizan séjournait alors à Moscou, où il travaillait pour une revue en langue française ; ainsi que les Louis Fischer et Gustav Regler. Clara Malraux devait par la suite se souvenir que ce fut à Moscou qu'André et elle-même devinrent intimes de Nizan et de Regler, qui devinrent ensuite des familiers de la rue du Bac. Louis Aragon et Elsa Triolet étaient également là, mais il ne semble pas que ce couple ait été particulièrement proche des Malraux — ni de personne d'autre — à Moscou. Malraux avait de longues séances de travail avec Eisenstein pour mettre au point le scénario de cette *Condition humaine* qui ne serait en fin de compte jamais filmée. Bien que les Malraux eussent eux-mêmes payé leur voyage, ils vécurent fort bien là-bas sur les droits d'auteur de ce livre : si bien que Clara put même s'offrir un manteau de fourrure.

Nizan, qui s'était rendu à Leningrad pour accueillir Malraux à son arrivée (le 14 juin), avait présenté Malraux au public soviétique peu de temps auparavant, par un article publié dans la *Literatournaïa Gazeta,* avertissant les lecteurs que Malraux n'avait pas une idée très claire de la révolution, car il y voyait un salut personnel plutôt qu'une nécessité historique. « Son but principal est de découvrir, dans une révolution, les possibilités d'exprimer un héroïsme suprême... » Mais Nizan gardait espoir : « Il est déjà très important qu'il ait rejoint les rangs des combattants contre le fascisme, les rangs des défenseurs de l'Union soviétique. » Dans une interview ultérieure que publia la même *Literatournaïa Gazeta,* Malraux déclara qu'il avait commencé à écrire un roman sur le pétrole, qui se déroulait en Perse et à Bakou et où apparaîtraient des personnages d'ouvriers pétroliers soviétiques. Malraux envisageait-il réellement d'écrire un tel ouvrage ? Peut-être.

Quant à Ehrenbourg, il se préparait à ce Congrès des écrivains comme une jeune fille à son premier bal, et divers comptes rendus laissent entendre qu'il s'agissait en effet d'une véritable fête. Les murs de la salle de conférences s'ornaient de portraits de Shakespeare, Tolstoï, Molière, Gogol, Cervantès, Heine, Pouchkine, Balzac... La séance

d'ouverture fut précédée d'une fanfare ; devant le bâtiment, une foule de badauds se pressait devant les portes
pour apercevoir leurs auteurs préférés en chair et en os ; à
l'heure du déjeuner, le rassemblement de curieux était si
dense que les délégués durent se frayer un chemin de force.
Le public comprenait des délégations de l'Armée rouge,
des écoliers jouant de la trompette, des ouvriers d'usine,
des travailleurs venus de fermes collectives, et les femmes
portaient d'énormes paniers remplis de fruits et de légumes ; les délégués occidentaux en étaient touchés, car ils
voyaient l'aspect naïf de ces manifestations et aussi leur
pathétique. Après les séances, les délégués étaient littéralement couverts de roses. Les ouvriers et les paysans étaient
venus dans une intention précise : réclamer à leurs auteurs
favoris d'écrire des livres sur les ouvriers et les paysans.
Ehrenbourg avait l'impression de se trouver au théâtre, et
de voir l'assistance applaudir ses vedettes. Plus d'une fois
on put voir Gorki, le président, essuyer des larmes. Mikhaïl
Koltsov et Isaac Babel déchaînaient les rires. Le contingent
étranger comprenait l'auteur danois Martin Andersen-
Nexö, les réfugiés allemands Johannes Becher et Ernst
Toller, l'Espagnol Rafael Alberti. Boris Pasternak était
présent. Il semblait bien que toutes les célébrités soviétiques fussent rassemblées là.

Plus tard — bien plus tard —, le congrès allait apparaître
sous un autre jour. Louis Aragon, par exemple, avait eu le
sentiment que ce rassemblement représentait un nouveau
consensus entre les auteurs soviétiques : les dissensions
internes s'étaient dissipées, tous désormais embrassaient le
régime soviétique, le réalisme socialiste. Mais il allait par la
suite découvrir que l'on n'était parvenu à cette harmonie de
façade qu'en excluant les dissidents, tel le poète Ossip
Mandelstam. Et le même Gorki, qui présidait le congrès,
était l'auteur d'un livre justifiant les camps de travaux
forcés, où se trouvaient de nombreux prisonniers politiques. Lorsque les Malraux s'apprêtèrent à quitter Moscou,
au bout de trois mois, Isaac Babel emmena Clara en
promenade et lui raconta comme il aurait dû être heureux... Étant l'ami de Gorki, il passait en effet au moins
une soirée par semaine en compagnie de Staline ; il vivait

confortablement sans même avoir à écrire. « J'ai le droit de
ne pas écrire, mais je suis un écrivain. Dans mon tiroir, il y
a deux romans : si on les trouve, je suis un homme mort. »
(Babel allait être tué sur l'ordre de Staline sans même avoir
publié ces livres.) Quant à Ehrenbourg, il confia à Clara
Malraux que, parmi les absents, figurait la remarquable
poétesse Anna Akhmatova ; et que même Pasternak,
empêché de publier son œuvre personnelle, devait se
borner à des traductions de Shakespeare.

Gorki organisa dans sa maison de campagne un banquet
en l'honneur des participants au congrès ; y assistèrent
entre autres Nikolaï Boukharine, bientôt pris dans les
purges et exécuté, Viatcheslav Molotov, et même Kliment
Vorochilov, commandant en chef de l'Armée rouge et, par
la suite, chef de l'État soviétique. Ilya Ehrenbourg était
également présent. D'après les souvenirs de Gustav
Regler, l'alcool ne tarda pas à délier les langues. Karl
Radek, le vieux compagnon de Lénine, prononça un
discours dostoïevskien, où il jetait le doute sur la réussite
soviétique ; il parvint même à offenser Malraux en le
qualifiant de « petit-bourgeois ». En écrivant ses mémoires, Regler se rendit compte avec le recul que ce banquet
fut le dernier du genre ; plus jamais cette liberté d'expression n'allait se retrouver en URSS. Regler se demanda
alors si Radek pensait que les invités étrangers discernaient
ce qui se préparait, et s'ils pourraient peut-être le sauver,
avec Boukharine, Koltsov et les autres, du destin qui les
attendait tous.

Par avance, le congrès de Moscou avait été béni par
l'Association des écrivains et des artistes révolutionnaires
en France, dont les slogans indiquaient clairement comment les Français allaient s'en servir :

> Pour un vaste front unique de combat des écrivains et des
> artistes de France aux côtés du prolétariat révolution-
> naire !...
> Pour la popularisation de la littérature soviétique et de la
> littérature révolutionnaire internationale en France !...
> Pour la création de la culture socialiste internationale
> sous le drapeau du matérialisme dialectique, sous le
> drapeau de Marx, Lénine et Staline !

De Paris — car il n'était pas vraiment prêt à faire le voyage —, Gide adressa un message à Moscou, appelant à un « individualisme communiste », qui pouvait sans doute — il l'admettait — présenter une contradiction dans les termes mêmes. Mais il ne voyait pas comment le communisme pourrait survivre sans tenir compte des particularités de chaque individu. « Le communisme a besoin de personnalités fortes », concluait-il, songeant apparemment plus à sa communauté de la rive gauche qu'à Moscou, si rigidement policée.

Il appartenait donc aux étrangers — et aux Français en particulier — d'apporter à Moscou un peu de l'atmosphère de la rive gauche, et ce pour la dernière fois de cette génération. Fort peu de temps après ce congrès, Sergei Kirov allait être assassiné, et ce serait le début d'une phase de procès, de déportations, d'exécutions — les Boukharine, les Radek, les Babel et les Mandelstam en seraient les principales victimes, ainsi que beaucoup de leurs accusateurs. Malraux devint le porte-parole de la rive gauche. « Si nous n'étions pas liés à l'Union soviétique », proclama-t-il, « nous ne serions pas ici. » Il se présenta comme un écrivain révolutionnaire mais, à dessein ou bien par naïveté, il choisit l'occasion pour s'élever contre les principes du réalisme soviétique, alors même qu'on les polissait justement pour les répandre de façon massive. « Vous faites surgir ici la civilisation dont sortent les Shakespeare », commença-t-il. « Qu'ils n'étouffent pas sous les photographies, si belles soient-elles. Le monde n'attend pas de vous l'image de ce que vous êtes, mais aussi de ce qui vous dépasse, et bientôt vous seuls pourrez la lui donner. »

Il y eut donc un semblant de débat. Il échut à Karl Radek, que Staline allait bientôt accuser de trahison, de prendre la parole pour s'opposer à l'hérétique Malraux. « Que ce Shakespeare naisse — et je suis certain qu'il naîtra — et nous prendrons soin de lui », promit Radek. Il écartait l'individualisme français : « Au cours du combat, l'écrivain comprendra... qu'il n'y a pas d'armée combattante sans discipline... » Par la suite, Lev Nikouline — que

plus tard la veuve de Mandelstam soupçonna d'avoir
dénoncé des écrivains comme Babel — déclara qu'il
décelait dans les écrits de Malraux « un pessimisme privé
d'espoir ». Malraux reprit donc la parole :

> Si je pensais que la politique se trouve au-dessous de la
> littérature, je ne conduirais pas, avec André Gide, la
> campagne pour la défense du camarade Dimitrov en
> France, je ne me rendrais pas à Berlin, chargé par le
> Komintern de la défense du camarade Dimitrov ; enfin, je
> ne serais pas ici.

Il fut applaudi.

Pour l'un de ses biographes, Malraux inventa par la suite
une conversation avec Staline dans la maison de campagne
de Gorki, de même qu'il inventa une rencontre avec
Goebbels, le ministre de la Propagande nazie. En vérité,
l'unique rencontre avec Staline eut lieu lors d'un défilé sur
la place Rouge, où les Malraux se trouvèrent si près du
Premier secrétaire qu'ils auraient pu lui parler — mais ils
n'en firent rien. De retour à leur hôtel, quand André
demanda à Clara ce qu'elle avait pensé de son voisin, elle
l'irrita en répondant : « Je passerais bien un moment avec
lui dans un lit. » [2]

Plus tard, à Paris, quand tout le monde fut enfin revenu
de Moscou, un meeting fut organisé au palais de la
Mutualité (23 octobre) afin d'y entendre les comptes
rendus des délégués. Une fois de plus, Gide se laissa
convaincre de présider. « Belle séance en somme, et quel
enthousiasme ! » écrivit ce soir-là dans son journal intime
sa confidente Maria van Rysselberghe, « que d'ovations

2. Entretien avec Clara Malraux. Pierre Daix, *Aragon, une vie à
changer*, Paris, 1975 ; Ilya Ehrenbourg, *La nuit tombe*, Paris, 1966 ;
André Gide, *Littérature engagée*, Paris, 1950 ; Jean Lacouture, *André
Malraux*, Paris, 1973 ; Clara Malraux, *Voici que vient l'été* (*Le Bruit de
nos pas*, IV), Paris, 1973 ; Nadejda Mandelstam, *Contre tout espoir*,
Paris, 1972 ; Gustav Regler, *Le Glaive et le Fourreau*, Paris, 1960.
Jacqueline Leiner, « Autour d'un discours de Malraux : " L'art est
une conquête " », *La Revue des lettres modernes*, Paris, n° 304-309,
1972, avec « Textes se rapportant au séjour d'André Malraux en
URSS », *Commune*, Paris, septembre-octobre 1934.

chaleureuses ! » ; et, sur l'attitude hésitante de son éminent
ami : « Évidemment, il n'est pas habitué à choisir ce qui
porte sur un grand nombre ; sa pensée est toujours trop
nuancée. » Gide déclara à la foule qu'il attendait avec
impatience le jour où l'art soviétique pourrait abandonner
sa phase combative, et devenir « joyeux ». Gide avait
élaboré son texte avec soin, Malraux improvisait. La *petite
dame* le trouva cependant plus « éblouissant, prodigieux
que jamais », même si « lui aussi a la pensée un peu trop
subtile pour cet auditoire, mais il a la manière forte,
directe, saisissante, le débit saccadé, l'allure logique, le
sens des effets d'opposition, il réussit ce prodige d'une
éloquence qui n'est jamais au détriment de l'intelligence »... Malraux reconnaissait même aux Soviétiques le
droit à leur réalisme socialiste, dans une nation de guerre
civile, de plans quinquennaux, et de nécessaire construction de leur pays... A la tribune figuraient également Vaillant-Couturier, Jean Cassou, l'ami hollandais de Gide, Jef
Last, Fernand Léger, Léon Pierre-Quint, Jean Guéhenno,
Henri Jeanson, Edouard Dujardin, Édith Thomas. La
salle de la Mutualité ce soir-là était comble — trois mille
personnes d'après la presse — et bénéficiait de la protection de la police. Ce fut au cours de ce meeting, quand
l'assistance se mit à scander : « Les Soviets partout ! », que
la journaliste communiste Andrée Viollis chuchota à Ilya
Ehrenbourg la suggestion qui, d'après Ehrenbourg, donna
naissance au projet de créer une Association internationale
des écrivains, et un Congrès international des écrivains. *

Bientôt, dans l'hebdomadaire de droite *Candide,* Pierre
Gaxotte allait se faire un plaisir de signaler que l'on
trouvait les noms de Malraux, de Gide, etc., au bas des
pétitions en faveur de toutes les victimes, partout, sauf de
celles des purges de Moscou. [3]

---

* Voir « *Lever de rideau* », et le chapitre 6 de la deuxième partie,
« Pour la défense de la culture ».

3. Ilya Ehrenbourg, *La nuit tombe,* Paris, 1966 ; André Gide,
*Littérature engagée,* Paris, 1950 ; Maria van Rysselberghe, « Les
cahiers de la petite dame » (1929-1937), *Cahiers André Gide 5,* Paris,
1974. *Candide,* Paris, 10 janvier ; *Commune,* Paris, septembre-octobre
1934, novembre 1934.

# 4

# A droite et au centre

Sur cette rive gauche apparemment colonisée par les seuls intellectuels de gauche prospérait aussi la colonie de la droite intellectuelle. Bien souvent, les éléments actifs de ces groupes et groupuscules rivaux se rencontraient dans les mêmes lieux publics — la Coupole à Montparnasse, le Flore à Saint-Germain-des-Prés —, de même qu'ils étaient également publiés chez Gallimard et Grasset. Les deux colonies coexistaient. Le comportement social étant ce qu'il était alors, on pouvait partager la vie étudiante du quartier Latin, les salles à courants d'air de l'École normale supérieure, et les minuscules bureaux de la *Nouvelle Revue française* — sans les partager vraiment...

De même qu'un certain nombre de gens de gauche allaient être victimes du nazisme au cours de la décennie suivante, un certain nombre de gens de droite allaient collaborer avec l'occupant allemand. Il se peut que notre connaissance préalable du destin des protagonistes nous empêche d'approcher sereinement la jeune droite des années trente, même lorsqu'on l'étiquetait poliment comme « non conformiste ». Mais il est également vrai que de nombreux jeunes gens de droite, et même parfois des militants de l'Action française, qui professaient alors des sentiments antidémocratiques et antisémites, basculèrent dans le courant le plus fort sous le choc de la déclaration de guerre en 1939 et, un an plus tard, de la chute de la France aux mains de leurs prétendus amis d'outre-Rhin. On devrait pouvoir parler plus volontiers d'un Thierry Maulnier ou d'un Jérôme Tharaud, qui refusèrent de suivre leurs camarades d'idéologie dans la collaboration avec les nazis, ou d'un Roger Vailland, d'un Emmanuel d'Astier de la

Vigerie, d'un Claude Roy, qui se tournèrent alors vers la gauche et même le communisme.

Ils partageaient les mêmes lieux : l'univers de Robert Brasillach était circonscrit par le quartier universitaire de la rive gauche, l'École normale où il demeurait (il habita ensuite dans un appartement situé rue Lecourbe, à l'extrême sud du quinzième arrondissement), et le quartier général de la Fédération nationale des étudiants d'Action française, au 33 de la rue Saint-André-des-Arts. Les militants adultes tenaient leurs réunions non loin de là, dans la salle des Sociétés savantes de la rue Danton, ou bien à la Société de géographie, boulevard Saint-Germain. Par la suite, Brasillach allait être publié aux éditions Plon, rue Garancière, et, pour s'amuser, pousser jusqu'à la rue Visconti et y donner la réplique aux orateurs de l'Union pour la Vérité.

*Rive gauche :* ce nom fut choisi par un groupe de droite fondé au milieu des années trente, et qui fournit au jeune Brasillach une tribune pour s'exprimer ; le théoricien d'Action française Jacques Bainville y prononçait parfois des conférences sous la présidence du chef de mouvement, Charles Maurras. Les réunions se tenaient au théâtre du Vieux-Colombier, dans la rue du même nom, jusqu'au jour où l'attitude politique provocante de Maurras les en fit expulser. Elles émigrèrent alors à la salle des Sociétés savantes et au cinéma Bonaparte, place Saint-Sulpice. Brasillach faisait organiser des réunions par l'équipe de la revue d'extrême droite *Je suis partout* qui, en une seule saison, pouvait annoncer les prestations d'Henry de Montherlant, Henri Massis, Charles Maurras, Bertrand de Jouvenel, Pierre Gaxotte et Otto Abetz (alors propagandiste nazi pour la coopération des jeunesses franco-allemandes), ainsi que du clan Brasillach : Georges Blond, Lucien Rebatet, Pierre-Antoine Cousteau. Mais aussi Julien Benda — il acceptait de parler n'importe où.

Bien entendu, grâce à la société Rive gauche, quelques nazis authentiques trouvèrent au cours de ces années l'occasion de s'adresser à une jeunesse de droite fort réceptive. Abetz avait fait une conférence sur les Jeunesses hitlériennes — présenté au public par Henry de Montherlant. Comme le rappela l'hebdomadaire *Au pilori*, fanatiquement collaborateur, en 1943 : « De l'équipe *Rive gauche* est sortie une partie des vrais collaborationnistes d'avant-guerre, à l'époque où cela demandait un certain courage et une totale abnégation. »

Les forces d'occupation ne résistèrent pas, en effet, à la tentation de recycler le terme magique de « rive gauche ». En 1941, une librairie portant ce nom s'ouvrit boulevard Saint-Michel, juste en face de la Sorbonne, administrée conjointement par les Allemands et des sympathisants français tels que Brasillach et Alphonse de Châteaubriant (directeur de l'hebdomadaire collaborateur *la Gerbe*), avec l'ami de Brasillach Henri Jamet, mari de la fondatrice du groupe Rive gauche. Jamet fut par la suite mieux connu pour son rôle dans la transformation de la maison Calmann-Lévy, appartenant à des juifs et donc confisquée, en Éditions Balzac, collaboratrices. [1]

Le jeune provincial Robert Brasillach était arrivé à Paris en 1925 pour préparer au lycée Louis-le-Grand * le concours d'entrée à l'École normale supérieure. L'adhésion à l'Action française, avec des jeunes royalistes et racistes, semble avoir constitué à l'époque une sorte d'éveil spirituel et intellectuel, et apparemment rien dans les classes préparatoires de Louis-le-Grand non plus qu'à l'École normale supérieure ne venait décourager le flirt avec le fascisme (Brasillach allait par la suite évoquer cette période comme étant son « préfascisme »).

Un brillant jeune homme de droite pouvait bénéficier dans sa carrière de l'aide du vieil idéologue d'Action française, Henri Massis (ce fut Massis qui trouva à Brasillach son éditeur, Plon), et même recevoir les louanges d'une Colette pour ses articles dans *l'Action française*. La

1. Otto Abetz, *Histoire d'une politique franco-allemande (1930-1950)*, Paris, 1953 ; Robert Brasillach, *Une génération dans l'orage*, Paris, 1968 ; Michèle Cotta, *La Collaboration (1940-1944)*, Paris, 1964 ; Léon Daudet, *Paris vécu, 2e série : Rive gauche*, Paris, 1930 ; Jacques Isorni, *Le Procès de Robert Brasillach*, Paris, 1946 ; Eugen Weber, *L'Action française*, Paris, 1964.
* Voir chapitre 2 de la première partie, « Faire connaissance ».

première contribution marquante de Brasillach au quotidien du mouvement fut une critique du roman de Drieu La
Rochelle, *le Feu follet*. Brasillach se lia d'amitié avec des
metteurs en scène et des cinéastes et devint une autorité en
matière de théâtre et de cinéma. Il dînait avec Georges
Bernanos, écrivain réputé mais encore tourné vers l'Action
française, ou bien chez la comtesse Joachim Murat, en
compagnie d'aînés tels que Léon Daudet, Abel Bonnard,
René Benjamin, Léon Bérard, membres de l'élite ultra-
conservatrice de l'époque. En 1937, il commença à travailler pour Pierre Gaxotte, lui-même ancien élève de Normale
— Brasillach l'y avait rencontré, à la bibliothèque — au
journal *Je suis partout* qui graduellement attira tous les
jeunes « préfascistes » ; ils le rachetèrent lorsque l'éditeur
Arthème Fayard décida de l'abandonner, après l'arrivée au
pouvoir du Front populaire. D'une certaine manière,
l'esprit de camaraderie qui régnait à *Je suis partout* réflé-
chissait, ou perpétuait, l'esprit d'école de Normale.

Et lorsque André Malraux et ses amis allèrent en
Espagne aux côtés des forces républicaines, Brasillach s'y
trouvait en visite dans le camp de Franco ; si Malraux
écrivit *l'Espoir* sur cette guerre, Brasillach (avec Henri
Massis) écrivit *le Siège de l'Alcazar*, décrivant une bataille
héroïque du point de vue des nationalistes. Et si un
Malraux allait en Union soviétique, un Brasillach allait
rendre visite en Allemagne à Otto Abetz, à Goebbels — et
à Hitler lui-même. L'occupation de Paris par les Allemands
allait permettre à *Je suis partout* de poursuivre virtuellement la même ligne qu'avant la guerre, et sur le même ton
violent, jusqu'à ce que la libération de la France mît fin au
mouvement, au journal, et à ses vedettes. Brasillach fut
condamné et exécuté en 1945.[2]

Revenant aux années trente, il nous est impossible
d'oublier comment cela s'est terminé, de sorte qu'aux
activités du mouvement de Maurras, de la bande de *Je suis*

2. Robert Brasillach, *Une génération dans l'orage*, Paris, 1968 ;
Pierre-Marie Dioudonnat, *Je suis partout (1930-1944)*, Paris, 1973 ;
Lucien Rebatet, *Les Décombres*, Paris, 1942.

*partout,* se surimposent sans cesse les années d'occupation, lorsque *L'Action française* à Lyon, et *Je suis partout* dans Paris occupé, poursuivaient leurs campagnes idéologiques d'avant-guerre ; leur rhétorique pouvait alors signifier la condamnation à mort de leurs adversaires. Ce qui avant était insolence, dissidence outrancière, était devenu dénonciation, trahison. On a pu enregistrer de nombreux cas d'arrestations, de déportations, d'exécutions faisant suite à des attaques dans les colonnes de la presse de la collaboration.

Mais nous anticipons. Déjà dans les années d'avant-guerre, Maurras avait été condamné à une peine de prison pour incitation au meurtre de certains députés — et de Léon Blum, bien qu'il eût pris position contre Mussolini à cause de l'invasion italienne en Éthiopie. Maurras fut donc interné à la prison de la Santé, autre monument de la rive gauche, non loin de Montparnasse. Quand Brasillach lui rendit visite dans sa cellule, il le trouva entouré de fleurs et de livres. Pendant les huit mois que dura sa détention, Maurras écrivit chaque jour pour *l'Action française.* Puis, entre sa libération et la déclaration de la guerre, il eut la chance d'être élu à l'Académie française. « L'Académie a toujours haï la démocratie », commenta Julien Benda. « Elle a été boulangiste, elle a été antidreyfusiste, elle a souri au 6 février. »[3]

La doctrine maurrassienne bénéficiait d'une ample approbation avant la guerre. Elle inspirait non seulement les groupes de jeunes et d'étudiants qui en diffusaient la littérature le dimanche à la porte des églises, mais aussi des bandes de jeunes brutes qui semaient la terreur dans les rues ; les jeunes militants des *ligues* de type fasciste ressemblaient en quelque manière aux mouvements de jeunesse nazis.

Le Vatican même finit par mettre le journal et les livres de Maurras à l'index.

C'était l'époque du journal hebdomadaire d'opinion :

3. Julien Benda, *Les Cahiers d'un clerc (1936-1949),* Paris, 1949 ; Robert Brasillach, *Une génération dans l'orage,* Paris, 1968 ; Eugen Weber, *L'Action française,* Paris, 1964.

des pages grand format imprimées sur papier journal, et arborant souvent de gros titres ; la plupart préféraient l'illustration dessinée — caricatures, dessins humoristiques politiques — à la photographie, mais les photographies n'en étaient pas pour autant exclues. Les hebdomadaires les plus lus étaient ceux de droite : aucune publication de gauche n'avait un impact comparable à celui de *Gringoire,* sous-titré « Le grand hebdomadaire parisien politique et littéraire », dont les tirages montèrent jusqu'à 640 000 exemplaires pendant l'ère du Front populaire. Le *Candide* d'Arthème Fayard était « Le grand hebdomadaire parisien et littéraire », et se vendait à la même période à plus de 300 000 exemplaires. Se tenant hors des sphères politiques, mais toujours préparé à commenter ce qui s'y passait, *le Canard enchaîné* avait un tirage hebdomadaire moyen de 175 000 exemplaires. Et même *Marianne,* « Grand hebdomadaire littéraire illustré », publié chez Gallimard sous la direction d'Emmanuel Berl, qui pouvait compter sur l'élite littéraire pour remplir ses pages, ne dépassa jamais de beaucoup les 120 000 exemplaires. Quant aux hebdomadaires lancés pendant les années de Front populaire pour combattre *Gringoire* et *Candide,* comme nous le verrons dans les prochains chapitres, ils ne firent jamais mieux que cela. C'était une époque, après tout, où *l'Action française* se vendait mieux que *le Figaro.*[4]

Il nous faut admettre que Pierre Drieu La Rochelle mérite une plus grande attention que les personnalités précédemment décrites dans ce chapitre, ne serait-ce que parce qu'il fut à un moment donné l'ami d'André Malraux et de Louis Aragon ; mais aussi parce qu'il évoluait avec une aisance manifeste non seulement parmi les fanatiques d'extrême droite, mais aussi dans les meilleurs salons du Paris littéraire. On laisse parfois entendre aussi que l'œuvre écrite de Drieu permet d'excuser ses actes ou son comportement (bien que cet argument ne soit jamais utilisé bien longtemps). Ce fut, comme on le sait, par le suicide que

4. Louis Bodin et Jean Touchard, *Front populaire 1936,* Paris, 1961 ; Claude Estier, *La Gauche hebdomadaire (1914-1962),* Paris, 1962.

Drieu échappa à l'arrestation et à un jugement pour collaboration avec les Allemands ; et l'attitude de désespoir qui, sa vie durant, lui réussit si bien auprès des femmes donna également le désir à certains de ses éminents contemporains de l'aider, ou tout au moins de chercher à le comprendre. D'après les souvenirs d'Alfred Fabre-Luce, qui, sous l'Occupation, écrivait dans la *NRF* de Drieu :

> Drieu était grand, naturellement élégant, empreint d'une nonchalance qui laissait place, par moments, au défi. Une cigarette était souvent collée au coin de sa lèvre, comme pour lui épargner la peine de la faire voyager de sa main à sa bouche... Il fumait la vie elle-même comme une cigarette, « grillant » une femme après l'autre — ou plutôt, une idée après une femme, et une femme après une idée. Ce balancement était à la fois sa faiblesse et son charme. Il cherchait à gagner dans la politique et les lettres les plumes de coq dont il se parerait pour séduire, puis retournait à la vie publique avec des procédés empruntés à la coquetterie.

La vie de Drieu se lit comme un roman, ce qui explique peut-être pourquoi l'on préfère souvent sa biographie à ses œuvres. Né en 1893, il avait subi l'influence nationaliste d'un Maurice Barrès, et celle, royaliste, de Maurras. A de nombreuses reprises au cours de sa carrière, il bénéficia de la caution de sa première femme, d'origine juive, et d'Emmanuel Berl, juif lui aussi ; mais, pour être plus cohérent dans son fascisme, il devint antisémite. Il avait suivi les surréalistes, puis été camarade d'Aragon, et ensuite de Malraux ; il faillit devenir communiste ou socialiste, avant de choisir le national-socialisme. Ami de Gaston Gallimard, il entretenait de bons rapports avec tout le groupe de la *NRF ;* quand Gallimard publia le *Socialisme fasciste* de Drieu en 1934, Julien Benda exprima son admiration dans la *NRF,* et même le communiste Nizan en loua le style dans *Monde.* Berl demanda à Drieu d'écrire une série d'articles sur les nations fascistes pour la revue de Gallimard, *Marianne.* Pendant toutes ces années où Drieu parlait littérature à table avec le militant de gauche Malraux (qui le publiait chez Gallimard et qui était son

ami), il militait dans un mouvement politique « préfas-
ciste », allait participer à un congrès du parti nazi en
Allemagne, et faisait l'éloge du fascisme dans le journal du
parti populaire français de Jacques Doriot. Il trouva même
moyen d'établir une distinction entre ses vieux amis et
ennemis politiques actuels — et les autres. Ainsi, dans
*l'Émancipation nationale* de Doriot, en 1936, il décrivit
Malraux et Aragon comme des intellectuels staliniens qui
savaient fort bien ce qu'ils faisaient : quelque chose dans
leur tempérament se prêtait à la violence et à la ruse. Mais
il s'inquiétait davantage des humanistes comme Gide et
Guéhenno. « Je comprends que Malraux, qui est un
nietzschéen, un violent, un apologiste de la terreur,
défende l'aventure de Staline », écrivit-il. Mais Gide et
Guéhenno étaient les « grands coupables, car ils [faisaient]
semblant de ne pas ressentir cette tyrannie qui les blesse
dans toutes leurs fibres... ».

De telles contradictions font de Drieu un personnage
dont on lit l'histoire avec intérêt, mais il n'est guère
représentatif des années trente. « Il mourra seul », prophé-
tisa Nizan. L'occupation de Paris fit de lui un personnage
important pendant une brève période, comme nous le
verrons plus loin. [5]

Avec le recul, on constate que les milieux littéraires
assimilèrent très facilement l'extrémisme d'avant-guerre.
Ainsi, un Marcel Jouhandeau, auteur d'une brochure
intitulée *le Péril juif* et d'articles virulents dans *Je suis
partout* et *l'Action française,* pouvait en même temps être
un pilier de la *NRF* et demeurer toute sa vie l'ami intime de
l'éminence grise du groupe, Jean Paulhan ; Paulhan allait,
après la guerre, rompre avec ses alliés de la Résistance à
cause de l'inscription de Jouhandeau sur la liste noire. Se
tenant à l'écart des mouvements, on trouvait aussi Henry
de Montherlant, dont le culte de la virilité semblait faire un
candidat éventuel au fascisme, alors qu'en vérité il se retint

5. Pierre Andreu et Frédéric Grover, *Drieu La Rochelle,* Paris,
1979 ; Alfred Fabre-Luce, *L'Épreuve (1939-1946)* (*Vingt-Six années
de liberté,* II), Paris, 1963.

jusqu'à l'occupation de la France. Le critique Paul Léautaud confiait ses sympathies aux pages de son journal,
tandis que Georges Bernanos, admirateur d'Édouard Drumont (l'auteur de l'un des livres antisémites les plus connus
en France, *la France juive*, et proche de l'*Action française*
de Maurras), fut, comme on le verra plus tard, racheté aux
yeux de ses adversaires par sa dénonciation des atrocités
franquistes en Espagne.

Quelles que fussent leurs distances par rapport aux
grands courants des lettres françaises, la plupart de ces
exilés intérieurs semblaient trouver une place aux tables de
cafés et dans les dîners, aussi bien qu'autour de la théière
des Daniel Halévy. Gallimard et Grasset, et même la *NRF*
et *Marianne,* offraient un no man's land où eux-mêmes et
la gauche pouvaient de temps à autre remettre l'épée au
fourreau. [6]

Il arrivait que l'un d'eux traversât les lignes au cours du
combat. Par exemple Emmanuel d'Astier de la Vigerie, ce
dandy des années trente qui admirait à la fois l'Action
française et les surréalistes, protégé de Drieu La Rochelle
(Drieu proclamait même alors qu'il le jugeait vraiment trop
antisémite) — au cours des années trente, d'Astier pouvait
écrire avec la même sincérité dans les revues de gauche
comme de droite ; il allait par la suite choisir non seulement
la Résistance et de Gaulle, mais aussi les staliniens ; il allait
être un de leurs principaux compagnons de route, dans la
France d'après la Libération. Claude Morgan, fils d'académicien, commença par admirer Maurras et Mussolini (il
signa même la pétition des intellectuels de droite approu-
vant l'agression italienne en Éthiopie) ; un an plus tard, la
guerre d'Espagne le bouleversa si profondément qu'il
adhéra au parti communiste, et devint par la suite un agent
de liaison majeur du parti communiste avec la Résistance.
Quand Claude Roy débarqua à Paris à l'automne 1934 pour

6. R. P. Bruckberger, *Tu finiras sur l'échafaud*, Paris, 1978 ; Henri
Dubief, *Le Déclin de la IIIe République (1929-1938)*, Paris, 1976 ;
Maurice Martin du Gard, *Les Mémorables*, III (1930-1945), Paris,
1978 ; Paul Léautaud, *Journal littéraire*, XII (mai 1937-février 1940),
Paris, 1962.

fréquenter la Sorbonne, il se joignit au mouvement étudiant d'Action française ; bien qu'il n'eût atteint à la conscience sociale que par le slogan de Maurras : « Politique d'abord », il s'estimait « à la gauche de la droite ». A l'époque, Claude Roy et ses amis voyaient en Maurras « une forme de défi, de refus insolent », et se lier à l'Action française représentait un geste de révolte romantique. Plus tard, il considéra qu'il avait alors existé une sensibilité commune au socialisme dans la jeunesse de droite et de gauche. Pour Claude Morgan et pour d'Astier, pour Claude Roy aussi (et pour d'autres comme Maurice Blanchot et Jacques Debû-Bridel), l'occupation de la France par les Allemands allait être le choc initiateur de conversion ; Claude Roy lui-même bascula de la propagande vichyste au parti communiste en une seule année.[7]

Peut-être le commun dénominateur n'était-il pas le socialisme, mais bien plutôt le sentiment qu'un changement était nécessaire, que le vieux monde corrompu et incapable de faire face aux difficultés économiques de la France exigeait un changement. Pour certains jeunes gens des années trente, le premier objectif était une transformation interne. Rejetant le dogme du communisme, ou du fascisme naissant, ils choisissaient plutôt parmi un certain nombre de courants de pensée qui donnaient priorité au développement spirituel de l'individu, et à la constitution de communautés d'âmes semblablement disposées. Il est difficile d'apposer une étiquette sur ces tendances : un historien reprenant une expression de Mounier les a regroupées comme « non-conformistes des années trente », et peut-être devrions-nous nous en contenter. Parfois, un mouvement requérait un engagement si person-

7. Entretien avec Claude Roy. R. P. Bruckberger, *Tu finiras sur l'échafaud*, Paris 1978 ; Francis Crémieux, *Entretiens avec Emmanuel d'Astier*, Paris, 1966 ; Henri Dubief, *Le Déclin de la IIIᵉ République (1929-1938)*, Paris, 1976 ; André Harris et Alain de Sédouy, *Qui n'est pas de droite ?*, Paris, 1978 ; Paul Léautaud, *Journal littéraire*, XII (mai 1937-février 1940), Paris, 1962 ; Maurice Martin du Gard, *Les Mémorables*, III (1930-1945), Paris, 1978 ; Claude Morgan, *Les « Don Quichotte » et les Autres*, Paris, 1979 ; Claude Roy, *Moi je*, Paris, 1978.

nel, si éloigné de la réalité, qu'il paraissait momentanément aveuglé d'un point de vue politique. Des mouvements tels qu'Esprit, Ordre nouveau, Plans, Combat, la Jeune Droite, Réaction, dans leur idéalisme et la distance qu'ils conservaient à l'égard de l'idéologie, inspiraient toute une couche de la jeunesse française dont on ne doit pas sous-estimer l'influence... Il s'y mêlait des gens que nous retrouverons plus tard : Robert Aron, Maurice Blanchot, Robert Buron, Henri Daniel-Rops, Georges Izard, Thierry Maulnier, Jean-Pierre Maxence, Emmanuel Mounier, Denis de Rougemont, Pierre-Henri Simon, Pierre-Aimé Touchard. Certains allaient devenir les guides du mouvement catholique progressiste, qui réformait sinon la hiérarchie cléricale, du moins l'avant-garde, et permettait d'être à la fois bon catholique et antifasciste, et peut-être même socialiste (alliance qui n'avait rien d'évident dans les années trente).

Pour ces nouveaux catholiques, la priorité résidait dans le défi direct aux militants politiques de gauche, et les communistes ne tardèrent pas à s'en rendre compte. Dans la revue *Commune* (en novembre 1933), le porte-parole intellectuel du Parti, Paul Nizan, commenta l'éditorial d'Emmanuel Mounier dans *Esprit,* qui expliquait que son mouvement voulait sauver le système de libre entreprise en le purifiant. Pour Nizan, des mouvements tels qu'Esprit et Ordre nouveau s'intéressaient essentiellement à protéger la propriété privée, et leur doctrine de « personnalisme » ouvrait en vérité le chemin au fascisme.

Finalement, comme l'observe Raymond Aron, l'échec du mouvement Esprit sur le plan pratique résida dans son impuissance à aider ses sympathisants (les lecteurs d'*Esprit*) à décider ce qu'il convenait de faire, de sorte qu'ils se trouvèrent pris de court pour réagir à des événements réels, tels que le pacte de Munich ou l'avènement du régime de Vichy. Mais le mouvement Esprit lui-même pouvait être purifié. Il émergea de l'Occupation avec une assurance renforcée quant à ses choix politiques. Dans le Paris d'après-guerre, au dernier étage de l'immeuble des Éditions du Seuil, le groupe attirait toute une nouvelle génération de catholiques politiquement engagés ainsi que

leurs compagnons de route, de même que Gallimard et sa
revue avaient représenté dans les années trente un véritable pôle magnétique.[8]

Il n'existe pas de catégories où l'on puisse classer Louis-
Ferdinand Céline, qui n'appartient même pas à la rive
gauche. S'il est un personnage de cette histoire, c'est à
cause du rôle qu'il joua dans les milieux politico-littéraires
de la rive gauche. Céline n'appartint jamais à aucun
mouvement ; un biographe l'a qualifié d' « écrivain dé-
gagé », et il ne cachait pas que, tout médecin qu'il était,
l'humanité ne le préoccupait guère. Il existe une confusion
considérable au sujet de Céline car, en cherchant à le
dédouaner des accusations de collaboration avec les Allemands, ses admirateurs ne se contentaient pas d'évoquer sa
contribution à l'histoire littéraire : ils le voulaient apolitique, peut-être même a-raciste. On prétend volontiers que
Céline écrivit ses classiques universellement reconnus lors
d'une phase antérieure d'innocence — avant de mal
tourner. En vérité, sa première œuvre exprimant l'antisémitisme, une pièce mineure et oubliée qui s'intitulait
*l'Église,* parut tout juste un an après la publication de son
premier roman, *Voyage au bout de la nuit,* et trois ans
avant le deuxième *Mort à crédit.* Ce qui sauva la réputation
de Céline, ce fut l'indifférence totale suscitée par sa
mauvaise pièce ; fort peu de gens se donnèrent la peine
d'en écrémer le contenu. Et assurément pas les communistes, car Louis Aragon et même le dirigeant du Parti,
Jacques Duclos, continuaient à vouloir le faire entrer au
Parti encore en juillet 1936, lorsqu'il se rendit en Union
soviétique.

En décembre 1937, Céline publia *Bagatelles pour un
massacre,* le plus violent pamphlet publié par un éditeur
sérieux (Denoël) dans les dix années précédant la guerre,
et superbe encouragement à l'adresse des jeunes fascistes

---

8. Entretien avec Raymond Aron. Jean-Louis Loubet del Bayle,
*Les Non-conformistes des années trente,* Paris, 1969 ; Claude Roy, *Moi
je,* Paris, 1978 ; Michel Winock, *Histoire politique de la revue « Esprit »
(1930-1950),* Paris, 1975 ; *Sur le Seuil,* Paris, 1979.

les plus farouches. Lucien Rebatet vit dans ce livre une bombe, et ses camarades de *Je suis partout* s'enchantèrent de ce « renfort prodigieux pour nous : un écrivain qui demeurait situé à l'extrême gauche, bien qu'il eût publié sa déception du communisme, l'homme du peuple, le naturaliste forcené, l'athée que l'on pouvait le moins suspecter de réaction ». L'ami de Rebatet, Brasillach, rendit compte dans *l'Action française* de ce même livre avec des louanges, mais en prenant garde de maintenir certaines distances entre l'antisémitisme violent de Céline et sa propre opinion. Pourtant, l'antisémitisme pouvait faire recette, en ce temps-là. Le livre suivant de Céline, *l'École des cadavres,* fit l'objet d'une promotion par le moyen de prospectus contenant certaines citations parmi les plus virulentes de l'ouvrage, comme : « Les Juifs sont ici pour notre malheur... Ils sont mille fois plus funestes que tous les Allemands du monde. »

L'histoire intellectuelle de la France d'avant-guerre était également le fait de cette droite jeune ou moins jeune. [9]

9. Jean-Pierre A. Bernard, *Le Parti communiste français et la Question littéraire (1921-1939),* Grenoble, 1972 ; *Catalogue de l'exposition Céline,* Lausanne, 1977 ; *Les Cahiers de l'Herne,* 3 : « L.-F. Céline » I, Paris, 1963 ; Frédéric Vitoux, *Céline,* Paris, 1978.

# 5

# L'unité d'action

Le 6 février 1934, une foule en colère aiguillonnée par l'Action française, les Croix-de-Feu portant l'uniforme, des mouvements de vétérans de la Première Guerre mondiale, ainsi que les jeunes brutes d'une kyrielle de groupements paramilitaires connus sous le nom de *ligues,* prit d'assaut les barrages de police qui protégeaient le pont de la Concorde et le boulevard Saint-Germain devant la Chambre des députés. Ils accusaient leur gouvernement de n'être qu'une bande de voleurs, et d'empêcher le juste châtiment de gens comme Alexandre Stavisky, financier véreux d'origine juive et russe, trouvé mort trop bien à propos au cours de l'enquête sur ses activités. Au même endroit et en même temps, des vétérans appartenant à un mouvement contrôlé par les communistes, l'Association républicaine des anciens combattants, s'étaient rassemblés pour protester contre les méfaits du système capitaliste. Lorsque l'émeute prit fin, on compta 17 morts et 2 329 blessés — parmi lesquels 1 764 victimes appartenant aux forces de l'ordre. La foule ne parvint jamais jusque dans le Palais-Bourbon où les députés tenaient séance, mais le 6 février ne demeura pas sans conséquences. Le gouvernement, dirigé par le radical-socialiste Edouard Daladier, démissionna. Quant à la gauche, lorsque ses dirigeants comprirent qu'un gouvernement élu avait bel et bien failli être renversé par un mouvement de foule, elle mit progressivement fin à ses rivalités internes pour entamer un processus qui, deux ans plus tard, produisit un gouvernement de Front populaire soutenu par les communistes. Il s'agit là du résumé le plus bref possible des événements qui allaient transformer non seulement la politique mais le cœur des

Français — la manière dont les communistes et les socialistes se virent et se parlèrent, la manière dont ils firent front
contre les fascistes, depuis ce temps-là jusqu'à l'Occupation
et peut-être même au-delà. Au cœur de l'action, on pouvait
s'y méprendre. Ainsi, Pierre Drieu La Rochelle pouvait
téléphoner à son ami André Malraux pour lui faire part de
sa jubilation, pour avoir entendu simultanément chanter
*l'Internationale* communiste et *la Marseillaise* des vétérans
d'extrême droite sur le pont de la Concorde. Drieu ne se
tenait plus. Ses biographes affirment que le « 6 février »
marqua le début de son fascisme. Le directeur des *Nouvelles littéraires,* Maurice Martin du Gard, apprit la nouvelle
directement de Drieu. « Il a couru sous les balles... sans
autres ennemis que ses compatriotes », relata Martin du
Gard dans son journal. « Il s'est planqué dans la boue sous
les arbres des Champs-Élysées pour voir brûler des autobus
et taillader les gros chevaux de la Garde casquée... »
Drieu, qui avait visité l'Allemagne nazie quelques semaines
auparavant, fut déçu qu'il n'y eût point eu de coup d'État.
Robert Brasillach se souvint que pour la première fois,
avec ses amis, il s'était senti directement concerné par le
monde extérieur. Un soulèvement manqué, sans doute,
mais « une instinctive et magnifique révolte... une nuit de
sacrifice, qui reste dans notre souvenir avec son odeur, son
vent froid, ses pâles figures courantes, ses groupes humains
au bord des trottoirs, son espérance invincible d'une
Révolution nationale, la naissance exacte du nationalisme
social dans notre pays ». Car Brasillach se trouvait désormais sur le chemin sans retour de la collaboration nazie. [1]

Les fascistes avaient-ils conquis les rues de la rive
gauche ? La France se trouvait-elle alors sur le point de
connaître une tyrannie semblable à celle qui s'était empa-

1. Pierre Andreu et Frédéric Grover, *Drieu La Rochelle,* Paris,
1979 ; Robert Brasillach, *Une génération dans l'orage,* Paris, 1968 ;
Henri Dubief, *Le Déclin de la IIIᵉ République (1929-1938),* Paris,
1976 ; Georges Lefranc, *Histoire du Front populaire (1934-1938),* Paris,
1974 ; Clara Malraux, *Voici que vient l'été* (*Le Bruit de nos pas,* IV),
Paris, 1973 ; Maurice Martin du Gard, *Les Mémorables,* III (1930-
1945), Paris, 1978.

rée de l'Allemagne voisine un an seulement auparavant,
après s'être établie dans l'Italie également voisine ? Les
institutions, les partis, les syndicats, et tous les mouvements de la gauche antifasciste se mobilisèrent. Ce fut
l'époque des contacts incessants par téléphone, des interminables réunions tenues dans les domiciles privés, dans les
cafés, au coin des rues, que Clara Malraux résume dans
l'expression : « La révolution, c'est se voir beaucoup. »
« Chaque journal, selon son parti, a ses mensonges, ses
victoires et ses héros », commenta Eugène Dabit dans son
journal. Des amitiés se brisèrent — entre les Chamson et
leur vieil ami et mentor Halévy, par exemple. Chamson,
qui occupait alors la fonction de directeur adjoint du
cabinet de Daladier, fut averti par son supérieur de
s'attendre à tout, y compris à d'éventuelles agressions
contre certains membres du gouvernement ou fonctionnaires. Chamson tira donc son revolver d'officier de réserve
d'un placard, et s'assura qu'il était demeuré en état de
marche. Jusqu'alors, Chamson s'était jugé pacifiste et avait
sympathisé avec les Quakers. Si Brasillach et Drieu devinrent fascistes, Chamson pouvait quant à lui dater son
antifascisme du 6 février et des jours de fièvre qui
s'ensuivirent.

Le 12 février, la CGT, à l'époque non communiste, lança
un ordre de grève générale. Les intellectuels nouvellement
engagés se joignirent au défilé qui traversa les quartiers
ouvriers de l'est de Paris, depuis la porte de Vincennes
jusqu'à la place de la Nation ; ils symbolisaient la mise en
œuvre d'un manifeste inspiré par André Breton, et signé le
10 février par Breton, René Crevel, Paul Éluard — ainsi
qu'André Malraux et Jean Guéhenno parmi les non-
surréalistes, le radical-socialiste Alain, le pro-communiste
Jean-Richard Bloch ; tous ensemble, ils réclamaient l'unité
d'action de tous les groupes contre le danger fasciste.
Malraux participait au défilé, de même que le physicien
Paul Langevin. Alors qu'ils approchaient de la place de la
Nation, une manifestation communiste distincte déboucha
d'une autre avenue. Les deux colonnes convergèrent.
« Après un silence, un bref moment d'angoisse, à l'étonne-
ment des chefs de partis et de syndicats, cette rencontre

déchaîna un enthousiasme délirant, une explosion de cris et de joie » (Lucie Mazauric). « Des applaudissements, des chants, les mots " Unité, unité "... En fait, le Front populaire venait de naître sous nos yeux. »[2]

Ainsi naquit également le Comité de vigilance des intellectuels antifascistes (CVIA), premier regroupement réussi de communistes et non-communistes dans la cause commune de l'antifascisme (comme devait le noter André Wurmser avec le recul du temps), non pas fondé par les communistes, mais incluant des communistes dans ses rangs ; jusqu'alors, l'opposition idéologique entre les partis avait été trop brutale, et la manipulation communiste de mouvements tels qu'Amsterdam-Pleyel avait découragé les non-inscrits. Ce qui devenait désormais possible, en ces heures d'urgence, c'était un groupe d'action qui ne fût dominé par aucun parti. Cela semblait être le cas du CVIA. Si Paul Langevin, qui avait défilé le 12 février, était en effet proche des communistes, les cosignataires du manifeste proclamant la création du CVIA étaient Paul Rivet, professeur au Muséum national d'histoire naturelle, socialiste et membre de la CGT (syndicat alors non communiste répétons-le), et Alain, de son vrai nom Émile-Auguste Chartier, professeur de philosophie et radical-socialiste. Leur manifeste commençait ainsi :

> Unis par-dessus toute divergence, devant le spectacle des émeutes fascistes de Paris et de la résistance populaire qui, seule, leur a fait face, nous venons déclarer à tous les travailleurs, nos camarades, notre résolution de lutter avec eux pour sauver contre une dictature fasciste ce que le peuple a conquis de droits et de libertés publiques.

*Europe,* qui, avec d'autres revues, publia cette déclaration, annonça que le Comité avait été fondé le 12 mars

2. Entretien avec M. et M^me André Chamson. André Breton, *Entretiens (1913-1952),* Paris, 1969 ; Eugène Dabit, *Journal intime (1928-1936),* Paris, 1939 ; Clara Malraux, *Voici que vient l'été* (*Le Bruit de nos pas,* IV), Paris, 1973 ; Lucie Mazauric, *Ah Dièu ! que la paix est jolie,* Paris, 1972 ; « *Vive le Front populaire !* », Paris, 1976.

1934, un mois jour pour jour après la grève générale et l'union des manifestants communistes et socialistes sur la place de la Nation. Dans le mois qui suivit sa mise en circulation, le manifeste rassembla 1 200 signatures, et à la fin du mois d'avril, on en comptait plus de 2 000 ; en juillet, le Comité annonçait l'adhésion de 3 500 personnes, et l'année suivante plus de 5 000.

Officiellement, le parti communiste n'était pas tout à fait prêt pour l'unité. Le 6 avril, un éditorial signé par Maurice Thorez dans *l'Humanité* appelait à former un front unique sous la direction des communistes, dans des mouvements tels qu'Amsterdam-Pleyel, plutôt qu'à l'unité avec le « vomissement social-démocrate ». *Commune,* l'organe de l'Association des écrivains et artistes révolutionnaires, contrôlée par les communistes, publia le manifeste Alain-Langevin-Rivet en l'accompagnant d'un éditorial qui exprimait des doutes quant à la possibilité d'une coopération entre les signataires de gauche et les radicaux-socialistes responsables de certains événements qui, précisément, justifiaient la rédaction dudit manifeste. Il fallut l'intervention du Komintern en la personne de son discret délégué Eugen Fried (« Clément ») pour mettre le Parti sur une nouvelle voie. L'histoire officielle du parti communiste admet que le premier pas fut l'unité de la politique d'action décidée le 11 juin 1934 par le Komintern, lors d'une réunion de la Commission politique de l'exécutif. Le parti français ratifia ensuite la nouvelle ligne à l'occasion d'un congrès national organisé à Ivry, du 23 au 26 juin. Le 27 juillet, les partis socialiste et communiste approuvèrent solennellement un pacte pour l'unité d'action — organisations, publications, manifestations inclues. Dorénavant, l'engagement de tous allait se révéler plus aisé ; on n'aurait plus d'ennemis sur sa gauche.

Car le Comité de vigilance des intellectuels antifascistes servit de véhicule à toute une génération d'écrivains, de journalistes, de professeurs, de poètes et d'artistes, désireux de participer — ou tout au moins d'en avoir l'impression — à un mouvement dirigé contre le danger immédiat. Le Comité pouvait envoyer Malraux à Alger, où il arriva en hydravion, pour prendre la parole devant un meeting de la

section locale du CVIA contre les extrémistes de droite
dont le mouvement était devenu menaçant. Il pouvait
amener André Gide ou André Chamson — deux écrivains
que rien ne destinait à se produire en public — devant de
vastes assistances. De la même manière, un Jean Cassou,
dont les convictions s'étaient trouvées cristallisées par les
émeutes du 6 février, pouvait se laisser convaincre (par le
communiste Paul Vaillant-Couturier, en fait) de présider
un meeting, et puis se surprendre à y prononcer son
premier discours politique aux côtés d'autres recrues de
l'antifascisme. En vérité, lorsque le CVIA se trouva en
crise, la rupture ne fut point tant causée par l'opposition
communistes/anticommunistes, que par un différend d'opinion quant aux moyens à opposer au fascisme, car le CVIA
comptait une majorité pacifiste. [3]

Rarement dans l'histoire des gouvernements, le rôle des
intellectuels aura été aussi décisif. En se remémorant les
événements de l'époque et l'esprit de ce qui fut le « Front
populaire », Jean Guéhenno se rappela l'expression d'Albert Thibaudet, « la république des professeurs ». S'il y eut
une apothéose, ce fut assurément en ce 14 juillet 1935
historique, où communistes, socialistes et radicaux-socialistes célébrèrent ensemble la fête nationale, après des
semaines de tractations délicates qui s'oublièrent aisément
dans l'enthousiasme de la fête. Ce qui nous est parvenu de
cette fameuse journée, c'est le serment prononcé par les
participants, le matin, au vélodrome Buffalo, et composé à
la requête du comité d'organisation par Chamson, Guéhenno et Jacques Kayser. Il s'achevait ainsi :

3. Entretiens avec Jean Cassou, M. et M^me André Chamson. Jean-
Paul Brunet, *L'Enfance du parti communiste (1920-1938)*, Paris, 1972 ;
*Cahiers Romain Rolland 23*, « L'Indépendance de l'esprit — Corres-
pondance entre Jean Guéhenno et Romain Rolland (1919-1944) »,
Paris, 1975 ; Georges Lefranc, *Histoire du Front populaire (1934-1938)*,
Paris, 1974 ; Lucie Mazauric, « *Vive le Front populaire !* », Paris, 1976 ;
André Wurmser, *Fidèlement vôtre*, Paris, 1979. *Commune*, Paris,
mars-avril 1934 ; *Europe*, Paris, 15 avril et 15 mai 1934 ; Claude
Willard, « Les intellectuels français et le Front populaire », *Cahiers de
l'Institut Maurice Thorez*, Paris, octobre 1966-mars 1967.

Nous faisons le serment solennel de rester unis pour
désarmer les ligues factieuses, pour défendre et développer les libertés démocratiques et pour assurer la paix
humaine.

Après le meeting, les manifestants défilèrent de la
Bastille à la Nation ; et même si les partis déployèrent leurs
banderoles, firent crier leurs slogans, les divergences
n'apparurent guère à la foule. L'impression qui en résulta
fut que les travailleurs français et leurs philosophes se
trouvaient désormais unis contre le fascisme intérieur aussi
bien qu'étranger. Pour Brasillach, au contraire, ils étaient
« les rescapés radicaux de l'affaire Stavisky, les moscovites,
les juifs du socialisme ». Une description frappante de
cette journée nous vient d'un participant presque oublié de
la cérémonie du stade : « Le soleil traversait la brume de ce
matin de fête, ce brouillard de juillet épaissi par la chaleur
des masses humaines et les nuages de tabac… » et puis,
« au moment où à *l'Internationale* succéda *la Marseillaise*,
nous étions plus près des larmes que de l'ironie ». Ce
témoin, l'auteur dramatique Henri-René Lenormand, participa également au défilé de l'après-midi, et observa les
principaux personnages qui avaient rejoint la manifestation
en taxi : Léon Blum pour les socialistes, Édouard Daladier
pour les radicaux, et le communiste Marcel Cachin. Les
Maisons de la culture étaient représentées par Malraux,
Cassou, Jean-Richard Bloch, Charles Vildrac et Jules
Romains. Lenormand entendit des cris jaillir parmi la
foule : « Vivent les intellectuels ! Vive la science ! Vive
Malraux ! » Un cri les émut particulièrement : « Vivent les
professeurs ! Faudrait jamais qu'y meurent ! »
  Clara Malraux défilait aux côtés d'André, pieds nus dans
des sandales qui collaient au goudron, et André Malraux
souleva sa minuscule épouse pour lui montrer la marée de
drapeaux rouges qui flottaient aussi loin que l'on pouvait
voir. Malraux déclara à Lenormand : « Les masses ne sont
pas hostiles aux intellectuels. Mais les cadres, oui. » « La
manifestation antifasciste avec un demi-million de participants qui s'est déroulée le quatorze juillet de cette année à
Paris et les nombreuses manifestations des autres villes de

France ont eu une portée énorme », devait déclarer en août le secrétaire général du Komintern, Georgi Dimitrov, lors d'un congrès de cette organisation. « Ce n'est pas seulement un mouvement de front unique ouvrier ; c'est le début d'un vaste Front populaire contre le fascisme en France. » Si cela devait mener à la création d'un *gouvernement* de Front populaire, les communistes étaient également prêts à le soutenir.

Le pacte franco-soviétique d'assistance mutuelle avait été signé en mai 1935, et la coopération entre communistes et socialistes devenait désormais conciliable avec l'orthodoxie du Parti. Grâce au changement de la politique soviétique, les partis de gauche et de centre gauche commencèrent à organiser ensemble leur stratégie politique. Les fédérations syndicales communistes et non communistes, jusqu'alors rivales, s'unirent en mars 1936 après une scission qui avait duré quinze ans. On pouvait imaginer un gouvernement reflétant ce rapprochement des partis, et le nouvel état d'esprit qui régnait parmi les électeurs.

Le 13 février 1936, le dirigeant du parti socialiste, Léon Blum, alors qu'il se faisait ramener en voiture du Palais-Bourbon après une séance de la Chambre des députés, se trouva en plein milieu de la procession funéraire de Jacques Bainville, historien fort connu et idéologue célèbre de l'Action française. Les jeunes militants de cette organisation extrémiste le reconnurent — à l'époque, *l'Action française* l'attaquait régulièrement et le qualifiait de « détritus humain ». Ils arrêtèrent sa voiture, et en brisèrent les vitres. Blessé, Blum parvint à se réfugier dans un immeuble en travaux, où les ouvriers refermèrent le portail derrière lui et l'étendirent sur un tapis devant un feu. Le jour même, le gouvernement réuni en session extraordinaire au palais de l'Élysée approuva un décret visant à dissoudre les mouvements extrémistes de droite : la Ligue d'Action française, les Camelots du roi, la Fédération nationale des étudiants d'Action française. [4]

4. Entretien avec M. et M^me André Chamson. Robert Brasillach, *Une génération dans l'orage*, Paris, 1968 ; Jean Guéhenno. *Journal*

A présent, c'était une véritable apothéose. Car 1936 fut une année de victoires pour la gauche, culminant dans les élections du 26 avril et du 3 mai, qui donnèrent une franche majorité aux partis du Rassemblement populaire (146 députés socialistes, 116 radicaux, 72 communistes) et amena Léon Blum au pouvoir — Blum n'était pas seulement le leader du parti socialiste, mais aussi un juif et un intellectuel, un ancien élève de l'École normale supérieure qui avait été critique littéraire et dramatique avant d'entrer dans la politique, auteur des *Nouvelles Conversations de Goethe avec Eckermann* (dès 1901) qui incluaient une théorie de l'esthétique, d'un livre sur Stendhal, d'un ouvrage sur les femmes et le mariage. Les écrivains et les artistes de la rive gauche pouvaient s'identifier à ce politicien qui avait fréquenté les mêmes classes et partageait leurs préoccupations. La seule différence résidait dans le fait qu'il avait de bonne heure choisi l'arène politique, et laissé de côté les arts pour la vie publique. Trente-deux ans plus tard, mois pour mois, les étudiants de Paris allaient gribouiller des slogans sur les murs, appelant « l'imagination au pouvoir ». Et cela s'était déjà produit, dans une atmosphère où tout semblait possible. A minuit, le jour du second tour, se souvint Ilya Ehrenbourg, « les gens marchaient en chantant *l'Internationale,* en s'embrassant, en criant " les fascistes au poteau ! " ». Bientôt, « Paris était méconnaissable. Des drapeaux rouges flottaient sur les maisons gris-bleu. Partout on entendait les sons de *l'Internationale,* de *la Carmagnole.* A la Bourse, les valeurs étaient en baisse. Les riches faisaient passer leur argent à l'étranger. Les uns avec frayeur, les autres avec espoir, tous répétaient :

« C'est la révolution ! »

―――――――――

*d'une « révolution » (1937-1938),* Paris, 1939 ; Georges Lefranc, *L'Expérience du Front populaire,* Paris, 1972 ; *Histoire du Front populaire (1934-1938),* Paris, 1974 ; H.-R. Lenormand, *Les Confessions d'un amateur dramatique,* II, Paris, 1953 ; Lucie Mazauric, « *Vive le Front populaire !* », Paris, 1976. *Le Figaro,* Paris, 14 février 1936.

Maria van Rysselberghe relata ainsi l'excitation qui régnait alors : « Dieu ! que l'atmosphère est agitée, tendue... Les grèves s'étendent, ce matin pas de journaux, on n'y voit pas clair, les événements vont-ils servir Blum ou lui mettre des bâtons dans les roues ? L'humeur change sans raison véritable ; hier chacun était angoissé, aujourd'hui l'optimiste règne. »

Normalienne, professeur de philosophie, Simone Weil réagissait au défi à sa manière propre. Toute frêle qu'elle était, elle était parvenue à se faire embaucher aux usines Renault après le 6 février, et elle y travaillait dans le rang tout en organisant les syndicalistes de gauche de *Révolution prolétarienne*. Peu de ses pairs poussèrent si loin l'engagement social.

Les jeunes fascistes enregistrèrent ces mêmes événements avec une amertume non déguisée. « Le cinéma fermait pratiquement ses portes aux aryens », raconta Brasillach (dans des mémoires publiés sous l'Occupation). « La radio avait l'accent yiddish. Les plus paisibles commençaient à regarder de travers les cheveux crépus, les nez courbes, qui abondaient singulièrement. » « Accouru du fond des ghettos d'Orient à l'annonce de la victoire raciale », relata Lucien Rebatet dans ses propres mémoires publiés également sous l'Occupation, « le Juif pullulait, dans son état originel de crasse et d'outrecuidance le plus propre à écœurer un Français de vrai sang... Les origines métèques du fléau qui nous frappait étaient éclatantes sous nos yeux. »

Il paraissait cependant clair à Jean Guéhenno, écrivant en octobre de cette année de victoire, que « l'expérience que le pays était en train de vivre avait pour le monde la plus grande importance ». Aux États-Unis et ailleurs dans le monde, les regards se tournaient en effet vers la France. « De la réussite ou de l'échec du Front populaire français peut dépendre, nous accusent-ils, l'orientation politique du monde pendant cinquante ans. » De l'expérience allait surgir une nouvelle approche des questions sociales, du rôle du gouvernement comme animateur de l'industrie, comme protecteur des agriculteurs aussi bien que des ouvriers, et il allait en résulter des nationalisations, une réforme de l'enseignement, ainsi que l'acceptation générale de l'idée qu'un gouvernement pouvait même avoir une politique culturelle.[5]

5. Robert Brasillach, *Une génération dans l'orage*, Paris, 1968 ; Ilya Ehrenbourg, *La nuit tombe,* Paris, 1966 ; Jean Guéhenno, *Journal d'une « révolution » (1937-1938),* Paris, 1939 ; Georges Lefranc, *Histoire du Front populaire (1934-1938),* Paris, 1974 ; Lucien Rebatet, *Les Décombres,* Paris, 1942 ; Maria van Rysselberghe, « Les cahiers de la petite dame » (1929-1937), *Cahiers André Gide 5,* Paris, 1974.

# 6

# *Pour la défense de la culture*

Aucune rencontre n'eut une importance symbolique plus grande pour les écrivains engagés des années trente que le Congrès international des écrivains pour la défense de la Culture, en juin 1935. Ce fut un congrès de vedettes ; le simple fait qu'il se tînt, lui valait l'attribution d'un certain espace dans les journaux. Le congrès devait tirer des conclusions et chercher à se perpétuer par la création d'une structure organisationnelle permanente, selon les vœux du petit groupe qui, dans les coulisses, inventa l'événement, puis s'efforça d'en tirer parti. Mais, avec le recul, nous pouvons observer que rien de tout cela ne jeta véritablement d'ombre sur le congrès lui-même. L'organisation de la réunion mobilisa le meilleur de la communauté intellectuelle de la rive gauche. Les petites crises qui marquèrent la période préparatoire reflétaient les grands problèmes de l'époque ; d'une certaine façon, le congrès fut un microcosme des combats politiques qui faisaient rage au-dehors du palais de la Mutualité, où se tenaient les séances, et ce jusqu'à Berlin et même à Moscou*. Les sujets annoncés : « L'héritage culturel », « Le rôle de l'écrivain dans la société », « L'individu », « Nation et culture », « Les problèmes de la création et la dignité de la pensée », « La défense de la culture », offraient un vaste champ, et les événements allaient montrer que les participants pouvaient non seulement occuper tout ce terrain, mais aussi le déborder.

Suivant une règle tacite, les opposants déclarés de l'unité

---

* Voir début de l'ouvrage, « *Lever de rideau* ».

d'action avec les communistes étaient exclus, ou bien amenés à comprendre que leur présence n'était guère souhaitée. Cela comprenait les surréalistes dirigés par André Breton, comme nous l'avons vu, les trotskistes également, et de même, d'autres individus ou groupements dont les positions idéologiques alarmaient les organisateurs du congrès, mais dont on ne se souvient guère aujourd'hui. Manifestement, les écrivains conservateurs (ou pis) n'étaient guère les bienvenus, mais ceux que l'on considérait comme conservateurs (ou pis) n'acceptaient pas nécessairement cette étiquette, ou bien n'acceptaient pas que cela justifiât l'exclusion d'une rencontre internationale d'écrivains. L'un des exclus était Henry de Montherlant, et ses amis politiques exprimèrent leur réprobation. « Un congrès des écrivains, qui se prive de la grande majorité des écrivains, n'est plus qu'un clan de partisans », commenta le quotidien radical-socialiste *la République,* citant François Mauriac, Paul Morand, Henri Béraud, Jacques de Lacretelle et Charles Maurras parmi les absents. En vérité, ce groupe des exclus, avec Montherlant, aurait pu constituer son propre congrès international.

Une autre forme d'absentéisme inquiétait davantage les participants français. Maria van Rysselberghe fait état du coup de téléphone angoissé de Malraux à Gide, le 16 juin, après le dîner — cinq jours avant l'ouverture du congrès. Malraux annonçait à Gide qu'il lui fallait absolument le voir immédiatement, et qu'il arrivait tout de suite (de chez lui, rue du Bac, il y en avait en effet pour fort peu de temps). Malraux expliqua à Gide que l'ambassade soviétique venait seulement d'informer les organisateurs que Maxime Gorki ne pourrait pas assister au congrès. De l'avis de Malraux, le succès du congrès risquait de s'en ressentir gravement, car aucun autre membre de la délégation soviétique n'avait assurément une réputation en harmonie avec celle des Français, des Anglais, et des réfugiés allemands dont la présence était annoncée. Malraux estimait que les Soviétiques se moquaient d'eux. Il ne pouvait pas savoir que, dans les dernières années de sa vie, Gorki avait virtuellement été le prisonnier de Staline : celui-ci ne lui permettait pas de quitter l'Union soviétique. Peut-être

Gorki était-il déjà malade, car il mourut moins d'un an après ; peu de temps après, sa mort allait servir de prétexte à un nouveau procès pour trahison, et plusieurs comploteurs supposés, parmi lesquels le médecin de Gorki et le chef de la police secrète, furent exécutés après avoir été condamnés pour le meurtre de l'écrivain, alors âgé de soixante-huit ans. (Il est possible que Gorki ait en effet été assassiné, mais sur les ordres de Staline.)

Que faire ? La Mutualité était louée, et les délégués étrangers se trouvaient déjà en route. Malraux pria Gide d'appuyer sa requête auprès de l'Union soviétique afin que deux écrivains de réputation internationale fussent envoyés à Paris. L'un était Boris Pasternak, l'autre était le conteur Isaak Babel, qui allait disparaître lors des purges de Moscou. Gide autorisa Malraux à utiliser son nom.

Malraux relata alors à Gide l'incident intervenu dans le bureau de tabac entre Ilya Ehrenbourg et André Breton *. Gide exprima sa satisfaction de voir Malraux régler ainsi tous ces problèmes. (D'après les souvenirs de Malraux, Gide l'accompagna jusqu'à l'ambassade de l'Union soviétique, qui se trouvait rue de Grenelle, à quelques pas de la rue Vaneau.)

Malraux expliqua aux Soviétiques qu'il fallait fournir au prolétariat français l'occasion de rendre hommage aux écrivains qu'il admirait le plus. Par la suite, Malraux reconnut que les ouvriers français se souciaient de Pasternak et de Babel « comme de colin-tampon ». (Gustav Regler se rappela l'incident avec quelques variantes : selon sa version, ce fut Ehrenbourg lui-même qui se précipita à l'ambassade soviétique après consultation avec les autres organisateurs du congrès. C'était Regler qui avait suggéré d'inviter Babel, et Malraux, Pasternak, comme contribution « au village Potemkine que nous voulions ériger pour l'Occident sympathisant ».)

Le lendemain — selon Malraux —, le téléphone de Pasternak sonna, et sa compagne répondit. « Qui ? Le Kremlin ? » Staline en personne lui enjoignait de se

---

* Voir « *Lever de rideau* ».

procurer des vêtements occidentaux et de prendre le soir
même un train pour la France. Mais Pasternak débarqua à
Paris « vêtu d'une incroyable lévite de rabbin et d'une sorte
de casquette genre Mao qui ne lui permettait guère de
passer inaperçu sur les boulevards ». Heureusement, il
était de la même taille que Malraux et put être habillé plus
adéquatement. Au Congrès international des écrivains,
Pasternak allait lire un poème et prononcer un discours
qui, selon Malraux, se résumait à peu près à ceci : « Parler
politique ? Futile, futile... Politique ? Allez campagne, mes
amis, allez campagne cueillir fleurs des champs... » Pasternak confia à Ehrenbourg que, souffrant d'insomnie, il avait
séjourné dans une maison de repos jusqu'au jour où il avait
reçu du Kremlin l'ordre de partir pour Paris. Il avait tout
d'abord conçu un discours dont le thème essentiel était sa
propre maladie, et il avait fallu le persuader longuement
d'y ajouter quelques mots sur la poésie. Pasternak lui-
même relata par la suite qu'il avait dit à l'assistance :
« Je comprends qu'il s'agit ici d'un rassemblement d'écrivains en vue d'organiser la résistance au fascisme. Je
n'ai qu'une seule chose à vous dire : Ne vous organisez pas.
L'organisation est la mort de l'art. Seule compte l'indépendance personnelle. En 1789, en 1848, en 1917, les
écrivains n'étaient organisés ni pour ni contre rien. Ne
le faites pas, je vous en supplie, ne vous organisez
pas. »

Quant à Isaak Babel, il n'avait rien préparé du tout ;
mais, quand vint son tour, il s'exprima avec humour en
excellent français, tout à fait à son aise, et proclama
l'amour du citoyen soviétique pour la littérature. « Il
monta à la tribune », écrivit Gustav Regler, « tira une
lampe vers lui, et s'assit comme un conteur dans une ville
orientale. Il raconta des histoires juives ; il était parfaitement détendu, comme s'il n'avait eu devant lui qu'une
poignée d'élèves et non cinq mille compagnons de route
ardents et curieux. » Après les applaudissements déchaînés
qui suivirent l'allocution de Babel, Pasternak semblait
débarquer d'une autre planète. Malraux lut à l'assistance la
traduction d'Ehrenbourg (retouchée par Aragon) du
poème récité par Pasternak (d'après le souvenir de Clara

Malraux), puis, « les larmes aux yeux, les auditeurs restèrent un long moment figés ». [1]

Mais nous anticipons encore une fois ; le congrès ne fait que commencer. Un banquet de pré-ouverture eut lieu dans un restaurant des Champs-Élysées. Tandis que l'on servait les hors-d'œuvre, un délégué prêta au frileux André Gide un ample vêtement rayé qu'il se hâta d'enfiler et conserva pendant tout le repas. Ilya Ehrenbourg se souvint plus précisément que le donateur était un membre tadjik de la délégation soviétique, Gacem Lakhouti, et que Gide avait accepté non seulement la robe, mais aussi une chéchia. Ehrenbourg ajoutait sans générosité que plusieurs personnes, voyant Gide ainsi attifé, estimaient qu'il aurait mieux fait d'aller méditer sous une tente que de se préparer à prendre la parole en public. Mais Ehrenbourg écrivit cela à Moscou, bien longtemps après que Gide se fut détourné du mode de vie soviétique, et même longtemps après sa mort.

A la vérité, pendant toute la période qui précéda l'ouverture du congrès, puis pendant les interminables séances, Gide se révéla particulièrement peu gidien dans son dévouement. L'appartement de la rue Vaneau devint un véritable poste de commande ; quatre dactylographes travaillaient sans relâche dans le studio contigu (où se trouvait le trapèze). Les deux pôles d'attraction, nota la *petite dame*, étaient le téléphone et la glacière, entre les allées et venues pour les séances à la salle de la Mutualité, les réunions d'organisation, et les interminables discussions en petits comités.

Grâce à l'extraordinaire document que constitue le journal de cette *petite dame*, Maria van Rysselberghe, il

---

1. Ilya Ehrenbourg, *La nuit tombe*, Paris, 1966 ; Jean Lacouture, *André Malraux*, Paris, 1973 ; Clara Malraux, *La Fin et le Commencement* (*Le Bruit de nos pas*, V), Paris, 1976 ; Lucie Mazauric, « *Vive le Front populaire !* », Paris, 1976 ; Gustav Regler, *Le Glaive et le Fourreau*, Paris, 1960 ; Maria van Rysselberghe, « Les cahiers de la petite dame » (1929-1937), *Cahiers André Gide 5*, Paris, 1974. Isaiah Berlin, « Conversations with Russian Poets », *The Times Literary Supplement*, Londres, 1980. Sur les causes de la mort de Gorki, voir Robert Conquest, *The Great Terror*, Londres, 1968.

nous est loisible de revivre les journées bouillonnantes qui
précédèrent le congrès. Nous y trouvons Gide, plusieurs
semaines avant l'ouverture, désespéré par le rôle qu'on lui
a demandé de jouer. Mais il estimait qu'il eût été lâche de
refuser. Il redoutait que le parrainage partisan de l'événement ne tînt à l'écart les éventuels participants, et s'en
ouvrit à Malraux lors d'un dîner. Malraux dut alors lui
rappeler comment le projet avait vu le jour : l'Union
soviétique souhaitait disposer d'une tribune suffisamment
imposante pour que ses principaux écrivains pussent venir y
exposer leurs points de vue. Il s'agissait là d'un service qui
ne se refusait guère, quel qu'en fût le prix. Mais si Gide
voulait y voir une participation plus représentative, que
n'invitait-il ses amis apolitiques tels que Paul Valéry, en
son propre nom ? Quant à la désolation de Gide concernant
le rôle qu'il allait devoir jouer, Malraux lui assura que ses
responsabilités de président seraient purement symboliques. « Malraux est prodigieux de netteté, de simplicité,
d'envergure », nota la *petite dame* dans son journal. « Il
arrange toutes choses comme on disposerait les figures d'un
jeu d'échecs. Il domine toutes les situations avec un brio,
une volubilité, une absence d'hésitation et de bavochure
ahurissante... »

Mais, alors que la date approchait, Gide continuait à se
sentir manquer d'assurance. « Quand je songe à ce
Congrès où je vais devoir prendre la parole, ça me donne
un coup de vertige... »

Et la *petite dame* allait voir dans l'événement lui-même
un triomphe. « Tenir une foule de deux mille cinq cents à
trois mille personnes, cinq soirs de suite, sans compter les
après-midi, pour écouter des discours lus (presque tous) et
certains lus deux fois, en français et en langue étrangère, et
dont la majorité étaient assommants et répondaient mal à
l'attente, est assez inouï. » Le temps manquait toujours
pour terminer un sujet, et le programme de chaque jour
était reporté au lendemain. « Le public était des plus
sympathiques, on sentait qu'il était là par intérêt réel : jeunesse, étudiants, littérateurs, ouvriers déjà débrouillés ; public sensible, enthousiaste, manifestant. » « On ne déparla
pas pendant cinq jours et presque cinq nuits », écrivit vingt

ans plus tard un Guéhenno bien désabusé. La fumée et la poussière dans la salle n'eurent pas le temps de tomber.

> Pendant près d'une semaine [relata *la Dépêche* de Toulouse], bravant la chaleur et la fatigue, les délégués de quatorze pays se sont livrés, deux fois par jour, à un brillant débat d'idées... La chaleur était accablante et beaucoup de délégués retirèrent leur veston. Pourtant, les membres du praesidium, sur l'estrade, tinrent bon et gardèrent jusqu'à leur faux-col. Seul, M. Vaillant-Couturier vint prononcer son discours dans un costume de plage orné d'une lavallière blanche.

En dépit de la moiteur du climat, Eugène Dabit ne regretta pas d'avoir retardé ses vacances pour assister au congrès, « bien que soit fiévreuse, trouble et décevante par moments l'atmosphère », confia-t-il à son journal intime. Et il se souvint avec un plaisir particulier des discussions qui se prolongeaient tard dans la nuit aux tables des Deux Magots et d'autres cafés.

Henri-René Lenormand observa que la Mutualité était absolument pleine ; la presse occupait des tables juste au-dessous de l'estrade. « Dans les couloirs, les délégations des petits pays plaidaient et bataillaient pour leur tour de parole... Le congrès connut, jusqu'à ses dernières heures, le mal des discours rentrés, les interruptions de délégués en fureur, la lutte ouverte ou sournoise pour la conquête du micro. »[2]

Le lendemain matin de l'inauguration du congrès, *l'Humanité* titra en première page :

## POUR LA DÉFENSE DE LA CULTURE

### LES PLUS GRANDS ÉCRIVAINS DE QUATORZE PAYS SE SONT RÉUNIS HIER À LA MUTUALITÉ

*Gide et Malraux ont présidé la première séance du congrès*

2. Eugène Dabit, *Journal intime (1928-1936)*, Paris, 1939 ; Ilya Ehrenbourg, *La nuit tombe*, Paris, 1966 ; Jean Guéhenno, *La Foi difficile*, Paris, 1957 ; H.-R. Lenormand, *Les Confessions d'un auteur dramatique*, II, Paris, 1953 ; Maria van Rysselberghe, « Les cahiers de la petite dame » (1929-1937), *Cahiers André Gide 5*, Paris, 1974.

L'article qui suivait faisait état d'une salle comble, « une foule ardente, où la jeunesse dominait, représentait les masses laborieuses ». La séance d'ouverture aurait dû commencer le 21 juin à neuf heures du soir, mais il y eut un certain retard dû à la prise de possession de leurs places par les délégations, ce qui prit « un temps déplorable » (comme s'en plaignit la *petite dame*, qui s'y rendit seule afin de ne pas charger son ami d'un fardeau supplémentaire). En tant que président d'honneur, Gide accueillit les délégués. « Quel trouble en lui », observa Guéhenno en le voyant pour la première fois apparaître devant cette immense assemblée, « quand, de la petite chambre où nous étions tous réunis, il dut monter le premier sur le plateau, s'avancer sur la scène devant la foule qui l'acclamait. Je lisais sur son visage sa timidité et sa joie. Incertain s'il devait parler assis ou debout, il se leva, se rassit, bredouilla quelques paroles sans suite comme pour s'excuser d'être là, et ne retrouva quelque maîtrise de lui-même que devant ses papiers qu'il lut d'une voix vibrante et grave. » « J'estime qu'il faut partir de ce point », affirma Gide ce soir-là, « c'est que cette culture que nous prétendons défendre est faite de l'addition des cultures particulières de chaque pays, que cette culture est notre bien commun, qu'elle nous est commune à tous, qu'elle est internationale. » Note de Guéhenno : « Nous avons quitté notre veste et parlé en manches de chemise. André Gide finit par faire comme nous, par gentillesse. Mais qu'il était surpris d'un bonheur si neuf. »

Malraux présida en fait la séance d'ouverture. « Nous avons fait ce congrès dans les pires conditions », déclara-t-il. « Avec quelques volontés. Presque sans argent. »

La liste des orateurs, ce soir-là, comprenait E. M. Forster, Julien Benda, Robert Musil, Bertolt Brecht, Jean Cassou. On lut des messages de Romain Rolland, de Georgi Dimitrov, de Maxime Gorki malade et alité ; Gide évoqua le décès tragique de René Crevel.

E. M. Forster, dont le nom ne pouvait pas signifier grand-chose pour les masses laborieuses rassemblées dans la salle, avoua qu'il n'était pas communiste, mais l'aurait peut-être été s'il avait été plus jeune et plus courageux. De même que la plupart des participants non communistes, il attaqua les restrictions à la liberté que l'on pratiquait dans son pays (et, en particulier, la censure dans le domaine moral, qui à ses yeux constituait une menace pour la liberté sexuelle et son expression littéraire), tandis que les délégués soviétiques et communistes d'ailleurs vantaient l'Union soviétique tout en critiquant la situation presque partout ailleurs. Lorsque vint son tour de s'exprimer, un autre membre du groupe britannique, Sir John Strachey, fit observer que, si dans son pays l'écriture était essentiellement littéraire, le temps venait où la littérature devait se préoccuper plus profondément des problèmes humains. Loin de détruire la culture, insistait-il, le marxisme la préservait et, en soi, représentait le développement de l'héritage littéraire européen.

D'après les comptes rendus de presse, le discours de Julien Benda fut la seule note discordante de la soirée. « Se montrant, sans doute pour la première fois, à un public " prolétarien ", il avait cru devoir enlever sa rosette », remarqua H.-R. Lenormand. Il établissait une distinction entre les conceptions occidentale et communiste de littérature : à l'Ouest, la lecture concernait les gens dotés de loisirs. Une telle littérature « n'est pas populaire, et ce qui, chez elle, est populaire — n'est pas littéraire ». Guéhenno prit la parole pour répondre à Benda. Pour lui, il existait plus d'une voie pour accéder au paradis ; il était en effet possible de se trouver « en communion » avec ses propres compagnons (en écho à une expression de Malraux très en vogue ce mois-là). Guéhenno révéla à la *petite dame* de Gide « une éloquence de réunion populaire qui détonne ici, il paraît agité d'une violence truquée... » Le point de vue de Guéhenno, quant à l'élément truqué du congrès même, apparaîtra bientôt.

L'écrivain et journaliste communiste Paul Nizan répliqua plus sèchement à Benda : « Nous réfutons cette mythologie humaniste, qui voudrait que nous contemplions un être humain abstrait, et que nous ignorions les conditions réelles de l'existence. » (Avant que le présent ouvrage ne parvienne à sa fin, Nizan sera accusé par les communistes

d'être un informateur de police, et l'indépendant Benda
qui, dans *la Trahison des clercs,* en appelait aux auteurs
sans passions, éloignés de l'arène politique, deviendra un
ardent défenseur du stalinisme dans sa dernière phase
fanatique et désespérée.)

Jean Cassou proclama lors de la séance d'ouverture :

> Notre art ne se met pas au service de la révolution, et ce
> n'est pas la révolution qui nous dicte les obligations de
> notre art. Mais c'est notre art tout entier, sous ses aspects
> les plus vivaces — c'est notre conception vivante de la
> culture et de la tradition qui nous entraîne vers la
> révolution.

Un délégué soviétique rappela à ses confrères occidentaux que le prolétariat « peut et doit intervenir dans le
débat sur la culture », après quoi la nature même de
l'humanisme devra être révisée. L'un des orateurs de la
soirée passa presque inaperçu : et il faut chercher dans ses
œuvres complètes pour trouver trace de son intervention.
Bertolt Brecht était déjà l'auteur de *l'Opéra de quat'sous,*
mais n'avait pas encore écrit les pièces politico-didactiques
de sa maturité. Quant à Robert Musil, également annoncé
pour le premier soir, il n'était guère connu de la majorité
des délégués, ni même des écrivains qui se trouvaient parmi
eux, car ses œuvres essentielles n'avaient pas encore été
traduites. Il y eut également un discours d'Édouard Dujardin, symboliste un peu tombé dans l'oubli et peut-être
mieux connu hors de France, car on affirma que le
monologue intérieur de son œuvre *Les lauriers sont coupés*
(1888) avait inspiré James Joyce.

Gide président ? Sa confidente l'avertit le lendemain
matin qu'il laissait tomber sa voix trop abruptement à la fin
de ses phrases, « et qu'il [devait] éviter d'applaudir chacun
de cette manière molle, machinale, distraite ». Dans son
propre *Journal,* Gide rapporte une plaisanterie sur lui-
même : tandis qu'il présidait une séance, il voyait l'impossibilité d'honorer toutes les demandes de prise de parole.
Mais on le pria de donner priorité à une déléguée grecque
qui avait effectué ce long voyage en quatrième classe, grâce
à un billet payé par un groupe de travailleurs. Il crut la

repérer sur l'estrade, s'approcha d'elle, et déclara : « Il est
heureux, camarade, que la Grèce soit, ici, représentée. »
D'une voix douce, elle répondit : « Moi, c'est l'Inde. » Le
congrès n'est nulle part ailleurs mentionné dans le *Journal*
de Gide. [3]

Mais il était à présent lancé, et bien lancé. « Sous un ciel
chauffé à blanc, rapporta *le Petit Journal*, le palais de la
Mutualité bouillait comme une chaudière. Pendant quatre
jours, l'estrade, la salle, les hautes tribunes ont vibré d'une
vie intense... » Le samedi 22 juin, les séances étaient
programmées l'une à quinze heures, et la suivante à vingt et
une heures, sur le rôle de l'écrivain dans la société, puis sur
l'individu. Le romancier anglais Aldous Huxley, qui avait
déjà écrit la plupart des livres qui allaient assurer sa
réputation, sembla s'élever très au-dessus de la préoccupation politique actuelle en se posant la question des rapports
de l'écrivain avec la propagande. Comme exemples d'une
littérature de propagande, il proposait *A l'ouest rien de
nouveau* d'Erich-Maria Remarque, et *l'Esquisse de l'Histoire* de H. G. Wells, dont, à son avis, l'influence n'avait
pas survécu à la prospérité d'après la Première Guerre
mondiale. C'était la littérature de l'imaginaire qui exerçait
l'effet le plus durable. Jean-Richard Bloch, auteur de
romans sur la vie juive en France, était plus dans la note.
« Une fois de plus, le sort de l'artiste se confond avec le
sort de la masse humaine, ou, plus simplement, la dignité
du créateur avec la dignité de l'homme. » La séance
nocturne fut présidée par Louis Aragon, Waldo Frank,
Bloch, et le frère de Thomas Mann, Heinrich. Ce fut au

3. Pour l'atmosphère et les textes des discours dans ces paragraphes
et les suivants, l'auteur a puisé dans le dossier sur le congrès compilé
par Rose Adler et conservé à la bibliothèque Jacques Doucet. Parmi
les revues consultées figurent *Commune* (Paris) et *l'Humanité* (Paris).
Il n'existe aucune publication complète des textes présentés lors du
congrès, mais l'effort le plus sérieux fut accompli en russe, *Mezhdunarodni Kongress Pisateli v Zaschchitu Kulturi*, Moscou, 1936, laissant,
bien sûr, de côté tous les dissidents. Voir également André Gide,
*Journal (1889-1939)*, Paris, 1948 ; André Gide, *Littérature engagée*,
Paris, 1950 ; Jean Guéhenno, *Journal d'une « révolution »* (1937-
1938), Paris, 1939 ; Maria van Rysselberghe, « Les cahiers de la petite
dame » (1929-1937), *Cahiers André Gide 5*, Paris, 1974.

tour d'Aragon, cette fois, l'ancien surréaliste devenu
virtuellement le poète communiste reconnu, de rendre
hommage à René Crevel. Il décida pour ce faire de lire un
discours que Crevel avait prononcé le 1<sup>er</sup> mai devant des
travailleurs de Boulogne-sur-Seine au nom de l'Association
des écrivains et des artistes révolutionnaires. Après avoir
applaudi, le public se leva en geste de deuil. Le discours
que Crevel avait écrit exprès pour ce congrès ne put être
trouvé à temps, mais fut publié dans le numéro de juillet de
*Commune*. Il s'agissait d'un plaidoyer pour une harmonisa-
tion de la révolte poétique avec la révolution politique,
synthèse qu'il ne parvenait pas à accomplir dans la vie
réelle en servant d'intermédiaire entre Breton et les
communistes :

> ... Le temps est passé, bien passé, de l'esthétisme et de
> ses petites gourmandises...
> ... Ne point chercher l'accord entre son rythme intérieur
> et le mouvement dialectique de l'univers, c'est, pour
> l'individu, risquer de perdre toute sa valeur et toute sa
> puissance énergétique.

Mikhaïl Koltsov prit également la parole ce soir-là. Dans
ses mémoires, Arthur Koestler allait le décrire comme le
journaliste le plus brillant et le plus influent d'Union
soviétique, l'ami intime de Staline : « Petit et mince, il
avait l'air insignifiant, un maintien tranquille, des yeux
pâles, et ne ressemblait pas du tout à l'idée qu'on se fait
généralement d'un célèbre reporter. » Nous le retrouverons en Espagne pendant la guerre civile, avant qu'il ne
disparaisse dans la nuit soviétique. (Lorsque Arthur London fut interrogé avant le procès du groupe Slanski à
Prague, les communistes tentèrent d'obtenir des preuves
contre Koltsov et deux autres participants du Congrès
international des écrivains, Anna Seghers et Egon Erwin
Kisch, accusés d'association avec les intellectuels trotskistes à Paris. C'est ce que dévoila Louis Aragon à la fin de sa
carrière officielle d'intellectuel communiste. Mais Koltsov
avait été tué par Staline bien avant l'interrogatoire d'Arthur London, apparemment dès son retour d'Espagne.)

Le discours de Koltsov ne retint guère l'attention, mais, lorsque l'orateur en eut terminé, observa l'envoyé de *l'Humanité*, il y eut un instant qui résumait bien la nature du congrès. Heinrich Mann, qui présidait alors, donna la parole à Gide. « Après la voix venue du pays du socialisme [Koltsov], c'était la France antifasciste donnant la main à l'Allemagne antifasciste. Et l'assistance se leva pour acclamer Mann, et ensuite Gide. » Maria van Rysselberghe jugea Gide « simplement parfait, ayant pour l'occasion retrouvé toute sa belle voix. Il parlait assis, calme... sans gaucherie comme sans effets, avec force et simplicité. » Il déclara : « Je prétends pouvoir être profondément internationaliste, tout en restant profondément français. » C'était là un écho de ce qu'il avait affirmé la nuit d'ouverture. « Tout comme je prétends rester profondément individualiste, en plein assentiment communiste et à l'aide même du communisme. Car ma thèse a toujours été celle-ci : c'est en étant le plus particulier que chaque être sent le mieux la communauté... » Même un Thierry Maulnier d'Action française pouvait approuver ce langage. Il relata à ses lecteurs du *Figaro :* « Dans la grande salle du palais de la Mutualité, cette voix lente, distincte, admirablement posée, émouvante sans éloquence inutile, apportait des éléments inaccoutumés dans ce congrès trop enthousiaste et trop orthodoxe. »[4]

Le dimanche, l'Américain Waldo Frank eut le micro. Alors âgé de quarante-six ans et faisant autorité dans le domaine de la culture hispanique, il n'était pas inconnu en France car il avait écrit pour *Europe* et pour la *Nouvelle Revue française*. Étant militant de gauche, il avait écrit à Romain Rolland sur ses expériences dans les violentes grèves de la mine de Harlan County, dans le Kentucky, et Guéhenno avait publié son rapport dans la revue *Europe*. Il représentait les écrivains américains politiquement enga-

4. En plus du dossier à la bibliothèque Jacques Doucet : André Gide, *Littérature engagée*, Paris, 1950 ; Arthur Koestler, *Hiéroglyphes 2*, Paris, 1978 ; Maria van Rysselberghe, « *Les cahiers de la petite dame* » (1929-1937), *Cahiers André Gide 5*, Paris, 1974 ; Louis Aragon, « Avez-vous lu *l'Aveu ?* », *Les Lettres françaises*, Paris, 19 février 1969.

gés, et en particulier la nouvelle Ligue des écrivains américains, l'équivalent des organisations d'écrivains européens, qui servait de façade au parti communiste. « Plutôt petit, le visage puérilement arrondi, il émanait de lui quelque chose qui me semblait familier », raconta Clara Malraux. Après qu'elle eut échangé ses impressions avec Frank, André Malraux lui lança d'une voix coupante : « Pourquoi avez-vous tenu des propos trotskistes à Waldo Frank, ce qui était de la provocation envers moi ? » Elle ne s'était pas rendu compte que ses remarques étaient trotskistes, ni que Frank l'était également. Dans son discours, Frank affirma son engagement à l'égard de la classe ouvrière (et du parti communiste, d'après *l'Humanité*). Il distinguait deux Amériques, l'une au nom de laquelle il parlait, et l'autre qui le désavouait. « J'ai appris depuis longtemps que ma dévotion à la valeur de la vie et mon humble part à la destinée de l'homme impliquaient la guerre au système capitaliste. »

Nul ne risquait d'oublier l'apparition d'Henri Barbusse, car son discours interminable chassa progressivement l'assistance de la salle ; un participant se souvint des efforts des organisateurs pour tenter de leur faire regagner leurs sièges tandis que l'écrivain n'en finissait plus. Au fil de son discours, l'auteur du *Feu* déclara : « Les écrivains doivent prendre position, et participer consciemment au drame social où ils sont mêlés. »

Gide raconta à sa *petite dame* que Barbusse avait été « d'une longueur inadmissible et intolérablement mauvais » ; l'orateur suivant, André Chamson, en était « blanc de rage » — mais son intervention n'en fut que meilleure. La contribution littéraire de Chamson avait consisté à décrire ses austères Cévennes ; il avait retenu l'attention à l'âge de vingt-cinq ans en publiant *Roux le bandit*. Les protestants ruraux de Chamson résistaient tout naturellement à l'autorité, et se révélaient spontanément objecteurs de conscience. Archiviste de formation, il appartenait au parti radical-socialiste. Avec son épouse Lucie Mazauric, ils travaillaient — nous l'avons déjà dit — dans l'administration des musées. Lorsque le politicien radical Édouard Daladier lut *Roux le bandit*, il invita son confrère languedo-

cien à venir discuter, et lui proposa un emploi ; par la suite,
Chamson travailla pour Daladier chaque fois que celui-ci
participa à un gouvernement, et de même lorsqu'il devint
président du Conseil. En tant qu'élément constitutif du
Front populaire à venir, les radicaux soutinrent l'hebdomadaire *Vendredi* que Chamson lança un peu plus tard avec
des amis politiques plus à gauche que lui.

Chamson devait en particulier se rappeler l'organisation
parfaite de ce congrès. Chaque participant étant invité pour
sa réputation, on lui donnait le temps de faire son discours,
et c'était terminé. Mais quel discours Chamson prononça !
Il s'agissait là de sa première intervention politique publique ; il l'aborda en écrivain. Bien que son allocution fût une
attaque dirigée contre le nationalisme, dans un résumé
exaltant il avertit ses « adversaires » : « Je suis [votre]
ennemi parce que je suis français depuis que la France s'est
faite... Parce que je suis lié à ce sol par les cimetières et les
sillons. Parce que j'ai essayé de chanter le premier de toute
cette lignée de paysans qui ne savaient parler qu'à voix
basse, suivant les rythmes et les ébouissements de mon
pays. »[5]

Parmi les orateurs du lundi, il y avait trois délégués
soviétiques, et Anna Seghers. Mais ce fut la journée de
Boris Pasternak. « Une immense ovation salua le plus
grand poète soviétique », rapporta *l'Humanité*. Le communiste américain Michael Gold, auteur de *Jews Without
Money*, commença par rendre hommage à Paris, « la
merveille du monde », et capitale de la culture européenne. Il expliqua à l'assistance que le millionnaire
J. P. Morgan et le gangster Al Capone ne représentaient
pas plus son pays que Hitler n'était la véritable Allemagne ;
l'Amérique appartenait à ses travailleurs et à ses créateurs.
Pour résister à la démagogie fasciste, conclut-il, les intellectuels devaient apprendre à aimer leurs propres pays, et à se
rapprocher des masses. Heinrich Mann, auteur de romans

---

5. Entretien avec M. et M^me André Chamson ; entretien avec Yves
Lévy. H.-R. Lenormand, *Les Confessions d'un auteur dramatique*, II,
Paris, 1953 ; Clara Malraux, *La Fin et le Commencement* (*Le Bruit de
nos pas*, V), Paris, 1976.

satiriques dont celui qui allait inspirer *l'Ange bleu* à Joseph
von Sternberg, avec Marlène Dietrich, était sans aucun
doute le plus connu des porte-parole de la résistance
allemande à Hitler, ainsi qu'un ardent compagnon de route
des communistes. Ce fut lui et non son frère Thomas qui,
ce soir-là, occupa le centre de la scène.

Ce fut également le soir de la dissidence. D'abord en la
personne du professeur italien antifasciste Gaetano Salvemini, auteur d'ouvrages sur la République florentine, sur la
France révolutionnaire, et sur l'Italie moderne. Membre du
parlement italien et rédacteur du journal du parti libéral, il
avait été arrêté par les sbires de Mussolini pour activité
subversive, mais avait pu quitter le pays. Il acheva sa
carrière comme assistant à l'université Harvard, enseignant la civilisation italienne. Comme le relata la revue
*Monde* de Barbusse, Salvemini montra dans son discours
au Congrès international des écrivains qu'il était « loin
d'avoir compris la véritable nature du fascisme », car il
entreprit de parler de la « terreur en Russie » ; il osa
comparer la dictature fasciste à la dictature du prolétariat,
ajouta *l'Humanité*, et quelques trotskistes l'applaudirent,
profitant de l'occasion pour proclamer leur réprobation à
l'égard du régime soviétique. Salvemini fut réellement
applaudi, poursuivait le quotidien communiste, quand il
reconnut enfin la différence essentielle entre une société
sans classes et la répression fasciste.

*L'Humanité* omit, mais non pas le quotidien socialiste *le
Populaire*, d'informer ses lecteurs que Salvemini avait
critiqué le traitement infligé par l'Union soviétique à Victor
Serge. Il s'agissait vraisemblablement de la première mention publique de Serge à la tribune du congrès.

Né à Bruxelles de parents russes hostiles au régime
tsariste, Serge avait grandi en Europe occidentale. Anarchiste révolutionnaire, il s'était de bonne heure rallié à la
Révolution d'Octobre, mais, une fois établi en Union
soviétique, il fut pris dans la campagne contre le non-
conformisme qu'animait un régime de plus en plus répres-
sif ; vue de près, la nouvelle Russie n'était point ce qu'elle
avait paru de loin. Arrêté par la police de Staline en 1933, il
avait été exilé dans les monts Oural. Il était alors âgé de

quarante-trois ans, et l'auteur d'une histoire de la révolution russe, de *Littérature et Révolution,* et de romans écrits
en français. D'Union soviétique, il était parvenu à faire
passer un message priant ses amis en France, parmi
lesquels Magdeleine et Maurice Paz, d'en publier les
parties essentielles au cas où il viendrait à disparaître ; dans
ce message il définissait l'URSS comme un État totalitaire
(il nota plus tard dans ses mémoires qu'il avait sans doute
été le premier à le faire).

Inconnue de la masse des auditeurs du congrès, l'affaire
Serge avait constitué un problème latent dès la première
heure. Les organisateurs savaient que la question se
poserait, mais avaient espéré s'en tirer discrètement. A
présent l'affaire était sortie de l'ombre, et la socialiste de
gauche Magdeleine Paz, qui se trouvait là, comptait bien
prendre la parole en faveur de son ami. Henri Poulaille
réclamait également l'accès au micro. Écrivain autodidacte
réellement issu de la classe ouvrière et porte-parole d'un
groupe d'auteurs populistes opposé à un autre groupe qui
acceptait la discipline du parti communiste, Poulaille
n'avait aucune chance d'entrer dans les grâces d'un comité
présidé par son ennemi idéologique Louis Aragon. Écon-
duit, il quitta la salle. On relata que, en quittant la salle, il
fit en sorte d'ôter sa photographie d'un mur où elle se
trouvait exposée à côté de celles de Gide, Aragon,
Malraux, et d'autres vedettes du congrès. (D'après une
autre source, Magdeleine Paz et lui-même ne quittèrent pas
la salle de leur plein gré, mais en furent expulsés.) On
entendit Aragon observer que le seul fait de laisser
Gaetano Salvemini parler de Serge était « beaucoup trop
pour un contre-révolutionnaire ». « Immédiatement, le
public se partagea entre trotskystes et staliniens », écrivit
Henri-René Lenormand. « Les adversaires s'injuriaient,
dans le jargon et avec les arguments des deux clans qui
divisaient l'opinion russe... Il y eut des apostrophes, des
clameurs, presque des voies de fait, et Malraux, dans une
intervention fiévreuse et bouleversée, déclara, sous
menace d'expulsion, qu'il ne serait plus question de Victor
Serge, attestant ainsi la soumission du *praesidium* aux
thèses de l'orthodoxie stalinienne. » Cette fois encore, le

texte des déclarations de Malraux et d'autres participants
n'est pas parvenu jusqu'à nous.

Mais l'affaire Serge n'était pas réglée, seulement retardée. Tristan Tzara figura également parmi les orateurs ce
soir-là. Pour ceux qui connaissaient la guerre politico-
littéraire en cours, il apparut clairement qu'il se référait à
André Breton et à son groupe lorsqu'il condamna les
poètes qui se déclaraient prêts à se sacrifier pour la
révolution, mais « lui [mettaient] pourtant des bâtons dans
les roues, sous des prétextes allant d'un esthétisme périmé
à une philosophie post-révolutionnaire ». Plus clairement
encore quand il déclara : « La plus élevée valeur poétique
est celle qui coïncide, sur un plan qui lui est propre, avec la
révolution prolétarienne. »[6]

Et maintenant, tout à la fin de la séance nocturne,
suivant un arrangement préalable et en quelque sorte payé
de sa vie par René Crevel, Paul Eluard s'approcha du
micro pour lire le discours de Breton, déclaré *persona non
grata* par Ehrenbourg. Il était plus de minuit, le public
s'éclaircissait, et des lumières commençaient à s'éteindre.
« Encore le président jugea-t-il bon de l'interrompre...
pour avertir le public, à ce moment très divisé, mais où les
éléments d'obstruction dominaient, que, la salle n'étant
louée que jusqu'à minuit et demi, il se pouvait que
l'électricité s'éteignît... » Ainsi en rendit compte le manifeste intitulé « Du Temps Que Les Surréalistes Avaient
Raison », signé par Breton, Salvador Dali, Paul Eluard,
Max Ernst, René Magritte, Man Ray, Yves Tanguy, ainsi
que bien d'autres écrivains et artistes, et publié à la clôture
du Congrès international des écrivains pour bien montrer
comme on les y avait traités, et pour exposer leur doctrine
de totale liberté d'expression. Le texte de Breton avait été
lu trop tard dans la nuit pour que la presse du lendemain
pût en parler, et jamais il n'en fut question dans *l'Huma-*

6. En plus de la collection de documents sur le congrès à la
bibliothèque Jacques Doucet, les numéros de *l'Humanité* et *Monde*,
H.-R. Lenormand, *Les Confessions d'un auteur dramatique*, II, Paris,
1953 ; Victor Serge, *Mémoires d'un révolutionnaire (1901-1941)*, Paris,
1978.

*nité.* La confusion était telle — « une salle houleuse, qui couvre constamment la voix de l'orateur » — qu'au moins un jeune membre de l'assistance crut qu'il s'agissait de Breton en personne, et le relata ainsi dans ses mémoires ; ce même jeune homme, Claude Roy, considéra aussi, avec le recul, que Breton, « le fou de liberté », était « l'homme de son temps qui s'est le moins trompé — ou pas ». « Eluard se prononça contre le pacte franco-soviétique et contre une collaboration culturelle entre la France et l'URSS », rapporta *Monde,* et ce fut tout ce qu'en dit la presse procommuniste. Heureusement, le texte complet en a été préservé. Lu dans le contexte de son temps, il laisse entendre que les surréalistes ne protestaient pas contre l'alliance de la France avec l'Union soviétique, mais contre les concessions de cette dernière à la France bourgeoise. Car, aux termes du pacte négocié le mois précédent entre Staline et le ministre français des Affaires étrangères, Pierre Laval, le camp soviétique reconnaissait la nécessité d'une France forte : et cette déclaration désarmait évidemment la guerre idéologique que menait la gauche française contre sa propre classe dirigeante. « Comme si l'impérialisme français, du seul fait du pacte de Moscou, pouvait en pareil cas cesser d'être lui-même ! » S'exprimant par la voix d'Eluard, Breton plaçait les préoccupations culturelles avant les politiques. « " Transformer le monde ", a dit Marx ; " changer la vie ", a dit Rimbaud. Ces deux mots d'ordre n'en font qu'un. » Breton allait ensuite affirmer que l'unique délégué tchèque invité au congrès, Viezslav Nezval, avait également été empêché de s'exprimer parce qu'il partageait la position des surréalistes. [7]

Le mardi 25 juin était le jour de clôture du congrès. Une fois de plus, Gide hésitait. On lui avait demandé de prendre de nouveau la parole ; il estimait que, s'il le faisait, il lui faudrait aborder une nouvelle fois l'affaire Victor Serge, ne fût-ce que pour bien montrer que les organisa-

7. André Breton, *Entretiens (1913-1952),* Paris, 1969 ; Maurice Nadeau, *Histoire du surréalisme,* Paris, 1964 ; Claude Roy, *Moi je,* Paris, 1978.

teurs du congrès ne cherchaient pas à éviter le sujet. Mais il
redoutait également de soulever une question susceptible
de blesser ses amis politiques : et il s'en ouvrit donc à son
amie Maria van Rysselberghe. Elle se trouvait chez elle cet
après-midi-là quand Gide lui téléphona : « Sautez vite dans
une auto, ça pourrait devenir curieux. » Elle arriva à la
Mutualité pour découvrir que la réunion se déroulait dans
une salle plus petite (sans doute dans la salle de conférences du premier étage, qui offre une capacité inférieure à
la moitié de celle de la grande salle) ; cependant, parmi les
témoins encore vivants, personne n'a pu affirmer que la
réunion avait été délibérément organisée dans une salle
plus petite afin de limiter la publicité faite autour de
l'affaire Serge. Selon Clara Malraux, toutefois, son mari
avait approuvé la tactique d'Ehrenbourg consistant à
étouffer l'affaire en la reportant à une heure où les témoins
seraient moins nombreux.

Les orateurs de l'après-midi incluaient Emmanuel Mounier de la revue *Esprit*, l'ami hollandais de Gide, Jef Last,
qui allait l'accompagner en Union soviétique l'été suivant,
Georgette Guéguen-Dreyfus, de la délégation antillaise, et
le réfugié allemand Ernst Bloch. Quand la *petite dame*
entra dans la salle, Magdeleine Paz parlait, mais on
distinguait à peine sa voix du fond de la salle. « Plusieurs
fois on tente de siffler, de couvrir sa voix, de l'empêcher de
parler. » De la tribune où il présidait, Malraux parvint à
maintenir l'ordre. Deux Russes répondirent à Paz. Un
autre délégué intervint en faveur de Serge : « avec une
véhémence de démagogue », d'après la description de
Maria van Rysselberghe, « on crie, on siffle, on est obligé
de sortir quelqu'un qui ne se possède plus... » Gide mit un
terme à la séance avec « des paroles d'apaisement et de
confiance envers la Russie, qui étaient émouvantes ». On
ne fait pas plus succinct.

*Monde* rapporta que Magdeleine Paz et Charles Plisnier
avaient parlé en faveur de Serge, mais sans prendre la
peine de répéter leurs propos. En fait, Paz avait parlé de la
nécessité pour le congrès de se préoccuper de la « dignité
de la pensée », de la « liberté d'expression » ; elle avait
aussi parlé, à propos de Serge, de censure et d'exil ; quant à

Charles Plisnier, mandaté par la délégation belge, il avait appuyé la position de Paz. Mais si l'envoyé de *Monde* faisait sur ce point silence, il reproduisait en revanche la réponse du délégué soviétique Nikolai Tikhonov, observant que le citoyen Victor Serge relevait de la loi soviétique ; ayant participé à l'activité trotskiste contre-révolutionnaire qui avait causé la mort de Sergei Kirov, Serge avait été envoyé en exil ; il purgeait une peine de travail obligatoire. En vérité, il avait été arrêté par la Guépéou, et envoyé sous garde armée en déportation à la frontière de l'Europe et de l'Asie.

Ehrenbourg eut également son mot à dire. La révolution avait causé des souffrances, mais il n'était pas de naissance sans souffrance. L'Union soviétique avait le droit de se défendre contre les ennemis de la révolution. Anna Seghers s'exprima ensuite au nom de la délégation allemande, « effrayée de voir se prolonger la discussion sur un cas qui, certes, mérite un examen attentif, mais non pas dans cet endroit ». Si Magdeleine Paz désirait lutter contre le fascisme et soutenir l'URSS, interrogea Seghers, pourquoi ne parlait-elle pas des victimes du nazisme ? Ne pas l'avoir fait revenait à attaquer l'Union soviétique. « Mais nous répondrons à chaque balle de nos ennemis. » *Monde* releva également ces mots apaisants que Gide prononça au moment de clore. « La sécurité de l'Union soviétique doit être pour nous plus importante que tout. Notre confiance dans l'Union soviétique est la plus grande preuve d'amour que nous puissions lui donner. » (« Il a dit d'amour ? » demanda Claude Roy à un voisin, car il ne pouvait pas entendre tout ce qui se disait : Gide parlait sans micro. « Oui : d'amour. »)

Les réactionnaires se servent de l'affaire Serge, décréta la revue *Commune* dans son numéro suivant, déplorant que *le Populaire* (socialiste) eût jugé souhaitable de publier l'appel lancé par Magdeleine Paz. Dans ses propres mémoires, Serge rend hommage à ses défenseurs, et relève que deux délégués soviétiques qui avaient été ses amis, Pasternak et Tikhonov *, gardèrent le silence ; tandis que deux

* Serge n'eut apparemment pas connaissance des attaques de Tikhonov à son encontre.

autres — Koltsov et Vladimir Kirchon, qui l'avaient
attaqué — disparurent finalement entre les mains de la
Guépéou.

Anticipons un peu : Serge sera bientôt relâché. A la fin
du congrès, Gide rédigea un projet de lettre sur son cas à
l'intention de l'ambassadeur soviétique à Paris ; après en
avoir discuté avec des amis, il la data du 19 juin, puis
parcourut les quelques mètres qui séparaient sa maison de
l'ambassade soviétique pour la déposer.

> Pour nombre de révolutionnaires français [écrivit Gide]
> et de tous pays, l'URSS est devenue, vous le savez, une
> patrie idéale ; *nous en faisons partie,* et serions prêts à
> combattre pour elle... Il importe qu'elle se rende mieux
> compte que cet amour même, s'il entraîne des devoirs,
> comporte aussi des exigences. Il importe que ses plus
> ardents et dévoués défenseurs ne se sentent pas morale-
> ment désarmés et désemparés lorsqu'il s'agit de la
> défendre...

Quelques jours plus tard, Gide rencontra l'ambassadeur.
Entre autres choses, il demanda que les écrits de Serge
pussent être soumis à des éditeurs.

Ce fut ensuite au tour de Romain Rolland. Lors d'un
voyage en Union soviétique, il fut reçu par Staline. Celui-ci
lui promit que Serge serait autorisé à quitter l'Union
soviétique avec sa famille. (Mais il lui fallait d'abord
trouver un pays qui l'acceptât ; le visa lui fut refusé en
France, en Grande-Bretagne, au Danemark, aux Pays-Bas,
et Serge put finalement s'établir en Belgique.) Rolland
avait confié à Jean Guéhenno qu'il était souvent intervenu
en faveur de Serge, qu'il considérait comme un bon
écrivain, mais trop souvent mêlé à de l'agitation contre un
pays que Rolland était décidé à défendre à tout prix (même
les purges de Moscou ou le pacte entre Hitler et Staline
n'allaient rien changer à son opinion). « Aidons Serge »,
avait-il conclu, « mais ne permettons pas qu'on se serve de
lui contre l'Union des RS ».[8]

8. Serge vécut en France jusqu'en 1940, puis au Mexique, où il
mourut en 1947. *Cahiers Romain Rolland 23,* « L'indépendance de

Pour la soirée finale du congrès, la grande salle de la Mutualité était pleine à craquer. Léon Blum, directeur du *Populaire* du parti socialiste (et bientôt chef du premier gouvernement de Front populaire), se trouvait dans la partie réservée à la presse, juste au-dessous de l'estrade. Le moment était venu d'écouter les orateurs qui n'avaient pas encore eu leur chance. L'un d'entre eux fut Henri-René Lenormand, qui allait ensuite fixer ce moment dans son journal : « Des cortèges populaires, fillettes et gamins surmontés de bannières et d'emblèmes, défilaient, le poing levé, en jurant de défendre la culture. » Son sujet était le déclin du théâtre français, qui l'amenait à observer que les ouvriers eux-mêmes avaient le goût bourgeois, et que cela constituait une entrave au développement d'un théâtre prolétarien ; comme l'accent semblait davantage porté sur son attaque du théâtre bourgeois que sur le goût des ouvriers, son discours passa. Bien entendu, puisque Lenormand déplorait la décadence du théâtre dans son propre pays et que Vladimir Kirchon vantait la floraison du théâtre soviétique, la revue *Monde* parla de débat. (Kirchon, précisons-le, regagna ensuite la patrie du bon théâtre et y fut victime des purges de Staline : il mourut, nous l'avons dit, entre les mains de la police secrète.)

Aragon succéda à Lenormand avec un puissant plaidoyer en faveur du réalisme socialiste, et une violente attaque contre ses anciennes amours, le surréalisme. « Il faut en revenir à la réalité », réclamait-il, car « seuls le prolétariat et ses alliés peuvent se réclamer du réalisme, qui prend l'aspect du réalisme socialiste, méthode dont se réclament les écrivains de l'URSS ». Puis Guéhenno : « Si quelque chose est émouvant, dans le présent congrès, c'est que nous soyons au moins d'accord sur un point : la volonté de

l'esprit — Correspondance entre Jean Guéhenno et Romain Rolland (1919-1944) », Paris, 1975 ; André Gide, *Littérature engagée*, Paris, 1950 ; Clara Malraux, *La Fin et le Commencement* (*Le Bruit de nos pas*, V), Paris, 1976 ; Claude Roy, *Moi je*, Paris, 1978 ; Maria van Rysselberghe, « Les cahiers de la petite dame » (1929-1937), *Cahiers André Gide 5*, Paris, 1974 ; Victor Serge, *Mémoires d'un révolutionnaire (1901-1941)*, Paris, 1978.

communion. » Guéhenno plaçait « tout son espoir et toute sa confiance en l'Union soviétique », résuma brièvement *Monde*. « Il parle en marchant, par saccades, comme en proie à des crises », nota Maria van Rysselberghe, « avec une mimique de poings levés, et des arrêts propices aux applaudissements, à un point gênant. A le voir ainsi déchaîné, on ne retrouve plus la discrétion ni une sorte de timidité qu'il semble avoir dans la vie ! »

Paul Vaillant-Couturier révéla à l'assistance que la Société des gens de lettres souhaitait fixer des quotas pour les traductions d'œuvres étrangères afin de protéger les auteurs français, signe exemplaire de la crise intellectuelle. Il proclamait donc la nécessité d'étendre le *front culturel* à des groupes qui n'avaient pas encore été touchés. Alvarez del Vayo parla au nom de la délégation espagnole, affirma que, personnellement, il partageait la conviction de Gide, selon laquelle, dans une société capitaliste, la seule littérature de valeur était une littérature d'opposition. Gustav Regler, qui, quelques mois auparavant, avait fait campagne pour les communistes dans le plébiscite de la Sarre (le plébiscite restitua ce territoire à l'Allemagne nazie), apporta une touche mélodramatique à la séance en affirmant qu'il se trouvait des espions nazis infiltrés dans la salle. « Je m'adresse en ce moment à ce spectre de la Gestapo allemande de Paris qui a l'habitude comme l'ombre suit le soleil, et qui est certainement dans la salle, parmi vous. Et je lui dis : Vous pouvez bloquer la frontière, notre littérature la traverse quand même. » Lorsqu'il eut terminé, l'assistance se leva pour crier « Rot Front ! » et chanter *l'Internationale*.

Le dernier mais non pas le moindre, André Malraux. « Son corps dressé derrière la table du praesidium, sa tête légèrement penchée vers le micro, il parlait à voix basse et pressée », écrivit Lenormand. « Un tic nerveux imprimait parfois à son visage un hochement latéral... La foule recueillait le message dans un silence profond — et puis s'ébrouait, dans une ardeur d'applaudissements... » « Intervention soignée, belles images conduites jusqu'au bout avec une éloquence forte, décisive », nota la *petite dame* de Gide, qui ajoutait : « mais qui paraît assez superflue, qui fait dégénérer ce congrès en tournoi ». Car Malraux semblait parler hors du temps, plus en fonction de ses préoccupations concernant l'art éternel que de la lutte immédiate. « Car toute œuvre devient symbole et signe... Une œuvre d'art, c'est une possibilité de réincarnation... Être un homme, c'est réduire au minimum, pour chacun, sa part de comédie. »

Le moment était venu de passer à l'organisation permanente. Des résolutions avaient été rédigées par un comité comprenant Waldo Frank, Barbusse, Malraux, Bloch, Heinrich Mann, Koltsov, Alvarez del Vayo, John Strachey. Le congrès approuva la création d'une Association internationale des écrivains pour la défense de la culture, siégeant à Paris, dirigée par un bureau international qui se réunirait chaque année dans un pays différent, mandatée pour « lutter sur son propre terrain, qui est la culture, contre la guerre, le fascisme, d'une façon générale, contre toute menace affectant la civilisation ». L'une de ses fonctions consistait à assurer la traduction et la publication d'œuvres interdites. Le praesidium de la nouvelle association se composait de Gide, Barbusse, Rolland, les frères Mann, Gorki, Forster, Ramón del Valle Inclán (le poète et romancier espagnol déjà classique, qui allait mourir l'année suivante), Aldous Huxley, George Bernard Shaw, Sinclair Lewis, la Suédoise Selma Lagerlöf et Thomas Mann (Rolland, Shaw, Lewis et Lagerlöf avaient déjà reçu le prix Nobel). Benda, Cassou, Chamson, Jean Giono, Guéhenno, Lenormand et Malraux étaient membres du bureau français. D'autres écrivains engagés reçurent les mêmes fonctions dans leurs pays respectifs (aux États-Unis, Kenneth Burke, Malcolm Cowley, John Dos Passos, Theodore Dreiser, Michael Gold et Langston Hughes, avec Waldo Frank comme secrétaire). Le praesidium devait être assisté de secrétariats nationaux, dont les réunions constitueraient le secrétariat de l'organisation (Ehrenbourg et Koltsov étaient les deux secrétaires soviétiques). [9]

9. H.-R. Lenormand, *Les Confessions d'un auteur dramatique*, II, Paris, 1953 ; Maria van Rysselberghe, « Les cahiers de la petite dame » (1929-1937), *Cahiers André Gide 5*, Paris, 1974.

Même si les protestations publiques des surréalistes eurent des effets moins sensibles que les interventions discrètes d'un Gide ou d'un Rolland dans l'affaire Victor Serge, leur manifeste apparaît avec le recul comme l'un des rares exemples d'analyse froide d'une manifestation de propagande non pas des années après l'événement, mais pratiquement pendant son déroulement. Le Congrès international « s'est déroulé sous le signe de l'étouffement systématique ». Les signataires dénonçaient la composition du bureau de l'association — dont les membres avaient été choisis sans consultation des délégués participant au congrès —, déploraient la manière dont on qualifiait d'ennemis de la révolution les sceptiques, et concluaient par un vote de non-confiance à l'égard de l'URSS et de Staline ; ce manifeste marqua la rupture définitive des surréalistes avec les communistes.

Bien entendu, les incidents observés au cours du congrès faisaient la joie de la presse conservatrice et réactionnaire. Comme le souligna *Commune*, le cas Victor Serge faisait l'affaire de *Candide*, de *Gringoire*, de *Je suis partout*, et également du *Populaire* socialiste. Le libertaire Denis de Rougemont s'exprima dans les pages plus neutres de la *Nouvelle Revue française*, pour protester contre la corruption de langage qu'il décelait dans l'emploi du mot *liberté* par les orateurs du congrès. « Jamais on n'a plus mal menti, jamais avec plus d'enthousiasme. » Plus à l'écart encore, dans une lettre à son ami Marcel Jouhandeau, Jean Paulhan, un autre membre du groupe de la *NRF*, résuma l'attitude de deux participants qu'il connaissait bien, et qui justement représentaient les deux pôles entre lesquels se trouvaient les délégués : « Aragon, sarcastique, dur, aristocrate, donnait à ce congrès l'impression qu'il durerait longtemps, qu'on n'en avait pas fini avec lui. Mais Malraux semblait crier (hochant nerveusement la tête, agité, à la fois beau et dégradé) ses dernières paroles. Il était émouvant à la fois, et désespérant. » « S'il y a la révolution [poursuivait Paulhan], quel est celui des deux qui fera fusiller l'autre ? J'ai brusquement craint pour Malraux. »

Longtemps après l'événement — après la guerre, et

même après la guerre froide —, le délégué Guéhenno proposa une tardive analyse. « Qu'il y eût de l'intrigue dans l'organisation même de ce congrès était trop clair. » Il le décrivit comme « un congrès organisé à Paris, sur l'ordre de Moscou, par le parti communiste », où n'étaient souhaités que la présence et le nom d'un Huxley, d'un Mann, d'un Forster, d'un Benda ou d'un Gide. Pour le délégué Lenormand, les résolutions se révélaient inadéquates ; elles trahissaient l'impuissance d'intellectuels qui surestimaient leurs possibilités, comme si la culture et la liberté de pensée avaient pu suffire à barrer la route au fascisme.

Il ne restait plus aux délégués soviétiques, rentrés chez eux, qu'à tirer les conclusions du congrès. Reconnaissant la création de la nouvelle association, ils renoncèrent à la façade de l'Union internationale des écrivains révolutionnaires, qui disparut du comité de patronage cité en tête de *la Littérature internationale*. Et dès 1937, avec la purge déjà bien enclenchée, après le récit sévère et désenchanté de Gide à son retour d'URSS, l'écrivain tadjik Gacem Lakhouti — celui-là même qui avait donné à Gide un vêtement et une coiffure — décrivit une atmosphère fort différente : « Dans l'immeuble entouré de tous côtés par la police, où siégeait le congrès devant bien des provocations des russes blancs et des trotskistes, les écrivains soviétiques défendaient leurs positions idéologiques. » Gide lui-même était devenu « un servile bourgeois en visite, qui couvre son hôte d'amabilités mielleuses mais qui une fois rentré fait des potins perfides sur celui dont il vient de recevoir l'hospitalité ». [10]

10. Frédéric J. Grover, *Six entretiens avec André Malraux sur des écrivains de son temps (1959-1975)*, Paris, 1978 ; Jean Guéhenno, *La Foi difficile*, Paris, 1957 ; H.-R. Lenormand, *Les Confessions d'un auteur dramatique*, II, Paris, 1953 ; Maurice Nadeau, *Histoire du surréalisme*, Paris, 1964. G. Lahouti (Gacem Lakhouti), « Gide et son retour de l'URSS », *La Littérature internationale*, Moscou, n° 1, 1937 ; Denis de Rougemont, « Ni droite ni gauche », *La Nouvelle Revue française*, Paris, août 1935 ; *Mezhdunarodni Kongress Pisateli v Zashchitu Kulturi*, Moscou, 1936.

# 7

# Une revue dans la bataille

La contribution la plus originale des écrivains à l'esprit du Front populaire fut assurément *Vendredi,* revue hebdomadaire de politique et de culture présentée sous ce large format de quotidien qu'exploitait déjà avec succès la droite radicale, avec *Candide, Gringoire, Je suis partout. Vendredi* se révélait également original en ce sens qu'il n'était pas inspiré par les Louis Aragon et les Paul Vaillant-Couturier de l'appareil du parti communiste, ni apparemment par les Fried ou les Münzenberg de la coulisse. Au début, tout au moins, ce fut un produit authentique de l'idéologie de Front populaire. Le vrai père en fut André Chamson, qui convainquit Édouard Daladier et d'autres politiciens radicaux-socialistes — ou bien se laissa convaincre par eux — que la gauche démocratique avait besoin d'un organe : la *Marianne* de Gallimard ne remplissait guère cette fonction. Bien qu'elle ressemblât aux hebdomadaires de la droite et qu'elle pût mobiliser la crème des talents de la rive gauche, elle constituait essentiellement et avant tout une entreprise commerciale. Plus à gauche, l'hebdomadaire illustré *Regards* pouvait publier des articles d'un Gide, d'un Malraux, d'un Rolland, d'un Barbusse, mais il ne prétendait nullement s'adresser aux intellectuels, et son parrainage communiste apparaissait peut-être trop clairement pour attirer les gens ; en dépit d'un format populaire, son tirage ne dépassa jamais les 100 000. La gauche catholique venait de se joindre à la parade hebdomadaire avec sa propre revue, *Sept,* dont le langage sans détours, à une époque où l'Église n'était pas prête à élever la voix, lui valut d'être abandonnée, mais le rédacteur Stanislas Fumet reparut bientôt avec un successeur, *Temps présent.*

Quant à *Vendredi,* l'intention de départ consistait à ouvrir largement ses colonnes à un éventail complet d'opinions, depuis les communistes jusqu'aux catholiques. Au printemps 1935, Chamson invita Guéhenno, son vieil ami de l'époque des après-midi chez Halévy, à devenir codirecteur de la nouvelle revue. Les deux hommes cooptèrent Andrée Viollis, journaliste expérimentée née en 1879, et qui représentait à la fois les communistes et le sexe féminin. « Andrée Viollis était tout à la fois une vieille dame d'apparence farfelue, issue des romans d'Agatha Christie, des films d'Alec Guiness, et l'un des grands journalistes de son temps », écrivit André Wurmser dans ses souvenirs. « Avec son chapeau plat à fleurs roses ou mauves, sa voilette, ses gants, son parapluie, elle semblait ne rien comprendre, confondait des noms, les sigles, les programmes, raisonnant tout de travers — la catastrophe ! pensiez-vous —, et le lendemain l'article qu'elle signait était juste, clair, précis, sans une bavure, d'une inexplicable intelligence. »

Grâce à un don en espèces de 500 000 francs que les amis radicaux-socialistes de Chamson leur fournirent, l'équipe put ouvrir un bureau et commencer d'engager des collaborateurs. Avant de publier le premier numéro, les directeurs rédigèrent une sorte de serment sur papier timbré. Ce document fut sans doute unique en son temps et, d'une certaine manière, préfigura les journaux indépendants et contrôlés par les employés de la France d'après-guerre (comme *le Monde*), et le droit acquis en 1968 par les journalistes de participer à la direction de leurs journaux. L'objectif de ce document était de « garantir son indépendance absolue dans le présent et dans l'avenir à l'égard de tout et de tous ». Il devait assumer « la liberté de conscience professionnelle » des écrivains vis-à-vis des propriétaires-directeurs, « afin que le journal ne puisse jamais être ou devenir " la chose " d'un homme, ou celle d'un groupe ou d'un parti par l'intermédiaire d'un homme ».

Chamson obtint le soutien d'organisations antifascistes et de syndicats, et sollicita des abonnements et diverses formes d'aide. Le journal engagea le catholique de gauche

Louis Martin-Chauffier comme rédacteur en chef, et consacra près d'un an à mettre l'équipe au point, ainsi qu'à
préparer le numéro zéro. Le premier numéro, qui comptait
douze pages, parut le 8 novembre 1935. Se félicitant, six
mois plus tard dans un éditorial, le comité directeur
proclamait : « *Vendredi* naissait simplement de la conviction que des honnêtes gens avaient ensemble qu'un journal
de douze pages, absolument libre et vrai, et qu'on vendait
quinze sous (0 franc 75), devait trouver assez vite dans ce
pays, parmi un peuple qui a lui-même le goût de la vérité et
de la liberté, le public capable de le faire vivre. »

Ce premier numéro portait le sous-titre : Hebdomadaire
littéraire, politique et satirique. La présentation en première page était signée par Chamson, qui promettait à ses
lecteurs : « Fondé par des écrivains, *VENDREDI* sera
l'organe des hommes libres de ce pays et l'écho de la liberté
du monde. » Il définissait le front des écrivains comme
allant d'André Gide à Jacques Maritain, des révolutionnaires aux défenseurs catholiques de la liberté, dans la
tradition de Zola et de Péguy. Et en effet Gide et Maritain
figuraient tous deux au sommaire du premier numéro, ainsi
que Julien Benda, Jean Cassou, Jean Giono, Jean Schlumberger. Du côté communiste, Paul Nizan proposait sa
définition d'« Une littérature responsable », qui consistait
en une littérature de mouvement dans la tradition de
Dostoïevski, de Kafka et de Faulkner. « Toutes les
chances sont aujourd'hui en faveur d'une littérature qui
prendrait entièrement conscience de sa fonction non classique, qui se soucierait de formuler en termes forts et définis
le scandale de la condition faite à l'homme. » Son modèle
de littérature engagée était le roman de Malraux nouvellement publié, *le Temps du mépris*. Mais, pour que la
littérature change l'humanité, « il faut changer le lecteur »
aussi.

Dans le second numéro, le 15 novembre, Jean-Richard
Bloch et Édith Thomas figuraient au sommaire. On y
trouvait également une lettre de Maritain expliquant que,
si *Vendredi* se préoccupait de littérature et de politique, lui-
même tenait à préciser que sa contribution n'impliquait
nullement l'adhésion à la ligne que le journal suivrait. Les

rédacteurs l'approuvaient : « Il ne s'agit pas, dans *Vendredi*, d'adhésions politiques, mais de valeurs morales, de conscience intellectuelle et de connaissance des réalités. » De loisirs, également : le journal allait comprendre toutes les rubriques des hebdomadaires grand format concurrents, critiques de théâtre et d'expositions, et même mots croisés. Le troisième numéro comportait un article des nouveaux lauréats du prix Nobel, Irène Joliot-Curie et Frédéric Joliot, sur la radioactivité. *Vendredi* put bientôt annoncer un tirage régulier de 100 000 exemplaires. « Il n'est question que de *Vendredi* », nota la *petite dame* dans son journal après un déjeuner en compagnie de Gide et d'Andrée Viollis. « *Vendredi* tire à cent mille, *Vendredi* devient meilleur, *Vendredi* est débordé par le succès. »

En sa période héroïque, *Vendredi* pouvait faire état d'une liste de collaborateurs comprenant les plus grandes étoiles de la vie culturelle française : Alain, Louis Aragon, Julien Benda, Pierre Bost, Benjamin Crémieux, Luc Durtain, Jean Galtier-Boissière, André Gide, Jean Giono, Roger Martin du Gard, Adrienne Monnier, Emmanuel Mounier, Romain Rolland, Jules Romains, Charles Vildrac, et l'exilé Stefan Zweig.

Pourtant, jamais l'hebdomadaire n'atteignit au succès financier que la victoire du Front populaire pouvait faire présager. D'après Guéhenno, son public était « la république des professeurs », renforcée par les instituteurs, une « tranche mince... entre la bourgeoisie et le prolétariat ». L'apogée de sa popularité se situe assurément à la période de campagne électorale d'avril-mai 1936. Après la victoire du Front populaire à cette élection, Léon Blum remercie Chamson et Guéhenno d'avoir « déplacé des voix » en nombre suffisant pour assurer le succès de la coalition. Nous détenons une autre preuve de la soif du public de *Vendredi* pour le genre de message qu'il y trouvait. Le jeune lycéen d'Algérie, Jean Daniel, se souvint : « Tous ceux qui comptaient à nos yeux étaient rassemblés. C'était l'intelligence en action. La littérature engagée. Le journalisme parvenu à une forme d'art et de combat. » Et ce fut ainsi que le futur directeur du *Nouvel Observateur* se trouva amené à penser que lui aussi, un jour, créerait un journal littéraire et politique.

Un nouvel esprit de camaraderie entourait *Vendredi* d'un véritable halo, dans les méthodes de travail, la concertation. Si la révolution c'était de se voir beaucoup, que se passait-il donc à *Vendredi* ? Le projet même prenait sa source dans une réunion de tous les fondateurs et parrains potentiels, parmi lesquels Jules Romains, Gabriel Marcel et Gide. Les réunions se poursuivirent chaque semaine. « Beaucoup, beaucoup de monde, commenta la confidente de Gide, morcelé par la petitesse des salles. Ce qui ne permet guère que des conversations particulières. » Le soir du second tour des élections de 1936, Jean Cassou s'établit dans la salle de rédaction pour écouter la radio avec l'équipe. Une fois, Chamson et son épouse accompagnèrent une délégation de lecteurs en Union soviétique pour un festival d'art dramatique.

Contemporain de *Vendredi*, l'hebdomadaire de Gallimard et Berl, *Marianne,* proposait des auteurs et des personnalités encore plus connus, et de meilleures rubriques. Il pouvait également publier en feuilleton des œuvres de Colette, Georges Simenon, Georges Duhamel, Paul Morand, Roger Martin du Gard, Jean Giraudoux, ou même *Le facteur sonne toujours deux fois,* de James M. Cain. Berl semblait politiquement neutre, et un certain nombre de collaborateurs de la revue *Marianne* se trouveront par la suite à l'extrême droite, ou même dans les rangs de la collaboration. Pourtant, l'irremplaçable Malraux participait à la vie de la revue, et avait aidé Berl à faire la maquette du premier numéro. Dans les premiers temps, un ami communiste de Gide pouvait reprocher à ce dernier d'avoir écrit dans *Marianne.* Malraux lui-même considérait que l'entreprise était « tout de même plus libre et plus à gauche que les autres journaux à grand tirage », opinion certainement fondée à l'époque où Malraux l'exprima, c'est-à-dire à la fin de 1932. Mais quand *Vendredi* apparut, *Commune,* un mensuel soutenu par les communistes, reprocha à *Marianne* sa ligne opportuniste. « S'il lui arrive de se rapprocher du Front populaire (quand celui-ci lui paraît marquer des succès), cela n'empêche pas la direction de *Marianne* d'applaudir entre-temps les ministres de Laval ou les apôtres de la révolution nationale. Les caprices de *Marianne* vont de la chèvre au chou. »

Par la suite, Berl lui-même reconnut que la ligne pacifiste du journal avait été encouragée par ses consultations régulières au Quai d'Orsay avec le secrétaire général Alexis Léger, qui partagea l'opinion non interventionniste de Berl jusqu'à la signature du pacte de Munich, en 1938, qui donnait à Hitler une partie de la Tchécoslovaquie. (L'opposition personnelle de Léger à l'esprit de Munich l'amena ensuite à s'installer aux États-Unis, où il se consacra à la poésie, sous le nom de Saint-John Perse.) Berl avoua également qu'il évitait d'attaquer le préfet de police Jean Chiappe, politiquement très à droite et ennemi déclaré du Front populaire, car il estimait avoir une dette envers lui. A la demande de Gaston Gallimard, Berl était allé voir Chiappe pour lui demander de lever l'interdiction frappant le magazine à scandales *Détective,* que Gallimard publiait alors. Berl entretenait d'excellentes relations avec un autre ennemi juré de la gauche, Horace de Carbuccia, directeur de la revue d'extrême droite *Gringoire*, et gendre de Chiappe.

Plus délibérément politique — moins orienté vers la culture —, l'hebdomadaire *la Lumière* était à la fois de gauche et démocrate dans la tradition républicaine française mais, même à l'apogée de la fièvre du Front populaire, jamais il n'atteignit au tirage de *Vendredi*. Il exerça toutefois une influence plus durable et, à la disparition de *Vendredi*, les rédacteurs de *la Lumière* acceptèrent de reprendre un certain nombre de ses auteurs. [1]

1. Entretiens avec Jean Cassou, M. et M^me André Chamson. *Entente* entre les directeurs de *Vendredi*, 15 novembre 1935, courtoisement fournie par M. et M^me André Chamson. Emmanuel Berl, *Interrogatoire par Patrick Modiano,* Paris, 1976 ; Louis Bodin et Jean Touchard, *Front populaire 1936,* Paris, 1961 ; Jean Daniel, *Le temps qui reste,* Paris, 1973 ; Claude Estier, *La Gauche hebdomadaire,* Paris, 1962 ; Jean Guéhenno, *La Foi difficile,* Paris, 1957 ; Lucie Mazauric, « *Vive le Front populaire !* », Paris, 1976, Maria van Rysselberghe, « Les cahiers de la petite dame » (1929-1937), *Cahiers André Gide 5,* Paris, 1974 ; André Wurmser, *Fidèlement vôtre,* Paris, 1979 ; *Vendredi,* Paris 1935-1938. Georges Sadoul, « Revue des Revues », *Commune,* Paris, décembre 1935.

Car *Vendredi* tomba plus tôt qu'il n'aurait dû. Par le manque d'expérience de sa direction sans aucun doute, et par l'incapacité à créer un marché pour le produit spécifique qu'était cette revue. Mais le vrai problème était politique. *Vendredi* servait une coalition de groupes et de partis ; or cette coalition souvent se divisait de façon violente. Les communistes auraient souhaité voir le journal adopter une ligne plus partisane. « On ne riposte pas au vitriol par de la vinaigrette », comme l'exprima Georges Sadoul dans *Commune*. André Wurmser, qui servait à l'occasion d'intermédiaire entre les directeurs de *Vendredi* et le parti communiste, comprenait la réticence du Parti à offrir un soutien sans arrière-pensée à une revue dont la ligne dépendait des élans d'une poignée d'individualistes incontrôlés. « En prétendant rester fidèle à l'esprit même qui avait permis la constitution du Front populaire et assuré l'accord dans le combat », expliqua Jean Guéhenno, leur journal « ne contenta plus personne ». Si les radicaux-socialistes leur laissaient le loisir de résoudre leurs contradictions sans interférence, « les socialistes, puis les communistes tentèrent de s'approprier le journal... Selon le ton du dernier numéro paru, les cellules communistes recevaient l'ordre de nous soutenir ou de nous boycotter ».

A la fin, les communistes se fâchèrent parce qu'on ne leur laissait pas reprendre la publication en faillite. Ils qualifièrent les directeurs de traîtres. En vérité, les contradictions de *Vendredi* concernaient les problèmes cruciaux qui précisément divisaient la gauche : la visite décourageante de Gide en Union soviétique, la guerre civile en Espagne, la désintégration du Front populaire avec le retour aux gouvernements d'antan, les procès de Moscou. Il allait également s'y ajouter le pacte de Munich signé par Édouard Daladier le parrain de *Vendredi*. « Nous avons été le journal des espérances du Front populaire, le journal de sa réalisation », écrivit Chamson dans l'un des numéros du déclin. « Nous regrettons d'avoir à être aujourd'hui le journal de ses déceptions. »

Au fil de ces derniers mois, les préoccupations de l'équipe n'étaient pas uniquement politiques mais aussi

financières. En avril 1937, *Vendredi* annonça qu'il avait
8 030 abonnés, et vendait une moyenne de 52 343 exemplaires de chaque numéro. Il fallut donc réduire le nombre
de pages, et lancer des appels à la générosité du public. En
mai 1938, un message en première page informait les
lecteurs que les trois directeurs-fondateurs avaient démis-
sionné. « Nous ne voulons reconnaître notre visage dans
aucun des morceaux du miroir brisé. » Désormais, l'hebdomadaire allait demeurer « au-dessus de la mêlée politique ». Il allait se consacrer à la culture, en collaborant avec
le groupe de la *NRF.* Chamson et Guéhenno demandèrent
même à Paulhan de les aider à trouver des auteurs, et il se
mit à la tâche avec enthousiasme. Dès la semaine suivante,
Paul Valéry et Jean Schlumberger partageaient la première
page avec Guéhenno et Martin-Chauffier. Et si Martin-
Chauffier, en première page, pouvait protester contre la
candidature de Maurras à l'Académie française, on pouvait
également y lire un essai d'un auteur apolitique comme
Marcel Arland.

Mais cela faisait de *Vendredi* une seconde *Marianne,* et
le besoin ne s'en imposait pas. Au début du mois de
novembre, les directeurs annoncèrent la fin de la publication, ils évoquaient les crises gouvernementales et mon-
diales, et l'incapacité de *Vendredi* à leur faire face. Le
dernier numéro étant paru le 10 novembre 1938, certains
membres de l'équipe tentèrent de publier un hebdomadaire
indépendant, *Reflets,* en collaboration avec *la Lumière.*
Mais cela ne dura guère. André Chamson retourna chez lui
achever un roman sur le Front populaire. [2]

A première vue, le mensuel *Europe* a parfois pu paraître
superflu. Y avait-il place sur la rive gauche pour deux
revues culturelles ? Un examen plus attentif de son contenu
montrait cependant que cette revue, publiée le 15 de
chaque mois, était tout ce que la *Nouvelle Revue française,*

2. Entretien avec M. et M^me André Chamson. Correspondance de
Jean Paulhan. Claude Estier, *La Gauche hebdomadaire (1914-1962),*
Paris, 1962 ; Jean Guéhenno, *La Foi difficile,* Paris, 1957 ; André
Wurmser, *Fidèlement vôtre,* Paris, 1979. *Vendredi,* Paris, 1935-1938.

publiée le 1er, ne pouvait être. Elle plaçait les préoccupations sociales au-dessus des valeurs artistiques, et sa
considération humanitaire était l'antithèse de l'esprit d'art
pour l'art. Le Gide d'avant l'ère soviétique régnait encore à
la *NRF,* de même que le pacifiste Romain Rolland, épris
de soviétisme, inspirait *Europe. Europe* se proclamait sans
honte aucune internationaliste, pacifiste, presque anachro-
niquement dreyfusarde. Fondée en 1923 et destinée à
publier la meilleure littérature étrangère aussi bien que
française, elle vivait depuis la fin des années vingt sous la
direction de cet humaniste exemplaire, Jean Guéhenno
(avec Rolland qui, de chez lui en Suisse, veillait sur la revue
comme une mère poule).

Tout en dirigeant *Europe,* Guéhenno continuait à enseigner dans un lycée ; et, comme l'a dit Jean Touchard, il
incarna la gauche pour toute une génération de khâgneux.
« Guéhenno est l'auteur d'un *Jean-Jacques Rousseau* qui
est en quelque sorte un autoportrait de Jean Guéhenno par
Jean-Jacques Rousseau interposé. » Nous disposons, grâce
au journal intime d'Eugène Dabit, d'un portrait sincère de
Guéhenno, datant de l'année même où il prit en main la
direction éditoriale d'*Europe :* « Et ce matin, vers dix
heures, on sonne. Je descends. J'ouvre : Jean Guéhenno !
Il entre. Il porte un costume de velours ; il est légèrement
voûté, un peu humble et gauche. Son visage très émouvant ; son front têtu ; de très beaux yeux. Son attitude me
touche, m'emplit de joie. Je ne l'espérais pas si beau... Il y
a beaucoup de pureté dans cet homme. »

Nous avons déjà évoqué l'introduction de Guéhenno
dans le monde des lettres grâce au salon des Halévy, et l'on
peut suivre sa progression à *Europe* dans la longue correspondance, souvent ennuyeuse, qu'il échangeait avec
Romain Rolland. Guéhenno s'efforçait de gouverner son
propre parcours, tandis que Rolland ne pensait qu'à lui-
même quand il ne pensait pas à Staline. Il écrivit à
Guéhenno en janvier 1931 : « La grande question — la
première de toutes — c'est, aujourd'hui, la réalisation du
nouveau monde de l'URSS. Je marche à fond pour sa
défense. » Mais quand Guéhenno déclara pour s'en plaindre : « Je suis assiégé par des agents des Soviets, qui

viennent me proposer des articles... Faut-il laisser servir une cause à laquelle on tient par des gens douteux ? », Rolland répondit à Guéhenno de ne pas se laisser prendre par la propagande, et de ne publier que des faits. Faisant le bilan de deux années de rédaction, Guéhenno reconnaissait une amélioration, mais continuait à se sentir exploité par les communistes. Rolland lui rappela qu'*Europe* était « la seule grande revue intellectuelle et sociale d'avant-garde en Occident ». En vérité, les conseils de Rolland (quand même ils étaient suivis) ne pouvaient guère protéger la revue de l'exploitation par les communistes.

Au cours des années où Guéhenno assuma la direction, on put y lire des articles de Marcel Arland, Raymond Aron, Jean Blanzat, André Chamson, Jacques Copeau, Eugène Dabit, Pierre Drieu La Rochelle, William Faulkner, Jean Giono, Ignazio Silone, Gorki et Trotski, et Ehrenbourg, mais aussi Victor Serge (Drieu, avant que son fascisme devînt apparent ; Serge, avant qu'il s'opposât belliqueusement à Staline). *Europe* était assurément ouverte aux écrits de Rolland ; ainsi l'on s'y montrait attentif à ses initiatives — tel le Congrès d'Amsterdam en 1932. Si l'Union soviétique et ses écrivains y recevaient un accueil particulièrement chaleureux, la comparaison entre *Europe* et d'autres revues contrôlées par les communistes, par exemple *Commune*, montre bien comme *Europe* volait plus haut.

Guéhenno allait partir — précipitamment, au moment où l'agitation du Front populaire était la plus forte et alors que l'expérience de *Vendredi* battait son plein. La maison d'édition qui soutenait *Europe*, et qui elle-même allait bientôt disparaître, ne put plus en supporter les pertes. Créant une société des Amis d'*Europe*, un groupe de communistes reprit la revue. Guéhenno se retrouva à la tête d'une équipe dominée par un porte-parole culturel du Parti, Louis Aragon. Il préféra ne pas coopérer. Le coup d'État se produisit tandis qu'il écrivait un dernier article pour le numéro du 15 février 1936 ; il n'eut le temps d'ajouter que quelques lignes commençant ainsi : « Des circonstances indépendantes de ma volonté me contraignent à abandonner la rédaction en chef d'*Europe*.

J'adresse à tous les lecteurs mes remerciements... »

Rolland, qui avait commencé par approuver Guéhenno dans la résistance qu'il opposait aux nouveaux commanditaires, tenta ensuite de le persuader de reprendre son poste. Guéhenno refusa. La nouvelle société élut un conseil d'administration comprenant Aragon, Jean-Richard Bloch, Jean Cassou, André Chamson, Luc Durtain et Georges Friedmann. Cassou, romancier et critique, fort à son aise avec l'art moderne et la littérature aussi bien étrangère que française — domaines dont l'exploration était la vraie vocation d'*Europe* —, devint rédacteur en chef. Ayant reçu pour mission d'en élargir le champ, il écrivit à Rolland pour l'assurer qu'il poursuivrait les bonnes traditions. Dès lors, et ce jusqu'au mois précédant la déclaration de guerre, Cassou tint sa promesse, publiant Henry de Montherlant et Jules Supervielle aussi bien que des communistes comme Nizan et Aragon. Il fit également appel à des écrivains comme Henry Miller, William Saroyan, Boris Pasternak, Ramón del Valle Inclán, Bertolt Brecht et Pablo Neruda. A dater de juillet 1938, une section spéciale de la publication fut réservée à l'usage de l'Association internationale des écrivains pour la défense de la culture, sous le titre « Nouvelles du Vaste Monde », et chaque mois ces seize pages recueillirent des contributions d'auteurs tels que Pearl Buck, Upton Sinclair, Franz Werfel, Eyvind Johnson, José Bergamin, Sylvia Townsend Warner, Joseph Roth, Karl Capek, Heinrich Mann, Anna Seghers et Franz Hellens. Quand Aragon apportait un manuscrit, Cassou haussait les épaules et le publiait ; son ami et camarade de rédaction Chamson soupirait et ratifiait la décision. Le moment était venu de collaborer avec les communistes dans la lutte qu'il fallait mener de toute urgence contre le fascisme. On ne pouvait guère se permettre de faire la fine bouche.[3] Pasternak lui-même

    3. Entretien avec Jean Cassou. Jean-Pierre A. Bernard, *Le Parti communiste français et la Question littéraire (1921-1939)*, Grenoble, 1972 ; *Cahiers Romain Rolland 23*, « L'Indépendance de l'esprit — Correspondance entre Jean Guéhenno et Romain Rolland (1919-1944) », Paris, 1975 ; Eugene Dabit, *Journal intime (1928-1936)*, Paris, 1939 ; Jean Guéhenno, *La Foi difficile*, Paris, 1957 ; Lucie Mazauric,

relata par la suite qu'il avait dit à l'assistance : « Je comprends qu'il s'agit ici d'un rassemblement d'écrivains en vue d'organiser la résistance au Fascisme. Je n'ai qu'une seule chose à vous dire : Ne vous organisez pas. L'organisation est la mort de l'art. Seule compte l'indépendance personnelle. En 1789, en 1848, en 1917, les écrivains n'étaient organisés ni pour ni contre rien. Ne le faites pas, je vous en supplie, ne vous organisez pas. » [4]

*Ah Dieu ! que la paix est jolie,* Paris, 1972 ; Jean Touchard, *La Gauche en France depuis 1900,* Paris, 1977 ; Michel Winock, *Histoire politique de la Revue « Esprit » (1930-1950),* Paris, 1975. *Europe,* Paris, 1929-1939.
  4. Isaiah Berlin, « Conversations with Russian Poets », *The Times Literary Supplement* (Londres), 31 octobre 1980.

# 8

# Malraux et la guerre
# des intellectuels

Dans les années trente, l'homme à suivre était André Malraux, le plus engagé quand il s'engageait, et le plus détaché quand il se détachait. André et Lucie Chamson le regardèrent s'envoler en février 1934, tandis que tous ses amis mobilisaient leurs forces et leurs talents pour bouter le fascisme hors de France, à destination de la légendaire capitale de la reine de Saba, dans les déserts d'Arabie, dans une aventure commanditée par un grand quotidien populaire. A Moscou aussi bien qu'à Paris, Malraux pouvait consacrer tout un discours dans les meetings à sa passion personnelle pour l'art comparé — à la confusion du public qui attendait ardemment un message. En vérité, Malraux avait commencé d'écrire sur la lutte antifasciste avant le moment de la vivre. Du fait que ses véritables conceptions et ses centres d'intérêt se trouvaient fort éloignés de la France, il était réputé expert dans les questions étrangères et, par la suite, parut toujours plus à son aise pour combattre les fascistes à l'étranger qu'en France.

On pourrait, en manquant à la charité, définir les mémoires de Malraux (les *Antimémoires*) comme une œuvre de fiction. Peut-être a-t-il vécu sa vie comme un roman dont il aurait été le héros. Certes, on a qualifié *l'Espoir* de document sur la guerre d'Espagne, et Trotski lui-même prit les romans sur la Chine pour des témoignages vécus, ainsi que Malraux encourageait le lecteur à le faire. Un autre écrivain et combattant de l'époque affirmera que Malraux n'éprouvait tout simplement aucun intérêt pour la politique. Il aimait d'abord « parler » et ne se préoccupait pas vraiment des idées. Si l'on demandait à

Malraux, après une conversation qu'il avait dominée, ce qu'il avait voulu dire en proférant telle ou telle remarque, il pouvait désarmer son auditeur en avouant qu'il avait totalement oublié ce qu'il venait de dire. Tel était le revers des célèbres discours précipités de l'auteur de *la Condition humaine.*

Clara, sa première femme, qui fut pendant de si nombreuses années sa compagne, et dont on ne peut dire que dans ses mémoires elle incline à le ménager, affirme cependant que son engagement antifasciste était total. Faisant preuve d'excellentes qualités d'orateur, puisant dans la meilleure tradition de l'éloquence française, Malraux se montrait « exaltant par son agressivité même, pathétique dans ses évocations de souffrances et d'espoirs, le verbe tour à tour brisé ou modulé, les images fascinantes pour leur inattendu ». Qualités que l'on trouvait dans ses livres et que sa présence physique renforçait au point de les rendre même excessives.

Il devint l'homme à haïr, la cible du mépris d'un fasciste comme Lucien Rebatet, qui s'exprimait ainsi à son sujet : « figure de maniaque sexuel dévorée de tics... espèce de sous-Barrès bolcheviste, rigoureusement illisible, et qui soulevait pourtant l'admiration à Saint-Germain-des-Prés, même chez les jeunes gogos de droite, grâce à un certain éréthisme du vocabulaire et une façon hermétique de raconter des faits divers chinois effilochés dans un bouillon d'adjectifs ».

Revenons à Clara : elle-même agissait ; elle tenait sa place en diverses organisations, écrivait des articles politiques. Et, à ses yeux, son mari n'était nullement marxiste. « L'efficacité du marxisme le retenait, a-t-elle écrit, plus que sa justification intellectuelle ou morale. » En clair, Malraux acceptait le dictateur soviétique pour allié dans la lutte des intellectuels contre le fascisme, sans se soucier de la corruption que Staline apportait à la doctrine marxiste. De sorte que Malraux pouvait négliger les procès de Moscou, les purges, les exécutions : il les considérait comme le problème personnel de Trotski. Un Trotski qu'il avait, au début, défendu... A présent, il voyait surtout et peut-être uniquement la nécessité du soutien soviétique au gouvernement républicain espagnol. Trotski répliqua sèchement : « M. Malraux se vante d'avoir toujours défendu les antifascistes. Non, pas toujours, mais seulement dans le cas où cela coïncidait avec les intérêts de la bureaucratie soviétique... »[1]

*Le Temps du mépris* fut la seule contribution de Malraux à la littérature de l'antifascisme. Écrit et publié en 1935 — un mois avant le Congrès international des écrivains —, ce roman parut également en feuilleton dans la *Nouvelle Revue française.* Les œuvres précédentes de l'écrivain traitaient de l'Extrême-Orient ; ses révolutionnaires avaient jusqu'alors été des Chinois, aux côtés desquels il ne combattait qu'en imagination. Au contraire, lorsqu'il entreprit d'écrire *le Temps du mépris,* il était engagé corps et âme dans la lutte antifasciste et sur son propre continent.

C'était au cours de l'été 1934, à l'issue du Congrès des écrivains soviétiques à Moscou, que nous avons déjà évoqué. Les bons sentiments, encore une fois, ne produisirent que du mauvais art. *Le Temps du mépris* remporta moins de succès qu'aucune autre de ses œuvres de fiction. Lui-même écartait volontiers le livre en le qualifiant de *navet.*

Kassner, le héros, est un communiste tchèque arrêté et frappé par les nazis qui, sans aucun doute, emploieront des méthodes autrement brutales quand ils découvriront sa véritable identité. Cependant, quelqu'un se dénonce, prétend s'appeler Kassner et passe aux aveux ; le vrai Kassner est libéré, et aussitôt renvoyé par l'appareil du parti communiste clandestin en Tchécoslovaquie, où il parvient à temps pour rejoindre sa femme lors d'un meeting organisé en faveur des antifascistes emprisonnés. Une intrigue sans grand intérêt, des personnages en bois ; et puis Malraux

1. Entretien avec Jean Cassou. Clara Malraux, *Voici que vient l'été* (*Le Bruit de nos pas,* IV), Paris, 1973 ; Lucie Mazauric, « *Vive le Front populaire !* », Paris, 1976 ; Lucien Rebatet, *Les Décombres,* Paris, 1942 ; Maria van Rysselberghe, « Les cahiers de la petite dame » (1937-1945), *Cahiers André Gide 6,* Paris, 1975. « Revues étrangères », *Commune,* Paris, mai 1937. Dossiers Gide ; bibliothèque Jacques Doucet, Paris.

manquait d'informations pour pouvoir communiquer l'horreur véritable des camps de concentration.

Il dédia ce livre :

> Aux camarades allemands
> qui ont tenu à me faire transmettre ce qu'ils
> avaient souffert et ce qu'ils avaient *maintenu,*
> ce livre qui est le leur.

Du livre n'a subsisté que la préface. Les camarades écrivains de Malraux s'en servirent copieusement à la tribune du Congrès des écrivains qui se déroula à la Mutualité en juin de la même année. Cette préface, affirmait de son côté l'auteur, tenait lieu de réponse aux critiques formulées lors de la publication du livre en feuilleton. Il y admettait que son œuvre ne suivait guère la tradition flaubertienne du détachement vis-à-vis des sentiments de son héros, mais bien plutôt celle d'Eschyle, de Corneille, de Victor Hugo, de Chateaubriand et même de Dostoïevski. « Ce n'est pas la passion qui détruit l'œuvre d'art, écrivait-il, c'est la volonté de prouver. » La sensibilité artistique française était devenue trop individualiste au cours des cinquante dernières années. Aux yeux de son héros Kassner et de nombreux intellectuels communistes (auxquels il ne s'identifiait pas spécifiquement), le communisme restaurait la « fertilité » de l'individu. Il concluait par des mots qui allaient inspirer cette année-là de considérables discussions :

> Il est difficile d'être un homme. Mais pas plus de le devenir en approfondissant sa communion qu'en cultivant sa différence — et la première nourrit avec autant de force au moins que la seconde ce par quoi l'homme est homme, ce par quoi il se dépasse, crée, invente ou se conçoit.

Pratiquement le jour de la publication, *Monde* annonça que *le Temps du mépris* avait été couronné, lors de sa première sélection, par un tout nouveau « Club du Livre ». Le jury était composé d'Aragon, de Barbusse, de Bloch, de Gide, de Giono et de Malraux lui-même, Nizan assurant le rôle de secrétaire. Le roman fut discuté lors d'une soirée-débat à l'Union pour la Vérité de Paul Desjardins, rue Visconti. Jean Guéhenno fit allusion à ceux qui (selon l'expression de Malraux) continuaient à « cultiver leurs différences ». Dans la salle, Gide crut discerner là une allusion à son propre cas. La question reparut quelques jours plus tard au Congrès international des écrivains. Gide continuait à bercer sa rancœur. Dans son journal, il revient sur le sujet au début d'août :

> Cultiver les différences... Par quel malentendu Guéhenno peut-il me reprocher cela ? Nul besoin de cultiver le reste, et qui se retrouvera bien toujours. Mais le rare, l'exceptionnel, l'unique, quelle perte pour tous si cela vient à disparaître !

Aucun enrichissement dans cette voie, poursuivait-il. En limitant son horizon à des sentiments communs sur l'humanité, on appauvrit l'humanité. « Tout effort de désindividualisation au profit de la masse est, en dernier ressort, funeste à la masse elle-même. »[2]

L'engagement des intellectuels n'allait pas tarder à impliquer bien autre chose que des mots. Et il ne fait aucun doute qu'André Malraux — même l'André Malraux tenté par les statues khmères et la reine de Saba — fut l'un des principaux héros de ce nouvel engagement, d'un genre qui pouvait fort bien arracher un écrivain à son bureau, à sa maison d'édition, pour l'envoyer combattre sur de vrais champs de bataille. Le voyage de Gide et de Malraux à Berlin en avait déjà constitué un exemple (même si les écrivains français ne risquaient alors rien). En France même, les fascistes, les idéologues d'Action française, avaient désormais recours à la menace de mort dans leur

2. *Cahiers Romain Rolland 23*, « L'indépendance de l'esprit — Correspondance entre Jean Guéhenno et Romain Rolland (1919-1944) », Paris, 1975 ; André Gide, *Journal (1889-1939)*, Paris, 1948 ; André Malraux, *Le Temps du mépris*, Paris, 1935 ; Maria van Rysselberghe, « Les cahiers de la petite dame » (1929-1937), *Cahiers André Gide 5*, Paris, 1974.

rhétorique quotidienne. En juillet 1935, peu après la publication du *Temps du mépris* et le Congrès des écrivains, Malraux s'envola pour Alger où il prit la parole dans un meeting contre les extrémistes locaux, dans une atmosphère telle qu'il fallut le protéger contre le risque d'enlèvement, ou contre une attaque directe dans la salle de réunion. Et l'on allait donc à Berlin, à Moscou, dans une capitale coloniale, comme un soldat d'une nouvelle race. On se tenait prêt pour une vraie guerre au cas où elle surviendrait. Elle allait venir très vite. *

Mais la première vraie agression fasciste des années trente ne donna guère lieu qu'à une bataille de manifestes, car elle se déroulait sur un terrain inaccessible à la gauche française. En octobre 1935, après une campagne de harcèlement menée à partir des colonies voisines d'Érythrée et de Somalie, les troupes de Mussolini pénétrèrent en Éthiopie. Ne tenant aucun compte des sanctions votées par la Société des Nations, ni des appels que lui lançaient les démocraties européennes, Mussolini paracheva la conquête du pays. Ce qui fut terminé en mai 1936. L'événement montra au chancelier Hitler qu'il pouvait, sans risque aucun, mettre à exécution son propre programme d'annexions. La droite française manifesta son appui à Mussolini par une déclaration d'intellectuels publiée dans la presse du 4 octobre 1935, dès le lendemain du début de l'invasion. Les signataires comprenaient Abel Hermant, Henry Bordeaux, Georges Lecomte, Abel Bonnard, René Benjamin, Robert Brasillach, Léon Daudet, Pierre Drieu La Rochelle, Jean Fayard, Maurice Martin du Gard, Gabriel Marcel, Charles Maurras, Henri Massis, Thierry Maulnier, Henri Béraud, Alphonse de Châteaubriant, Pierre Mac Orlan, Marcel Aymé et Pierre Gaxotte — soit des fascistes déclarés, des militants d'Action française et quelques conservateurs moins affirmés. Une forte proportion d'entre eux allaient, quelques années plus tard, se distinguer dans la collaboration.

La liste comprenait suffisamment de signataires catholiques (parmi lesquels un cardinal) pour qu'on pût affirmer

* Voir chapitre 5 de la première partie, « Microcosmes ».

que ce « Manifeste des intellectuels français pour la défense de l'Occident et la paix en Europe » représentait le point de vue de l'élite catholique. Une réponse immédiate leur fut donnée par le biais d'un manifeste de gauche, conçu par un groupe qu'animait Jules Romains. Toutefois, la contre-attaque la plus efficace fut une seconde pétition, « Pour la justice et la paix », signée par des catholiques renommés comme François Mauriac et Jacques Maritain, Louis Martin-Chauffier, Emmanuel Mounier et le groupe *Esprit*. Ses auteurs usaient d'un langage difficile à accepter pour la gauche : ils se souciaient en effet, visiblement, de ne pas acculer les Italiens ; de ne pas les placer dans une position désespérée en appelant à des représailles internationales. Pour eux, les pressions contre l'Italie fasciste ne pouvaient être que *morales*. Un débat sur l'Éthiopie, organisé à l'Union pour la Vérité le 26 octobre, aurait sans doute pu tourner à l'affrontement entre la gauche et la droite, mais les principaux signataires du manifeste du 4 octobre s'abstinrent d'y participer.

Le 4 novembre, un mois jour pour jour après la publication du manifeste de droite, la nouvelle Association internationale des écrivains pour la défense de la culture tint ses premières assises publiques à la Mutualité. Une fois de plus, la salle était comble. (Sauf les deux premiers rangs. « Les dames qui s'y viennent asseoir sont vêtues d'un manteau et coiffées d'un chapeau de dame », observa le correspondant de *Vendredi*. « Mais toutes tiennent à la main un pardessus et un chapeau d'homme. On a compris. Ce sont les femmes des orateurs. ») La vedette de ce rassemblement fut André Malraux, qui répondit aux soixante-quatre signataires du manifeste en faveur de Mussolini. « La culture occidentale dont vous entendez maintenir le prestige dans le monde, le monde l'ignore », déclara-t-il. « L'Occident, pour lui, c'est tout ce qui n'est pas vous. » Employant un argument historico-littéraire que tous ne pouvaient pas comprendre, Malraux s'adressa aux défenseurs de Mussolini : « Vous savez bien que la France ce n'est pas Racine, c'est Molière ; ce n'est pas Joseph de Maistre, c'est Stendhal ; ce ne sont pas les poètes fascistes de Napoléon III, c'est Victor Hugo ; ce n'est aucun de vos onze académiciens signataires, c'est André Gide et c'est Romain Rolland. »

Julien Benda prit également la parole, réclamant des sanctions contre la dictature comme un moyen d'éviter la guerre. Il protesta parce que, une fois de plus, prenant parti contre l'agression italienne en Éthiopie, il se trouvait critiqué dans des journaux comme *l'Action française* « pour manquer à la fonction du clerc » en s'engageant dans la politique, alors qu'à la vérité il incombait au *clerc* d'élever la voix contre l'injustice ; Zola et Anatole France étaient de vrais *clercs* quand ils descendaient de leur tour d'ivoire pour participer à l'affaire Dreyfus. « Il parle à sa place », relata le journaliste de *Vendredi*. « Le visage sourit sous les fins cheveux blancs. La voix charme. Derrière les binocles d'écaille, les yeux pétillent de malice — eh oui ! Ce clerc sérieux ne dédaigne pas la malice. » Jean Cassou, André Chamson, Jean Guéhenno prirent la parole ; Eugène Dabit lut une déclaration d'Alain. Gide présida, présenta les orateurs, et rendit hommage à Henri Barbusse qui venait de mourir. « Tout cela très mal, du reste, et sans aisance », nota Maria van Rysselberghe.[3]

Si rien ne semblait plus éloigné que l'Éthiopie, rien ne pouvait être plus près que l'Espagne. En février 1936, moins de trois mois avant le Front populaire, un régime de même tendance fut instauré en Espagne. Une délégation d'écrivains français comprenant André Malraux, Jean Cassou et Henri-René Lenormand se rendit au printemps à Madrid pour présenter les félicitations et le soutien de la gauche française aux camarades d'outre-Pyrénées. Ils furent reçus par le nouveau président espagnol, Manuel Azaña, lui-même écrivain.

Le 17 juillet, Franco et son état-major lancèrent une insurrection à partir des bases militaires des territoires

3. Maria van Rysselberghe, « Les cahiers de la petite dame » (1929-1937), *Cahiers André Gide 5,* Paris, 1974 ; Eugen Weber, *L'Action française,* Paris, 1964 ; Michel Winock, *Histoire politique de la Revue « Esprit » (1930-1950),* Paris, 1975. *Commune,* Paris, novembre et décembre 1935 ; *Vendredi,* Paris, 8 novembre 1935.

espagnols d'Afrique du Nord. Bien sûr, le gouvernement
espagnol sollicita l'aide militaire de la France — des
gouvernements de Front populaire se trouvaient donc à
présent en place dans les deux pays. Cependant l'opposition de la droite française et, surtout, de l'Angleterre alliée
amena le gouvernement de Léon Blum à pratiquer une
politique de non-intervention. La gauche décida que, si elle
ne pouvait pas modifier la politique de son gouvernement,
elle pouvait intervenir suivant ses moyens. C'était là un
engagement sans précédent, et l'affaire prit très vite une
tournure internationale. Des écrivains se rallièrent à cette
juste croisade. Tandis que l'Espagne se déchirait — violemment — entre la gauche et la droite, l'opinion française se
divisait selon la même ligne de clivage. A un engagement
de droite s'opposait un engagement à gauche.

André Malraux fut certainement le premier écrivain à
gagner l'Espagne ; paradoxalement, ce fut le gouvernement
de Front populaire — qui allait bientôt choisir une position
non interventionniste — qui l'y envoya. D'après les souvenirs de Clara Malraux, elle se trouvait au théâtre avec son
mari et leurs amis Lagrange. Léo Lagrange était alors sous-
secrétaire d'État aux Sports et aux Loisirs — département
littéralement inventé par le gouvernement de Front populaire. Pendant l'entracte, Pierre Cot, ministre de l'Air,
appela Lagrange à la porte de la loge et lui annonça
l'insurrection des généraux espagnols. Il demanda à
Malraux de partir aussitôt pour l'Espagne, afin de voir
comment les Français pourraient venir en aide au gouvernement légitime de ce pays. Les Malraux s'envolèrent donc
pour l'Espagne, où ils furent accueillis par Alvarez del
Vayo (président du Congrès international des écrivains de
l'année précédente). Quelques semaines plus tard,
Malraux se trouvait lancé dans des achats — discrets —
d'avions français, par l'intermédiaire d'un parent de Clara.
Dans ses mémoires, elle relate l'atmosphère enfiévrée qui
régnait à l'aéroport du Bourget lorsque les derniers avions
achetés par les républicains se préparaient à décoller, juste
avant l'heure fatidique de minuit où commencerait l'em-
bargo sur tout matériel militaire à destination de l'Espagne.
Malraux, qui se demandait s'il ne devrait pas maintenant

adhérer au Parti (elle affirme qu'elle l'en dissuada), ne tarda pas à repartir là-bas. Il avait quitté la France « comme Fantomas », écrivit-il à son amie Josette Clotis, et il prit bientôt la tête d'une escadrille de pilotes de chasse (ses hommes l'appelaient colonel). Il fut rapidement entouré d'une communauté toujours plus nombreuse d'écrivains étrangers — certains étaient venus pour rendre compte ; d'autres, pour faire de la propagande ; d'autres encore pour se battre. Personnage paradoxal, Malraux devait plus tard déclarer, lors d'un entretien, qu'il n'avait pour sa part jamais été internationaliste, car il avait quitté les forces aériennes de l'Espagne républicaine avant l'arrivée des Brigades internationales.

Le combattant Malraux fut-il d'un grand secours pour l'Espagne ? Les indices à ce sujet sont contradictoires. Ses ennemis fascistes l'accusèrent entre autres choses d'avoir abattu un avion postal français, tuant ainsi un journaliste français. Mais son rôle de meneur d'hommes n'a jamais été contesté, et chacun s'accorde à reconnaître qu'il a mobilisé une partie de l'opinion française. Gide dans son journal mentionne une rencontre avec Malraux chez lui, rue du Bac, en septembre 1936, au cours d'un bref interlude loin des champs de bataille : « Il a même le visage moins couturé de tics qu'à l'ordinaire et ses mains ne sont pas trop fébriles. Il parle, avec cette volubilité extraordinaire qui me le rend souvent si difficile à suivre. » Gide achevait ce paragraphe de son journal sur cette confidence de Malraux : « Son intention, sitôt son retour, est d'organiser l'attaque d'Oviedo. » En ce temps-là, on pouvait divulguer un plan de guerre dans une conversation de la rive gauche.

Lors d'une rencontre ultérieure, Malraux se montre pessimiste quant au sort de l'Espagne, et plus que jamais en proie à des tics : « reniflements, froncements de nez », raconta-t-il par la suite à sa confidente. « Nous devions être bien drôles. »

Par la suite, Malraux devait parcourir les États-Unis d'est en ouest pour rassembler des fonds en faveur de l'Espagne républicaine. Il prit la parole dans des universités, lors de banquets et même dans un grand auditorium de Hollywood. Ce fut à New York, et non pas en Espagne, qu'il rencontra pour la première fois Ernest Hemingway, chez son éditeur, Random House.

Malraux revint alors en France pour écrire *l'Espoir*. Le manuscrit fut achevé en six mois, et parut tandis que la guerre faisait encore rage. Œuvre de dévouement et de propagande, *l'Espoir* impressionna jusqu'à ses ennemis par sa mise en scène de batailles à la fois si proches et si éloignées des Français ; il s'agissait là d'un véritable tour de force, mais l'œuvre aujourd'hui ne se lit plus aisément. Quant à l'auteur, il repartit bientôt pour l'Espagne pour réaliser la version filmée de son livre. On tourna à Barcelone, jusqu'au siège de la ville par Franco, pour terminer ensuite à Paris. [4]

Manès Sperber, qui voyait régulièrement Malraux, allait s'interroger longtemps après sur le point de savoir si notre époque peut encore comprendre ce que l'Espagne signifiait pour les non-Espagnols : Le : *¡ No passaran !* de la République apparaissait d'un intérêt immédiat aux antifascistes du reste de l'Europe ; en Espagne, ils pouvaient, concrètement, passer à l'attaque. En France, cependant, la conviction où étaient Léon Blum et ses collaborateurs que toute aide militaire à l'Espagne mènerait à la guerre renforçait la politique officielle de non-intervention. Selon les meilleurs historiens, il est à présent prouvé que la campagne des conservateurs français et de la presse de droite avait influencé l'attitude d'expectative du gouvernement de Front populaire.

Certains journalistes, en tout cas, s'y employaient. Ainsi, Raymond Cartier, qui publia dans le quotidien *l'Écho de Paris,* le 23 juillet 1936, moins d'une semaine après le début

4. Suzanne Chantal, *Le Cœur battant — Josette Clotis-André Malraux,* Paris, 1976 ; André Gide, *Journal (1889-1939),* Paris, 1948 ; Frédéric J. Grover, *Six entretiens avec André Malraux sur des écrivains de son temps (1959-1975),* Paris, 1978 ; Jean Lacouture, *André Malraux,* Paris, 1973 ; H.-R. Lenormand, *Les Confessions d'un auteur dramatique,* II, Paris, 1953 ; Clara Malraux, *La Fin et le Commencement* (*Le Bruit de nos pas,* V), Paris, 1976 ; Maria van Rysselberghe, « *Les Cahiers de la petite dame* » (1929-1937), *Cahiers André Gide 5,* Paris, 1974. Walter G. Langlois, « André Malraux 1939-1942, d'après une correspondance inédite », *La Revue des lettres modernes,* Paris, n° 304-309, 1972 ; *Vendredi,* Paris, 22 janvier 1937.

de la guerre civile, un article intitulé « Le Front populaire français osera-t-il armer le Front populaire espagnol ? ». Deux jours plus tard, en première page de l'influent *Figaro*, François Mauriac, membre de l'Académie française, publiait un éditorial intitulé : « L'Internationale de la Haine ». Ceux qui, comme Mauriac lui-même, étaient nés dans le sud-ouest de la France avec du sang espagnol dans les veines, ne pouvaient accepter l'idée que « nos frères au-delà des montagnes [tombaient] sous des balles françaises ». Se référant à une photo de presse qui montrait deux jeunes gens de Barcelone couchés, morts, sur le trottoir, il évoquait la honte qu'il éprouverait si un ami espagnol lui disait : « Ces deux enfants sont peut-être des victimes de M. Blum. » Dans sa conclusion, Mauriac surenchérissait dans la violence verbale :

> Il faut que le président du Conseil le sache : nous sommes ici quelques-uns à essayer de remonter le courant de haine qui emporte les Français... mais s'il était prouvé que nos maîtres collaborent activement au massacre de la Péninsule, alors, nous saurions que la France est gouvernée non par des hommes d'État, mais par des chefs de bande, soumis aux ordres de ce qu'il faut bien appeler : l'Internationale de la Haine. Nous saurions que le président du Conseil aujourd'hui n'a rien oublié de la rancune séculaire qui tenait aux entrailles le partisan Léon Blum.

Mauriac, pourtant, ne représentait qu'un point de vue relativement modéré, celui des bonnes âmes qui s'étaient prononcées contre l'agression de Mussolini en Éthiopie, qui allaient s'opposer à la brutalité du fascisme national puis à l'horreur de l'hitlérisme. Il allait bientôt se joindre à Maritain dans la condamnation des atrocités de Franco aussi bien que de celles de l'extrémisme républicain ; ainsi, le 18 août, après un massacre de républicains par les hommes de Franco, il écrivait dans *le Figaro* : « La non-intervention, il faut bien l'avouer, au degré de fureur où le drame atteint, ressemble à une complicité. » Mauriac s'éloignera par la suite davantage encore de ses affinités premières avec le nationalisme à la Barrès, de l'antisémitisme en usage dans sa classe sociale et son époque, de la

tentation d'identifier un dictateur comme Mussolini à la loi
et à l'ordre et des convergences avec l'Action française
royaliste, réactionnaire et raciste. S'il commença à l'extrême opposé des catholiques de gauche rassemblés autour
de la revue *Esprit* d'Emmanuel Mounier, il allait se
rapprocher de leurs vues politiques, sinon d'eux personnellement. L'agression italienne en Éthiopie porta le premier
coup à ses convictions. Le bombardement du Guernica, le
second. Ensemble, ces coups contribuèrent à faire de lui un
antifasciste.

Georges Bernanos fut également de ceux qui trouvèrent
la lumière. Aucun écrivain français n'a pu, mieux que
Bernanos, ressentir personnellement ce qu'était cette
guerre, car il s'était établi avec sa famille à Palma de
Majorque à l'automne 1934, où il se trouva malgré lui
témoin des atrocités commises par les troupes de Franco
contre les partisans de l'Espagne républicaine et, pis
encore, de l'approbation de ces atrocités par les autorités
religieuses espagnoles. *Les Grands Cimetières sous la lune*
— des extraits d'une première version furent publiés dans
la revue *Sept* entre juillet 1936 et février 1937, puis la
version définitive parut sous forme de livre en avril 1938,
alors que Barcelone était déjà tombée aux mains des
fascistes — représentaient une rupture délibérée avec les
milieux d'Action française ; cette œuvre marquait également l'entrée de son auteur dans l'antifascisme. Bien que
Bernanos ne fréquentât guère la rive gauche qui constitue
le terrain du présent ouvrage, dont le propos n'est pas
l'étude des mouvements catholiques de droite ou de
gauche, il convient d'ajouter quelques mots sur l'ouvrage
même, car il exerça une influence d'autant plus forte qu'il
venait d'un homme de droite qui ne renonçait pas à ses
convictions premières, ni ne reniait ses amis : « Je puis
parler ainsi, révèle-t-il au fil de l'ouvrage, parce que je ne
suis pas démocrate. La démocratie, et particulièrement
l'intellectuel démocrate, me paraît l'espèce de bourgeois la
plus haïssable. » Il n'a pas rejeté le monarchisme ni
l'antisémitisme, non plus que son idole Drumont et la leçon
d'histoire assez particulière que donne ce dernier dans *la
France juive*.

Mais Bernanos était un catholique parlant à des catholiques ; *sa* condamnation des hommes d'Église français et de leurs alliés comme Paul Claudel, qui voyaient en Franco un preux chevalier partant en croisade contre les infidèles, pouvait davantage impressionner ses semblables que ne pouvait le faire un discours de Malraux ou de Gide. Il choqua certains Français bien-pensants, mais remporta les acclamations d'un Emmanuel Mounier dans *Esprit,* d'un François Mauriac dans *Temps présent* (et il renforça sans aucun doute les sentiments antifascistes de Mauriac). La presse non catholique démontra bien, aux yeux de tous ceux qui auraient pu ne pas s'en rendre compte, qu'il s'agissait cette fois d'un bon catholique, et royaliste de surcroît, accusant Franco. Pour l'Action française, Bernanos était purement et simplement un renégat ; mais pour le journal extrémiste *Je suis partout,* il confondait simplement les choses (car Bernanos critiquait les nationalistes sans pour autant se joindre aux républicains !) [5]

Après le bombardement aérien de Guernica, Mounier de son côté se joignit à Mauriac et à Maritain, ainsi que certains catholiques plus conservateurs, comme Gabriel Marcel, qui lança un appel pour la défense de la population basque dans *la Croix,* quotidien habituellement favorable à Franco. La presse à grand tirage évitait de prendre parti dans l'affaire d'Espagne afin de ne pas indisposer ses lecteurs, mais les hérauts de la droite n'avaient pas la même réticence. Un Manifeste aux intellectuels espagnols publié en décembre 1936, au cours du sixième mois de guerre civile, portait les signatures de Paul Claudel et Ramon Fernandez auprès de celles de Pierre Drieu La Rochelle, d'Abel Bonnard, d'Henri Béraud, de Léon Daudet et d'Henri Massis. Avec Robert Brasillach, Massis avait rédigé un petit volume de propagande sur l'héroïsme des

5. Georges Bernanos, *Les Grands Cimetières sous la lune,* Paris, 1938 ; Jean Lacouture, *François Mauriac,* Paris, 1980. *La Revue des lettres modernes,* Paris, n° 290-297, 1972 : « Études bernanosiennes », en particulier les articles de Jacques Chabot, « L'accueil de la presse catholique en 1938 [aux *Grands Cimetières sous la lune*] », et de Joseph Jurt, « *Les Grands Cimetières sous la lune* devant la presse non catholique ».

forces franquistes ; Brasillach et ses compagnons de *Je suis
partout,* Maurice Bardèche et Pierre Cousteau, eux, suivaient la guerre à partir du camp fasciste. Brasillach se
trouva pris sous le feu ennemi à l'université de Madrid
(tenue par les franquistes), à trente mètres des lignes
républicaines — tenues par les Brigades internationales.
Dans *Bagatelles pour un massacre,* publié en 1937, au point
culminant de la guerre, Céline observait qu'une guerre où
des écrivains pouvaient venir en visite et repartir « comme
dans un moulin » était « une drôle de guerre quand
même » ; on ne quittait pas si facilement une guerre réelle.
Il qualifiait ces visiteurs — les Français de gauche qui
venaient appuyer le camp républicain — de « petits jouis-
seurs, petits sadiques d'événements ». Il était sûr qu'ils ne
tiendraient pas le coup devant une vraie armée — celle de
Franco ou d'Hitler. [6]

Cela signifie-t-il que la contribution des intellectuels à la
guerre civile espagnole se limitait à des actes individuels,
était l'affaire de quelques ténors de la droite ou de la
gauche ? Il y avait de cela. Mais un effort était tout de
même fait pour coordonner ces contributions, qu'elles
fussent spontanées ou organisées. André Gide, par exemple, souhaitait envoyer un groupe de personnalités françaises déléguées pour servir de témoins en Espagne, dans
l'espoir de mettre fin au massacre ; le projet de Gide était
personnel, mais marchait littéralement sur les brisées d'un
projet d'Aragon, qui ne l'était nullement. (Gide se
démena, mais il ne put convaincre aucun délégué, qu'il fût
extrémiste ou modéré, de faire cause commune, même
momentanément.) En décembre de cette première année
de guerre, des intellectuels de gauche lancèrent un appel à

6. Louis Bodin et Jean Touchard, *Front populaire 1936,* Paris, 1961 ;
Robert Brasillach, *Une génération dans l'orage,* Paris, 1968 ; Louis-
Ferdinand Céline, *Bagatelles pour un massacre,* Paris, 1937 ; Jean
Lacouture, *François Mauriac,* Paris, 1980 ; Georges Lefranc, *Histoire
du Front populaire (1934-1938),* Paris, 1974 ; Maria van Rysselberghe,
« Les cahiers de la petite dame » (1937-1945), *Cahiers André Gide 6,*
Paris, 1975 ; Manès Sperber, *Au-delà de l'oubli (Ces Temps-là),* III,
Paris, 1979. Michel Winock, *Histoire politique de la revue « Esprit »
(1930-1950),* Paris, 1975.

l'opinion française et « à la conscience universelle », affirmant que le refus de la France de prendre parti aux côtés des républicains revenait en vérité à combattre auprès de Franco. La liste des signataires comprenait Gide, Aragon, Romain Rolland, Julien Benda et André Chamson. Le journal (de Chamson) *Vendredi* ouvrit ses colonnes à la cause républicaine, et lança des appels à la générosité de ses lecteurs pour pouvoir ravitailler l'Espagne. Mais *Vendredi* soutenait également le gouvernement de Front populaire, et ne pouvait donc critiquer la politique non interventionniste de Blum, même si ses rédacteurs se rendaient compte que l'Espagne de Front populaire agonisait. Le 5 juin 1937, un éditorial signé *Vendredi* se contentait faiblement de suggérer qu'il fallait « nous en remettre entièrement, à l'heure actuelle, au gouvernement que s'est librement donné notre pays ». Le 16 juillet, en première page, voisinaient un éditorial applaudissant la politique non interventionniste du gouvernement Blum (qui exigeait un contrôle plus strict des violations de neutralité) et un message d'un groupe international d'écrivains en Espagne réclamant que la vérité sur la guerre fût enfin révélée. Plus tard, Chamson (sa femme le relate) admettra que « la guerre d'Espagne frappait à mort le Front populaire, condamnait notre *Vendredi,* nous vouait au malheur ». Chamson voyait bien que, pratiquement, tous les collaborateurs de sa revue souhaitaient voir la France s'engager aux côtés des républicains, mais qu'ils étaient en même temps d'ardents pacifistes, comme son codirecteur Guéhenno, et refusaient d'accepter la guerre comme moyen. Chamson pouvait donc prendre la parole dans un meeting en faveur de l'intervention tandis que *Vendredi* devait éviter de secouer la fragile construction du Front populaire qui ne s'était formée qu'au prix d'un travail considérable. [7]

En Espagne même, l'organisation de l'effort de guerre

7. Entretien avec M. et Mme André Chamson. Lucie Mazauric, « *Vive le Front populaire !* », Paris, 1976 ; Maria van Rysselberghe, « Les Cahiers de la petite dame » (1929-1937), *Cahiers André Gide 5,* Paris, 1974. *Commune*, Paris, décembre 1936 ; *Vendredi*, Paris, 1936-1937.

républicain et de son ravitaillement se trouvait de plus en
plus aux mains des communistes, et souvent même des
envoyés de l'Union soviétique. En effet, tous les citoyens
soviétiques disposant des contacts et des connaissances
linguistiques nécessaires avaient été envoyés sur place. Ilya
Ehrenbourg transféra donc sa base de Montparnasse à
Madrid, devenant membre d'une communauté internationale qui, à certains moments, comprenait des antifascistes
italiens tels que Palmiro Togliatti (secrétaire général du
parti communiste en exil et du Komintern), Pietro Nenni
(commissaire politique de la brigade Garibaldi), l'écrivain
Nicola Chiaromonte, membre de la communauté des exilés
de Paris. Il y avait là Lazlo Rajk, Alexei Tolstoï, Egon
Erwin Kisch, Anna Seghers, Jean-Richard Bloch, Antoine
de Saint-Exupéry, Ernest Hemingway, John Dos Passos et
George Orwell, Ehrenbourg était le correspondant officiel
des *Izvestia,* mais semblait en vérité avoir le feu vert de
Moscou pour participer à l'effort de guerre espagnol en
servant de liaison officieuse entre les écrivains étrangers et
son ami l'ambassadeur soviétique. Mikhaïl Koltsov se
trouvait également là comme correspondant d'un quotidien
moscovite, la *Pravda*, et dans ses moments libres servait de
conseiller politique au gouvernement républicain. Pour
Koltsov comme pour beaucoup d'autres communistes
venus participer à l'effort de guerre républicain, cet engagement de l'Espagne se termina par des exécutions sommaires ou des déportations à leur retour à Moscou. Les
purges duraient toujours.

Arthur Koestler se trouvait en Espagne à la demande de
Willy Münzenberg, afin de chercher la preuve que Hitler et
Mussolini aidaient Franco. Lors d'un voyage dans le sud de
l'Espagne, il fut arrêté et isolé dans une cellule par les
forces rebelles, et finalement libéré à l'occasion d'un
échange de prisonniers. Gustav Regler arriva en Espagne
en sa qualité de représentant de l'Association internationale des écrivains, s'enrôla dans la Brigade internationale
sous le commandement d'André Marty, et fut désigné
comme commissaire politique auprès des bataillons internationaux qui défendaient Madrid. L'une de ses tâches
consista à emmener le correspondant de guerre Ernest

Hemingway visiter le front. Hemingway allait ensuite parler de la responsabilité de l'écrivain dans la lutte antifasciste lors du Second Congrès des écrivains américains, qui se déroula à New York en juin 1937.

La plupart des écrivains engagés en Espagne subissaient la discipline communiste, ou l'acceptaient pour le bien de la cause républicaine. Cela impliquait souvent qu'ils acceptent la purge sans merci des volontaires anarchistes et trotskistes combattant aux côtés des républicains — y compris leur exécution comme traîtres déclarés. Tôt ou tard, quels qu'aient pu être les motifs pour lesquels on s'était engagé du côté républicain, on se trouvait confronté à l'évidence des exactions communistes dirigées contre les trotskistes, et généralement, on gardait le silence. Toujours pour le bien de la cause. [8]

L'Association internationale des écrivains pour la défense de la culture s'était constituée lors du retentissant congrès de juin 1935 à Paris, puis avait tenu ses premières assises (évoquées plus haut dans le présent chapitre) plus tard dans l'année. En juin 1936, une réunion eut lieu à Londres sous ses auspices, au cours de laquelle Malraux prononça un discours. La résolution finale recommandait l'organisation d'un Deuxième Congrès international, à Madrid, en 1937. Lorsque les préparatifs commencèrent, l'insurrection de Franco rendit l'entreprise plus urgente encore — et plus dangereuse. Madrid vivait en état de siège, le gouvernement républicain s'était replié à Valence, et l'on décida d'ouvrir le congrès dans cette capitale de guerre. Le 4 juillet 1937, la première séance s'ouvrit sous la présidence de Juan Négrín, président du conseil de la République espagnole. Pour la première fois dans l'histoire de la littérature, souligna *Commune,* des écrivains du monde entier (200, venus de 28 pays) se réunissaient sur le

8. Entretien avec Jean Cassou. Ilya Ehrenbourg, *La nuit tombe,* Paris, 1966 ; Arthur Koestler, *Hiéroglyphes 2,* Paris, 1978 ; *Le Yogi et le Commissaire,* Paris, 1946 ; Clara Malraux, *La Fin et le Commencement* (*Le Bruit de nos pas,* V), Paris, 1976 ; Gustav Regler, *Le Glaive et le Fourreau,* Paris, 1960 ; Maria van Rysselberghe, « Les cahiers de la petite dame » (1929-1937), *Cahiers André Gide 5,* Paris, 1974.

territoire d'une nation en guerre, pour affirmer leur
solidarité — « la solidarité de l'intelligence de tous les
pays » et « sous le feu même des canons fascistes ». Cette
fois encore, Julien Benda prit la parole pour déclarer que
« l'intellectuel est parfaitement dans son rôle en sortant de
sa tour d'ivoire pour défendre contre le barbare les droits
de la justice ». Mikhaïl Koltsov parla, ainsi que Gustav
Regler. Alvarez del Vayo proclama : « Nous sommes des
combattants de la culture. Le fait même des uniformes qui
se voient ici le révèle, et aussi les absences. » Tristan Tzara
déclara qu'un Comité pour la défense de la culture
espagnole, créé par l'Association internationale des écrivains, envoyait des camions entiers de matériel de propagande en Espagne, et avait mis en œuvre un service de
liaison entre les volontaires des Brigades internationales et
leurs familles, expédiant des journaux, des livres, des
revues jusqu'au front par avion. Le Comité dirigeait
également une équipe de traducteurs : Jean Cassou,
Gabriel Audisio, Georges Pillement et Louis Parrot, qui
traduisaient en français la poésie de guerre espagnole.
Venu des États-Unis, Malcolm Cowley expliqua comment
les Américains devenaient favorables à l'Espagne républicaine grâce aux comptes rendus de première main de Jay
Allen, Louis Fischer et Hemingway — ainsi qu'aux efforts
de Malraux.

Le Congrès des écrivains se déplaça ensuite jusqu'à
Madrid pour les réunions des 6, 7 et 8 juillet. Les délégués
se trouvaient logés dans un hôtel proche de la cité
universitaire, tout près des premières lignes de combat
(que Brasillach observait de l'autre côté). Chaque soir à
l'heure du dîner, les forces franquistes commençaient à
tirer le canon, et dans la salle à manger les délégués se
levaient pour chanter « Madrid que bien resistes » sur l'air
d'un chant de Lorca. D'après les souvenirs d'Ilya Ehrenbourg, le pilonnage de Madrid par les forces franquistes
pendant les séances du congrès était délibéré. Au cours du
congrès, très exactement à 17 heures le 6 juillet, on lut un
télégramme annonçant une victoire républicaine sur le
front de Madrid ; et, le lendemain, une motion fut déposée,
proposant de nommer président d'honneur le général José

Miaja, responsable de la défense de Madrid depuis l'éva-
cuation du gouvernement. Malraux rendit compte de sa
campagne de soutien à l'Espagne aux États-Unis — et
jusque dans un studio de cinéma à Hollywood où, se
souvint-il, Ernst Lubitsch tournait un film avec Marlène
Dietrich. Les délégués regagnèrent Valence le 10, et André
Chamson y fut l'un des orateurs. « Je voudrais pour ma
part », déclara-t-il, « que la force me soit donnée de porter
un témoignage si retentissant que demain dans toutes les
villes du monde qui sont encore en sécurité, à Paris, à
Londres, et à New York, chaque fois que l'aube se
réveillera, à l'heure où se déchaînent les raids d'avions sur
Madrid, il n'y ait pas une femme et pas un homme qui ne
sente l'angoisse monter au fond de son cœur ». A son
retour, Chamson publia un petit livre où il décrivit ses
expériences en Espagne, mais *Vendredi* ne modifia pas sa
politique favorable à la non-intervention de la France.

Les séances de clôture du congrès se tinrent à Paris les
16 et 17 juillet au théâtre de la Porte-Saint-Martin, avec
Heinrich Mann et Louis Aragon à la présidence des deux
soirées successives. Cette fois, André Gide ne siégea pas au
praesidium avec les autres ténors de l'association. Son nom
avait également disparu du comité directeur de *Commune*.
En Espagne, il avait été dénoncé dans les discours, en
particulier par José Bergamín, porte-parole des délégués
espagnols et sud-américains, et par Mikhaïl Koltsov, délégué soviétique. A Paris, Aragon l'attaqua à nouveau, mais
il y eut cette fois des protestations dans la salle. Car Gide
avait commis l'impardonnable péché d'écrire franchement
ce qu'il avait vu en Union soviétique ; la controverse sur
son livre faisait rage à l'époque du congrès (voir chapitre
suivant).

Aragon expliqua à l'assistance que sa propre absence aux
séances de Valence et de Madrid était due à des problèmes
de santé dans sa famille. (Par la suite, Arthur Koestler
allait railler la participation réticente d'Aragon à la guerre
d'Espagne, relevant que sa contribution s'était bornée à
lire des poèmes dans un camion devant un micro, pendant
que d'autres volontaires étrangers risquaient leur vie. Selon
toute vraisemblance, le Parti d'Aragon le trouvait plus utile

à Paris comme rédacteur de *Ce Soir*, le quotidien lancé plus tôt dans l'année pour concurrencer la presse commerciale.) Dans son discours au théâtre de la Porte-Saint-Martin, Aragon ne put s'empêcher de plaider pour le réalisme socialiste, enjoignant aux écrivains d'adopter la simplicité du langage ouvrier, afin de devenir, « pour paraphraser ici... un des plus grands esprits des temps modernes... des ingénieurs des âmes ». Une résolution votée à l'unanimité lors de la séance finale dénonça le fascisme comme le plus grand ennemi de la culture. Les écrivains allaient devoir lutter de toutes leurs forces contre le fascisme, car dans cette guerre aucune neutralité n'était possible. [9]

9. Entretien avec André Chamson. Ilya Ehrenbourg, *La nuit tombe*, Paris, 1966 ; André Gide, *Littérature engagée,* Paris, 1950 ; Arthur Koestler, *Hiéroglyphes 2,* Paris, 1978 ; Lucie Mazauric, « *Vive le Front populaire !* », Paris, 1976. *Commune,* Paris, décembre 1936, août 1937, septembre 1937 ; *La Littérature internationale,* Moscou, N° 9, 1937 ; *Vendredi,* Paris, 16 juillet 1937. Dossier sur le Deuxième Congrès international des écrivains, rassemblé par Tristan Tzara, bibliothèque Jacques Doucet, Paris.

# 9

# Le retour de Gide

Du jour où André Gide se déclara communiste de cœur, admirateur et défenseur volontaire de la patrie des travailleurs, il se donna tout entier à la cause de l'Union soviétique, ne refusant aucune pétition, aucune réunion, aucun mouvement. Né en 1869, Gide était le plus souvent l'aîné, que ce soit sur les tribunes ou dans les comités de patronage. Ses livres, son influence représentaient dans les milieux intellectuels un attrait autrement fort que les œuvres de célébrités pâlissantes telles que Romain Rolland ou Henri Barbusse. Gide était de nature délicate, et son aversion pour les courants d'air donnait lieu à de nombreuses anecdotes, lui valait des cadeaux — robes de chambre et bonnets. Les communistes étaient fort satisfaits de compter Gide parmi les leurs ; par l'intermédiaire de Paul Vaillant-Couturier et d'Ilya Ehrenbourg, ils maintenaient une liaison permanente avec lui, ainsi que, de manière plus indirecte, par le biais de tout un réseau de compagnons de route.

C'était la décennie des pèlerinages en Union soviétique : Gide figurait alors le visiteur le plus convoité. Depuis des années, il envisageait ce voyage : en 1933, par exemple, il avait tenté d'inciter son ami Roger Martin du Gard à l'y accompagner, mais Martin du Gard demeurait évasif, et se révéla finalement inébranlable. Gide lui-même trouvait de bonnes raisons pour retarder son projet, l'annuler : ses rhumes, et les courants d'air de Moscou, et puis aussi, comme il s'en ouvrit à sa confidente, la crainte d'avoir à prononcer des discours et de se laisser entraîner à en dire plus qu'il n'aurait voulu ; la traduction en russe et puis encore en français ne ferait que rendre les choses pires encore, « et tout l'effort que je fais pour maintenir dans le communisme mon point de vue personnel sera perdu ». Cela se passait en octobre 1935. Ilya Ehrenbourg fit observer à André Malraux que la santé n'était pas tout, et que Gide avait contracté des devoirs envers le Parti, et aussi la situation politique : on considérait à l'époque comme vital de consolider le rapprochement franco-soviétique de mai 1935. Gide se demandait dans quelle mesure Ehrenbourg trouvait son intérêt personnel à l'amener à Moscou. Puis l'ami de Gide, Pierre Herbart, qui allait devenir le mari d'Élisabeth, fille de la *petite dame* et mère de la fille de Gide, partit travailler à Moscou comme rédacteur de *Littérature internationale*. Élisabeth l'y rejoignit au début de 1936.

Gide prit sa décision en mai de la même année. Il eut d'abord un nouvel entretien avec Malraux, puis avec Ehrenbourg, sur ce qu'il pourrait dire en URSS et sur la manière dont seraient transmises ses paroles. Il souhaitait parler du sort réservé aux homosexuels soviétiques : l'écouterait-on ? Il pouvait tout au moins choisir ses compagnons de voyage. L'un d'eux était Jacques Schiffrin, qui suivait ses livres chez Gallimard et dirigeait la collection de la Pléiade ; Schiffrin était intelligent et ouvert, homme de gauche sans être communiste, et présentant cet atout irremplaçable : il parlait le russe comme le français. Né en 1894 à Bakou, sur la mer Caspienne, Schiffrin avait été étudiant en Suisse pendant la Révolution russe. Établi en France, il avait fondé la collection de la Pléiade et en était resté directeur lors de la fusion avec Gallimard. Gide invita également Eugène Dabit, Louis Guilloux, et l'écrivain hollandais Jef Last, alors âgé de trente-huit ans, que la confidente de Gide décrivait ainsi : « marin hollandais, écrivain, emballant, savoureux, ironique, à travers un français impossible » ; il allait participer à la guerre d'Espagne, puis à la résistance hollandaise pendant la Seconde Guerre mondiale.

Aragon annonça à Moscou que Gide se mettait enfin en route, avec Schiffrin pour interprète. Un télégramme arriva : Herbart revenait à Paris cette nuit même et souhaitait s'entretenir avec Gide en privé ; écrire était impossible. Car les hôtes soviétiques s'inquiétaient d'apprendre que Schiffrin servirait d'interprète à Gide : cela semblait un acte de méfiance de la part de Gide. Herbart avait tenté d'apaiser les Soviétiques en faisant observer que Schiffrin était juste un ami. Gide appela Aragon pour lui dire qu'il trouvait toute l'affaire stupide : refuser Schiffrin quand tout le monde savait qu'il allait partir, aurait un effet déplorable. De toute façon, Schiffrin et ses autres compagnons de voyage devaient arriver une semaine après Gide, et aucun d'eux n'accompagnerait Gide dans les réceptions officielles. Aragon répondit qu'il allait tenter de résoudre le problème. La *petite dame* observa qu'Herbart se montrait évasif, réticent pour parler de ses expériences à Moscou. On l'entendit commenter l'absence de liberté des artistes et des écrivains là-bas : « Il faut utiliser Moscou comme une expérience, non comme un exemple. »

Herbart révéla également que l'Union soviétique avait imprimé trois cent mille cartes postales avec le portrait de Gide. « Mais tout le monde va me reconnaître, alors », s'exclama Gide, éperdu. *Littérature internationale* publia un épais numéro essentiellement consacré à Gide ; l'université de Moscou présenta une exposition consacrée à sa vie et son œuvre.

Comme Gide se préparait à partir, la nouvelle lui parvint que la santé de Gorki devenait plus alarmante encore : le vieil écrivain était moribond. Si c'est uniquement pour assister à ses funérailles, s'inquiétait Gide, mieux vaut ne pas y aller du tout. Ehrenbourg lui annonça que Gorki allait mieux. Gide et Herbart s'envolèrent donc le 16 juin 1936, de l'aéroport du Bourget, à bord d'un appareil allemand. Ils devaient faire escale à Berlin. Schiffrin, Dabit, Guilloux et Last s'embarquèrent sur un paquebot à destination de Leningrad.

Gide arriva à Moscou dans les meilleures dispositions, son journal en fait foi. S'il avait naguère cru que l'homme devait commencer par se changer lui-même, il était désormais (octobre 1935) convaincu que les conditions sociales devraient changer avant l'homme. Les attaques perfides dont l'Union soviétique était l'objet l'avaient amené à choisir de défendre ce pays ; il lui semblait que les détracteurs commenceraient à soutenir l'Union soviétique dès que lui-même cesserait de le faire. Il espérait pouvoir mobiliser toute son attention sur les objectifs ultimes de la Révolution soviétique, afin de ne pas être amené à se détourner de l'URSS.

Il avait certainement été secoué par l'ampleur croissante des critiques justifiées à l'égard du système soviétique. Peu de temps avant son départ, Victor Serge — dont Gide avait facilité la libération un an auparavant — publia dans *Esprit* une lettre ouverte à Gide. Comment lutter contre le fascisme, demandait Serge, si nous avons nos propres camps de concentration ? « Laissez-moi vous dire que l'on ne peut servir la classe ouvrière et l'URSS qu'en toute lucidité. » Herbart confirmait en privé la vérité de tout ce qu'affirmait Victor Serge, mais jugeait inadmissible qu'on pût écrire *publiquement* de telles choses. Gide en convenait. « Ah, que je voudrais pouvoir dire là-bas, à Staline, tout ce que je pense là-dessus. »

Envisageait-il de parler à Staline de la répression soviétique à l'encontre de l'homosexualité ? Ehrenbourg l'affirme dans ses mémoires, mais Ehrenbourg écrivait alors dans l'intention d'attaquer Gide. L'argument selon lequel Gide s'était laissé influencer par les mauvais traitements infligés à ses « frères » allait servir à discréditer son témoignage [1].

Gide arriva trop tard. Il rendit hommage à Gorki sur son lit de mort, et ce soir-là assista à une représentation de *la Mère* avant que le public eût connaissance du décès de l'auteur ; un acteur s'avança sur le devant de la scène, et l'annonça. Le lendemain, Gide se tint aux côtés du cercueil avec Herbart et Aragon (qui passait un long été en Union soviétique). Le 20 juin, Gide prononça un discours d'éloge à Gorki sur la place Rouge, puis se joignit aux écrivains soviétiques dans la procession funèbre. « Le sort de la culture est lié dans nos esprits au destin même de

1. Ilya Ehrenbourg, *La nuit tombe,* Paris, 1966 ; André Gide, *Journal (1889-1939),* Paris, 1948 ; Maria van Rysselberghe, « Les cahiers de la petite dame » (1929-1937), *Cahiers André Gide 5,* Paris, 1974 ; Victor Serge, *Mémoires d'un révolutionnaire (1901-1941),* Paris, 1978.

l'URSS », affirma-t-il dans son allocution. « Nous la défendrons. » Mais il ne put se retenir d'aborder le thème qui lui tenait tant à cœur : l'individualité à laquelle avait droit l'être créatif, et dont il ne pouvait se passer. « J'ai souvent écrit que c'est en étant le plus particulier qu'un écrivain atteint l'intérêt le plus général, parce que c'est en se montrant le plus personnel qu'il se révèle, par là même, le plus humain. » Il fit également cette remarque : « Aucun écrivain russe n'a été plus russe que Maxime Gorki. » Il déclara enfin que, si les écrivains avaient toujours écrit en opposition avec leurs gouvernements, pour la première fois, en Union soviétique, l'écrivain n'avait plus besoin de s'opposer.

Partout où il allait, on le traitait avec déférence. Quand il visita l'exposition Gide à l'université de Moscou, il s'adressa aux étudiants rassemblés. A Leningrad, où il était allé accueillir Schiffrin et les autres membres de son groupe d'amis venus par bateau, on lui demanda également de prendre la parole ; mais, là, il fit connaissance avec la lourde poigne de la censure : il fut prié d'ajouter le mot « glorieux » avant « l'avenir de l'URSS », et de supprimer « grand » devant « monarque ». Tandis que le groupe visitait le port de Sébastopol, en Crimée, Eugène Dabit tomba malade, apparemment atteint du typhus. Les autres regagnèrent Moscou, et Dabit mourut seul à Sébastopol le 21 août, à l'âge de trente-huit ans. La dernière notation, dans son journal intime, était un cri de prémonition, car il voyait venir une nouvelle guerre mondiale. « Nous sommes traqués, nous sommes perdus. La vie, dans ce monde, devient impensable. » De retour à Paris, Gide écrivit pour *Vendredi* un bref compte rendu de la mort de Dabit. La presse soviétique n'avait pas publié la nouvelle, afin que la famille de Dabit ne l'apprît pas ainsi. Gide rendit visite aux parents et à la veuve de son ami au vieil hôtel du Nord. Le lendemain, il appela Clara Malraux pour l'emmener au cimetière du Père-Lachaise, où avait lieu l'enterrement, et où Vaillant-Couturier et Aragon prononcèrent des discours soulignant les sympathies de Dabit pour le communisme, Aragon évoqua même la satisfaction morale qu'avait retirée Dabit de son voyage en Union soviétique.

« Hélas ! » fut le commentaire de Gide dans son journal.

Bien qu'il émît ici et là quelques allusions, Gide n'avait pas encore révélé les réactions qui avaient été les siennes au paradis des travailleurs. « Un immense, un effroyable désarroi », confia-t-il à son journal. Schiffrin vint déjeuner rue Vaneau ; « violent et précis comme quelqu'un qui ne regarde que le point dont il parle », nota leur hôtesse, Maria van Rysselberghe. Gide paraissait moins assuré. Elle essayait de comprendre ces deux hommes : était-ce le communisme, la Russie, ou Staline, qui les préoccupait ainsi ? « Hélas », lui répondit Gide, « tout cela est, aux yeux de tous, si bien confondu qu'il n'y a plus moyen de parler clair ; la notion du parti est terrible et supprime toutes nuances. » « C'est-à-dire toute humanité », renchérit Schiffrin. « Être exploité par l'homme ou par l'État, ça finit par revenir au même [2]. »

Gide avait pour habitude d'écrire sur tout ce qu'il faisait, tout ce qu'il voyait, et tout ce à quoi il pensait. Il avait écrit sur son *Voyage au Congo*, puis sur *le Retour du Tchad*, dans les années vingt. Habituellement, il publiait des extraits de son journal peu de temps après les événements qui s'y trouvaient décrits. Il existait également une tradition de livres sur les voyages en Union soviétique : dès 1936, on aurait pu couvrir une étagère entière de tels récits. Gide entreprit d'écrire son *Retour de l'URSS* presque aussitôt après les funérailles de Dabit, et il termina son premier jet en quelques jours. Dans des entretiens privés, il exprimait clairement que la sévérité soviétique à l'égard des homosexuels n'était pas la seule chose qu'il reprochait au régime. Il éprouvait une certaine satisfaction à n'avoir pas vu Staline, et à ne lui avoir pas même écrit au sujet de la législation répressive que subissaient les homosexuels ; car il y avait maintenant tant d'autres choses à dire sur le

2. Eugène Dabit, *Journal intime (1928-1936)*, Paris, 1939 ; André Gide, *Journal (1889-1939)*, Paris, 1948 ; André Gide, *Littérature engagée*, Paris, 1950 ; Maria van Rysselberghe, « Les cahiers de la petite dame » (1929-1937), *Cahiers André Gide 5*, Paris, 1974. *Vendredi*, Paris, 23 août 1936.

régime soviétique. Ses hôtes soviétiques avaient, bien sûr, fait l'impossible pour satisfaire ses besoins. Gide raconta par la suite à Roger Stéphane qu'ils avaient rempli une piscine de beaux jeunes gens, dont il avait découvert qu'ils étaient tous des soldats de l'Armée rouge. (Après la retentissante publication du livre de Gide, les Soviétiques révélèrent que l'écrivain avait eu, au cours de son voyage, une aventure homosexuelle. Gide, apparemment, n'avait pas compris que la rencontre était manigancée.)

La confidente de Gide décrit la soirée — 23 septembre 1936 — où Gide lut à Jacques Schiffrin et Louis Guilloux le premier jet du *Retour de l'URSS.* Sans doute l'avait-il déjà lu à Last, car ce dernier avait séjourné dans l'appartement de la rue Vaneau avant de partir pour l'Espagne. Ses amis jugèrent le rapport de Gide dur, mais clair. Ils étaient consternés par l'effet global. « Ce petit livre fera l'effet d'une bombe qui éclate », observa Maria van Rysselberghe. « Il faut beaucoup de courage pour publier un pareil livre », commenta Guilloux. Dans son propre journal, il se montre cependant moins compréhensif à l'égard de Gide : « Je commence à croire », écrivit-il alors, « qu'il n'est venu en URSS que pour y chercher l'autorité dont il avait besoin pour dire ce qu'il dit aujourd'hui. » Gide envisagea de donner son texte à *Vendredi,* mais les rédacteurs de cette revue accepteraient-ils son verdict ? Et puis, de toute façon, il préférait assumer l'entière responsabilité de ses opinions. Il partit dans le sud de la France pour montrer son brouillon à Herbart, qui lui proposa d'utiles suggestions pour le texte définitif. Le 21 octobre, le manuscrit se trouvait entre les mains de l'imprimeur.

Gide voulait garder la surprise de ses conclusions jusqu'au jour de la publication. Mais il pensait aussi qu'il valait mieux avertir ses amis. Il commença par les communistes, comme Paul Nizan. Dans *le Figaro* du 24 octobre, un article de potins rapportait la « rumeur » suivant laquelle Gide serait revenu d'Union soviétique déçu et perturbé, refusant d'écrire sur ce voyage dans la presse de gauche. Il préparait un petit livre pour la mi-novembre, et il en résulterait sans doute un certain étonnement. Finalement, il se rendit à Versailles pour s'entretenir avec André

Chamson et lui demander si *Vendredi* publierait ses impressions. Comment Chamson aurait-il pu refuser ?

L'une des anecdotes qu'il relata à ses amis — Chamson et Guéhenno allaient tous deux s'en souvenir et la noter — était la manière dont, au cours de ses voyages à travers l'Union soviétique, il avait été accueilli dans les gares par des banderoles de bienvenue, alors que — il le comprit ensuite — les banderoles avaient voyagé avec lui par le même train.

A présent, les pressions commencèrent à se faire sentir. Le 26 octobre, Ehrenbourg passa rue Vaneau. A la surprise de Gide, il semblait fort bien connaître le contenu du livre avant même sa publication. Ehrenbourg déclara à Gide qu'il approuvait son point de vue, et qu'il aurait même pu en dire bien davantage ! Mais était-ce bien le moment, avec cette guerre d'Espagne qui faisait rage, et l'Union soviétique qui faisait tout ce qu'elle pouvait pour aider la cause républicaine ? Gide ne devrait-il pas lui-même se rendre en Espagne ? L'idée plut à Gide, car elle suggérait un moyen de prouver qu'il ne rompait pas avec les communistes. Il essayait, après tout, de maintenir un équilibre.

Il écoutait avec une apparente sympathie les communistes lui dire qu'il avait mal choisi son moment ; il recevait des télégrammes du front de la guerre espagnole l'avertissant que son livre porterait « un coup mortel » à leur cause.

Son ami Jef Last lui télégraphia alors d'Espagne pour le prier d'au moins retarder la publication du *Retour de l'URSS* jusqu'à ce qu'ils pussent en parler à Madrid. Aragon téléphona pour annoncer qu'il arrivait d'Espagne avec un message de Last : ce dernier avait donné à Gide une lettre d'approbation qui devait être publiée à la fin du livre, et il fallait à présent supprimer la lettre. Manifestement, Last avait été identifié comme le point faible de Gide. Malraux revint d'Espagne et téléphona à Gide pour lui proposer de dîner avec lui. Gide redoutait qu'il ne s'agisse encore d'une nouvelle tentative de pression. Mais Malraux demeurait lui-même un être indépendant. « On vous embête beaucoup, n'est-ce pas ? Ne vous laissez donc

pas faire. » Cependant, quand Gide rencontra Victor
Serge, ce dernier posa la question : que choisirait Malraux,
s'il lui fallait se prononcer pour ou contre Gide ?

Dans ses mémoires, Gustav Regler note qu'en Espagne
Malraux lui révéla que Gide lui avait envoyé les épreuves
du *Retour* pour avoir son opinion. Malraux répondit — tout
au moins à Regler — qu'à son avis il eût mieux valu
retarder la publication du livre jusqu'à la fin de la guerre
d'Espagne. Gide déclara à Serge qu'Ehrenbourg avait
manifestement lu le texte, alors même que l'imprimeur
avait été prié de le garder secret ; à quoi Serge répliqua que
Ehrenbourg était un agent secret soviétique, ou un collaborateur d'agents secrets. (Gide avait demandé à Magdeleine
Paz de tenir secrète sa rencontre avec Serge, afin que nul
ne pût l'accuser de subir l'influence de Serge. « Tâchez de
ne pas être filé », avait recommandé Paz à Serge.)

Serge nota dans son journal ses impressions de la visite :

> Rue Vaneau, un appartement négligé, plein de livres
> dédicacés, d'objets d'art flottant dans une sorte d'aban-
> don. Tentures et le reste, tout a vieilli, on vit là sans bien
> voir ce qu'on a, avec de l'attachement pour des souvenirs
> et des idées dont les choses ne sont plus que des signes
> ternis...

Serge vit en Gide « une silhouette point alourdie, brune
et comme feutrée aussi, une sorte de cape sur l'épaule. Le
teint basané, me semble-t-il, la chair vieillie, mais lisse et
soignée, des épaules larges ».

Pendant tout ce temps, Gide continuait à effectuer de
petits changements dans son livre et, avant que Schiffrin ne
vienne chercher les dernières épreuves pour les porter chez
l'imprimeur, il ajouta une petite phrase à la fin du livre,
exprimant l'espoir que l'aide soviétique à l'Espagne républicaine apporterait un changement dans le système soviétique. Lorsque la préface de Gide parut dans *Vendredi*,
Aragon téléphona pour dire : « Je suis attristé non tant de
la réaction probable de nos ennemis que de celle de nos
amis. »

Même le fidèle Herbart, qui partageait les sentiments de
Gide sans être d'accord avec ses conclusions (il était

membre du parti communiste français), intervint alors. Gide se préparait à accompagner en Espagne une délégation de personnalités françaises, de droite comme de gauche, dans l'espoir de mettre un terme aux combats. Herbart suggéra que Gide aurait davantage d'influence en Espagne si son livre ne paraissait pas avant son voyage. Gide accepta finalement de retarder d'une semaine la publication. Mais la délégation ne quitta jamais Paris.[3]

*Retour de l'URSS* parut le 5 novembre 1936, dédié à Eugène Dabit (comme « reflets de ce que j'ai vécu et pensé près de lui, avec lui »). Dans l'avant-propos, que Chamson publia dans *Vendredi,* Gide expliquait qu'il avait, trois ans auparavant, proclamé son admiration pour l'Union soviétique ; et que, en mars 1936 encore, la *Nouvelle Revue française* avait publié des pages où il disait de nouveau ses sympathies prosoviétiques tout en condamnant ceux qui critiquaient l'URSS. Mais à présent il devait reconnaître son erreur. Était-ce lui qui avait changé, ou bien l'Union soviétique ? Dans un cas comme dans l'autre, l'homme lui paraissait plus important que l'Union soviétique elle-même ; c'était pour le bien de cette nation qu'il la critiquait. Il déplorait que leurs ennemis communs dussent utiliser ses observations, mais il ne les aurait pas formulées s'il n'avait pensé que l'URSS finirait par surmonter ses erreurs.

Le petit livre — 73 pages seulement, si l'on excluait la préface et les annexes — s'ouvrait sur une brève vision des aspects idylliques de son voyage ; les maisons de repos, la chaleur de l'accueil, la beauté naturelle du pays.

Ensuite, vient le choc, à la vue des longues files de gens

---

3. Entretien avec M. et Mme André Chamson. André Gide, *Journal (1889-1939),* Paris, 1948 ; Jean Guéhenno, *Journal d'une « révolution » (1937-1938),* Paris, 1939 ; Louis Guilloux, *Carnets (1921-1944),* Paris, 1978 ; Lucie Mazauric, « *Vive le Front populaire !* », Paris, 1976 ; Gustav Regler, *Le Glaive et le Fourreau,* Paris, 1960 ; Maria van Rysselberghe, « Les cahiers de la petite dame » (1929-1937), *Cahiers André Gide 5,* Paris, 1974 ; Victor Serge, *Mémoires d'un révolutionnaire (1901-1941),* Paris, 1978. Victor Serge, « Pages de journal », *Les Temps modernes,* Paris, juin 1949.

attendant leur tour devant les magasins pour acheter de la marchandise de mauvaise qualité. Même le proverbe persan — qu'il citait en anglais : « Women for duty, boys for pleasure, melons for delight » (les femmes pour le devoir, les garçons pour le plaisir, les melons pour l'extase) — ne s'y justifiait pas, car le melon était mauvais. Il évoquait l'indolence des travailleurs, et mettait en doute les statistiques officielles sur la vie dans les fermes collectives. Partout il n'avait trouvé que conformisme des comportements, et vantardise. Mais il voyait bien les taudis et la population sous-alimentée derrière les modèles exhibés ; il découvrait une véritable classe sociale inférieure. Il lui semblait qu'en Union soviétique c'était l'esprit révolutionnaire que l'on jugeait contre-révolutionnaire. Il ne pensait pas que nulle part ailleurs, même en Allemagne nazie, l'esprit fût moins libre. Il racontait comme ses propres déclarations publiques avaient été censurées, relatait les louanges supplémentaires à l'égard de Staline que son interprète avait absolument tenu à insérer dans son télégramme de salutations au dictateur soviétique. La loi personnelle de Staline, poursuivait-il, contredisait absolument les principes communistes. Il avait vu comment l'art était subordonné à l'État ; en passant, dans une note en bas de page, il attaquait la législation réprimant l'avortement et l'homosexualité. Il avouait qu'il n'avait pas su comment traiter la réalité soviétique. Ce texte fort bref était suivi du texte des discours qu'il avait prononcés en Union soviétique, et d'observations particulières.

On procéda à huit réimpressions de l'ouvrage entre sa publication et septembre 1937, ce qui représentait une diffusion à 146 300 exemplaires. D'un jour à l'autre, ce fut une explosion dans la presse, la droite exprimant une joyeuse surprise (bien que, dans *l'Action française*, Thierry Maulnier déplorât que la critique de la vie soviétique fût faite au nom d'un « niais égalitarisme... un individualisme anarchisant... »). Le moment venu, Gide allait désavouer l'acclamation que lui prodiguèrent les conservateurs ; il le fit dans une déclaration intitulée « Il va de soi » et publiée dans *Vendredi*, dont les rédacteurs soulagés proclamèrent leur « grande joie » à la publier. Trotski félicita Gide pour son honnêteté intellectuelle, le comparant à Malraux qu'il jugeait « organiquement incapable d'indépendance morale ». Malraux insistait pour qu'on oubliât tout au nom de l'Espagne. « L'intérêt pour la révolution espagnole, cependant, déclara Trotski, n'empêche pas Staline d'exterminer des dizaines de vieux révolutionnaires. »

Bien entendu, la *Pravda* à Moscou et *l'Humanité* à Paris dénoncèrent vigoureusement Gide. Romain Rolland écrivit une lettre à des étrangers qui travaillaient aux Forges Staline, à Magnitogorsk, et que *l'Humanité* publia : « Ce mauvais livre est, d'ailleurs, un livre médiocre », et ainsi de suite.

Et Gide devint ainsi une *non-personne*. Son nom disparut des publications contrôlées par les communistes, et des comités de leurs organisations. On engagea des polémistes pour le vilipender dans les réunions des Maisons de la culture, dans les colonnes des organes du Parti et dans divers journaux. Un groupe des Amis de l'Union soviétique l'attaqua, et l'invita à répondre — mais lors d'une réunion limitée à la direction de l'organisation, afin que Gide ne pût contaminer la base ; Gide refusa. Aragon demanda à Louis Guilloux, rédacteur littéraire de *Ce Soir*, de répondre au livre de Gide. Guilloux répondit qu'il ne le pouvait pas, car il était allé en URSS sur l'invitation de Gide, et que de toute façon il avait peu de chose à raconter. En lui-même, Guilloux faisait certaines réserves quant à l'attitude de Gide, estimant que son ami aurait dû quitter l'Union soviétique dès qu'il avait eu conscience de la désapprouver. « Pourquoi a-t-il accepté les cadeaux jusqu'à la fin ? » et puis ce télégramme de louanges adressé à Staline... Jugeant Herbart et Last antistaliniens, Guilloux se demandait même (dans son journal) si le revirement d'opinion de Gide n'avait pas été prémédité.

Mais Guilloux tint bon. Jean-Richard Bloch, codirecteur avec Aragon de *Ce Soir*, tenta également de lui faire désavouer Gide. Guilloux confia à son journal que, si Bloch insistait encore, il lui répondrait qu'il ne le ferait pas précisément parce que Bloch et Aragon souhaitaient tant le lui voir faire. Quelques jours plus tard, il fut licencié ; et Paul Nizan le remplaça.

Les conséquences pour Gide étaient prévisibles. Guéhenno le trouva soudain seul. « Cette chaleur des foules
dont il s'était senti pendant quelques années environné, cet
amour commandé peut-être, mais enfin cet amour qui
l'avait un instant porté, il sentait que, sur un ordre encore,
il se retirait de lui. » Ce qui blessait Gide, nota Guéhenno
dans son journal, « c'était le silence de ses amis d'hier, la
consigne de silence qu'ils observaient ». Guéhenno s'entendit dire par un communiste : « Nous allons laisser Gide
mariner un peu. »

Gide confia à Victor Serge que, dès le Congrès international des écrivains, en juin 1935, et en particulier quand il
avait eu connaissance de l'affaire Serge, il avait compris
que les communistes le trompaient. Serge nota dans son
propre journal que les deux grands actes de courage de
Gide avaient consisté dans sa justification de l'homosexualité dans *Corydon*, et sa rupture avec l'Union soviétique. Il
savait aussi combien Gide avait apprécié le contact avec la
foule pendant sa phase communiste. Apercevant Gide sur
l'autre trottoir, un jour, Jean Cassou traversa pour le
saluer. « Vous osez me serrer la main, quand tout le monde
m'attaque ? » s'étonna Gide. Et Cassou, qui se préoccupait
uniquement de l'Espagne et voyait dans l'Union soviétique
l'unique pays qui aidait l'Espagne, répondit : « Si j'ai le
moindre reproche à vous faire, c'est que vous vous êtes
préféré », entendant par là que Gide se souciait davantage
de sa propre conscience que de leur cause. Gide sourit, ils
se serrèrent la main et se séparèrent.

Lors d'un voyage en Espagne lié au projet d'une
délégation pour la paix, Pierre Herbart avait emporté un
jeu d'épreuves du *Retour de l'URSS*. Il les fit lire à Malraux
et à Regler, mais aussi à l'agent de propagande soviétique
Koltsov. Pendant ce temps, le livre apparaissait à la vitrine
des librairies parisiennes : le scandale avait déjà commencé. Et en Espagne, où des déviationnistes qui en
avaient bien moins dit ou fait que Gide étaient arrêtés et
sommairement exécutés par des agents soviétiques ou des
Espagnols commandés par des officiers soviétiques, Herbart se sentit en danger. Il parvint à voir Malraux discrètement, puis à regagner la France. Plus tard, quand Last

revint en France, il dut voir Gide en secret, car il se sentait surveillé par ses camarades communistes, pour qui le seul fait de fréquenter Gide constituait un crime. [4]

Nulle part la controverse relative au livre de Gide ne fut plus farouche que sur le champ de bataille de *Vendredi*, qui représentait un terrain d'entente entre les communistes et leurs amis du Front populaire. De même que le gouvernement de Front populaire s'était formé sans aucun ministre communiste mais bénéficiait du vote communiste à la Chambre des députés, *Vendredi* avait été conçu sans le Parti mais n'aurait pas pu exister sans le soutien de la base (et de la direction) communiste. L'avant-propos de Gide occupait les trois colonnes du milieu de la première page du *Vendredi* du 6 novembre 1936. Le 20 novembre, *Vendredi* publia une lettre de Pierre Herbart se dissociant de certaines déclarations de Gide. Et puis, pendant deux mois complets au cours desquels le petit livre reçut des louanges et des malédictions partout ailleurs, *Vendredi* observa un silence absolu. Pourtant, la publication dans *Vendredi* du texte de Gide avait mis les communistes en rage. Les abonnements et les ventes en kiosques accusèrent une chute alarmante. Si la bataille dont Gide était l'objet n'apparaissait guère dans les pages du journal, elle provoquait des tempêtes dans les bureaux rédactionnels (Paul Nizan et André Wurmser conduisant l'assaut), et la consternation dans les bureaux administratifs. Chamson commençait à se rendre compte qu'en publiant la préface de Gide, il avait signé l'arrêt de mort du journal. En publiant d'abord le texte de Gide, ensuite des interventions

4. Entretien avec Jean Cassou. André Gide, *Retour de l'URSS*, Paris, 1936 ; Jean Guéhenno, *Journal d'une « révolution » (1937-1938)*, Paris, 1939 ; Louis Guilloux, *Carnets (1921-1944)*, Paris, 1978 ; Fred Kupferman, *Au pays des Soviets : le voyage français en Union soviétique (1917-1939)*, Paris, 1979 ; Maria van Rysselberghe, « Les cahiers de la petite dame » (1929-1937), *Cahiers André Gide 5*, Paris, 1974 ; « Les cahiers de la petite dame » (1937-1945), *Cahiers André Gide 6*, Paris, 1975 ; André Wurmser, *Fidèlement vôtre*, Paris 1979. Victor Serge, « Pages de Journal », *Les Temps modernes*, Paris, juin 1949. Dossiers Gide (coupures de presse), bibliothèque Jacques Doucet, Paris.

de ses détracteurs, *Vendredi* avait perdu le soutien d'un camp puis de l'autre, au lieu de les cumuler.

La bataille faisait toujours rage. Car Herbart et Last avaient écrit des articles définissant leurs positions, qui n'étaient ni vraiment celle de Gide ni vraiment celle de communistes orthodoxes. Gide en personne porta leurs manuscrits à *Vendredi*. Le jour même, les trois directeurs de *Vendredi*, Chamson, Guéhenno et Andrée Viollis, se rendirent chez Gide ; ils lui expliquèrent qu'ils souhaitaient voir leur journal demeurer l'organe du Front populaire ; que les articles de Herbart et Last irriteraient non seulement les communistes, mais aussi la plupart des membres de l'équipe du journal. On s'entendit sur un compromis : dans un numéro, Gide lancerait un appel à l'aide en faveur de l'Espagne et, en passant, dirait quelque chose de bienveillant à l'égard de l'Union soviétique. Ce devait être le « Il va de soi » du 22 janvier 1937. Et l'article de Herbart — légèrement mais significativement modifié — paraîtrait la semaine suivante. Quant à la contribution de Jef Last, combattant hollandais de la cause républicaine espagnole et compagnon de Gide, elle ne serait pas publiée du tout. Le moment venu, l'article de Herbart fut publié sur une page bien clairement divisée en deux : d'un côté, Herbart défendait le livre de son ami et affirmait qu'il était de l'intérêt de la révolution de réfléchir au problème que soulevait Gide ; de l'autre, Nizan démolissait poliment mais fermement le *Retour ;* il jugeait Gide contaminé par la notion trotskiste de révolution permanente. Herbart publia ensuite son propre compte rendu de ses expériences soviétiques, *En URSS 1936,* pages où il se révélait plus proche encore de son ami. [5]

Il y eut un dernier *round* — ou bien deux ? Lorsque parurent dans *Vendredi* les articles de Herbart et Nizan, Gide préparait déjà sa propre suite à *Retour.* Il appela ce

5. Entretien avec M. et M^me André Chamson. Maria van Rysselberghe, « Les Cahiers de la Petite Dame » (1929-1937), *Cahiers André Gide 5,* Paris, 1974. Vendredi, Paris, 1936-1937. Dossiers Gide (coupures de presse), bibliothèque Jacques Doucet, Paris.

second opuscule *Retouches à mon Retour de l'URSS*. A sa publication, en juillet 1937, *Vendredi* garda de nouveau le silence, et Gide y vit un geste d'amitié, confia-t-il à la *petite dame* ; car, si le journal avait réagi, c'eût été de façon hostile. Gide présentait le nouveau livre comme sa réponse à ceux qui avaient critiqué son premier livre en toute bonne foi. Nizan lui avait reproché de voir l'URSS comme un pays qui ne changeait plus ; bien au contraire, Gide estimait qu'il changeait d'un mois sur l'autre, et pour le pire. Il traçait un parallèle entre les attaques lancées contre *Retour* et les réactions exprimées à ses livres précédents concernant les territoires coloniaux de la France ; ceux qui visitaient l'Union soviétique avec un guide, disait-il, ressemblaient aux voyageurs « accompagnés » de l'Afrique équatoriale française. Il avouait n'avoir lu Trotski et Serge qu'après avoir terminé la rédaction de son *Retour de l'URSS*. Il confirmait qu'Eugène Dabit avait partagé sa déception concernant l'Union soviétique — ce que les partisans du régime soviétique avaient contesté. Un appendice aux *Retouches* contenait des précisions nouvelles sur les insuffisances économiques et sociales du régime. Il reconnaissait en effet avoir délibérément atténué les coups dans le premier livre.

Et Gide aggrava encore son crime. Il se joignit à Georges Duhamel, Roger Martin du Gard, François Mauriac et Paul Rivet pour adresser un appel télégraphique au gouvernement républicain de l'Espagne, demandant que les prisonniers politiques aient droit à de vrais procès. En vérité, ces prisonniers politiques étaient des militants révolutionnaires de gauche, d'inspiration anarchiste ou trotskiste, que les républicains liquidaient — nous l'avons déjà dit — sur l'ordre de leurs conseillers soviétiques, au nom de l'orthodoxie communiste. Dans les *Izvestia*, Ilya Ehrenbourg publia une violente attaque contre ceux qui défendaient « les fascistes et les provocateurs du POUM » (mouvement communiste dissident). Très précisément, sa cible était « le nouvel allié des Marocains et des Chemises noires », le « méchant vieillard », le « pleureur de Moscou ».

Gide demanda de pouvoir répondre dans *Vendredi* à

l'attaque personnelle d'Ehrenbourg. La direction refusa.
Gide donna son texte à la revue indépendante de gauche *la
Flèche,* que dirigeait Gaston Bergery — politicien non
conformiste qui termina ensuite sa carrière comme ambassadeur du gouvernement de Vichy. Gide écrivait dans sa
réponse que, si lui et ses camarades écrivains avaient
demandé au gouvernement espagnol d'accorder un jugement véritable et juste aux dissidents, c'était parce qu'ils
continuaient à respecter le gouvernement. Ils n'auraient
pas adressé une pareille requête à Franco.

*Vendredi* entra tout de même dans l'arène. Dans une
lettre ouverte à Gide, publiée dans le numéro du 17 décembre 1937, Jean Guéhenno accusa Gide de ne voir la
politique qu'en relation avec sa propre personne ; à *Vendredi,* poursuivait-il, la révolution venait en premier. Ils
avaient refusé de publier la réponse de Gide au nom de la
responsabilité et du Front populaire. En faisant leur
journal, expliquait-il, ils n'écrivaient pas leur biographie
mais servaient une cause.

Cette fois, Gide répondit à Guéhenno, et *Vendredi* ne
put refuser de publier son texte. « Dans sa lettre un peu
longue mais si révélatrice », commençait Gide, « Guéhenno parle beaucoup trop de sa personne et de la mienne ;
et trouve le moyen, en quatre colonnes, de ne parler pas du
tout de ce dont il s'agit. »[6]

6. André Gide, *Littérature engagée,* Paris, 1950 ; André Gide,
*Retouches à mon Retour de l'URSS,* Paris, 1937 ; Jean Guéhenno,
*Journal d'une « révolution » (1937-1938),* Paris, 1939 ; Maria van
Rysselberghe, « Les cahiers de la petite dame » (1937-1945), *Cahiers
André Gide 6,* Paris, 1975.

# 10

# Plongeon dans la barbarie

L'heure des défaites avait sonné.

Le 21 juin 1937, le gouvernement de Front populaire de Léon Blum démissionna. En janvier suivant, Blum tenta de former un nouveau gouvernement mais échoua, et en avril 1938 un nouveau cabinet Blum tomba avant d'avoir seulement tenu un mois. Le gouvernement Daladier qui suivit, privé de la participation du parti socialiste, se trouva confronté à une grève générale provoquée par la remise en question des réformes du Front populaire et par la politique générale de Daladier, étrangère aussi bien qu'intérieure, et la brisa. « La défaite de Léon Blum fut notre propre défaite, écrivit Jean Guéhenno dans son *Journal d'une " révolution "*, nous avons sottement espéré que la révolution se ferait dans la facilité. Nous n'avons pas un instant accepté qu'elle nous imposât autant de devoirs que de droits. » Cette observation fut notée en août 1937 ; la relisant en octobre, Guéhenno eut le sentiment de s'être montré injustement sévère à l'égard de la gauche française. « J'accuserais plus justement l'époque, la difficulté que c'est de s'orienter dans une si confuse bataille, et surtout le sectarisme des partis et des individus à qui l'idée qu'ils se font de la meilleure tactique et des plus efficaces moyens de vaincre fait oublier la " cause commune ". »

Désormais, les forces militaires des républicains espagnols se trouvaient isolées dans des positions désespérées. L'aide clairsemée qui leur venait de France et l'assistance semi-clandestine de la lointaine Union soviétique se révélaient insuffisantes face au soutien massif que ses alliés fascistes apportaient à Franco. Le succès des pacifistes, en France et ailleurs, dans leur campagne contre l'internationalisation du conflit, tournait à l'avantage de l'agresseur : la République d'Espagne agonisait lentement tandis que les regards amis se détournaient, impuissants ; et, à la fin de mars 1939, Franco prenait Madrid. En France, les antifascistes se préoccupaient désormais d'aider les réfugiés espagnols. Pour sa part, la section française de l'Association internationale des écrivains pour la défense de la culture créa un comité d'accueil aux intellectuels espagnols, avec Pablo Picasso, José Bergamin, Jean Cassou, Jean-Richard Bloch, Louis Aragon et Tristan Tzara. En un seul mois, en France, des secours furent apportés à cinq cents personnes ; des sacs de couchage d'autre part étaient expédiés dans les camps de réfugiés. Parmi les personnes secourues figuraient les écrivains Antonio Machado, Rafael Alberti et Arturo Serrano Plaja.

A l'Est, l'Allemagne nazie commençait sa marche. L'horreur, devenue quotidienne outre-Rhin, commençait à s'exporter. Déjà en 1936, l'Allemagne avait réinvesti la rive démilitarisée du Rhin sans provoquer de réaction sérieuse chez les Alliés occidentaux, non plus qu'ils ne réagirent ensuite quand Hitler, enfreignant le traité de Versailles, décida de rétablir la conscription militaire. Tandis que l'Italie mussolinienne achevait d'occuper l'Éthiopie, elle concluait une alliance secrète avec l'Allemagne qui avait déjà signé un pacte analogue avec le Japon. L'Allemagne commença alors à annexer inexorablement ses voisins. L'Autriche tomba sous l'*Anschluss* en mars 1938. Des écrivains français que l'on rencontrait habituellement dans des camps adverses s'unirent dans une déclaration de solidarité nationale :

Devant la menace qui pèse sur notre pays et sur l'avenir de la culture française, les écrivains soussignés, regrettant que l'union des Français ne soit pas un fait accompli, décident de faire taire tout esprit de querelle et d'offrir à la nation l'exemple de leur fraternité.

Aragon, Chamson, Guéhenno et Malraux signèrent cette déclaration — mais également Georges Bernanos, Colette, Jacques Maritain, François Mauriac, Henry de Mon-

therlant, Jules Romains, ainsi que d'autres écrivains du
centre ou de droite. Dans *Vendredi*, Chamson expliqua
cette unité nouvelle : Hitler menaçait autant un Bernanos
qu'un Chamson. Il n'avait guère besoin de justifier l'absence de Gide, qui aurait certainement signé volontiers
mais qui se trouvait dorénavant sous le coup de l'interdit
communiste. Pour sa part, Gide trouvait que cette mise en
quarantaine lui procurait un nouveau genre de liberté.
« Cette " peur de l'index " que j'exprimais naguère, l'absurde peur d'être pris en défaut par des *purs* », écrivit-il
dans son journal, « m'a longtemps et beaucoup gêné, au
point que je n'osais plus écrire ».

À l'avenir, les efforts de Gide allaient toujours être
individuels : aide financière (souvent par l'intermédiaire de
Clara Malraux) aux réfugiés, généralement juifs, qui
avaient fui l'Allemagne ; et, maintenant, des secours aux
réfugiés républicains espagnols. Si nous avons connaissance
de ces activités, c'est que Gide avait engagé comme
secrétaire privé un jeune homme d'extrême droite, Lucien
Combelle, et que celui-ci, tout en travaillant pour Gide, se
confiait entièrement à son ami Paul Léautaud. Et Léautaud
notait consciencieusement tout. Combelle disait à Léautaud que, selon lui, Gide — même après sa rupture avec
l'Union soviétique — se trouvait « chambré, endoctriné,
sermonné à chaque instant par les Langevin, les Rivet, les
Magdeleine Paz, et autres gens du même bord, sans cesse
en visite chez lui ». Et ces gens ne révélaient à Gide que les
mauvais aspects de Franco, redoutant qu'il n'eût connaissance de l'autre côté de l'histoire par *l'Action française* et
d'autres journaux de ce genre. Combelle disait que Gide
avait toutefois des « sursauts d'indocilité, même de
révolte », contre l'endoctrinement de gauche. Il n'acceptait
pas l'idée d'une littérature prolétarienne par exemple ;
d'après Combelle, Gide croyait que « la littérature française [était] une littérature de serre, une littérature d'élite,
ce qu'elle sera toujours, heureusement ». Gide retombait
également (d'après le témoignage de Maria van Rysselberghe) dans l'antisémitisme culturel, et Roger Martin du
Gard tentait de le convaincre que la pensée juive n'était pas
antifrançaise, par exemple en citant les noms des « demi-

juifs » Montaigne et Proust. Reste que Gide et son ami
s'avouaient l'un et l'autre pessimistes quant à l'avenir. Gide
semblait croire que le monde allait « plonger dans une
période de barbarie ».

En juillet 1938, l'Association internationale des écrivains
rassembla au palais de la Mutualité — mais sans Gide —
des écrivains venus à Paris pour une conférence mondiale
contre le bombardement des villes ouvertes (conférence
que patronnait un Rassemblement universel pour la paix).
L'ordre du jour du congrès prévoyait qu'on traiterait de
l'aide à l'Espagne, ainsi qu'à la Chine menacée par le
Japon, et à la Tchécoslovaquie menacée par l'Allemagne.
Theodore Dreiser était venu à Paris, ainsi que Rosamond
Lehmann ; ces deux écrivains siégeaient à la tribune avec
José Bergamin et Louis Aragon. Dreiser, présentant une
version marxiste de l'histoire américaine, souligna l'importance de la littérature contestataire. Aragon indiqua qu'une
étude portant sur la Ligue des écrivains américains montrait que, sur les 418 membres ayant répondu, 410 soute-
naient l'Espagne. Parmi les orateurs figuraient également
Langston Hughes, Stephen Spender, C. Day Lewis, Rex
Warner, Ernst Toller et Anna Seghers, ainsi que Dolores
Ibarruri, la Pasionaria de la résistance républicaine espagnole.

Dans les messages lus au cours du congrès s'en trouvait
un de Mikhaïl Koltsov, au nom de l'Union des écrivains
soviétiques. Il priait l'assemblée d'excuser l'absence de
délégués soviétiques. « A notre grand regret, à l'heure
actuelle la majorité des écrivains soviétiques se trouvent
soit en vacances, soit en voyage... » En vérité, beaucoup
d'écrivains soviétiques se trouvaient alors en prison ou dans
des camps de concentration — certains parmi eux avaient
déjà disparu. Ainsi, parmi les délégués soviétiques qui
avaient assisté au Congrès international des écrivains de
1935, Babel et Kirchon ; Koltsov lui-même, qui s'était élevé
contre les vagues de dénonciation dans les colonnes de la
*Pravda,* fut arrêté à son retour d'Espagne, plus tard dans
l'année 1938, et exécuté. Ilya Ehrenbourg échappa aux
purges — il affirma plus tard qu'il ignorait pourquoi. Il
avait gagné à la loterie, supposait-il. En réalité, il avait écrit

une lettre personnelle à Staline pour suggérer qu'il pourrait se révéler un agent fort efficace de l'Union soviétique en Occident, compte tenu de sa compétence dans ce domaine.[1]

Car l'Union soviétique vivait désormais à l'heure des procès d'épuration, et des exécutions ; la décimation des élites allait peser sur la vie du pays durant les premières années de guerre — sans parler des effets culturels à plus long terme. A l'étranger — en France par exemple —, le durcissement de la ligne stalinienne allait rendre impossible toute unité d'action. Certains, à Paris, devaient agir en staliniens comme si leur propre vie en dépendait.

Il était vrai, comme l'avait remarqué Combelle, que Magdeleine Paz et ses amis discutaient beaucoup avec Gide. Victor Serge avait fondé un Comité pour l'enquête sur les procès de Moscou et pour la défense de la liberté d'opinion dans la révolution : ce long intitulé permettait une référence à la cause républicaine espagnole. Magdeleine Paz faisait front avec Victor Serge, ainsi qu'avec André Philip, Henry Poulaille et André Breton — ce dernier s'apprêtant à partir collaborer avec Trotski au Mexique. Démunis d'argent, privés de l'aide des socialistes et des autres groupes de gauche liés par la ligne d'unité d'action, Serge et ses amis se réunissaient dans des arrière-salles de cafés, et Serge prenait la parole chaque fois qu'il le pouvait : devant les assemblées socialistes ou syndicales, les réunions de la Ligue des droits de l'homme ou des loges maçonniques, les soirées de conférences à *Esprit*. Il procéda à sa propre analyse des procès et des purges de Moscou, et tenta sans succès d'entraîner Romain Rolland

1. Association internationale des écrivains, *Conférence du 25 juillet 1938*, Paris, 1938 ; Lucien Combelle, *Péché d'orgueil*, Paris, 1978 ; Ilya Ehrenbourg, *La nuit tombe*, Paris, 1966 ; André Gide, *Journal (1889-1939)*, Paris, 1948 ; Jean Guéhenno, *Journal d'une « révolution » (1937-1938)*, Paris, 1939 ; Paul Léautaud, *Journal littéraire*, XII (mai 1937-février 1940), Paris, 1962 ; Roy Medvedev, *Le Stalinisme*, Paris, 1972 ; Maria van Rysselberghe, « Les cahiers de la petite dame » (1937-1945), *Cahiers André Gide 6*, Paris, 1973 ; Clara Malraux, *Voici que vient l'été* (*Le Bruit de nos pas*, IV), Paris, 1973. *Vendredi*, Paris, 25 mars 1938.

dans sa campagne, car dans le passé, Rolland s'était engagé à intervenir si les victimes de Staline devaient faire face à des condamnations à mort. « Vous êtes seul à posséder en URSS une autorité morale qui vous permet d'intervenir et vous oblige d'intervenir », insista Serge ; Rolland répondit par le silence. En fait, Rolland allait justifier les purges de Staline : « Je ne vois pas comment on peut rejeter comme inventées et arrachées les déclarations faites publiquement par les accusés. » Le groupe *Esprit,* de plus en plus engagé dans l'antifascisme, dénonçait également les procès de Moscou et l'existence, avérée, d'un univers de camps de concentration créé par Staline.

Bien entendu, les communistes contre-attaquaient avec d'abominables histoires d'enfants égorgés par l'ennemi trotskiste. Marcel Cachin et Paul Vaillant-Couturier revinrent d'un voyage en Union soviétique pour prendre la parole devant un public qui se leva pour manifester son approbation des procès (cela se passait en février 1937). La société des Amis de l'Union soviétique, qui suivait la ligne du parti, publia une brochure pour dénoncer les accusés des procès de Moscou : *Guerre, sabotage, trahison...* Arthur Koestler, cependant, rassemblait les données qu'il allait employer dans son compte rendu romancé des purges, *le Zéro et l'Infini.* A son retour d'Espagne, il avait pratiquement rompu avec le parti communiste. Mais, lorsqu'il prononça un discours en faveur des réfugiés allemands antinazis, dans une salle située à Saint-Germain-des-Prés, il était bien décidé à ne pas attaquer l'Union soviétique — car la guerre civile d'Espagne se poursuivait. Cependant, il observa au fil de son discours : « Aucun mouvement, aucun parti, aucune personne ne peut revendiquer le privilège de l'infaillibilité. » A la fin de la réunion, il descendit à la station de métro la plus proche et remarqua que ses camarades communistes, qui avaient assisté à la réunion, lui tournaient le dos. Willy Münzenberg avait échappé aux purges en demeurant à Paris ; il travaillait néanmoins pour la cause antinazie, hors d'atteinte des staliniens.

Ainsi, la gauche se trouvait divisée. Cette division ne prenait pas nécessairement la forme d'attaques et contre-

attaques publiques, mais le silence pouvait être un symp-
tôme tout aussi dangereux de désunion. Par-dessus tout, il
fallait préserver l'efficacité de la lutte antifasciste, même si
cela signifiait de laisser de côté ses doutes et ses réserves. Il
fallait donc éviter d'évoquer les crimes de l'Union soviétique — à cause de ceux de l'Allemagne nazie. Même les
hardis fondateurs de *Vendredi* avaient appris à garder un
silence protecteur pour le bien de la Grande Cause. Ils
s'étaient retenus d'appuyer la critique, pourtant bénigne,
qu'avait formulée Gide à l'encontre de la répression
stalinienne, et des purges dans les rangs des républicains
espagnols ; ils s'étaient abstenus de critiquer la non-
intervention du Front populaire aux côtés de l'Espagne
républicaine. Pourquoi en aurait-il été autrement quand il
s'agissait de la dissidence idéologique dans la sombre et
lointaine capitale soviétique ?

C'est ainsi que Jean Guéhenno, qui toute sa vie allait
être un humaniste dans la meilleure acception du terme,
profondément soucieux de l'homme avant toute abstrac-
tion, put écrire « Devoirs de la France » (étalé sur quatre
colonnes en première page de *Vendredi,* le 16 octobre
1936). Bien que tout sonnât « faux » dans les procès des
opposants au régime de Moscou — il parlait des confessions et des aveux de culpabilité —, « les accusés, en cette
affaire, ne [lui] paraissaient [pas] valoir mieux que les
juges ». « J'ai souvenir qu'ils ont assassiné Kirov. » Il
revint sur ce thème le 5 février 1937 :

> A propos de ces procès de Moscou, je voudrais ne rien
> écrire qui pût décourager ou attrister ceux-là de nos
> camarades pour qui Moscou sera toujours le cœur du
> Monde.

Pourtant, il estimait impossible de « mettre en doute la
culpabilité des accusés ». Les treize hommes qui venaient
d'être condamnés à mort avaient, de leur propre aveu,
« saboté le travail du peuple ». Mais comment expliquer
que les débats laissaient une « impression d'insupportable
gêne » ? Peut-être, suggérait-il, l'extrême misère de la
Russie rendait-elle ces méthodes inévitables. Il concluait

par un appel : « Assez de sang ! assez de sang ! pour la grandeur même de la République soviétique. » Le soutien communiste à *Vendredi* n'allait plus jamais être aussi sûr. Pourtant, Guéhenno ne mettait pas en doute l'authenticité des procès eux-mêmes, comme le lui fit observer Gide dans une lettre ; les accusés n'étaient peut-être pas coupables du tout ![2]

Mais si Gide était l'un des rares, à gauche, à voir clair dans les procès de Moscou, il ne manifestait pas la même perspicacité dans son jugement sur Munich. Son *Journal* trahit son incertitude : d'un côté, « la raison (sinon la justice ou le bon droit) emportait une victoire sur la force » ; de l'autre, Jef Last lui avait écrit que Munich constituait une honteuse défaite, que Hitler formulerait de nouvelles exigences, que tout cela entraînerait de nouveaux reculs déshonorants pour les démocraties. Après avoir consolidé sa prise de l'Autriche, Hitler s'était tourné vers un autre voisin petit et faible ; il exigeait de la Tchécoslovaquie qu'elle lui cède des territoires occupés par la minorité des Sudètes germanophones. A Munich, à la fin du mois de septembre 1938, les hommes d'Etat britannique et français, Neville Chamberlain et Édouard Daladier, firent droit aux exigences territoriales de Hitler en Tchécolosvaquie. Et cela en dépit des protestations tchèques. A son retour à Paris, Daladier crut que la foule venue l'accueillir à l'aéroport allait le huer et lui cracher dessus à cause de ces concessions franco-britanniques. Au lieu de cela, il fut acclamé. « Ah ! les cons ! Ah ! les cons ! » aurait-il dit, d'après la légende. Ce fut là son seul commentaire. André

2. Entretien avec Jean Cassou. André Breton, *Entretiens (1913-1952)*, Paris, 1969 ; *Cahiers de l'Herne :* « Cahier Arthur Koestler », Paris, 1975 ; André Gide, *Retouches à mon Retour de l'URSS*, Paris, 1937 ; Jean Guéhenno, *Journal d'une « révolution » (1937-1938)*, Paris, 1939 ; Fred Kupferman, *Au pays des Soviets : le voyage en Union soviétique (1917-1939)*, Paris, 1979 ; Maria van Rysselberghe, « Les cahiers de la petite dame » (1929-1937), *Cahiers André Gide 5*, Paris, 1974 ; Victor Serge, *Destin d'une révolution — URSS (1917-1936)*, Paris, 1937 ; *Mémoires d'un révolutionnaire (1901-1941)*, Paris, 1978 ; Michel Winock, *Histoire politique de la revue « Esprit » (1930-1950)*, Paris, 1975.

Chamson le rencontra peu de temps après. « Vous ne me semblez pas très content », observa Daladier. « Non, en effet », répondit Chamson, bien qu'il ne vît guère ce que Daladier aurait pu faire d'autre que ce qu'il avait fait. « Les Français n'ont aucune envie de se battre, lui expliqua Daladier, il ne me reste plus qu'à les préparer à se battre quand même. »

Tel était l'essentiel de l'histoire de Munich, et elle divisait la gauche quand elle aurait dû la souder. *Vendredi,* au retour de Daladier, faisait appel en première page à la compréhension des dirigeants occidentaux, et félicitait même la Tchécoslovaquie d'avoir accepté le sacrifice au nom de la paix. « La Tchécoslovaquie n'est pas une faible victime, ajoutait une note explicative, elle est une fière victime consentante... » *Vendredi* publiait désormais ses derniers numéros, tirant les conclusions des « abandons » et des « renoncements » de la politique française, mûrissant les conséquences des discordes de la gauche.

Cette division pouvait affecter les amitiés les plus intimes. Simone de Beauvoir écrivit que, pendant la crise tchèque, il lui semblait que « n'importe quoi, même la plus cruelle injustice, valait mieux qu'une guerre ». Sartre lui répondait : « On ne peut pas céder indéfiniment à Hitler. » Mais lui aussi trouvait difficile de concilier ses convictions politiques avec ses sentiments profonds. Le pacte de Munich plongea Beauvoir dans l'allégresse. Raymond Aron trouva son vieil ami Sartre également satisfait par ce compromis. « On ne peut pas disposer de la vie des autres », déclara Sartre. Un nombre considérable d'intellectuels de gauche se rassemblaient sous ce slogan : « Les démocraties venaient de déclarer la paix au monde. » Jean Giono avait pris les devants à l'été 1938 en publiant une *Lettre aux paysans sur la pauvreté et la paix,* où il expliquait que l'on s'apprêtait à utiliser les paysans comme chair à canon ; et il exhortait ces derniers à refuser de partir faire la guerre — pendant ce temps-là, les femmes devraient détruire les récoltes afin de ne pas nourrir les armées. Quant aux « écrivains qui vous ont poussés dans le massacre », poursuivait Giono, ils se « planqueraient ». Le philosophe radical-socialiste Alain se joignit à Giono dans un télégramme collectivement adressé à Daladier et Chamberlain :

> « ... sommes assurés immense majorité peuple français (désire) sauver la paix par tout arrangement équitable... »

(Giono fut mis en prison au commencement de la guerre, pour publications séditieuses.) Marcel Déat, socialiste dissident, membre dès le début du Comité de vigilance des intellectuels antifascistes et futur fasciste, publia un article dans le quotidien *l'Œuvre,* « Mourir pour Dantzig », où il répétait après Giono que les paysans français ne souhaitaient pas aller mourir loin de la France pour résister à Hitler. Antoine de Saint-Exupéry résuma ainsi l'ambiguïté du problème dans *Paris-Soir* le 1er octobre, jour où les Allemands envahirent le territoire tchèque :

> Nous avons choisi de sauver la paix. Mais... nous avons mutilé des amis. Et sans doute, beaucoup parmi nous étaient disposés à risquer leur vie pour les devoirs de l'amitié. Ceux-là connaissent une sorte de honte. Mais s'ils avaient sacrifié la paix, ils connaîtraient la même honte. Car ils auraient alors sacrifié l'homme ; ils auraient accepté l'irréparable éboulement des bibliothèques, des cathédrales, des laboratoires d'Europe... Et c'est pourquoi nous avons oscillé d'une opinion à l'autre. Quand la paix nous semblait menacée, nous découvrions la honte de la guerre. Quand la guerre nous semblait épargnée, nous ressentions la honte de la paix.

Pour Emmanuel Mounier, l'affaire était moins compliquée : céder à Hitler signifiait le déshonneur. « L'énergie seule intimide la violence. »

Et l'Assiociation des écrivains tchécoslovaques, dans un appel intitulé *A la conscience du monde,* demandait aux intellectuels, en France et ailleurs, de juger de quel côté régnait la raison :

> Nous vous demandons d'expliquer à l'opinion publique de vos pays que si nous, nation petite et profondément pacifique, au point le plus exposé d'Europe, venons

d'être obligés au plus dur des combats, ce n'est pas pour nous seuls que nous mènerons notre pénible lutte, mais aussi pour vous-mêmes.

En mai 1939, des écrivains se réunirent une nouvelle fois à Paris, pour leur dernière manifestation significative avant la déclaration de la guerre. Ilya Ehrenbourg était présent, et il retrouva ses vieux amis Malraux, Aragon, Bloch, Paul Langevin et Marcel Cachin. « Tous étaient pessimistes, se souvint-il, et les discours semblaient une répétition de choses déjà entendues. Il n'y avait plus d'enthousiasme. »[3]

3. Entretiens avec Raymond Aron, M. et M^me André Chamson. Simone de Beauvoir, *La Force de l'âge*, Paris, 1960 ; Ilya Ehrenbourg, *La nuit tombe*, Paris, 1966 ; André Gide, *Journal (1889-1939)*, Paris, 1948 ; Jean Giono, *Lettre aux paysans sur la pauvreté et la paix*, Paris, 1938 ; *Précisions*, Paris, 1939 ; Lucie Mazauric, « *Vive le Front populaire !* », Paris 1976 ; Michel Winock, *Histoire politique de la revue* « *Esprit* » *(1930-1950)*, Paris, 1975. *Commune*, Paris, septembre-octobre 1938 ; juin 1939 ; *Vendredi*, Paris, 7 octobre 1938.

# 3

## *Les années allemandes*

# 1

# *La guerre*

On pourrait résumer ainsi l'histoire politique des années trente : au début, la plupart des intellectuels semblaient prêts à croire que la résistance à la guerre et celle au fascisme marchaient de pair. On se souvenait encore des horreurs de la Première Guerre mondiale, tandis que le fascisme représentait une menace lointaine. A l'arrivée de Hitler au pouvoir, plus d'un groupe français se scinda. Au Comité de vigilance des intellectuels antifascistes, par exemple, le dilemme se présentait ainsi : fallait-il en priorité sauver la paix — même en cédant à des dictateurs — ou bien tenir tête à Hitler — même si cela signifiait la guerre ? Et les silences mêmes de la gauche étaient le fruit de convictions profondément enracinées.

Puis, en août 1939, le pacte conclu entre Staline et Hitler démontra clairement que la gauche de la rive gauche ne constituait pas une force unique, mais deux forces distinctes. C'était une véritable bombe. Après avoir envahi la Tchécoslovaquie en dépit de sa promesse de limiter ses exigences, Hitler jetait son dévolu sur Dantzig (qui, séparant deux parties de l'Allemagne, reliait la Pologne à la mer) et s'apprêtait à envahir la Pologne également. Les démocraties occidentales se préparaient enfin au combat quand, le 23 août 1939, l'Union soviétique signa avec l'Allemagne un pacte de non-agression.

Avec ce pacte, la base même de l'alliance entre communistes et non-communistes contre le nazisme et le fascisme s'évanouissait. Manès Sperber y vit « la plus grande défaite politique et morale » que le mouvement antifasciste eût jamais connue. Ce fut au parti communiste une époque de démissions publiques et furieuses, mais aussi bien souvent discrètes et résignées. Les plus heureux furent sans doute

ceux qui, n'étant pas membres du Parti, n'estimaient pas
devoir se déclarer ou confesser publiquement leur erreur.
Un André Malraux pouvait simplement choisir de ne rien
dire, au nom de l'unité antifasciste. Ilya Ehrenbourg tomba
malade, sans raison apparente, et pendant huit mois
demeura incapable de s'alimenter ; il perdit ainsi vingt
kilos. Mais il ne fit aucun commentaire, de même qu'il
n'avait rien dit lors des procès de Moscou (il se rendit
pourtant au tribunal au moins une fois). Louis Aragon
dirigeait le quotidien *Ce Soir* ; si l'on écrivait régulièrement
dans un journal, il était difficile de passer le pacte sous
silence ; Aragon se contenta d'observer qu'il s'agissait d'un
geste en faveur de la paix. A quinze jours à peine de la
guerre, le gouvernement français fit fermer *Ce Soir* et le
reste de la presse communiste.

En vérité, les vingt et un mois qui s'écoulèrent entre la
signature du pacte germano-soviétique et l'attaque surprise
de Hitler contre l'Union soviétique, furent sans doute les
plus éprouvants de toute l'histoire des communistes français, sinon de leur parti. La ligne officielle leur faisait
considérer la guerre franco-britannique contre l'Allemagne
comme impérialiste ; au lieu de combattre le fascisme, la
loyauté à la ligne soviétique leur imposait de saboter ce
qu'ils appelaient « la prétendue guerre antifasciste » et de
considérer les Français et les Britanniques comme les
agresseurs. Quand les Allemands occupèrent Paris en juin
1940, il s'écoula encore une année entière avant l'invasion
de l'URSS par Hitler. L'organe communiste officiel, *l'Humanité,* publié clandestinement, traitait la guerre comme
une affaire de bandes rivales, entre bandits, et il est prouvé
que les communistes sollicitèrent des forces allemandes
d'occupation la permission de publier une *Humanité* hostile
à la guerre. L'idée plut aux Allemands, mais ce fut le
gouvernement de Pétain à Vichy qui opposa son veto.

Un intellectuel communiste prit publiquement position :
le camarade d'École de Sartre, le compagnon des écrivains
engagés de la rive gauche, Paul Nizan * (alors rédacteur du

---

* Voir chapitre 3 de la quatrième partie, « D'une génération à
l'autre ».

service étranger à *Ce Soir*). Les procès de Moscou l'avaient ébranlé, mais il avait tenu bon. A présent, on attendait de lui qu'il accepte le soutien de son parti au pacte de Staline avec Hitler, et il ne pouvait s'y résoudre. Nizan n'attaqua pas le pacte lui-même — car ni lui ni personne d'autre en France ne pouvait savoir à cette époque qu'il contenait un protocole secret pour délimiter les zones d'influence en Europe occidentale, et littéralement supprimer la Pologne ; il jugeait donc Staline justifié à rechercher la protection que lui offrait ce pacte. Son objection concernait l'approbation de son propre parti, comme si les intérêts français et soviétiques avaient été identiques. Nizan périt dans la bataille, près de Dunkerque, mais sa réputation allait « gravement souffrir de sa rupture avec le Parti ». [1]

Le 1ᵉʳ septembre 1939, les Allemands envahissaient la Pologne, conséquence directe du pacte germano-soviétique. Le 3 septembre, la France et le Royaume-Uni déclaraient la guerre à l'Allemagne. Conséquence immédiate parmi beaucoup d'autres, on arrêta aussitôt tous les Allemands réfugiés en France, faisant ainsi, des principaux antifascistes, des victimes ; leur pays d'origine les considérait comme des étrangers ennemis. Une autre conséquence fut l'aggravation de la division entre les communistes et le reste de la gauche, maintenant que les communistes répugnaient à entrer en guerre contre le nouvel allié de Staline, Hitler. L'absurdité redoubla quand des réfugiés antifascistes comme Arthur Koestler et Gustav Regler furent internés par les Français, côte à côte avec des Français appartenant au parti communiste, et avec lesquels ils n'auraient certes plus entretenu les moindres relations

1. Entretien avec Jean Cassou. Simone de Beauvoir, *La Force de l'âge*, Paris, 1972 ; Stéphane Courtois, *Le PCF dans la guerre*, Paris, 1980 ; Ilya Ehrenbourg, *La nuit tombe,* Paris, 1966 ; Jacques Fauvet, *Histoire du parti communiste français, II (1939-1965)*, Paris, 1965 ; Jean Lacouture, *André Malraux*, Paris, 1976 ; Paul Nizan, *Aden Arabie* (Préface de Jean-Paul Sartre), Paris, 1960 ; *Paul Nizan, intellectuel communiste (1926-1940)*, I, Paris, 1979 ; Manès Sperber, *Au-delà de l'oubli* (*Ces Temps-là*, III), Paris, 1979 ; Jean Touchard, *La Gauche en France depuis 1900*, Paris, 1977.

d'amitié dans le monde libre. Dans le camp de détention où il se trouvait, au pied des Pyrénées, Regler compta 560 réfugiés venus de tous les pays d'Europe. Nombreux parmi eux étaient les permanents communistes étrangers, et pratiquement tous étaient antifascistes. Il ne se trouvait pas un seul nazi ni fasciste italien dans tout le groupe.

Et que se passait-il sur la rive gauche ? Simone de Beauvoir en est une historienne parmi les plus précises, et son journal de guerre constitue un guide fort pratique des cafés de Montparnasse et de Saint-Germain-des-Prés. Elle apprend l'entrée en Pologne des Allemands par un serveur de son Dôme bien-aimé ; elle passe les dernières heures de Sartre avant son départ pour l'armée avec lui au café de Flore sous une lune magnifique, et la vieille église de Saint-Germain-des-Prés ressemble à une église de campagne. (Mais, « au fond de tout, partout, une horreur insaisissable ».) Revenant au Dôme, la veille de la déclaration de guerre, elle voit des soldats se mêler aux prostituées. Elle remarque une pancarte, à la vitrine d'une librairie de Montparnasse dont le propriétaire porte un nom à consonance allemande, annonçant qu'il est à cent pour cent français. Elle entend parler de la maladie d'Ehrenbourg, et entend même dire qu'il envisage le suicide. Le 3 septembre, on tend des rideaux devant les grandes vitres du Dôme afin de continuer à faire marcher le commerce pendant le couvre-feu. On doit présenter ses papiers d'identité pour employer le téléphone (4 septembre) ; on distribue des masques à gaz dans le lycée où elle enseigne ; le lendemain, elle remarque que les prostituées en sont également équipées. Elle rencontre André Breton en uniforme. Le 5 septembre, elle trouve le Flore fermé. Lisant le *Journal* de Gide datant de 1914, elle y découvre des analogies avec le présent. Le 6 septembre, elle note que *Marianne* abandonne sa rubrique de mots croisés par crainte qu'il ne s'y dissimule des messages secrets. Le lendemain, elle avoue son tendre attachement aux cafés du carrefour Montparnasse : « Je me sens en famille et ça me défend contre l'angoisse. » Le lendemain, le ciel se remplit de ballons de défense anti-aérienne. Il faut régler ses consommations dans les cafés dès qu'on vous les sert, afin de pouvoir partir immédiatement en cas d'alerte. Le Flore rouvre à la mi-octobre ; elle le trouve « superbe » avec ses nouveaux rideaux bleus très lourds et ses banquettes rouges. « Maintenant, les cafés ont appris à bien se camoufler, ils allument toutes leurs lampes et on est saisi par cet éclat quand on arrive de dehors. » Il est intéressant de lire le journal de Beauvoir en même temps que celui d'Alain Laubreaux, membre de la bande de jeunes fascistes qui écrivaient dans *Je suis partout*, car son Saint-Germain-des-Prés occupait le même espace, au même moment. Le 2 septembre, à la brasserie Lipp, Louis Darquier de Pellepoix, qui allait bientôt devenir commissaire aux Questions juives dans le gouvernement de Vichy, profère des attaques contre les juifs à voix si haute qu'une jeune femme le gifle ; il la frappe en retour, et d'autres clients viennent au secours de la jeune femme. Darquier commence à se servir de sa canne, et la bagarre devient générale. Quand le café de Flore rouvre ses portes, Laubreaux y retourne également. « Je suis saisi à la gorge et aveuglé par l'épaisse fumée de tabac qui assombrit encore le café mal éclairé », écrit-il, « où s'agite, grouille et bavarde une incroyable assemblée de Juifs et de métèques. » Au milieu de cette pègre, il repère Léon-Paul Fargue, qui lui confie qu'il attend, lui aussi, la défaite de son pays, car alors seulement la France sera débarrassée du dramaturge bien connu Henry Bernstein — un juif — et de « la merde morale où nous pataugeons ». Quant à lui, Laubreaux avait dit à son ami Lucien Rebatet, appelé à servir sous les drapeaux : « Je ne puis souhaiter qu'une chose pour la France : une guerre courte et désastreuse. »

Ilya Ehrenbourg aurait dû être un témoin privilégié de ces événements, neutre, car son pays n'était pas en guerre. Il pouvait observer avec une relative tranquillité les réactions des Parisiens se mobilisant pendant la *drôle de guerre*. En vérité, il demeurait encore sous le choc du rapprochement entre Staline et Hitler. En ce qui le concernait, le fascisme restait l'ennemi numéro un. Il relut dix fois le texte du télégramme que Staline avait envoyé au ministre nazi des Affaires étrangères, Joachim von Ribbentrop. Staline y évoquait l'amitié cimentée par le sang répandu, et, pour Ehrenbourg, cela constituait un blasphème. Seuls quelques vieux amis maintenaient le contact avec lui ; les autres estimaient qu'il avait trahi la France — ou bien redoutaient la police. Parmi les fidèles figuraient André Malraux et Jean-Richard Bloch. La presse de droite se demandait pourquoi il restait à Paris, mais il se posait la même question. En vérité, il attendait un visa de sortie. Il est établi que, dans les dernières semaines désespérées de la défense française, Ehrenbourg fut convoqué par des membres du gouvernement français qui souhaitaient obtenir une aide d'urgence — et peut-être même des secours militaires sous la forme de matériel d'aviation de la part de l'Union soviétique. [2]

Avec la déclaration de guerre commença le véritable exode de la rive gauche. Gaston Gallimard emmena sa famille, les dossiers de la maison d'édition, et aussi la caisse, en une caravane de cinq automobiles, de la rue Sébastien-Bottin jusqu'à sa maison de campagne à Mirande près de Sartilly, dans le département de la Manche, au milieu des pâtures et faisant face au Mont-Saint-Michel. Gallimard insista pour que Paulhan l'y rejoignît, car la *NRF* aussi bien que la maison d'édition devaient continuer à fonctionner. Seul un employé demeura en arrière, afin de s'occuper du courrier ; les autres employés plus jeunes étaient partis faire la guerre. Une circulaire avait été adressée aux auteurs de la maison pour leur assurer que Gallimard était prêt à les publier. (Paul Léautaud reçut son exemplaire de cette circulaire le 4 septembre, le lendemain de la déclaration de la guerre.)

L'un des auteurs et lecteurs vedettes de Gallimard, André Malraux, s'était retiré des guerres politiques ; cet été-là, il avait travaillé à sa *Psychologie de l'art* et voyagé dans le sud de la France (avec sa compagne Josette Clotis, qui l'avait déjà suivi en Espagne et en Amérique, et pour

---

2. Simone de Beauvoir, *La Force de l'âge,* Paris, 1972 ; Ilya Ehrenbourg, *La nuit tombe,* Paris, 1966 ; Alain Laubreaux, *Écrit pendant la guerre,* Paris, 1944 ; Gustav Regler, *Le Glaive et le Fourreau,* Paris, 1960 ; André Wurmser, *Fidèlement vôtre,* Paris, 1979.

qui il avait quitté sa femme. Désormais, et jusqu'à son décès accidentel en 1944, elle demeura inséparable de Malraux).

Pendant les premiers jours, et afin d'échapper à une « obsession » de la guerre, Gide (alors âgé de soixante-dix ans) se mit à relire Racine et La Fontaine. Il déclina l'offre de prononcer un discours patriotique à la radio, estimant qu'il y en avait déjà bien suffisamment sans lui. Il se convainquit que la France s'opposerait d'autant mieux à l'hitlérisme qu'elle renforcerait les valeurs individuelles. En même temps, notait-il dans son journal, il était essentiel de former un bloc uni face à celui de l'ennemi, et pour ce faire il fallait rentrer dans le rang. « Provisoirement, dit-on... Espérons-le. Aussi bien les voix isolées ne peuvent plus aujourd'hui se faire entendre. » Ses « pensées intempestives » seraient donc réservées à son carnet. Comme nous le verrons par la suite, sa propension à publier ses réflexions encore à chaud allait plus d'une fois lui causer des problèmes. [3]

3. Suzanne Chantal, *Le Cœur battant — Josette Clotis-André Malraux,* Paris, 1976 ; André Gide, *Pages de journal (1939-1941),* Alger, 1944 ; Paul Léautaud, *Journal littéraire,* XII (mai 1937-février 1940), Paris, 1962 ; Claude Mauriac, *Conversations avec André Gide,* Paris, 1951 ; *Paul Desjardins et les Décades de Pontigny,* Paris, 1964 ; Maria van Rysselberghe, « Les cahiers de la petite dame » (1937-1945), *Cahiers André Gide 6,* Paris, 1975. Walter G. Langlois, « André Malraux d'après une correspondance inédite », *La Revue des lettres modernes,* Paris, n° 304-309, 1972 ; *La Nouvelle Revue française,* Paris, 1er mai 1969 : « Jean Paulhan ».

# 2

# L'exode de la rive gauche

La drôle de guerre, guerre sans mouvement, dura de la déclaration des hostilités en septembre 1939 jusqu'en mai 1940, quand les Allemands contournèrent les installations souterraines de la ligne Maginot pour attaquer par la Belgique : ils traversèrent la Meuse près de Sedan le 13 mai et enfoncèrent la « ligne Weygand » sur la Somme trois semaines plus tard. Le 11 juin, Paris était déclaré ville ouverte et les soldats allemands y entrèrent le 14 juin.

Bon nombre de nos protagonistes avaient de sérieuses raisons de craindre les Allemands, et ils quittèrent Paris aussi tôt et aussi vite qu'ils le purent. Les descriptions de l'atmosphère régnant dans la capitale nous viennent de ceux qui purent y rester. D'Ilya Ehrenbourg, d'abord, qui — bien que juif, russe et communiste — bénéficiait de la complicité germano-soviétique, et sans doute cet homme à l'intelligence fine y décela-t-il une suprême ironie, lui qui avait encouragé une génération d'antifascistes français à s'unir autour de l'Union soviétique, et qui à présent circulait librement à Montparnasse pendant que ses amis antifascistes cherchaient refuge ailleurs. Il observa les « longues files de voitures avec des matelas sur le toit », qui traversaient la rive gauche pour quitter la ville par les portes du sud. Les gares étaient bondées ; ceux qui possédaient une bicyclette s'en servaient. Ceux qui ne disposaient d'aucun mode de locomotion s'en allaient tout simplement à pied, poussant parfois devant eux une charrette à bras. Sur le boulevard Raspail, « un interminable torrent de réfugiés s'écoulait ». En face du café de la Rotonde, la statue de Balzac semblait aussi vouloir quitter son socle. « Je demeurai longtemps à ce carrefour », nota

Ehrenbourg dans ses mémoires. « Là s'était écoulée ma jeunesse. Tout à coup, il me sembla que Balzac partait aussi, avec les autres. » Après l'entrée de l'armée allemande dans Paris, il se réfugia à l'ambassade soviétique, mais continua à se déplacer librement ; quand il quitta finalement Paris, il avait rassemblé suffisamment d'éléments pour écrire un roman sur *la Chute de Paris*.

Paul Léautaud n'eut jamais à partir. « Je reste. J'ai toujours été décidé à rester », nota-t-il. « Je ne veux pas sacrifier ma compagnie de bêtes. Je ne saurais où aller. J'ai mauvais caractère : je ne tiens pas à vivre n'importe où... Je ne veux pas risquer de ne plus rien retrouver chez moi à mon retour. » Léautaud était en sécurité, et ni la défaite ni ses conséquences n'allaient le troubler. Pendant la fuite effrénée de ceux qui l'entouraient, il poursuivit son activité quotidienne au Mercure de France, regagnant chaque jour sa banlieue, achetant et stockant de la nourriture pour ses animaux, noircissant des pages de son journal. Le directeur de sa maison d'édition, qui était prêt à collaborer avec les Allemands avant même qu'on le lui eût demandé, organisa une traduction accélérée de *Mein Kampf*. Léautaud prenait un plaisir secret à voir prendre des mesures antisémites, il était convaincu qu'elles représentaient une juste revanche. Jusqu'au jour où les Allemands saccagèrent une excellente vieille librairie. Que les autorités punissent les juifs, ce que pour sa part il estimait justifié, c'était une chose ; mais qu'ils les chassent et les dépossèdent, c'en était une autre. « Jamais je ne pourrai approuver de pareilles choses. »

Au fil de ses conversations avec Lucien Combelle — l'ancien secrétaire de Gide, qui allait bientôt devenir un collaborateur zélé des Allemands —, Léautaud ne parvenait pas à se décider... Préférait-il une victoire allemande qui mènerait à la réorganisation politique, sociale et morale de la France, ou bien une victoire britannique, qui serait aussi la victoire des juifs — qui à son avis deviendraient alors plus dominateurs que jamais ? Valait-il mieux revenir à un passé où les fripouilles gouvernaient, mais où l'on avait eu la liberté de *dire* qu'ils étaient des fripouilles ? La défaite de l'Allemagne servirait l'intérêt de la France ; l'*autre solution* servirait les intérêts de l'individu. Ni Léautaud ni son ami ne parvenaient à faire un choix. Leur perplexité constituait comme une version simpliste du dilemme qui se posa pendant les années d'occupation à la plupart des gens d'extrême droite. Les descriptions que donne Léautaud de l'exode font écho à celles d'Ehrenbourg. Il vit son premier soldat allemand près du jardin du Luxembourg, le jour même où les forces d'occupation allemandes envahirent la capitale. On dirait que Léautaud avait parcouru la rive gauche désertée avec un crayon à la main. [1]

### OÙ SONT NOS ÉCRIVAINS ?

André Gide, qui s'était consacré à la misère des réfugiés étrangers, est à Cabris, dans les Alpes-Maritimes, où est arrivé également Jean Schlumberger. L'on rencontre à Nice Henry de Montherlant, qui rédige des pages de guerre sur son volontariat dans les ambulances américaines, Francis Carco ; à Aix-en-Provence, Édouard Peisson, Blaise Cendrars ; à Saint-Tropez, M<sup>me</sup> Colette, Paul Géraldy.

*Le Figaro,* 8 septembre 1940.

Toute la rive gauche s'était installée sur la Côte d'Azur. Les hommes avec leurs maîtresses, car l'Occupation favorisait l'adultère (ainsi Josette Clotis, la maîtresse de Malraux, présenta-t-elle la situation à une confidente). Pour un jeune homme entrant dans le monde des Lettres, Nice, dans les premiers mois de l'occupation allemande, représentait « vraiment un salon littéraire », et l'on retrouve pratiquement toutes les personnalités importantes de la rive gauche dans les notes de Roger Stéphane, de Gide et de Malraux jusqu'à Aragon et Triolet. N'anticipons pas. Ce qui est certain, c'est que l'armistice entre les Allemands victorieux et les Français vaincus divisa la France en deux zones, l'une dite occupée et l'autre, libre. Les Allemands occupaient le nord de la France, y compris Paris ainsi que la côte atlantique, tandis que le gouverne-

---

1. Ilya Ehrenbourg, *La nuit tombe,* Paris, 1966 ; Paul Léautaud, *Journal littéraire,* XIII (février 1940-juin 1941), Paris, 1962.

ment du maréchal Pétain gardait officiellement le contrôle du Sud. L'essentiel de la presse parisienne s'était joint à l'exode, et allait désormais paraître dans la zone de Vichy — *le Figaro* à Lyon, par exemple. Selon ce qu'on était ou ce à quoi l'on croyait, on pouvait demeurer à Paris sous l'autorité allemande, s'installer à Vichy ou dans quelque autre ville du Sud sous le régime de Pétain, avec un peu de chance, sur la Côte d'Azur, ou bien entrer dans la clandestinité.

De Pontigny, Gide était parti directement vers le Midi, dans le village de Cabris, au-dessus de Grasse, où Pierre et Élisabeth Herbart possédaient une maison. Il y fut accueilli, avec Jean Schlumberger, dans la vaste maison d'une amie, Mᵐᵉ Émile Mayrisch. La victoire allemande survint comme il séjournait à Carcassonne, en compagnie du groupe Gallimard, car Gallimard, Paulhan, leurs familles et une partie du personnel avaient quitté la Normandie occupée pour cette contrée plus hospitalière. En juillet 1940, Gide regagna Cabris. Tantôt, il se rendait à Nice et y passait quelque temps avec ses amis Simon et Dorothy Bussy (lui, peintre, et elle, sœur de Lytton Strachey, traductrice anglaise de Gide et sa fidèle admiratrice); tantôt il allait voir sa fille à Vence. Ses conversations à l'époque trahissent une fascination à l'égard de Hitler, qui semblait avoir manœuvré les Français à sa guise. Hitler serait sans doute l'instrument permettant d'éliminer cet avachissement moral de la France qui lui avait précisément permis de la vaincre. Proposition assurément confuse, mais Gide et ses amis se trouvaient alors en état de choc.

Le journal de Gide ne fut jamais vraiment un texte privé; destiné au public, on pouvait souvent en lire des pages dans des revues littéraires assez peu de temps après leur rédaction. Un choix d'extraits couvrant les premiers mois de l'occupation allemande parut en 1944 à Alger, chez Edmond Charlot qui, le premier, avait publié Albert Camus, et, comme nous le verrons, cela provoqua un scandale. Car, dans ses notes, Gide semblait blâmer les Français pour leur défaite : leurs qualités mêmes les avaient laissés sans défense face à la ruse de Hitler. Gide soutint même — dans ces heures suivant la défaite —

l'opinion de Philippe Pétain, selon laquelle la victoire allemande aurait été due à un défaut de volonté de la part des Français ; défaut de volonté datant de la Première Guerre mondiale. Le maréchal n'avait-il pas déclaré : « L'esprit de jouissance l'a emporté sur l'esprit de sacrifice. » Et Gide avait jugé le propos de Pétain « tout simplement admirable ». Cependant, l'écrivain allait bientôt reprocher au nouveau chef de l'État français de livrer la France aux Allemands, et ceux qui approuvaient Pétain allaient attaquer Gide ; pour la presse de la collaboration, il était stigmatisé comme étant le « père spirituel de la défaite ».

Durant les premiers mois de la guerre, ainsi qu'il a été déjà dit, Gide s'était activement préoccupé de la situation des réfugiés politiques, pour la plupart juifs allemands, en attirant l'attention de la presse sur l'injustice qu'il y avait à interner des gens fuyant l'hitlérisme dans des camps français de détention — quand beaucoup d'entre eux auraient pu se rendre utiles à la France. Dans la défaite, il continua à s'efforcer d'aider ces réfugiés. L'Emergency Rescue Committee, organisation américaine qui avait pour but d'aider les militants antifascistes quand la présence nazie les menaçait, et qui venait d'embarquer Heinrich Mann à bord d'un paquebot à destination de New York, proposa à Gide de l'évacuer vers les États-Unis. Il répondit qu'il ne désirait pas quitter la France pour le moment, mais il sollicita l'aide du comité pour ses amis. Avec sa *petite dame,* il invita les membres de l'Emergency Rescue Committee à venir prendre le thé dans la demeure de M^{me} Mayrisch à Cabris. Il leur suggéra à cette occasion de créer une maison d'édition française aux États-Unis, car les écrivains français auraient certainement bientôt besoin d'un débouché hors de France. Cette conversation se déroulait le 22 décembre 1940, six mois après le début de l'Occupation et deux semaines après que Gaston Gallimard lui eut donné un exemplaire du premier numéro de la *Nouvelle Revue française* collaborationniste. Le vieil ami de Gide, Jacques Schiffrin, qui s'occupait de ses livres chez Gallimard, vint également le voir, désespéré et manifestement malade. Lorsque Schiffrin s'embarqua finalement à destination de la Martinique, son bateau fut renvoyé à Casablanca, d'où il télégraphia aux Gallimard pour demander des secours financiers. Gallimard fit alors appel à Gide, qui fit prélever de l'argent sur ses propres comptes d'auteur pour aider Schiffrin. Grâce à Gide, la famille Schiffrin ne fut pas internée au Maroc, car il leur prêta un appartement qui lui appartenait là-bas, et ils y vécurent jusqu'à l'été 1941, quand ils purent enfin s'embarquer à destination de l'Amérique. [2]

Gide allait être victime d'une des rares manifestations publiques d'hostilité — et de sympathie — envers un intellectuel qui s'était engagé à gauche avant-guerre. Au point de départ de l'incident il y eut les projets d'un jeune esthète venu de Paris, Roger Stéphane, ami intime de Jean Cocteau, et qui se liait aisément d'amitié avec ses aînés du monde littéraire. Entretenu par sa famille, oisif quand il n'était pas occupé à échanger des potins avec quelque personnalité littéraire, Stéphane organisa un cycle de conférences culturelles à Nice, au traditionnel hôtel Ruhl. Georges Auric inaugura la série en parlant du compositeur Erik Satie, et Gide avait accepté de prononcer la deuxième conférence, le mercredi 21 mai au soir, sur le thème : « Découvrons Henri Michaux ». Michaux, à 42 ans, était déjà l'auteur d'un certain nombre d'ouvrages marquants et l'on ne pouvait imaginer entreprise plus strictement apolitique. Roger Martin du Gard fut cependant choqué par le retentissement donné à l'événement, le choix d'un endroit aussi mondain, les grandes affiches recouvrant les murs de la ville pour l'annoncer.

Le matin du jour où Gide devait prendre la parole à l'hôtel Ruhl, il reçut une lettre de la Légion française des Combattants — créée par Vichy. Le directeur de la propagande de la Légion — qui devait par la suite mourir

---

2. Suzanne Chantal, *Le Cœur battant — Josette Clotis-André Malraux*, Paris, 1976 ; André Gide, *Pages de Journal (1939-1941)*, Alger, 1944 ; Claude Mauriac, *Conversations avec André Gide*, Paris, 1951 ; Maria van Rysselberghe, « Les cahiers de la petite dame » (1937-1945), *Cahiers André Gide 6*, Paris, 1975 ; Roger Stéphane, *Toutes choses ont leur saison*, Paris, 1979. André Gide, « Feuillets », la *Nouvelle Revue française*, Paris, février 1941.

sur le front russe où il combattait comme engagé volontaire
dans les rangs allemands — le mettait en garde :

> Nous savions l'auteur de « L'Immoraliste » et des
> « Nourritures terrestres » assez opportuniste et assez
> philosophe pour venir se reposer, en toute quiétude, des
> fatigues de la guerre dans un quelconque hôtel de la Côte
> d'Azur... Mais il est un peu choquant de voir André Gide
> affronter le public français en ce mois de mai 41, en dépit
> d'une actualité qui condamne son œuvre beaucoup mieux
> que n'importe quelle critique.
>
> ... Il est difficilement admissible, à l'heure où le
> Maréchal veut développer chez la jeunesse française
> l'esprit de sacrifice, de voir monter à la tribune un des
> hommes qui s'est fait le champion de l'esprit de jouis-
> sance.

Gide consulta ses amis Martin du Gard, Malraux et
Marcel Achard ; il interrogea également Marc Allégret
(tous se trouvaient réunis en ce lieu de refuge méditerranéen). Malraux lui suggéra de renoncer à sa conférence, et
de donner ainsi le mauvais rôle à la Légion. Cela paraissait
logique, bien qu'un ami de Gide fût allé trouver le chef de
la section locale de l'organisation pour en obtenir l'assurance que Gide pourrait sans crainte apparaître en public.
Gide se mit donc en route pour le Ruhl. Dans ses phrases
d'introduction — qui furent en même temps sa conclusion —, il déclara qu'il n'accepterait de la part de la Légion
ni interdit ni tolérance. « Pas de discorde entre les Français », expliqua-t-il. « Plutôt que de fournir un prétexte à
des dissensions — encore que cette conférence, exclusivement littéraire, fût autorisée par la censure, par les
autorités civiles et militaires — taisons-nous. »

L'assistance applaudit. Mais l'affaire créa un malaise,
comme *le Figaro* allait complaisamment l'expliquer de sa
base lyonnaise. Ce serait une honte, disait ce journal, que
la vie intellectuelle française dût se laisser écraser par un
légionnaire. Néanmoins, Gide annula la réunion prévue à
Cannes, à l'hôtel Carlton, où il s'était engagé à redire sa
conférence sur Michaux. Le texte parut sous forme d'opuscule chez Gallimard, à Paris, où un hebdomadaire, *l'Appel,*

présentait sa propre version de l'affaire. « Il y a des imbéciles qui se lamentent et grincent parce que le gouvernement du Maréchal a pris une bonne mesure d'hygiène publique », pouvait-on lire dans ce compte rendu d'ailleurs erroné car il mentionnait « l'interdiction faite à " Monsieur " André Gide... de parler dans un hôtel chic et sans doute gaulliste de Nice, et d'y présenter à un public de Juifs, de snobs et de crétins refoulés, un véreux et obscur *Corydon*, curieusement nommé Michaux... »[3]

Gide vivait difficilement cette période. Tenu en quarantaine par les communistes, insulté maintenant par les fascistes, il était pourtant, au fond de lui-même, beaucoup plus un littéraire qu'un politique, et il avait soixante-douze ans. Une carte inter-zone — seul mode de correspondance possible entre le nord et le sud de la France — lui arriva, signée de Jean Paulhan : « P. V. [Paul Valéry] fait dire à l'oncle G. que, s'il veut revenir à Paris, l'Académie [française] n'attend que cela pour l'élire. » Drieu La Rochelle s'adressa publiquement à lui (après avoir pris son parti dans l'affaire Légion/Michaux) dans *Je suis partout* : « Venez donc à Paris. L'homme qui a fait le voyage de Moscou peut bien faire le voyage à Paris. Ayant comparé les deux zones, et leurs défauts respectifs, vous comprendrez peut-être mieux notre position aussi qui est d'établir un socialisme national exempt des tares du vieux nationalisme et du vieux socialisme. » Mais Gide n'allait pas se laisser tenter.

L'automne le trouva glacé à Nice. Il commença à écrire une série d'« interviews imaginaires » pour *le Figaro littéraire*; dans la première, il railla l'idée que l'on pût imputer à la littérature la défaite de la France devant l'Allemagne hitlérienne. Mais il demeurait prudent dans ses propos destinés à être publiés ; plus prudent encore, Martin du Gard lui servait de cobaye et de censeur. Emmanuel Berl, quant à lui, voyait en Gide un antisémite,

3. Dossier Gide, bibliothèque Jacques Doucet, Paris (et en particulier pour les articles sur l'affaire Michaux, parmi lesquels : *L'Éclaireur de Nice*, 20 mai 1941, 26 mai 1941 ; *L'Appel*, Paris, 12 juin 1941 ; *Le Figaro*, Lyon, 14 juin 1941). Maria van Rysselberghe, « Les cahiers de la petite dame » (1937-1945), *Cahiers André Gide 6*, Paris, 1975 ; Roger Stéphane, *Toutes choses ont leur saison*, Paris, 1979.

à deux doigts de la collaboration avec les nazis. Mais, ajoutait méchamment Berl, « il était beaucoup trop prudent et trop frileux pour se faire fusiller ». Le 5 mai 1942, Gide s'embarqua à Marseille pour la Tunisie, et il allait demeurer en Afrique du Nord jusqu'à la fin de la guerre et de l'Occupation. [4]

L'histoire de l'année de la défaite abonde en récits d'évasions et d'évacuations. Car les écrivains et intellectuels qui s'étaient déclarés démocrates devaient entrer dans la clandestinité, en quittant Paris (et parfois même la France), s'ils ne voulaient pas être découverts par les Allemands ou par leurs ennemis politiques maintenant au pouvoir. En sécurité à Paris parce qu'il n'avait rien à craindre, Paul Léautaud ouvrit son journal du matin pour y lire d'un œil approbateur une attaque ironique lancée contre Jules Romains, qui était parti pour New York avec les archives du PEN Club français :

> Pourquoi ces pseudo-« guides de la pensée », ces « historiens de l'âme française », ces « humanistes », ont-ils abandonné comme des lâches Paris et la terre de France ? [s'interrogeait l'auteur de l'article]. Qu'ils restent où ils ont porté leur panique et qu'ils y meurent de honte. Ils ne sont pas la France.

Bien sûr, les plus engagés politiquement ne pouvaient que prendre la fuite. Au commencement de la guerre, Louis Aragon, alors âgé de quarante-deux ans, avait été appelé sous les drapeaux et envoyé sur le front près de la frontière belge. Lors de la débâcle, il avait été évacué de Dunkerque vers la côte sud de l'Angleterre, puis ramené en Bretagne avec d'autres soldats français qui espéraient poursuivre la guerre. Pris avec ses hommes, il était parvenu à s'enfuir et gagner la Dordogne, qui allait servir de refuge

4. Emmanuel Berl, *Interrogatoire par Patrick Modiano*, Paris, 1976 ; Michèle Cotta, *La Collaboration (1940-1944)*, Paris, 1964 ; André Gide, *Attendu que...*, Alger, 1943 ; *Pages de journal (1939-1941)*, Alger, 1944 ; Maria van Rysselberghe, « Les cahiers de la petite dame » (1937-1945), *Cahiers André Gide 6*, Paris, 1975.

à beaucoup de réfugiés antifascistes jusqu'à la fin de la guerre. Aragon était à l'aube d'une nouvelle carrière comme poète de la résistance, rédacteur de journaux et de livres diffusés clandestinement. Mais ses amis savaient toujours où le trouver. Le jeune écrivain Claude Roy rejoignit le couple Aragon-Triolet à Nice, où ils habitaient un appartement ayant vue sur la mer et sur le vieux marché aux fleurs. Plus tard, il eut le sentiment qu'ils n'avaient jamais été aussi heureux ni aussi libres qu'en ces années « de malheur et d'entraves ».

Jean-Richard Bloch, le compagnon d'Aragon à *Ce Soir*, demeura un certain temps à Paris derrière ses volets fermés. Étant juif, il avait davantage à craindre. Quand le dessinateur satirique Jean Bruller — qui allait bientôt devenir l'auteur clandestin « Vercors » — alla le voir, il apprit qu'un fils de Bloch se trouvait déjà en prison (par la suite, sa mère, âgée de quatre-vingt-quatre ans, allait être expédiée en Allemagne dans un camp de concentration ; sa fille, condamnée à mort, allait avoir la tête tranchée à la hache, et le mari de cette dernière devait être fusillé après s'être évadé d'un camp d'otages). Bloch lui-même eut davantage de chance. A la demande des autorités soviétiques alors partenaires de l'Allemagne, Bloch fut autorisé à traverser l'Allemagne dans un wagon plombé. A Moscou, il fut accueilli à la gare par Ilya Ehrenbourg, qui avait aussi des problèmes. Son roman sur la chute de Paris semblait trop antifasciste aux censeurs soviétiques. Quand Staline intervint pour lui permettre d'écrire ce qu'il voulait sur l'Allemagne nazie, Ehrenbourg comprit que son pays allait bientôt entrer en guerre contre Hitler.

Jean Guéhenno, l'homme d'*Europe* et de *Vendredi*, avait été nommé professeur de lycée à Clermont-Ferrand la première année de la guerre. Il se demandait ce qu'il allait faire en attendant la fin de l'occupation allemande. Il se promit, en tout cas, de réfléchir profondément, et d'employer la ruse pour pouvoir continuer à écrire. Une partie de son journal des années d'occupation, *Dans la prison*, allait paraître clandestinement. Mais ce fut également pendant ces années qu'il écrivit une biographie en deux gros vulumes de Jean-Jacques Rousseau. Au cours de l'été

1940, il se rendit à Carcassonne et y retrouva Jean Paulhan et Julien Benda — Benda, « l'étrange petit vieillard [il était alors âgé de 72 ans]... Insupportable et pourtant sympathique ». Benda bouillonnait de projets. Il montra à Guéhenno un exemplaire du dernier numéro de *Gringoire*, qui contenait une caricature de Benda accompagnée de cette légende : « Le clerc sanguinaire qui rêvait d'immoler la France à Israël. » Dans ses mémoires empreints de beaucoup de complaisance personnelle, Sacha Guitry raconte comment il aida Henri Bergson (qui avait alors quatre-vingts ans) à quitter les Landes pour Paris avec un sauf-conduit délivré par les forces d'occupation, de l'essence en quantité suffisante, au milieu des marques de respect des soldats allemands censés connaître les mérites de cet éminent représentant de la culture française ! Mais on peut supposer que ces Allemands-là ignoraient l'origine juive du philosophe. Les partisans français du nazisme, eux, ne l'ignoraient pas ; et ils attaquèrent le philosophe à Radio-Paris. Peu de temps après, quand il mourut, on l'enterra en silence et sans cérémonie. (Bergson avait embrassé la foi catholique, mais refusé le baptême afin de rester parmi les persécutés.)

Après sa libération d'un camp de détention dans les Pyrénées, Arthur Koestler vécut à Paris — bien souvent en se cachant — pendant la drôle de guerre, car les Français persistaient à voir en lui un ressortissant d'un pays ennemi. Il lui arriva en particulier de se cacher rue de l'Odéon, dans l'appartement d'Adrienne Monnier contigu à sa librairie. Il se cacha également au siège du PEN Club français. A l'armistice, il s'engagea dans la Légion étrangère, fut arrêté, et se réfugia à Londres en passant par Alger, le Maroc et le Portugal. Avant de s'embarquer à Marseille pour l'Afrique du Nord, il rencontra le sociologue et critique Walter Benjamin, juif allemand qui ne pouvait plus demeurer sans danger en France. Après une période d'internement dans un « camp de travail volontaire », Benjamin se préparait à fuir en Espagne par les Pyrénées. Il portait sur lui un visa américain et un stock de comprimés de morphine à avaler dans le cas où son projet d'évasion échouait. Il allait se suicider à la frontière espagnole.

Manès Sperber s'engagea dans l'armée française, et fut affecté à une compagnie d'émigrés. Après l'armistice, il se rendit dans le sud de la France — conscient des dangers qu'il courait, étant un juif né à l'étranger et un opposant actif au nazisme, également conscient des dangers que courrait quiconque l'hébergerait. Grâce à de faux papiers et de vrais amis, il parvint à se réfugier en Suisse.

Willy Münzenberg n'eut pas cette chance. Il n'était pas juif, mais avait figuré parmi les activistes antinazis les plus importants pendant qu'il remplissait ses fonctions d'agent du Komintern et après. Avec d'autres militants antinazis, il fut libéré d'un camp français de détention quelques jours avant l'arrivée de l'armée allemande, car les Français responsables du camp savaient ce qui leur arriverait si les Allemands les capturaient. Les prisonniers ainsi relâchés se divisèrent en petits groupes, et Münzenberg se dirigea vers l'est avec deux jeunes gens qu'il avait connus dans le camp. Quelques jours plus tard, on retrouva son corps dans une forêt, pendu à un arbre, le visage tuméfié ; d'après les renseignements qui parvinrent à Arthur Koestler, la position de la branche à laquelle était fixée la corde excluait toute possibilité de suicide. Quant aux deux compagnons d'évasion, nul n'en entendit plus jamais parler. Koestler attribue la mort de Münzenberg à la police secrète de Staline, comme dans le cas de Trotski et des officiers de renseignements en rupture, Walter Krivitsky et Ignatz Reiss. Il aurait pu ajouter, parmi les victimes de Staline, l'agent du Komintern Eugen Fried, confident et conseiller de Thorez. [5]

5. Pierre Daix, *Aragon, une vie à changer*, Paris, 1975 ; Ilya Ehrenbourg, *La nuit tombe*, Paris, 1966 ; Jean Guéhenno, *Journal des années noires (1940-1944)*, Paris, 1973 ; Sacha Guitry, *Quatre ans d'occupations*, Paris, 1947 ; Arthur Koestler, *Hiéroglyphes 2*, Paris, 1978 ; Paul Léautaud, *Journal littéraire*, XIII (février 1940-juin 1941), Paris, 1962 ; Maurice Martin du Gard, *La Chronique de Vichy (1940-1944)*, Paris, 1975 ; Claude Roy, *Moi je*, Paris, 1978 ; Manès Sperber, *Au-delà de l'oubli (Ces Temps-là, III)*, Paris, 1979 ; Vercors, *La Bataille du silence*, Paris, 1970. *Cahiers de l'Herne :* « Cahier Arthur Koestler », Paris, 1975.

Jusqu'à cette année troublée, Jean-Paul Sartre et Simone de Beauvoir s'étaient contentés d'observer l'activité des autres sans y participer. Dans les mémoires de Simone de Beauvoir, qui allaient également servir de mémoires pour Sartre, elle avoue leur passivité et l'attribue à leur individualisme, au sentiment de n'y rien pouvoir. Sartre alla même plus loin. Il raconta beaucoup plus tard dans une interview : « Je n'avais pas d'opinions politiques et, bien entendu, je ne votais pas. » Il admirait le Front populaire — mais de loin ; à l'époque de Munich, il se trouva partagé entre ses convictions pacifistes et le besoin de lutter à sa manière contre le nazisme, car il était antinazi « au moins dans [sa] tête ».

L'année 1939-1940 constitua l'événement décisif. « La guerre a vraiment divisé ma vie en deux. » Il avait trente-deux ans quand la guerre éclata. Conscrit, il servit dans un avant-poste sinistre sur le front oriental peu actif. Au début de février 1940, il revint en permission à Paris et passa une semaine à se promener en discutant avec Beauvoir ; il songeait beaucoup au monde d'après la guerre ; il était décidé à ne plus rester à l'écart de la politique comme il l'avait fait jusqu'alors. Il fallait assumer la situation dans laquelle on se trouvait et, pour ce faire, s'engager dans l'action. Cela représentait un changement radical dans leur attitude à tous deux — car Beauvoir se convertit immédiatement à ce programme. Sartre fut fait prisonnier à la fin des hostilités ; à son retour, à la fin du mois de mars 1941, il était décidé à prendre une part active à la Résistance.

Mais de quelle manière ? Dans la chambre d'hôtel de Beauvoir à Montparnasse, il retrouvait des amis tels que Maurice Merleau-Ponty, Jean-Toussaint Desanti, son ancien élève Jacques-Laurent Bost et Jean Pouillon. Ils discutaient des diverses possibilités qui s'offraient à eux. Des attentats ? Aucun d'entre eux n'aurait pu lancer une grenade. Rassembler des renseignements ? Faire de la propagande ? Cela leur ressemblait déjà davantage. Sartre écuma la rive gauche pour trouver des groupes mieux organisés. Leurs rencontres avaient lieu à la Closerie des Lilas ou dans le square voisin, dans les *turnes* de l'École normale supérieure ou dans des chambres d'hôtels. Ils appelèrent leur mouvement « Socialisme et Liberté » et, dans le premier numéro de leur bulletin, Sartre proclama que si l'Allemagne avait gagné la guerre, eux se fixaient pour tâche de lui faire perdre la paix.

Pendant les congés scolaires de 1941, Sartre et Beauvoir franchirent clandestinement la ligne de démarcation : pour s'y reposer, écrire — Sartre commença *les Mouches* à Marseille —, mais surtout pour commencer à prendre contact avec des Parisiens réfugiés dans le Sud. Ils trouvè-rent Gide à Grasse ; il leur suggéra que Pierre Herbart constituerait une meilleure recrue. Sartre jugea Gide assez vague, et lui déclara qu'il était « un commis voyageur en idées » — des idées subversives, et même dangereuses. Il annonça également à Gide qu'il allait voir Malraux, et Gide lui souhaita « un *bon* Malraux. »[6]

Au moment de la déclaration de guerre, comme nous l'avons vu, Malraux voyageait dans le sud de la France avec sa compagne Josette Clotis. Ses efforts pour être enrôlé dans l'armée le menèrent dans un corps de blindés — il avait alors trente-huit ans. Après plusieurs mois d'oisiveté forcée à Provins, près de Paris, il se trouva brièvement dans la zone des combats avant d'être fait prisonnier ; son frère Roland et ses amis le firent libérer d'un camp de prisonniers à Sens. Il gagna la Côte d'Azur, où l'amie de Gide, Dorothy Bussy, mit à sa disposition la villa qu'elle possédait à Roquebrune, la Souco, avec tout son mobilier et même le maître d'hôtel... Manès Sperber, pour qui la côte méditerranéenne constitua un abri provi-soire avant son exil en Suisse, trouva Malraux grâce à Gide ; nous lui devons une description de la villa de Roquebrune : la salle à manger s'ouvrait sur la mer par de grandes fenêtres ; elle donnait d'un côté sur la baie de Monte-Carlo, et de l'autre sur la côte italienne, le maître

6. Simone de Beauvoir, *La Force de l'âge,* Paris, 1972 ; Paul Nizan, *Aden Arabie* (Préface de J.-P. Sartre), Paris, 1960 ; Maria van Rysselberghe, « Les cahiers de la petite dame » (1937-1945), *Cahiers André Gide 6,* Paris, 1975 ; Jean-Paul Sartre, *Situations,* X, Paris, 1976. Jean-Paul Sartre, « Merleau-Ponty vivant », *Les Temps moder-nes,* Paris, 17e année, n° 184-185.

d'hôtel servait en gants blancs, bien qu'il y eût essentiellement des rutabagas (d'après les souvenirs de Sperber).
La villa se trouvait située au cap Martin, à proximité
d'un vieux village que dominait un château médiéval. « Je
vous attends dans une maison rose », avait écrit Malraux à
Josette Clotis, « avec un petit bois d'orangers, un magnolia
et un chat genre ballet ». Certains amis qui le fréquentèrent pendant ces années-là firent état de ses préoccupations
concernant le livre qu'il écrivait, l'inachevée *Lutte avec
l'ange*, ainsi qu'un essai sur T. E. Lawrence, à l'exclusion
de toute pensée politique — sans même parler d'action.
Quand les extrémistes avaient menacé Gide, le conseil que
Malraux lui avait fourni d'y renoncer était sans aucun doute
le meilleur qu'il eût pu lui donner ; mais, de retour à la
Souco, il se révéla moins charitable. « Quelle connerie ! »
déclara-t-il à Josette Clotis. « On ne meurt pas pour Henri
Michaux. »

L'histoire de Malraux pendant ces années-là ne peut
guère se comprendre si l'on n'explique sa vie avec Josette,
qui lui avait donné son premier fils, et qui attendait son
divorce d'avec Clara pour devenir la seconde madame
Malraux. Car Josette Clotis ne représentait pas uniquе-
ment l'incitation à un repos — bien mérité — du guerrier. Il
existe des preuves convaincantes qu'elle encourageait
concrètement Malraux à s'éloigner de ses engagements
politiques passés. Ces preuves se présentent sous la forme
de notes et correspondances, employées par son amie
Suzanne Chantal dans sa biographie, celle-ci ayant été
publiée avec l'accord de Malraux lui-même. A partir du
milieu des années trente, la jeune femme avait exercé une
influence croissante sur Malraux, participant de plus en
plus à sa vie active ainsi qu'à sa carrière d'écrivain. Dans un
milieu intensément politique, elle demeurait obstinément
apolitique, avec des complaisances envers le racisme, et
plus proche du fasciste déclaré Drieu La Rochelle que
d'aucun ami antifasciste d'André Malraux. De Malraux et
son épouse juive, elle disait que « leurs nez [n'étaient] pas
en harmonie », ou allait jusqu'à suggérer qu'il était moins
important qu'une juive eût un enfant hors du mariage,
plutôt qu'elle-même.

Ce qui apparaît constamment, c'est la pression possessive qu'elle exerçait sur Malraux afin qu'il abandonne la
lutte antifasciste — pour elle. Alors même qu'il combattait
en Espagne, elle le suppliait de renoncer à cette guerre et
même aux meetings politiques en faveur de l'Espagne ; de
partir se cacher avec elle à la campagne, ou à l'étranger.
« Il faudrait quand même le temps de votre livre, entre
l'Espagne et leur guerre [c'est-à-dire la Seconde Guerre
mondiale, qui approchait], le temps, aussi, d'être un peu
calmes et heureux. » Lui : « Je ne me laisserai pas manger
par vous, ogresse. » Mais ne l'autorise-t-il pas à le faire
quand même ? Quand éclate la guerre, elle pense : « Si je
pouvais toujours tenir le drame du monde loin de lui... le
porter seule. » Elle craignait que la guerre ne le rapproche
« des intellectuels hors la vie, des pédérastes, des cinglés,
des gens qui ont besoin de se saouler, de se droguer, de
coucher avec tout le monde, de se faire psychanalyser ».
Ainsi parlait Josette Clotis des camarades politiques et
littéraires du Malraux d'avant la guerre.

La retraite forcée loin de Paris, grâce à l'occupation
allemande, fut donc sa grande chance. « C'est donc, enfin,
la vie que Josette a tant espérée, attendue », écrivit par la
suite sa confidente et biographe, au sujet de leur vie à la
Souco. « La Méditerranée, être ensemble, la vie quotidienne plaisante et aisée, dans un ravissant décor, avec
[leur maître d'hôtel] Luigi, un bel Italien bouclé et souriant, qui sait tout faire, le ménage, et servir à table en
veste blanche. » Elle ne s'intéressait qu'aux vêtements, et
elle était snob, anti-intellectuelle. « Je déteste cet univers
qu'on me dit être l'univers suprême. » Bien qu'elle eût
écrit des romans et tenu une rubrique mondaine dans
*Marianne*, elle trouvait vite ennuyeux les amis de Malraux.
Quant à Drieu La Rochelle : « Il est beau ! Si André
n'avait que des amis comme lui ! » Grâce aux excellentes
relations de Drieu avec les Allemands, elle avait reçu un
sauf-conduit pour quitter Paris avec son premier fils — de
manière grandiose, en manteau de vison, dans un wagon-lit
— pour rejoindre Malraux sur la Côte d'Azur. Et, ensuite,
Drieu sera le parrain de leur second fils. Plus tard, quand
Malraux entra finalement dans la résistance active et qu'il

se rendit clandestinement à Paris, elle l'inquiéta en téléphonant à Drieu pour lui fixer un rendez-vous.

On ne peut ignorer tout cela si l'on veut comprendre
l'éberluement de Sartre, en ce premier été de la défaite
française, quand il arriva pour déjeuner à la Souco. « Ils
déjeunèrent d'un poulet grillé à l'américaine, fastueusement servi », rapporta Simone de Beauvoir, sans aucune
mention de rutabagas. Malraux écouta poliment les projets
de résistance de Sartre, mais déclara que, pour sa part, il ne
croyait pas à l'utilité pratique d'un engagement : seuls les
tanks russes et les avions américains — dont aucun n'était
alors entré en action — pourraient vaincre les Allemands.
La biographe de Clotis décrit le défilé des visiteurs qui
tentaient de convaincre Malraux, sans plus de succès que
n'en avait eu Sartre : Jean Cassou, Roger Stéphane,
Claude Bourdet entre autres. Elle relate la réaction mépri-
sante de Clotis devant ces sollicitations : « Celui qui parle
de risquer la prison file d'ailleurs à l'étranger huit jours plus
tard. L'autre qui rêve d'une revue patriotique et clandestine voudrait se couvrir de gloire dans une arrière-boutique
d'imprimeur, protégé par les relations de son beau-père. »

Boris Vildé, chercheur au musée de l'Homme, fut sans
doute l'un des visiteurs dont parlait ainsi Clotis. Fondateur
de l'un des tout premiers groupes de résistance, avec
d'autres membres de l'équipe du musée et quelques amis, il
se trouvait en janvier 1941 dans le midi de la France, et
prenait de sérieuses précautions — car plusieurs membres
du réseau avaient déjà été arrêtés à Paris. Il alla voir son
mentor, Gide, mais ne lui fit aucune ouverture. Il rendit
ensuite visite à Malraux, et l'invita à se joindre à son
groupe de résistance. Malraux répondit : « Soyons sérieux,
avez-vous des armes ? » En fait, le groupe de Vildé avait
résolu d'employer tous les moyens sauf l'action armée.
Malraux ricana : tout au moins fut-ce ainsi que Vildé rendit
compte de l'entretien à Jean Cassou et aux autres membres
du groupe clandestin quand il regagna Paris. Vildé insista,
citant les noms des autres. Malraux : « Tout cela est très
gentil, mais pas sérieux. » Il s'engagea à entrer dans la
résistance dès que les États-Unis entreraient en guerre.
Malraux avait certainement raison au sujet des dangers, car

Vildé ne tarda pas à être arrêté et, avec d'autres membres du réseau, à être fusillé par les Allemands.

Il convient de préciser, comme le fit son ami Sperber, que Malraux refusa d'écrire pour aucune revue à Paris, ou même de publier des livres dans la France occupée ; s'il refusa toute sollicitation de la part des amis qui étaient déjà entrés dans la clandestinité, c'était afin de se garder disponible pour le jour où il pourrait se battre avec autre chose que des mots. [7]

7. Entretien avec Jean Cassou. Simone de Beauvoir, *La Force de l'âge*, Paris, 1972 ; Emmanuel Berl, *Interrogatoire par Patrick Modiano*, Paris, 1976 ; Martin Blumenson, *Le Réseau du musée de l'Homme*, Paris, 1979 ; Suzanne Chantal, *Le Cœur battant — Josette Clotis-André Malraux*, Paris, 1976 ; Clara Malraux, *La Fin et le Commencement* (*Le Bruit de nos pas*, V), Paris, 1976 ; Maria van Rysselberghe, « Les Cahiers de la petite dame » (1937-1945), *Cahiers André Gide 6*, Paris, 1975 ; Manès Sperber, *Au-delà de l'oubli* (*Ces Temps-là*, III), Paris, 1979. Walter G. Langlois, « André Malraux, 1939-1942, d'après une correspondance inédite », *La Revue des Lettres modernes*, Paris, n° 304-309, 1972.

# 3

# La prise de la NRF

Dans l'histoire culturelle de la France occupée, aucun événement n'est aussi révélateur des forces en présence que la prise de la *Nouvelle Revue française*. Il peut même sembler difficile à un lecteur ne connaissant que la réincarnation d'après-guerre de la revue de comprendre son rôle dans la France d'entre les deux guerres, quand elle constituait la référence obligatoire, le lieu par excellence, de la littérature et de la pensée contemporaines. Otto Abetz, ambassadeur allemand dans Paris occupé, avait lui-même affirmé : il y a trois forces en France : « le communisme, la haute banque et la *NRF* ».

Quand les Gallimard quittèrent Paris pour la Normandie au tout début de la guerre, une bonne partie de la rive gauche les y suivit, ne fût-ce qu'en pensée. Et les suivit ensuite jusqu'aux remparts de Carcassonne. Mais, si les Gallimard voulaient sauver leur maison d'édition, ils allaient devoir le faire à Paris. Redémarrer était essentiel, non seulement pour l'éditeur mais pour ses auteurs, dont beaucoup vivaient de leurs droits. Ainsi, Gide s'inquiéta de l'état de ses finances lorsque Gallimard ne fut plus en mesure de lui rien verser ; Valéry, Malraux et bien d'autres vedettes littéraires se trouvaient dans le même embarras.

Le sauvetage de la maison Gallimard requérait un pacte avec le diable et, dans cette maison éclectique, dénicher un diable n'avait rien de bien difficile. Pierre Drieu La Rochelle était virtuellement le fasciste de la maison. Ses biographes s'attachent à montrer l'évolution progressive de son idéologie : dans les années précédant la guerre, il semblait s'entraîner délibérément à devenir un meilleur nazi, un meilleur antisémite ; il tourna le dos à ses amis juifs afin de mieux vivre en accord avec ses opinions. Le 1er mai 1940, à la veille de l'attaque décisive des Allemands dans le nord de la France, il informa Gaston Gallimard qu'il n'écrirait plus pour une revue — la *NRF* — qui publiait Louis Aragon. Et il nota dans son journal : « En tout cas, je suis bien décidé à ne plus mettre les pieds à la NRF, où dominent les juifs, les communistes, les anciens surréalistes et toutes sortes de gens qui croient en principe que la vérité est à gauche. » Ridicule, lui répondit Paulhan. « S'il y a des gens qui pensent que la NRF devient communiste quand elle publie un poème d'Aragon, fasciste avec vous, radicale avec Alain, pacifiste avec Giono et guerrière avec Benda, eh bien, ce sont des sots. »

Sur Paulhan, Drieu écrivit dans son journal : « ... ce petit fonctionnaire, pusillanime et sournois, oscillant entre le surréalisme hystérique et le rationalisme gaga de la République des professeurs ».

Brutalement, en moins de temps qu'on ne l'aurait cru possible, les Allemands furent dans Paris, et tout, *tout* changea pour Drieu. Ses biographes trouvèrent cette remarquable notation dans son journal, datée d'une semaine tout juste après la chute de Paris : « Quant à la NRF, elle va ramper à mes pieds. Cet amas de Juifs, de pédérastes, de surréalistes timides va se gondoler misérablement. Paulhan, privé de son Benda, va filer le long des murs, la queue entre les jambes. » Il avait en effet résumé là l'avenir de la *Nouvelle Revue française*. Car Drieu était un homme nouveau, Guéhenno s'en rendit compte, en lisant l'appel de Drieu au rassemblement autour de la cause allemande, dans un hebdomadaire violemment pro-allemand, au cours de l'Occupation. Il avait été l'une des personnes les plus paresseuses que Guéhenno eût jamais rencontrées, songeait ce dernier, et maintenant, sous la domination hitlérienne, il « allait se mettre à travailler comme quatre ». En quelques semaines, Drieu arrivait à Vichy, et annonçait à Emmanuel Berl qu'il souhaitait « sauver la France. A n'importe quel prix ».

La grande chance de Drieu fut le parrainage de son ami allemand Otto Abetz, qui arriva peu de temps après les premières troupes nazies à Paris, pour y représenter le

gouvernement civil de l'Allemagne ; il eut bientôt rang
d'ambassadeur. Dans sa fonction d'organisateur des mouvements culturels franco-allemands, Abetz avait invité
Drieu en Allemagne dès 1934 ; en tant que chef de la
section française de la Jeunesse hitlérienne et conseiller
pour la France de von Ribbentrop, lui-même conseiller de
Hitler pour les affaires étrangères, Abetz avait joué un rôle
clé dans le développement de la propagande nazie en
France. Sa femme était française ; elle avait été la secrétaire de Jean Luchaire, l'ami d'Abetz qui allait maintenant
devenir le directeur le plus en vue de la presse de la
collaboration dans Paris occupé, pour être condamné et
exécuté après la victoire des Alliés. Mais il ne faut pas sous-
estimer l'admiration d'Abetz pour la culture française. Il
n'était pas venu pour détruire Paris, mais pour le préserver
au service de l'Allemagne nazie. Il pouvait donc encourager l'activité créatrice. Drieu convainquit bon nombre de
ses pairs à Paris qu'Abetz était un homme à la compréhension très large, avec qui le dialogue était toujours possible.
Il n'avait rien à voir avec les SS, rien à voir avec la Gestapo
(mais il était quand même le représentant officiel de
Hitler).

Très rapidement, Abetz et Drieu convinrent que ce
dernier devrait publier une revue littéraire, en y attirant
d'anciens collaborateurs de la *NRF*. Et il leur apparut
aussitôt que le plus simple serait de reprendre la *NRF*. Il
suffisait de convaincre Gaston Gallimard, et il ne fut pas
long à voir l'aspect positif de ce marchandage : en publiant
la *Nouvelle Revue française* sous contrôle allemand, les
éditions Gallimard bénéficieraient de cette protection pour
leurs livres. Jean Paulhan, à qui il expliqua tout cela,
trouva Gallimard naïf, de même qu'il jugeait Drieu naïf de
croire que sa *NRF* représenterait une véritable collaboration intellectuelle franco-allemande. [1]

---

1. Otto Abetz, *Histoire d'une politique franco-allemande (1930-
1950)*, Paris, 1953 ; Pierre Andreu et Frédéric Grover, *Drieu La
Rochelle*, Paris, 1979 ; Emmanuel Berl, *Interrogatoire par Patrick
Modiano*, Paris, 1976 ; Jean Guéhenno, *Journal des années noires
(1940-1944)*, Paris, 1973 ; Paul Léautaud, *Journal littéraire*, XIII
(février 1940-juin 1941), Paris, 1962.

Drieu se mit alors à s'agiter et, de même, avec une certaine angoisse, Gaston Gallimard. Car le rôle de l'éditeur était de convaincre les éminents fondateurs et auteurs de la *NRF* de poursuivre leur participation à une revue du même nom, publiée sous les auspices des autorités allemandes, et avec Drieu pour maître. Au fil des négociations, des listes d'auteurs se formaient et se modifiaient; certains donnaient un accord provisoire, pour ensuite se dégager. Et Drieu pouvait ainsi annoncer à Jean Giono que le comité de rédaction se composerait du surréaliste Paul Eluard, du romancier Louis-Ferdinand Céline, du prestigieux fondateur André Gide, et de Giono lui-même s'il acceptait. Mais Gide n'avait pas été informé de tout cela. Gaston Gallimard alla le voir à Cabris pour lui expliquer que, s'ils ne ranimaient pas la *NRF,* les Allemands s'en empareraient tout simplement. Paulhan dut donc s'en aller, remplacé par Drieu (à ce stade du projet, Saint-Exupéry et Malraux étaient également censés faire partie du comité directeur). Maria van Rysselberghe trouva Gide « heureusement fort hésitant », et elle parvint à le persuader de refuser de prêter son nom. Mais, pour manifester sa bonne volonté, Gide offrit un choix d'extraits inédits de son journal pour le premier numéro. Ces extraits se terminaient par la note « à suivre », car Gide se disait qu'il pourrait ainsi, en ne donnant rien d'autre s'il n'aimait pas la manière dont se présenterait la revue, avertir ses lecteurs. En même temps, il annonça à Gallimard qu'il ne voulait pas figurer au comité éditorial, puisque Paulhan en était exclu. Gide avoua cependant qu'il aurait été tenté de donner sa chance à la politique de la collaboration; et, s'il ne suivit pas son inclination, ce fut grâce aux conseils de ses amis.

Paulhan tenta un dernier effort désespéré pour empêcher la revue ainsi ressuscitée de s'appeler la *Nouvelle Revue française* et ce, afin de garder le précieux symbole hors des mains des Allemands. Il perdit la bataille, non pas à cause de Drieu, mais parce que l'un des rédacteurs insista pour que l'on garde son nom à la revue.

Puis, à la veille de la publication du premier numéro de

la *NRF* de Drieu, les Allemands firent monter les enchères
en venant fermer la maison d'édition. Le prétexte en était,
suivant la légende, que des officiers allemands cantonnés
dans le manoir des Gallimard en Normandie y avaient
découvert des livres antinazis. En vérité, l'événement fut
moins abrupt que cela. D'après le récit qu'en fit Gallimard
à Gide, il avait été prié d'abandonner 51 % du capital de la
maison d'édition à un éditeur allemand et, comme il
refusait, les Allemands avaient déclaré : « Très bien, alors
nous mettons les scellés dans vos maisons, vous avez deux
heures pour vider les lieux, et la revue ne paraîtra plus. »

Drieu était évidemment l'intermédiaire idéal pour s'occuper de *cela*. A présent, en plus de la relation privilégiée
qu'il entretenait avec l'ambassadeur Abetz, il avait un
nouvel ami en la personne de ce curieux adjoint au
ministère de la Propagande, Gerhard Heller, dont nous
parlerons davantage. Pétri de culture française et peu
enthousiasmé par le nazisme, Heller était le représentant
idéal des autorités allemandes du point de vue des éditeurs
français et de leurs auteurs. Au cours des dernières
semaines précédant le lancement de la nouvelle *NRF*,
Drieu rendit visite à Heller au quartier général de la
Propagandastaffel, au 52 de l'avenue des Champs-Élysées.
Il n'y avait guère lieu de s'inquiéter, car Abetz avait promis
à Drieu que la revue bénéficierait d'une exemption de
censure. Heller y ajouta un mot personnel. Encore étudiant, il avait assisté à plusieurs conférences de Drieu, et lu
quelques-uns de ses livres. « J'allais déjà vous demander si
je peux vous rencontrer ailleurs. » Et Drieu répondit :
« Disons ce soir, dans mon appartement. » Heller l'avertit
qu'il serait obligé de venir en uniforme d'officier allemand,
avec bottes et harnachement complet. « Qu'importe ! » Et,
ce soir-là, Heller se rendit donc sur la rive gauche — dans
un quartier particulièrement élégant, avenue de Breteuil,
où Drieu habitait un vaste appartement avec une vue
imposante ; il s'agissait non seulement de la première visite
de Heller chez un Français, mais de sa première expérience
du whisky. Avant la fin de la soirée, il avait déjà conclu —
mais sans en faire part à Drieu — que ses propres idées
politiques se trouvaient fort à gauche de celles de son hôte.

Quelques jours plus tard, Drieu et Heller se promenaient aux Tuileries quand Heller dévoila ses efforts pour faire rouvrir la maison d'édition Gallimard. Les autorités d'occupation lui avaient donné l'assurance que la maison pourrait reprendre ses activités d'ici peu de jours. Heller lui-même se rendit au quartier général de la Feldpolizei, où il convainquit un capitaine (professeur de français avant la guerre) que la fermeture forcée de l'immeuble Gallimard privait l'éditeur des ventes du stock déjà édité sur lesquelles il aurait pu compter pour Noël. Il accompagna ensuite l'officier de police rue Sébastien-Bottin et l'aida à ôter les scellés, qui consistaient en bandes de papier portant le cachet de la Feldpolizei. D'un bureau du premier étage (Heller devait apprendre par la suite qu'il s'agissait de celui de Paulhan), Heller téléphona à Drieu pour le charger d'annoncer à Gaston Gallimard qu'il pouvait reprendre ses activités.

Peu de temps après — le 7 décembre 1940 —, Gaston Gallimard retourna à Cabris, où il donna à Gide un exemplaire du premier numéro de la *NRF* de Drieu, et lui raconta ses tribulations avec les Allemands. Gide et sa *petite dame* furent ainsi convaincus que Gallimard pouvait désormais publier à nouveau grâce à sa résistance contre les Allemands — et non parce qu'il avait donné des gages. Et Gide trouva ce premier numéro fort présentable.

« Eh bien, cette fois, les Français, qu'ils le veuillent ou non, ont commencé », écrivit Drieu dans la revue collaborationniste *le Fait*. « Les Allemands étaient là et il a fallu s'arranger avec les Allemands... nous collaborons, et cela est une garantie de vie.

Les gens dans l'administration, les gens dans les affaires, les intellectuels collaborent... »[2]

2. Entretien avec Gerhard Heller. Également Heller, *Un Allemand à Paris,* Paris, 1981. Archives Jean Paulhan. Marcel Arland, *Ce fut ainsi,* Paris, 1979 ; Centre d'études gidiennes (Université de Lyon II), *La Nouvelle Revue française (1940-1943),* Lyon, 1975 ; Michèle Cotta, *La Collaboration (1940-1944),* Paris, 1964 ; Maria van Rysselberghe, « Les cahiers de la petite dame » (1937-1945), *Cahiers André Gide 6,* Paris, 1975.

Si l'on prend d'une main un exemplaire d'un numéro d'avant-guerre de la *Nouvelle Revue française,* et de l'autre un exemplaire de la version de Drieu, qu'est-ce qui les distingue ? Même couverture blanche, avec le titre de la revue et des rubriques imprimé en rouge, et le sigle « NRF » de Jean Schlumberger en bas ; même la numérotation des livraisons se poursuivait, et le prix de vente n'avait pas varié. La *NRF* de Drieu commença avec un numéro daté du 1er décembre 1940. Un lecteur fidèle pouvait remarquer que, dans le numéro précédent, paru juste avant la chute de Paris, un roman d'Aragon avait commencé d'y paraître, *les Voyageurs de l'impériale,* à suivre dans le prochain numéro. Mais Drieu n'allait pas laisser son ancien ami et ennemi — puisqu'il personnifiait le parti communiste — paraître dans *sa* revue.

Ce premier numéro présentait une participation de l'ancien groupe de la *NRF* aussi complète que Drieu avait pu l'espérer, et surtout de ceux qui suivront Drieu jusqu'au bout : Jacques Chardonne, Jacques Audiberti, Marcel Aymé, Marcel Jouhandeau, Jean Giono, Paul Morand, Ramon Fernandez, pour ne citer que les plus connus. Le vénérable professeur de philosophie Alain, y publia également une brève contribution, ainsi que le compositeur Georges Auric dans le domaine de la critique musicale, et Brice Parain, Kléber Haedens et Claude Roy pour la critique littéraire. En dos de couverture, on pouvait lire l'annonce pour les prochains numéros de contributions de Marcel Arland, André Gide, Henry de Montherlant, Antoine de Saint-Exupéry, Saint-Pol-Roux et Paul Valéry (mais jamais rien n'y parut de Saint-Exupéry). Le dos de couverture du numéro suivant promettait des œuvres de Paul Eluard, André Malraux, François Mauriac pour bientôt, mais ni Malraux ni Mauriac ne mordirent à l'appât.

Le vrai changement consistait évidemment dans la présence de nouveaux venus profascistes et antisémites, écrivains qui auraient été refusés sans hésitation par Paulhan. Ils donnèrent le ton. Pourtant, lorsque parut un nouveau poème d'Eluard — couvrant cinq pages du numéro de février 1941 —, il était dédicacé à Paulhan. La nouvelle *NRF* s'offrit également le luxe d'un bref hommage au philosophe Henri Bergson, dont les origines juives ne pouvaient guère plaire aux forces d'occupation. Il y parut également un hommage à James Joyce, de la plume d'un familier de la presse de la collaboration, Georges Pélorson.

Certains auteurs publièrent régulièrement dans la *NRF* de Drieu : Alain, Marcel Arland, Audiberti, Chardonne, Fabre-Luce, Fernandez, le poète Jean Follain, Jean Giono, Jouhandeau, Montherlant, Armand Petitjean, Henri Thomas. D'autres y collaborèrent juste une ou deux fois, mais suffisamment pour donner une apparence de légitimité à l'entreprise de Drieu : Jean Cocteau, par exemple, ou Louis Guilloux, Georges Izard, Jacques Madaule, Louise de Vilmorin. Ils étaient parfois représentés dans la revue par des extraits d'œuvres qui allaient paraître aux éditions Gallimard (qui s'annonçaient toujours comme les « Éditions de la NRF »). Drieu publiait non seulement Eluard, mais le jeune poète communiste Eugène Guillevic, et Claude Roy, jeune homme de droite qui avait brusquement viré à gauche bien avant la publication de ses poèmes en février 1943. Boris Pasternak, aussi. Les biographes de Drieu le montrent à la pêche aux auteurs, et bien souvent les perdant sitôt pêchés : tel Eluard, aussitôt après la publication de son poème ; Mauriac, qui décida de s'abstenir en y lisant des articles de Jacques Chardonne et Alfred Fabre-Luce ; Gide, finalement, qui attendit que Chardonne publiât ses opinions proallemandes sous la forme d'un livre avant de retirer son soutien à la revue qu'il avait participé à fonder plus de trente ans auparavant.

Dans le cas de Guillevic, Drieu savait que l'écrivain sympathisait avec les communistes, mais il publia quand même ses poèmes. Les deux hommes avaient éprouvé tout de suite une amitié réciproque, et Drieu courtisait Guillevic avec toute l'ardeur d'un soupirant : chez lui, au restaurant, au théâtre. Guillevic se souvint par la suite d'avoir dit à Drieu ce qu'il pensait de ses idées politiques. Et Drieu lui répondit qu'il voyait dans le fascisme un moyen de parvenir au communisme sans passer par la brutalité du bolchevisme. Paul Léautaud, pour sa part, n'était pas bien difficile à convaincre : il suffisait à Drieu de lui dire que lui

aussi détestait les juifs et les pédérastes, et que la *NRF* en
était libérée, ainsi que des communistes. Léautaud
s'étonna de recevoir une carte de presse officielle de la
*NRF* sans l'avoir demandée, ce qui lui permettait, dans
l'exercice de ses fonctions, de pouvoir obtenir la protection
des autorités. C'était la première fois de sa vie qu'il se
trouvait pris dans un engrenage administratif. D'autres
auteurs sollicités par Drieu, comme Jean Grenier, décidèrent d'observer d'abord comment évolueraient les relations
de la revue avec les Allemands ; il y eut certainement plus
de refus que nous ne pouvons le savoir. Une chose est
certaine : aucune littérature durable ne sortit de la *NRF*
d'occupation ; il n'y parut aucune œuvre nouvelle susceptible de marquer l'histoire de la littérature contemporaine —
aucun équivalent de la publication en feuilleton de *la
Condition humaine* de Malraux. *L'Étranger* de Camus
aurait pu être cet équivalent, mais Camus refusa tout
simplement son autorisation de publier ce roman dans la
*NRF*. L'impossibilité où se trouvait Drieu de convaincre les
meilleurs auteurs du présent et de l'avenir le persuada peu
à peu, sinon ses lecteurs, qu'il ne pouvait poursuivre
pareille expérience de collaboration littéraire.

Cependant, les pressions continuaient de s'exercer sur
ceux dont le prestige aurait pu sauver l'entreprise : et en
particulier sur Gide. Heureusement pour lui, il se trouvait
virtuellement hors d'atteinte sur la Côte. Drieu employa
tout le tact qu'il put, exprima sa gratitude à Gide pour
l'avoir autorisé à publier des extraits de son journal, ce qui
prouvait la confiance de Gide dans les efforts de Drieu
pour sauver la *NRF* en tant que bastion de la littérature
française et universelle. Mais, par le même courrier que ce
message de Drieu, arriva à Cabris un exemplaire du
nouveau livre de Jacques Chardonne, *Chronique privée de
l'an 1940,* dont les extraits publiés dans la *NRF* avaient
alarmé Gide ; il se rendit compte à présent que Chardonne
proposait une philosophie de collaboration avec les autorités d'occupation et présentait Drieu comme l'une des
lumières essentielles. Cette fois, Gide se montra ferme. Il
exigea que son nom fût retiré de la couverture de la revue,
et rendit publique sa décision par une note publiée dans *le*

*Figaro*, sur la même page que sa sévère critique de la *Chronique* de Chardonne.

Cependant, Gaston Gallimard redoutait les conséquences du retrait de son vieil ami pour sa stratégie propre, et il s'exprima à ce sujet dans une lettre à Gide : une telle défection ternirait l'image de la maison et représenterait un coup mortel pour la revue. Grâce à Maria van Rysselberghe, nous disposons d'un témoignage sur le combat subtil et moins subtil qui se déroula autour de Gide (et qui ne devait s'achever qu'avec la disparition de la publication). Ainsi elle assista à une visite de Malraux chez Gide à Nice, en février 1942. Malraux lui annonçait une nouvelle tentative de Drieu pour le convaincre de revenir à la *NRF*, à laquelle Paulhan allait désormais participer. Malraux, lui, se tiendrait à l'écart. « J'ai une fille dont la mère est juive et je suis bien décidé à ne pas collaborer avec ceux qui professent de l'antisémitisme comme Drieu ; ceci n'enlève du reste rien à la considération que j'ai pour lui. »[3]

Si la revue de Drieu semblait souvent refléter l'éclectisme de son modèle d'avant-guerre, elle avait néanmoins un style bien à elle. Les textes qu'on devait se rappeler le mieux par la suite parurent dans les premiers numéros : tous les regards en effet demeuraient tournés à l'époque vers ce petit immeuble de la rue Sébastien-Bottin. D'où le choc que causa Chardonne, qui s'était alors illustré par des romans finement ciselés sur les femmes et l'amour — rien de politique. Sa *Chronique privée de l'an 1940* constituait un plaidoyer en faveur de l'acceptation de l'inévitable. Loin d'inciter bruyamment à la collaboration, il la justifiait tout simplement. Chardonne approuvait la décision de Pétain de collaborer avec l'Allemagne nazie, se prononçait en faveur des régimes autoritaires plutôt que démocratiques, et détaillait les anecdotes « prouvant » que les Allemands

3. Entretien avec Eugène Guillevic. Pierre Andreu et Frédéric Grover, *Drieu La Rochelle*, Paris, 1979 ; Centre d'études gidiennes (Université de Lyon II), *La Nouvelle Revue française (1940-1943)*, Lyon, 1975 ; Maria van Rysselberghe, « Les cahiers de la petite dame » (1937-1945), *Cahiers André Gide 6*, Paris, 1975.

étaient de braves types. Il rapportait également ces propos, fréquemment cités depuis, d'un producteur de cognac à l'adresse d'un colonel allemand à qui il offrait un verre amical : « J'aimerais mieux vous avoir invité. Mais je ne peux rien changer à ce qui est. Appréciez mon cognac ; je vous l'offre de bon cœur. »

Il y avait aussi cet homme étrange, qui avait paru tellement indépendant, si éloigné des groupes : Henry de Montherlant. Pourtant, rien dans sa pensée ne semblait en conflit avec la philosophie nazie (on employait des traductions de ses œuvres dans les écoles allemandes). « Je vois triompher en ce jour le principe dont je suis imbu, que j'ai chanté, qu'avec une conscience extrême je sens gouverner ma vie », écrivit Montherlant après la victoire allemande, et Drieu se fit une joie de placer cet article en première page de la revue (en novembre 1941). La France vaincue doit comprendre, expliquait Montherlant, « que les relations franco-allemandes ne seront fécondes que si elles jouent dans ce même climat révolutionnaire où est née l'Allemagne hitlérienne »...

Après deux années de publication d'une revue qui aujourd'hui nous semble triste et terne, Drieu présenta son propre « bilan » dans le numéro de janvier 1943. Les *anciens* s'étaient abstenus de participer à son expérience ? « Paix à leur silence. » Cela lui avait permis de publier une nouvelle génération qui, autrement, aurait dû attendre, et il citait entre autres Audiberti, Guillevic et Henri Thomas ; il parvenait également à remercier Paulhan pour son soutien. Drieu observait qu'il avait essuyé des critiques pour avoir entraîné la revue dans la voie de la politique, mais en fait elle avait toujours été engagée : cette fois, constatait-il, la *NRF* avait choisi l'hitlérisme. « Je suis fasciste parce que j'ai mesuré les progrès de la décadence en Europe. » Sa position politique lui permettait de critiquer la politique « tiède » de Vichy, avec ses « catholiques à demi masqués, démocrates mal lavés », qui refusait l'occasion d'établir un véritable fascisme en France. [4]

4. Marcel Arland, *Ce fut ainsi*, Paris, 1979 ; Jacques Chardonne, *Chronique privée de l'an 1940*, Paris, 1940 ; Maurice Martin du Gard,

Si l'attitude de Drieu La Rochelle nous semble quelque
peu morbide, il y a en revanche quelque chose de joyeux
dans celle de Paulhan — comment expliquer cela ? Est-ce
parce que Paulhan donnait l'impression de jouer jusque
dans les moments les plus graves ? Il n'était que juste que
Drieu l'eût remercié pour son aide, car il est avéré que non
seulement Paulhan transmit des manuscrits à Drieu, mais
qu'il sollicita des contributions pour la *NRF* — tout en
refusant lui-même d'y écrire parce que la revue était
fermée aux juifs et à d'autres auteurs qu'il avait lui-même
publiés avant la guerre.

Paulhan était réputé pour ses paradoxes, ses observations impertinentes et ses plaisanteries. Il s'enchanta de lire
dans *Je suis partout* que le malveillant Lucien Rebatet le
dénonçait comme « aryen honteux de son prépuce » ; il se
hâta de répéter l'expression à un correspondant habitant la
zone Sud, ajoutant que jamais il n'avait « fait la moindre
confidence à ce Monsieur ». « Paulhan est l'esprit éclectique, dans le plus mauvais sens du mot », maugréa Paul
Léautaud dans son journal en 1942. « De sa nature, c'est
un précieux. Politiquement, c'est presque un communiste. » Il concluait ainsi sa condamnation de Paulhan :
« On a déjà là presque entière l'ancienne Nouvelle Revue
Française. » Léautaud devait aussi bien admettre que
Paulhan sollicitait des articles non seulement de ses semblables, mais aussi d'un Jouhandeau et de lui-même, Léautaud. « Il avait aussi un certain plaisir — il me l'a avoué, et
sa femme l'a reconnu aussi — de créer des discordes, des
chicanes, de petites polémiques entre les collaborateurs... » Emmanuel Berl reconnut n'avoir jamais compris
« les brusques changements d'opinion, les renversements,
l'impossibilité de savoir s'il jouait ou s'il ne jouait pas.
D'ailleurs, je crois que lui-même ne savait pas bien s'il
jouait ou s'il ne jouait pas. »

---

*La Chronique de Vichy (1940-1944)*, Paris, 1975 ; Henry Muller,
*Retours de mémoire*, Paris, 1979 ; Henry de Montherlant, *Le Solstice de
juin*, Paris, 1941. *La Nouvelle Revue française*, Paris, décembre 1940-
juin 1943.

Jean Guéhenno nota dans son journal des années allemandes :

> J'admire dans Jean Paulhan ce don qu'il a d'alléger la vie autour de lui. Quel camarade délicieux... Il marche comme un funambule, se dressant à chaque pas sur la pointe des pieds, et si l'on marche près de lui, presque tout de suite on éprouve qu'on marche plus légèrement. Ce n'est pas qu'il ne soit grave au fond de lui, mais il n'accepte pas que sa gravité l'accable... Il est rigoureux et subtil. Il aime tous les jeux. Mais ceux surtout qui sont inventions, transformations, ruses, métamorphoses...

Paulhan confia à Louis Guilloux qu'il jugeait l'écrivain responsable, terriblement responsable, de ce qu'il écrivait. Avertissant Guilloux qu'en écrivant dans la presse périodique parisienne, par exemple *Comœdia,* il jouait le jeu des « autorités protectrices », Paulhan suggéra : « Collaborez, mais *mal...* Écrivez des essais particulièrement ineptes et des romans idiots. » En exemple, il cita Henry de Montherlant.

La correspondance privée de Paulhan montre amplement qu'il possédait un instinct politique aigu, même s'il ne pouvait s'inscrire dans la ligne d'aucun parti politique. Il choisissait ses amis comme il lui plaisait — pas Drieu, peut-être, mais un antisémite réactionnaire comme Jouhandeau. Cependant, quand le Front populaire de Blum introduisit ses réformes sociales, Paulhan écrivit à Jouhandeau : « Et vivent les Juifs, s'il en faut pour que les patrons chrétiens se conduisent en chrétiens. » En ces années orageuses de l'avant-guerre, il avait estimé que la *Nouvelle Revue française* puisait sa force dans son détachement des événements immédiats, mais en regrettant qu'elle n'eût pas une politique aussi cohérente que celle d'*Esprit.* Quand Drieu lui demanda de l'aider à publier la *NRF* sous l'occupation allemande, Paulhan lui répondit qu'il aimerait assurément s'y employer, mais que, s'il entrait dans l'équipe éditoriale sans ses amis juifs, il serait un salaud. On ne peut guère s'étonner d'apprendre que son bureau dans l'immeuble Gallimard, pendant le règne de Drieu, ressemblait à une cellule de la Résistance. Dominique Desanti se souvient d'avoir grimpé l'escalier avec son mari, sous la conduite de Bernard Groethuysen, d'être passée à pas de loup devant l'ancien bureau de Paulhan qu'occupait à présent Drieu, pour se joindre au groupe qui chaque semaine rendait visite à Paulhan en gage de solidarité, tous debout dans le bureau comme dans le métro. Car nous avons désormais connaissance d'un élément que, vraisemblablement, Drieu ignorait, ainsi que les Gallimard : Paulhan se trouvait au cœur de tout un monde d'activités clandestines — livres secrètement imprimés ou ronéotypés, bulletins d'information, tracts — et qu'il effectuait la majeure partie de ce travail dans son petit bureau, à deux pas de celui de Drieu. Nous verrons tout cela plus en détail dans le prochain chapitre.

En surface, les relations de Paulhan avec Drieu demeuraient cordiales, quoi que l'on pût leur entendre dire *sotto voce*, à l'un comme à l'autre. Lorsque Paulhan fut arrêté pour le rôle qu'il jouait dans le réseau de résistance du musée de l'Homme — et pour lequel on se souvient que Boris Vildé allait être exécuté, ainsi que d'autres membres du groupe —, Drieu ne perdit pas un instant pour tirer Paulhan des mains de la police, bien que l'accusation fût grave : Paulhan avait caché la ronéo du mouvement clandestin. A sa libération, le 20 mai 1941, Paulhan exprima sa gratitude à Drieu en ces termes : « Je crois que c'est à vous seul que je dois d'être rentré tranquillement ce soir rue des Arènes. Alors, merci. Je vous embrasse. » Mais il devait également expliquer qu'il n'aurait pas pu refuser de cacher la machine, sachant qu'Anatole Lewitsky, l'anthropologue du musée de l'Homme, était suivi ; il était prêt à cacher Lewitsky lui-même s'il le fallait. Lewitsky fut exécuté en février 1942 avec Vildé. [5]

5. Pierre Andreu et Frédéric Grover, *Drieu La Rochelle*, Paris, 1979 ; Emmanuel Berl, *Interrogatoire par Patrick Modiano*, Paris, 1976 ; Chancellerie de l'Ordre de la Libération, *Exposition Résistance-Déportation* (catalogue), Paris, 1980 ; Dominique Desanti, *Les Staliniens*, Paris, 1976 ; Jean Guéhenno, *Journal des années noires (1940-1944)*, Paris, 1973 ; Louis Guilloux, *Carnets (1921-1944)*, Paris, 1978 ;

Du côté allemand, le marché était bien tenu : les éditions Gallimard se portaient à merveille. Pour ne citer que des noms encore connus : au cours d'un mois typique de 1941, l'éditeur publia des ouvrages de Paul Morand, Armand Salacrou, Paul Eluard (*Choix de poèmes*), Henri Michaux, Jean Rostand — et Drieu La Rochelle, en plus de classiques tels qu'Ivan Tourguénieff, Sören Kierkegaard. Un autre mois, en 1942 : Camus (*l'Étranger*), Raymond Queneau, Robert Desnos, Francis Ponge, Paul Claudel et James Joyce (*Ulysse*, en français). Peut-être y trouvait-on un peu plus de littérature allemande qu'auparavant, et beaucoup plus d'œuvres des camarades de la *NRF* de Drieu ? Mais la plupart des écrivains de l'écurie Gallimard continuaient à publier, y compris Gide. L'ambitieux traité de philosophie de Sartre, *l'Être et le Néant*, parut en 1943, ainsi que le premier roman de Simone de Beauvoir, *l'Invitée*. Mort ou vivant, aucun auteur juif n'était publié : cela faisait également partie du marché. Car la maison Gallimard devait suivre les règles établies par la Propagandastaffel, et acceptées par le Syndicat des éditeurs. Gaston Gallimard pouvait ainsi conserver sa maison hors des mains allemandes, et défendre Paulhan, Groethuysen ou Queneau quand les Allemands réclamaient leur renvoi du comité de lecture ; il est également vrai qu'il lui arriva parfois de publier des auteurs qui ne pouvaient guère être appréciés des Allemands.

Car si, par exemple, *les Voyageurs de l'impériale* d'Aragon ne pouvaient paraître en feuilleton dans la revue de la *NRF* désormais aux mains de son ennemi juré Drieu, le livre allait paraître aux Éditions de la NRF. Par la suite, Aragon devait révéler qu'il avait autorisé Gaston Gallimard à faire de ses personnages allemands antipathiques, des Hollandais. Mais, après la guerre, il affirma qu'il avait découvert qu'on avait également modifié ses diverses

---

*Jean Paulhan le souterrain* (colloque de Cerisy), Paris, 1976 ; Paul Léautaud, *Journal littéraire* XIV (juillet 1941-novembre 1942), Paris, 1963. *La Nouvelle Revue française*, Paris, 1er mai 1969 : « Jean Paulhan 1884-1968. »

références à l'affaire Dreyfus, de manière à laisser entendre que l'auteur considérait finalement Dreyfus comme
coupable. Le résultat, d'après l'Aragon d'après-guerre,
était une œuvre antisémite. Il rétablit son texte aussitôt
après la libération de Paris. [6]

Tandis que la société d'édition Gallimard florissait, au
moins en apparence, la revue perdait le concours de l'élite
intellectuelle. Les personnalités littéraires les plus en vue
prenaient leurs distances, de telle sorte que les mêmes
fantassins de la collaboration devaient donner des textes
mois après mois. Il devenait de plus en plus difficile de
trouver un auteur réputé qui acceptât de se produire en
leur compagnie. Pendant ce temps, d'autres débouchés
commençaient à se former dans le Midi et ailleurs dans le
monde francophone — ou bien dans la clandestinité —
pour des poèmes, des essais, des récits. Dès le printemps
1942, Drieu était prêt à se débarrasser du fardeau que
constituait la revue et, pour ce faire, le mieux semblait de le
remettre entre les mains d'un comité de personnalités
littéraires dont nul ne contesterait l'autorité morale et la
réputation. Dès lors, et jusqu'à la mort discrète de la revue
un an plus tard, des négociations commencèrent, dont les
principaux acteurs étaient Gaston Gallimard, Paulhan, le
représentant de la Propagandastaffel, Gerhard Heller, et
d'éminents membres de la « galerie des célébrités » de la
*NRF*. Les discussions se déroulèrent surtout par correspondance — avec Gide, en particulier. Paulhan s'en tenait à sa
méthode de correspondance sur les cartes inter-zone,
suivant un code si simple que Gide ne risquait guère d'être
dérouté ; il se contentait de désigner les personnes dont il
souhaitait parler par les noms des personnages de leurs
romans ; ainsi Eupalinos était Valéry, Desqueyroux était
Mauriac, Salavin était Georges Duhamel et Caliban, Jean
Guéhenno.

A un moment donné des négociations, Drieu exprima le
désir de former un comité éditorial comprenant Gide,
Valéry, Claudel et Léon-Paul Fargue. Gide accepta d'en

6. *Aragon parle avec Dominique Arban*, Paris, 1968.

faire partie si Valéry acceptait aussi. A la phase suivante de
la négociation — qui, bien souvent, ressemblait à une joute
littéraire d'avant-guerre —, Valéry accepta à condition que
le nom de Drieu disparût complètement de la revue —
exigence qui aurait nécessité des mois de procédure admi-
nistrative pour obtenir une nouvelle autorisation de
publier. Claudel accepta de figurer au comité si « cet
immonde putois de Montherlant » en était chassé. Drieu
tenait à conserver Montherlant et Jouhandeau dans le
comité, mais refusa d'y faire entrer Mauriac. (Le nom de
Drieu devait demeurer comme gérant, mais il s'engageait à
n'imposer la publication d'aucun article, et à limiter son
activité aux relations avec les autorités allemandes d'occupation.) Gerhard Heller lui-même trouvait qu'un comité
comprenant à la fois Mauriac et Montherlant eût été
souhaitable ; mais, après un déjeuner chez Lapérouse,
élégant restaurant de la rive gauche, en compagnie de
Gaston Gallimard, de Paulhan, et de Valéry, il commença
à en douter. Valéry avait soulevé la question, « Que
peuvent faire les intellectuels contre l'autorité ? » et Heller
conclut qu'ils se trouvaient dans une impasse ; la *Nouvelle
Revue française* était morte.

Nous savons d'autre part par le journal intime de Drieu
dans quel découragement celui-ci se trouvait plongé. Il
nota en décembre 1942 :

> Je me suis mis dans une situation qui m'ennuie affreuse-
> ment ; la revue, la collaboration, tout cela m'embête
> depuis le début presque tout le temps. Et depuis que tout
> cela tourne décidément mal, je suis excédé par le rôle
> qu'il me faut tenir jusqu'au bout. J'ai souvent envie de me
> suicider tout de suite.

Le mot suicide se retrouvera souvent au fil de son
journal, ainsi que dans sa conversation. Vers la fin de
l'Occupation, ce devint un véritable leitmotiv. Plus tard,
c'est en se suicidant qu'il évitera d'être arrêté, jugé et peut-
être fusillé. Mais sans doute son inaptitude à affronter le
monde réel, en cette période antérieure, était-elle due à la
fragilité de ses motivations. Elles semblaient bien superfi-

cielles pour la tâche qu'il avait entreprise, si nous nous en tenons aux renseignements que nous dévoile son journal. « Je voulais être un homme complet, non pas seulement un rat de cabinet, mais aussi un homme d'épée... » Il reconnaît : « Il y avait là autant de vanité que de courage. » Il éprouve une vive fierté à être l'un des *happy few* qui collaboraient avec les Allemands pour ne pas être « dans le troupeau suant de peur et de haine ». Il se voit comme un homme épousant l'intérêt d'une Europe unifiée, et cela nécessairement sous la conduite de l'Allemagne. A la fin de la guerre toutefois, il en viendra à juger que les Allemands n'étaient pas à la hauteur. D'après Drieu, la collaboration était un devoir pour les intellectuels, qui devaient dépasser l'événement, prendre des risques, même si des erreurs devaient être commises. Les intellectuels, selon lui, avaient à assurer « une mission nécessaire, celle d'être ailleurs qu'est la foule ».

Dans *les Lettres françaises* clandestines, qui paraissaient avec le soutien actif de Paulhan, dans le bureau voisin du sien, Drieu et sa revue étaient devenus une cible de choix. Ainsi, dans le numéro de janvier-février 1943 des *Lettres françaises* (il n'y avait pas eu de numéro de janvier parce que les Allemands avaient découvert le bureau où la revue se ronéotypait), un article anonyme — écrit en fait par Claude Morgan — s'intitulait « L'angoisse de Drieu ». Il commentait l'espèce de confession que Drieu avait publiée dans la *NRF* et où il faisait état de sa solitude. « Après mille pirouettes », disait l'article, « Drieu La Rochelle découvre soudain la profondeur de l'abîme qui s'ouvre sous ses pas et il renâcle, pareil à une bête qui a peur. » Dans son propre journal intime, Drieu écrivait alors :

Certes, j'ai peur... Travailler depuis deux ans pour une Europe dont on ne sait au juste ce que les Allemands veulent faire, avec quelques collaborationnistes qui sont divisés entre eux par les Allemands eux-mêmes et au milieu d'un peuple qui veut que l'Europe soit anglaise, américaine ou russe, à la longue, cela est fatigant. Et la fatigue engendre la peur, surtout quand les événements tournent mal...

Un autre compte rendu anonyme, qui cette fois était l'œuvre de Paul Eluard, Édith Thomas et Morgan, s'appelait « L'agonie de la *Nouvelle Revue française* ». Manifestement fondé sur des renseignements de l'intérieur, cet article relatait la chute des abonnements, et l'intention qu'avait Drieu de se suicider. « Aux dernières nouvelles », concluait-il, « Drieu ne s'est pas encore suicidé... »

Mais l'analyse la plus belliqueuse de la situation fut l'œuvre de Jean-Paul Sartre, autre collaborateur anonyme des *Lettres françaises* (dans le numéro ronéotypé d'avril 1943). « Voyez Drieu La Rochelle : c'est un lyrique, il ne cesse de parler de lui, il remplit les pages de la *Nouvelle Revue française* de ses petites colères, de ses crises de nerfs », écrivait l'auteur des *Mouches*.

> C'est un long type triste au crâne énorme et bosselé, avec un visage fané de jeune homme qui n'a pas su vieillir. Il a, comme Montherlant, fait la guerre pour rire en 1914... Pour finir, il revint parmi les femmes et s'ennuya davantage encore...

Sartre le dépeignait comme un homme rancunier qui dénonçait ses ennemis à Vichy, et menaçait de prison ceux qui se trouvaient en zone occupée. « Il s'amuse comme il peut, tristement... Il n'est pas venu au nazisme par affinité élective : au fond de son cœur comme au fond du nazisme, il y a la haine de soi — et la haine de l'homme qu'elle engendre. »

Dans les derniers mois, Drieu s'accorda une évasion dans l'écriture, une descente dans l'arène politique (pour soutenir le parti populaire français de Jacques Doriot). Rue Sébastien-Bottin, la revue était entièrement dirigée — mais non pas nommément — par Paulhan, qui sollicitait également des manuscrits pour une nouvelle *Nouvelle Revue française* qui commencerait à paraître dès la démission de Drieu. (Dans son journal, Léautaud mentionne un message de Paulhan en mai 1943, lui demandant un manuscrit.) Toutefois il n'allait pas y avoir de revue sans Drieu.

« Il est faux d'écrire que la *Nouvelle Revue française* est morte », pouvait-on lire dans *Poésie 43,* revue mensuelle de résistance à peine voilée que publiait Pierre Seghers dans le sud de la France. « La *NRF*... vient de rembourser ses abonnés,... la *NRF* de M. Drieu La Rochelle a fini de paraître. Mais n'avait-elle pas depuis longtemps déjà cessé d'exister ? »[7]

7. Entretien avec Gerhard Heller. Archives Jean Paulhan. Pierre Andreu et Frédéric Grover, *Drieu La Rochelle*, Paris, 1979 ; Centre d'études gidiennes (Université de Lyon II), *La Nouvelle Revue française (1940-1943)*, Lyon, 1975 ; Pierre Drieu La Rochelle, *Récit secret*, Paris, 1951 ; Paul Léautaud, *Journal littéraire*, XV (novembre 1942-juin 1944), Paris, 1963 ; Maria van Rysselberghe, « Les cahiers de la petite dame » (1937-1945), *Cahiers André Gide 6*, Paris, 1975 ; Pierre Seghers, *La Résistance et ses poètes*, Paris, 1974. *Les Lettres françaises* (clandestines, réédition d'après-guerre en fac-similé) 1942-1944.

# 4

# Paris contre Vichy

A mesure que passent les années, ajoutant une nouvelle génération entre la Seconde Guerre mondiale et nous, il devient de plus en plus difficile encore de se rappeler, ou même d'accepter l'idée qu'il existait deux France pendant les années d'Occupation. La première était centrée sur Paris, sous le contrôle direct des autorités allemandes, et la présence du gouvernement français y était purement symbolique ; l'autre constituait un « État français », complètement structuré, dont la capitale était Vichy, dont le chef était un héros de la Première Guerre mondiale, le maréchal Philippe Pétain, qui exerçait son autorité sur la zone dite « libre ». Et, s'il n'existait pas vraiment deux Frances, il existait au moins deux politiques distinctes. A Paris, les Allemands se préoccupaient de maintenir l'ordre tout en poursuivant leur guerre ; cela pouvait signifier la tolérance ou l'approbation d'un certain degré de pluralisme culturel et même politique. A Vichy, en revanche, où ce qui restait de la IIIe République avait voté les pleins pouvoirs à Pétain le 10 juillet 1940, divers idéologues profitaient de l'occasion que leur fournissait la défaite pour promouvoir certaine philosophie de l'État et des devoirs du citoyen.

Et ce fut ainsi que, rapidement, se fit jour le paradoxe suivant : on pouvait être, ou tout au moins se sentir plus libre à Paris sous l'Occupation qu'à Vichy sous le régime pétainiste — si l'on était écrivain ou artiste, disons un Mauriac ou un Picasso. Au moins, on y savait mieux ce qu'il en était. « Je vais jusqu'à croire préférable, pour un temps, la sujétion allemande, avec ses pénibles humiliations, moins préjudiciable pour nous, moins dégradante, que la stupide discipline que nous propose aujourd'hui

Vichy. » Ainsi s'exprimait Gide, dans son journal, le 6 mai 1941.

Il publia ces pages à Alger pendant la guerre, en précisant dans une préface qu'elles représentaient des opinions non révisées. (Dans la version définitive, il n'ôta que le mot « stupide ».) Confortablement installé à Vichy comme journaliste, Maurice Martin du Gard, fondateur avant la guerre des *Nouvelles littéraires*, se rendit à Paris en août de la même année, et y fit la même découverte. « Quoique cela puisse paraître singulier », observa-t-il dans son journal, « Paris donne à celui qui vient de le retrouver après une longue absence une impression d'aisance et même de liberté... J'entends fuser sur les plates-formes des autobus des mots désinvoltes ; personne aux terrasses pour jeter un regard de soupçon sur le voisin avant de parler, comme à Vichy. »

Maurice Martin du Gard vivait dans le Vichy des Parisiens transplantés, mais il enviait ceux qui, ne pouvant se résigner à abandonner Paris, avaient regagné leur capitale bien-aimée après l'exode de juin 1940 pour affronter « la chambre sans feu, l'angoisse de l'aube et le travail incertain, la nourriture » — et la présence allemande. « Mais la perfection et la beauté s'achètent toujours assez cher. » André Thirion, qui participait à la Résistance, décrivait ainsi la situation : « Pour tout ce qui n'était pas directement une propagande anti-allemande ou anti-nazie, de multiples complicités, le laisser-faire adopté par certains services allemands ou de collaboration permettaient à une pensée non conformiste de s'exprimer. Carné et Prévert purent tourner *les Visiteurs du soir*. Dominguez fit une exposition. Sartre fit représenter *les Mouches*... Pierre Naville publia son *D'Holbach*, Queneau des romans... »

Le paradoxe était que les extrémistes, les fascistes intolérants, les racistes virulents, préféraient *également* Paris, où ils sentaient leur position mieux définie et mieux défendue. Ainsi Lucien Rebatet, dans son récit autobiographique *les Décombres*, condamna-t-il la mollesse du gouvernement de Vichy et de la vie dans l'ombre de Pétain ; après y avoir goûté dans les mois suivant immédiatement la défaite, Rebatet rapporta que « tout ce qui possédait

quelque conviction " fasciste " et antijuive regagnait
Paris ». Les mouvements fascistes prospéraient, les journaux violents comme *Je suis partout, Au pilori, la Gerbe,*
florissaient. Vichy, en retour, interdisait aux journaux de
sa zone « de parler sous forme d'information ou de
commentaire quelconque du livre de M. Rebatet ».

A Paris également, les Allemands devaient compter avec
des institutions extrêmement structurées et enracinées,
telles que l'édition, les journaux, les radios ; bien souvent,
ces institutions demeuraient aux mains de ceux qui les
avaient dirigées avant la victoire allemande. A Vichy,
élégante station thermale dotée de nombreux hôtels
confortables, tout était à faire. Vichy comme Paris publierait bientôt tout un éventail de journaux et de revues, du
conformisme le plus rigide jusqu'à un semblant de libéralisme, mais les Allemands iraient plus loin, encourageant
parfois les gens de gauche, les dirigeants syndicaux et
même des membres du parti communiste à publier leurs
œuvres à Paris. Comme l'explique un Allemand à Lucien
Combelle (qui le répéta à l'inlassable collationneur de
détails Paul Léautaud, et il le nota dans son journal) :
« Nous (Allemands) ne connaissons pas le libéralisme.
Alors, nous nous offrons ce plaisir ici. »

Dans la zone dite libre, il suffisait bien souvent de
s'établir à cent cinquante kilomètres de Vichy — à Lyon,
par exemple — pour se sentir en mesure de défier l'autorité
pétainiste. Dans la tourmente de la guerre et le boulverse-
ment de la défaite, deux tiers environ des journaux et des
revues de Paris et du nord de la France disparurent. De
prestigieuses publications comme *le Figaro,* et *le Temps,*
des journaux populaires comme *Paris-Soir, l'Action française,* et le journal catholique *la Croix* émigrèrent vers le
Sud et reparurent sous le régime de Vichy, mais avec un
tirage et une influence réduits. Ils pouvaient sembler offrir
une alternative, c'est-à-dire que *le Figaro* et son supplément hebdomadaire *le Figaro littéraire* constituaient des
points de ralliement pour les auteurs qui ne voulaient pas
publier à Paris pendant l'Occupation. A Paris, les Allemands ranimaient ou même réinventaient des journaux (tel
cet ersatz de *Paris-Soir* qu'ils patronnèrent tandis que

l'équipe et la direction originales publiaient sous le même titre à Lyon). Jusqu'en novembre 1942, date à laquelle les Allemands envahirent la zone Sud, la presse de Paris ne circulait pas dans la France vichyste, de même que les publications de Vichy ne parvenaient guère jusqu'à Paris. [1]

Peut-être est-ce l'ambassadeur allemand Otto Abetz, écrivant ses mémoires dans une prison française en 1950, qui répandit le premier l'idée que la France avait publié plus de livres sous l'occupation allemande, en 1943, qu'aucun autre pays au monde ; il avançait le chiffre de 9 348 ouvrages publiés en France, contre 8 320 aux États-Unis et 6 705 au Royaume-Uni. En fait, les meilleurs chiffres disponibles (compilés par l'UNESCO) font état d'une publication moyenne annuelle en France, pendant les années 1940-1944, de 6 379 livres en France, 9 452 aux États-Unis, et 7 874 au Royaume-Uni. L'édition française dispose de statistiques encore plus significatives pour la période de la guerre et de l'Occupation :

| *Année* | Nombre total des titres publiés | Traductions | De l'anglais | De l'allemand |
|---|---|---|---|---|
| *1940* | 5 400 | 676 | 281 | 80 |
| *1941* | 3 888 | 119 | 72 | 17 |
| *1942* | 7 008 | 322 | 79 | 113 |
| *1943* | 7 918 | 130 | 24 | 62 |
| *1944* | 8 680 | 81 | 10 | 46 |

Les chiffres officiels contredisent sans doute ceux d'Abetz, mais ils montrent assurément qu'un haut niveau d'activité chez les éditeurs n'indique pas évidemment le genre de livres que l'on publiait, ni dans quelles quantités,

---

1. Henri Amouroux, *Quarante millions de pétainistes (juin 1940-juin 1941)*, Paris, 1977 ; *Les Beaux jours des collabos (juin 1941-juin 1942)*, Paris, 1978 ; Paul Léautaud, *Journal littéraire*, XIV (juillet 1941-novembre 1942), Paris, 1963 ; Maurice Martin du Gard, *La Chronique de Vichy (1940-1944)*, Paris, 1975 ; Pascal Ory, *Les Collaborateurs (1940-1945)*, Paris, 1976 ; André Thirion, *Révolutionnaires sans révolution*, Paris, 1972. Luc Estang, « A travers la presse littéraire », *Poésie 44*, Paris, novembre-décembre 1944.

non plus que les livres *non* publiés. Abetz était également fier de pouvoir affirmer que, sous l'occupation allemande, l'activité scientifique et intellectuelle de la France était demeurée comparable à celle d'avant-guerre, et en particulier grâce à l'Institut allemand, un organisme dont nous aurons l'occasion de parler plus longuement. Il prétendait aussi que la censure avait été aussi libérale que les circonstances le permettaient. Aucun journaliste ou écrivain n'avait eu à souffrir de ses opinions antiallemandes d'avant-guerre ; des œuvres du chef de la propagande de guerre du gouvernement français, Jean Giraudoux, avaient été publiées, ainsi que celles de Claudel, notoirement hostile aux Allemands, ou de Jean-Paul Sartre, adversaire idéologique déclaré. Tout cela est vrai. Nous disposons en effet du témoignage d'André Thérive, qui écrivait fréquemment dans la presse parisienne sous l'Occupation, sur la première représentation du *Soulier de satin* de Claudel, où l'auteur monta sur la scène parmi les ovations pour serrer dans ses bras l'actrice qui jouait le rôle principal, tandis qu'aux premiers rangs de l'orchestre les généraux allemands criaient : « Bravo ! »

On pourrait fort bien écrire toute une étude sur la littérature et le théâtre français des années d'Occupation sans jamais mentionner les Allemands : les cocktails, les réceptions, les thés littéraires semblaient fournir autant de matière qu'avant la guerre aux rubriques de potins mondains. Il aurait fallu avoir connaissance des engagements personnels de tel ou tel Français, savoir s'il ou elle était juif, par exemple, pour pouvoir remarquer des différences sur la scène de la rive gauche avant et après juin 1940. Et tout le monde ne se donnait pas la peine de procéder à cette distinction.

En juin 1942, les juifs reçurent l'ordre de porter une étoile jaune sur leurs vêtements. Mais Simone de Beauvoir observa que beaucoup d'entre eux ne tenaient aucun compte de cette obligation ; et, pour sa part, elle ne vit jamais personne arborer d'étoile jaune à Montparnasse ou Saint-Germain-des-Prés. Il est probable que fort peu de juifs fréquentaient à cette époque les cafés de ces quartiers très en vue ; et, un mois plus tard, elle remarqua en effet que l'on interdisait l'accès de tous les lieux publics aux juifs, y compris les restaurants, les cinémas et les bibliothèques (mais les amis juifs les plus téméraires de Simone de Beauvoir continuaient à fréquenter le café de Flore). La plupart des juifs d'une certaine notoriété avaient quitté Paris pour des régions paisibles du sud de la France (où nous les retrouverons bientôt), ou s'étaient réfugiés à l'étranger. Il n'y avait certainement aucun juif dans les théâtres, les salles de concert et les studios de la radio : le commissariat général (français) aux Questions juives y veillait. Les juifs n'avaient pas le droit de travailler dans l'édition ni la presse, mais ils étaient théoriquement autorisés à écrire des livres — tout au moins au début de l'Occupation (par la suite, à la requête des Allemands, les éditeurs français convinrent de ne plus les publier).

Dans la zone de Vichy, un ensemble de restrictions distinctes s'appliquaient (restrictions instituées par l'État français, sans que les Allemands eussent rien réclamé). Ainsi, une loi vichyste en date d'octobre 1940 excluait les juifs des affaires publiques et culturelles. Le même mois, les juifs d'origine non française purent être mis en détention ou en résidence surveillée (premier pas sur la voie des camps de concentration et des chambres à gaz). Le décret Crémieux attribuant la nationalité française aux juifs d'Algérie fut abrogé, et les juifs furent même interdits dans le département de l'Allier, où se trouve Vichy. Les textes promulgués par le gouvernement de Vichy définissaient un Statut des juifs, introduisant une définition plus stricte encore de qui était juif et qui ne l'était pas, plus stricte même que celle des Allemands. L'historien Robert O. Paxton a relevé que les origines de la doctrine antisémite nazie et celles de la doctrine vichyste différaient, cette dernière se fondant plutôt sur la xénophobie culturelle et religieuse que sur le racisme, de sorte que Pétain pouvait plaider en faveur de juifs ayant servi dans l'Armée française.[2]

2. Otto Abetz, *Histoire d'une politique franco-allemande (1930-1950)*, Paris, 1953 ; Simone de Beauvoir, *La Force de l'âge*, Paris, 1972 ; Joseph Billig, *Le Commissariat général aux Questions juives*

Dans l'étude intitulée *les Non-Conformistes des années 30*
et déjà citée, Jean-Louis Loubet del Bayle émit l'observation troublante que les origines idéologiques et spirituelles
de Vichy doivent se rechercher dans les mouvements de
jeunesse des années trente, ces groupuscules qui se déclaraient ni-de-gauche-ni-de-droite et insistaient sur le renouveau intérieur, la reconstruction de la société. Bon nombre
des responsables de ces mouvements non conformistes se
retrouvèrent influents, à Vichy, surtout au début, et
cherchèrent à faire prévaloir leur doctrine. Mais le même
auteur affirme que la résistance antifasciste leur empruntait
également des idées. Vichy partageait avec certains courants de la Résistance un véritable « culte de Péguy », par
exemple, et, comme elle, appelait à la « révolution nationale ». L'influence de Charles Maurras et de son nationalisme mystique sur le régime du Maréchal était plus visible
encore. Le respect de l'autorité et de l'Église établie, le
mépris du socialisme, l'antisémitisme militant ou latent,
autant de thèmes de l'Action française que Vichy reprenait
à son compte. L'ordre moral impliquait une nouvelle
attitude de pruderie, comme les écrivains n'allaient pas
tarder à l'apprendre. En août 1940 à Cannes, Marcel
Achard confia à Alfred Fabre-Luce : « J'écris une nouvelle
pièce, mais, en raison des circonstances, je n'ose pas faire
coucher ensemble mes amoureux. » Fabre-Luce prétendit
également avoir lu cette pancarte sur la plage : « Il est
interdit d'écarter les jambes dans la direction du chemin de
fer. » L'exemple le plus cité du moralisme de Vichy fut
l'interdiction de jouer le *Tartuffe* de Molière. L'ardent
idéologue Lucien Combelle, qui, pendant l'Occupation,
était rédacteur en chef d'un journal intitulé *Révolution*

_____

*(1940-1944),* Paris, 1960 ; Robert O. Paxton, *La France de Vichy
(1940-1944),* Paris, 1973 ; Michaël R. Marrus et Robert O. Paxton,
*Vichy et les Juifs,* Paris, 1981 ; André Thérive, *L'Envers du décor
(1940-1944),* Paris, 1948. Philippe Bourdrel, « Le Gouvernement de
Vichy et les juifs de France », *Le Monde,* Paris, 20 février 1979. *Book
Production 1937-1954 and Translations 1950-1954* (Unesco ST/S/2),
Paris, 1957 ; *Production et Mouvements des imprimés d'ordre intellectuel
et commercial,* Paris, 1946.

*nationale,* approuva cette interdiction qui constituait un pas de plus vers la disparition de la liberté littéraire.

Un mouvement sporadique de protestation contre la pruderie de Vichy s'éleva de Paris, par la voix d'Henri-René Lenormand, qui collabora régulièrement à la presse culturelle pendant ces années (il avait précédemment, nous l'avons vu, été proche du Front populaire). Dans l'hebdomadaire *Comœdia,* par un article intitulé « La terreur puritaine », il protesta contre le nouveau climat moral :

> Elle sévit contre le livre et le spectacle. Au sang généreux qui coule encore, malgré la défaite, dans les veines de l'écrivain français, on s'efforce de substituer un fade et rosâtre liquide. Un grand éditeur se voit obligé de retirer 700 000 volumes de la circulation. Le substantif « fesse » n'est plus imprimable... On dresse déjà la liste des auteurs dramatiques censurés...

(Il figurait parmi eux.)

Dans l'hebdomadaire proallemand *la Gerbe,* Lenormand poursuivit sa campagne contre Vichy (de Paris, fort significativement ; car, à Vichy, il n'aurait rien pu écrire de tel), protestant, par exemple, contre l'épuration des bibliothèques de province : n'était-on pas allé jusqu'à en exclure les œuvres d'Ernest Renan, de Gustave Flaubert, de Jean Giraudoux et de Charles Vildrac ? Vers la fin de 1941, Lenormand rédigea, avec l'aide de Marcel Arland et de Jean Cocteau, une lettre ouverte à l'adresse du maréchal Pétain, et dans laquelle — tout en reconnaissant l'inutilité d'une certaine forme de vulgarité, de pornographie et de sentimentalité — ils exprimaient la crainte que l'art réel ne finît par être supprimé aussi au nom de la pudeur. « Une défaite de l'esprit peut être aujourd'hui aussi grave qu'une défaite militaire. » L'appel fut appuyé par Henry de Montherlant, qui publia également un article dans *la Gerbe* pour se plaindre que la censure des idées commençât « au-dessus d'une ligne de démarcation, tout artificielle ». *Comœdia* ne put imprimer la lettre ouverte de Lenormand, car, afin de pouvoir être diffusée au sud de la ligne de démarcation, la revue devait être soumise à la censure de Vichy. Avec le recul, Lenormand se demanda si, peut-être, les Allemands n'avaient pas pris plaisir à voir les deux zones appliquer ainsi des critères différents.

La censure allemande paraissait plus souple. Si elle ne comportait pas de passages constituant comme un défi ouvert aux objectifs des nazis ou à leur philosophie, l'œuvre passait. La censure de Vichy, au contraire, se fondait sur une doctrine conservatrice, « patriotarde » et bigote. Une autre raison faisait qu'un auteur affrontait de plus grands risques à Vichy. Comme l'a fait remarquer un poète de la Résistance, Lucien Scheler, l'ami de Paul Éluard, les Français de Vichy connaissaient mieux que les Allemands la mentalité des auteurs dont ils scrutaient les œuvres. Ainsi, les Allemands autorisèrent Gallimard à publier des poèmes de Louis Aragon, mais Vichy s'opposa à la diffusion dans *sa* zone des œuvres d'un poète notoirement communiste. Même après l'invasion de la zone Sud par les Allemands, en novembre 1942, la censure du régime pétainiste demeura active, et la même œuvre pouvait fort bien se vendre à Paris et être interdite à Marseille.[3]

Heureusement pour les chefs de l'armée allemande et pour les spécialistes qui, au quartier général de la Propagandastaffel, n'auraient guère pu lire les milliers de livres publiés chaque année, ils ne tardèrent pas à bénéficier de l'aide des patrons de l'industrie française du livre. La profession était déjà fortement structurée. Fondé en 1892, le Syndicat des éditeurs français avait déjà son siège au Cercle de la Librairie, 117, boulevard Saint-Germain, dans un immeuble conçu par Charles Garnier, l'architecte de l'Opéra de Paris. En septembre 1940, le Syndicat des éditeurs signa une convention avec la Propagandastaffel, aux termes de laquelle chaque éditeur acceptait d'être

3. Entretien avec Lucien Scheler. Alfred Fabre-Luce, *L'Épreuve (1939-1946) (Vingt-Cinq Années de liberté)*, II, Paris, 1963 ; Paul Léautaud, *Journal littéraire*, XIV (juillet 1941-novembre 1942), Paris, 1963 ; *ibid.*, XV (*novembre 1942-juin 1944*), Paris, 1963 ; H.-R. Lenormand, *Les Confessions d'un auteur dramatique*, II, Paris, 1953 ; Jean-Louis Loubet del Bayle, *Les Non-Conformistes des années 30*, Paris, 1969 ; Henri de Montherlant, *Le Solstice de juin*, Paris, 1941 ; Eugen Weber, *L'Action française*, Paris, 1964.

responsable de sa propre production. Les éditeurs s'engageaient à ne rien publier qui fût antiallemand, ni qui fût interdit en Allemagne. Au cas où un éditeur ne parviendrait pas à décider seul s'il pouvait ou non publier tel ou tel titre, le Syndicat se chargerait d'exercer la censure préalable. Si ce dernier estimait à son tour qu'un manuscrit risquait de faire l'objet d'une interdiction, il devait le soumettre aux Allemands — « avec indication des passages critiqués ». La convention prévoyait également l'élimination des livres publiés antérieurement et jugés indésirables. Le Syndicat ne perdit pas un instant pour diffuser la liste des « ouvrages retirés de la vente par les éditeurs ou interdits par les autorités allemandes » ; cela dès septembre 1940. Cette liste s'appelait la « liste Otto », sans doute par l'effet d'un étrange hommage à l'ambassadeur Otto Abetz. Dans un préambule, les éditeurs présentaient ainsi les choses :

> Désireux de contribuer à la création d'une atmosphère plus saine et dans le souci d'établir les conditions nécessaires à une appréciation plus juste et objective des problèmes européens, les éditeurs français ont décidé de retirer des librairies et de la vente les œuvres qui figurent sur la liste suivante et sur des listes analogues qui pourraient être publiées plus tard.

Le texte contenait ensuite un numéro de bravoure idéologique :

> Il s'agit de livres qui, par leur esprit mensonger et tendancieux, ont systématiquement empoisonné l'opinion publique française ; sont visées en particulier les publications de réfugiés politiques ou d'écrivains juifs qui, trahissant l'hospitalité que la France leur avait accordée, ont sans scrupules poussé à la guerre, dont ils espéraient tirer profit pour leurs buts égoïstes.

Cette première « liste Otto » comprenait tous les livres attendus, parmi lesquels ceux de Benda et de Léon Blum ; les romans antifascistes de Malraux, *l'Espoir* et *le Temps du mépris* (mais non ses œuvres antérieures, comme *la Condi-*

*tion humaine*) ; Thomas et Heinrich Mann ; Erich Maria
Remarque (*A l'Ouest rien de nouveau*) ; huit livres de Vicki
Baum, parmi lesquels *Grand Hôtel ;* Sigmund Freud,
Arthur Koestler, Louis Aragon, Paul Nizan, Stefan Zweig
(et, quand Zweig se suicida au Brésil où il vivait en exil, en
1942, *le Figaro,* bien que paraissant en zone Sud, ne fut pas
même autorisé à mentionner le décès de ce juif allemand —
sans parler de son œuvre). *De l'Allemagne,* de Heinrich
Heine, figurait également sur la liste, et le poète d'origine
juive disparut bientôt de l'histoire littéraire en France
comme cela avait été le cas en Allemagne.

Certains auteurs qui sympathisaient avec les occupants,
ou dont les idées s'apparentaient à la doctrine vichyste,
figuraient cependant sur ladite liste pour leurs ouvrages
antiallemands — ainsi Léon Daudet, pour n'en citer qu'un
seul. L'ironie est que, en cette période où l'Allemagne
nazie et l'URSS stalinienne collaboraient, la « liste Otto »
interdisait les œuvres antisoviétiques (par exemple, un
ouvrage de Trotski traduit par Victor Serge). Et Gaston
Gallimard écrivit à Gide pour l'informer que, parmi les 153
titres mis à l'index, figuraient son *Retour de l'URSS,* ses
*Retouches* et son *Journal.* En réalité, le *Retour* et les
*Retouches* n'étaient pas inclus dans la première liste ; ils le
seraient dans la deuxième, et le fameux *Journal* n'apparut
sur aucune des deux.

L'éditeur-libraire Jean Galtier-Boissière adressa aussitôt
à sa clientèle un catalogue ronéotypé qui commençait par
une liste de livres interdits ; il en avait souligné les plus
provocants : *Crime de boche, les Atrocités allemandes en
Pologne ;* on y trouvait même la mention d'une œuvre
interdite du général de Gaulle. Galtier-Boissière reçut peu
de temps après la visite d'un individu en qui il pensa déceler
un policier en civil et qui lui demanda si l'on pouvait se
procurer à son magasin des livres interdits. Galtier-Boissière répondit non et, par la suite, eut honte de sa
pusillanimité.

En juillet 1942, une deuxième « liste Otto » remplaça la
première, signée par René Philippon, de la Librairie
Armand Colin, qui était alors président du Syndicat des
éditeurs. On y relevait des titres oubliés lors de l'établisse-

ment de la première liste, et même d'anciens ouvrages qui ne se trouvaient plus que chez les bouquinistes ; et, en effet, la police passait au crible le contenu des boîtes des quais pour y dénicher les derniers exemplaires poussiéreux de ces livres. La note explicative de Philippon signalait que l'interdit frappait désormais les traductions de l'anglais — à l'exception des classiques —, ainsi que du polonais — une culture qu'il fallait, suivant la doctrine nazie, détruire totalement. L'interdiction des ouvrages signés par des auteurs juifs ne concernait pas les livres scientifiques. En revanche, les biographies de juifs, même écrites par des non-juifs, étaient également proscrites.

> Ces dispositions [expliquait le président de l'association des éditeurs], qui ne semblent pas causer un préjudice matériel sérieux à l'édition française, laissent à la pensée française le moyen de continuer son essor, ainsi que sa mission civilisatrice de rapprochement des peuples.

Toute exception à l'interdit qui frappait les traductions de l'anglais — sauf les classiques — devait être approuvée, cas par cas, par les autorités allemandes. Ces exceptions pouvaient inclure George Bernard Shaw, spécifiquement désigné comme Irlandais, et Rabindranath Tagore, classé comme « Hindou ». Comme exemples de biographies de juifs proscrites, le Syndicat citait des ouvrages sur les compositeurs Offenbach, Meyerbeer et Darius Milhaud. La troisième « liste Otto », publiée en mai 1943 sous la responsabilité du même président du Syndicat des éditeurs, René Philippon, contenait en annexe une liste de plusieurs centaines d'auteurs juifs écrivant en français.

Il n'était pas toujours facile de s'y conformer. L'organe officiel de la profession, *Bibliographie de la France,* releva certaines des difficultés rencontrées. Ainsi, des auteurs estimant qu'ils n'avaient pas leur place sur une liste des « écrivains israélites de langue française » se plaignirent auprès de l'Association des éditeurs, qui transmit leurs plaintes à la Propaganda Abteilung Frankreich : l'*Arbeitsführer* concerné dut expliquer que cette liste ne constituait qu'un premier effort, fondé sur une information que fournissaient les éditeurs eux-mêmes, ou qui provenait de diverses autres sources. Du fait de ce qu'il appelait « l'indifférence témoignée jusqu'à présent en France pour faire connaître publiquement les écrivains d'origine israélite », il était « naturel que cette première énumération comporte des erreurs ». Il fit cependant supprimer les noms de Blaise Cendrars, de Luc Dietrich et de Daniel Halévy. Le Syndicat des éditeurs précisait pour sa part qu'en publiant cette lettre il faisait la preuve qu'il n'était pour rien dans l'établissement d'une pareille liste qui, « par sa nature, nécessite, à ses yeux, une opération de police pour laquelle il n'a pas qualité ».

Assez rapidement, l'habitude du système fut prise. Lorsqu'une œuvre était interdite, l'éditeur annonçait qu'il la retirait de la vente par le moyen d'une annonce dans la *Bibliographie de la France*. Dans le numéro du 5-12 février 1943, par exemple, Gallimard annonçait qu'il retirait de la vente *Pilote de guerre*, de Saint-Exupéry, « selon l'ordre des autorités d'occupation ». Dans d'autres cas, les Allemands interdisaient toutes les œuvres de tels ou tels auteurs qui avaient collaboré à une « publication dissidente » ; ainsi se trouvèrent interdits Gide, Maritain, Saint-Exupéry, Robert Aron, Joseph Kessel, Pierre Mendès France, Henri Bosco, André Philip, Jean-Richard Bloch et Edgar Faure.

Gerhard Heller, le jeune officier de la Propagandastaffel que nous avons déjà présenté, visita un immense garage de l'avenue de la Grande-Armée où se trouvaient entassés les livres proscrits qu'on devait détruire. « Un spectacle affreux », écrivit-il dans son journal : cela lui rappela les autodafés auxquels il avait assisté à l'université de Berlin en 1933 ; il avait honte pour son pays. Plus tard, il allait lire Sartre qui, citant Marx, définissait la honte comme un « sentiment révolutionnaire ». [4]

---

4. Entretien avec Gerhard Heller ; également Gerhard Heller, *Un Allemand à Paris*, Paris, 1981. *Convention sur la censure des livres*, Paris (Syndicat des éditeurs), 28 septembre 1940. *Liste Otto — Ouvrages retirés de la vente par les éditeurs ou interdits par les autorités allemandes*, Paris, septembre 1940 ; *Ouvrages littéraires français non désirables*, Paris, 8 juillet 1942 ; *ibid.* (complétée et corrigée), 10 mai

La censure ne constituait pas seulement une procédure
— négative — d'interdiction des livres. Il y avait là un
processus continu, impliquant à la fois les éditeurs et les
Allemands. Sous le système corporatif de Vichy tel qu'il
était défini par une loi d'août 1940, chaque secteur de
l'industrie et du commerce dépendait d'un Comité d'organisation contrôlé par le gouvernement. En mai 1941, Pétain
avait créé par décret un Comité d'organisation des industries du livre. L'année suivante, un décret analogue ins-
taura l'existence d'une Commission de contrôle du papier
d'édition. Les éditeurs se voyaient recommander de procéder à « une première et très sérieuse sélection » des
manuscrits avant de soumettre leurs demandes de papier.
La Commission de contrôle comprit d'abord deux auteurs,
le prince Louis de Broglie, de l'Académie des sciences, et
Paul Morand. Celui-ci allait bientôt être remplacé par Paul
Chack, l'un des journalistes collaborateurs les plus connus,
qui fut condamné et exécuté à la Libération pour collusion
avec l'ennemi.

Les industriels du livre étaient avertis que, s'ils avaient
consommé 36 000 tonnes de papier par mois avant la
guerre, ils devaient désormais se limiter à 240 tonnes ; la
moyenne pour 1942 allait être de 500 tonnes par mois.
C'était insuffisant pour réimprimer les classiques, riposte-
rent *les Lettres françaises* clandestines ; mais « il y aura bien
assez de papier pour les œuvres de Drieu La Rochelle, de
Ramon Fernandez et de leur *NRF,* et pour les traductions
des écrivains nazis d'outre-Rhin... » Pour sa part, un
journaliste de *Je suis partout* se plaignait qu'en dépit de
l'admirable libéralisme des Allemands, qui permettait aux
Français de procéder à leurs propres allocations de papier,
on ne parvînt pas à s'en procurer.

Les éditeurs déposaient les manuscrits au Cercle de la

---

1943. *Bibliographie de la France,* Paris, particulièrement 30 juillet-
6 août 1943, 4-14 septembre 1943, 21-28 avril 1944. *Cf.* Jean Galtier-
Boissière, *Mon journal pendant l'occupation,* Garas, 1944 ; Maria van
Rysselberghe, « Les cahiers de la petite dame » (1937-1945), *Cahiers
André Gide 6,* Paris, 1975.

Librairie, et là, un responsable les distribuait à des lecteurs ; les rapports des lecteurs étaient remis à la Commission de contrôle, qui soumettait ses recommandations aux Allemands par l'intermédiaire du Syndicat des éditeurs. Le directeur administratif du Cercle et du Syndicat, Pierre Monnet, se trouvait bien souvent obligé d'aller plaider la cause d'un livre à la Propagandastaffel. Pour Monnet, la Commission de contrôle avait pour mission de permettre aux éditeurs de continuer à publier, en donnant la priorité aux travaux d'érudition et aux classiques. Mais un dictionnaire franco-anglais ne franchit jamais l'obstacle de la censure, en dépit de tentatives répétées.

Il arrivait que la procédure fût moins rigide ; ainsi, quand le jeune Claude Roy s'entendit promettre par son éditeur qu'il publierait ses poèmes s'il parvenait à obtenir une allocation de papier, Roy s'offrit à tenter de l'obtenir lui-même. Il alla trouver une Mlle Donnadieu au Cercle de la Librairie. « De quel genre de poèmes s'agit-il ? » lui demanda-t-elle. « Des poèmes d'amour. » Il obtint ainsi son papier, et se lia d'amitié avec Mlle Donnadieu, qui commençait à écrire aussi, sous le nom de Marguerite Duras.[5]

Nous ne tenterons pas d'évaluer la portée, sur la littérature française passée et contemporaine, des censures combinées des Allemands, de Vichy, et des Français eux-mêmes. Certaines œuvres très importantes — ou des œuvres mineures d'auteurs importants — furent sans aucun doute publiées pendant les années de censure. Il est également vrai que le climat d'oppression n'encourageait pas la création. Si un Camus pouvait publier *l'Étranger* et d'autres œuvres conçues loin de Paris, l'œuvre que put produire un Malraux pendant cette période fut du Malraux de moindre qualité. André Chamson écrivait, mais refusait

---

5. Entretiens avec Suzanne Courant, Marguerite Duras, Pierre Monnet, Claude Roy. Michèle Cotta, *La Collaboration (1940-1944)*, Paris, 1964 ; Comité d'organisation des industries, arts et commerces du Livre, *Circulaires* (1941-1942). *Je suis partout*, Paris, 7 août 1942 ; *Les Lettres françaises* (clandestines), décembre 1942.

d'être publié autrement que par des canaux clandestins. Après avoir hésité, Gide accepta d'être publié, de même que Sartre et Simone de Beauvoir ; Paulhan, Mauriac, Eluard et Aragon acceptèrent que certains de leurs ouvrages fussent soumis à la censure allemande, et en publièrent d'autres clandestinement. « Hélas ! que d'agenouillements et de reniements dans le monde des Lettres françaises en 1941 ! » écrivit Jean Zay, ministre de l'Éducation dans le gouvernement Blum, d'une cellule de prison vichyste avant d'être assassiné par les fascistes français. « Si quelques grands écrivains sauvent l'honneur par la dignité de leur silence, combien d'autres, et qui ne sont pas toujours des moindres, s'empressent à servir les nouveaux dieux, dans un étrange oubli de leur passé et de leur œuvre ! »

Peu d'écrivains purent revendiquer le singulier honneur qui échut à Georges Duhamel, dont *le Lieu d'asile* venait d'être imprimé par le Mercure de France : l'ouvrage fut interdit par les Allemands, qui annoncèrent platement à l'auteur : « Vous êtes notre ennemi. » Sous les yeux de Paul Léautaud, des soldats en uniforme vinrent empiler dans un camion des caisses pleines d'exemplaires tout juste sortis des presses. (Gerhard Heller réussit à en prendre une douzaine d'exemplaires et les fit mettre de côté, scellés, comme lui appartenant en propre, afin de tenter d'en préserver le texte.)

Jean Guéhenno gardait le silence par conviction. Dans la *NRF* de Drieu La Rochelle, un écrivain avait mis au défi l'opposition de prendre la parole, comme l'avaient fait Voltaire et Diderot. Guéhenno y vit une attaque lancée contre ceux qui avaient choisi de ne rien publier pendant l'occupation de leur pays par les Allemands. « Rien d'autre à faire que de grincer des dents », écrivit-il dans son journal, « impossible de répondre sans s'offrir à entrer dans les prisons de l'occupant ». [6]

6. Entretien avec Gerhard Heller. Jean Guéhenno, *Journal des années noires (1940-1944),* Paris, 1973 ; Paul Léautaud, *Journal littéraire,* XIII (février 1940-juin 1941), Paris, 1962 ; *Journal littéraire,* XIV (juillet 1941-novembre 1942), Paris, 1963 ; Jean Zay, *Souvenirs et Solitude,* Paris, 1945. Armand Robin, « Domaine terrestre », *la Nouvelle Revue française,* Paris, janvier 1941.

# 5

# Les structures
# de la collaboration

Certains se montraient fidèles à des convictions : des fascistes sincères, ensorcelés par le mythe d'une race supérieure ou par le caractère « viril » de la révolution nazie ; d'autres, antidémocrates enragés, antisocialistes, anticommunistes et antisémites, cherchaient à prendre leur revanche contre les dreyfusards victorieux, les radicaux-socialistes, les hommes politiques du Front populaire responsables — du moins voyaient-ils ainsi les choses — du désastre qu'avait subi le pays ; d'autres encore apparaissaient seulement comme des hommes d'affaires, préoccupés de faire prospérer leurs entreprises en participant à l'effort de guerre allemand — ou en publiant, en vendant livres et journaux. Sans doute la masse des collaborateurs offrait-elle des cas plus pathétiques : ils avaient simplement voulu continuer ce qu'ils faisaient avant l'Occupation. La plupart des grands metteurs en scène et des cinéastes, des acteurs et des actrices, des gens du spectacle en général, poursuivirent sans aucun doute leur travail avec ardeur, et généralement sans la moindre intention politique. Quant aux écrivains, aux journalistes et aux éditeurs, il leur était beaucoup plus difficile de dissimuler le sens de leur engagement.

La « collaboration » ne s'est pas définie postérieurement à la Libération. Il s'est agi bien plutôt d'une politique délibérée des Allemands et de leurs sympathisants français, mise en œuvre par le gouvernement de la France. Le 24 octobre 1940, Philippe Pétain, chef de l'État français, traversa la ligne de démarcation et, en zone occupée, rencontra le chancelier Adolf Hitler à Montoire-sur-le-

Loir. Quel qu'ait pu être le dialogue entre les deux hommes, quelles qu'aient pu être les négociations, les réticences et les arrière-pensées de leurs conseillers, ce qui résulta de l'entretien de Montoire, en ce qui concernait les Français, fut la déclaration publique de Pétain en date du 30 octobre :

> C'est dans l'honneur et pour maintenir l'unité française — une unité de dix siècles dans le cadre d'une activité constructive du nouvel ordre européen — que j'entre aujourd'hui dans la voie de la collaboration... Cette collaboration doit être sincère. Elle doit comporter un effort patient et confiant...

Toutes les sources s'accordent : cette déclaration faite par un héros français respecté eut une profonde influence. En 1940, la plupart des Français étaient pétainistes.

Quels étaient les avantages de la collaboration ? Henri Clerc, l'un de ses avocats, prononça une conférence sur la collaboration, en avril 1941, à Paris. Il expliqua qu'en fréquentant les musées, les salles de concert et les théâtres français, les Allemands montraient qu'ils considéraient les Français comme leurs égaux sur le plan intellectuel. Les nazis traitaient infiniment mieux la langue et la culture françaises qu'aucune autre langue ou culture de pays conquis par eux. La collaboration pouvait aussi être désintéressée. Ainsi Pierre Drieu La Rochelle, lors d'une de ses premières conversations avec Gerhard Heller, lui proposa un marché : en contrepartie de son soutien à la politique de collaboration qu'il mènerait à la *Nouvelle Revue française,* et peut-être dans d'autres revues, il demandait qu'un certain nombre d'écrivains prisonniers en Allemagne fussent libérés. Heller devait se souvenir par la suite que, parmi ces prisonniers, figurait Jean-Paul Sartre. Peu de temps après, Drieu pria Heller de faire en sorte qu'il n'arrivât rien à Malraux, à Paulhan, à Gaston Gallimard ni à Aragon, « quelles que soient les allégations dont ils font l'objet ». Nous avons déjà vu comment Drieu sauva Paulhan de la torture et, vraisemblablement, de la mort ; il apparaîtra bientôt que, en dépit des actes de résistance qui furent les leurs et que les Allemands auraient

pu découvrir et empêcher sans grand effort, Malraux et
Aragon bénéficiaient d'une impunité exemplaire. [1]

Lorsqu'il arriva en France en 1940, Otto Abetz occupa
tout d'abord les fonctions de principal représentant du
gouvernement allemand aux côtés du haut commandement
militaire. Bientôt élevé au rang d'ambassadeur, il s'installa,
dès novembre 1940, à l'ambassade d'Allemagne, rue de
Lille. Contrairement à tous les autres ambassadeurs en
poste à Paris (ou ailleurs), il exerçait en réalité le pouvoir
au nom de son gouvernement. Il avait amené avec lui toute
une équipe d'experts des questions françaises, parmi lesquels Karl Epting, ancien directeur de l'Office universitaire
allemand, ainsi que Friedrich Sieburg, auteur du célèbre
*Dieu est-il français?* et de divers autres ouvrages traduits et
publiés par Grasset, parmi lesquels un titre qui se passe de
commentaires : *Éloge de la France par un nazi,* publié en
1939. (A Vichy, Maurice Martin du Gard s'interrogeait sur
le point de savoir ce qui se passerait si ledit Sieburg
succédait à Otto Abetz. En effet, un grand nombre de
Parisiens, songeait-il, gens du monde et gens de lettres,
considéraient Sieburg comme un ami — même quand ils
étaient de gauche et anglophiles. « Abetz, lui, n'a pas de
talent littéraire et moins de rayonnement. »)
Revenons à Abetz. Il possédait son propre réseau de
relations dans divers milieux français. Nous avons déjà
mentionné ses liens d'amitié avec Drieu La Rochelle ; son
épouse française, Suzanne de Bruyker, avait été la secrétaire de Jean Luchaire, lui-même associé dès le début des
années trente aux efforts qu'avait faits Abetz pour promouvoir l'amitié franco-allemande. Sous l'occupation allemande, Luchaire allait devenir l'un des porte-parole les
plus connus de la collaboration dans la presse, en tant que
directeur-fondateur du quotidien *les Temps nouveaux.*
Après la Libération, Luchaire fut arrêté, jugé et exécuté.
La responsabilité du contrôle de la production culturelle

---

1. Robert Aron, *Histoire de Vichy (1940-1944),* Paris, 1954 ; Henri
Clerc, *La Collaboration,* Paris, 1941 ; Gerhard Heller, « Bribes d'un
journal perdu » (manuscrit inédit).

française — livres et revues, théâtre et musique, arts divers — incombait à la Propaganda Abteilung (établie à l'hôtel Majestic, avenue Kléber), qui dépendait du haut commandement militaire (Militärbefehlshaber). La responsabilité opérationnelle appartenait à la Propagandastaffel (au 52, avenue des Champs-Élysées), constituée d'équipes distinctes pour la littérature, la musique, la culture générale et la propagande active. C'était là que l'on observait, que l'on encourageait ou censurait l'édition française ; pour le meilleur et pour le pire, rien n'allait paraître à Paris pendant quatre années sans que ce bureau y fût pour quelque chose. Et, s'il mérite une place dans cette histoire, c'est assurément grâce à l'attitude singulière et peu orthodoxe du *Sonderführer* (équivalent de lieutenant) Gerhard Heller. A mesure que l'occupation se prolongeait, les éléments du haut commandement allemand purent coopérer plus étroitement : dès 1942, des réunions bimensuelles avaient lieu, concernant la production culturelle, entre les fonctionnaires concernés de l'ambassade d'Allemagne, de la Propagandastaffel, du Sicherheitsdienst (SD) — il s'agissait là du service de sécurité SS, souvent confondu avec la Gestapo (qui, au vrai, n'avait sur place qu'une équipe restreinte, dont les responsabilités en France demeuraient limitées) — et l'Institut allemand, qui s'était installé dans les locaux de l'ambassade de Pologne, rue Saint-Dominique, une belle demeure construite au xviii$^e$ siècle pour une princesse de Monaco.

Sans doute l'Institut allemand constituait-il l'élément le plus curieux de l'ensemble. Son existence même prouvait l'intention qu'avaient les Allemands de traiter les Français en partenaires, ou tout au moins de chercher des points de concordance entre les cultures française et allemande, pour jeter les bases d'une future culture européenne. L'activité même de cet Institut ne pouvait manquer de flatter certains Français, puisque l'objectif déclaré de Hitler consistait à éliminer totalement nombre de races et cultures « inférieures ». Karl Epting, écrivant d'une prison française en 1948 (il devait être acquitté après deux années de détention préventive), affirma que ses compatriotes avaient « la volonté positive et authentique de faire l'Europe, qui vivait

cn nous tous, et qui était le fondement de l'amitié franco-
allemande que nous voulions bâtir, et que nous avons
effectivement bâtie ». Des numéros entiers des *Cahiers* de
l'Institut étaient consacrés à l'explication et à la justification de la politique nazie — y compris celle qui concernait
les races et les religions. On peut déduire les opinions
personnelles d'Epting de son essai sur Louis-Ferdinand
Céline, publié dans le numéro d'avril 1944 d'une revue de
la collaboration, *la Chronique de Paris* :

> A une époque où le judaïsme exerçait en France, dans
> l'ombre des loges et de l'Église, une puissance incontes-
> tée, où le philosémitisme militant était devenu une des
> positions par lesquelles la France s'affirmait devant la
> Nouvelle Europe, l'antisémitisme sans ménagement de
> Céline constituait un acte de courage. Il revêtait une
> haute valeur représentative

Les somptueuses réceptions allemandes, dans la grisaille
des années d'occupation, étaient évidemment fort appré-
ciées. Alfred Fabre-Luce nous a décrit l'une d'elles : Abetz
se tenait seul dans un salon de l'ambassade, tandis que,
dans la pièce voisine, le buffet était assiégé. « Je n'ai jamais
vu dévorer à si belles dents... Les mottes de beurre qui
disparaissaient rapidement, les ailes de poulet qui s'envo-
laient vers des bouches avides, étaient des placements dont
la Propagandastaffel espérait percevoir plus tard les intérêts... » Dans son journal, Ernst Jünger présente une
vision identique d'une soirée à l'Institut allemand d'Epting,
où, parmi les invités de marque, on comptait le sculpteur
Arno Breker, Abel Bonnard, ministre de l'Éducation
nationale et membre de l'Académie française, et Drieu La
Rochelle. « Ensuite, relate l'auteur, des scribouillards à
gages, des bonshommes qu'on ne voudrait pas toucher avec
des pincettes. Tout ce monde mijote dans un mélange
d'intérêts, de haine, de crainte, et certains portent déjà sur
leur front les stigmates de morts horribles. » Reste que,
parmi les Parisiens éminents que cite dans ses mémoires la
veuve d'Epting pour les avoir rencontrés aux soirées de
l'Institut allemand — auteurs et dramaturges réputés, l'un
des plus prestigieux éditeurs de Paris, acteurs et actrices

célèbres, metteurs en scène et artistes, hommes de science et gens d'Église —, bien peu furent réellement sanctionnés après le départ des Allemands.

L'adjoint d'Epting était Karl-Heinz Bremer, lecteur avant la guerre à l'université de Poitiers, puis à la Sorbonne et à l'École normale supérieure. Lui aussi se déclarait grand admirateur de la France et des Lettres françaises. D'après Maurice Martin du Gard, les idoles de Bremer avaient nom Léon-Paul Fargue, Jean Cocteau et Paul Valéry. Il estimait que ce dernier aurait dû occuper le nouveau poste d'ambassadeur de Vichy auprès des autorités allemandes. « Avec Valéry, l'entendit-on même affirmer, notre Führer vous aurait accordé en 40 tout ce que Pétain aurait voulu ! »

Pendant son séjour à l'École normale, en 1937, où il effectuait des recherches pour un livre sur l'histoire de la France, Bremer avait rencontré Henry de Montherlant. Il était bientôt devenu son traducteur. Dans leurs conversations d'avant-guerre, au dire de Montherlant, Bremer se montrait épouvanté à l'idée d'une nouvelle guerre mondiale (l'écrivain savait, lui, qu'on ne pouvait l'éviter et en acceptait l'idée). En septembre 1938, Bremer lui avait écrit que, quoi qu'il arrivât, son sentiment sur les véritables valeurs — sur la France, sur Montherlant — ne changerait jamais. Les deux hommes ne se revirent qu'en mai 1941, à Paris, à l'Institut allemand. Bremer avertit Montherlant que la position des écrivains français se révélerait désormais difficile, car « en tous temps, mais particulièrement en celui-ci, les risques de l'honnêteté sont immenses ». D'après Montherlant, Bremer s'acharna à réduire ces risques pour beaucoup d'auteurs.

Pourtant, Bremer n'avait rien d'un antinazi : ceux qui prenaient la peine de lui parler le savaient. Il pouvait annoncer à des amis qu'il avait rompu toute relation avec tel collaborateur français particulièrement malveillant, tel auteur-éditeur qui passait régulièrement à l'Institut pour dénoncer tel ou tel autre écrivain français, ou bien un fanatique, tel Alain Laubreaux, qui, selon le même Bremer, soumettait certainement ses articles à la Gestapo. Et, en même temps, il admirait des Français pronazis comme

Brasillach. En outre, comme l'observa Jean Paulhan dans un article anonyme des *Lettres françaises* clandestines, Bremer avait un faible pour Hitler.

Il fut ensuite renvoyé en service actif. D'après Maurice Martin du Gard, qui le tenait de Jacques Chardonne, son départ avait été demandé tout ensemble par des collaborateurs français et des officiers allemands jaloux. L'écrivain André Thérive relata dans son journal un repas d'adieux offert par des éditeurs en l'honneur de Bremer, qui « ne les a pas trop embêtés pendant son séjour ». (Le repas est luxueux mais réglementaire : une lichette de pain, trois pommes de terre, un rond de saucisson... et un plat entier de truffes sautées !) Karl-Heinz Bremer fut parachuté sur le front soviétique, et mourut au combat. « Tout donne à croire qu'il est mort courageusement », conclut Jean Paulhan dans son article. [2]

En pratique, l'attitude des Allemands variait selon les individus. Ceux qui étaient imprégnés d'idées nazies ne voyaient aucune raison d'éviter toute brutalité dans leurs rapports avec les vaincus ; d'autres, en revanche, déployaient davantage de tact — et cela leur permettait d'utiliser au maximum les ressources du pays dans l'effort de guerre du Reich. De plus, nombre de Français étaient prêts à leur faciliter la tâche. Ainsi, dans le domaine qui nous occupe ici, de prestigieuses maisons d'édition allèrent jusqu'à inclure dans leurs catalogues des livres pronazis et des pamphlets violemment antisémites. Bernard Grasset

2. Entretien avec Gerhard Heller, complété par une correspondance avec Heller. Otto Abetz, *Histoire d'une politique franco-allemande (1930-1950)*, Paris, 1953 ; Karl Epting, *Réflexions d'un vaincu*, Bourg (Ain), 1953 ; Alfred Fabre-Luce, *L'Épreuve (1939-1946)* (*Vingt-Cinq Années de liberté*, II), Paris, 1963 ; Ernst Jünger, *Journal, II (1943-1945)*, Paris, 1953 ; Maurice Martin du Gard, *La Chronique de Vichy (1940-1944)*, Paris, 1975 ; Henry de Montherlant, *Textes sous une occupation (1940-1944)*, Paris, 1953 ; Henry Muller, *Retours de mémoire*, Paris, 1979 ; André Thérive, *L'Envers du décor (1940-1944)*, Paris, 1948. Karl Epting, « Louis-Ferdinand Céline », *La Chronique de Paris,* Paris, avril 1944 ; *Les Lettres françaises* (clandestines) juillet 1944 : « Karl-Heinz Bremer » (attribué à Jean Paulhan).

fut, à cet égard, l'une de leurs meilleures conquêtes. Henry Muller, l'un de ses employés, observa que les Allemands n'avaient pas tardé à le repérer comme un ami précieux. Karl Epting et Karl-Heinz Bremer l'avaient flatté en le qualifiant de « plus grand éditeur français », et lui-même se vantait dans des circulaires adressées aux libraires d'avoir l'appui des forces d'occupation.

La plupart des grands auteurs du demi-siècle avaient été publiés par Grasset, et souvent pour la première fois : Marcel Proust (vraiment trop peu orthodoxe pour la *NRF*), André Malraux et François Mauriac. Grasset se révéla également unique par l'énergie déployée en faveur de ses amis allemands. Il lança une collection intitulée « A la recherche de la France », dans laquelle il publia les plus ardents collaborateurs, tels Jacques Doriot, Drieu La Rochelle et Georges Suarez (qui fut exécuté à la Libération). Grasset a exposé dès 1940 son propre point de vue dans un livre également intitulé *A la recherche de la France.* « Les Français, écrivit-il, se trouvent entièrement dans la main d'une nation qui, elle, est parvenue au sommet de la cohésion, et de la force, par la vertu d'un homme. »

Le cas de Robert Denoël, dont la maison d'édition reçut des capitaux allemands pendant l'Occupation, ne fut pas moins pathétique. Après la Libération, on lui reprocha d'avoir publié des manuels antisémites tels que *Comment reconnaître un juif ?*, un recueil des discours de Hitler et les deux œuvres antisémites les plus connues de l'époque : une réédition de *Bagatelles pour un massacre* de Céline et *les Décombres* de Lucien Rebatet. Mais, pendant ces mêmes années d'occupation, Denoël fit aussi de la publicité pour le roman (publié avant-guerre) d'Aragon, *les Beaux Quartiers,* et *Hôtel du Nord* d'Eugène Dabit ; il publia des récits d'Elsa Triolet et fit même passer de la publicité pour l'œuvre de cette juive russe dans des journaux comme *la Gerbe :* « L'auteur de *Mille Regrets* est en marche vers la célébrité. » (Pierre Daix, le biographe d'Aragon, relève qu'Elsa Triolet considérait ces nouvelles comme « prose de résistance ».) Au moment où Denoël annonçait la « marche » de l'écrivain « vers la célébrité », elle se cachait avec

Aragon à Villeneuve-lès-Avignon, où se déroulait une terrible chasse aux juifs.

La vénérable maison Calmann-Lévy, fondée en 1836 par Michel Lévy, premier éditeur de *Madame Bovary*, éditeur d'Alexandre Dumas père et fils, de Sainte-Beuve et de George Sand, appartenait à une famille juive. Après sa confiscation, la maison avait changé de nom (pour devenir les Éditions Balzac). Paul Léautaud rapporte une de ses conversations avec Gaston Gallimard, en septembre 1941 : selon son interlocuteur, un consortium d'éditeurs s'était constitué pour reprendre Calmann-Lévy, afin d'éviter que les Allemands ne s'en emparent. L'effort collectif, apparemment, échoua, car une lettre datée du 20 janvier 1942 a été retrouvée dans les dossiers du commissariat général aux Questions juives, signée d'un seul éditeur-membre du consortium (et non le moindre), s'offrant à racheter la vieille maison et à y constituer un comité littéraire qui comprendrait Pierre Drieu La Rochelle et Paul Morand (autre signature familière dans la presse de l'époque). L'éditeur certifiait aux autorités que sa société était une « maison aryenne, à capitaux aryens ».

Pendant ce temps, Calmann-Lévy se trouvait aux mains d'un écrivain et journaliste sans grand talent, extrêmement habile, qui ne cachait pas du tout qu'il cherchait à profiter des malheurs des juifs. Pendant leur gérance, les pantins chargés de diriger la maison vendirent tout ce qui avait la moindre valeur, et en particulier les correspondances d'éminents auteurs du XIXᵉ siècle... Les livres qu'ils imprimèrent disparurent très vite des librairies. Comme le directeur le déclara à Paul Léautaud : « Tout ce qui se publie se vend. »

Dans son journal, Léautaud écrit jusque dans le détail l'ardeur que mettait le directeur du vieil et noble Mercure de France à collaborer avec les autorités d'occupation. Un mois à peine après l'entrée des Allemands à Paris, il avait écrit à la Kommandantur pour s'offrir à publier une nouvelle édition de *Mein Kampf :* « Et qui sait ? Nous pourrions peut-être avoir une préface de Hitler. » Il se disait également disposé à reprendre la publication de la revue *Mercure de France* et, avec la même naïveté, espérait pouvoir introduire Gerhard Heller, de la Propagandastaffel, en tant que codirecteur de l'entreprise. La plupart des éditeurs importants avaient à leur catalogue des ouvrages prônant la collaboration, et même pronazis. Les meilleurs d'entre eux jugeaient souhaitable ou utile de mettre en avant des œuvres dans l'esprit de l'époque (ainsi, une *Anthologie de la Nouvelle Europe*, présentée par Alfred Fabre-Luce, offrant un prétexte littéraire à la collaboration, ou bien une anthologie de poésie allemande d'où avait disparu Heinrich Heine).

Une résolution votée par le Comité national des écrivains (clandestin), et intitulée « Avertissement aux Éditeurs », affirmait que l'ennemi était actif dans les maisons d'édition et que les collaborateurs passaient au crible des manuscrits des écrivains patriotes afin de les dénoncer ou de les soumettre au chantage ; pendant ce temps, les mêmes éditeurs inondaient les librairies de littérature allemande et de propagande nazie. Le CNE s'engageait à faire en sorte que ceux qui auraient perdu leur emploi pour avoir refusé de se prêter à cette politique seraient réintégrés à la fin de la guerre. Il s'engageait à procéder à des purges, quelles que fussent les actions légales menées par les autorités après la Libération.[3]

Les écrivains qui avaient choisi de ne pas se taire pendant l'Occupation disposaient d'une extraordinaire variété de revues où s'exprimer : dans certains journaux scrupuleusement apolitiques, mais aussi dans les organes de presse où s'étalait le racisme le plus virulent, et qu'il fallait bien prendre au sérieux quand ils dénonçaient, par exemple, les refuges où se cachaient des juifs (afin que la police française ou les Allemands pussent aller les y débusquer),

3. Robert Aron, *Histoire de l'épuration*, II, Paris, 1975 ; *Les Cahiers de la Résistance,* I : *L'Affaire Grasset* (Comité d'action de la Résistance), Paris, 1949 ; Pierre Daix, *Aragon, une vie à changer,* Paris, 1975 ; Paul Léautaud, *Journal littéraire*, XIII (février 1940-juin 1941), Paris, 1962 ; XIV (juillet 1941-novembre 1942), Paris, 1963 ; XV (novembre 1942-juin 1944), Paris, 1963 ; Henry Muller, *Retours de mémoire,* Paris, 1979. *La Gerbe,* Paris, 6 et 13 août 1942 ; *Les Lettres françaises* (clandestines), novembre 1943, février 1944.

ou bien les activités antiallemandes, guidant littéralement les recherches du Sicherheitsdienst et de ses auxiliaires français. Certaines de ces publications étaient anciennes et respectées, mais leurs dirigeants n'avaient pas résisté aux tentations de l'Ordre nouveau : ceux de *l'Illustration*, par exemple. Bien entendu, la presse fasciste d'avant-guerre revivait, et de nouveaux titres apparaissaient : *la Gerbe, Au pilori* (lancé avec ce sous-titre « Hebdomadaire de combat contre la judéo-maçonnerie ») et *la Révolution nationale*. Il y avait même quelques feuilles « de gauche », les quotidiens *la France au travail* et *la France socialiste*, les hebdomadaires *l'Atelier* et *le Rouge et le Bleu* — ce dernier fut même accusé de subir des influences juives.

*Je suis partout* représentait la droite littéraire, grâce essentiellement à la présence de Robert Brasillach, normalien et romancier, et aux dons de polémistes de ses principaux collaborateurs. La direction se targuait de vendre en moyenne 200 000 exemplaires, et de compter parmi ses auteurs — comme le souligna l'avocat de Brasillach au cours du procès — Jean Anouilh, Marcel Aymé et André Bellessort, alors secrétaire perpétuel de l'Académie française. *Je suis partout,* selon Claude Roy, dénonçait les « gaullistes » de Nice, lui-même et Louis Aragon (on y indiquait même dans quel bar ils se retrouvaient). Roy reçut peu de temps après la visite d'un inspecteur de police, et il n'en fallut pas davantage pour le convaincre de disparaître dans la clandestinité. Pierre Seghers, un autre ami d'Aragon, se rappelle la satisfaction manifestée par *Je suis partout* à l'annonce du décès de Max Jacob à Drancy : « Juif par sa race, Breton par sa naissance, romain par sa religion, sodomite par ses mœurs » — telle fut son épitaphe. On le lisait surtout pour ses potins — en page deux, comme il était de tradition dans la presse hebdomadaire. Mais les échos de *Je suis partout* étaient d'une teneur particulière. On pouvait y lire tantôt une lettre dénonçant un prêtre qui faisait dire des *Ave Maria* à ses fidèles pour la fin des persécutions des juifs, puis une dénonciation de l'« affreux mulâtre » Alexis Léger (l'ancien secrétaire général du Quai d'Orsay, en littérature Saint-John Perse). La dénonciation d'autres journaux constituait une autre particularité de *Je suis partout* : ainsi *Candide*, la revue d'extrême droite publiée en zone libre, qui avait fait l'éloge du stalinien enjuivé Aragon. *Je suis partout* relata avec satisfaction l'interdiction du *Figaro* prononcée à Vichy le 27 novembre 1942, « dont nous n'avons cessé de dénoncer le gaullisme militant » (on affirme généralement que *le Figaro* ne fut pas interdit, mais que son équipe le saborda quand les Allemands envahirent la zone « libre »). [4]

Considérons maintenant la publication que dirigeait cet étrange personnage que fut Alphonse de Châteaubriant. Auteur d'un roman qui avait obtenu le prix Goncourt en 1911, il était âgé de soixante-trois ans quand il entreprit de publier *la Gerbe*. Il avait vécu en Allemagne avant la guerre, voyait le nazisme comme une renaissance spirituelle, et rassembla ses louanges dans un livre intitulé *la Gerbe des forces*. Il dirigeait une organisation qui, sans aucune honte, s'appelait « Collaboration ». *La Gerbe* attirait tous les extrémistes. Céline pouvait y déployer son antisémitisme sous forme de lettres au rédacteur en chef. Dans une annonce publicitaire parue dans la *Nouvelle Revue française, la Gerbe* se vantait de compter parmi ses auteurs Abel Bonnard, Drieu, Montherlant, Ramon Fernandez, Léon-Paul Fargue, Jean Anouilh, André Castelot, Charles Dullin, Pierre Fresnay, Henri-René Lenormand et Jean-Louis Vaudoyer (alors administrateur de la Comédie-Française). Prenons un numéro au hasard : on y trouve un roman de Pierre Mac Orlan, et le compte rendu d'une réunion de jury littéraire à la Tour d'Argent, jury comprenant Georges Simenon, La Varende, Abel Hermant, Sacha Guitry, et où l'ami d'Abetz, Jean Luchaire, tendait à l'heureux lauréat un chèque de 10 000 francs.

Lucien Combelle, l'ancien secrétaire de Gide, faisait

4. Robert Brasillach, *Une génération dans l'orage*, Paris, 1968 ; Michèle Cotta, *La Collaboration (1940-1944)*, Paris, 1964 ; Jacques Isorni, *Le Procès de Robert Brasillach*, Paris, 1946 ; Claude Roy, *Moi je*, Paris, 1978 ; Pierre Seghers, *La Résistance et ses poètes (1940-1945)*, Paris, 1974. *Je suis partout*, Paris, 1941-1944.

carrière... Il finit par devenir rédacteur en chef de *la
Révolution nationale* après avoir travaillé pour Alphonse de
Châteaubriant : « Bonhomme étrange qu'on imaginait à
l'aise dans une seigneurie plutôt que dans une salle de
rédaction », écrit Combelle, « en pays chouan plutôt qu'à
Paris occupé ». Combelle raconte aussi un cocktail dans les
bureaux de *la Gerbe,* auquel assistaient Jean Cocteau et
Jean Marais, Henry de Montherlant et Arno Breker ; ainsi
que Céline, portant une « canadienne, ficelle autour du
cou au bout de laquelle pendaient deux gants de motard,
et, sortant sa gueule d'une poche, un petit greffier »
[chat]. [5]

Le produit intellectuel le plus curieux de Paris occupé,
pour un observateur qui travaille avec plusieurs dizaines
d'années de recul, fut sans doute *Comœdia.* C'était là un
hebdomadaire — encore un — dans la tradition du Paris
d'avant-guerre, c'est-à-dire publié dans le format d'un
quotidien, et imprimé sur papier journal ; résurrection d'un
quotidien d'avant-guerre portant le même nom, il se
proclamait en gros titre le journal des « Spectacles-
Concerts-Littérature-Beaux-Arts » ; il parut pendant toutes les années d'occupation. Dès le début, *Comœdia* sut
attirer des auteurs importants — et des artistes — qui
semblaient vouloir penser qu'une entreprise strictement
culturelle de ce type pouvait exister ; parce qu'il ne se
mêlait pas de politique, il ne risquait pas de se compromettre, non plus que ses auteurs. La liste des collaborateurs
réguliers évoque bien sûr les sommaires de la *NRF* d'avant-
guerre, car il n'y manquait que les antifascistes les plus
engagés, et bien sûr les juifs. Marcel Arland, étroitement
associé à la *NRF* avant et après la guerre (quand il devint
directeur d'une réincarnation d'après-guerre de la *Nouvelle
Revue française*), en dirigeait la section littéraire. En
vérité, le poste avait été offert à Paulhan, qui l'avait refusé
mais avait recommandé Arland. La critique d'Arland en

5. Lucien Combelle, *Péché d'orgueil,* Paris, 1978 ; Michèle Cotta,
*La Collaboration (1940-1944),* Paris, 1964. *La Gerbe,* Paris, surtout
1942.

première page de *Comœdia* sur *l'Étranger* de Camus constitua la première grande présentation du livre dans Paris occupé. Dans son compte rendu, Arland évoquait les nouvelles de Sartre.

Sartre, bien sûr. Car même Sartre, engagé — tout au moins en principe — dans l'antinazisme, croyait qu'une publication libre pouvait paraître sous le régime allemand. Quand le directeur de *Comœdia,* lui ayant exposé son projet d'une revue strictement culturelle, proposa à Sartre la responsabilité de la chronique littéraire, Sartre accepta ; ils espéraient que les Allemands ne chercheraient pas à prendre le contrôle d'une telle entreprise. La traduction du *Moby Dick* de Melville (par une équipe comprenant Giono) venait de paraître chez Gallimard, et Sartre désirait en rendre compte : il le fit dans *Comœdia.* Mais des doutes lui vinrent ensuite. Il comprit que la revue était moins indépendante qu'on ne le lui avait donné à croire. Dans ses mémoires, Simone de Beauvoir expliqua que, selon Sartre, *Comœdia* différait du reste de la presse d'occupation : on y protestait contre les dénonciations du genre de celles que lançait *Je suis partout ;* et on y défendait des ouvrages qui contredisaient le moraliste fasciste et vichyste. « Néanmoins, la première règle sur laquelle s'accordèrent les intellectuels résistants, c'est qu'ils ne devaient pas écrire dans les journaux de la zone occupée », ajoute Simone de Beauvoir. (Quand un jeune admirateur montra à Camus un article qu'il avait écrit sur lui pour *Comœdia,* Camus lui recommanda de ne pas le publier à Paris. Et le jeune homme le donna donc à *Confluences,* un mensuel publié à Lyon.)

Pendant toute l'Occupation, *Comœdia* put présenter de grands noms de la littérature et des arts, comme si la vie culturelle avait pu se poursuivre dans une ville parcourue de patrouilles allemandes. Il est vrai que, chaque semaine, *Comœdia* publiait une page « européenne » à la gloire de la littérature d'outre-Rhin, et où il était suggéré que les deux cultures ne faisaient qu'une. Mais, au dire de Jean Paulhan, jamais les pages littéraires de *Comœdia* ne revêtirent un caractère déshonorant, et la propagande qui s'y faisait dans les autres pages était autrement moins dangereuse que celle qu'on pouvait lire ailleurs. Opinion non partagée par d'autres résistants. *Les Lettres françaises* déclarèrent (en novembre 1943) : « Chacun sait que *Comœdia* concède chaque semaine à la propagande nazie une page " européenne ". C'est pour elle que le journal paraît et qu'il s'efforce de rassembler dans ses autres pages d'éminentes collaborations littéraires, artistiques et théâtrales. »[6]

6. Archives Jean Paulhan. Simone de Beauvoir, *La Force de l'âge*, Paris, 1972 ; Herbert R. Lottman, *Albert Camus*, Paris, 1978. *Les Lettres françaises* (clandestines), novembre 1943.

# 6

# Tout le monde collaborait

Lorsqu'on relit les mémoires des grands acteurs de ces années-là, on risque d'en être amené à conclure que presque tout le monde à Paris résistait. Mais on pourrait aussi établir que « tout le monde collaborait ». Idée qui s'explique sans doute en partie par les efforts des collaborateurs eux-mêmes, pour qui il était réconfortant, et même utile (afin d'échapper à la prison et même à pire) de prouver qu'ils n'avaient pas été seuls impliqués dans des activités coupables et peut-être criminelles. Si tout le monde s'était compromis, comment pouvait-on condamner qui que ce fût ?

Le « tout le monde collaborait » apparaît en particulier dans les souvenirs de ceux qui s'associèrent aux forces d'occupation allemandes et qui tentèrent, plus tard, de se dédouaner en présentant un tableau de tous ceux qui avaient « agi comme eux ». Le fait que tant de collaborateurs actifs n'aient jamais été sanctionnés, ou bien ne se soient vu infliger que des peines de prison réduites, presque aussitôt suspendues ou amnistiées (et la loi donc nous interdit de seulement mentionner de telles condamnations !), facilita leur réinsertion dans la bonne société, où ils parvinrent souvent à des positions influentes en tant que directeurs de journaux, vedettes de la radio, de la télévision ou membres de l'Académie.

Luttant pour sauver sa tête, en janvier 1945, au cours du procès où il était accusé d'intelligence avec l'ennemi, Robert Brasillach déclara au tribunal, comme on l'interrogeait sur ses relations avec les Allemands à Paris : « J'ai rencontré à l'Institut allemand un certain nombre de gens, un certain nombre d'écrivains, dont plusieurs seraient peut-

être bien embarrassés si je n'avais pas la charité de me taire
sur leur nom. »

Poursuivant cette stratégie de défense, il révéla quelques
détails :

> Je peux tout de même dire que la seule fois de ma vie où
> j'ai rencontré M. [Gaston] Gallimard, éditeur éminent
> aujourd'hui, c'est à l'Institut allemand. Je peux tout de
> même dire que tout ce qui a compté en France est passé à
> l'Institut allemand. M. [Georges] Duhamel (*rires*), je l'ai
> vu à l'Institut allemand ; j'ai vu à l'Institut Jean Girau-
> doux. J'ai déjeuné avec Jean Giraudoux à l'Institut
> allemand et je ne crois pas que Jean Giraudoux était un
> traître...

Brasillach fut condamné à mort et fusillé, mais son beau-
frère Maurice Bardèche publia en 1947 une *Lettre à
François Mauriac* où il répétait les affirmations de Brasillach et ajoutait que tout le monde dédicaçait ses livres au
lieutenant Heller (Mauriac, entre autres, l'avait fait) ;
« qu'Aragon était hébergé par Denoël, que Paulhan fut
sauvé par Drieu... ». Bardèche évoque dans ce texte
l' « unanimité » d'opinion en faveur de la décision du
gouvernement français de demander l'armistice en juin
1940 et l'adhésion populaire à la philosophie de Vichy. Il
existe une quantité de livres et de pamphlets, oubliés après
la Libération et, bien souvent, imprimés à compte d'auteur
pendant la période des purges, qui nous révèlent quels sont
les auteurs réputés qui publièrent des livres pendant
l'Occupation ou qui firent jouer des pièces.

Jean Galtier-Boissière, libraire-éditeur, se trouvait lié
d'amitié avec de nombreux collaborateurs bien que lui-
même eût rejeté cette option. Dans la France d'après la
Libération, il prit un plaisir manifeste à dénoncer ce qu'il
appelait l' « Hypocrisie de l'épuration » dans une série
d'articles qu'il publia dans un quotidien parisien. Aussitôt
attaqué par la presse de gauche, il se saisit de l'occasion qui
lui était ainsi offerte pour exposer le passé ambigu de ses
censeurs. De telles campagnes — car il y en eut plus d'une
— contribuaient à embrouiller davantage encore la question de savoir qui avait fait quoi. Bref, l'idée la plus

répandue était que « tout le monde avait collaboré ». Galtier-Boissière, pour sa part, concluait ainsi : « Pendant l'Occupation, il y eut des milliers de héros et des centaines de vendus. Entre eux, l'immense masse de la population opposait à la propagande ennemie une force d'inertie qui, par son poids, annihila tous les efforts et toutes les ruses du collaborationnisme. »[1]

Personne ne personnifia aussi bien les ambiguïtés des années d'occupation que Paul Léautaud. Et sans doute est-ce parce que nous disposons du compte rendu exact de toutes ses pensées, de tous ses faits et gestes (grâce aux quatre des dix-neuf gros volumes de son *Journal littéraire* qui traitent presque essentiellement des années d'occupation), que les réactions contradictoires de l'auteur et de ses amis nous paraissent encore aujourd'hui si vivantes. Habitant une morne banlieue, il venait chaque jour travailler aux éditions du Mercure de France, achetait en chemin de quoi nourrir ses animaux ; il réussissait aussi en cours de route à rencontrer une bonne partie des habitants de la rive gauche littéraire et, même s'il ne comprenait pas tout ce qu'il voyait ou entendait, il avait l'honnêteté de tout noter, de sorte qu'à présent nous pouvons tenter de comprendre. Cet homme parfaitement moyen ne parvenait jamais à déterminer s'il devait admirer les Allemands parce que leur antisémitisme constituait un prolongement logique du sien, ou bien les haïr parce qu'il était patriote. Il se défiait des déclarations les plus extrêmes des collaborateurs — par exemple, des déclarations d'un Chardonne ou d'un Drieu La Rochelle concernant la générosité de certains officiers allemands. Pourtant, il écrivait pour la revue de Drieu, et se réjouissait même d'apprendre qu'on allait le recommander au directeur allemand de Radio-Paris pour un emploi. Il estimait que les Français méritaient bien ce qui leur

1. Maurice Bardèche, *Lettre à François Mauriac*, Paris, 1947 ; Jean Galtier-Boissière, *Mon journal depuis la libération*, Paris, 1945 ; *Mon journal dans la grande pagaïe*, Paris, 1950 ; Jacques Isorni, *Le Procès de Robert Brasillach*, Paris, 1946 ; *Les Dossiers du Clan*, Paris, mai 1967 : « Paris 40-44 ».

arrivait, puisqu'ils avaient déclaré la guerre à l'Allemagne.
« En quoi avons-nous à nous plaindre de la présence
physique des Allemands ? polis, simples, presque effacés »,
fait-il observer à une amie. Il se déclarait hostile aux actes
de résistance : « Les Allemands sont nos maîtres. Ils sont
sur notre sol... Je trouve même cela bête, la conduite de ces
gens (résistants)... Ils s'imaginent qu'ils vont changer
quelque chose ? »

Ambiguïtés — ou variations à 180 degrés... Il existe ainsi
une célèbre *Ode au Maréchal Pétain* de Paul Claudel, lue
sur scène au milieu de la représentation de *l'Annonce faite
à Marie*, à Vichy en 1944, en présence du poète :

France, écoute ce vieil homme sur toi qui se penche et qui te
    parle comme un père,

Écoute cette voix raisonnable sur toi qui propose et qui
    explique...

Les ennemis de Claudel comparèrent par la suite cette
ode au poème qu'il écrivit pour Charles de Gaulle après la
libération de Paris, et les republièrent même ensemble.

On ne pouvait pas non plus concevoir de personnalité
plus difficile à cerner que celle de Jean Giraudoux, que le
gouvernement avait choisi pendant la guerre pour diriger
un commissariat à l'Information. Un ami des nazis rappela
dans *Je suis partout* les discours patriotiques que Giraudoux
prononçait à la radio pendant la drôle de guerre. Cependant, après l'armistice, les Allemands traitèrent Giraudoux
avec beaucoup d'égards, peut-être en raison de son conser-
vatisme. De son côté, l'écrivain sembla placer toute sa
confiance en Pétain, au moins pour un temps. Il ne voyait
aucun inconvénient à fréquenter un fasciste déclaré comme
Brasillach, ou des officiers de l'armée allemande. Lors d'un
déjeuner avec Jouhandeau et Jünger, il affirma que, pour
lui, les pivots de la civilisation étaient la France et
l'Allemagne, et qu'il s'inquiétait pour l'avenir de l'humanité si elle devait tomber sous la domination américaine ou
bien russe. Giraudoux était tout à la fois patriote et
insaisissable, et il avait un fils parmi les Français libres de

Londres, avec de Gaulle. A la mort de Giraudoux, Jean
Guéhenno confia à son journal qu'il avait trop hâtivement
jugé Giraudoux, qui était « l'indulgence même parce qu'il
était l'intelligence même ». On attend aujourd'hui encore
un jugement définitif.[2]

C'est une sorte de myopie politique qui paraissait surtout
répandue. Bon nombre d'auteurs importants poursuivirent
leur carrière pendant l'Occupation, apparemment sans
remords, à la satisfaction des autorités et du gouvernement
de Vichy. Un auteur écrivant exclusivement sur les relations entre les sexes pouvait publier dans un Paris dominé
par les croix gammées, de même qu'un acteur pouvait dire
sur scène des paroles écrites par un autre, et qu'un
musicien pouvait jouer un morceau sans contenu politique.
Telle était, du moins, la théorie. Dans la pratique, cette
attitude elle-même posait des problèmes. Mais si la vraie
collaboration avec le régime nazi constitue un fait hideux,
et si les vrais collaborateurs forment un groupe fort
déplaisant, en revanche le comportement myope et innocent de tant d'auteurs réputés est presque toujours intéressant, et il vaut bien la peine de feuilleter la *NRF* de Drieu
La Rochelle : afin de distinguer entre les « daltoniens » et
ceux qui se corrompaient, délibérément, avant de mélanger
à nouveau les cartes. Tout en critiquant Colette pour avoir
écrit dans un journal collaborateur, *les Lettres françaises*
suggéraient que sans doute elle n'avait pas compris en
quelle compagnie elle allait paraître. « Et cette manœuvre,
expliquait le journal résistant, prouve qu'en donnant à la
presse contrôlée par l'occupant le moindre bout d'article
même sans caractère politique, un écrivain joue sa partie

2. Entretiens avec Gerhard Heller, Claude Roy. Emmanuel Berl,
*Interrogatoire par Patrick Modiano*, Paris, 1976 ; Jean Galtier-Boissière, *Mon journal depuis la libération*, Paris, 1945 ; *Mon journal dans
la grande pagaïe*, Paris, 1950 ; Jean Guéhenno, *Journal des années
noires*, Paris, 1973 ; Marcel Jouhandeau, *Journal sous l'Occupation*,
Paris, 1980 ; Paul Léautaud, *Journal littéraire*, XIII (février 1940-juin
1941), Paris, 1962 ; XIV (juillet 1941-novembre 1942), Paris, 1963 ;
Maurice Martin du Gard, *La Chronique de Vichy (1940-1944)*, Paris,
1975 ; Claude Roy, *Moi je*, Paris, 1978. *Les Lettres françaises*
(clandestines), avril 1944 : « Parole de traître ».

dans le concert de la propagande ennemie orchestrée par Goebbels... » [3]

Considérons la carrière de Jean-Paul Sartre et celle de Simone de Beauvoir. En vérité, l'occupation allemande coïncida pour eux deux avec leur accession à la célébrité. Deux pièces de Sartre, *les Mouches* et *Huis clos,* se jouèrent pour la première fois sous l'Occupation, et le premier roman de Simone de Beauvoir parut à la même époque. Dans ses mémoires, habituellement aussi francs que ceux de Léautaud, et souvent aussi ingénus, Simone de Beauvoir s'extasie sur l'article de Marcel Arland qui vantait *l'Invitée* dans *Comoedia* — « un vrai journal », écrivit-elle, alors qu'il paraissait, tout comme son livre, avec la bénédiction des nazis. Elle fut également touchée quand Ramon Fernandez, bien que fermement établi dans le camp ennemi, entra au café de Flore — où il ne mettait jamais les pieds — pour lui faire compliment de son livre. Elle pensa même qu'elle avait une chance d'obtenir le Goncourt — à une époque où l'académie Goncourt était dominée par des écrivains compromis. Sartre lui transmit un message du Comité national des écrivains, l'autorisant à accepter le prix s'il lui était attribué, mais à la condition de n'accorder aucune interview ni aucun article à la presse. (Curieux message de la part du CNE, si l'on considère que leurs *Lettres françaises* avaient déjà prévenu : l'académie Goncourt « aura des comptes à rendre ».)

A Paris, Simone de Beauvoir travaillait pour la radio nationale du gouvernement de Pétain, où elle produisait un programme culturel de sa propre inspiration. Le code de conduite que s'étaient imposé Sartre et sa compagne lui permettait de travailler à la radio : « Tout dépendait de ce qu'on y faisait. » Elle décrivit par la suite ses propres émissions comme « insipides » ; reste que des émissions de « remplissage » comme celles-là valorisaient la radio de Vichy et la rendaient attrayante — donc plus dangereuse — pour les auditeurs non avertis. Après la libération de Paris, personne ne songea à la sanctionner pour cette activité.

---

3. *Les Lettres françaises* (clandestines), décembre 1942.

Pendant ce temps, Sartre attirait l'attention d'un vaste public avec *les Mouches* ; peu lui importait, apparemment, que la pièce fût produite sur la scène du théâtre Sarah-Bernhardt : alors que les nazis avaient exigé que le nom de la fameuse actrice juive disparût du fronton du bâtiment ! L'étrangeté de la situation était soulignée par les articles élogieux qu'on pouvait lire à la fois dans la *Pariser Zeitung*, le journal des forces d'occupation, et dans *les Lettres françaises*. En vérité, la pièce était bien plus ambiguë que ne voulurent l'admettre ses admirateurs d'alors et d'après. Au quartier général de la Propagandastaffel, d'autres officiers allemands demandèrent à Gerhard Heller, qui comprenait bien mieux qu'eux la France et le français, d'aller voir la pièce : s'agissait-il ou non d'un message de résistance ? Heller recommanda qu'on ne l'interdise point — car il trouvait l'œuvre extraordinaire. Et puis une autre pièce de Sartre se joua, *Huis clos*. Cette fois, les représentations eurent lieu au théâtre du Vieux-Colombier sur la rive gauche. Un écrivain devait plus tard se souvenir de la générale comme de « l'événement qui a ouvert l'âge d'or de Saint-Germain-des-Prés en faisant connaître ce quartier, non pas encore aux foules... mais aux salons de Paris et de province ». Dans le supplément en langue française de la *Pariser Zeitung,* un critique vanta l'œuvre de Sartre : c'était là à ses yeux « un événement théâtral de premier ordre ». Le même critique aima également *le Malentendu* de Camus, produit sur une scène parisienne pendant les dernières semaines de l'Occupation. (Camus avait rencontré Sartre à la première des *Mouches* ; il avait été tenté par l'idée de monter *Huis clos* et d'y jouer le premier rôle.) Il convient de préciser que, si les Allemands semblaient apprécier l'aventure philosophique que représentait le théâtre de Sartre et de Camus, les collaborateurs autochtones se montraient plus sévères ; ils flairaient le danger. *L'Étranger* et *le Mythe de Sisyphe* ainsi que *l'Être et le Néant,* qui furent publiés chez Gallimard sous l'Occupation, ne suscitèrent en revanche aucune passion politique.

Désormais, Sartre et Camus apparaissaient comme des auteurs majeurs sur la scène de la rive gauche. Remarquons ici qu'à la même époque d'autres écrivains moins

« politiques », et qui traitaient dans leurs œuvres de problèmes sensiblement moins actuels que ne le faisaient Sartre et Camus, bénéficiaient d'une liberté encore plus grande et de plus grandes chances de succès rapide en l'absence de leurs éventuels rivaux : les juifs, les résistants qui avaient opté pour la clandestinité, et ceux qui avaient choisi de se taire. Lorsqu'un auteur ou un metteur en scène ou un acteur refusait de publier ou de paraître, la place était aussitôt prise.

Ceux qui accédèrent à la célébrité dans les années 1940-1944 se rendirent-ils compte que leur carrière profitait du vide créé par les nazis ? qu'il y avait des écrivains prisonniers, des gens enfermés dans des camps de concentration, empêchés de parler, d'écrire, de publier ?

Parmi les « présents », on comptait Paul Claudel, un auteur déjà considéré comme un classique, dont *le Soulier de satin,* monté par Jean-Louis Barrault sur la scène de la Comédie-Française, fut jugé comme le grand événement théâtral de la saison ; les « bravos » des généraux allemands assis aux premiers rangs d'orchestre ont déjà été mentionnés. Dans *Sodome et Gomorrhe,* de Giraudoux, on vit apparaître un jeune acteur, Gérard Philipe, tandis que le futur metteur en scène de Philipe, Jean Vilar, faisait ses propres débuts à la tête d'une petite troupe d'acteurs. Jean Anouilh et Sacha Guitry étaient alors des noms du spectacle connus, et la liste des cinéastes et des vedettes qui travaillèrent sous la censure allemande surprendrait une personne non avertie.

Si Jean Cocteau et Jean Marais connurent des difficultés, ce ne fut pas pour leur comportement antinazi mais parce que, du fait de leur esthétisme et de leur mode de vie, ils représentaient des cibles de choix pour les jeunes brutes fascistes. Cela n'empêcha point Cocteau de monter des spectacles dans la capitale, ni de fréquenter d'éminentes personnalités du régime, telles que le sculpteur Arno Breker, l'homme qu'avait choisi Hitler pour le guider dans Paris en 1940. Quand Cocteau se plaignit à ses amis allemands des attaques dont il était l'objet dans *Je suis partout,* ils lui répondirent : « Ce sont des Français qui vous attaquent, vous êtes mal avec vos confrères. » Marais agressa le répugnant collaborateur Alain Laubreaux, et l'on prétend qu'il n'échappa à l'arrestation que grâce à un coup de téléphone de Cocteau à Breker — Breker ayant communiqué son numéro personnel au poète pour qu'il fasse appel à lui en cas d'urgence. Sans doute est-ce le charme de Cocteau, un charme fait de talents multiples, qui lui permit d'échapper aux purges de la Libération, purges qui frappèrent tant de ses pairs moins imaginatifs. Et qu'il eût rédigé une pétition à l'adresse d'Otto Abetz pour demander la libération de Max Jacob, poète juif converti au catholicisme, ne gâtait rien.

Cette pétition avait rassemblé des collaborateurs bien connus et, entre autres, quelqu'un comme Picasso.

Si nombre de personnalités, dans le monde des lettres et de la culture, firent preuve d'une très grande faiblesse de caractère et s'engagèrent ainsi dans la collaboration, il convient également de préciser que, dès le début, celle-ci fut en quelque sorte indirectement favorisée par l'attitude des communistes français. Staline, en effet, avait été le partenaire de Hitler dans la guerre contre la Pologne, puis dans son dépeçage ; la même situation, consécutive au pacte germano-soviétique, s'était prolongée jusqu'en juin 1941, date à laquelle le chancelier avait opéré un revirement complet et jeté ses armées sur l'URSS. Événements qui forment la toile de fond de la grande controverse, ancienne et qui dure encore, sur les positions des dirigeants du PCF dans les premiers mois de l'Occupation. Ce qui est certain, et que nous avons déjà noté, c'est que les délégués du Parti demandèrent officiellement aux Allemands de les autoriser à reprendre la publication de *l'Humanité*. « Nous avons été les seuls à nous dresser contre la guerre, à demander la paix à une heure où il y avait quelque danger à le faire », affirmaient les communistes dans leur requête. « *L'Humanité,* publiée par nous, se fixerait pour tâche de poursuivre une politique de pacification européenne et de défendre la conclusion d'un pacte d'amitié germano-soviétique et ainsi créerait les conditions d'une paix durable. » *L'Humanité* clandestine condamnait même la poursuite de la guerre contre l'Allemagne par la Grande-Bretagne en la qualifiant d' « impérialiste », et lançait un appel à la paix et à la réconciliation entre les classes ouvrières de France et d'Allemagne. Apparemment, le Parti fabriqua par la suite de faux numéros de *l'Humanité* pour tenter de faire croire qu'il avait toujours soutenu la Résistance. [4]

Il ne faut pas oublier d'autre part que les autorités allemandes s'efforcèrent constamment de gagner à la cause du Reich les intellectuels français. Ainsi, des invitations à aller visiter l'Allemagne de Hitler étaient lancées à des auteurs ou à des artistes renommés. La première délégation importante fut constituée à l'occasion d'un Congrès international d'écrivains qui se tint en octobre 1941 à Weimar. Robert Brasillach, l'un des sept membres du groupe, s'y retrouva en compagnie d'éminents confrères tels que Marcel Jouhandeau, Jacques Chardonne, Drieu La Rochelle et Ramon Fernandez — sans parler d'Abel Bonnard. En Allemagne, ils rencontrèrent un rassemblement hétérogène de personnalités littéraires venues de diverses régions d'Europe, occupées ou non. Après que Chardonne eut exprimé l'espoir d'une éternelle amitié franco-allemande, par exemple, le romancier suisse John Knittel se leva pour porter un toast à la France. « Alors, rapporta Brasillach, toute la salle se leva, tendit son verre, applaudit, chacun serra la main des Français qui se trouvaient près de lui. » Un long silence suivit. Et puis l'on parla de créer une société internationale des écrivains. Brasillach et son « presque camarade d'École normale »,

4. Entretien avec Gerhard Heller. Simone de Beauvoir, *La Force de l'âge*, Paris, 1960 ; Brassaï, *Conversations avec Picasso*, Paris, 1969 ; Arno Breker, *Paris, Hitler et moi*, Paris, 1970 ; Michel-Antoine Burnier, *Les Existentialistes et la Politique*, Paris, 1966 ; André-Louis Dubois, *A travers trois républiques*, Paris, 1972 ; Guillaume Hanoteau, *L'Age d'or de Saint-Germain-des-Prés*, Paris, 1965 ; Maurice Martin du Gard, *La Chronique de Vichy (1940-1944)*, Paris, 1975. *Les Dossiers du Clan*, Paris, mai 1967 : « Paris 40-44 ».
Sur la politique du parti communiste français : Entretien avec Pierre Daix. Robert Aron, *Histoire de Vichy (1940-1944)*, Paris, 1954 ; Stéphane Courtois, *Le PCF dans la guerre*, Paris, 1980 ; Robert O. Paxton, *La France de Vichy (1940-1944)*, Paris, 1974 ; Charles Tillon, *On chantait rouge*, Paris, 1977. *Les Cahiers du communisme*, Paris, mai 1980.

Karl-Heinz Bremer, de l'Institut allemand, allèrent se recueillir sur la tombe de Goethe et sur celle de Schiller. Le lendemain, tous les visiteurs étrangers furent conviés à se rendre à une cérémonie solennelle qui devait se dérouler en présence du ministre de la Propagande, Goebbels ; Arno Breker les reçut également, dans son atelier à Berlin.

Un an plus tard, un second Congrès des écrivains d'Europe se réunit également à Weimar. L'un des membres de la délégation française, Georges Blond, en fit un compte rendu en première page de *Je suis partout*. Il y était allé avec Chardonne, Drieu, Thérive et Fraigneau — « tous les cinq conduits, encouragés, informés, regroupés par notre cher Gérard (*sic*) Heller ». Goebbels prononça un discours pour demander aux écrivains rassemblés de s'engager à fond, par leur vie et par leurs œuvres, dans le combat commun. Blond découvrit que ses confrères allemands étaient nobles, libres, humains.

Les Allemands semblaient connaître un succès encore plus vif auprès des artistes. Une fois au moins, ils parvinrent à entraîner en Allemagne une délégation rassemblant des célébrités telles que Maurice de Vlaminck, André Derain, Othon Friesz et Kees van Dongen. Dans ce domaine, les Allemands disposaient d'un animateur en la personne du sculpteur Breker, déjà nommé. Celui-ci relate dans ses mémoires les gestes de générosité qu'il multiplia envers ses collègues, de même que les efforts qu'il dut faire pour préserver les œuvres d'art appartenant à des Français et que convoitaient les dirigeants nazis. Il prétend même avoir obtenu des Allemands qu'ils ne poursuivent pas les juifs qui s'abstenaient de porter l'étoile jaune. Non seulement l'atelier de Breker représentait un port d'attache pour les collaborateurs français qui visitaient l'Allemagne, mais l'exposition de ses œuvres à l'Orangerie en mai 1942 — une statuaire héroïque suffisamment fidèle au thème hitlérien de la supériorité raciale pour faire de Breker l'ambassadeur artistique de son pays — fut un événement mondain. Les ministres vichystes Abel Bonnard et Jacques Benoist-Méchin prononcèrent des discours. Ce dernier proposa même une morale — pour le cas où elle aurait échappé à quelqu'un :

Une des pensées maintes fois formulées par le Chancelier
du Reich et à laquelle je souscris pour ma part sans ombre
de réserve, c'est que toute action politique n'a de sens
que si elle sert de cadre et de soutien à une action
spirituelle.

A cette occasion Aristide Maillol quitta sa retraite
méditerranéenne et vint dispenser une bénédiction plus
solennelle encore aux œuvres du sculpteur. Maillol se fit
photographier parmi les statues exposées en compagnie de
Breker, de même que Jean Cocteau l'avait déjà fait. Il fut
également reçu avec tous les honneurs à l'ambassade
d'Allemagne lors d'une grande réception que Sacha Guitry
a racontée dans ses mémoires, fort complaisants, des
années d'occupation. Le sculpteur, alors âgé de quatre-
vingts ans et paraissant fragile, avec sa barbe blanche de
prophète, avait prié Guitry, président de l'Union des arts,
de l'accompagner ce soir-là. Dans ses propres mémoires,
Breker contredit ce qu'en écrivit ultérieurement Simone de
Beauvoir, selon qui les Français avaient boudé l'inauguration de l'exposition ; il cita le témoignage de Jacques
Chardonne ; en outre, des photographies existaient, qu'il
suffisait d'examiner. De nombreuses personnalités se suc-
cédèrent à l'Orangerie les jours suivants : Hermann
Göring, Albert Speer et Pierre Laval ; le maréchal Pétain
ne vint pas, mais il reçut le catalogue illustré qu'avait publié
Flammarion, et il envoya à Breker un message de félicitations. Breker se targuait également d'avoir sauvé Flammarion, dont on disait que la femme était juive, de la
fermeture de sa maison d'édition, et de leur avoir ainsi
assuré une manière d'immunité jusqu'à la fin de l'Occupation.[5]

5. Michèle Cotta, *La Collaboration (1940-1944)*, Paris, 1964 ;
Robert Brasillach, *Une génération dans l'orage*, Paris, 1968 ; Arno
Breker, *Paris, Hitler et moi*, Paris, 1970 ; Jean Galtier-Boissière, *Mon
journal pendant l'occupation*, Garas, 1944 ; Sacha Guitry, *Quatre ans
d'occupations*, Paris, 1946. Georges Blond, « Les repos de Weimar —
Choses vues au Congrès des écrivains d'Europe », *Je suis partout*,
Paris, 23 octobre 1942.

Telle est la *petite histoire* des années d'occupation.

Elle est significative, mais seulement dans la mesure où elle prouve que les Allemands pouvaient tenter de justifier, d'étayer leur politique « européenne » : des Français parmi les plus célèbres de l'époque se prêtaient à leur jeu. Ils disposaient en outre d'amis à l'Académie française. Celle-ci était encore prestigieuse. Juste avant la guerre, elle avait reçu en son sein Charles Maurras, tout juste sorti de prison : la justice l'avait inculpé d'incitation à la violence contre les membres du gouvernement de Front populaire. L'académie Goncourt comptait enfin dans ses rangs, nous l'avons vu, des auteurs qui ne refusaient pas tout contact avec les vainqueurs...

Pourtant, il est difficile de citer un seul nom d'écrivain français de réelle importance qui ait trahi. Les plus ardents collaborateurs mériteront à peine, plus tard, quelque note en bas de page dans les manuels d'histoire littéraire, et la mention de leur nom n'éveille aucun écho dans les générations nouvelles. Le seul auteur dont l'œuvre ait survécu, c'est Louis Destouches (Louis-Ferdinand Céline), l'auteur du *Voyage au bout de la nuit* et de *Mort à crédit*, deux romans qui continuent d'émouvoir les lecteurs. Céline publia ensuite une série de pamphlets politiques et racistes puis, après la Libération, retourna aux romans autobiographiques. Certains de ces échos pathétiques gardent pour nous un intérêt plus intense que les œuvres de ses contemporains plus raisonnables.

Par égard, en quelque sorte, au premier Céline, et sans doute aussi pour des raisons commerciales moins honorables, on tenta par la suite de faire apparaître sous un autre jour le rôle de l'écrivain avant la guerre dans la propagation du racisme, et d'atténuer la portée de son comportement sous l'Occupation. On peut même se demander si ce n'est pas pour sauver sa réputation posthume, plutôt que pour préserver la sensibilité des lecteurs, que ses œuvres le plus outrageusement antisémites n'ont pas été réimprimées. Qu'il ait été un génie du mal et que sa psychologie n'ait pas été entièrement normale, cela apparaît clairement à l'examen de ses livres et de sa vie ; l'explication du phénomène Céline appartient, selon nous, aux psychiatres, et elle nous fait encore défaut. Si Céline a sa place dans ces pages, c'est parce que certains ont voulu voir dans les symptômes de sa paranoïa les grandes lignes d'une politique et comme une prophétie.

Le mythe veut que Céline n'ait pas collaboré ; et, en effet, si avoir collaboré signifie avoir joué un rôle actif dans l'édition, avoir fait des déclarations publiques ou accepté des postes officiels, Céline *n'a pas* collaboré. Mais l'action que réellement il mena présente un caractère tout aussi extraordinaire : il publia, sous l'Occupation, des ouvrages et des articles où il appelait les Français à collaborer encore plus qu'ils ne le faisaient : « Travailler ensemble, sans fraude... sous discipline. » Dans le livre en forme de pamphlet intitulé *les Beaux Draps,* publié près d'un an après l'entrée des troupes hitlériennes dans Paris, Céline se plaignait que l'on rencontrât encore des juifs partout. Il réclamait leur extermination, et aussi l'extermination de leurs protecteurs. Sa définition personnelle du juif était plus stricte encore que celle de Hitler ou de Pétain : « J'entends par juif, expliquait-il dans une note, tout homme qui compte parmi ses grands-parents un juif, un seul. » Ce livre était apparemment trop virulent pour Vichy, car certains exemplaires furent saisis, ici ou là, en zone Sud, ce dont l'auteur se plaignit.

Une œuvre antérieure de Céline, *Bagatelles pour un massacre,* où il dénonçait plus violemment que partout ailleurs les juifs, s'élevait contre leur influence dans la sphère gouvernementale et le domaine des arts, fut rééditée sous l'Occupation. Et son éditeur Robert Denoël montra le même fanatisme que Céline dans un article qu'il écrivit pour une revue publiée par l'Institut (antisémite) d'étude des questions juives. Se référant à un autre pamphlet d'avant-guerre de Céline qu'il continuait à vendre pendant l'Occupation, *l'École des cadavres,* Denoël écrivait :

> *L'École des cadavres,* c'était l'application à la France de la théorie du juif. Si jamais il y eut livre prophétique, ce fut bien celui-là. Tout y est dit... C'était le grand cri d'alarme, le « holà » terrible qui aurait dû arrêter tous les

Français sur la pente de la guerre. Il ne fut entendu que par les juifs... Et l'on nous mijota à Céline et à moi un procès en correctionnelle...

Lucien Rebatet se souvint par la suite que, dans ce livre, Céline réclamait une alliance totale entre la France et l'Allemagne hitlérienne, et cela au moment précis où les nazis entraient dans Prague. Même *Je suis partout* avait jugé bon de passer le titre sous silence, en cette dangereuse période de l'avant-guerre...

Pendant l'Occupation, l'une des activités favorites de Céline fut d'écrire, souvent sous forme de lettres, pour les hebdomadaires les plus virulents de la collaboration; il reprochait vigoureusement aux Français, dans leurs colonnes, de ne pas faire preuve d'antisémitisme assez violent; il souhaitait ainsi voir les dénonciations se multiplier.

Ernst Jünger eut l'occasion de le rencontrer longuement à l'Institut allemand, par un après-midi de décembre 1941. Céline confia à son interlocuteur « combien il [était] surpris, stupéfait, que nous, soldats, nous ne fusillions pas, ne pendions pas, n'exterminions pas les juifs. [...] stupéfait que quelqu'un disposant d'une baïonnette n'en fasse pas un usage illimité ». Et Céline d'ajouter : « Si je portais la baïonnette, je saurais ce que j'ai à faire. » Jünger écrit qu'il avait appris là quelque chose (après deux heures de conversation) : « la monstrueuse puissance du nihilisme ». Céline et ses semblables ne voyaient dans la science qu'un moyen de tuer d'autres gens. (On se demande toutefois s'il était vraiment nécessaire pour un Allemand de traverser le Rhin pour rencontrer ce genre de personne.)

Le 22 juin 1944, moins de deux semaines après le débarquement allié en Normandie, Jünger apprit que Céline s'était déjà précipité à l'ambassade d'Allemagne; muni des documents nécessaires, il devait s'enfuir en Allemagne deux mois avant que les Allemands n'évacuent Paris. « Curieux de voir, nota Jünger, comme des êtres capables d'exiger de sang-froid la tête de millions d'hommes s'inquiètent de leur sale petite vie. Les deux faits doivent être liés. »

Dans un autre violent monologue, cette fois en présence

de Jacques Benoist-Méchin, au cours d'un dîner donné par
Abetz à l'ambassade d'Allemagne en février 1944, Céline
déclara que la défaite des Allemands était inévitable, que
Hitler lui-même était mort et remplacé par un sosie — un
juif, en vérité, qui travaillait à la victoire des juifs. Un ami
de Céline se leva alors de table et entreprit d'imiter les
gestes familiers du chancelier, tandis que Céline poursuivait ses diatribes. Traitant son éminent invité comme s'il
était pris de délire, Abetz fit reconduire Céline chez lui.[6]

6. Louis-Ferdinand Céline, *Les Beaux Draps,* Paris, 1941 ; *Bagatel-*
*les pour un massacre,* Paris, 1937 (réimprimé 1941) ; Michèle Cotta, *La*
*Collaboration (1940-1944),* Paris, 1964 ; Ernst Jünger, *Journal, I (1941-*
*1943),* Paris, 1951 ; éditions révisées et publiées sous les titres :
*Premier journal parisien,* et *Second journal parisien,* Paris, 1980 ;
Frédéric Vitoux, *Céline,* Paris, 1978. *Les Cahiers de l'Herne,* 3 :
« L.-F. Céline » I, Paris, 1963 ; *ibid.,* 5, Paris, 1965. Robert Denoël,
« Louis-Ferdinand Céline, le Contemporain capital », *Le Cahier*
*jaune,* Paris, novembre 1941. Il convient de préciser que Jünger
n'identifie pas Céline dans l'anecdote notée dans son journal en date
de juin 1944 mais l'appelle « X » dans l'édition de 1953 et « Merline »
dans celle de 1980. Dans l'édition de 1951, il donne à Céline son nom
lors de la rencontre à l'Institut allemand, mais l'appelle également
« Merline » dans l'édition de 1980. Jünger ne souhaite pas confirmer
que « Merline » soit Céline ; il appartient donc au lecteur d'en juger
en fonction du contexte.

# 7

# Un ami allemand

Sans doute peut-on affirmer que « tout le monde résistait », mais encore faudrait-il — pour le prouver — pouvoir
lire dans les cœurs. Car, en principe, « tout le monde »
déplorait l'occupation de la France par les Allemands, et ce
« tout le monde » comprenait virtuellement les dirigeants
politiques, les membres de la bourgeoisie, les écrivains et
les artistes. En réalité, si la plupart des Français n'acceptaient pas, intérieurement, la situation causée par la
défaite, cela ne tirait guère à conséquence. Dans certains
cas, les auteurs d'un seul acte de « résistance », résultant
parfois d'un hasard ou ne revêtant qu'une signification des
plus réduites, parvenaient à magnifier leur attitude et à
passer pour des héros. Des écrivains très en vue bénéficient
ainsi du prestige durable d'un ou deux hauts faits spécifiques, comme d'avoir publié un livre sous un pseudonyme
ou un article anonyme : alors que, pendant tout le reste du
temps, ils demeurèrent passifs, ne « résistant » qu'en
esprit. Dans certains cas encore, l'acte unique d'opposition
à la présence allemande se trouvait équilibré, dirons-nous,
par un comportement quotidien de collaboration passive
ou même active ; et alors, là, dans quel sens faut-il
conclure ?

L'une des personnalités les plus frappantes de la rive
gauche sous l'Occupation fut précisément un Allemand,
membre des forces du Reich, et qui exerçait sa responsabilité sur le monde des lettres et de l'édition. Gerhard Heller
représente tout ensemble les ambiguïtés et les marges de
manœuvres de cette époque. Par la nature même de son
travail, il était plus proche de la majorité des collaborateurs
pronazis que de la Résistance (passive ou active), et c'était

lui qui avait « conduit, encouragé, informé, regroupé » en Allemagne l'équipe des écrivains collaborateurs français qui y avaient voyagé en 1942. Reste que, si tant de personnalités littéraires de la gauche antifasciste d'avant-guerre purent vivre impunément pendant les années allemandes et continuer à publier leurs œuvres, le mérite en revient au moins en partie à Heller. Étudions maintenant la mentalité qu'il représentait.

Heller était né à Potsdam, dans un environnement dont il expliquait le caractère très francophile par ses origines huguenotes ; il avait appris le français en classe, puis, à la vénérable université de Heidelberg, étudié les langues et les cultures romanes. En 1933-1934, il avait passé un an à l'université de Pise grâce à une bourse d'études, et, l'année suivante, grâce à Karl Epting — alors directeur de l'Office universitaire allemand —, il avait suivi les cours de l'université de Toulouse. De retour en Allemagne, il avait travaillé dans les services culturels de la radio allemande, où l'une de ses tâches consistait à rendre compte des émissions françaises et italiennes de propagande. Après la défaite de la France, ses aptitudes allaient être employées à d'autres fins. On lui donna un uniforme, bien qu'il n'eût jamais reçu la moindre formation militaire, et un grade — Sonder-führer — correspondant à celui de lieutenant. Il n'avait pas idée de ce qui l'attendait à Paris, où des gens qu'il connaissait déjà, comme Otto Abetz et Karl Epting, étaient entrés en fonction. Mais il éprouvait une vive impatience. Il prit le train pour Paris le 8 novembre 1940. Il avait trente et un ans.

Bien qu'il eût été candidat, au cours de sa vie d'étudiant, à l'inscription au parti nazi, Heller n'en était jamais devenu vraiment membre ; d'autre part, protestant, il avait tou-jours refusé de prêter serment, même à son Führer. Ses camarades et lui-même s'étaient accordés à trouver les nazis déplaisants. Mais il se sentait lié à l'ambassadeur Abetz, qu'il avait connu pendant ses études en France. Il sentait que cette relation pourrait lui servir dans des moments difficiles.

A Paris, Heller se vit confier la responsabilité du secteur littéraire — Gruppe Schrifttum — de la Propagandastaffel,

au 52, avenue des Champs-Élysées. Sa future épouse,
Marie-Louise, s'y trouvait également en poste. Née en
Chine, elle avait d'abord vécu en Grande-Bretagne, et
n'apprit le français qu'en travaillant ensuite comme secrétaire du jeune Allemand. Toutefois, pendant toutes ces
années où elle se trouva sous ses ordres, jamais il ne
s'ouvrit à elle de ses sentiments réels ni ne lui parla de ses
interventions parfois peu orthodoxes.

Aucun des supérieurs hiérarchiques de Heller ne parlait
bien le français, et ils ne connaissaient rien du tout à la
littérature française : de sorte qu'on le laissait libre, dans
une pièce, face à un tas de manuscrits. Il décida donc lui-
même qu'il valait mieux rappeler au Syndicat des éditeurs
que chacun d'entre eux, au sein de l'association, devait
procéder à sa propre censure et ne soumettre aux Allemands que les cas douteux. (Cela était vrai pour les livres ;
en ce qui concernait la presse périodique, les censeurs d'un
autre service de la Propagandastaffel en lisaient chaque
ligne avant publication.) Heller tenait aux éditeurs français
ce langage : « Ne faites rien d'insensé, comme d'essayer de
publier des auteurs juifs ou des textes anti-allemands. »
Dès mars 1941, le système fonctionnait de manière parfaitement satisfaisante, et le lieutenant Heller se trouvait
fréquemment en contact avec des éditeurs ou des auteurs
renommés. Il s'était en quelque sorte intégré à la rive
gauche, mais d'une manière nouvelle et assurément
étrange. Durant l'été 1942, il s'y établit tout à fait ; bien que
son activité fût supervisée par l'ambassade, son bureau et le
logement qui lui était alloué furent transférés rue Saint-
Dominique, dans le superbe hôtel de l'Institut allemand.

Si les Allemands travaillant dans les services de propagande ne marquaient pour la plupart aucun intérêt pour la
culture du pays où ils se trouvaient — ils considéraient les
autochtones comme des « nègres » —, l'objectif personnel
de Heller était de préserver une présence culturelle française ; et, lorsqu'il pouvait résister, même sur un point de
détail, il le faisait. Quand les étudiants parisiens manifestèrent, le 11 novembre 1940, Heller (qui venait d'arriver en
France) reçut l'ordre de descendre arrêter les manifestants
dans la rue, avec d'autres militaires alors affectés au

quartier général de la Propagandastaffel. Comme il ramenait quelques étudiants à son bureau, il arrêta l'ascenseur avant le bon étage et laissa s'enfuir ses prisonniers. Ce fut la première fois qu'il dit « non ». Plus tard, il put aider d'innocentes victimes, c'est-à-dire qu'il obtint par exemple la libération du fils de Chardonne, interné en Tunisie dans un camp de détention. En revanche, quand un résistant actif était arrêté et condamné à l'envoi en camp de concentration, il savait que plus rien ne pouvait être tenté. Heller soupçonnait bien qu'un certain nombre de ses relations françaises, tel Jean Paulhan, se compromettaient dans des actes de résistance ; il s'inquiétait pour eux et s'efforçait, dans la mesure du possible, de les protéger. Aurait-il pu, cependant, faire grand-chose en cas d'affaire grave ? La chose demeure incertaine. Apparemment, il fallait plutôt un collaborateur de la taille d'un Drieu La Rochelle pour sauver un Paulhan (voir chapitre précédent : « La prise de la *NRF* »). Cependant, quand une dénonciation concernant (entre autres) ledit Jean Paulhan parvint aux Allemands, sous la signature de l'épouse d'un auteur réputé de la *NRF,* Heller put intervenir. Il découvrit que la dénonciation avait été adressée non pas au féroce SD, le Sicherheitsdienst ou Service de Sécurité SS, mais à la Feldgendarmerie, la police de la Wehrmacht, et il put se porter garant pour Paulhan et Groethuysen au moins.

L'argument qu'employait Heller avec le SD (qui avait pour tâche la répression des activités subversives en territoires occupés) était plus ou moins le suivant : « Il ne faut pas faire de martyrs ; nous ne voulons pas que les Français soient contre nous. » Son allié objectif, Otto Abetz, disait plus ou moins la même chose : « Laissez la culture tranquille ; cela nous donne moins de soucis. » Il arrivait que Heller pût rencontrer Abetz tard dans la soirée, après le départ du secrétaire de l'ambassadeur, pour lui soumettre un problème spécifique ou obtenir son autorisation pour une intervention. Heller sentait que le SD et les services annexes ne s'inquiétaient guère de la résistance intellectuelle, estimant que ses activités ne pouvaient pas vraiment nuire à l'Allemagne. Et, en vérité, peu d'écrivains français eurent à souffrir pour leurs écrits pendant les années d'occupation (la plupart de ceux qui furent arrêtés, déportés, le furent parce qu'ils s'étaient engagés dans des formes de résistance plus active : activités de renseignement, sabotage, opérations paramilitaires). Ainsi, les Allemands ne surent jamais vraiment comment étaient organisées les Éditions de Minuit, malgré les efforts qu'ils firent pour tenter de percer le secret des pseudonymes : ni Heller ni aucun autre Allemand ne devina jamais que François Mauriac était l'auteur du *Cahier noir*.

Heller put donc jouer pendant longtemps son rôle presque routinier de conciliateur. Gaston Gallimard lui donna à lire *l'Étranger* de Camus. Heller ne put refermer le manuscrit qu'après l'avoir lu en entier jusqu'au milieu de la nuit, et le matin même il téléphona à la secrétaire de l'éditeur pour donner le feu vert ; il lui proposa aussi de le soutenir si des difficultés survenaient. Il approuva également *Pilote de guerre*, de Saint-Exupéry — qui se trouvait alors aux États-Unis : un pays en guerre contre l'Allemagne —, où l'auteur décrivait les dernières semaines de la guerre du côté français ; et ses supérieurs le blâmèrent de l'avoir laissé passer. Il fut contraint d'appeler Gallimard pour l'informer que le livre était interdit, et Gallimard fit docilement reprendre tous les exemplaires déjà livrés dans les librairies, tandis que Heller purgeait une peine de quelques jours d'arrêts. (Il décida par la suite qu'il y avait certainement eu dans cette affaire intervention d'un collaborateur français. Et, de fait, un lecteur français ne pouvait guère manquer de percevoir le message subversif contenu dans l'ouvrage. Dans son journal de guerre, Guéhenno nota les « pages admirables » qu'il y avait trouvées, car Saint-Exupéry rejetait la notion de « culpabilité » des victimes françaises de l'Occupation, et suggérait un « éveil de la résistance ». Guéhenno supposa que c'était par négligence que les Allemands avaient laissé publier le livre et que son succès immédiat les avait contraints à intervenir.)

Heller donna également le feu vert à Grasset pour la publication du dernier roman de Mauriac, *la Pharisienne* : un Mauriac dont il respectait l'œuvre. Bien qu'il n'y eût rien de subversif dans le contenu du livre, l'écrivain était soupçonné de pensées peu orthodoxes, sinon d'actes de résistance, de sorte que la décision de Heller souleva des critiques aussi bien chez les collaborateurs français que chez les Allemands. André Fraigneau, employé de Grasset, invita Heller à venir dans les bureaux de l'éditeur le jour où Mauriac devait signer ses exemplaires de presse, et Heller reçut de lui la dédicace suivante : « Au Lt Heller qui s'est beaucoup intéressé au sort de la Pharisienne — avec ma gratitude. » L'exemplaire de Heller — qu'il avait donné à des amis parisiens à l'époque de la retraite allemande en août 1944 — allait par la suite se révéler une source d'ennuis pour l'auteur — tout au moins ses ennemis l'espéraient-ils. Mais Mauriac, avec le recul, était prêt à vanter Heller comme étant « un peu l'officier du *Silence de la mer* », c'est-à-dire un bon Allemand. Heller rencontra deux ou trois fois Mauriac — par exemple à l'enterrement de Ramon Fernandez, mais ne tenta pas de le connaître davantage, non plus que d'autres, comme Camus ou Sartre, qu'il admirait, afin de ne pas compromettre les objets de son estime. Il facilita les allocations de papier pour l'impression d'œuvres de Louis Aragon, d'Elsa Triolet — les Allemands, autour de lui, ignoraient que la compagne du poète fût russe, juive et communiste — ainsi que d'Eluard.

Certains Français de la rive gauche littéraire se rendaient fort bien compte des vrais sentiments de Heller — ainsi, Marcel Arland, Marcel Jouhandeau et Drieu La Rochelle. Les fascistes de *Je suis partout* le trouvaient sympathique, même s'il manifestait moins qu'eux son admiration pour l'hitlérisme. Heller appréciait un Lucien Rebatet pour sa culture, sa connaissance de la musique, de l'art cinématographique, mais il détestait le livre que celui-ci venait d'écrire, *les Décombres*, où, parlant d'un compagnon d'armes juif, il déclarait : « Je lui ferais, s'il était utile, couper la tête sans ciller. » Il fut également horrifié lorsque Brasillach réclama que les enfants juifs fussent déportés avec les parents ; ce jour-là, Heller pleura. Lors d'un dîner d'adieu à Karl Heinz Bremer, qui quittait l'Institut allemand pour le front russe, Robert Brasillach se leva pour porter un toast : « Nous regrettons que Bremer s'en aille,

mais il nous reste Gerhard Heller, bien qu'il soit libéral. »
Cette remarque aurait pu causer des difficultés à Heller
mais aucune conséquence n'en résulta. Chardonne devait
par la suite affirmer qu'il n'avait jamais rencontré un seul
vrai nazi pendant l'Occupation, pas même à l'occasion de
ses séjours à Weimar. En effet, Heller organisait leurs
voyages de manière à ne leur faire rencontrer que des
Allemands relativement « libéraux ». Chardonne disait
également : « Ne parlez pas avec Heller — il est plus
français que les Français. »

L'un des admirateurs de Heller était Paul Léautaud, cet
être singulièrement apolitique, qui se souvint de lui avoir
entendu dire : « Nous sommes écœurés de la quantité de
Français venant dénoncer d'autres Français. » Dans les
dernières semaines précédant le retrait des Allemands,
Léautaud nota dans son journal : « J'ai l'intention, si les
choses doivent se gâter définitivement pour les Allemands... d'y aller [au quartier général de la Propagan-
dastaffel] lui exprimer [à Heller] mes sentiments de cordia-
lité et de le charger de les exprimer de même au capitaine
Jünger. » Léautaud ajoutait pour lui-même — et ce qu'il
écrivit là ne peut guère surprendre un lecteur attentif du
*Journal littéraire :* « Je joindrai même peut-être à l'expression de ces sentiments celle de mon regret de la défaite
allemande, continuant à penser, comme je le fais, que
l'intérêt politique de la France était dans la victoire de
l'Allemagne et une entente avec elle. »

Heller n'affronta de danger réel qu'à son retour en
Allemagne, après la libération de Paris. Affecté à une
tâche de propagande contre le gouvernement provisoire
français de Charles de Gaulle, il apprit par un ami à Berlin
que quelqu'un, au ministère de la Propagande, l'avait
désigné comme défaitiste. Il s'était en effet opposé, en août
1944, à un projet qui tendait à rassembler en Allemagne
des otages français. Il avait vu une liste d'écrivains français
connus pour leur hostilité au Reich — des noms comme
ceux de Mauriac et d'Eluard — à l'Institut allemand et au
quartier général du SD, avenue Foch, et il était parvenu à
s'emparer de ladite liste, à la détruire dans les deux cas. A
présent, un rapport sur Heller circulait, rapport des plus

sévères et recommandant des mesures extrêmes. Le texte
parvint entre les mains d'un autre ami de Heller et n'alla
pas plus loin. Cependant, afin de se mettre hors de danger,
il se fit affecter à Sigmaringen (où les Allemands avaient
regroupé le gouvernement de Vichy et un assortiment de
collaborateurs), grâce à l'intervention de Rudolf Schleier,
qui avait été le premier conseiller d'Abetz à l'ambassade
d'Allemagne à Paris. C'est là qu'il perçut les premiers
symptômes d'un mal nerveux — diagnostiqué sur place par
le docteur Destouches-Céline —, mal qui allait le marquer
pour la vie entière.

Lorsqu'il sortit de l'hôpital de Constance, l'armée française occupait le sud-ouest de l'Allemagne. Il alla se
présenter aux autorités militaires. Ayant cité pour référence les noms de Jean Paulhan et de François Mauriac, il
n'eut plus jamais aucun problème. Heller devait par la suite
publier une revue de culture française, puis la revue
littéraire *Merkur ;* enfin, il participa à la création d'une
maison d'édition.

Des années après la guerre, Heller tenta de retrouver le
journal qu'il avait tenu pendant l'Occupation. Juste avant
la retraite de l'armée allemande, il avait enterré l'original
sur l'esplanade des Invalides, rue de Constantine, entre
les rues Talleyrand et Saint-Dominique. Mais il eut beau
compter et recompter les rangées d'arbres, jamais il ne
retrouva l'emplacement exact de la cachette. Il travailla
donc à reconstituer le document, refit l'histoire de ses
entretiens avec certaines des plus éminentes personnalités
littéraires de l'époque, de ses conversations avec Gaston
Gallimard, de ses rencontres avec Paulhan — dont la
personnalité insaisissable devait sembler correspondre à la
sienne, bien que, du propre aveu de Heller, entre les
années 1941 et 1944, « nous n'[ayons] jamais parlé ouvertement de choses qu'il fallait alors taire ». Il éprouvait une
gratitude particulièrement vive envers Paulhan : « C'est
par lui que je suis devenu un autre homme. » Il se souvient
d'avoir, craignant pour la sécurité de l'écrivain, fait « les
cent pas » sous les fenêtres de ce dernier, rue des Arènes,
pour être là en cas d'incident. De temps à autre, il jetait un
coup d'œil sur une maison toute proche, rue de Navarre, où

habitait Jean Blanzat, l'un des plus proches amis de son protégé, et où se cacha quelque temps Mauriac (Mauriac pouvait venir chez Paulhan en pantoufles ; celui-ci lui apporta même un tableau de son artiste préféré, Fautrier, pour décorer sa cachette).

Grâce au journal perdu et reconstitué de Heller, nous découvrons les jeudis de Florence Gould. On pouvait y voir Marcel Jouhandeau et Paul Léautaud. Deux soldats allemands, les frères Valentiner, tenaient, eux, un salon littéraire moins orthodoxe dans un minuscule appartement du quai Voltaire.

Céline arriva un jour au bureau de Heller, à l'Institut allemand, et gribouilla un « NRF » sur la porte : « Voyons, déclara-t-il, tout le monde sait que tu es un agent de Gallimard et le secrétaire particulier de Jean Paulhan. » Céline tira deux paires de lunettes de motocycliste de sa poche, donna l'une à Heller et l'autre à Marie-Louise (la future M^me Heller) en disant : « Elles vous rendront bien service quand les villes allemandes s'en iront en flammes et en fumée. » Et, en effet, après un raid aérien sur Berlin, en février 1945, alors que l'air s'emplissait de poussière et de fumée, Heller retrouva les lunettes de Céline et les chaussa. [1]

Préparant son départ de Paris, Heller enterra également dans sa cachette des Invalides un exemplaire d'un court manuscrit intitulé *Der Friede — la Paix*. Il s'agissait à l'époque d'un document secret, bien qu'il fût l'œuvre d'un auteur réputé, ami de Heller et officier dans l'armée allemande, Ernst Jünger. Otto Abetz lui-même en ignorait l'existence. Heller pouvait parler ouvertement à Jünger,

1. Entretien avec Gerhard Heller ; correspondance. Gerhard Heller, « Bribes d'un journal perdu » (manuscrit inédit), communiqué par l'auteur. Voir aussi *Un Allemand à Paris*, Paris, 1981. Otto Abetz, *Histoire d'une politique franco-allemande (1930-1950)*, Paris, 1953 ; Jacques Debû-Bridel, *La Résistance intellectuelle*, Paris, 1970 ; Jean Guéhenno, *Journal des années noires (1940-1944)*, Paris, 1973 ; Marcel Jouhandeau, *Journal de l'Occupation*, Paris, 1980 ; Paul Léautaud, *Journal littéraire*, XIV (juillet 1944-août 1946), Paris, 1964 ; Lucien Rebatet, *Les Décombres*, Paris, 1942. *Les Lettres françaises*, Paris, 7 juin 1946.

car, seul de son espèce parmi les officiers allemands,
Jünger partageait certains de ses idéaux. Ils se rencon-
traient de temps à autre, en particulier aux jeudis de
Florence Gould.

Les deux hommes se rendaient compte que l'Allemagne
ne tirerait rien de bon de la guerre ni de la paix tant que
Hitler resterait au pouvoir. Naïvement, Jünger croyait que
l'Allemagne, une fois débarrassée de Hitler, pourrait
négocier la paix sans vraiment perdre la guerre. *La Paix* de
Jünger condamne les horreurs du nazisme ; mais l'auteur y
demande aussi une paix sans perdants. Il avait rédigé cet
essai pendant le premier hiver de l'Occupation, dans son
appartement de l'hôtel Majestic, afin de nourrir ses discussions avec un petit groupe d'officiers amis. Le manuscrit
était enfermé dans l'un des coffres de l'hôtel Majestic (ses
officiers étant dans la confidence). A partir de 1942, de plus
en plus conscient du désastre qui attendait l'Allemagne,
Jünger rencontra d'autres camarades qui pensaient comme
lui. Il amplifia son texte en 1943, lui donna la forme d'un
appel à la jeunesse d'Europe. Le maréchal Erwin Rommel
l'avait lu, dit-on, au moment où il voulut contraindre
Hitler, par un véritable ultimatum, à mettre fin à la guerre.
La blessure de Rommel, pendant la bataille de Normandie,
en juillet 1944, priva l'opposition militaire à Hitler de l'un
de ses meilleurs chefs. Impliqué dans le complot du
20 juillet 1944 contre Hitler, il fut contraint au suicide par
les nazis, qui voulaient éviter d'avoir à arrêter et à exécuter
un homme extrêmement populaire et qui faisait figure de
héros. Plus tard, dans une préface à l'édition française de
son livre, Jünger écrivit qu'on lui avait reproché de ne pas
approfondir davantage la question des responsabilités
nazies ; mais, expliquait-il, à l'époque où il avait travaillé à
la rédaction de son appel, les Allemands pensaient encore
qu'ils pourraient eux-mêmes laver les taches qui souillaient
leur honneur.

Né en 1895 à Heidelberg, Ernst Jünger avait dans sa
jeunesse servi dans la Légion étrangère, puis dans l'armée
allemande pendant la Première Guerre mondiale. Ses
premiers livres exaltaient une sorte de vision nietzschéenne
de la guerre et de ses sacrifices. On y avait vu comme une

contribution à la doctrine nazie. Mobilisé en 1939 comme
capitaine, il prit part aux escarmouches des premiers mois,
ceux de la « drôle de guerre », puis mena ses hommes en
France tout en lisant de bons livres et en buvant de bons
vins. Son journal, *Jardins et Routes,* parut en France
pendant l'Occupation et permit sans doute à certains
lecteurs influençables de se convaincre que les Allemands,
ou tout au moins certains d'entre eux, étaient de braves
soldats généreux et compréhensifs.

Jünger tint lui aussi son journal pendant l'Occupation. Il
passa l'essentiel de son temps à Paris. Sa distinction, sa
réputation et ses relations d'avant-guerre lui ouvraient les
portes de la haute société. Il pouvait également fréquenter
les milieux intellectuels. Son journal fait état de nombreux
dîners à la Tour d'Argent, chez Prunier ou chez Lapérouse.
On y voit s'ébrouer de jolies femmes. Le lecteur y trouve
enfin des détails fort intéressants sur les déjeuners et les
réunions mondaines où se côtoyaient les Allemands, les
membres du gouvernement de Vichy et des personnalités
françaises très connues (par exemple, Arletty et Marie
Laurencin). Jünger pouvait traiter directement avec Gallimard, l'éditeur de son livre *Sur les falaises de marbre ;* une
visite à la NRF lui donnait l'occasion de flâner dans ce
vieux quartier de bouquinistes et d'antiquaires — il venait
souvent acheter des livres sur la rive gauche. Un jour,
comme il sortait d'un déjeuner chez Maxim's avec les Paul
Morand, il vit pour la première fois l'étoile jaune imposée
aux juifs « portée par trois jeunes filles » qui marchaient
« bras dessus bras dessous ». Cela se passait le 7 juin 1942 ;
les étoiles n'avaient été distribuées que la veille, et ceux qui
les avaient reçues avaient dû en échange céder un point de
leur carte de rationnement en textiles. « Je considère cela
comme une date qui marque profondément, même dans
l'histoire personnelle », écrivit aussitôt Jünger. Il se sentit
« aussitôt gêné de se trouver en uniforme ». Après la rafle
des juifs, en juillet 1942, où les enfants furent arrachés à
leurs parents, il confia à son journal : « Pas un seul instant
je ne dois oublier que je suis entouré de malheureux,
d'êtres souffrant au plus profond d'eux-mêmes. Si je
l'oubliais, quel homme, quel soldat serais-je ? »

Il rendit visite à Picasso dans son atelier, rue des Grands-Augustins. Picasso lui montra ses toiles, et s'enquit de *Sur les falaises de marbre*. Picasso lui dit : « A nous deux, tels que nous voilà assis ici, nous négocierions la paix cet après-midi même. Ce soir, les hommes pourraient illuminer. » En compagnie de Jouhandeau, Jünger visita l'atelier de Braque près du parc Montsouris, et ils parlèrent de la relation entre la peinture moderne et le camouflage de guerre, que Braque estimait avoir inventé, « car la destruction des formes par la couleur s'est accompli d'abord dans son œuvre ». Mais Jünger prit également plaisir à rencontrer le ministre de l'Éducation de Vichy, Abel Bonnard, « qui représente fort bien une sorte d'intelligence positiviste, qui se meurt ». Bonnard appelait Gide « le vieux Voltaire de la pédérastie ». Déjeunant avec le ministre chez Drouant, Jünger l'informa de la situation financière de Paul Léautaud, « le dernier des classiques peut-être », désormais vieux et privé de ressources. Bonnard prit bonne note de la requête de son invité.

Plus tard, Jünger en vint à considérer les volumes de son journal de guerre et d'occupation comme sa participation spirituelle à la Seconde Guerre mondiale. [2]

2. Ernst Jünger, *Jardins et Routes — Pages de Journal (1939-1940)*, Paris, 1942, réédité sous le titre *Jardins et Routes, Journal I (1939-1940)*, Paris, 1979 ; *Journal I (1941-1943)*, Paris, 1953, réédité comme *Premier Journal parisien, Journal II (1941-1943)*, Paris, 1980 ; *Journal II (1943-1945)*, Paris, 1953, réédité comme *Second Journal parisien, Journal III (1943-1945)*, Paris, 1980 ; *La Paix*, Paris, 1948.

# 8

# *Les Éditions de Minuit*

Par une belle journée d'été, l'illustrateur Jean Bruller, qui avait atteint une certaine renommée avant la guerre avec ses dessins satiriques — il les faisait paraître dans la presse de gauche —, marchait dans la rue du Vieux-Colombier quand il s'entendit interpeller par un ancien ami, l'écrivain et critique littéraire André Thérive. Bien qu'il eût dans le passé sympathisé avec l'écrivain, il éprouvait moins d'enthousiasme, à présent que Thérive collaborait à des journaux publiés sous contrôle allemand. Bruller participait depuis peu à une entreprise d'édition clandestine, et il ne se sentait donc aucune envie de discuter de la situation générale en compagnie d'un semblable personnage. Comme ils parvenaient à la station de métro Sèvres-Babylone, à l'angle du boulevard Raspail et de la rue de Sèvres, Thérive montra à Bruller le livre qu'il tenait sous son bras : *Jardins et Routes*, de Jünger. Avec des Allemands comme Jünger, observa Thérive, « on pouvait s'entendre ». Il vantait la sensibilité, la compréhension de Jünger, son amour pour la France. Bruller se procura l'ouvrage et se plongea dans le récit que faisait l'officier de sa campagne, les pages où il faisait état de ses rencontres avec des Français — et plus particulièrement de jeunes Françaises —, des visites qu'il faisait dans les cimetières. Mais la sincérité même de l'auteur alarma Bruller : le lecteur français moyen n'allait-il pas voir en Jünger le porte-parole de la mentalité allemande ? Jünger aimait en effet le vieux pays, même si l'on entendait à l'arrière-plan le martèlement des bottes.

Bruller se mit bientôt à l'œuvre ; il écrivit *le Silence de la mer*. Dans ce bref récit, il allait se rappeler le bon officier

allemand. Celui de Bruller se trouve logé en province, dans
une maison où vivent un homme âgé et sa jeune nièce.
L'officier se révèle de grande culture et ses dispositions
sont excellentes. Il explique à ses hôtes involontaires qu'il
descend d'une famille huguenote ; que ses ancêtres ont dû
émigrer en Allemagne à la suite de la révocation de l'édit
de Nantes. Il connaît parfaitement la littérature française.
Il cite Shakespeare. Il joue de la musique sur le piano du
salon. Pendant ce temps, le vieil homme et la jeune fille
gardent le silence.

L'officier prend congé d'eux pour aller passer deux
semaines à Paris. Il doit y participer à un événement
culturel qui, déclare-t-il, scellera une alliance fondée sur
l'égalité entre son pays et le leur. Mais, à son retour, il
semble avoir changé. Il annonce à ses hôtes qu'il a des
choses graves à leur communiquer. Il leur demande d'oublier les propos qu'il leur a tenus six mois de suite, en
monologuant. A Paris, en effet, il s'est entretenu avec
d'autres officiers allemands, qui lui ont révélé la véritable
intention des autorités du Reich nazi : détruire la France.
« Pas seulement sa puissance : son âme aussi. Son âme
surtout. » Les Allemands flattent les écrivains français,
explique-t-il ; reste que leurs livres sont interdits dans les
autres pays occupés par l'Allemagne. Dégoûté par ce qu'il
vient d'apprendre, le bon Allemand a demandé à reprendre du service actif sur le front russe. Tandis qu'il prend
congé, cette fois définitivement, la jeune fille est manifestement émue. Mais elle garde le silence. C'est seulement
après l'adieu final de l'officier que ses lèvres articulent le
même adieu. Et il sourit tandis qu'il s'en va.

Bruller pensait donner *le Silence de la mer* à son ami
Pierre de Lescure, écrivain et ancien libraire, qui travaillait
pour l'Intelligence Service et lui avait déjà demandé de
s'occuper avec lui des prisonniers de guerre britanniques
évadés. Ils étaient associés au projet de transformer une
revue clandestine, *la Pensée libre,* de publication strictement communiste en un organe représentant un éventail
d'opinions plus ouvert. Mais les Allemands avaient découvert l'imprimerie où se fabriquait la revue, arrêté l'imprimeur et confisqué l'équipement. Le projet était trop

ambitieux et nécessitait un soutien matériel trop important. Désormais, leurs efforts allaient essentiellement porter sur des publications clandestines plus modestes, des bulletins de quelques pages ronéotypées : en vérité, les rédacteurs de *la Pensée libre,* Jacques Decour, Georges Politzer et Jacques Solomon, jetaient là les bases des futures *Lettres françaises.* Restait le manuscrit relativement encombrant de Bruller. Son auteur décida alors de le publier sous forme de livre. Ainsi naquit la plus étrange maison d'édition de la rive gauche. Bruller alla trouver un imprimeur qui avait reproduit avant la guerre une série de ses dessins à la Goya, et grâce à lui dénicha un petit atelier (situé boulevard de l'Hôpital) spécialisé dans les faire-part de décès. Ce qu'il voulait, c'était un livre de format très réduit et d'une centaine de pages, avec une composition et une mise en pages élégantes, une couverture rigide : il était certain qu'un joli bouquin frapperait les imaginations, et que de la sorte le message serait mieux perçu. Par la suite, *les Lettres françaises* clandestines soulignèrent que ces minces ouvrages devaient convenir au « bibliophile le plus délicat ».

Comme on ne pouvait tirer que huit pages à la fois, après quoi il fallait composer les huit pages suivantes, il se passa douze semaines avant l'achèvement du travail. Chaque semaine, Bruller apportait donc huit nouvelles pages du manuscrit, on le détruisait à mesure que la composition avançait, et il repartait avec les pages imprimées. Il les déposait au bureau d'un ami, boulevard Raspail, où son amie Yvonne Paraf venait les chercher pour faire le brochage. Dans ses relations avec l'imprimeur et d'autres gens extérieurs au groupe, Bruller employait le pseudonyme de « Drieu » et citait comme adresse la rue Sébastien-Bottin, afin que l'ami de l'ambassadeur Abetz, Drieu La Rochelle, plutôt que lui-même, fût pris en cas de dénonciation.

Il lui fallait cependant trouver un autre nom pour signer le récit. Lorsqu'il avait servi dans un bataillon de chasseurs alpins au début de la guerre, Bruller s'était cassé une jambe, au cours d'une manœuvre, et avait passé un certain temps en maison de repos, au pied du Vercors. D'où son pseudonyme. Comment appeler, d'autre part, la maison d'édition ? Éditions Souterraines, Éditions des Catacombes, Éditions de la Liberté ? Ce furent les Éditions de Minuit. On n'imprima que 350 exemplaires du *Silence de la mer.* Ils étaient prêts en février 1942 ; mais, peu de temps après, un opérateur-radio de l'Intelligence Service fut arrêté et Pierre de Lescure dut disparaître, se cacher. Afin de le protéger, la sortie du livre fut retardée.

Désormais, cependant, Bruller était éditeur. Il avait un imprimeur, un brocheur. Il avait une liste de gens à qui distribuer sa production — des écrivains, des hommes de science ou des professeurs. Grâce à un contact de Lescure, Jacques Debû-Bridel, il put atteindre la personne qui pouvait le mieux diriger vers lui des auteurs éventuels : Jean Paulhan. Jean Paulhan devenait déjà le pivot sur lequel allait tourner pendant ces années toute l'activité littéraire, et en particulier clandestine. Quand Debû-Bridel informa Paulhan qu'une maison d'édition clandestine se créait, Paulhan riposta : « C'est impossible, on ne peut pas imprimer la moindre feuille de papier sans que les Allemands s'en aperçoivent. » Mais, quand il eut entre les mains un exemplaire du *Silence,* il commença à avertir les gens qu'il estimait sûrs qu'une maison d'édition très particulière existait désormais pour leurs écrits spéciaux.

Paulhan donna son propre exemplaire du *Silence* à son ami le professeur Robert Debré, membre de l'Académie de médecine, qui, comme lui, se trouvait en contact avec le groupe de résistance du musée de l'Homme, dont nous avons déjà dit la fin tragique. Debré fit reproduire le texte, de sorte qu'il circula sous forme ronéotypée avant même que fussent distribués les exemplaires imprimés ; en outre, par l'intermédiaire de Paulhan, il versa 5 000 francs pour aider les Éditions de Minuit à poursuivre leur œuvre. Mais qui était ce « Vercors », signataire du livre ? Bruller ne se confia à aucun de ses proches. On suggéra alors des noms comme celui de Gide ; personne toutefois ne perça le secret avant la libération de Paris. Bruller observait des règles de sécurité qu'il avait apprises de Lescure, à savoir qu'on ne confie même pas à sa femme ce qu'on fait — et jamais il ne le fit non plus. Il ne rencontra jamais Paulhan, et Debû-Bridel demeura leur intermédiaire. Il prenait de très

grandes précautions quand il transportait le manuscrit chez
l'imprimeur, puis les pages imprimées chez le relieur. Il
évitait toute rencontre avec les amis dont il connaissait les
compromissions avec l'ennemi. On ne devait même pas
*penser* à son existence.

A l'automne 1942, Bruller entreprit de distribuer *le
Silence de la mer* et de faire composer *A travers le désastre,*
de Jacques Maritain, des réflexions qui avaient déjà vu le
jour à New York en novembre 1940. Mais ses amis et lui-
même souhaitaient publier davantage de livres écrits en
territoire français. Il se remit donc au travail et Yvonne
Paraf, Debû-Bridel, Paulhan et Julien Benda écrivirent
chacun un texte bref ; il publia le tout, en avril 1943, sous le
titre *Chroniques interdites.* Paulhan y disait adieu à Jacques
Decour, rédacteur en chef de *Commune* avant la guerre,
cofondateur des *Lettres françaises* clandestines, arrêté en
février 1942 et exécuté comme otage en mai.

Chaque volume publié par les Éditions de Minuit commençait par le manifeste qu'avait rédigé Pierre de Lescure
avant de disparaître dans la clandestinité. « Il existe encore
en France des écrivains qui... refusent les mots d'ordre »,
affirmait-il. « Ils sentent profondément que la pensée doit
s'exprimer. Pour agir sur d'autres pensées, sans doute,
mais surtout parce que, s'il ne s'exprime pas, l'esprit
meurt. » Bientôt, les petits ouvrages des Éditions de
Minuit — petits, oui : ils mesuraient tout juste 11 cm 1/4
sur 16 cm 1/4 — constituèrent l'amorce d'une véritable
bibliothèque d'auteurs français parmi les meilleurs. François Mauriac devint Forez pour le *Cahier noir,* publié en
août 1943 ; Jean Guéhenno fut Cévennes pour *Dans la
prison,* qui parut un an plus tard. Jean Cassou, André
Chamson, Louis Aragon et Elsa Triolet (ces derniers
signèrent François la Colère et Laurent Daniel) y publièrent également, ainsi qu'Édith Thomas, Yves Farge,
Claude Morgan, Gabriel Audisio et Jacques Debû-Bridel.
Vercors donna *la Marche à l'étoile,* une histoire où Bruller
imaginait quel eût été le destin de son propre père, juif
d'origine hongroise, s'il avait encore vécu à l'époque de
l'Occupation. Dans ce récit, le vieil homme est pris en
otage et exécuté par la police de Vichy, en compagnie

d'autres juifs naturalisés, en représailles, à la suite d'un
acte de résistance. Incertain quant à la valeur de cette
nouvelle œuvre, Bruller la soumit d'abord à Paul Eluard,
qui était alors le principal conseiller littéraire des Éditions
de Minuit, assisté par Lucien Scheler, le généreux libraire-
antiquaire chez qui le poète s'était réfugié. Eluard se
montra enthousiaste.

Ces publications intéressaient toute la France qui lisait;
elles circulaient aussi hors du pays. *Le Silence* parut à
Londres dans une traduction de Cyril Connolly, écrivain et
critique, ainsi qu'à New York dans la revue *Life*. Il fit
même l'objet d'un article très sévère en Union soviétique,
de la part d'Ilya Ehrenbourg; celui-ci rejetait l'idée qu'un
officier allemand pût être humain et bon, car la race n'en
était pas apparue sur le front russe. L'attaque d'Ehrenbourg fut reprise dans une revue périodique de la France
libre, qui dénonça Vercors comme provocateur. Quand
Edmond Charlot, éditeur du jeune Albert Camus et, plus
tard, de Gide en exil, publia *le Silence de la mer* à Alger, les
communistes manifestèrent leur opposition; et l'un de
leurs délégués suggéra même de fusiller Charlot en tant que
fasciste. En France métropolitaine, néanmoins, *les Lettres
françaises,* elles-mêmes contrôlées par les communistes,
décrivirent le livre de Vercors comme « le plus émouvant,
le plus profondément humain que nous ayons eu l'occasion
de lire depuis l'occupation allemande ».

Chacun des nouveaux livres des Éditions de Minuit
paraissait désormais à mille exemplaires au moins, et
parfois même à deux mille, comme par exemple *le Musée
Grévin* de François la Colère, où l'on reconnut très vite un
« poème d'Aragon ». Même chose pour Mauriac, vite
repéré comme l'auteur du *Cahier noir,* et qu'il fallut
convaincre d'aller vivre un peu à l'écart. Paulhan prenait
un vif plaisir à dévoiler à ses amis qui écrivait quoi, et cela
explique en partie pourquoi Bruller prenait grand soin de
ne pas lui laisser connaître la véritable identité de Vercors.
*Le Silence de la mer* fut réimprimé en 1943 à mille cinq
cents exemplaires. Mais les chiffres de tirage ne peuvent
d'aucune manière donner une image exacte de la diffusion
d'un livre, car il fut parfois reproduit sans autorisation.

Après la Libération, Bruller vit même des copies du *Silence* établies à la main. Un autre livre arriva de l'étranger et fut traduit pour les Éditions de Minuit : la pièce de Steinbeck sur la Résistance, *Nuits noires*. Personne à cette époque ne publiait par plaisir, ou pour faire plaisir à un ami : la vie de l'imprimeur était chaque fois en jeu. La nécessité de s'en tenir à un nombre de pages limité provoqua une explosion de la part du couple Aragon, car *les Amants d'Avignon* d'Elsa Triolet fut refusé. Elle crut que la responsabilité de la décision incombait à Paulhan. Lors d'un entretien à Paris avec Aragon, Bruller parvint à l'apaiser en lui expliquant la véritable raison : le livre fut coupé et parut.

L'une des entreprises les plus mémorables des Éditions de Minuit fut l'anthologie de poèmes, en deux volumes, intitulée *l'Honneur des poètes*; pour Eluard, l'honneur appartenait à ceux qui avaient refusé, pendant ces années dangereuses, de faire de l'art pour l'art. Le second volume de cette anthologie portait le titre *Europe*; il réunissait essentiellement des poèmes composés dans d'autres pays occupés. En réalité, pour gonfler l'ouvrage, certains écrivains français avaient composé de prétendues traductions de poèmes étrangers ! Le premier volume comprenait des poèmes, tous signés de pseudonymes, d'Aragon, Robert Desnos (arrêté pour actes de résistance, il mourut en camp de concentration), Eluard, Pierre Emmanuel, André Frénaud, Guillevic, Georges Hugnet, Jean Lescure, Loys Masson, Francis Ponge, Lucien Scheler, Pierre Seghers, Jean Tardieu, René Tavernier, Édith Thomas et Charles Vildrac ; et Bruller en ajouta un ou deux de sa plume pour faire bonne mesure. La popularité du livre fut immédiate et elle s'explique en partie par la curiosité que suscitaient tous ces faux noms. Quand l'éditeur eut épuisé son stock, il réimprima le livre sur du mauvais papier, sous la forme de fascicules de huit pages faciles à expédier par correspondance, tandis que Jean Lescure (aucune relation avec Pierre de Lescure) et sa femme le diffusaient à bicyclette dans Paris. Cette publication est un acte par lequel les poètes français revendiquent hautement leur place dans la lutte pour la libération de la patrie et l'affranchissement du monde, proclamaient *les Lettres françaises*. « Quelle rage

de ne pouvoir, à cause de la terreur policière, appuyer nos
pensées par nos noms... » Dans le second volume, Jean
Cassou, Michel Leiris, et Louis Parrot figuraient parmi les
auteurs représentés. Le poème « norvégien » était en
vérité l'œuvre de Robert Desnos, tandis que la paternité du
« hollandais » revenait à Eluard. Sous le nom de « Jean du
Haut », Eluard écrivit un poème sans titre pour *Europe* et
le fit précéder de ces lignes : « Un petit nombre d'intellectuels français s'est mis au service de l'ennemi. »

> Épouvantés épouvantables
> L'heure est venue de les compter
> Car la fin de leur règne arrive
>
> Ils nous ont vanté nos bourreaux
> Ils nous ont détaillé le mal
> Ils n'ont rien dit innocemment
>
> Belles paroles d'alliance
> Ils vous ont voilées de vermine
> Leur bouche donne sur la mort
>
> Mais voici que l'heure est venue
> De s'aimer et de s'unir
> Pour les vaincre et les punir [1]

Peut-être les Éditions de Minuit servirent-elles essentiellement à remonter le moral des gens. Les auteurs y
trouvaient l'occasion de s'exprimer et de se sentir engagés ;
les lecteurs, eux, y puisaient le sentiment qu'une lumière au
moins guidait la libre expression pendant les années
d'occupation. Si vraiment les écrivains étaient dangereux
au point qu'il fallût les censurer, s'il fallait brûler les livres,
il était important que l'on pût s'exprimer. « On nous fait
beaucoup d'honneur », avait écrit Cévennes — en vérité

---

1. Entretiens avec Jean Bruller (Vercors), Edmond Charlot,
Lucien Scheler. Jacques Debû-Bridel, *Les Éditions de Minuit*, Paris,
1945 ; *Mille Neuf Cent Quarante-Quatre* (préface de Lucien Scheler),
Paris, 1964 ; Jean Paulhan et Dominique Aury, *La Patrie se fait tous les
jours*, Paris, 1947 ; Vercors, *La Bataille du silence*, Paris, 1970. *Les
Lettres françaises* (clandestines), 15 juin 1943.

Jean Guéhenno —, dans *Dans la prison.* « Un pouvoir tyrannique, en attribuant tant d'importance à nos pensées, nous force d'en reconnaître nous-mêmes la singularité et le scandale. »

*Les Lettres françaises,* conçues par des militants communistes, presque entièrement publiées et diffusées par des communistes, véhiculaient un message plus précis. Leur origine, comme version allégée de l'encombrante revue *la Pensée libre,* a déjà été évoquée. En vérité, ce mensuel eut deux départs, deux histoires. Jacques Decour, un germaniste qui de son vrai nom s'appelait Daniel Decourdemanche, avait organisé un groupe clandestin rattaché au Front national communiste : le Front national des écrivains. Paulhan, qui avait connu Decour très jeune et avait publié ses romans chez Gallimard, fut l'une des premières recrues, avec Jean Blanzat, Guéhenno et Vildrac. Decour rassembla des éléments pour ce qui devait être le premier numéro des *Lettres françaises,* mais, quand on l'arrêta, sa sœur brûla tous les manuscrits. Le contact avec l'imprimerie où l'on devait tirer le journal fut également perdu.

Arrive alors Claude Morgan ; sous ce nom se cachait le fils de Georges Lecomte, membre de l'Académie française. Appartenant au parti communiste depuis la guerre d'Espagne, il avait été chargé de seconder Decour pour constituer le Front national des écrivains, et son ami lui avait montré les revues ronéotypées qui devaient leur servir de modèles. Morgan obtint un emploi au musée du Louvre. Il entra au service responsable de la sécurité des œuvres d'art dans les musées de province. En fait, son bureau devint aussitôt un véritable repaire. A l'annonce de l'arrestation de Decour et de ses camarades Georges Politzer et Jacques Solomon, Morgan décida de ne pas se cacher, car il avait la certitude qu'ils ne parleraient pas. Un émissaire du Parti le contacta pour lui demander de préparer un numéro des *Lettres françaises ;* mais cette fois sans aide, sans contacts, sans les articles que Decour avait rassemblés. Morgan écrivit un « Adieu à Jacques Decour », un compte rendu des événements sur le plan militaire, et y ajouta le manifeste du Front national des écrivains. L'imprimeur fut alors découvert, et le premier numéro — daté de septembre 1942 —

ainsi que bien d'autres par la suite, fut donc ronéotypé.

Désormais, Morgan allait vivre une existence d'agent
secret, prenant toutes les précautions imaginables pour ses
rendez-vous, tout en menant apparemment l'existence d'un
paisible fonctionnaire. A la fin de septembre 1942, l'écrivain Édith Thomas revint à Paris, de la zone Sud. Elle put
mettre Morgan en rapport avec Paulhan et Debû-Bridel.
Elle écrivit également un article pour le deuxième numéro
des *Lettres françaises,* de sorte que Morgan cessa d'en être
l'unique rédacteur. Dans ce même numéro parut une
attaque contre Paul Morand. On affirmait que les nazis se
servaient de lui, et que sa maison servait de lieu de
rencontre entre Allemands et Français. Une note brève
annonçait l'arrestation à Toulouse, et la condamnation à un
an de prison, de Jean Cassou.

A présent, l'équipe des *Lettres françaises* comptait, en
plus de Morgan et d'Édith Thomas, Paulhan, Debû-Bridel,
Guéhenno et Vildrac. Ces premiers numéros étaient tirés à
4 000 exemplaires, selon les souvenirs de certains ; mais en
1944 le tirage monta jusqu'à 12 000 exemplaires. A Paris, la
distribution se faisait directement dans les boîtes à lettres ;
des paquets de journaux étaient remis, d'autre part, à des
courriers, qui les emportaient dans les maquis du sud de la
France.

Claude Morgan s'efforçait de rendre son journal plus
littéraire, à la fois pour justifier son existence et pour le
distinguer des autres revues clandestines. Mais, ne pouvant
offrir aux auteurs la possibilité de voir leur nom imprimé, il
ne parvenait pas toujours à en trouver. Il reçut de Paulhan
un texte concernant les écrivains collaborateurs qui étaient
allés participer au Congrès des écrivains de Weimar ; de
Debû-Bridel, un article sur la philosophie britannique ; il
les envoya à l'imprimeur pour le troisième numéro ; cette
fois encore, l'imprimeur fut arrêté, les manuscrits perdus,
et une fois de plus Morgan dut écrire la totalité du numéro.
La quatrième livraison, en décembre, contenait des articles
de Morgan, d'Édith Thomas, de Debû-Bridel, mais il
manquait encore les ténors. L'article central approuvait le
sabordage de la flotte, à Toulon : « Ils voulaient nous faire
croire, avec leurs de Montherlant, leurs de Monzie et leurs

Bonnard, que la France était abâtardie, vieillie, déchue par *trop* de jouissances du corps et de l'esprit, par *trop* de liberté, *trop* d'esprit critique... »

Maintenant, Morgan allait rencontrer Paul Eluard qui, après Paulhan, fut sans doute la personnalité la plus dynamique de la Résistance de la rive gauche. Eluard écrivit sous les yeux de Morgan un poème intitulé « Courage », et désormais ils se rencontrèrent quotidiennement. Morgan commença à recruter d'autres écrivains de grande renommée, tels que Mauriac et Sartre. Il trouvait le temps d'aider les Éditions de Minuit en diffusant les livres ou en acheminant les manuscrits. Enfin, il trouva un imprimeur. Les titres des *Lettres françaises* étaient composés là même où l'on imprimait la *Pariser Zeitung*. La mise en pages se faisait au bureau de Morgan, au Louvre, ou bien chez Georges Adam, rue de Vaugirard ; plus tard, dans les bureaux des *Cahiers d'art*, rue du Dragon, l'un des repaires d'Eluard : à cette époque, Morgan vivait dans la même rue, à quelques pas de la brasserie Lipp. Entre ce moment-là et la Libération, *les Lettres françaises* allaient publier Albert Camus, Jean Cassou, Paul Eluard, Michel Leiris, Jean Lescure, Loys Masson, François Mauriac, Jean Paulhan, Raymond Queneau, Jean-Paul Sartre et Charles Vildrac.

Le Front national des écrivains français — qui allait devenir le Comité national des écrivains — se déclarait représentatif de « toutes les tendances et de toutes les confessions : gaullistes, communistes, démocrates, catholiques, protestants... ». Ce premier manifeste, rédigé par Jacques Decour avant son arrestation, contenait une promesse : « Nous sauverons par nos écrits l'honneur des *Lettres françaises*. » Mais on y lisait également ces lignes : « Nous fustigerons les traîtres vendus à l'ennemi. Nous rendrons l'air de notre France irrespirable à ces scribes d'Allemagne. » Et ces scribes allaient l'apprendre à leurs dépens. Même l'ingénu Paul Léautaud reçut un exemplaire du journal, de la part d'un correspondant inconnu, et y lut une attaque contre le milieu de la *NRF* de Drieu, qu'il fréquentait. Il en parla à Paulhan, et ajouta qu'il y avait lu un très bon poème ; Paulhan lui confia que l'auteur en était

Eluard. (Il s'agissait en vérité d'un poème d'Aragon, que Morgan avait rapporté de zone libre : et cela, Paulhan le savait certainement.) Léautaud fut ravi de l'apprendre, car il venait justement de rencontrer Eluard en bas, dans le hall de chez Gallimard. Au cours de la même conversation, Paulhan informa Léautaud qu'un auteur de la *NRF* d'avant-guerre, Benjamin Crémieux, avait été arrêté et sans doute torturé — il était juif, et s'était caché dans le sud de la France. Cela amena Léautaud à réfléchir sérieusement sur la Résistance, qui, décida-t-il, était vraisemblablement fort noble, même si l'entreprise lui paraissait idiote. (Crémieux, ancien secrétaire général du Club français, fut déporté à Buchenwald, où il mourut.)

Sur la valeur des actes de résistance, fût-ce les plus infimes, Paulhan avait exprimé son opinion dans un article publié dans une revue clandestine, *Cahiers de libération :*

> Et je sais qu'il y en a qui disent : ils sont morts pour peu de chose. Un simple renseignement (pas toujours très précis) ne valait pas ça, ni un tract, ni même un journal clandestin (parfois assez mal composé). A ceux-là il faut répondre : « C'est qu'ils étaient du côté de la vie. C'est qu'ils aimaient des choses aussi insignifiantes qu'une chanson, un claquement des doigts, un sourire. Tu peux serrer dans ta main une abeille jusqu'à ce qu'elle étouffe. Elle n'étouffera pas sans t'avoir piqué. C'est peu de chose, dis-tu. Oui, c'est peu de chose. Mais si elle ne te piquait pas, il y a longtemps qu'il n'y aurait plus d'abeilles. »[2]

2. Correspondance avec Claude Morgan. Paul Léautaud, *Journal littéraire*, XV (novembre 1942-juin 1944), Paris, 1963 ; Claude Morgan, *Les « Don Quichotte » et les Autres*, Paris, 1979 ; Jean Paulhan, *Œuvres complètes*, V, Paris, 1970. *Les Lettres françaises* (clandestines), réédition en fac-similé après la Libération, septembre 1942-août 1944.

# 9

# CNE & Cie

Le biographe de Louis Aragon lui attribue le mérite d'avoir convaincu le parti communiste clandestin que le meilleur moyen de résister aux forces d'occupation allemande, et à leurs collaborateurs dévoués de Vichy, consistait à encourager l'unité d'action parmi les mouvements, les réseaux et les journaux clandestins — unité entre communistes et non-communistes — plutôt que de promouvoir uniquement les entreprises strictement communistes, comme *la Pensée libre* — qui avait échoué. *Les Lettres françaises* et le Comité national des écrivains (CNE) se rattachaient à cette ligne nouvelle. Aragon lui-même organisa le quartier général du CNE dans la zone Sud.

Au début de la guerre, comme nous l'avons vu, Aragon avait combattu dans le nord de la France. La guerre et ses suites constituèrent d'entrée de jeu le motif central de sa poésie, et il ne cessa pratiquement pas d'écrire pendant toutes ces années. Quand il n'organisait pas quelque chose, il écrivait — il écrivait des poèmes qui paraissaient anonymement ou sous pseudonyme dans un certain nombre de publications de la Résistance. Mais il publiait aussi sous son vrai nom dans des revues de la zone Sud, et même dans *le Figaro*, replié à Lyon, ainsi que sous la couverture réputée de Gallimard, car les Allemands, pendant toute l'Occupation, autorisèrent la publication à Paris des œuvres d'Aragon et d'Elsa Triolet.

Pierre Seghers, qui commença par publier lui-même ses propres œuvres parce que personne à Paris ne semblait en vouloir, lança une revue de poésie de chez lui, à Villeneuve-lès-Avignon. Rencontrant Aragon à Carcassonne, il s'en fit un ami et, pour son premier numéro de *Poésie 40*, obtint sa prestigieuse contribution. « Mince, le cheveu noir, jeune et vif, de hautes jambes, le pas rapide, il m'accueille comme si nous nous connaissions déjà, me prend par le bras, un peu penché, m'entraîne. » Telle fut la première impression de Seghers lorsqu'il rencontra l'écrivain, qui allait bientôt, avec Triolet, venir vivre chez lui pour une longue période. C'est à Villeneuve-lès-Avignon que les communistes envoient Claude Morgan pour prendre contact avec Aragon. (Morgan devait y apporter les premiers numéros ronéotypés des *Lettres françaises,* mais, lorsqu'il chercha le paquet dans les toilettes du train — où il l'avait dissimulé pour la durée du voyage —, il ne s'y trouvait plus.) Aragon passa ensuite de Villeneuve à Nice, où le jeune Claude Roy devait tomber sous son charme, « saisi peu à peu par le mouvement sinueux de ses allées et venues de plus en plus rapides, ses pivotements brusques, les huit qu'il dessine dans le petit logement », au-dessus du vieux marché aux fleurs de Nice. « Si on dessinait les paroles d'Aragon dans l'air, un buissonnement de serpentins et de lianes s'inscrirait, dont l'interlocuteur muet serait l'épicentre. »

De Nice, le couple Aragon-Triolet transféra sa base dans les collines de la Drôme, puis alla se cacher dans la maison isolée d'un autre éditeur de revue, le poète René Tavernier, à proximité de Lyon. Itinéraire non dénué de dangers, car ses ennemis ne l'avaient pas oublié, et son vieil ami Drieu La Rochelle ne se gênait pas pour l'attaquer dans les pages de la *Nouvelle Revue française* et pour attaquer les petites revues littéraires, du sud de la France et d'Afrique du Nord, qui publiaient Aragon et bien d'autres auteurs considérés par Drieu comme antipatriotiques. Les séjours d'Aragon à Paris s'effectuaient autant que possible secrètement. Lucien Scheler relate l'arrivée d'Aragon et Triolet à la gare de Lyon, à Paris, au début de 1943. Ils avaient voyagé avec de faux papiers, mais un autre couple les attendait sur le quai, qui ne risquait guère de passer inaperçu : Paul Eluard et sa splendide épouse, Nusch.

Aragon profitait sans doute de ces voyages pour s'occuper de ses propres livres. Gallimard publia ses poèmes du *Crève-Cœur* en 1941, et en 1943 le roman-fleuve *les*

*Voyageurs de l'impériale.* Bien qu'une petite édition cartonnée du *Crève-Cœur* eût paru à Londres avec une préface de Cyril Connolly attestant que les Allemands l'avaient interdit à Paris, la vérité est que les Allemands autorisèrent la publication de l'œuvre d'Aragon, de même qu'ils laissèrent publier Triolet par Denoël (qui appartenait en partie aux Allemands) et paraître des placards de publicité pour ses livres dans la presse de la collaboration.

A Lyon, pendant l'année qu'il passa en compagnie de l'intrépide René Tavernier, Aragon travailla à un autre roman colossal, *Aurélien,* où il présentait un portrait romancé de Drieu La Rochelle. Tavernier avait loué une grande maison, sur une colline, dans une banlieue qui s'appelait Montchat, avec plusieurs issues diversement orientées et qui permettaient des allées et venues discrètes. Cette maison ne tarda pas à devenir le quartier général du CNE de la zone Sud et à recevoir des visites de gens au moins aussi voyants qu'Aragon et cet autre surréaliste-devenu-communiste, Georges Sadoul ; le poète et agent communiste Francis Ponge ; le turbulent père Raymond-Léopold Bruckberger. Il y avait là aussi un jeune homme pâle et inconnu de tous ces vétérans de la rive gauche, car il n'avait passé que fort peu de temps à Paris ; il était venu de son Algérie natale après avoir contracté la tuberculose, mais le débarquement allié en Afrique du Nord, en novembre 1942, aussitôt suivi de l'invasion allemande en zone Sud, l'avait coupé de son pays et de sa famille : Albert Camus vivait donc les années d'occupation à Chambon-sur-Lignon, à 120 kilomètres de Lyon, où son ami et bienfaiteur Pascal Pia travaillait pour le journal vichyste *Paris-Soir* avant de disparaître dans la clandestinité pour participer au mouvement de résistance Combat. Interrompant parfois son travail de rédaction de *la Peste,* Camus allait voir Pia à Lyon pour le plaisir de retrouver un ami ; et ce fut lors d'une de ces visites que Pia l'emmena chez Tavernier pour une réunion du CNE. [1]

_____

1. Entretien avec René Tavernier. Aragon, *Le Crève-Cœur* et *Les Yeux d'Elsa,* Londres (La France libre), 1944 ; Pierre Daix, *Aragon, une vie à changer,* Paris, 1975 ; Jacques Debû-Bridel, *La Résistance*

A Paris, le contrepoids de l'omniprésent Aragon était
Eluard : « ... Grand, lourd sans être pesant, sanguin sans
être épais », a écrit Claude Roy. Dans le modeste appartement qu'il habitait rue du Dragon, Eluard préparait avec
Morgan les numéros des *Lettres françaises*. « Sa majesté
naturelle ne tombait jamais sur autrui de haut : quand il se
penchait, c'était sans aucune condescendance. » Aux yeux
de Claude Roy, Eluard était la bienveillance personnifiée.
« La voix de Paul était comme ses manuscrits : appliquée
et tracée avec soin... » C'était le poète de l'amour lyrique
que l'on avait choisi pour être au cœur des choses, plaque
tournante du CNE en zone occupée, conseiller de Jean
Bruller et du groupe des Éditions de Minuit. Mais il ne
cessait pas pour autant de publier d'ardents poèmes de
résistance sous divers noms, parmi lesquels le sien propre.
Il tenait à refaire *tous* les paquets de journaux, pour bien
montrer *comment* il fallait les faire. « Ses mains, tremblant
perpétuellement, mais lentement adroit à force de soin,
nous arrachaient doucement le papier, la ficelle... » Les
anecdotes abondent, racontées avec tendresse, pour montrer comment il remplissait son rôle. Il accrochait chaque
soir dans les toilettes les papiers compromettants, comme
avec l'intention de s'en servir, pour éviter qu'on y prêtât
attention. Il s'efforçait de ne pas oublier les codes. S'il
devait dire au téléphone : « J'attends le La Fontaine »
pour parler d'un article d'Aragon destiné aux *Lettres
françaises*, ou bien : « Envoyez-nous le volume de Pascal »
pour un manuscrit de Lucien Scheler, il lui arrivait de dire :
« Je n'ai pas reçu le Balzac, non, je veux dire le Molière,
enfin, tu sais bien, l'article de Jean Lescure. » De temps en
temps, nous relate Claude Roy, le Parti lui envoyait un
émissaire chargé d'une liste de remontrances. On l'obli-

---

*intellectuelle*, Paris, 1970 ; Jean Galtier-Boissière, *Mon Journal dans la
grande pagaïe*, Paris, 1950 ; Herbert R. Lottman, *Albert Camus*, Paris,
1978 ; *Mille Neuf Cent Quarante-Quatre* (préface de Lucien Scheler),
Paris, 1964 ; Claude Morgan, *Les « Don Quichotte » et les Autres*,
Paris, 1979 ; Claude Roy, *Moi je*, Paris, 1978 ; Pierre Seghers, *La
Résistance et ses poètes*, Paris, 1974.

geait à partir se cacher, par exemple dans un établissement psychiatrique au fin fond de la Lozère. Mais il revenait aussitôt à Paris pour chercher des livres chez lui — alors que son adresse était bien connue — ou pour parler avec Picasso ; puis il paraissait aux Deux Magots et dans quelques cafés et restaurants familiers.

Pendant les derniers mois de l'occupation allemande, Eluard passa l'essentiel de son temps dans l'appartement du libraire-éditeur Lucien Scheler, situé au-dessus d'une librairie de la rue de Tournon, au cœur du sixième arrondissement. Là, en plus de ses autres tâches, Eluard aida Scheler et Jean Lescure à produire une contrefaçon de l'organe officiel des éditeurs, *Bibliographie de la France,* qu'ils sous-titrèrent : « Journal général de la librairie française clandestine. » Ils y dénonçaient nommément les éditeurs collaborateurs, les plus vénérables aussi bien que les nouveaux venus. Les « six commandements du libraire » exposaient la manière de traiter la littérature collaboratrice ; cela commençait ainsi :

I. Quand des livres tu recevras, avec soin les reconnaîtras.

II. Ceux des traîtres tu garderas en lieu où nul ne les verra...

Dans cette fausse *Bibliographie,* les éditeurs s'entendaient rappeler que la guerre ne durerait pas éternellement. Et, tandis que la vraie *Bibliographie* annonçait les livres bénis par les censeurs, la version résistante annonçait en particulier les publications des Éditions de Minuit. Eluard et Scheler firent paraître également deux numéros de *l'Éternelle Revue,* contenant des poèmes de résistance, qui ne furent tirés qu'à quelques centaines d'exemplaires, et que Scheler adressa par la poste non seulement à des lecteurs favorables, mais aussi à des collaborateurs, pour bien montrer leur force.

En principe, seules quelques personnes de toute confiance savaient où résidait Eluard. En principe, il évitait les cafés les plus fréquentés de Saint-Germain-des-Prés. Mais il y fréquentait d'autres cafés tout proches, par exemple au carrefour de l'Odéon. Quand Max-Pol Fouchet, jeune poète algérois, éditeur de la revue poétique

*Fontaine,* vint en France au début de 1942 pour prendre contact avec des écrivains dans Paris occupé, il rencontra Eluard, lors d'un rendez-vous, dans un restaurant de la rue de Grenelle, en bordure de Saint-Germain-des-Prés. Fouchet s'alarma d'entendre parler allemand à une table voisine (il devait apprendre ensuite que ce restaurant figurait parmi les préférés des hommes de la Gestapo). « Paul entra… s'assit, et à haute voix me parla de la victoire inéluctable des Alliés, de la défaite certaine des Allemands. » A peine arrivé dehors, Eluard s'aperçut qu'il avait laissé sa serviette sur la banquette. Il retourna la chercher et, de nouveau dans la rue, l'ouvrit pour en tirer un paquet d'imprimés clandestins. Eluard donna également à Fouchet la copie d'un poème qui allait être connu sous le titre « Liberté ». A Alger, quand le censeur entreprit de l'examiner et comprit qu'il s'agissait d'un poème d'amour, il cessa de le lire avant la conclusion, à la vingt et unième strophe, et laissa Fouchet le publier :

> Sur mes cahiers d'écolier
> Sur mon pupitre et les arbres
> Sur le sable sur la neige
> J'écris ton nom
>
> . . . . . .
>
> Et par le pouvoir d'un mot
> Je recommence ma vie
> Je suis né pour te connaître
> Pour te nommer
>
> Liberté.

Pendant les années allemandes, Gallimard fit paraître un choix de poèmes d'Eluard, et le poète publia de son propre chef — sous son nom — un petit volume broché intitulé *Poésie et Vérité 1942,* où figurait « Liberté ». (Il s'agissait en effet d'un poème d'amour, adressé à Nusch, mais qui, à mesure qu'il le composait, était devenu un poème sur l'amour de la liberté.) « Liberté » allait bientôt être publié à New York, à Londres, être lu à la BBC et à la Voix de l'Amérique, parachuté en France par les avions de la Royal Air Force. La librairie Gallimard du boulevard Raspail l'exposa en vitrine avec d'autres livres d'Eluard. Attiré par l'évocation de Goethe, un officier allemand feuilleta le recueil, et déclara à l'employé : « C'est un livre communiste, monsieur », et le livre fut bien vite retiré de la vitrine.

L'Occupation ramena l'écrivain dans les rangs du parti communiste, d'où il avait été expulsé en 1933 avec André Breton et René Crevel. La réconciliation entre Paul Eluard et Aragon se fit lorsque ce dernier rendit compte anonymement dans *Poésie 41,* la revue de Pierre Seghers, des poèmes de son ex-ami. La légende veut qu'Eluard ait reconnu Aragon dans ledit article et qu'ils aient repris contact en s'envoyant des cartes inter-zones. Leur rencontre eut lieu en février 1943, au premier étage d'un restaurant discret de la rue des Écoles, avec pour témoins leurs épouses et Seghers. Et bientôt François la Colère rejoignit Jean du Haut dans la collection des Éditions de Minuit [2].

Le quartier général des écrivains engagés de la rive gauche, équivalent en quelque sorte à la maison de Tavernier en zone Sud, était un appartement situé rue Pierre-Nicole, tout près du Val-de-Grâce, dans la partie la plus paisible du quartier Latin. L'appartement d'Édith Thomas, au 15 de cette rue, présentait un autre avantage : la concierge logeait dans un immeuble voisin (au 13). Après avoir débuté dans la presse de gauche, après avoir été en Espagne pendant la guerre civile au titre d'envoyée spéciale, Édith Thomas avait quitté Paris en 1939 pour des raisons de santé. Quand elle revint à l'automne 1941, elle avait tout juste trente ans. Comme elle refusait de travailler pour la presse de la collaboration, elle se fit embaucher aux Archives nationales (elle était ancienne élève de l'École des chartes). Se trouvant connaître Claude Morgan — passionnément engagé dans ses *Lettres françaises,* qu'il

2. Entretien avec Lucien Scheler. Pierre Daix, *Aragon, Une vie à changer,* Paris, 1975 ; Max-Pol Fouchet, *Un jour, je m'en souviens...,* Paris, 1968 ; Claude Roy, *Moi je,* Paris, 1978 ; *Nous,* Paris, 1972 ; Pierre Seghers, *La Résistance et ses poètes,* Paris, 1974. *Bibliographie de la France* (clandestine), avril 1944. *Le Magazine littéraire,* Paris, juin 1973 (entretiens avec Max-Pol Fouchet et Claude Roy).

fabriquait à lui tout seul —, elle le fit connaître à Paulhan, comme nous l'avons déjà vu, et celui-ci leur indiqua le nom d'autres recrues possibles. Dès lors — à partir de février 1943 —, les réunions des écrivains résistants eurent lieu chez elle, dans son vaste appartement du premier étage. En principe, les participants devaient arriver séparément, ou en très petits groupes, et il ne devait pas y avoir plus de cinq personnes à une réunion. En réalité, les choses se passaient d'une manière fort différente : parfois dix personnes ou même davantage se rassemblaient rue Pierre-Nicole, et, un jour qu'il leur fallait prendre une décision en assemblée générale, ils furent vingt-deux à s'y réunir. Il y avait en particulier, parmi les célébrités de l'époque, François Mauriac, Jean-Paul Sartre, Albert Camus, Paul Eluard, Raymond Queneau, Jean Paulhan, Jean Guéhenno, Jean Lescure et le père A.-J. Maydieu, un dominicain, directeur avant la guerre de revues catholiques libérales de gauche, et prêtre combattant de la Résistance. Édith Thomas, au moment de la dispersion, compta quinze bicyclettes rangées dans l'entrée de son immeuble, et elle demanda à Claude Morgan de faire désormais attention à ne pas convoquer tant de gens le même soir. Lucien Scheler, quand il commença de venir à ces réunions, dans les derniers mois de l'Occupation, trouva intéressant d'y rencontrer certains auteurs qui n'étaient pas de gauche, comme Jean et Jérôme Tharaud, ou Georges Duhamel.

Aux réunions du CNE de la zone Nord, on échangeait des nouvelles de la guerre, et l'on discutait des dernières productions des collaborateurs. On établissait des règles : par exemple, il était convenu que les écrivains publiant en zone Sud ne devaient pas envoyer d'exemplaires de leurs livres aux journaux parisiens pour compte rendu. Il n'y avait pas, dans ces réunions, d'ordre du jour : Paulhan, Eluard ou quelqu'un d'autre prenait simplement la parole, s'il le désirait. Édith Thomas elle-même se mit à collaborer régulièrement aux revues clandestines. Sous la pression d' « Auxois », elle écrivit une série de nouvelles simplement intitulées *Contes*, pour les Éditions de Minuit ; sous celui d' « Anne », des poèmes qu'on peut lire dans l'anthologie *l'Honneur des poètes*. Plus tard, elle parla ainsi de son engagement : « D'abord, nous n'étions pas " à l'arrière ", faisant tuer les autres pour nous, par des discours. Nous étions *dans* le combat, et nos petits jeux littéraires pouvaient fort bien se payer de la déportation et de la mort. »

Le bon Gerhard Heller put intercepter un rapport établissant que Paulhan retrouvait chez Édith Thomas d'autres écrivains, et empêcher ainsi toute enquête plus poussée. Au début des années 60, il retourna à Paris et eut une conversation avec Édith Thomas dans la pièce même où toutes ces réunions avaient eu lieu.

Parfois, surtout dans les premiers temps de son existence, les membres du CNE se réunirent dans le bureau de Paulhan, chez Gallimard. Ils traversaient rapidement le hall du rez-de-chaussée, où ils risquaient de se trouver nez à nez avec un Drieu La Rochelle ou même pire, pour grimper l'escalier tortueux qui menait au bureau de Paulhan, l'ex-directeur de la NRF.[3]

L'une des plus prestigieuses recrues du CNE fut François Mauriac, le seul membre de l'Académie française qui se soit engagé corps et âme dans la Résistance. Un de ses biographes attribue au père Maydieu, ainsi qu'à Paulhan et Blanzat, le mérite d'avoir sauvé l'écrivain des tentations de la collaboration. Mauriac semblait se mouvoir avec autant d'aise parmi les clandestins de gauche qu'il l'avait fait parmi ses amis de la droite catholique et royaliste avant la guerre. Il devint l'une des cibles de la presse de la collaboration. Guéhenno nota dans son journal qu'il avait assisté en juin 1941 à une conférence sur « François Mauriac, agent de la désagrégation française », où le père Maydieu avait mené le chahut, secondé par Guéhenno et plusieurs autres. Les fascistes de *Je suis partout* avertirent Mauriac que, s'il se montrait dans un café de Saint-Germain-des-Prés, il en serait chassé. Accompagné de Jean

3. Entretien avec Lucien Scheler. Jacques Debû-Bridel, *La Résistance intellectuelle*, Paris, 1970 ; *Écrivains en prison*, Paris, 1945 ; Claude Morgan, *Les « Don Quichotte » et les Autres*, Paris, 1979 ; Jean Paulhan et Dominique Aury, *La Patrie se fait tous les jours*, Paris, 1947. Gerhard Heller, « Bribes d'un journal perdu » (manuscrit inédit). Voir aussi Gerhard Heller, *Un Allemand à Paris,* Paris, 1981.

Blanzat, « fort comme un bœuf », Mauriac fit la tournée
systématique des cafés, et rien ne se produisit. Mais, une
autre fois, alors qu'il sortait de la brasserie Lipp, il se
trouva devant un groupe de brutes qui se mirent à crier :
« Mauriac, ami des juifs, ta place n'est pas à Paris ! Hors
d'ici ! » Se protégeant le visage de ses bras, et nonobstant
sa fragilité, l'auteur de *Thérèse Desqueyroux* riposta de sa
voix brisée, privée de larynx : « Vous ne me faites pas
peur ! Et rira bien qui rira le dernier… Salauds ! » Il écrivit
ensuite dans *le Cahier noir,* publié par les Éditions de
Minuit : « Quoi que nous observions de honteux autour de
nous et dans notre propre cœur, ne nous décourageons pas
de faire crédit à l'homme : il y va de notre raison de
vivre. »[4]

Quant à Sartre qui, dans la première décennie d'après-
guerre, fut salué comme le symbole aussi bien que le
produit de la Résistance intellectuelle, que fit-il donc ? Sans
aucun doute, il s'efforça de participer ; le groupe Socialisme et Liberté, qui échoua, constitua une tentative dans
ce sens. Mais après l'accueil décevant qu'il rencontra, avec
Simone de Beauvoir, lors d'un voyage qui devait lui
permettre de prendre des contacts, il renonça à l'action.
Après discussion avec Beauvoir, il décida de retourner à
son œuvre théâtrale (en octobre 1941). Cela représentait,
écrivit Beauvoir par la suite, « l'unique forme de résistance
qui lui fût accessible ». Il s'agissait des *Mouches.*

Une autre forme de résistance intellectuelle s'offrait
alors aux écrivains, et telle que Sartre pouvait s'y joindre :
il entra au Comité national des écrivains. Or il avait été
attaqué, dans un pamphlet publié en zone Sud, comme
étant un disciple de Heidegger, lui-même admirateur du
nazisme. Claude Morgan lui promit de signaler leur erreur
à ses correspondants. Sartre écrivit peu de temps après une
implacable analyse de la personnalité de Drieu La Rochelle
et de sa *Nouvelle Revue française.* Dès lors, il participa

4. Michèle Cotta, *La Collaboration (1940-1944),* Paris, 1964 ; Jac-
ques Debû-Bridel, *La Résistance intellectuelle,* Paris, 1970 ; Jean
Guéhenno, *Journal des années noires (1940-1944),* Paris, 1947 ; Jean
Lacouture, *François Mauriac,* Paris, 1980.

régulièrement aux réunions du CNE et de l'organisation similaire regroupant les hommes de théâtre. Simone de Beauvoir décida de ne pas l'accompagner dans cette entreprise, estimant que rien ne servirait de s'y engager à deux, puisqu'ils partageaient la même opinion ; elle considérait qu'une telle participation équivaudrait à une « exhibition indiscrète » ; d'autre part, Sartre lui disait que les réunions étaient ennuyeuses. [5]

Cependant, on peut de bonne foi s'interroger sur l'efficacité même de cette « résistance intellectuelle ». A quoi pouvaient servir les mots, quand l'ennemi occupait le pays ? Jean Galtier-Boissière, dont nous avons déjà parlé, écrivit beaucoup plus tard le distique suivant :

> Les uns faisaient sauter les trains.
> D'autres fignolaient des quatrains

Une part importante de la poésie résistante, ou de la poésie des résistants, paraissait ouvertement, et le nom de l'auteur apparaissait ; on pouvait lire et même aimer ces poèmes sans en déceler le caractère subversif. Manifestement, si les poèmes du *Crève-Cœur* d'Aragon pouvaient passer la censure allemande malgré la réputation du poète, vedette du parti communiste, et si les Allemands pouvaient admirer la revue *Poésie* de Pierre Seghers (comme devait l'affirmer Karl Epting dans les mémoires qu'il publia après la guerre), sans doute pouvait-on en effet accepter l'idée que pareille poésie ne véhiculait aucun message.

Mais il y avait aussi des intellectuels dans la résistance *dure*. Ainsi, le poète Robert Desnos donna sous pseudonyme un poème à *l'Honneur des poètes,* qui commençait par ces mots :

> Ce cœur qui haïssait la guerre voilà qu'il bat pour
> le combat et la bataille !

Desnos appartenait à un réseau de résistance lorsqu'il fut arrêté ; déporté à Buchenwald, puis à Terezin, il y mourut

---

5. Simone de Beauvoir, *La Force de l'âge,* Paris, 1972.

du typhus ; il écrivit jusqu'à la fin des poèmes, et certains
d'entre eux parvinrent à ses amis demeurés libres. Le poète
et critique Jean Prévost, normalien et disciple du philosophe Alain, fut capturé en 1944 dans le Vercors où il
dirigeait un groupe de maquisards, et fut tué. Il laisse un
poème intitulé « Petit Testament » :

> Claude, si la guerre incertaine
> Un de ces beaux matins m'emmène
> Les pieds devant,
> N'écris pas mon nom sur la terre ;
> Je souhaite que ma poussière
> S'envole au vent.
>
> . . . . .
>
> Tu sais comment j'aimais la vie
> Je détestais la jalousie
> Et le tourment.
> Si les morts ont droit aux étrennes
> Je veux qu'au bout de l'an tu prennes
> Un autre amant. [6]

6. Jean Galtier-Boissière, *Mon Journal dans la drôle de paix*, Paris,
1947 ; Jean Paulhan et Dominique Aury, *La Patrie se fait tous les jours*,
Paris, 1947 ; Pierre Seghers, *La Résistance et ses poètes*, Paris, 1974.

# 10

# Dans Paris occupé

La vie continuait. Des femmes élégantes recevaient au milieu des fleurs et des tableaux. Une légion d'écrivains remplissaient les pages des quotidiens et des hebdomadaires ; les maisons d'édition bouillonnaient d'activité. Les théâtres étaient bondés et le public en quête de divertissements ou d'émotions trouvait aisément à se satisfaire. Tout ce mouvement — même intense — pouvait produire une impression trompeuse. En réalité, selon de nombreux témoignages, la rive gauche n'était pas joyeuse. En septembre 1941, un an et un été après l'arrivée des Allemands, Paul Léautaud observait : « Paris, au moins les 5e, 6e, 7e arrondissements, continue à être bien désert : peu de passants, peu de voitures, beaucoup de boutiques fermées. » Un jeune provincial, Claude Roy, regardait « les poteaux indicateurs en allemand... ces grands drapeaux théâtraux à croix gammée, sur les hôtels et les ministères, les sentinelles en vert devant des guérites rouge-noir-blanc ». Jean Bruller découvrit, au soir du premier Noël de l'Occupation, des affiches apposées au carrefour des boulevards Raspail et Saint-Germain, annonçant l'exécution d'un jeune ingénieur qui avait frappé un soldat allemand.

Maurice Martin du Gard, Parisien replié à Vichy, visita la capitale en août 1941 ; il y découvrit un « silence incroyable », les bicyclettes en effet remplaçaient les bruyantes automobiles, on croisait même de temps en temps un cavalier, et les vélos-taxis étaient apparus. « On se réfugie dans le travail, dans la lecture — jamais on n'a lu tant de livres —, dans l'amitié aussi. » La simplicité régnait dans les réceptions : « Certains se privent de pain pendant quinze jours, mettant de côté leurs tickets pour, à leurs

invités, offrir des piles de sandwiches. » Si l'on gagnait de
l'argent, comme il était exclu de changer de voiture ou de
voyager, on pouvait en revanche acquérir des tableaux,
salle Drouot. Dans les quartiers ouvriers, le journaliste
remarqua de petits cercueils et se souvint que les enfants
résistent mal aux privations. Les rumeurs foisonnaient : on
a foi dans le maréchal Pétain ; on estime qu'il a soutenu les
lois coercitives et les restrictions pour que les Français
s'exaspèrent et se soulèvent contre les Allemands. Mais on
entendait aussi ce refrain : « Pétain au dodo. Darlan au
poteau. De Gaulle au boulot. » Martin du Gard constata
l'animation de la vie culturelle — théâtres, concerts,
expositions. « L'envie de penser à autre chose rejoint chez
eux le désir d'encourager les directeurs et les artistes qui
surmontent des difficultés considérables pour prouver à
Paris qu'il est toujours Paris. » Seul le cinéma n'attire
guère de monde, car il est trop manifestement « allemand ».

Adrienne Monnier, la libraire de la rue de l'Odéon,
décrivit sa vie et celle de ses amis pour les lecteurs du
*Figaro littéraire* publié en zone Sud. Elle soulignait la
pénurie alimentaire et la nécessité de manger des légumes
qui n'étaient du goût de personne. « Valéry gratte un peu
de noix de muscade sur les plats qu'on lui sert... » Mais le
pire de tout était encore le froid — cela se passait en février
1942. Elle a installé un poêle à sciure dans la librairie. Dans
son appartement, elle ne pouvait ni lire ni écrire. Chaque
nuit, elle allumait donc son four, ce qui lui permettait
d'écrire ces lignes. Les nouveaux livres étaient rares, et il
fallait bien souvent aller faire la queue chez l'éditeur pour
en obtenir des exemplaires, car les bons titres étaient
diffusés au compte-gouttes. Les ouvrages soldés, qu'on
trouvait en si grand nombre les années précédentes, étaient
à présent presque tous vendus. Les gens voulaient de beaux
livres ; et ils avaient compris que les traductions d'auteurs
anglais et américains allaient disparaître pour quelque
temps. Dans les jours qui suivirent l'entrée des Allemands
à Paris, les gens se précipitèrent sur les œuvres classiques,
et particulièrement la poésie — « Une patrie, c'est surtout
un langage. » On réclamait les chefs-d'œuvre de Charles

Péguy, de Mallarmé, d'Apollinaire, de Rimbaud, mais aussi de Claudel, de Valéry et d'Henri Michaux.

Et qu'était-il advenu de Sylvia Beach, à présent que les États-Unis étaient entrés en guerre contre les puissances de l'Axe ? Elle se trouvait toujours à Paris, affirmait Adrienne Monnier. Elle avait récemment fermé sa librairie anglo-américaine de la rue de l'Odéon, et travaillait à ses mémoires. « Chère Sylvia ! C'est grâce à elle, aux amis qu'elle a en Touraine, que nous recevons un lapin presque chaque semaine. Elle a même pu, après un an de travaux d'approche, nous procurer la dinde de Noël. » En fait, Sylvia Beach avait poursuivi son activité à « Shakespeare & Company » jusqu'au jour où elle avait eu des démêlés avec un officier allemand à qui elle refusait de vendre un exemplaire de *Finnegans Wake* de James Joyce ; elle ferma alors boutique et disparut de la circulation ; mais elle revenait chaque jour rue de l'Odéon pour prendre des nouvelles d'Adrienne et des écrivains entrés dans la clandestinité.

Dans une lettre ouverte à Gide, également publiée dans *le Figaro littéraire*, à Lyon, Adrienne Monnier décrivait les jeunes gens qu'elle voyait à présent fréquenter sa librairie : ils s'habillaient avec plus de décontraction que jamais encore, portaient les cheveux longs, admiraient Sartre, Michaux et Jacques Prévert, ainsi que la traduction toute nouvelle de *Moby Dick* (qui, en sa qualité de classique, échappait à l'interdit — concernant la littérature américaine — que les Allemands avaient édicté).

A l'automne 1942, la situation semble s'être éclaircie. Adrienne Monnier relate à ses lecteurs un déjeuner, rue de Babylone, avec Colette, où on leur servit une omelette aux œufs frais, un magnifique chateaubriand avec « beaucoup, vraiment beaucoup de pommes sautées autour, bien dorées ». Elles ne parlèrent que de nourriture et de pâtisseries, et des endroits où se procurer de bons chocolats. [1]

1. Sylvia Beach, *Shakespeare & Company,* Paris, 1962 ; Paul Léautaud, *Journal littéraire,* XIII (février 1940-juin 1941), Paris, 1962 ; *ibid.,* XIV (juillet 1941-novembre 1942), Paris, 1963 ; Maurice Martin

Grâce aux observations quotidiennes et ingénues, parfois
même fastidieuses, de Simone de Beauvoir, nous suivons
de plus près encore la vie de la rive gauche au fil des jours
de l'Occupation : de Montparnasse à Saint-Germain-des-
Prés. Elle décrit bien le spectacle des rues, explique bien
dans quelle pénurie vivaient les Parisiens (on pouvait se
nourrir décemment dans les petits restaurants, mais les
marchés étaient rares, rares les magasins d'alimentation).
Sa consolation était de voir ses amis, d'écrire dans ses cafés
préférés (elle gelait dans sa chambre d'hôtel, et les cafés
étaient chauffés). Elle travaillait alors à un roman, lisait
Hegel, passait les matinées et les fins d'après-midi au
Dôme. Ses soirées s'écoulaient au Flore, où les Allemands
ne mettaient jamais les pieds. Elle ne fréquentait pas les
« boîtes », parce que les Allemands s'en étaient emparés.
Mais les théâtres, oui.

Au café de Flore, la clientèle n'avait guère changé depuis
l'avant-guerre ; on y trouvait une foule de jeunes femmes
provocantes en quête d'aventures, mais le café et la bière
étaient maintenant des ersatz. Quand Simone de Beauvoir
déménagea pour s'établir dans un modeste hôtel de la rue
Dauphine, elle dut louer une charrette à bras et, avec un
ami, traverser tout un quartier de Paris en traînant ses
affaires. Pendant l'hiver 1942, qui se révéla particulièrement rude et où le charbon et l'électricité manquèrent, les
cinémas n'ouvraient que le soir ainsi que certaines stations
de métro. Mais elle pouvait travailler au Flore où, en cas de
panne, fonctionnaient des lampes à acétylène. On s'y
sentait chez soi, bien à l'abri. Simone de Beauvoir s'efforçait d'arriver chaque matin à l'ouverture, afin de s'assurer
une table près du poêle ; cela pouvait être à huit heures du
matin. Souvent, elle voisinait avec des écrivains comme
Thierry Maulnier, Dominique Aury, Jacques Audiberti,

du Gard, *La Chronique de Vichy (1940-1944)*, Paris, 1975 ; Adrienne
Monnier, *Les Gazettes d'Adrienne Monnier (1925-1945)*, Paris, 1953 ;
Claude Roy, *Moi je*, Paris, 1978 ; Vercors, *La Bataille du silence*,
Paris, 1970.

Arthur Adamov ou Mouloudji. Des journalistes collaborateurs fréquentaient aussi l'établissement. Mais la plupart des clients étaient hostiles à la collaboration, au fascisme, même s'ils ne participaient pas à la résistance active.

Tandis qu'ils observaient les autres, ils étaient eux-mêmes observés. Alfred Fabre-Luce, dont la contribution la plus connue à la littérature de l'Occupation consista en une *Anthologie de la Nouvelle Europe,* se souvient d'avoir vu Sartre et Beauvoir « dans ce zoo où ils étaient, disait-on, en exposition perpétuelle ». Simone de Beauvoir « avait le visage sec d'une jolie institutrice », Sartre apparaissait « ramassé comme un taureau derrière sa chevelure et les yeux en bataille ». Fabre-Luce les regardait travailler au Flore. « Sur leurs petites tables de marbre on voyait, au lieu de consommations, des encriers. Ils travaillaient là, entre le téléphone et les lavabos, dans les courants d'air et les odeurs douteuses. » Il en concluait que la saleté des habitués du Flore n'avait rien à voir avec le rationnement général. « Ces jeunes gens étaient tout aussi négligés avant la guerre. A l'École normale supérieure, les " sales " (c'était le nom du parti de gauche) s'opposaient victorieusement aux " propres " (appellation insultante des droitiers). » Mais il admettait que l'Occupation attirait dans les cafés des gens qui, autrement, auraient fréquenté les salons littéraires, car les difficultés de l'époque ne permettaient plus de recevoir comme naguère, et le manque de moyens de transport aboutissait à une concentration géographique des individus qui voulaient continuer à voir du monde. « Et le café est le seul endroit où l'on puisse à la fois manger, boire, recevoir, travailler. »

Les clients du Flore et ceux des Deux Magots, à deux pas de là, appartenaient à deux espèces bien distinctes. Quand un habitué du Flore souhaitait tromper sa compagne, il lui suffisait, d'après la légende, de donner rendez-vous à sa nouvelle conquête aux Deux Magots pour s'assurer le secret.

Cependant, la guerre reparaissait parfois. Galtier-Boissière raconte un déjeuner à la brasserie Lipp, peu de temps après l'arrivée des Allemands à Paris, où il se trouvait attablé avec sa femme en compagnie des Hazan, des amis

juifs, éditeurs, quand, à la table voisine, un arriviste qui
faisait carrière dans la presse de la collaboration se lança
dans une violente diatribe antisémite. Dans son journal,
André Thérive parle d'une pétition qui circulait dans les
cafés du quartier Latin pour solliciter la grâce d'un homme
condamné à mort pour avoir publié des tracts antiallemands. « Naturellement, tout le monde signe la pétition
sans la lire. » En 1944, Simone de Beauvoir et Sartre
décidèrent de fuir Paris en apprenant l'arrestation de l'un
des membres d'un groupe résistant qu'ils avaient fréquenté. Puis ils revinrent et, « par prudence », changèrent
d'hôtel, pour s'établir quelques mètres plus loin — et ils
retournèrent aussitôt s'attabler à la terrasse du Flore, en
compagnie de leur camarade de résistance Albert Camus.

« Jamais Paris ensoleillé n'avait eu autant de douceur
qu'à cette époque du débarquement [juin 1944] », écrivit
Claude Morgan qui, le jour même de l'attaque alliée en
Normandie, déménagea ses *Lettres françaises* clandestines
dans le minuscule appartement de Claude Roy, sous les
toits de la rue du Dragon. « Les terrasses de café étaient
gorgées de monde et sur le boulevard Saint-Germain
circulaient en tout sens des jeunes femmes à bicyclettes qui
laissaient flotter derrière elles leurs jupes comme des
oriflammes. Cette douceur ressemblait trop à l'indifférence. »[2]

Cependant, dans la foule, il y avait des hommes et des
femmes en mission. Un historien a raconté comment des
membres du réseau du musée de l'Homme se passaient des
documents secrets — les plans de la base navale de Saint-
Nazaire — dans les toilettes des Deux Magots. Rue des
Saints-Pères, presque au coin du boulevard Saint-Germain
mais loin de l'éclat des cafés les plus réputés, se trouvait un
indescriptible café-tabac, au toit pentu, qui servait de lieu

2. Simone de Beauvoir, *La Force de l'âge,* Paris, 1972 ; Alfred
Fabre-Luce, *L'Épreuve (1930-1946) (Vingt-Cinq Années de liberté,* II),
Paris, 1963 ; *Journal de la France (1939-1944),*Genève, 1946 ; Jean
Galtier-Boissière, *Mon journal pendant l'occupation,* Garas, 1944 ;
Maurice Martin du Gard, *La Chronique de Vichy (1940-1944),* Paris,
1975 ; Claude Morgan, *Les « Don Quichotte » et les Autres,* Paris,
1979 ; André Thérive, *L'Envers du décor (1940-1944),* Paris, 1948.

de rencontre à des journalistes résistants. Ceux-ci aimaient en particulier l'arrière-salle où trônait un billard. On y laissait des manuscrits pour *les Lettres françaises,* et Jean Guignebert, chargé par les gaullistes de prévoir la réorganisation de la presse et de la radio françaises, utilisait l'endroit comme quartier général officieux.

Certaines maisons d'édition avoisinantes servaient également de lieu de rendez-vous. On ne peut pas oublier le bureau de Paulhan rue Sébastien-Bottin, chez Gallimard. Un Eluard pouvait, alors qu'il devait aller se cacher dans une lointaine institution psychiatrique, s'arrêter d'abord à la NRF et y pénétrer la tête haute. « Il y avait toujours foule et l'on était serré comme des harengs », raconte Dominique Aury, parlant du bureau de Paulhan. Nous avons déjà évoqué le souvenir qu'a gardé Claude Morgan des membres du Comité national des écrivains grimpant à la hâte jusque chez Paulhan dans l'espoir de ne pas croiser Drieu La Rochelle. Morgan fréquentait à la même époque une maison plus discrète, rue du Dragon : les Cahiers d'art, dont les bureaux étaient officiellement fermés pendant l'Occupation (revue et galerie) mais que la propriétaire, Yvonne Zervos, ouvrait au poète et à ses amis, et qui était un centre de résistance intellectuelle. « C'est là que les cyclistes apportaient, par remorques entières, les tracts, journaux, brochures, que nous faisions éditer. Une reproduction géante de " la Joie de vivre " de Matisse... présidait à nos déchargements. Les séances de pliage avaient lieu à l'entresol, et Paul Eluard s'y appliquait [nous l'avons vu...] avec cette conscience scrupuleuse et ce souci de détail qu'il apporte à la moindre chose. »[3]

Un autre appartement de Saint-Germain-des-Prés joua un rôle singulier à l'époque : celui de Marguerite Duras,

3. Entretien avec Claude Roy. Martin Blumenson, *Le Réseau du musée de l'Homme,* Paris, 1979 ; Dominique Desanti, *Les Staliniens (1944-1956),* Verviers, Belgique, 1976 ; *Hommage à Yvonne Zervos,* Paris, 1970 ; *Jean Paulhan le souterrain* (Colloque de Cerisy), Paris, 1976 ; Claude Morgan, *Les « Don Quichotte » et les Autres,* Paris, 1979 ; Claude Roy, *Nous,* Paris, 1972 ; *Les Yeux ouverts dans Paris insurgé,* Paris, 1944.

tout en bas de la rue Saint-Benoît. Cet immeuble, situé en face d'un restaurant bon marché bien connu (le Petit Saint-Benoît), avait abrité Sainte-Beuve après la révolution de 1848. Plus près de nous, le poète Léo Larguier, l'auteur de *Saint-Germain-des-Prés, mon village,* y avait vécu et y était mort. A son retour en France occupée, après s'être entretenu à Londres avec les Français libres et à Alger avec Charles de Gaulle, François Mitterrand débarqua un soir chez Marguerite Duras, et tout le groupe resta là à fumer des cigarettes anglaises tandis que Mitterrand s'employait à recruter tel ou tel pour son réseau de résistance. Il passa de là chez le mari de Marguerite Duras, Robert Antelme (les époux étaient séparés). Celui-ci fut arrêté peu de temps après, un informateur ayant dénoncé plusieurs membres du groupe. On attribue à la romancière le mérite d'avoir sauvé Mitterrand des Allemands. A son tour, Mitterrand fit sortir Antelme d'un camp de concentration que les Alliés venaient de libérer et le rapatria rapidement à Paris (Mitterrand était alors ministre des Prisonniers dans le gouvernement de De Gaulle).

Ramon Fernandez, chroniqueur régulier de la presse proallemande et conseiller culturel du parti populaire français (profasciste) de Jacques Doriot, habitait le même immeuble, deux étages au-dessus de chez Marguerite Duras. C'étaient d'ailleurs les Fernandez qui avaient trouvé cet appartement à la jeune femme ; ils étaient restés très liés jusqu'au moment où les allées et venues de ses amis résistants lui avaient imposé d'éviter les rencontres avec ses voisins du dessus.

Le dimanche, Ramon Fernandez recevait. Gerhard Heller y venait parfois, et rencontra là pour la première fois des auteurs français. Drieu La Rochelle était également un habitué. Il publiait les œuvres de son hôte dans *la Nouvelle Revue française.* Les collaborateurs se retrouvaient également dans la librairie Rive gauche près de la Sorbonne, et que les étudiants, note Guéhenno, appelaient la « Rive gauche du Rhin ». Bien que son nom rappelât la société des conférences d'avant-guerre — qui avait introduit l'idéologie fasciste à Paris —, on s'en doute, l'entreprise appartenait aux occupants, était gérée par eux, et diffusait la littérature allemande ainsi que les œuvres des écrivains favorables à la politique du Reich. Des bombes furent plusieurs fois lancées dans la boutique. Après l'un des attentats, Jean Guéhenno vit les étudiants passer sur le trottoir « la bouche cousue mais se riant et parlant des yeux ». L'une des vitrines contenait alors des photographies de Montherlant enfant et adulte, ainsi que des lettres et ses premiers manuscrits. « Tout cela, raconte Guéhenno, a été mis en pièces par l'explosion des grenades. Quelle irrémédiable perte ! » Galtier-Boissière, dont la librairie était toute proche, faillit être arraché de son lit par l'explosion. Il raconte qu'au moment de l'explosion les policiers chargés de garder l'établissement commencèrent à tirer, pris de panique. Les dégâts furent réparés le jour même, les livres endommagés furent à nouveau exposés avec un panneau disant : « Des bombes contre une idée ! » [4]

Pour être en mesure d'apprécier l'hospitalité des dames qui tenaient un salon littéraire, sans doute était-il préférable de collaborer, ou de porter l'uniforme allemand ; mais on pouvait aussi le faire si l'on avait l'aplomb et la nonchalance d'un Paulhan. Il y avait toujours foule chez Florence Gould (dans les éditions de son journal parues juste après la guerre, Ernst Jünger l'a galamment transformée en « Lady Orpington »). Dissimulant soigneusement ses sentiments antihitlériens, le même Jünger était aussi le bienvenu chez de nombreuses personnalités comme Marcel Jouhandeau, par exemple, ou bien Paul Morand ; il rencontrait également des amis français à l'ambassade d'Allemagne ou à l'Institut allemand, ou encore chez les frères Valentiner.

Du côté des non-collaborateurs, les réunions prenaient parfois la forme des « fiestas » décrites par Simone de Beauvoir : elles duraient toute la nuit, et se déroulaient

4. Entretiens avec Marguerite Duras, Gerhard Heller, Dionys Mascolo. Jean Galtier-Boissière, *Mon journal pendant l'occupation*, Garas, 1944 ; Jean Guéhenno, *Journal des années noires (1940-1944)*, Paris, 1973 ; Jacques Isorni, *Le Procès de Robert Brasillach*, Paris, 1946.

chez les gens qui disposaient d'appartements suffisamment vastes. Si l'on décidait de laisser passer l'heure du couvre-feu, il fallait rester toute la nuit. Simone de Beauvoir décrit quelques-unes de ces nuits mémorables, dans les derniers mois de l'Occupation, et en particulier chez les Leiris. Un soir, on joua la pièce de Picasso, *le Désir attrapé par la queue*. Sartre figurait parmi les acteurs, Camus dirigeait la mise en scène. L'assistance comprenait — entre autres personnages — Picasso et Braque, Jean-Louis Barrault, Jacques Lacan et Georges Bataille. Vint l'heure du couvre-feu : la fiesta commença, Sartre et Camus récitèrent et chantèrent des textes. Quelques jours plus tard, Picasso invita tout le groupe des « acteurs » à venir prendre un verre dans son atelier, rue des Grands-Augustins.

De même que Florence Gould, citoyenne américaine à qui, après la Libération, on laissa poursuivre des activités mondaines, Pablo Picasso faisait partie des « institutions » protégées. On a dit de lui qu'il était à cette époque-là un « exilé intérieur ». Si les idéologues de Vichy l'avaient dûment catalogué, ainsi que d'autres artistes, parmi les décadents qui avaient contribué au déclin de la France, les Allemands mettaient leur point d'honneur à lui marquer du respect, et s'efforçaient même de le gagner à leur cause. Les officiers allemands cultivés se faisaient un devoir de visiter son atelier, et il s'y trouvait parfois tellement de monde que lui-même ne pouvait plus travailler. On le rencontrait souvent en compagnie de nombreux amis au restaurant le Catalan, tout près de chez lui. Le patron, qui se ravitaillait au marché noir, fut au moins une fois condamné pour avoir servi des chateaubriands un jour sans viande, et Picasso dut payer une amende. Bien que l'artiste demeurât passif, qu'il se contentât de travailler, de manger et de faire l'amour, qu'il ne s'engageât dans aucune activité politique, son existence même constituait un symbole. Dans *Comœdia*, Vlaminck le dénonça : « Pablo Picasso est coupable d'avoir entraîné la peinture française dans la plus mortelle impasse... à la négation, à l'impuissance, à la mort. » Cette attaque ne fit que renforcer le respect où les adversaires des Allemands tenaient Picasso. Dans le premier numéro des *Lettres françaises* publié ouvertement après le départ des Allemands, Louis Parrot écrivit en hommage : « Par sa seule présence parmi nous, il a rendu l'espoir... Alors qu'il lui était si facile de quitter l'Europe, Picasso refusait d'abandonner la ville où il avait connu la misère et la gloire. »

Mais, quand Picasso adhéra au parti communiste, quelques semaines plus tard, et que *l'Humanité* titra sur cinq colonnes :

LE PLUS GRAND DES PEINTRES AUJOURD'HUI VIVANT

## PICASSO

A APPORTÉ SON ADHÉSION
AU PARTI DE LA RÉSISTANCE FRANÇAISE

Galtier-Boissière railla dans son journal l'activité de résistance de Picasso, car il ne se rappelait à son sujet que les repas quotidiens à mille francs au Catalan. [5]

5. Entretien avec Gerhard Heller. Simone de Beauvoir, *La Force de l'âge*, Paris, 1972 ; Brassaï, *Conversations avec Picasso*, Paris, 1969 ; Pierre Daix, *La Vie de peintre de Pablo Picasso*, Paris, 1977 ; Jean Galtier-Boissière, *Mon journal depuis la libération*, Paris, 1945 ; Ernst Jünger, *Journal, I (1941-1943)*, Paris, 1951 ; *Journal, II (1943-1945)*, Paris, 1953 (cf. Jünger, *Premier Journal parisien, Journal II (1941-1943)*, Paris, 1980 ; et *Second Journal parisien, Journal III (1943-1945)*, Paris, 1980) ; Paul Léautaud, *Journal littéraire*, XVI (juillet 1944-août 1946), Paris, 1964 ; Adrienne Monnier, *Les Gazettes d'Adrienne Monnier (1925-1945)*, Paris, 1953 ; Claude Roy, *Moi je*, Paris, 1978. *Les Lettres françaises*, Paris, 9 septembre 1944.

# 11

# Les Parisiens en exil

Si l'on était jeune et ambitieux, sans trop de scrupules quant aux personnes et aux groupes que l'on fréquentait, ou bien si l'on appartenait à la haute société, et que l'on se souciait d'abord de sa sécurité, de sa carrière, du maintien ou même de l'élargissement de ses privilèges, Vichy était l'endroit rêvé en 1940. Avant même la fin des hostilités en effet, le gouvernement français avait commencé d'évacuer de nombreux services publics en direction de cette élégante ville d'eaux. Et puis Pétain et Laval s'y transportèrent, le parlement fut réuni dans le Petit Casino baroque du début du siècle, où peu de temps auparavant l'on voyait encore les curistes jouer, boire et s'amuser. Le luxueux hôtel du Parc, avec ses trois cents chambres, devint le siège du gouvernement.

« Surpeuplée de militaires vaincus, de fonctionnaires en quête de reniements, de mondains à la recherche de la mode, Vichy... semblait alors une capitale d'opérette » (Roger Stéphane). Y arrivant dès le début du règne du Maréchal, le jeune Claude Roy — qui allait bientôt basculer de la droite jusque dans les rangs des communistes et des résistants — retrouva là tout son univers parisien. Au secrétariat à la Jeunesse, installé dans l'hôtel du Palais, il découvrit l'existence d'une sorte de Maison de la culture qui s'appelait Jeune France, et qui servait de lieu de ralliement aux jeunes gens passionnés de théâtre, de poésie, de musique, et même, observa-t-il, à des journalistes de gauche.

A cette époque, Claude Roy n'avait pas d'idée précise sur la personnalité du chef de l'État ni sur les conditions dans lesquelles les autorités avaient traité avec les Alle-

mands. Mais Pétain bénéficiait d'une opinion favorable de
la part de la majorité des Français. A Jeune France, Roy
rencontra le compositeur Olivier Messiaen, le cinéaste
Roger Leenhardt, Emmanuel Mounier, d'*Esprit,* et Albert
Ollivier (celui-ci travaillait alors à une émission sur la
jeunesse de Pétain ; par la suite, il devint le porte-parole de
Charles de Gaulle et de ses Français libres ; il fut enfin
rédacteur à *Combat,* après la guerre, avec Camus). Maurice Martin du Gard décrivit ainsi le jeune Claude Roy
vichyste ; « Impatient et gracieux, le visage charmant... un
fils spirituel de Maurras... Il met l'animation littéraire en
zone libre ; sa critique de *l'Action française,* ses notes de
*Voici* montrent un esprit avide, nuancé et point systématique... A la radio, il se dépense pour imposer son goût qui
est fin... C'est une révélation de l'armistice... » Martin du
Gard regrettait seulement que Roy ne fût « pas un libéral,
cela lui viendra avec l'âge et l'humanité ». Le changement
intervint plus tôt qu'on ne l'aurait cru. Dès octobre 1941,
lors d'une visite à Gide, à Nice, Maria van Rysselberghe
s'exprimait ainsi à son sujet : « Nettement de droite avant
la guerre, il ne reconnaît plus ce qui était son idéal depuis
qu'on l'applique. »

Pierre Schaeffer, qui venait juste d'avoir trente ans, était
à la fois musicien et ingénieur de formation. Après avoir
été lieutenant des transmissions et ingénieur radio, il était
entré au ministère de la Santé et de la Jeunesse à Vichy en
juillet 1940, pour créer Radio Jeunesse. Ancien scout et
catholique pratiquant, il se trouva jeté dans un milieu de
jeunes catholiques progressistes, et de vétérans de mouvements tels qu'Équipes socialistes, Auberges de la Jeunesse
et Scouts de France (protestants aussi bien que catholiques). Ils avaient en commun un sentiment de dégoût à
l'égard des gouvernements français d'avant-guerre, et la
certitude que Vichy ouvrait la voie à un monde meilleur.
Le secrétariat général à la Jeunesse était virtuellement un
ministère de la Culture et, dans ce cadre, Schaeffer avait
reçu des fonds pour créer le mouvement Jeune France. Les
activités théâtrales tenaient une large place dans ses
préoccupations ; il organisait ainsi des tournées artistiques,
des séances d'animation de groupe (chants autour de feux

de bois, par exemple). De nombreux artistes qui allaient poursuivre leur carrière après la guerre, tels Jean-Louis Barrault, Jean Vilar, Jean Mercure, et le mime Marcel Marceau, s'y trouvaient inscrits. Jeune France était un mouvement chrétien ; Schaeffer et ses amis voyaient le monde coupé en deux : eux d'un côté et les marxistes de l'autre. Convaincus que l'occupation de la France allait durer des années, ils préféraient croire en « un Vichy possible ».

Le mouvement n'était politique que pour ceux qui le désiraient, et en particulier pour un petit groupe d'activistes de droite dont Claude Roy fit partie au début. Schaeffer engagea Paul Flamand comme représentant de Jeune France à Paris. Paul Flamand et d'autres catholiques progressistes projetaient la création de ce qui allait être l'une des rares nouvelles maisons d'édition appelées à survivre à l'après-guerre : les Éditions du Seuil. Roger Leenhardt, critique cinématographique et futur cinéaste, fut envoyé par Jeune France en Afrique du Nord afin d'y créer des centres culturels ; il recruta un jeune poète, Max-Pol Fouchet. Mais, quand il approcha Albert Camus, auteur encore inconnu, ce dernier proposa de monter une pièce qui, de l'avis de Leenhardt, risquait de passer pour une provocation. Camus lui déclara alors que c'était à prendre ou à laisser.

En septembre 1941, Jeune France organisa les Rencontres de Lourmarin. Schaeffer y invita des poètes et des musiciens de toutes tendances, y compris des gens que l'on pouvait deviner hostiles au régime de Vichy : par exemple, Aragon (mais il ne vint pas). Parmi ceux qui se déplacèrent figurait Max-Pol Fouchet, qui se souvint par la suite d'avoir pensé que c'était une bonne occasion d'employer des fonds vichystes pour des objectifs non vichystes. Pierre Emmanuel y participa, et Loys Masson, et Pierre Seghers, dont la revue *Poésie* représentait déjà une forme de résistance intellectuelle de la zone Sud. Après les journées de Lourmarin, réservées aux entretiens sérieux, aux récitals, le soir, d'après les souvenirs de Max-Pol Fouchet, « les moins sages se réunissaient et parcouraient les rues du village en scandant d'imprudents " Vive de Gaulle ! " Les gendarmes faisaient la sourde oreille ». Apparemment, ils chantaient aussi l'*Internationale* communiste.

Les Vichystes durs se rendirent compte assez vite que le mouvement Jeune France n'était pas suffisamment favorable à *leur* idéologie. Ils voyaient le groupe leur échapper, entre les mains de chrétiens démocrates à la manière d'Emmanuel Mounier. Nommé de nouveau à la radio, Schaeffer créa le premier Studio d'Essai ; son dessein étant de prouver que la radio pouvait être un art. Quand on le licencia, il entra dans la Résistance. [1]

Le même secrétariat d'État qui parrainait Radio Jeunesse et Jeune France subventionna une École des Cadres logée dans un château médiéval, à Uriage, près de Grenoble, sous la direction de son fondateur, le capitaine Pierre Dunoyer de Segonzac. A Uriage, l'idéalisme catholique des années trente et la philosophie communautaire inspirée tout à la fois par Péguy et Maurras se fondirent momentanément dans le personnalisme du groupe *Esprit,* fondé par Mounier. L'objectif apparent était de former les futurs dirigeants, de leur donner un entraînement physique aussi bien qu'intellectuel, psychologique et, par-dessus tout, moral ; et cette nation se trouvait être l'État français nouvelle manière. Uriage accueillit quelque trois cents membres prometteurs de la jeune génération dans les dix-huit mois qui suivirent la création de l'école. Si certains d'entre eux travaillèrent ensuite à Vichy, d'autres rallièrent la Résistance. Un journaliste expérimenté, Hubert Beuve-Méry, fondamentalement antinazi mais quelque peu sensible à certains thèmes du régime en place, accepta d'y

1. Entretiens avec Max-Pol Fouchet, Claude Roy, Pierre Schaeffer. Max-Pol Fouchet, *Un jour, je m'en souviens...,* Paris, 1968 ; Maurice Martin du Gard, *La Chronique de Vichy (1940-1944),* Paris, 1975 ; *Les Mémorables* (1930-1945), Paris, 1978 ; Claude Roy, *Moi je,* Paris, 1978 ; Maria van Rysselberghe, « Les cahiers de la petite dame » (1937-1945), *Cahiers André Gide 6,* Paris, 1975 ; Pierre Seghers, *La Résistance et ses poètes,* Paris, 1974 ; Roger Stéphane, *Toutes choses ont leur saison,* Paris, 1979. Véronique Chabrol, *Jeune France, une expérience de recherche et de décentralisation culturelle (novembre 1940-mars 1942),* Thèse pour le doctorat de 3e cycle présentée à la faculté des Lettres et Sciences humaines de l'Université de Paris, 1974.

professer. Mounier et une équipe d'*Esprit* vinrent donner
des conférences ; Jean-Marie Domenach y était stagiaire.
L'amiral Darlan inspecta l'école, et souligna — pour le
bénéfice des professeurs aussi bien que des élèves — la
philosophie de la collaboration. Ce qui n'empêchait pas
Henri Frenay, fondateur du mouvement de résistance
Combat, de s'y rendre fréquemment : Dunoyer de Segonzac s'arrangeait pour lui éviter des rencontres qui eussent
pu se révéler dangereuses, en particulier quand Darlan se
trouvait là. Quand le jeune Roger Stéphane se présenta,
annonçant qu'il était résistant et qu'il venait de s'évader de
prison, Dunoyer l'accueillit sans hésiter, lui fournit un
uniforme et des papiers de stagiaire. « Attribuant les
malheurs passés de la France à un relâchement des mœurs
et à un attiédissement du patriotisme », raconte Stéphane,
le « vieux chef » imputait à « la sénilité du maréchal » et à
« la malfaisance de Laval » la situation de la France.
Quand les Allemands envahirent la zone Sud, Dunoyer
proposa un sujet de dissertation sur le devoir de désobéissance. Laval ordonna la dissolution de l'école. Bon nombre
des meilleurs élèves et des meilleurs professeurs gagnèrent
directement la Résistance ou les maquis. [2]

Cependant, la possibilité de méditer ainsi sous le régime
allemand représentait déjà un luxe. Pour beaucoup de
Français, la survie, c'était la fuite. La chose se révélait vraie
pour les juifs, mais également pour ceux que l'on savait
communistes ou militants de gauche, surtout s'ils manquaient d'amis influents au pouvoir. Sans aucun doute, les
juifs furent à l'avant-garde de cette « colonne de déser-
teurs », pour citer l'expression malveillante d'un des collaborateurs les plus ardents. En cette période d'exode,
Alfred Fabre-Luce découvrit que « le monde israélite »
était plus important qu'il ne l'avait imaginé. « Il n'englobe
pas seulement les juifs, mais tous ceux qu'ils ont corrompus
ou séduits. » Ceux qui ne « désertaient » pas vers l'Espa-

2. Jean-Noël Jeanneney et Jacques Julliard, *« Le Monde » de
Beuve-Méry*, Paris, 1979 ; Jean-Louis Loubet del Bayle, *Les Non-
Conformistes des années 30*, Paris, 1969 ; Roger Stéphane, *Toutes
choses ont leur saison*, Paris, 1979 ; Michel Winock, *Histoire politique
de la revue « Esprit » (1930-1950)*, Paris, 1975.

gne ou l'Angleterre se réfugiaient sur la Côte d'Azur, qui pendant quelque temps se trouva sous le contrôle plus bénin des Italiens. On attribua à l'humoriste juif Tristan Bernard, qui avait trouvé refuge là-bas, le bon mot suivant : « Comment appelez-vous les habitants de Cahors ? — Les Cadurciens... — Les habitants de Juan-les-Pins ? — Les Israélites. » Dans son journal, Gide relata comment Tristan Bernard, lors d'une conférence à Cannes, avertit son auditoire qu'il faisait lui-même partie du « peuple qu'on a souvent appelé " le peuple élu ". Enfin, disons : en ballottage ». Par la suite, l'humoriste, alors âgé de soixante-seize ans, fut arrêté dans une rafle ; mais des gens bien placés obtinrent sa libération d'un camp de transit, qui aurait été la première étape d'un voyage vers les camps de la mort.

Manès Sperber, marqué du double handicap d'être un ancien communiste et d'être juif, avait servi dans l'armée française dans un régiment étranger. Quand il parvint à atteindre la zone Sud, il se cacha à Cagnes ; sur la recommandation de son ami Malraux, Roger Martin du Gard mit ses manuscrits en lieu sûr. Par la suite, Sperber put passer en Suisse, où il demeura jusqu'à la fin de l'Occupation. Julien Benda, juif exclu de la *NRF* de Drieu et certainement en danger s'il restait à Paris, passa toute la période de la guerre dans le sud-ouest de la France. A Paris, ses papiers avaient été saisis, même ceux qui se trouvaient dans les bureaux de son éditeur, et jamais on ne les retrouva. Emmanuel Berl, juif également, mais dont la personnalité n'avait jusqu'alors guère troublé les esprits conservateurs, fut convoqué à Bordeaux la semaine même de l'armistice ; il aurait à écrire les discours du nouveau chef du gouvernement, le maréchal Pétain ; peut-être est-il l'auteur de la déclaration du 25 juin, où le maréchal s'adresse au peuple français : « Un ordre nouveau commence... C'est à un redressement intellectuel et moral que d'abord je vous convie. » Berl se rendit ensuite à Vichy, où il rencontra Drieu La Rochelle qui, dans sa « générosité », décida de ne pas combattre son ancien ami devenu ennemi. Berl et son épouse, la célèbre Mireille, vécurent un an à Cannes. La chanteuse poursuivit sa carrière malgré les dénonciations lancées contre elle dans *Je suis partout* parce qu'elle était juive, et qu'il était scandaleux qu'on lui permît de se produire. De là, les Berl se rendirent en Corrèze, où ils retrouvèrent Malraux.

Jean Cassou avait averti son supérieur au musée du Luxembourg, alors dépositaire de nombreuses collections d'art moderne, qu'il ne serait pas raisonnable de le nommer conservateur du futur musée d'Art moderne. Mais son supérieur, lui-même devenu directeur des Beaux-Arts, était certain que ce serait parfait, et il convainquit Vichy que le passé de compagnon de route de Cassou, et même le fait que sa femme fût juive, ne devaient pas faire obstacle à sa nomination. On prétend que Pétain lui-même acquiesça : les opinions politiques professées avant-guerre ne devaient pas donner lieu à des représailles. Et Cassou fut donc informé que sa nomination avait été acceptée. Rentrant chez lui, il alluma la radio et entendit annoncer que le « juif espagnol et franc-maçon Jean Cassou » avait été nommé conservateur du musée d'Art moderne. On le licencia immédiatement. Mais il demeura à Paris, s'occupant entre autres choses à aider ses amis du réseau du musée de l'Homme. En apprenant l'arrestation des chefs de ce groupe, il comprit qu'il allait bientôt devoir disparaître dans la clandestinité. Privé de ressources, il commença à vendre les volumes et les manuscrits de sa bibliothèque personnelle. Robert Émile-Paul, l'un des rares éditeurs à avoir choisi le camp de la Résistance, ouvrit un jour devant lui un exemplaire de l'hebdomadaire fasciste *Au pilori* et lui désigna le titre d'un article dénonçant la présence de ce juif espagnol dans la capitale. « Mon vieux, déclara-t-il, il faut quitter Paris tout de suite. »

Cassou se replia donc sur Toulouse, qui servait alors de refuge aux républicains espagnols et aux juifs. Le surréaliste Max Ernst et le sculpteur cubiste Jacques Lipchitz avaient séjourné dans la ville avant de s'embarquer pour les États-Unis. Les réfugiés s'y trouvaient dans des cafés qui demeuraient ouverts jusqu'à minuit, ou dans une librairie appartenant à un réfugié italien antifasciste ; on retrouvait là un peu l'esprit de la rive gauche et quelques-uns de ses personnages. Cassou entra dans un groupe de résistance

militaire qui, le premier, reçut d'Angleterre des parachu-
tages d'armes, mais il fut arrêté en décembre 1941. A sa
libération, au printemps 1943, il se retrouva dans des
mouvements de résistance désormais mieux organisés, et
devint inspecteur pour la zone Sud des Mouvements unis
de résistance (MUR), un regroupement de Combat, Libération et Franc-Tireur. Il fut ensuite nommé par de Gaulle
commissaire de la République pour la région. Pendant les
combats pour la libération de Toulouse, il fut blessé et
passa plusieurs semaines dans le coma. L'après-guerre le
retrouva fondateur et premier directeur du musée d'Art
moderne de Paris. Pendant son séjour en prison, il passa
ses journées et ses nuits à composer des poèmes dans sa
tête ; plus tard, en mission à Paris pour son réseau de
résistance, il rencontra Jean Bruller et lui confia les textes
qu'il avait enfin pu coucher sur le papier. Les *Trente-trois
Sonnets composés au secret* parurent aux Éditions de Minuit
sous le pseudonyme de Jean Noir, avec une préface de
François la Colère (Aragon). [3]

Clara Malraux était à la fois juive et notoirement
antifasciste. De façon paradoxale, sa survie dépendait de
ses rapports avec André Malraux. Or celui-ci, qui (comme
nous l'avons déjà vu) ne risquait pas grand-chose du fait de
son amitié avec Drieu La Rochelle, se préoccupait d'abord
d'obtenir le divorce afin de pouvoir épouser Josette Clotis,
sa compagne de la fin des années trente, et la mère de ses
fils. Clara, elle, avait besoin de la protection que représentait le nom de Malraux, pour elle-même et pour sa fille (qui
était aussi fille de l'écrivain), et Gide entreprit de faire
comprendre tout cela à son ami. Mais Malraux revint à la
charge avec son affaire de divorce ; il alla même trouver
Clara à Toulouse. « Je ne veux pas d'un fils illégitime », lui
expliqua-t-il ; à quoi elle riposta : « Comme je voudrais

3. Entretiens avec M^me Julien Benda, Jean Cassou, Claude Roy.
Julien Benda, *Les Cahiers d'un clerc (1936-1949)*, Paris, 1949 ;
Emmanuel Berl, *Interrogatoire par Patrick Modiano*, Paris, 1976 ;
Alfred Fabre-Luce, *Journal de la France*, I (mars 1939-juillet 1940),
Paris, 1941 ; Maurice Martin du Gard, *La Chronique de Vichy (1940-
1944)*, Paris, 1975 ; Manès Sperber, *Au-delà de l'oubli* (*Ces Temps-là*,
III), Paris, 1979 ; Vercors, *La Bataille du silence*, Paris, 1970.

que ma fille soit illégitime et qu'elle n'ait pas une mère juive ! » Malraux leur refusa donc la permission (une permission indispensable) dont elles avaient besoin pour quitter le territoire français. En même temps — cela se passait le 19 janvier 1942 —, Malraux informa son épouse qu'il n'entrerait pas dans la Résistance avant que les Américains n'aient débarqué. « J'en ai marre de défendre des causes perdues. »

La vie de Malraux sur la côte méditerranéenne pourrait remplir les pages de tout un livre. Et là, quand il fut prêt à quitter la villa luxueuse où un domestique ganté de blanc servait le déjeuner sous les orangers surplombant la mer, il créa le mythe d'une résistance « interalliée », d'une résistance qu'il parvint, avec son audace coutumière, à mettre sur pied. Capturé par les Allemands — il avait lui-même commis une imprudence —, il reçut apparemment un traitement particulier grâce à des pressions ou des pots-de-vin, et fut sauvé par le retrait des troupes allemandes.

Pendant les deux premières années de l'Occupation, Malraux s'était exclusivement préoccupé de la rédaction de son roman philosophique, *la Lutte avec l'ange*. Il en écrivit la moitié, *les Noyers de l'Altenburg*, comme nous l'avons déjà vu, et la publia non pas en France mais en Suisse. Il travaillait dans une retraite qu'il s'était imposée, et cela aurait pu constituer son meilleur livre, la somme d'une vie d'action et de contemplation. Cette fois encore, l'atmosphère dramatique qui régnait alors ne l'inspira pas. L'œuvre peut être considérée comme ratée. L'auteur avait voulu dire trop de choses, peut-être, ou bien écrire le livre qu'on attendait de lui. Malraux produisit une dissertation sur la guerre, l'art et l'humanité, qui se lisait difficilement, et non pas un vrai roman. Il s'en rendit compte et, plutôt que de laisser réimprimer l'œuvre après la guerre, il préféra la morceler et en utiliser des extraits dans ses *Antimémoires*. Pendant l'Occupation, il travailla également à un essai sur Lawrence d'Arabie, une figure d'homme d'action et de penseur qui le fascinait.

La *petite dame* de Gide a donné la meilleure description du Malraux de la Résistance. Lors d'un séjour à Paris, venant de la zone Sud où il opérait, il avait demandé aux

Groethuysen d'organiser pour lui un séjour chez Gide, rue Vaneau. « Il va droit au balcon, s'y promène, inspectant d'un œil connaisseur et qui en aurait l'habitude, la corniche, la gouttière, le toit, les accidents de la façade — n'est-ce pas, on ne sait jamais ? Il prend connaissance de toutes les sorties des appartements... Tout cela rapidement, sans un mot de trop. Il tournerait le film *Malraux* qu'il ne jouerait pas mieux. Tout de suite aussi, il propose de nous faire parachuter par les Anglais de la viande, du thé, des cigarettes. » Quand Malraux se détendit enfin et abandonna son personnage, la confidente de Gide le trouva encore plus intéressant. Pendant son exil sur la Riviera, il avait non seulement entretenu des relations suivies avec tous ses amis de la rive gauche, ses compagnons d'exil, mais il avait également poursuivi ses activités littéraires. Recevant de son vieux camarade Pascal Pia un manuscrit, il l'avait lu et recommandé aussitôt aux Gallimard ; il s'agissait du premier roman de Camus, *l'Étranger*. [4]

Rien de plus curieux que l'amitié fraternelle qui persista, pendant toutes les années d'Occupation, entre Malraux et Drieu La Rochelle : l'un était réputé pour ses sympathies communistes, avait pris fait et cause pour le Front populaire ; l'autre, un admirateur de Hitler, apparaissait comme le symbole vivant de la collaboration intellectuelle. Il semble établi que Drieu La Rochelle maintint un parapluie protecteur et vigilant au-dessus de Malraux l'insouciant, et cela pendant toute la durée de la guerre. En 1940, nous le savons, il annonça à son correspondant de la Propagandastaffel que rien ne devait arriver à Malraux, non plus qu'à quelques autres ; et l'homme de la Propagandastaffel,

---

4. Suzanne Chantal, *Le Cœur battant — Josette Clotis-André Malraux*, Paris, 1976 ; Alain Malraux, *Les Marronniers de Boulogne*, Paris, 1978 ; Clara Malraux, *La Fin et le Commencement* (*Le Bruit de nos pas*, V), Paris, 1976 ; *Et pourtant j'étais libre* (*Le Bruit de nos pas*, VI), Paris, 1979 ; Maria van Rysselberghe, « Les cahiers de la petite dame » (1937-1945), *Cahiers André Gide 6*, Paris, 1975. Walter G. Langlois, « André Malraux 1939-1942, d'après une correspondance inédite », *La Revue des lettres modernes*, Paris, n° 304-309, 1972.

qui connaissait fort bien les escapades de Malraux dans
Paris, et même les voyages de Drieu dans le Midi pour voir
son ami, se tenait prêt à intervenir si nécessaire (même s'il
était intimement convaincu que jamais les Allemands
n'arrêteraient le grand écrivain). Lorsque Drieu commença
une politique de collaboration active avec les Allemands,
Malraux continua à le voir. Au cours de l'été 1941, Drieu
passa plusieurs jours dans la villa de Malraux à Cap-d'Ail.
Le 8 mai 1943, le directeur de la *NRF* nota dans son
journal : « Vu Malraux à Paris. Il ne croit plus à rien, nie la
force russe, pense que le monde n'a aucun sens et va au
plus sordide : la solution américaine. Mais c'est que lui-
même a renoncé à être quelque chose pour n'être qu'un
littérateur. Sera-t-il assez grand dans cet ordre pour se
justifier... Me conseille de faire comme lui... »

Dans un testament rédigé en octobre 1943, après l'effondrement de sa *NRF,* Drieu choisit Malraux pour exécuteur
testamentaire ; plus tard, dans un dernier testament, avant
son suicide, il demanda que Malraux assiste à ses funérailles.

Cependant, tout aussi insouciant, Drieu dénonçait virtuellement son ami, que ce fût intentionnel ou non, quand,
dans la *Nouvelle Revue française,* il parlait de la guerre
civile qui faisait rage, et précisait que « M » (l'apellation
était des plus transparentes) combattait à nouveau (comme
dans les années trente) dans un camp ennemi. « Mais lui et
moi, ajoutait Drieu, nous en sommes restés à la polémique
intime. » Dans le même article, il relatait qu'il avait reçu
des menaces de mort d'autres anciens amis, « A » pour
Aragon, et « E » pour Eluard. Certainement, dans un
univers mieux ordonné, ces allusions aux choix posés par
Malraux, par Aragon et par Eluard auraient pu conduire le
Sicherheitsdienst à leur porte.[5]

En Tunisie, où il arriva en provenance de la Côte d'Azur

5. Entretien avec Gerhard Heller. Pierre Andreu et Frédéric
Grover, *Drieu La Rochelle,* Paris, 1979 ; Emmanuel Berl, *Interrogatoire par Patrick Modiano,* Paris, 1976. Pierre Drieu La Rochelle, « La
fin des haricots », *La Nouvelle Revue française,* Paris, décembre
1942 ; Frédéric Grover, « Malraux et Drieu La Rochelle », *La Revue
des lettres modernes,* Paris, n° 304-309, 1972.

au début de mai 1942, Gide entreprit de mener une vie studieuse — écrire, méditer —, chose qui lui avait été impossible pendant les mois agités qu'il avait passés dans le Midi, toujours contraint d'avoir à choisir de collaborer ou non à la *NRF,* sans parler du choc que lui avait causé l'incident de la conférence sur Michaux. Pourtant, il ne se plongea pas dans cette existence studieuse sans connaître certains doutes. « A quoi puis-je être bon désormais ? » s'interrogeait-il dans son journal, « à quoi suis-je encore réservé ? »

Il traduisait *Hamlet,* se lançait dans des aventures sentimentales, lisait les classiques. Il acheva de relire *le Rouge et le Noir* pendant un raid aérien des Alliés sur Tunis. (La Tunisie se trouvait alors sous le contrôle des puissances de l'Axe, et allait bientôt être libérée.) A partir de novembre 1942, il fut coupé de la France métropolitaine par les débarquements alliés en Afrique du Nord, situation qui ne changea pas quand les Alliés libérèrent Tunis même, en mai 1943. La rumeur circulait à Paris que Gide cherchait à faire signer une pétition par des écrivains, afin d'obtenir son rapatriement en France ; l'ami de Gide, Roger Martin du Gard, s'affairait à faire circuler un démenti.

Dès qu'il le put, Gide s'envola pour Alger, désormais aux mains des Alliés. « Les Américains, sur notre vieux monde, se font aimer par tous et partout, écrivit-il avec enthousiasme dans son journal. De générosité si prompte, si cordiale et souriante, si naturelle, que l'on accepte joyeusement de se sentir obligé. » Il séjournait là avec ses amis Heurgon (Madame était la fille de Paul Desjardins, le fondateur des séminaires de Pontigny).

Et puis, à Alger, il découvrit un autre déraciné de la rive gauche, mais bénéficiant, celui-là, d'un concours local important.

Max-Pol Fouchet publiait *Fontaine,* une revue originellement consacrée à la poésie pure lorsqu'elle débuta en 1939, au moment de l'armistice. L'écrivain avait choisi le camp de la liberté (rappelons cependant que l'Algérie était passée sous le contrôle de Vichy, et allait y demeurer jusqu'en novembre 1942). En juillet 1940, Foucher déclara dans un éditorial : « Nous ne sommes vaincus qu'au

militaire, mais au spirituel, nous sommes toujours victorieux. » Et, joignant le geste à la parole, il faisait paraître
des poèmes de Pierre Emmanuel, de Pierre Jean Jouve et
d'Aragon. Dans la *NRF,* Drieu dénonça *Fontaine* et, peu
de temps après, Fouchet reçut une lettre de Paul Marion,
secrétaire d'État à l'Information dans le gouvernement de
Vichy ; on y informait le jeune homme qu'il n'échappait pas
aux autorités que « des revues de caractère strictement
littéraire publient, de temps à autre, des poèmes, des
contes, des analyses critiques où, ici et là, on peut trouver
des allusions transparentes aux événements politiques
actuels ». Jusqu'alors, Marion avait évité, poursuivait-il,
de sanctionner des revues littéraires. Mais il se trouvait à
présent contraint « d'en limiter l'abus ». Il définissait sa
lettre comme un « avertissement courtois ».

La veille du débarquement allié de novembre 1942,
Fouchet, à la demande de l'un des chefs de la Résistance,
invita des représentants de Vichy chez lui. Il leur offrit à
boire, leur fit écouter des disques en poussant assez fort le
volume sonore. Puis, quand la canonnade commença, il
leur annonça : « Maintenant, les Américains sont là. » (En
vérité, il s'agissait de troupes britanniques.) Les amis de
Fouchet arrivèrent quelques moments plus tard pour
arrêter les représentants du gouvernement (lui-même avait
reçu un pistolet mitrailleur, afin d'être prêt au cas où ses
« invités auraient voulu partir précipitamment »). Dès
lors, *Fontaine* devint un organe plus actif de la France libre,
mais avec une diffusion plus limitée en France métropolitaine. Fouchet publia un numéro spécial sur la littérature
américaine. Ses manuscrits lui parvinrent par des voies
clandestines. Bientôt, il dirigea une émission radiophoni-
que bihebdomadaire à destination du territoire national,
tandis que les Britanniques imprimaient une édition minia-
ture de la revue et la lâchaient par avion entre Manche et
Méditerranée.

Pendant ce temps, Gide participait à la publication d'une
autre revue, *l'Arche,* avec le poète berbère Jean Amrouche, avec qui il s'était lié d'amitié à Tunis (le jeune homme
y enseignait la littérature française). Tout d'abord, ils
avaient fait équipe avec Robert Aron et Lucie Faure, mais

ceux-ci s'étaient séparés des deux hommes pour créer leur propre organe, *la Nef.* Edmond Charlot, l'ami et éditeur de Camus, accepta de financer *l'Arche,* qui ne tarda pas à se répandre dans les provinces libérées. « Nous faisons la guerre, expliqua Amrouche dans le manifeste de la revue, mais nous voudrions nous maintenir en esprit au-dessus et au-delà de la guerre. La victoire militaire approche ; l'heure est venue de mobiliser les forces de paix. » Gide avait dîné avec de Gaulle, et discuté avec lui de la nécessité d'une revue « qui groupât les forces intellectuelles et morales de la France libre ». Le manifeste semblait être le fruit de cet entretien. Bien que cette revue fût en quelque sorte concurrente de *Fontaine,* elle suivait sa propre voie, et Charlot édita même une collection de poésie « Fontaine ». De son côté, *l'Arche* publia des extraits du journal de Gide, y compris ses pensées ambiguës datant de l'époque de la défaite et de l'armistice. A l'Assemblée consultative provisoire d'Alger, un député se leva pour demander comment on pouvait oser publier de telles choses. Le commissaire à l'Information, Henri Bonnet, rétorqua qu'il s'agissait là de notations spontanées, faites au jour le jour par un grand écrivain. Le député protestataire fit observer que, sous Clemenceau, l'auteur aurait déjà été arrêté et jugé pour trahison, ainsi que le directeur de la publication, et que la revue aurait dû cesser de paraître.

Pour Gide, Charlot remplaçait Gallimard, tout au moins tant que la guerre durerait. Il publia un recueil de ses essais sous le titre *Attendu que...,* ainsi que les *Pages de journal* controversées. [6]

En arrivant à Alger, Gide eut le plaisir d'y retrouver un vieil ami, Antoine de Saint-Exupéry. Max-Pol Fouchet

6. Entretiens avec Edmond Charlot, Max-Pol Fouchet. Max-Pol Fouchet, *Un jour, je m'en souviens...,* Paris, 1968 ; André Gide, *Attendu que...,* Alger, 1943 ; *Pages de journal (1939-1941),* Alger, 1944 ; *Journal (1942-1949),* Paris, 1950 ; Paul Léautaud, *Journal littéraire,* XV (novembre 1942-juin 1944), Paris, 1963 ; Maria van Rysselberghe, « Les cahiers de la petite dame » (1937-1945) *Cahiers André Gide 6,* Paris, 1975. *Poésie,* Paris, septembre-novembre 1978 : « Les poètes de la revue *Fontaine* ». Dossier Gide (coupures de presse), bibliothèque Jacques Doucet, Paris.

avait déjà rencontré ce dernier, dans des circonstances très particulières : quand Fouchet avait dû se soustraire à l'attention des autorités vichystes, un médecin de quartier lui avait offert l'hospitalité, et le jeune homme s'était aperçu que Saint-Exupéry habitait au même endroit. Or il savait déjà que le célèbre écrivain-aviateur se trouvait à Alger car, lorsqu'il était parti pour Londres, on lui avait remis une lettre dont l'auteur se désespérait d'être tenu hors du combat à cause de son âge (il avait alors quarante-deux ans). Fouchet, à qui l'on avait recommandé de l'apprendre par cœur pour le cas où elle lui serait prise, regarda la signature : Antoine de Saint-Exupéry.

Pendant quelques mois, en 1939-1940, le pilote avait fait des vols de reconnaissance, puis, après l'invasion alle-mande, était parti pour les États-Unis. Là-bas, il avait écrit *Pilote de guerre,* ouvrage quelque peu romancé où il relatait ses expériences, et que les Allemands avaient interdit à Paris (mais qui, au témoignage de Galtier-Boissière, conti-nuait à se vendre sous le manteau).

A New York, Saint-Exupéry avait également publié *Lettre à un otage,* petit livre conçu comme une lettre ouverte à un ami juif vivant en France occupée ; mais il y avait en vérité quarante millions d'otages en France, affirmait l'auteur. Le devoir de ceux qui avaient quitté la France consistait à servir ceux qu'ils avaient laissés derrière eux. « Vous ne lirez peut-être guère nos livres. Vous n'écouterez peut-être pas nos discours... Nous ne fondons pas la France, nous ne pouvons que la servir... » Saint-Exupéry disparut lors d'une mission au-dessus de la Médi-terranée, à la fin du mois de juillet 1944.

New York — avec Jules Romains, André Maurois, Jacques Maritain et Julien Green — représentait un véritable aimant pour les auteurs exilés. L'ami et éditeur de Gide, Jacques Schiffrin, y résidait désormais, et y éditait des livres en français, dans le format broché familier aux Français ; entre autres, les *Interviews imaginaires* de Gide et *le Silence de la mer* de Vercors. Il ne tarda pas à s'associer avec un autre éditeur émigré, l'Allemand Kurt Wolff, pour créer Pantheon Books. Une autre maison établie à New York, les Éditions de la Maison française, sous des couvertures qui rappelaient celles de la *NRF*, publiait Raymond Aron, Julien Benda, Maurice Coindreau, Julien Green, Jacques Maritain, André Maurois, Jules Romains et Philippe Soupault (l'ancien surréaliste qui avait raconté dans *le Temps des assassins* sa captivité en Tunisie sous le contrôle de Vichy).

Grâce à une organisation privée d'aide américaine aux réfugiés (déjà décrite), l'Emergency Rescue Committee, créée aussitôt après la défaite de 1940, nombre d'intellectuels français qui, en France, se trouvaient en danger — antifascistes déclarés, juifs — purent bénéficier de certains secours pendant leur séjour dans le Midi de la France, et parfois même être évacués en lieu sûr. Le comité put établir une base à Marseille, dans la zone non occupée, puisque les États-Unis entretenaient encore des relations avec le gouvernement de Vichy (situation qui se prolongerait jusqu'à leur entrée en guerre contre l'Allemagne, en décembre 1941). André Malraux se servit de cet organisme pour recevoir de l'argent des États-Unis ; son éditeur américain versait les sommes qu'il lui devait au comité de New York, et l'écrivain recevait l'argent français du comité de Marseille (à l'inverse, le comité recueillait l'argent de ceux qui fuyaient la France et s'embarquaient pour l'Amérique : ils étaient remboursés en dollars à leur arrivée). C'est ainsi que, le premier hiver de l'Occupation, André Breton et Victor Serge — par exemple — se trouvèrent logés dans une spacieuse villa de la région marseillaise sous les auspices de l'Emergency Rescue Committee. La ville même était devenue le lieu de rendez-vous de surréalistes, Hans Bellmer, Victor Brauner, René Char, Max Ernst, André Masson et Benjamin Peret. Quand le maréchal Pétain se rendit à Marseille, la police arrêta Breton et ses hôtes américains, et les soumit à un interrogatoire. Mais Breton parvint à gagner New York, où il demeura pendant toute la durée de la guerre ; il y lança des messages à ses compatriotes en utilisant le canal de la Voix de l'Amérique. Il organisa également une exposition internationale avec Marcel Duchamp au profit des prisonniers et, toujours avec Duchamp, secondé par Max Ernst, publia une revue.

De semblables possibilités d'expression étaient offertes

dans d'autres pays aux exilés, et en particulier en Argentine : Roger Caillois y publia, de 1941 à 1944, *Lettres françaises* (aucun rapport avec le journal clandestin du Comité national des écrivains). Caillois avait un sens aigu des « devoirs et privilèges des écrivains français à l'étranger » — tel était le titre de l'un de ses éditoriaux — « Quand les uns sont bâillonnés, il est bon que les autres se gardent volontairement d'un excès de licence », écrivit-il. Mais le respect ne signifiait pas le silence, ni la neutralité. Bien au contraire, le devoir des écrivains français réfugiés hors de France consistait à « se vouloir les interprètes attentifs de leurs camarades réduits à s'exprimer en chuchotant ».

A Londres, le vieil ami et adversaire idéologique de Sartre, Raymond Aron, était rédacteur en chef de la *France libre*. Et, à Londres aussi, Joseph Kessel, qui avait écrit *l'Armée des ombres* à la demande du général de Gaulle, composa avec la collaboration de son neveu Maurice Druon les paroles du *Chant des partisans,* qui allait être reconnu pour l'hymne officiel de la Résistance :

> Ami, entends-tu
> Le vol noir des corbeaux
> Sur la plaine ?[7]

Les écrivains qui ne s'étaient pas exilés, qui vivaient à Paris ou dans certaines provinces plus hospitalières comme le Lot et la Dordogne, pouvaient publier sans honte dans un certain nombre de revues de la France de Vichy. Certaines de ces revues avaient été fondées pour recueillir les textes qui n'auraient d'aucune manière vu le jour sur la rive gauche. *Poésie (1941, 1942, etc.),* créée et dirigée par

7. André Breton, *Entretiens (1913-1952),* Paris, 1969 ; Roger Caillois, *Circonstancielles (1940-1945),* Paris, 1946 ; Max-Pol Fouchet, *Un jour, je m'en souviens...,* Paris, 1968 ; Jean Galtier-Boissière, *Mon journal pendant l'occupation,* Garas, 1944 ; *Mon journal depuis la libération,* Paris, 1945 ; *Paris-New York, Échanges littéraires au XXᵉ siècle,* Bibliothèque publique d'information, Paris, 1977 ; Antoine de Saint-Exupéry, *Lettre à un otage,* Paris, 1944 ; Vercors, *La Bataille du silence,* Paris, 1970.

Pierre Seghers, était l'une d'entre elles. Comparables en bien des points à *Fontaine*, elles paraissaient toutefois dans des conditions infiniment plus dangereuses du fait de la proximité de Vichy et, après 1942, de l'omniprésence des Allemands. Les passages du couple Aragon-Triolet chez Pierre Seghers n'arrangeaient pas non plus les choses.

Seghers était établi à Villeneuve-lès-Avignon, sur la rive droite du Rhône. Ses activités débordaient de beaucoup le champ de la littérature ; bien souvent, il faisait la liaison entre des membres de la résistance intellectuelle qui, sans lui, n'auraient pu garder entre eux le contact. Quand il le fallait, un auteur de *Poésie* pouvait, comme dans la presse clandestine, prendre un pseudonyme ; ainsi le critique communiste Georges Sadoul, ami d'Aragon, y donnait, sous le nom de « Claude Jacques », des comptes rendus sur la presse littéraire. On peut noter que, dans ses mémoires (où il cherche à donner de son personnage une image flatteuse), le directeur de l'Institut allemand, Karl Epting, affirme avoir encouragé la diffusion de *Poésie* dans le nord de la France.

La revue *Confluences* démarra assez innocemment comme une entreprise de jeunes gens de bonne famille qui souhaitaient publier. Mais, en ce temps-là et dans cette ville (Lyon, et juillet 1941), une telle entreprise devait attirer des auteurs interdits dans la presse parisienne, ou bien qui refusaient d'y écrire. Les jeunes éditeurs commencèrent par appeler leur maison « Revue de la Renaissance française » ; puis ils s'aperçurent qu'ils semblaient faire ainsi écho à la doctrine pétainiste sur la décadence d'avant-guerre. Le directeur de *Confluences*, René Tavernier, commença — avec l'aide de quelques amis comme le futur professeur de littérature Augustin Anglès — à publier Aragon, Eluard, Louis Martin-Chauffier (rédacteur en chef de *Vendredi* avant la guerre), Pierre Emmanuel et Pierre Seghers. Bien que le programme de *Confluences* prétendît à une certaine diversité (de Barrès, Claudel, Montherlant ou Giraudoux à Bergson, Proust ou Gide), la revue était d'évidence vouée à la publication des maudits. Le nom de Clara Malraux — juive et antinazie — apparut sur sa couverture et, c'était là une audace qui eût pu coûter

cher à Tavernier ; les noms de Sartre, Mauriac, Francis
Ponge et Jean Prévost ne valaient guère mieux.

A cause d'un texte d'Aragon, « Nymphée », Vichy
suspendit la publication de *Confluences* pendant deux mois.
Le même numéro (juillet 1942) où avait paru le poème
contenait des articles de Gertrude Stein, d'origine juive et
américaine (les États-Unis étaient entrés en guerre) et de
Max Jacob (converti au catholicisme mais néanmoins juif
selon les critères établis par Hitler et Vichy). Gertrude
Stein et son amie Alice Toklas vivaient à cent kilomètres de
Lyon, près du lac du Bourget ; pour les atteindre par lettre,
il suffisait d'adresser sa correspondance « aux Américaines » — alors qu'un officier des services de sécurité
allemands habitait à proximité. Gertrude Stein collabora
également à un numéro spécial de *Confluences* consacré
aux « problèmes du roman », et dirigé par Jean Prévost.
Certaines autres signatures, dans cette même livraison,
appartenaient à des personnages tels que Jacques Debû-
Bridel, Robert Desnos, Martin-Chauffier et Claude Morgan ; on pouvait enfin y lire l'essai d'un jeune homme qui
commençait à être connu en France, Albert Camus.

Tavernier se rendit plusieurs fois à Villeneuve-lès-Avignon, pour y échanger avec Seghers ses impressions, lui
faire part de ses expériences ; il correspondit également
avec Max-Pol Fouchet jusqu'au moment où l'invasion par
les Allemands du sud de la France, en novembre 1942, mit
fin aux communications avec l'Algérie. Tavernier accueillit
à son tour Aragon et Elsa, qui vécurent chez lui sous le
nom de M. et M^me « Andrieu » pendant les mois héroïques
du Comité national des écrivains de la zone Sud (décrits
dans un autre chapitre). A la mort, en détention, de Max
Jacob, *Confluences* publia un hommage au poète. A la fin
du même numéro, dans une note critique consacrée aux
poèmes de Robert Brasillach, les passages cités étaient
ceux qui pouvaient faire rire aux dépens de l'auteur
pronazi. Rien de tout cela n'échappa à Vichy, qui avertit
Tavernier que sa revue serait désormais soumise à un
contrôle renforcé. A Paris, dans un quotidien favorable à la
collaboration, un journaliste écrivit ces lignes :

Les revues littéraires de la zone Sud ont toujours manifesté, plus ou moins sournoisement, la plus grande tendresse pour la défunte IIIᵉ République, ses juifs, ses pédérastes et ses francs-maçons.

Parmi ces revues, *Confluences,* qui paraît à Lyon... s'est toujours distinguée par son zèle à manifester son opposition aux idées nouvelles. Pour collaborer à cette revue il suffit d'être juive américaine, sans talent, comme Gertrude Stein.

Un écrivain est-il interné pour une raison quelconque ? Aussitôt son nom figure au sommaire du numéro suivant de *Confluences.* On est « dur » ou on ne l'est pas...[8]

Cependant, en Suisse, un professeur d'inspiration chrétienne publiait les *Cahiers du Rhône,* une collection qui réunissait Aragon, Eluard, Saint-John Perse et Pierre Jean Jouve. Après la Libération, Albert Béguin se joignit au groupe *Esprit* du Seuil. A Marseille, les *Cahiers du Sud,* une revue littéraire mensuelle qui avait déjà entamé sa troisième décennie en 1940 et qui continuait à paraître pendant l'Occupation, constitua un débouché de plus pour les œuvres d'un Sartre ou d'un Camus, d'un Eluard ou d'un Pierre Emmanuel.

Le jeune Jean Lescure avait, en 1939, commencé la publication de *Messages,* revue de poésie et de philosophie. Il parvint, en publiant un nouveau numéro dans Paris occupé, à l'antidater et, ce faisant, à éviter une censure dont les services venaient de se mettre en place. Un troisième numéro fut imprimé en Belgique juste avant que les Allemands n'y aient établi le même système. Parfois, afin d'obtenir l'approbation des autorités pour un article destiné à sa publication, il leur soumettait un faux manuscrit. La première page était bien celle qui devait être imprimée, et elle recevait le coup de tampon salvateur ; après quoi, le vrai manuscrit était substitué au faux pour toutes les pages suivantes. Bien que les textes publiés dans

8. Entretien avec René Tavernier. Karl Epting, *Réflexions d'un vaincu,* Bourg (Ain), 1953 ; Pierre Seghers, *La Résistance et ses poètes,* Paris, 1974. *Confluences,* Lyon, 1941-1944. Luc Estang, « A travers la presse littéraire », *Poésie 44,* Paris, novembre-décembre 1944.

*Messages* n'eussent pas de contenu politique, les auteurs de Lescure étaient souvent de ceux qui, d'autre part, s'engageaient le plus directement : Eluard, par exemple. Et Lescure lui-même rejoignit l'équipe des *Lettres françaises* clandestines ; sous pseudonyme, il donna des poèmes dans les anthologies des Éditions de Minuit. Il considérait que sa mission était d'offrir un lieu de ralliement aux écrivains qui refusaient de collaborer à la *NRF* et autres entreprises d'obédience allemande. Par la suite, il dut quitter son domicile de la paisible cité du Cardinal-Lemoine et se cacher dans des quartiers moins compromettants de la rive droite.

Ce fut là qu'il conçut son projet le plus ambitieux : *Domaine français,* une anthologie aux dimensions d'un vrai livre, rassemblant des œuvres les plus connues de la résistance intellectuelle : Aragon, Sartre, Camus, ses camarades des *Lettres françaises*, Claude Morgan, Jean Paulhan, Jacques Debû-Bridel, Paul Eluard, Édith Thomas et Jacques Decour — le premier martyr du journal —, François Mauriac, Jean Cassou, Paul Claudel, Jean Schlumberger, Charles Vildrac, Jean Cayrol, Henri Michaux, Georges Bataille, Michel Leiris, Julien Benda, Georges Duhamel, Paul Valéry et André Gide. *Domaine français* ne pouvait pas paraître en France ; il fut édité à Genève par une maison qui diffusait déjà des livres d'Aragon et Eluard, *le Silence de la mer* de Vercors ou *le Cahier noir* de Mauriac. Dans sa préface, datée d'août 1943 à Paris, Jean Lescure présentait cette anthologie comme un témoignage, face à la difficulté d'écrire librement en France occupée. Il y parlait aussi de « la profonde intimation de la liberté dans l'homme ». [9]

---

9. Entretien avec Jean Lescure. *Domaine français* (*Messages*, 1943), Genève, 1943 ; Pierre Seghers, *La Résistance et ses poètes*, Paris, 1974.

# 12

# La Libération

Les collaborateurs les plus lucides n'eurent pas à attendre le débarquement anglo-américain de juin 1944 pour comprendre que le moment approchait où, comme l'a écrit Simone de Beauvoir, « ils allaient être expulsés de la presse, de la France, de l'avenir ». Il se dessinait entre eux des différences d'opinions : les plus téméraires poursuivaient leur activité pronazie et attaquaient les autres, ceux qui voyaient que leur camp allait perdre la guerre — les « dégonflés ». Dans une vaine tentative pour remonter le moral des purs, des durs, *Je suis partout* organisa un meeting, en janvier 1944, tandis que les Alliés avançaient lentement mais inexorablement vers le nord de l'Italie. Robert Brasillach apparaissait désormais comme l'un des « dégonflés », car il avait perdu la foi dans la puissance des armées fascistes, sinon dans le fascisme même. Victor Barthélemy, secrétaire général du parti populaire français de Doriot, a relaté une conversation qu'il eut avec Drieu, dans un café des Champs-Élysées, juste après l'établissement de têtes de pont alliées en Normandie. « Alors ! c'est la fin », observa Drieu. « Ou du moins le commencement de la fin. »

Le 5 juillet 1944, Barthélemy et quelques autres dirigeants des principaux mouvements et de la presse de la collaboration — parmi eux, Abel Bonnard, Marcel Déat, Fernand de Brinon, Jacques Benoist-Méchin, Jacques Doriot, et les directeurs de *la Gerbe*, de *Révolution nationale* et de *Je suis partout* — se sont réunis pour rédiger une « Déclaration commune sur la situation politique » qui réclamait une réforme de Vichy dans le sens de la dureté, car « c'est seulement à ce prix que le Reich retrouvera à ses côtés une France capable de parcourir avec lui la dernière partie du chemin qui mène à la victoire en Europe ». On allait jusqu'à demander la peine capitale pour les opposants à cette politique de dureté.

Déjà — il fut parmi les premiers —, Céline s'était précipité à l'ambassade d'Allemagne pour y réclamer l'autorisation de passer le Rhin. D'autres parmi les collaborateurs les plus virulents disparurent ou se cachèrent dans l'anonymat des chambres d'hôtel ou chez des sympathisants. Ceux qui le pouvaient s'enfuyaient vers l'Allemagne ou l'Italie. Le plus curieux épisode de cette période se déroula ensuite à Sigmaringen, dans le sud-ouest de l'Allemagne assiégée, où les grosses têtes de l'État français, y compris Philippe Pétain, virtuellement captif dans son château, avaient trouvé asile. Céline lui-même y séjourna. L'hallucinante description de Sigmaringen dans *D'un château l'autre* constitue son dernier morceau de vraie littérature.

Lucien Combelle a raconté la romantique soirée d'adieux qu'il passa en compagnie de Drieu La Rochelle chez leur ami Karl Epting. Celui-ci pliait bagages. En buvant du cognac, ils discutèrent des erreurs des collaborateurs, et de leur sentiment quant au double et même triple jeu de Vichy. Drieu, nota Combelle, était « lucide, pessimiste, encore assez frémissant, un brin dédaigneux ». Taisant ses propres projets, il conseillait à Combelle de faire carrière dans le parti communiste, car « les communistes seront en Europe les héritiers du fascisme. » Le 10 août, un de ses amis rencontra Drieu de bon matin, tout près de chez lui, avenue de Breteuil.

« Alors, cher vieux, qu'est-ce que tu fais ? »

« J'ai pris ma décision », répondit Drieu. « Je pars. » Son départ allait prendre la forme du suicide, mais sa première tentative échoua. Alors qu'il se préparait lui-même à quitter Paris, Heller avait fait établir pour Drieu un passeport qui lui eût permis de se rendre en Espagne ou en Suisse. Il téléphona chez son ami le 13 août et apprit qu'il se trouvait à Necker. Sautant sur sa bicyclette, il se précipita à l'hôpital et, quand l'écrivain rouvrit pour la première fois les yeux, il se trouvait auprès de lui. Il glissa le passeport sous l'oreiller. [1]

Cependant, les troupes alliées progressaient ; elles for-çaient les Allemands à se replier sur tout le front, à évacuer les villes s'ils voulaient éviter de s'y trouver pris au piège. Telle est l'histoire... réelle ; mais l'histoire comporte aussi ses mythes, et l'un de ceux-ci veut que la libération de Paris ait été l'œuvre de ses habitants. Il est vrai que les Parisiens voulaient chasser l'ennemi et qu'ils furent nombreux à mourir dans les rues pendant toute une héroïque semaine d'août 1944.

Devancé par les communistes, le général de Gaulle encouragea néanmoins l'insurrection ; elle ne fut lancée par ses partisans qu'en fonction de l'approche des forces alliées, qui comprenaient des éléments Français libres — et ce fut une colonne française qui entra la première dans Paris ; les effets conjugués de l'ardeur des volontaires et de la puissance de feu des tanks alliés permirent aux Français de garder la tête haute pendant les mois difficiles qui suivirent. « Leur eût-il été possible [aux combattants FFI], avec leur armement léger, de venir à bout des chars et de s'emparer des positions fortifiées ennemies ? » se deman-dait Jean Galtier-Boissière qui, de son poste d'observation stratégique de la place de la Sorbonne, prenait chaque jour des notes. « Non », bien évidemment. « Ce fut le rôle des blindés de Leclerc, à qui les Alliés eurent la délicatesse de confier le nettoyage complet de la capitale française. »

A six heures du matin, je remontai en courant le boulevard Raspail : la division Leclerc défilait sur l'ave-nue d'Orléans et, massée sur les trottoirs, une foule

1. Entretien avec Gerhard Heller ; correspondance avec Heller. Gerhard Heller, « Bribes d'un journal perdu » (manuscrit inédit) ; voir aussi Gerhard Heller, *Un Allemand à Paris*, Paris, 1981. Victor Barthélemy, *Du communisme au fascisme*, Paris, 1978 ; Simone de Beauvoir, *La Force de l'âge*, Paris, 1972 ; Lucien Combelle, *Péché d'orgueil*, Paris, 1978 ; Maurice Martin du Gard, *Les Mémorables*, III (1930-1945), Paris, 1978 ; Ernst Jünger, *Journal II (1943-1945)*, Paris, 1953.

l'acclamait, [écrivit Simone de Beauvoir]... De temps en
temps, un coup de feu claquait : un tireur de toits ;
quelqu'un s'écroulait, on l'emportait, mais personne ne
s'émouvait de ce remous : l'enthousiasme éteignait la
peur.

Toute la journée, elle parcourut avec Sartre la ville
couverte de drapeaux, et ils regardèrent les femmes, qui
s'étaient mises sur leur trente et un, embrasser les soldats
de l'armée libératrice. « Quel tumulte dans mon cœur ! »
Sartre allait bientôt publier ses propres observations dans
*Combat,* le journal de Camus, sous le titre « Un promeneur
dans Paris insurgé ». Il y racontait, par exemple, comment
il avait vu tendre une embuscade à un convoi allemand et
comment les combattants de la Résistance avaient réussi à
s'emparer des munitions de l'ennemi — et cela, sur le quai
des Grands-Augustins. A quelques pas de là, Picasso était
occupé à peindre sa *Bacchanale* d'après Poussin, pendant
que les fusillades se poursuivaient et que le passage des
tanks faisait trembler la vieille maison. Cette semaine-là, la
gloire appartenait aux jeunes gens armés de fusils (et
certains d'entre eux étaient amis de Sartre ou de la *NRF*
d'avant-guerre).

Revenu de Villeneuve-lès-Avignon, Pierre Seghers ne
voulut pas rester enfermé pendant que l'insurrection faisait
rage « avec ses chicanes et ses barricades ». En compagnie
de Paul Eluard, il prit un paquet de tracts, d'exemplaires
des *Lettres françaises,* de la minuscule revue que le poète
avait entrepris de publier, *l'Éternelle Revue,* ainsi que des
*Chants des Francs-Tireurs,* et ils s'en allèrent distribuer tout
cela dans la rue du Dragon. « Tout à coup, des troupes de
la Wehrmacht surgissent, rasent les murs du boulevard
Saint-Germain, à droite et à gauche, la mitraillette ou la
grenade à la main. » Chacun des écrivains antinazis que
nous avons vus apparaître dans ces pages aurait pu raconter
une anecdote similaire. Claude Roy, dans ses mémoires, en
raconte quelques-unes, y compris le compte rendu — de
première main — de la prise de l'Hôtel de Ville par le jeune
Roger Stéphane et quelques autres intellectuels courageux.
Sylvia Beach nous décrit les combats de la rue de

l'Odéon. Une jeep s'arrête devant chez elle, au numéro 12. Elle entend une voix de basse crier son nom, et Adrienne Monnier lance un « C'est Hemingway ! » Beach descend l'escalier en courant. En tenue de combat, crasseux et taché de sang (c'est du moins ainsi qu'elle s'en souvint par la suite), Hemingway l'empoigne et la fait tournoyer en l'embrassant, sous les acclamations des badauds. A la demande des deux libraires, Hemingway déploie alors ses troupes et les envoie débarrasser les toits des tireurs allemands. C'est ainsi que les fusillades cessèrent dans leur rue. Hemingway et ses hommes redescendirent et prirent congé des deux femmes pour aller « libérer la cave du Ritz », comme il le leur annonça. Les mythes s'enrichissent aussi de ces anecdotes-là. [2]

L'un des mouvements de résistance les mieux organisés s'appelait tout simplement « Combat ». Conçu pour opérer des sabotages, pour récolter des renseignements et organiser des actions paramilitaires, il fournissait aussi aux clandestins faux papiers et soutien logistique ; il était en outre l'un des plus connus, grâce à un organe mensuel intitulé également *Combat,* et dont chaque numéro était diffusé par dizaines de milliers d'exemplaires — jusqu'à 250 000, les derniers mois de l'Occupation. Dès le début, le mouvement avait attiré des écrivains, des journalistes, des intellectuels. A Paris, il opérait sous la responsabilité de Claude Bourdet, fils du dramaturge Édouard Bourdet, un jeune homme dont la carrière avait commencé dans le monde des affaires, mais qui allait se tourner vers la presse après la Libération. Albert Camus, de son côté, était arrivé à Paris à l'automne 1943. Travaillant chez Gallimard, où avaient déjà paru *l'Étranger* et *le Mythe de Sisyphe* et où allaient désormais paraître toutes ses œuvres, il fut aussitôt recruté dans le mouvement Combat par un ancien mentor,

2. Sylvia Beach, *Shakespeare & Company,* Paris, 1962 ; Simone de Beauvoir, *La Force de l'âge,* Paris, 1972 ; Brassaï, *Conversations avec Picasso,* Paris, 1969 ; Jean Galtier-Boissière, *Mon journal pendant l'occupation,* Garas, 1944 ; Claude Roy, *Nous,* Paris, 1972 ; Pierre Seghers, *La Résistance et ses poètes,* Paris, 1974. Jean-Paul Sartre, « Toute la ville tire », *Combat,* Paris, 31 août 1944.

l'érudit rédacteur en chef Pascal Pia, l'un des vieux
compagnons de Malraux (Pia lui avait fait lire le manuscrit
de *l'Étranger*).

Pia, qui était déjà l'un des chefs du réseau Combat, avait
été nommé rédacteur en chef de *Combat* ; appelé à d'autres
tâches, il avait pensé à Camus pour le remplacer. Camus
devint donc lecteur chez Gallimard aux heures d'ouverture
des bureaux, et, la nuit, rédacteur clandestin du journal.
*Combat* était alors imprimé en petit format, ce qui facilitait
sa fabrication et sa diffusion clandestines. Le texte, très
serré, en était soigneusement présenté, afin que l'imprimeur, travaillant loin du quartier général, pût le composer
sans avoir jamais recours à la rédaction.

Camus et ses camarades préparaient concurremment les
premiers numéros d'un quotidien qu'ils comptaient commencer à publier dès la libération de la capitale. Le
mouvement Combat, de même que tant d'autres mouvements de résistance dirigés par de jeunes idéalistes et de
vieux patriotes, espérait prolonger dans la France d'après-
guerre les effets de la lutte de libération du pays, et leurs
dirigeants avaient presque tous élaboré des programmes
politiques. Celui de *Combat* se résumait en une devise
figurant au bandeau du journal : « De la Résistance à la
Révolution. » Et il eut la grande chance d'être représenté
par des gens nouveaux, de gauche, impatients à l'égard de
leurs aînés — des aînés dont les compromissions et la
corruption avaient affaibli la IIIe République jusqu'à la
veille de la Seconde Guerre mondiale. (Les jeunes gens de
Vichy, même s'ils proposaient des solutions différentes,
avaient émis les mêmes critiques à l'égard de la classe au
pouvoir dans les années trente.)

Et c'est ainsi que *Combat,* né de la Résistance, fit
apparaître une nouvelle génération d'intellectuels : Camus,
tout d'abord, nouveau venu sur la rive gauche, et qui
n'allait désormais plus guère s'éloigner de Saint-Germain-
des-Prés ; ses nouveaux amis Jean-Paul Sartre et Simone de
Beauvoir, qui allaient rapidement devenir les personnalités
les plus célèbres du quartier, et puis tout un groupe
d'hommes et de femmes versatiles, parfois brillants, rédacteurs, journalistes ou critiques à *Combat* — nous parlons

maintenant du quotidien. Afin de mettre toutes les chances de leur côté, ils avaient aussi engagé des journalistes expérimentés de la presse d'avant-guerre ; par la suite, Raymond Aron allait se joindre à eux.

Dès le début de l'insurrection, la presse résistante était prête. Des arrangements étaient déjà intervenus entre les clandestins : chaque journal devait s'emparer des immeubles et des rotatives d'un organe de presse, un de ceux qui s'étaient compromis avec les Allemands. L'équipe de *Combat,* avec deux autres groupes, devait s'installer dans le vaste immeuble de la *Pariser Zeitung,* installation qui commença alors que les tanks allemands patrouillaient encore dans les rues. Camus et ses amis découvrirent même des uniformes allemands et des caisses de grenades dans les bureaux qu'ils s'approprièrent. Bien que l'équipe de *Combat* fût en place dès le 18 août, ils retardèrent la date d'apparition du titre sur ordre des gaullistes, afin d'éviter de provoquer le Haut Commandement nazi pendant la fragile trêve qui justement avait été conclue. Toutefois, le 21 août, ils sortaient leur premier numéro, avec la mention « 4e année, no 59 », pour tenir compte des numéros clandestins. *Combat* fut distribué dans les rues de Paris au milieu des fusillades ; il contenait des informations sur le soulèvement des Parisiens, ainsi que sur la progression des troupes alliées.

Chaque jour, en première page, les lecteurs pouvaient lire un éditorial — non signé — de Camus. « Paris fait feu de toutes ses balles dans la nuit d'août. » Ainsi s'ouvrait le papier du 24 août ; l'auteur y détaillait les objectifs des combattants qui menaient le mouvement de libération. « On ne peut pas espérer que des hommes qui ont lutté quatre ans dans le silence… consentent à voir revenir les forces de la démission et de l'injustice… » Jour après jour, tous les quotidiens et les hebdomadaires nés de la Résistance, qu'ils fussent tenus par les communistes, la gauche indépendante ou les libéraux, tentaient en quelque sorte de contrôler le gouvernement provisoire de Charles de Gaulle et l'Assemblée consultative, tout juste arrivée d'Alger. Ils commentaient les premières lois, les décisions des tribunaux, le comportement des citoyens aussi bien que des dirigeants. Ils apportaient également leur soutien aux sanctions prises contre ceux qui s'étaient vendus à l'ennemi. Tout cela dans le contexte d'une France à peine sortie de la guerre et qui, pour se relever des ruines, devait rejeter des années de pillage allemand, de lois vichystes et d'humiliation.

Le 29 octobre 1944, en première page, *Combat* annonçait en titre :

## SUR LE FRONT DES VOSGES

### LA BRIGADE
### ALSACE-LORRAINE :

#### colonel Malraux

L'article, écrit par un ami et ancien élève de Sartre, Jacques-Laurent Bost, relatait une rencontre exceptionnelle entre « deux écrivains dans la lutte » : André Malraux, « mince et nerveux, coiffé d'un béret basque à cinq galons » — il allait bientôt débarquer dans cette tenue à *Combat,* et y être photographié pour la postérité aux côtés de son admirateur, Albert Camus, également fort mince — et le commandant André Chamson.

En Dordogne, Malraux avait créé un mouvement de résistance armée ; il avait été arrêté et gardé en prison jusqu'à ce que l'avance des troupes alliées, venant de Normandie et descendant vers le Sud, eût forcé les Allemands à se replier. En peu de temps, il s'était rattaché à un groupe de combattants d'origine alsacienne ; ceux-ci s'étaient placés sous son commandement, avec l'espoir qu'il pourrait les conduire à libérer leur province.

Quant à André Chamson, en sa qualité de conservateur de musée, il avait été affecté, au début de l'Occupation, à la protection des monuments et des œuvres d'art. Puis les attaques lancées contre son collègue Jean Cassou dans la presse de la collaboration lui avaient fait choisir de disparaître de la scène politique. A Montauban, où l'on avait rassemblé des trésors artistiques tels que *la Joconde* afin de les protéger tout à la fois des bombes et de la convoitise allemande, l'équipe du Louvre comprenait entre autres Lucie Mazauric, l'épouse même de Chamson. L'écrivain, lui, s'était remis à travailler, bien qu'il fût décidé à ne rien publier avant la libération du pays. Lorsque les trésors dont il avait la garde furent évacués vers une région plus reculée encore, dans le château de Latreyne, dominant la Dordogne, à proximité de Souillac, Chamson put rallier le maquis de l'endroit et, quand le général de Lattre débarqua d'Afrique du Nord en Provence, son propre bataillon était prêt à se fondre à l'armée régulière. Avec les deux bataillons du « colonel Berger » — André Malraux avait repris le nom du personnage qu'il avait créé dans *les Noyers de l'Altenburg* —, il y avait là de quoi former une brigade, la Brigade Alsace-Lorraine, dont la plupart des soldats, originaires de ces deux provinces, avaient refusé toute annexion par l'Allemagne. « Une de leurs grandes forces », expliqua Chamson — le « commandant Lauter » — au correspondant de *Combat,* « c'est que la plupart de nos hommes ont leur maison et leur famille de l'autre côté du front... Ils se battent... pour délivrer leurs parents, les derniers Français non libérés. »

Un jour qu'ils inspectaient ensemble leurs hommes, en première ligne, Malraux se mit à déclamer quelque chose qui ressemblait à un hymne :

... Je suis Français depuis que la France s'est faite... Parce que je suis lié à ce sol par les cimetières et par les sillons...

« Que citez-vous là ? » s'enquit Chamson. « Vous ne reconnaissez donc pas vos propres paroles ? » Chamson les avait prononcées lors du Congrès international des écrivains, en juin 1935, au palais de la Mutualité. [3]

3. Entretien avec M. et M^me André Chamson. Herbert R. Lottman, *Albert Camus,* Paris, 1978 ; Lucie Mazauric, *Le Louvre en voyage (1939-1945),* Paris, 1978. *Combat,* Paris, août 1944.

# 4

## *1944 et après*

# 1

# *Ramasser les morceaux*

Qui pouvait douter, dans les premières semaines qui suivirent la Libération, que Paris ne serait plus jamais le même ? Certainement pas ceux qui avaient combattu, en tout cas ; non plus que ceux qui avaient accepté ou même facilité l'occupation allemande et qui, à présent, attendaient en prison d'être jugés, ou bien se cachaient, ou bien s'étaient enfuis. Personne, vraiment, parmi les gens qui réfléchissaient, ne pouvait s'attendre à revenir en arrière. Le gouvernement était provisoire, l'Assemblée consultative. Il était impossible d'imaginer qu'on régressât vers la Troisième République des années trente, et l'État de Vichy s'était effondré. Charles de Gaulle, en outre, était arrivé d'Alger avec les meilleurs représentants de la France en exil ; son dessein était certainement d'unir ses forces à celles des Français métropolitains qui s'étaient soulevés contre les Allemands.

Ce fut une époque enivrante pour les écrivains et les intellectuels : les rues de Paris semblaient leur appartenir. « Avoir vingt ou vingt-cinq ans en septembre 1944, cela paraissait une énorme chance : tous les chemins s'ouvraient », devait écrire plus tard Simone de Beauvoir (elle avait alors trente-six ans, et Sartre trente-neuf). « Journalistes, écrivains, cinéastes en herbe, discutaient, projetaient, décidaient avec passion, comme si leur avenir n'eût dépendu que d'eux. » En hommage à la résistance intellectuelle, il y eut à la Comédie-Française un récital de poésie organisé par François Mauriac, et de Gaulle y assista d'une loge toute proche de la scène. On y lut des poèmes d'Aragon, d'Eluard et d'autres poètes. De Washington, le sous-secrétaire d'État aux Affaires étrangères, Archibald

Macleish, adressa un message radio à ses confrères — il
citait Jean Cassou, Eluard et Aragon, Malraux et Sartre —
pour leur dire combien il était assuré de la « proximité »
des intellectuels français et américains.

Les personnes avaient changé, mais aussi la presse.
Brusquement, des publications clandestines paraissaient au
grand jour ; le parti communiste et les organisations
parallèles éditaient de leur côté assez de revues et de
journaux pour remplir tout un kiosque. Ceux qui avaient
œuvré loin de Paris étaient attirés vers la capitale comme
des papillons vers la lumière. Dès qu'il eut effectué les
démarches nécessaires, Max-Pol Fouchet transféra *Fontaine* d'Alger à Paris, et Gide et Amrouche firent de même
avec *l'Arche.* Edmond Charlot vint aussi y établir sa
maison d'édition et ne tarda pas à concurrencer Gallimard,
tant la célébrité de ses auteurs était grande et importants
les livres qu'on lui donnait. René Tavernier transféra
*Confluences* de Lyon à Paris, et Pierre Seghers *Poésie* de
Villeneuve-lès-Avignon à Paris. Louis Aragon, rappelé par
le parti communiste à la direction du quotidien *Ce Soir,*
invita Jean Cassou à reprendre celle du mensuel *Europe ;*
seul manquait le fondateur Romain Rolland (décédé le
30 décembre 1944), ainsi que l'un des membres du comité
de rédaction qui s'était compromis à leurs yeux pendant
l'Occupation. Le comité fut élargi à quelques vétérans de la
Résistance qui, tel Vercors, sympathisaient...

Il subsistait un vide qu'aurait dû remplir le format
familier de la *Nouvelle Revue française,* mais la revue
faisait l'objet d'une mesure d'interdiction. Découvrant le
nom de Paulhan dans le comité directeur des *Temps
modernes* de Sartre, Léautaud crut deviner (mais à tort)
que cette revue venait remplacer la *NRF.* En vérité,
Paulhan demeurait l'homme des paradoxes : désigné
comme « liquidateur » de la vieille *NRF,* il commença à
projeter la création d'une revue littéraire de conception
élégante, qui allait s'appeler les *Cahiers de la Pléiade.* Il
obtint pour ces *Cahiers* des articles des grands écrivains
survivants de la rue Sébastien-Bottin. Gide donna une
courte pièce, *Thésée,* qu'il avait gardée pour la publier dans
une prochaine version de la *NRF.* Le premier numéro des

*Cahiers de la Pléiade* de Paulhan, daté d'avril 1946, contenait également des textes de Jean Dubuffet, de Roger Caillois, de René Char, de Marcel Arland, de Julien Benda, de Jean Grenier et d'Henri Michaux. « *Les Cahiers de la Pléiade* ne se croient pas tenus de prendre parti dans les grands conflits sociaux ou nationaux », lisait-on, dans le prière d'insérer du premier numéro. « Simplement espèrent-ils qu'il leur sera donné de recueillir divers textes curieux, modestes, et apparemment inutiles, que les autres revues ou périodiques, tout occupés de leurs projets grands et nobles, risquent de négliger. » Apparent désengagement de Paulhan. En vérité, comme nous le verrons, ces *Cahiers* éphémères représentaient la forme particulière d'engagement qu'il avait choisie. [1]

Il réagissait — modérément dans ce cas — contre la purge sévère de la vie intellectuelle, fruit d'un désir compréhensible et longtemps retenu de vengeance, fruit d'une atmosphère où « tout le monde collaborait » devenait « nous résistions tous ». « J'observe que nous ne fûmes jamais plus de quinze aux réunions [du Comité national des écrivains] que nous tenions chez Édith Thomas », nota Jean Guéhenno dans son journal, « mais, Paris enfin libéré, à notre premier rassemblement en septembre 1944, nous nous retrouvâmes curieusement plus d'une centaine dont au moins quatre-vingts que nous n'avions jamais vus et qui, toutes raisons de vivre perdues, avaient pourtant très bien vécu. »

Spectacle qui découragea Guéhenno de se rendre aux réunions ultérieures. Mais le CNE bénéficiait désormais des privilèges de la victoire, et qui aurait pu vouloir refuser à ses membres — ceux qui avaient risqué l'arrestation, la prison, la mort, à chaque instant de leur existence pendant ces sombres années — le droit d'exulter ? Jean Bruller, sous le masque de Vercors, assista à la première réunion du

---

1. Entretien avec Jean Cassou. Archives Jean Paulhan. Simone de Beauvoir, *La Force des choses*, Paris, 1963 ; Paul Léautaud, *Journal littéraire*, XVI (juillet 1944-août 1946), Paris, 1964 ; Claude Mauriac, *Un autre de Gaulle — Journal (1944-1954)*, Paris, 1970 ; Maria van Rysselberghe, « Les cahiers de la petite dame » (1937-1945), *Cahiers André Gide 6*, Paris, 1975. *Les Lettres françaises*, Paris, 6 janvier 1945.

CNE après la Libération. Elle se tint dans les anciens locaux de *Paris-Soir,* c'est-à-dire dans les nouveaux locaux des *Lettres françaises,* devenues hebdomadaires. Claude Roy l'interviewa pour *Front national,* quotidien d'obédience communiste qui occupait une partie du même immeuble. Qu'est-ce que cela lui faisait d'être ainsi devenu un « grand écrivain français » du jour au lendemain ? Et Jacques Debû-Bridel, directeur du *Front national,* lui annonça : « Cette fois, Vercors, ne riez pas ; vous serez de l'Académie ! » Georges Duhamel, au cours de cette réunion, parut vouloir soutenir une éventuelle candidature Vercors.

Le premier numéro des *Lettres françaises* à paraître « au grand jour de la liberté », était daté du 9 septembre 1944. Le journal n'était pas l'organe du CNE, mais il en avait tout l'air. On y lisait des articles de Paulhan, de Mauriac et de Sartre, et, en page une, également un Manifeste des écrivains français, signé par trois membres de l'Académie française — Duhamel, Mauriac et Valéry —, plus cinquante autres écrivains parmi lesquels Camus, Eluard, Guéhenno, Michel Leiris, Jean Lescure, Jean Paulhan, Raymond Queneau, Sartre, ainsi qu'une douzaine d'autres venant de la zone Sud, et en particulier Aragon, Benda, Cassou, Malraux, et Roger Martin du Gard. Le manifeste s'achevait par cette conclusion :

> Demeurons unis dans la victoire et la liberté comme nous le fûmes dans la douleur et l'oppression.
> Demeurons unis pour la résurrection de la France et le juste châtiment des imposteurs et des traîtres...[2]

La revendication d'un « juste châtiment » allait dès lors diviser la rive gauche en deux camps — inégaux : d'un côté, l'immense majorité des écrivains, des peintres et des professeurs engagés, bien décidés à nettoyer la place ; de l'autre, des gens qu'animaient des considérations humani-

2. Jean Guéhenno, *La Foi difficile,* Paris, 1957 ; Vercors, *La Bataille du silence,* Paris, 1970. *Les Lettres françaises,* Paris, 9 septembre 1944.

taires et qui, parfois, avaient gardé des liens personnels avec un ou plusieurs coupables : peu nombreux, ils demandaient que le passé fût effacé. Les principaux activistes du CNE, les communistes, mais aussi les idéalistes de *Combat* menés par Camus comptaient en revanche parmi les plus ardents avocats de l'épuration. Mauriac et Paulhan, eux, devinrent les porte-parole du « Pardonner et oublier ». On interdit quelques livres — ceux de Céline aussi bien que de Hitler, *les Décombres* de Lucien Rebatet, et aussi des pamphlets contenant des attaques contre les Alliés. Les auteurs inscrits sur la « liste noire » qui fut alors établie durent recourir à des pseudonymes. En 1945, Robert Brasillach fut exécuté.

> Ceux qui ont oublié le mal au nom du bien,
> Ceux qui n'ont pas de cœur nous prêchent le pardon.

Ainsi commençait un poème d'Eluard, l'un des chefs de file du camp des vengeurs, en première page des *Lettres françaises,* en mars 1945 et poursuivait :

> Il n'y a pas de pierre plus précieuse
> Que le désir de venger l'innocent
> . . . . .

Paradoxalement, Paulhan et Mauriac avaient figuré parmi les initiateurs de la liste noire. Le document avait été élaboré lors de réunions de travail, chez Mauriac, avec Jean Blanzat et Jean Guéhenno. Au fil d'un dialogue continu, Mauriac et Paulhan ajoutaient et supprimaient des noms, mais ni l'un ni l'autre jamais n'avait remis en cause le principe même de sanctions à infliger aux collaborateurs. L'affaire est d'ailleurs des plus compliquées : il semble, en effet, qu'Aragon, refusant de « juger » son vieil ami Drieu La Rochelle, ait plus souvent qu'un autre exprimé son indulgence, lorsqu'à son tour il eut à fournir son avis. On lui attribue également la suppression du nom de Pierre Benoit sur ladite liste, et Paulhan alla même jusqu'à l'accuser par la suite d'avoir exigé que Benoit puisse publier l'un de ses récits dans *Ce Soir.* Cette liste noire avait déjà fait l'objet de fréquentes discussions lors des réunions clandestines du CNE, et les débats s'étaient souvent révélés orageux. Ainsi, quand un poète avait réclamé qu'un certain auteur y fût inscrit, un autre participant avait observé que le poète avait, pour sa part, publié des œuvres dans la *Nouvelle Revue française* de Drieu. Alors, « taisez-vous ! ».

Le premier numéro des *Lettres françaises* publié au grand jour annonçait la décision unanime du Comité national des écrivains : ses membres s'engageaient à n'écrire dans aucune revue ou collection où paraîtraient des œuvres de collaborateurs. Un comité s'était constitué pour établir la liste de ces derniers ; il comprenait Jacques Debû-Bridel, Paul Eluard, Gabriel Marcel, Raymond Queneau, André Rousseaux, Lucien Scheler, Vercors et Charles Vildrac. Déjà, lors d'une séance plénière, une première liste avait été établie, accusant de collaboration, entre autres, des personnages aussi connus que : Brasillach, Céline, Alphonse de Châteaubriant, Jacques Chardonne, Drieu La Rochelle, Jean Giono, Marcel Jouhandeau, Charles Maurras, Henri de Montherlant, Paul Morand et André Thérive. Il ne s'agissait pas là à proprement parler d'une liste noire : tout simplement, les membres du CNE se refuseraient à être publiés en compagnie d'un certain nombre d'auteurs. Dans leur deuxième numéro, *les Lettres françaises* présentaient une liste plus longue — plus de cent noms ; on y trouvait des écrivains qui allaient être jugés coupables par les tribunaux, condamnés à mort ou à de longues peines de prison ; des auteurs mineurs ayant commis des fautes graves, mais aussi des écrivains importants moins gravement compromis. Dans une résolution votée lors de sa première assemblée plénière, le CNE chargea le gouvernement d'engager des poursuites contre tous ceux qui avaient adhéré aux organisations de la collaboration ou à des formations militaires pro-allemandes ; qui étaient allés participer à des congrès en Allemagne pendant la guerre ; qui avaient reçu des fonds de l'ennemi ou qui, encore, avaient soutenu la politique nazie.

La liste ne mentionnait pas d'éditeurs en tant que tels. Les auteurs de la Résistance n'allaient sûrement pas refuser d'être publiés par Gallimard, par exemple, si cette maison continuait à éditer Jouhandeau — ou Plon, si la firme de la rue Garancière persistait à publier Brasillach. Une Commission d'épuration de la Librairie et de l'Édition s'était d'autre part constituée officiellement, qui regroupait des représentants du gouvernement, des éditeurs, ainsi que des écrivains comme Sartre, Vercors et Seghers. Ce fut cette commission qui suggéra de désigner Paulhan comme conseiller extraordinaire, à charge pour lui de liquider la *Nouvelle Revue française* (qui ne devait plus paraître sous aucun nom) et de faire en sorte que la maison d'édition ne se désignât plus comme « Éditions de la NRF ». (Avant l'une des séances de la commission, qui devait se dérouler boulevard Saint-Germain, dans les locaux du Cercle de la Librairie, plusieurs des participants s'étaient retrouvés dans la petite chambre d'hôtel de Sartre, rue de Seine, afin de coordonner leurs positions. Vercors voulait faire preuve de sévérité à l'égard de Gallimard, mais Sartre plaida en sa faveur.)

Finalement, malgré les protestations de Vercors et de ses amis, protestations qu'ils firent connaître dans *les Lettres françaises,* les éditeurs qui avaient mené une politique éhontée de collaboration continuèrent à publier et se virent même allouer du papier, ce qui, en un temps de pénurie aiguë, ne pouvait manquer d'attirer chez eux des auteurs. Les maisons établies avaient en outre pu se constituer des stocks, parce que, précisément, elles avaient continué à travailler sous et pour les Allemands, alors que les Éditions de Minuit, qui n'avaient pas pu se montrer au grand jour jusqu'à la Libération, étaient — selon Vercors — empêchées de produire de nouveaux livres ou même de réimprimer les titres de la clandestinité. Vercors et Seghers démissionnèrent de la commission d'épuration de l'Édition, puis d'une nouvelle commission consultative créée par arrêté gouvernemental, lorsqu'ils constatèrent que leurs recommandations n'étaient pas suivies ; solidairement avec tous les autres démissionnaires, ils déclarèrent qu'il était immoral de punir des écrivains et non pas les éditeurs qui les avaient diffusés.

Quoi qu'il en fût, les sanctions n'allaient pas être appliquées bien longtemps. De nombreux auteurs, parmi ceux qui figuraient sur la liste noire, et dont certains même avaient fait, de la part du Comité d'épuration des gens de lettres, auteurs et compositeurs, l'objet de mesures « sérieuses » telles qu'une interdiction temporaire de publier, de nombreux auteurs donc allaient très bientôt retourner à la création active, accéder à la gloire — entrer à l'Académie française, par exemple, ou bien faire florès sur les chaînes de la télévision nationale. [3]

Les purges allaient néanmoins détruire bon nombre des alliances qui s'étaient scellées pendant la guerre sur la rive gauche, et séparer par exemple Jean Paulhan de beaucoup de ses amis de la Résistance. Certes, Paulhan acceptait la liste noire comme un fait accompli ; mais il cherchait à atténuer les sanctions prises à l'encontre d'écrivains qui, à son avis, s'étaient laissé comme entraîner... Il se lança dans une polémique à ce sujet avec Julien Benda ; celui-ci rejetait l'idée que les écrivains fussent « sacrés » — et fussent incapables de rien faire de mal. Mais Rimbaud et Romain Rolland auraient été sur la liste noire, rétorquait Paulhan : le premier pour avoir applaudi à l'occupation prussienne de la France en 1870, et le second pour son opposition à la Première Guerre mondiale. Comment pouvions-nous, nous autres, hommes de gauche, blâmer la droite de n'avoir pas suffisamment aimé sa patrie, demandait-il, tandis que de cela nous étions nous-mêmes justement toujours coupables ?

Paulhan s'expliqua publiquement, pour la première fois, dans *les Lettres françaises,* en publiant un texte intitulé « Quelques raisons de nous réjouir ». Avec les listes noires et les commissions gouvernementales d'épuration, y affirmait-il, les authentiques vétérans de la Résistance vont se trouver chargés de tout le travail dans les journaux et dans

---

3. Entretiens avec Jean Bruller (Vercors), Pierre Daix, Eugène Guillevic, Lucien Scheler. Archives Jean Paulhan. Jean Galtier-Boissière, *Mon journal pendant l'occupation,* Garas, 1944 ; *Mon journal depuis la libération,* Paris, 1945 ; *Mon journal dans la grande pagaïe,* Paris, 1950 ; Jean Lacouture, *François Mauriac,* Paris, 1980. *Les Lettres françaises* (clandestines), 1943-1944. *Les Lettres françaises,* Paris, 1944-1945 ; *La Nouvelle Revue française,* 1er mai 1969 : « Jean Paulhan 1884-1968. »

les revues, et ils n'auront plus de temps à consacrer à des choses plus sérieuses ! « Pendant ce temps, les écrivains collaborateurs, bien tranquilles, travailleront à l'écart. Après cinq ou dix ans, ils rentreront en force avec des œuvres mûres... » Il pensait en particulier à son ami Marcel Jouhandeau et cherchait des témoignages qui lui fussent favorables. Jouhandeau, disait encore Paulhan, ne s'était joint à la délégation d'écrivains se rendant en Allemagne nazie que pour venir en aide aux prisonniers de guerre français, et il s'était refusé à écrire dans les organes de la vraie collaboration. Paulhan déclara à Vercors qu'il plaçait Jouhandeau au-dessus de Goethe et exigea de lui la promesse que son ami ne ferait l'objet d'aucune dénonciation dans *les Lettres françaises* — et donc d'aucune poursuite ultérieure — s'il le publiait dans les *Cahiers de la Pléiade.* (Il expliquait en même temps à Jouhandeau que, s'il ne publiait rien de lui dans le premier numéro de sa nouvelle revue, c'était afin de ne lui créer aucune difficulté.) Il alla jusqu'à déclarer que, si le CNE ne retirait pas le nom de Jouhandeau de la liste noire, il démissionnerait. En fin de compte, il publia Jouhandeau dans le deuxième numéro de ses *Cahiers* (en avril 1947).

Dans le même numéro 2 des *Cahiers de la Pléiade,* dans *De la paille et du grain,* Paulhan laissait entendre que, selon lui, il appartenait à la police de sanctionner les écrivains coupables de crimes. La liste noire avait eu pour effet de fermer aux auteurs proscrits les maisons d'édition et les revues ; de sorte qu'un roman de Montherlant avait paru en Équateur, un essai de Jouhandeau en Suisse et un roman de Drieu en Argentine ; et même pour savoir ce que Gabriel Marcel pensait des purges — « il en pense du mal » —, il fallait aller au Canada ; ainsi une décision collective qui, à l'origine, était bonne — les auteurs de la Résistance ne donneraient rien aux journaux que publieraient d'ex-collaborateurs — tournait au fascisme. « Ah, je voudrais être juif, pour dire — avec plus d'autorité que je n'en puis avoir — que j'ai pardonné à la France, une fois pour toutes, son impuissance à me défendre. Je voudrais être juif pour travailler — avec plus de force que je n'en ai — à rendre à la France toutes ses voix, toute sa voix. »

Rendre à la France « toutes ses voix » — tel allait être désormais le thème de prédilection de Paulhan, depuis l'automne 1944 — lorsque, nous venons de le voir, il menaça de démissionner du CNE pour finalement se laisser persuader d'y rester — jusqu'en 1952, année où il fit paraître sa *Lettre aux directeurs de la Résistance*. Notons que, lors de son départ du CNE, en novembre 1946, Vercors avait observé, dans une lettre ouverte, que le dernier carré de ceux qui respectaient encore le principe établi en 1944 allait se réduire de plus en plus, que presque toutes les publications se rouvriraient bientôt aux écrivains théoriquement interdits et que, de la sorte, les gens comme lui ne sauraient plus où placer leurs œuvres. [4]

De même que Paulhan, Mauriac regretta aussi d'avoir réclamé avec tant d'ardeur, au début, une épuration. Dans le premier numéro public des *Lettres françaises*, il avait lancé un appel vibrant à ses amis : plus jamais les collaborateurs ne devraient pouvoir se trouver en mesure de nuire à la France. « De ceux qui ont eu part à cette faute, le moins que la République puisse exiger, c'est la retraite et c'est le silence. » Il avertissait ses confrères de l'Académie française que, s'ils n'expulsaient pas Charles Maurras après sa condamnation pour crimes de collaboration, lui-même s'en écarterait. Mais les procès intentés aux auteurs qui avaient pactisé avec l'ennemi se concluaient bien souvent par une condamnation à mort, et le bon catholique commença à s'élever contre l'existence même des tribunaux d'épuration. En outre, l'incohérence des sentences était si grande qu'il y voyait comme une loterie. En peu de temps, il se trouva engagé dans une bataille d'éditoriaux avec Albert Camus — Mauriac appelant à la charité

4. Archives Jean Paulhan. Laurent Casanova, *Le Parti communiste, les Intellectuels, et la Nation*, Paris, 1950 ; Jean Paulhan, *Lettre aux directeurs de la Résistance (1951), suivie des répliques et des contre-répliques*, Paris, 1968 ; *Œuvres complètes*, V, Paris, 1970. *Cahiers de la Pléiade*, Paris, avril 1947 ; *Les Lettres françaises*, Paris, 1944-1946 ; *La Nouvelle Revue française*, Paris, 1er mai 1969 : « Jean Paulhan 1884-1968. »

chrétienne dans les pages du *Figaro,* et Camus proclamant
dans *Combat* qu'il en appelait à « la justice humaine avec
ses terribles imperfections », mais corrigée « par une
honnêteté désespérément maintenue ». L'affaire atteignit
son point culminant lorsque Mauriac décrivit ainsi le
« jeune maître » : il prononçait ses jugements « du haut,
j'imagine, de son œuvre future ». Bien que Camus dût par
la suite réviser sa propre position quant au problème de la
justice et de la charité, et démissionner du Comité national
des écrivains lorsque l'orientation communiste de cet
organisme se fit plus évidente, l'aigreur de la querelle allait
à jamais séparer les deux hommes — l'un croyait à la
morale chrétienne, l'autre à une morale laïque.

Au congrès du Front national, dominé par les communistes, un délégué s'opposa à la réélection de Mauriac au
comité directeur du mouvement, mais Jacques Debû-
Bridel prit la parole pour le défendre. Si c'était une erreur
que de montrer ainsi de l'indulgence à l'égard des traîtres,
expliqua-t-il à l'assistance, du moins était-ce là une erreur
chrétienne. Les gens que Mauriac s'efforçait à présent de
sauver avaient tenté de le faire tuer par la Gestapo pendant
l'Occupation. Et le congrès s'entendit rappeler que Mauriac avait été le seul membre de l'Académie française à
adhérer au CNE clandestin, à écrire pour *les Lettres
françaises,* à risquer sa vie en participant à l'activité du
Front national. Debû-Bridel fut entendu et Mauriac réélu
par 180 voix contre 3, et une abstention. L'écrivain
demeura également au CNE, mais il en fut expulsé en 1948
pour avoir signé, dans une nouvelle revue, *la Table ronde,*
qui ouvrait ses pages à d'anciens collaborateurs, l'article de
tête. Camus publia également dans *la Table ronde* et figura
comme Mauriac au comité directeur, mais il en démissionna immédiatement.[5]

Le débat faisait rage dans *les Lettres françaises.* A un
poème de Robert Morel qui contenait ces mots :

5. Entretien avec Jean Bruller (Vercors). Herbert R. Lottman,
*Albert Camus,* Paris, 1978. Claude Mauriac, *Un autre de Gaulle —
Journal (1944-1954),* Paris, 1970. Emmanuel Mounier, « Y a-t-il une
justice politique ? », *Esprit,* Paris, août 1947.

> J'ignorais que de nouvelles prisons
> Se levaient en les fils des victimes,

Vercors répliqua qu'il devait aux morts de *ne pas* oublier.
Benda se plaignit que la « mondanité internationale »
répandît des expressions de pitié à l'égard des collaborateurs dans les salons de la haute société. Dans *Esprit,*
défiant Mauriac, un écrivain railla ceux qui voyaient dans
les purges un thème littéraire sur la charité, et cita Charles
Péguy — le bien-aimé de la gauche catholique — sur la
nécessité de punir les ennemis de la patrie. Sartre et
Beauvoir approuvaient encore l'existence d'une liste noire ;
ils estimaient que « la vengeance est vaine, mais [que]
certains hommes n'avaient pas leur place dans le monde
qu'on tentait de bâtir ». Le quotidien *Combat* offrit à
André Gide sa première page pour appuyer cette citation
de Malebranche par Benda : « Il faut toujours rendre
justice, avant que d'exercer la charité. » *Combat* titrait :

## LA JUSTICE
## AVANT
## LA CHARITÉ

— justice et charité avaient été les mots clés de la bataille
entre Mauriac et Camus.

Paul Léautaud, qui avait traversé sans dommages les
années d'occupation et en avait émergé sans plus de
problèmes, gardait pour lui son avis tout en suivant la
situation. Heureusement pour l'Histoire, il se confiait à son
journal. Ainsi, peu de temps après la Libération, nous le
trouvons une fois encore à la table de Florence Gould, en
compagnie de Paulhan et d'un vétéran de la presse
clandestine. Au dessert, on vit arriver Jouhandeau, qui
pourtant, à l'époque, se cachait. Léautaud nota également
que M^me Gould était Américaine, qu'elle entretenait d'excellentes relations avec un héros de la Résistance et qu'elle
recevait à la fois *le Figaro* et *l'Humanité ;* elle allait bientôt
l'abonner lui aussi aux *Lettres françaises.* Lui-même évitait
soigneusement d'exprimer ses sentiments proallemands.
Mais, peu de temps après ce repas, il allait apprendre de

Paulhan que Florence Gould finançait une collection de
livres publiés sous le manteau, parmi lesquels un titre de
Jouhandeau. Léautaud est à son tour invité à en écrire un,
où il pourra dénoncer le scandale des purges. En présence
de Jouhandeau, lors d'un autre déjeuner chez la même
hôtesse, il exprime le regret que les juifs aient reconquis le
haut du pavé. « Des juifs dans le gouvernement, dans
l'administration, dans la magistrature, dans le haut commerce, dans les arts, peinture, musique et littérature,
tenant tous les théâtres, la presse, les revues [...]. La
France », conclut Léautaud, « va vers le sort de l'Autriche,
dont ils ont amené la déliquescence et la ruine. »[6]

6. Simone de Beauvoir, *La Force des choses,* Paris, 1963 ; Julien
Benda, *Les Cahiers d'un clerc (1936-1949),* Paris, 1949 ; Paul Léau-
taud, *Journal littéraire,* XVI (juillet 1944-août 1946), Paris, 1964.
Julien Benda, « Un fossoyeur de la France : Jean Paulhan », *Europe,*
Paris, septembre 1948 ; André Gide, « La Justice avant la charité »,
*Combat,* Paris, 7-8 janvier 1945 ; Emmanuel Mounier, « Y a-t-il une
justice politique ? », *Esprit,* Paris, août 1945 ; Roger Secrétain,
« Échec de la Résistance », *Esprit,* Paris, juin 1945 ; *Les Lettres
françaises,* Paris, septembre-décembre 1944.

# 2

## L'heure des comptes

Après la chute de sa *Nouvelle Revue française,* Drieu La Rochelle était devenu, selon sa propre expression, une « roue libre ». Il donnait ses articles à la presse de la collaboration, et en particulier à la *Révolution nationale* de Lucien Combelle. Il y exprimait des opinions personnelles qui, parfois, durent paraître bien hérétiques aux collaborateurs les plus orthodoxes. Il lui arriva même d'être censuré, paraît-il. Drieu cherchait désormais à se dédouaner, proclamèrent *les Lettres françaises* dans leur dernier numéro clandestin. Mais c'était trop tard, y précisait-on. « Drieu ne trouvera plus à se placer. » « Toujours solitaire et libre », nota Maurice Martin du Gard, qui lui rendit visite avenue de Breteuil au début du printemps 1944.

S'il continuait ainsi à publier, c'était « par amour-propre, pour ne pas avoir l'air d'avoir peur », confia-t-il à son journal. « Et quand je pense qu'il y a des gens qui croient que je m'amuse encore à la politique, à la collaboration ! » Il s'ennuyait, mais d'un ennui supérieur : le spleen du poète. Tandis que les Allemands quittaient Paris, il tenta en vain de se supprimer : raté. Mais « je ne veux pas renier, je ne veux pas me cacher, je ne veux pas aller en Allemagne et je ne veux pas être touché par des pattes sales », avait-il écrit dans l'une de ses lettres d'adieu. Dans un court texte intitulé « Exorde », et publié à titre posthume, il requérait pour lui-même la peine de mort : « Oui, je suis un traître. Oui, j'ai été d'intelligence avec l'ennemi. J'ai apporté l'intelligence française à l'ennemi. Ce n'est pas ma faute si cet ennemi n'a pas été intelligent... »

En août 1944, le poison n'avait pas marché. A l'hôpital

Américain de Neuilly, où il était inscrit sous un faux nom, Drieu essaya le rasoir et échoua encore. Apparemment résigné à rester en vie, il parvint enfin à se soustraire aux purges de la Libération dans un obscur appartement de la rive droite. Selon *le Figaro,* la police le recherchait.

Le plus surprenant — et cela nous permet de mesurer l'empire qu'il exerçait sur ses amis — fut l'énergie que déployèrent en sa faveur des antifascistes engagés. Car Drieu était bien en fuite ; et il eût fini devant le peloton d'exécution. Cependant, de la libération de Paris jusqu'à son suicide réussi en mars 1945, il vécut près de sept mois caché, sans avoir à quitter la capitale. A la même époque, Robert Brasillach était jugé, puis exécuté, ainsi que bien d'autres collaborateurs notoires. Rapportant la condamnation à vingt ans de prison d'un collaborateur de Drieu, *les Lettres françaises* rappelèrent que Drieu lui-même était toujours « dans la nature ».

Parmi ceux qui auraient pu l'aider figurait Malraux, qui se trouvait à présent occupé à combattre à la tête de sa brigade. Malraux fut en effet sollicité, mais l'histoire ne nous dit pas par qui, pour prendre Drieu avec lui. « Bien sûr », répondit-il, mais il ne cacha pas que son vieil ami devrait prendre un pseudonyme, et que la situation du nouveau venu se révélerait extrêmement inconfortable. Plus tard, l'écrivain déclara que Drieu avait surtout voulu recevoir l'assurance qu'il aurait pu rejoindre Malraux, que Malraux l'aurait accepté, mais qu'il n'avait pas vraiment désiré partir. (Malraux était certain que Drieu aurait servi avec courage.) Selon une autre source, Malraux aurait posé des conditions jugées inacceptables par Drieu, le chef d'Alsace-Lorraine s'intéressant bien plus à son propre rôle qu'au sort de son ami. Dès le printemps 1944, un maquisard, Maurice Clavel, avait envisagé de recruter Drieu pour le sauver.

Emmanuel Berl, que Drieu avait rayé de ses carnets parce qu'il était juif, ne l'avait pas non plus oublié, et il envisagea même d'établir un circuit de cachettes en Corrèze pour son ancien camarade. Mais il ne savait pas même comment entrer en contact avec lui, et il avoua par la suite qu'il n'avait pas beaucoup essayé. Il se demandait : « Quel

besoin a-t-il de moi ? » Et, quand Drieu échappa à la
capture et au châtiment par le suicide, Berl en éprouva de
la colère. « La vie clandestine qu'il trouvait tout à fait
acceptable quand c'était moi qui la menais, il avait renâclé
devant elle... » Une offre de secours non moins surpre-
nante provint d'Emmanuel d'Astier de la Vigerie, extrémiste de droite avant guerre, il est vrai, mais converti
depuis lors à l'antifascisme, avec un dossier fort honorable
dans la Résistance (il allait par la suite devenir un
compagnon de route notoire, un ami de l'Union soviétique
et de Staline en personne). En septembre 1944, en tant que
ministre de l'Intérieur du gouvernement provisoire du
général de Gaulle, d'Astier s'inquiéta pour son camarade.
Ce ministre de l'Intérieur, responsable de l'ordre et du
respect de la loi, suggéra même que Drieu passât la
frontière et se réfugiât en Suisse. Finalement, il confia à un
ami commun : « Dépêchez-vous d'utiliser mon aide, je ne
suis plus ministre que pour trois jours. »

Malraux ne put être joint à temps pour assister aux
funérailles (après sa troisième tentative, cette fois réussie,
par le gaz et des drogues), mais Jean Paulhan y assista,
ainsi que Gaston Gallimard, Léautaud, Audiberti et Brice
Parain. Paulhan écrivit à la première femme, demi-juive,
de Drieu, que le défunt s'était sacrifié pour que d'autres
pussent vivre en paix. « Il est sûr que le procès Drieu,
c'était aussi le procès Chardonne, Jouhandeau, Fabre-
Luce... »[1]

Toutes les chasses à l'homme et les poursuites judiciaires
du Paris d'après la Libération ne concernaient pas de

1. Pierre Andreu, *Le Rouge et le Blanc (1928-1944),* Paris, 1977 ;
Pierre Andreu et Frédéric Grover, *Drieu La Rochelle,* Paris, 1979 ;
Emmanuel Berl, *Présence des morts,* Paris, 1956 ; Pierre Drieu La
Rochelle, *Récit secret, suivi du Journal (1944-1945) et d'Exorde,* Paris,
1951 ; Frédéric J. Grover, *Drieu La Rochelle (1893-1945),* Paris, 1979 ;
*Six Entretiens avec André Malraux,* Paris, 1978 ; Maurice Martin du
Gard, *La Chronique de Vichy (1940-1944),* Paris, 1975. Frédéric
Grover, « Malraux et Drieu La Rochelle », *La Revue des lettres
modernes,* Paris, n° 304-309, 1972 ; Maurice Clavel, dans *Flammarion
actualité,* Paris, novembre-décembre 1978. *Les Lettres françaises*
(clandestines) août 1944 ; *Les Lettres françaises,* Paris, 6 janvier 1945.

mélancoliques héros romantiques, bien que Brasillach fût
aussi un homme apprécié. Un ami a pu dire de lui :
« Brasillach était toute la jeunesse... c'était le révolutionnaire de la gentillesse, de la joie de vivre et de l'intelligence. Il savait être dur sans jamais devenir méchant. »
Peu importait qu'il eût été l'archétype du collaborateur
hitlérien, et qu'il eût de son propre aveu « plus ou moins
couché avec l'Allemagne ». L'une des accusations portées
contre lui, au cours de son procès, était qu'après la défaite
les Allemands l'avaient libéré d'un camp de prisonniers de
guerre en tablant sur son utilité potentielle, et qu'il avait
ensuite donné toute sa mesure en attaquant la Résistance,
en dénonçant ses ennemis à la police allemande ou à la
police française, en allant même jusqu'à justifier l'invasion
de la zone libre par Hitler en novembre 1942. Après la rafle
des juifs à Paris en 1942, son seul regret avait été
d'apprendre que les Allemands comptaient épargner les
enfants juifs (c'était précisément cette phrase qui avait fait
pleurer Gerhard Heller de la Propagandastaffel).

Mais Brasillach était un normalien, un écrivain, un
membre du club de la rive gauche qui s'était « égaré ».
Après sa condamnation à la peine de mort pour intelligence
avec l'ennemi, en janvier 1945, François Mauriac et son fils
Claude, ainsi que Marcel Aymé, Thierry Maulnier, unis
dans une campagne pour solliciter sa grâce, rédigèrent une
pétition à l'intention du chef du gouvernement provisoire,
Charles de Gaulle. François Mauriac se chargea de persuader ses collègues de l'Académie française de signer la
pétition. Valéry et Claudel signèrent, ainsi que, dans le
camp de la Résistance, Paulhan et Camus. Camus, après
beaucoup d'hésitations, car il pensait que Brasillach avait
encouragé l'arrestation et la torture de ses camarades, sans
avoir jamais sollicité de clémence pour les écrivains résistants qui se trouvaient aux mains des ennemis. Le militant
communiste Claude Roy signa aussi, à la vive indignation
d'un de ses camarades. « Quoi ! Il t'a personnellement
dénoncé, et ta femme, dans son journal ; ton beau-père a
été déporté, et il est mort, sans doute à cause de ça ;
Brasillach a demandé et obtenu la guillotine pour les
nôtres... »

Lors d'un entretien privé avec de Gaulle, Mauriac plaida pour Brasillach. Mais de Gaulle tint bon. Les témoignages sont contradictoires, mais il semble, selon la version la plus raisonnable, que le général ait été particulièrement frappé par le voyage que Brasillach avait fait en Allemagne pour encourager les volontaires français qui luttaient aux côtés de l'armée allemande contre l'Union soviétique. Rappelons que, lorsque Brasillach passa en jugement, la guerre faisait encore rage sur les fronts occidental et oriental. Brasillach fut fusillé le 6 février 1945. « Même si ce que j'ai pu penser, en des circonstances dramatiques pour notre pays, a choqué [les intellectuels français], je leur affirme à tous que les erreurs que j'ai pu commettre ne proviennent à aucun degré de l'intention de nuire à ma patrie », écrivit-il dans une lettre de remerciements adressée aux écrivains et artistes qui avaient signé la pétition. [2]

Même si d'autres personnages marquants de la presse et de la radio furent arrêtés et exécutés, aucun autre écrivain ne fut condamné à la peine capitale. Manifestement, les coupables eurent raison de se cacher, retardant ainsi leur arrestation et leur jugement : la fièvre de justice de l'immédiat après-guerre allait rapidement retomber. Ainsi, les poursuites contre Lucien Rebatet et les autres amis de Brasillach à *Je suis partout* n'eurent lieu qu'en novembre 1946, plus d'un an et demi après l'exécution de Brasillach (Rebatet avait quitté Paris avec les Allemands et s'était installé à Sigmaringen, tandis que Brasillach était resté pour se rendre). Cette fois, l'anticonformiste Galtier-Boissière entreprit de chercher des appuis pour Rebatet, à la demande de la femme de Rebatet, bien qu'il eût souvent servi de cible aux polémiques de l'accusé dans la presse de la collaboration. La lettre qu'il obtint de Pierre Bourdan, responsable de la Radio française libre de Londres pendant

2. Entretien avec Gerhard Heller. Victor Barthélemy, *Du communisme au fascisme*, Paris, 1978 ; Robert Brasillach, *Une génération dans l'orage*, Paris, 1968 ; Jean Galtier-Boissière, *Mon journal depuis la libération*, Paris, 1945 ; Claude Mauriac, *Un autre de Gaulle — Journal (1944-1954)*, Paris, 1970 ; Jacques Isorni, *Le Procès de Robert Brasillach*, Paris, 1956 ; Herbert R. Lottman, *Albert Camus*, Paris, 1978 ; Claude Roy, *Moi je*, Paris, 1978.

la guerre, exprimait bien l'état d'esprit qui avait fini par prévaloir :

> Sans trouver aucune excuse à la conduite criminelle de L. Rebatet je considère pourtant, avec beaucoup de Français, que la Justice en use avec une partialité flagrante dans son traitement des faits de collaboration. Écrivains et journalistes qui ont accepté, par leur signature, la responsabilité de leurs actes, sont frappés avec toute la rigueur de la loi. En revanche, une remarquable clémence, et parfois l'immunité complète, s'appliquent [aux] avocats qui dénoncèrent des Français... généraux et amiraux... industriels qui renforcèrent la machine de guerre allemande... enfin et surtout, directeurs de journaux qui inspiraient la collaboration... et la finançaient...

Rebatet ne fut pas exécuté. Charles Maurras, âgé de soixante-dix-sept ans, fut jugé à Lyon dans une atmosphère hostile — mais il s'y distribuait aussi des tracts promettant des représailles en cas de condamnation. Il risquait sa tête, mais fut seulement condamné à la détention à vie, avec « dégradation nationale ». « C'est la revanche de Dreyfus ! » cria-t-il quand il apprit la sentence. Quant à Céline, il bénéficia de l'action menée en sa faveur, pendant cinq ans, par ses amis et ceux qui avaient choisi de le défendre, ainsi que de l'adroite campagne que, par lettres, de loin, il avait su engager et poursuivre. « Les juifs devraient m'élever une statue pour le mal que je ne leur ai pas fait, mais que j'aurais pu leur faire », devait-il écrire à ses juges. Il n'eut aucune difficulté à regagner la France en homme libre. [3]

L'Académie française, institution unique mais certes pas essentielle, avait constitué avant la guerre un véritable club d'extrême droite. Avec des académiciens comme Pétain et Maurras, Abel Hermant et Abel Bonnard, dont chacun

3. Robert Aron, *Histoire de l'épuration,* II, Paris, 1975 ; Lucien Combelle, *Péché d'orgueil,* Paris, 1978 ; Jean Galtier-Boissière, *Mon journal depuis la libération,* Paris, 1945 ; *Mon journal dans la grande pagaïe,* Paris, 1950 ; *Le Procès de Charles Maurras,* Paris, 1946 ; Frédéric Vitoux, *Céline,* Paris, 1978 ; Eugen Weber, *L'Action française,* Paris, 1964.

allait être poursuivi en justice, la nécessité d'épurer l'Académie même semblait claire. « Voyant de tels Abels », avait écrit Paulhan dans un poème humoristique qui circulait sous le manteau pendant l'Occupation, « on se demande... ce que font les Caïn. » Quatre membres de l'Académie, y compris les deux Abels (Hermant plus Bonnard), avaient fait partie du comité d'honneur d'une organisation créée par les Allemands et Vichy, et destinée à expédier des volontaires français dans les rangs de l'armée allemande. Au cours des premiers mois suivant la Libération, il avait été question de dissoudre l'Académie, et de recommencer à zéro. Le secrétaire perpétuel, Georges Duhamel, alla soumettre le problème à Charles de Gaulle, en suggérant que tout serait plus facile si de Gaulle lui-même acceptait d'en devenir membre. « Le chef de l'État est protecteur de l'Académie », répliqua de Gaulle. « Comment en deviendrait-il membre ? » Mais il proposa que les académiciens, suspendant pour une période donnée le règlement qui impose que l'on fasse acte de candidature, en profitent pour élire des écrivains qui, pendant l'Occupation, s'étaient comportés en patriotes. On prétendit que de Gaulle avait espéré y faire entrer ainsi Gide, Claudel, Roger Martin du Gard et Jules Romains. On prétendit également qu'il avait proposé de déclarer vacants certains fauteuils — ceux des collaborateurs — et d'y élire des martyrs, Saint-Pol Roux, Jean Prévost, Max Jacob ; après quoi, on élirait des successeurs aux morts, et ceux-là feraient à ceux-ci l'hommage de leur discours de réception.

Le renouveau était à l'ordre du jour. Valéry, de son côté, avait espéré faire entrer à l'Académie des héros de la Résistance, et Mauriac avait confié pendant l'Occupation à André Chamson qu'il aurait eu plaisir à l'y voir entrer après la guerre (mais Chamson échoua dans sa première tentative en 1954, et dut attendre deux ans avant d'être élu). Mauriac cherchait aussi à y faire entrer Paulhan (mais cela ne se fit qu'en 1963).

Rien ne sortit finalement de tous ces beaux projets. Au lieu de se transformer, nota de Gaulle avec regret, l'Académie française retourna à ses vieilles marottes dès que ses têtes pensantes eurent bien constaté à leur vif soulagement que le pire de la crise était passé. Les « deux Abels » firent l'objet d'une suspension ; leur expulsion définitive, ainsi que celle de Maurras et de Pétain, n'intervint qu'après leur condamnation en justice.

D'autres institutions sacrifièrent une poignée de leurs membres. L'académie Goncourt suspendit trois de ses éminents jurés ; l'un d'eux mourut peu de temps après, mais les deux autres se lancèrent dans une guerre d'usure contre leur groupe, allant même jusqu'à créer un prix Goncourt rival. Quand les Goncourt voulurent expulser les rebelles, ils ne parvinrent pas à réunir le quorum. L'académie Goncourt fit aussi un geste en direction de la Résistance en attribuant son premier prix d'après-guerre à Elsa Triolet, pour son roman *le Premier Accroc coûte 200 francs*. L'irrespectueux Galtier-Boissière nota dans son journal que l'attribution du prix à Triolet entrait dans le cadre d'un marché ; les académiciens cherchaient, bien sûr, à regagner la faveur de l'opinion publique, mais ils cherchaient aussi à sauver l'un des leurs qui avait régulièrement collaboré à un journal d'extrême droite pendant l'Occupation. Galtier-Boissière releva que ce même juré avait été publié dans *les Lettres françaises* juste avant l'attribution du prix à Triolet. Il apparaissait possible d'échapper aux attaques en collaborant aux *Lettres françaises,* et Jean Cocteau commença très vite à y publier des dessins en première page, tandis que d'autres — qui n'en avaient fait ni plus ni moins que lui pendant la guerre — essuyaient des attaques répétées dans le même journal. [4]

Une parfaite tranquillité régnait sur la rive gauche : l'infrastructure n'avait subi aucun bouleversement. Les maisons d'éditions survécurent, même si certains de leurs

4. Entretiens avec Jean Cassou, André Chamson. Archives Jean Paulhan. Robert Aron, *Histoire de l'épuration*, II, Paris, 1975 ; Charles de Gaulle, *Mémoires de guerre, III — Le Salut (1944-1946)*, Paris, 1959 ; Jean Galtier-Boissière, *Mon journal pendant l'occupation*, Garas, 1944 ; *Mon journal depuis la libération*, Paris, 1945 ; Sacha Guitry, *Quatre Ans d'occupations*, Paris, 1947 ; Maria van Rysselberghe, « Les cahiers de la petite dame » (1945-1951), *Cahiers André Gide 7*, Paris, 1977.

auteurs s'évanouirent dans les limbes. Aucun grand nom ne disparut.

Et pourtant, dans de nombreuses déclarations datant de l'époque où ils vivaient dans la clandestinité, les écrivains de la Résistance s'étaient juré que les éditeurs seraient tenus pour responsables de ce qu'ils avaient publié — ou non. La commission d'épuration de l'Édition arrêta une liste des maisons d'édition qui lui paraissaient mériter des sanctions, mais n'eut pas le pouvoir de les faire appliquer. Ils n'étaient pas nombreux à mériter le certificat de bonne conduite qui revenait de plein droit à l'éditeur Émile-Paul : il avait en effet refusé de signer la convention entre le syndicat et les forces d'occupation allemandes ; refusé de respecter la « liste Otto » des livres interdits ; refusé de publier les œuvres que les Allemands souhaitaient voir paraître.

Aucun éditeur de renom ne fut sanctionné ou, s'il le fut, une amnistie intervint fort peu de temps après.

Comme, dans une étude historique telle que le présent ouvrage, toute mention d'une condamnation prescrite tombe sous le coup de la loi française, le lecteur d'aujourd'hui et de l'avenir devra tenter de deviner quels éditeurs, quels auteurs, furent jugés et condamnés pour intelligence avec l'ennemi.

Quelle que fût l'inégalité, la maladresse et parfois même la brutalité de l'épuration, ses intentions étaient claires : réparer les crimes des années d'Occupation, punir les criminels. Il arrivait que les méthodes employées pour l'épuration eussent une résonance familière : ainsi, la même *Bibliographie de la France* — organe officiel des professions du Livre — qui avait régulièrement publié les listes d'ouvrages interdits sous l'Occupation, annonçait à présent la diffusion d'une liste de livres écrits par des collaborateurs et pour cette raison interdits. Et, si la littérature de la Résistance s'était vendue sous le manteau pendant l'Occupation, c'était à présent le tour des écrits des collaborateurs condamnés. Et l'on faisait remarquer dans *les Lettres françaises* que l'annonce du rétablissement de la censure après la libération de Paris — rétablissement jugé normal puisque la France était encore en guerre —

portait la signature du même éditeur qui avait signé la
« liste Otto ». [5]

André Gide et sa *petite dame,* Maria van Rysselberghe,
s'envolèrent d'Alger en mai 1945, pour regagner un Paris
encore inconfortable. Ils durent déposer leurs plus lourdes
valises à la consigne et puis rentrer rue Vaneau en métro,
chargés « comme des ânes » de sacs, de manteaux, de
parapluies, de châles, d'une canne, avec l'air de vieux
provinciaux égarés. Avant son retour, Gide avait soumis
quelques pages de son *Journal* inédit — son témoignage sur
l'entrée des Alliés à Tunis — aux *Lettres françaises,* qui
publièrent cet extrait en première page le 18 novembre
1944, avec une note révélant aux lecteurs que Gide avait
adhéré au Comité national des écrivains.

La semaine suivante, Louis Aragon, également en première page et sous la forme d'une lettre ouverte à Claude
Morgan, protesta contre la publication d'un texte de Gide
dans un journal réservé aux écrivains qui avaient « devant
l'ennemi montré le calme courage français ». Aragon ne
s'opposait pas à voir entrer Gide au CNE — mais c'était là
le maximum. Il se rendait bien compte que Gide n'avait pas
écrit pour *Je suis partout,* ni « parachevé l'œuvre de son
*Retour de l'URSS* » en allant jusqu'à encourager le recrute-
ment de jeunes gens volontaires pour aller combattre sur le
front russe. Pourtant, poursuivait Aragon, Gide avait été le
précurseur des collaborateurs par son antibolchevisme
d'avant-guerre, « une pièce majeure dans la main de la
propagande ennemie ». (Sans doute Aragon ignorait-il —
ou bien, s'il le savait, il n'en tenait aucun compte — que,
loin de servir aux Allemands pour leur propagande, le
*Retour de l'URSS* de Gide avait été interdit pendant
l'Occupation.) Aragon dénonçait ensuite le comportement

5. Entretien avec Jean Bruller (Vercors). Robert Aron, *Histoire de
l'épuration,* II, Paris, 1975 ; *Les Cahiers de la Résistance,* I : *L'Affaire
Grasset,* Paris, 1949 ; Jean Galtier-Boissière, *Mon journal dans la drôle
de paix,* Paris, 1947 ; *Mon journal dans la grande pagaïe,* Paris, 1950 ;
Henry Muller, *Retours de mémoire,* Paris, 1979. *Bibliographie de la
France,* Paris, 22-29 décembre 1944 ; *Les Lettres françaises,* Paris,
1944-1950.

de Gide en Afrique du Nord, citant les passages de son journal qui dataient du début de l'Occupation, et qui semblaient marquer quelque sympathie à l'égard de l'occupant.

La gravité de cette attaque, dans le climat d'épuration, était telle que Claude Mauriac écrivit à Gide au début de janvier 1945 : « ... Malgré le violent désir que j'ai de vous retrouver, je ne vous conseillerai pas de rentrer tout de suite : les passions sont à leur comble... » Le fils de François était alors le secrétaire privé de De Gaulle. L'affaire Gide divisa le Paris littéraire en deux. Camus appuya de son autorité morale le vieil écrivain (il avait vécu rue Vaneau, mais n'avait pas encore rencontré le propriétaire). Même un Paul Valéry pouvait dire au jeune Eugène Guillevic qu'il fréquentait régulièrement : « Il vous faudra choisir entre moi et Aragon. » Guillevic, profondément engagé dans la ligne culturelle du parti, que représentait Aragon, estima qu'il n'avait pas le choix : il ne devait pas revoir Valéry. Et puis les passions s'atténuèrent. Gide revint présider ce qui restait du cercle *NRF,* et vécut assez pour voir l'accession au pouvoir de la nouvelle génération littéraire de la rive gauche — Camus, bien sûr, et l' « illisible » Sartre.

Dans son journal, quelques semaines après avoir reçu le prix Nobel de Littérature en 1947, Gide répondit au reproche de « n'avoir jamais su *s'engager* ». « Et c'est bien par où diffèrent de nous les leaders de la nouvelle génération, qui jaugent une œuvre selon son efficacité immédiate. C'est aussi bien à un succès immédiat qu'ils prétendent ; tandis que nous trouvions tout naturel de demeurer inconnus, inappréciés et dédaignés jusqu'à passé quarante-cinq ans. Nous misions sur la durée... »[6]

6. Entretien avec Eugène Guillevic. André Gide, *Journal (1942-1949),* Paris, 1950 ; Claude Mauriac, *Conversations avec André Gide,* Paris, 1951 ; Maria van Rysselberghe, « Les cahiers de la petite dame » (1945-1951), *Cahiers André Gide 7,* Paris, 1977. *Les Lettres françaises,* Paris, 18 et 25 novembre 1944.

# 3

# *D'une génération à l'autre*

Jamais dans l'histoire de France la transformation n'avait paru aussi radicale. Une nouvelle génération émergeait littéralement de l'ombre — jeunes hommes et jeunes femmes dont les seules lettres de créance, pour entrer dans le monde littéraire, étaient un passé de courage et d'engagement. Une génération plus ancienne et amplement compromise disparaissait au purgatoire. On ne pouvait répéter la cassure entre, disons, dreyfusards et antidreyfusards du début du siècle ; cette fois, les conséquences de la défaite étaient plus déterminantes. Dès la paix revenue, les décisions du Comité national des écrivains eurent virtuellement force de loi ; il y avait ceux que le Comité soutenait, et ceux qu'il avait exclus ; bien des carrières étaient suspendues au jugement de tel ou tel. Dans sa période héroïque, le Comité pouvait demander à un académicien, François Mauriac, de prendre la parole lors de l'assemblée générale. « J'ai retrouvé mes camarades du CNE », déclara-t-il à l'assistance, « je les ai rejoints sans renoncer à aucune de mes idées. Celles que nous avons en commun suffisent à maintenir entre nous un lien fraternel, car ces idées ne sont pas de pures abstractions... » Homme de littérature par excellence, Raymond Queneau présidait l'assemblée.

Peu d'écrivains osaient demeurer à l'écart des réceptions qu'organisait le CNE dans les élégants salons de la Maison de la pensée française, juste en face du palais de l'Élysée. Louis Aragon en était la vedette. L'hebdomadaire du CNE, *les Lettres françaises,* se révélait utile, sinon même essentiel, à qui voulait réussir ; si un auteur renommé n'y publiait pas d'article ou de poème, le journal du moins l'interviewait, et présentait son portrait en première page. *Europe,* le mensuel officieux du Comité, détenait une réelle autorité en matière de littérature, ainsi qu'*Esprit* et, plus tard, *les Temps modernes.* (La *NRF* demeurait interdite.)

Le CNE ne s'effondra qu'au début de la guerre froide, quand François Mauriac put enfin accuser le Comité d'être manipulé par les communistes : c'était en 1949. Le coup de Prague avait déjà eu lieu, et les Occidentaux s'unissaient sous le signe du Pacte atlantique.

Les Éditions de Minuit entrèrent sur la scène de l'après-guerre de manière nettement moins spectaculaire. Jean Bruller n'avait jamais eu l'intention de les maintenir en vie après la Libération : il s'en laissa toutefois convaincre par des amis qui déploraient la pénurie de maisons d'édition qui ne se fussent pas compromises sous l'Occupation. Et, de fait, les éditeurs de la Résistance qui s'unirent dans un Groupement de la fidélité française au cours des mois suivant le retrait des Allemands pouvaient se compter sur les doigts d'une seule main : Émile-Paul et les toutes nouvelles Éditions du Seuil étant les plus connues d'entre elles. Les Éditions de Minuit publièrent des fac-similés de leurs petits ouvrages parus dans la clandestinité, puis de nouvelles œuvres de Vercors, de Jean Cassou, d'autres écrivains du CNE et de survivants des camps de concentration. *La Patrie se fait tous les jours,* une anthologie d'écrits de la Résistance rassemblés par Jean Paulhan et Dominique Aury, fut annoncée comme « le premier manuel de littérature engagée ».

Cependant, les administrateurs des Éditions de Minuit étaient des amateurs, et ils ne tardèrent pas à devoir affronter les dures réalités du monde des affaires, rendues plus aiguës encore par les pénuries de l'après-guerre. Paul Eluard confia à Pierre Seghers qu'il n'avait rencontré aucun problème pour lancer son *Éternelle Revue* clandestine ; en revanche, quand il avait voulu publier une revue dans Paris libéré, il lui avait fallu quatre mois entiers pour obtenir le feu vert de l'administration : « La clandestinité avait du bon », telle est la conclusion de Seghers. Les Éditions de Minuit survécurent jusqu'en 1948 comme une entreprise collective réunissant d'anciens résistants ; puis une augmentation de capital les obligea à en abandonner le contrôle. Le nom de la maison fut conservé par les nouveaux propriétaires, qui n'en renièrent nullement le passé politique et littéraire. Les Éditions de Minuit allaient devenir le lieu d'expression de Samuel Beckett, d'Alain Robbe-Grillet, et de la naissance du nouveau roman, avec Michel Butor, Nathalie Sarraute et Marguerite Duras. [1]

La nouvelle rive gauche avait ses nouveaux héros. Le plus invraisemblable d'entre eux était un professeur de philosophie presque aveugle, et qui ne pouvait pas même se targuer d'avoir beaucoup résisté : Jean-Paul Sartre. L'écrivain et ses amis — et ceux qui souhaitaient devenir ses amis — semblaient soudain attirer l'attention de tous. Quelque chose de cette atmosphère amena Ernest Hemingway, quand il le rencontra pour la première fois en 1946 à Paris, à serrer Sartre dans ses bras musclés en s'exclamant : « Moi, je ne suis qu'un capitaine : vous êtes un général ! » (Hemingway avait bu, précise Simone de Beauvoir dans son évocation de la scène.)

Simone de Beauvoir parle de « l'offensive existentialiste » du premier automne de la paix — l'automne qui suivit la victoire contre le Japon (1945), quand, en peu de temps, se produisirent les événements suivants : sortie du premier numéro des *Temps modernes* ; publication par Sartre de deux volumes de ses *Chemins de la liberté : l'Age de raison* et *le Sursis* ; publication par Simone de Beauvoir d'un roman, *le Sang des autres*, tandis qu'un théâtre parisien montait une pièce d'elle (*les Bouches inutiles*). En une seule semaine, pièce et revue se trouvèrent lancées ; en outre, Sartre prononça une conférence souvent citée, « L'Existentialisme est-il un humanisme ? ». Le couple Sartre-Beauvoir parut surpris du tumulte qu'il provoquait. D'un jour à l'autre, ils étaient devenus des célébrités, dont la presse relatait régulièrement les activités publiques et privées. *Combat*, où Camus régnait, « commentait avec

---

1. Entretiens avec Jean Bruller (Vercors), Lucien Scheler, Jean Paulhan. Dominique Aury, *La Patrie se fait tous les jours*, Paris, 1947. *Les Lettres françaises*, Paris, 1944-1949, en particulier le 23 décembre 1944.

faveur tout ce qui sortait de nos plumes ou de nos bouches... Partout paraissaient des échos sur nos livres, sur nous », devait déclarer Simone de Beauvoir, et elle n'exagérait nullement. « Dans la rue, des photographes nous mitraillaient, des gens nous abordaient. Au Flore, on nous regardait, on chuchotait. » A la conférence de Sartre, il y avait tant de monde que, dans la bousculade, une femme s'évanouit.

L' « offensive existentialiste » eût tôt fait de conquérir tout le monde. A la grande joie de Galtier-Boissière, un esprit fin en fit un jeu de mots : Saint-Germain-des-Prés, « la cathédrale de Sartre », et Simone de Beauvoir « la Grande Sartreuse ». Les hebdomadaires populaires à grand tirage connurent un grand jour : *Samedi-Soir,* avec près d'un demi-million de lecteurs, publia un compte rendu de la vie des cafés et des night-clubs de la rive gauche littéraire, faisant clairement comprendre que ces traînards et ces danseurs étaient sans exception aucune des existentialistes. Plus tard, Sartre devait faire ce commentaire : « Mais ceux qui lurent dans *Samedi-Soir* l'intéressant témoignage d'une pucelle que j'attirai, paraît-il, dans ma chambre pour lui montrer un camembert, ceux-là ne lisaient pas *les Temps modernes.* » *France-Dimanche,* tirant à plus d'un million d'exemplaires, consacra une page généreusement illustrée à « Sartre, cet incompris », et le décrivait, entrant au café de Flore

> de son petit pas court, la tête enfoncée dans le mouton sale d'une canadienne pisseuse, les poches éclatées de livres et de journaux, un Balzac pris à la bibliothèque municipale sous le bras... [pour s'asseoir à une table], promener autour de lui un regard humide, écarter les lainages de son cou, et... remonté par quelques cognacs, la pipe courte rougeoyant le tabac gris au bout de ses lèvres sensuelles... sortir de sa serviette un porte-plume de deux sous, et... écrire quelque quarante pages...

Ensuite, révélait *France-Dimanche* à ses lecteurs, avec un petit groupe de disciples « agglomérés autour de lui comme un banc de sardines », Sartre s'en allait passer la soirée dans les boîtes de nuit.

Quelle était, cependant, l'origine du mythe existentialiste ? Sartre et Beauvoir en proposèrent une explication :
l'inflation. « Devenue une puissance de second ordre, la
France se défendait en existant, à des fins d'exportation.
Les produits de son terroir : haute couture et littérature. »
Et puis Sartre offrait une idéologie qui convenait même aux
petits-bourgeois : l'existentialisme, qui tente de réconcilier
l'histoire et la morale, leur permettait d' « affronter
l'horreur et l'absurdité tout en gardant leur dignité
d'homme ».

Il y avait autre chose. A ces intellectuels de la rive
gauche que l'Occupation allemande avait frustrés, et l'omniprésence de l'idéologie vichyste, qui n'avaient pu défier
l'ennemi que dans la clandestinité, l'occasion se trouvait
offerte de quitter leur tour d'ivoire, et cela pour le prix d'un
exemplaire de *Combat* ou des *Temps modernes*. Quant à
Sartre et à Simone de Beauvoir, qui avaient, avant la
guerre, rejeté la tentation de participer aux manifestations
antifascistes et qui étaient demeurés relativement passifs
sous Vichy, ils avaient appris bien des leçons. Certains de
leurs amis siégeaient à présent au gouvernement : « La
politique était devenue une affaire de famille », écrit
Simone de Beauvoir, « et nous entendions nous en
mêler ». Ils approuvaient la position que Camus avait prise
dans l'un des premiers numéros de *Combat :* « La politique
n'est plus dissociée des individus. Elle est l'adresse directe
de l'homme à d'autres hommes. » L'étroite corporation du
personnel de la IIIe République n'existait plus ; le combat
contre l'ennemi avait bouleversé le paysage. Il ne s'agissait
plus de faire carrière dans les affaires publiques ; elles
échappaient même aux « héritiers » pour qui un siège au
Parlement apparaissait comme un hochet. « La solidarité
complice des politiciens s'est vu submerger par la camaraderie d'une lutte où chacun jetait tout son bagage
humain. »

Bien qu'ils aient par la suite proclamé qu'ils le trouvaient
superficiel, lui reprochant d'émettre des jugements à
l'emporte-pièce, d'éviter les questions, de feuilleter les
livres au lieu de les lire, Sartre et Simone de Beauvoir,
pendant les belles années de Saint-Germain-des-Prés,

appréciaient beaucoup la compagnie du cousin de province Camus. Leurs existences, sinon leurs œuvres, étaient si étroitement liées que celui-ci allait à jamais être assimilé — en dépit de ses véhémentes protestations — aux « existentialistes ».[2]

Le premier numéro des *Temps modernes,* en octobre 1945, provoqua un grand mouvement de curiosité, et le plaisir fut égal à la surprise. Le comité de rédaction, placé sous la direction de Sartre, semblait conjuguer toutes les forces vitales de la France. Sauf Camus, qu'on disait trop occupé avec *Combat ;* mais Albert Ollivier y figurait, lui qui — avec Camus et Pia — composait à la tête du journal le célèbre « Ocapia ». La *Nouvelle Revue française* avait disparu, mais son héritier moral, Jean Paulhan, faisait partie du comité constitué par Sartre. Il y avait également Raymond Aron, revenu du quartier général de la France libre à Londres, et conseiller de Malraux, alors ministre de l'Information du général de Gaulle. Plus tard, Sartre devait admettre que Paulhan, Aron et Ollivier étaient des amis, mais qu'ils ne partageaient aucune des opinions des autres membres du comité. Le personnage principal de la revue était son rédacteur en chef et directeur politique, Maurice Merleau-Ponty, dont les éditoriaux simplement signés « T. M. » furent bien souvent attribués à Sartre.

Ce premier numéro s'ouvrait sur une « Présentation » d'une vingtaine de pages, de la plume de Sartre, et dans laquelle il plaidait en faveur de l'engagement de l'écrivain. Il qualifiait d'irresponsable la notion de « l'art pour l'art ». « Puisque l'écrivain n'a aucun moyen de s'évader, nous voulons qu'il embrasse étroitement son époque ; elle est sa chance unique : elle s'est faite pour lui et il est fait pour elle. » Et encore : « Nous ne voulons rien manquer de notre temps ; peut-être en est-il de plus beaux, mais c'est le

2. Simone de Beauvoir, *La Force des choses,* Paris, 1963 ; Jean Galtier-Boissière, *Mon journal dans la grande pagaïe,* Paris, 1950 ; Guillaume Hanoteau, *L'Age d'or de Saint-Germain-des-Prés,* Paris, 1965 ; Francis Jeanson, *Sartre dans sa vie,* Paris, 1974 ; Herbert R. Lottman, *Albert Camus,* Paris, 1978. Jean-Paul Sartre, « Merleau-Ponty vivant », *Les Temps modernes,* Paris, n° 184-185, 1961. *Combat,* Paris, 1er septembre 1944 : « La Résistance et la politique. »

nôtre ; nous n'avons que *cette* vie à vivre, au milieu de cette *guerre*, de *cette* révolution peut-être... » Et puis : « Notre intention est de concourir à produire certains changements dans la société qui nous entoure. » Non pas à changer les âmes — cela concernait les spécialistes (peut-être Sartre faisait-il ici allusion à la seule autre revue importante de l'époque, *Esprit*) — mais à affecter « la condition sociale de l'homme et la conception qu'il a de lui-même ». Il affirmait que la revue prendrait position sur chaque nouvel événement politique ou social. En conclusion, il déclarait toutefois que, « dans la " littérature engagée ", l'*engagement* ne (devait) en aucun cas faire oublier la *littérature...* »

Plus tard — dans ses mémoires —, Simone de Beauvoir énuméra les mobiles du groupe au moment de la fondation des *Temps modernes*. La revue leur avait permis d'exprimer, disait-elle, « nos impatiences, nos surprises, nos adhésions ». Là, ils pouvaient, presque aussi rapidement que par lettre, s'adresser à leurs amis et répondre à leurs adversaires. « Nos polémiques d'intellectuels avaient l'intimité, l'urgence et la chaleur des querelles de famille. » Toutes les grandes déclarations politiques de Sartre, y compris sa riche étude sur l'engagement de l'écrivain, *Qu'est-ce que la littérature ?*, parurent en premier lieu dans *les Temps modernes*. De livraison en livraison, on y trouve en quelque manière le film des relations des sartriens avec — entre autres — le parti communiste français. On peut y lire également le texte célèbre par lequel Sartre rompit avec Camus.

La revue se faisait dans un petit bureau chez Gallimard, jusqu'au jour où l'on y attaqua André Malraux ; Sartre et ses proches en furent alors expulsés, et ils s'établirent rue de l'Université, dans le grenier d'un éditeur rival.

Le groupe et la revue, dans l'immédiat après-guerre, remplirent une autre fonction : ils servirent de cobayes. L'objet de l'expérience était le suivant : des intellectuels indépendants pouvaient-ils travailler en harmonie avec le parti communiste, sans s'y subordonner ? La chose alors semblait possible, car le Comité national des écrivains réunissait par exemple des communistes et des non-communistes, et ils travaillaient ensemble. En réalité, dès le début, le CNE fut un instrument de la politique culturelle du PCF, une réserve jalousement gardée par Aragon et d'autres intellectuels du Parti. Sartre et ses amis avaient néanmoins cru qu'ils pourraient partager certains objectifs avec les communistes, se joindre à eux dans des campagnes, tout en demeurant libres. Les communistes, eux, se montrèrent plus exigeants. Après la sortie du numéro initial des *Temps modernes,* Sartre fut convoqué à une réunion avec des idéologues du Parti, qui lui reprochèrent sa philosophie non marxiste : elle attirait les jeunes au détriment du Parti. Et c'est ainsi que les intellectuels du Parti, dans des organes culturels agressifs comme l'hebdomadaire *Action* — qui présentait une façade indépendante —, se mirent à attaquer l'existentialisme sartrien qui, à les entendre, était anticommuniste sinon pire (ils qualifièrent même pendant quelque temps Sartre de « disciple du nazi Heidegger »), et ce en dépit des efforts que faisait Sartre pour apaiser les communistes en leur opposant des arguments raisonnables.

Pauvre Sartre : il avait sans le savoir fait son entrée sur la scène publique au moment même où la politique communiste, sur instruction de Staline, revenait à une ligne dure. Il devint la cible de la *Pravda* qui définissait l'existentialisme comme « des concoctions nauséabondes et putrides ». *Les Lettres françaises,* organe du CNE (auquel Sartre appartenait — rappelons-le — depuis l'époque de l'Occupation), publièrent en première page le 28 décembre 1945 une virulente attaque menée contre le philosophe par Roger Garaudy :

UNE PHILOSOPHIE RÉACTIONNAIRE
UN FAUX PROPHÈTE :
JEAN-PAUL SARTRE

Non seulement Garaudy y dénonçait les contradictions entre la philosophie sartrienne et le marxisme, mais il excluait virtuellement Sartre du mouvement antifasciste en prétendant qu'il n'avait vu dans la Résistance que les possibilités de négation. Et cette attaque en annonçait beaucoup d'autres. Un ancien ami de Sartre, Jean Kanapa,

publia (sous les auspices du Parti) un petit livre intitulé
*L'existentialisme n'est pas un humanisme,* qui remettait
l'écrivain et son groupe à leur place, les tournait en
dérision. « La question est : le sartrien est-il simplement un
petit animal déjà démodé, rageur mais inoffensif, tapageur
mais vain, ou mérite-t-il qu'on le rappelle à la décence
publique ? » Kanapa considérait la doctrine sartrienne
comme « une petite déliquescence idéologique qui fait
agressivement le jeu de la réaction et... [de l'] anticommunisme ». Il rangeait l'existentialisme dans le même camp
que d'autres ennemis idéologiques des intellectuels communistes de la rive gauche : le surréalisme, « le trotskisme
des cafés littéraires, l'esthétisme à la Paulhan et à la
Malraux... ».

Au moment où l'offensive communiste contre les sartriens se faisait la plus virulente, l'occasion se présenta
d'une riposte efficace, et au nom de la meilleure cause qui
pût être : la défense d'un ancien camarade.

Ce camarade était Paul Nizan, ami de Sartre depuis
l'École normale supérieure. Depuis qu'il avait quitté le
parti communiste lors de l'approbation du pacte d'août
1939 entre Hitler et Staline, Nizan avait fait l'objet d'une
campagne communiste cherchant à le faire passer pour un
espion du gouvernement. Maurice Thorez en personne
avait ouvert le feu dans une revue communiste en mars
1940, en désignant Nizan comme « L'indicateur de la
police ». La mort de Nizan, lors de l'offensive allemande
en mai 1940, n'avait pas mis fin à ces attaques et, dès après
la guerre, elles reprirent. De bouche à oreille, on disait et
répétait que Nizan avait été un agent du ministère français
de l'Intérieur, et cela bien avant août 1939. On essaya
même de trouver un lien entre le thème de la trahison qui
apparaissait dans ses romans et sa prétendue activité
d'espionnage au profit de la police.

En mars 1947, Sartre et ses amis — au nombre desquels
on comptait encore Raymond Aron, André Breton, Julien
Benda, Albert Camus, Jean Guéhenno et François Mauriac — publièrent une déclaration intitulée : « Le cas
Nizan. » Les auteurs s'y élevaient contre la conspiration du
silence des communistes au sujet de Nizan : ne tendait-on

pas à l'enterrer une seconde fois ? L'un des signataires de cette déclaration s'était entendu affirmer par Aragon en personne que Nizan fournissait au ministère de l'Intérieur des renseignements sur le parti communiste. Pourtant, poursuivait le texte, la seule chose que les communistes pouvaient reprocher à Nizan était d'avoir quitté le Parti à l'annonce du pacte germano-soviétique. « Mais lorsqu'on l'accuse, sans donner de preuves, de mouchardages, nous ne pouvons oublier que c'est un écrivain, qu'il est mort au combat, et que c'est notre devoir d'écrivains de défendre sa mémoire. » Les signataires exigeaient que l'on apportât la preuve de pareilles insinuations ; faute de quoi ils proclameraient purement et simplement l'innocence de Nizan.

Le parti communiste répliqua dans *l'Humanité* en accusant les défenseurs de Nizan d'être des « moralisateurs ». Dans *les Lettres françaises,* le CNE suivit le mouvement en protestant contre l'allégation anonyme qui visait Aragon. (A quoi Sartre répondit : « C'est à moi que M. Aragon a fait les déclarations citées... Estime-t-il donc qu'elles étaient de telle nature que leur pure et simple reproduction puisse jeter le discrédit sur leur auteur ?... ») Les communistes n'apportèrent aucune preuve, ni alors ni plus tard ; les défenseurs de l'écrivain purent ainsi maintenir leur position, et les divers éléments du *Cas* furent publiés dans *les Temps modernes*. La rupture entre le parti communiste et les intellectuels indépendants était désormais consommée ; elle n'allait prendre fin que par la volonté de Sartre. [3]

3. Simone de Beauvoir, *La Force des choses,* Paris, 1963 ; Michel-Antoine Burnier, *Les Existentialistes et la Politique,* Paris, 1966 ; Roger Garaudy, *Une littérature de fossoyeurs,* Paris, 1947 ; Francis Jeanson, *Sartre dans sa vie,* Paris, 1974 ; Jean Kanapa, *L'existentialisme n'est pas un humanisme,* Paris, 1947 ; Henri Mougin, *La Sainte Famille existentialiste,* Paris, 1947 ; Paul Nizan, *Paul Nizan, intellectuel communiste (1926-1940)* I, Paris, 1979 ; Jean-Paul Sartre, *Qu'est-ce que la littérature ?,* Paris, 1976. Jean Kanapa, « Les mots ou le métier d'écrivain », *Poésie 47,* Paris, août-septembre 1947 ; Jean-Paul Sartre, « Merleau-Ponty vivant », *Les Temps modernes,* Paris, n° 184-185, 1961 ; *Les Temps modernes,* Paris, octobre 1945, juillet 1947.

# Le nouveau
# Saint-Germain-des-Prés

Le paysage parisien ne changeait pratiquement pas en ce temps-là. Les rues, les lieux de rencontre publics et privés étaient les mêmes qu'avant la guerre. Les façades, sans doute un peu plus sales, ne seraient livrées aux entreprises de ravalement que dans les années 60-70. Le couvre-feu avait disparu, c'était tout. Cependant, la génération qui occupait les meilleures tables dans les cafés de Montparnasse et de Saint-Germain-des-Prés, qui écrivait dans les nouvelles revues, dont les livres emplissaient les vitrines des libraires, ne se définissait plus par opposition au fascisme ou à la présence allemande. Elle se composait de représentants déclarés d'une nouvelle race, qui allaient employer différemment les possibilités d'expression que leur offrait la rive gauche. Et, tout d'abord, ils allaient célébrer, de façon exubérante, interminable, leur victoire (peu importait qu'elle ne fût pas uniquement la leur). Cette célébration sembla durer des années, et donna naissance à une vie nocturne qui ne ressemblait à aucune autre. Dans les cabarets et clubs de jazz « intellectuels » (c'est-à-dire fréquentés et parfois même dirigés par des intellectuels), la fête commença dès les premiers jours de la Libération. « Jour et nuit avec nos amis, causant, buvant, flânant, riant, nous fêtions notre délivrance, raconta Simone de Beauvoir. Quelle débauche de fraternité !... De grands soldats kaki, qui mastiquaient du chewing-gum, témoignaient qu'on pouvait à nouveau franchir les mers... Pour moi, dans le laisser-aller des jeunes Américains, c'était la liberté même qui s'incarnait : la nôtre et celle — nous n'en doutions pas — qu'ils allaient répandre sur le monde. »

Là encore, le journal de Simone de Beauvoir constitue le guide le plus complet des points chauds de la rive gauche. Mais, au moment même où la génération de Sartre et de Camus prenait possession de son territoire, un public croissant, une nuée de journalistes aux aguets — et de touristes, de badauds —, venus du monde entier, le revendiquaient également. Sartre s'installa dans un appartement de la rue Bonaparte donnant sur le carrefour Saint-Germain-des-Prés ; par malchance, ni lui ni sa compagne ne pouvaient plus travailler au café de Flore, car ils étaient désormais trop connus. Ils se réfugièrent au bar du sous-sol de l'hôtel Pont-Royal, à deux pas de chez Gallimard, comme Malraux dans les années trente. Simone de Beauvoir parvenait même à y écrire, malgré l'inconfort des tonneaux qui servaient de tables, et bien que leur nouveau refuge eût été révélé dans la presse. Il lui fallut encore explorer de nouveaux repaires, parfois même jusqu'à cent mètres des Deux Magots. Une certaine tranquillité régnait aussi chez Lipp, avec son décor, son atmosphère austère. Des écrivains plus jeunes, et moins connus, évitaient pour leur part des cafés littéraires réputés : Marguerite Duras et ses amis préféraient l'atmosphère prosaïque du café Bonaparte (en bas de l'immeuble habité par Sartre), ou le décor de buffet de gare du Royal Saint-Germain, juste en face des Deux Magots ; on était sûr de ne pas y voir les visages que l'on rencontrait toute la journée dans les bureaux de Gallimard.

Les caves constituaient la grande nouveauté. « Nous prétendions changer le monde pendant le jour, et échanger des idées pendant la nuit », déclara par la suite Claude Roy. « Des travaux du matin aux désordres de la minuit, nous poursuivions la même conversation. » Au Méphisto, situé boulevard Saint-Germain à quelques centaines de mètres des célèbres cafés, on découvrait « un rendez-vous agité d'agitateurs ». Rue Dauphine, il y avait le nouveau Tabou, où Sartre aimait aller écouter Boris Vian jouer de la trompette. « L'endroit était si bruyant, si bondé, si enfumé, qu'on ne pouvait ni s'entendre ni respirer. »

Plus tard, la foule se rapprocha encore de son ancien terrier, pour envahir le Club Saint-Germain, dans une cave nichée à quelques pas du café de Flore et des Deux-Magots. « Saint-Germain-des-Prés n'était plus, déjà, le village des années quarante, gros bourg sous son clocher carré, avec ses cours résonnantes des outils d'artisans, son petit peuple de petits métiers », écrivit le même Claude Roy dans ses mémoires. « Ce n'était pas non plus, encore, Las Vegas plus Greenwich Village. » L'histoire orale de cette période, ainsi que les comptes rendus occasionnels que l'on peut en lire, présentent l'image d'un grand concours de beuveries entre les éminents littérateurs de la rive gauche. « Dire que dans quelques heures je vais parler de la responsabilité de l'écrivain ! » s'exclama Sartre au cours d'une de ces nuits fortement alimentées en alcool, et Camus se mit à rire. Simone de Beauvoir accompagnait Sartre à la Sorbonne, où il apparaissait ravagé par le manque de sommeil, soutenu par des stimulants. « S'ils avaient vu Sartre à 6 heures du matin ! » songeait-elle.

Certaines choses ne changeaient pas : le salon permanent que tenait André Breton à sa terrasse préférée, par exemple. Le carnet de Claude Mauriac a retenu l'un de ces moments, en juin 1946 :

> Beau spectacle que celui du vieux maître André Breton, entouré d'une quinzaine de disciples âgés, et fumant avec dignité la pipe du soir à la terrasse des Deux-Magots. Passe un ancien exclu du surréalisme [ailleurs identifié comme étant Antonin Artaud] qui salue très bas ; Breton s'incline plus profondément encore ; et c'est par-dessus les tables du café un échange de phrases courtoises, bien plus : amicales. Des anathèmes d'autrefois, du fracas des batailles passées, il reste cette complicité attendrie d'anciens combattants...

En effet, plusieurs générations littéraires et politiques partageaient à présent les mêmes lieux, sans avoir grand-chose d'autre en commun. Claude Roy les énumère : « Le groupe des premiers villageois des années 30-40, la bande à Prévert, la " famille " sartrienne, les jeunes oiseaux de la nuit que les journaux appelaient " existentialistes "... et la cellule communiste... » Leur commun dénominateur était l'antifascisme, et leur référence le communisme (ou bien

ils étaient communistes, ou bien ils l'avaient été ou bien
encore ils allaient le devenir).

Il y avait aussi un temps pour travailler. Le bureau des
*Temps modernes* chez Gallimard voyaient défiler tous les
représentants de l'élite littéraire. Suivant la tradition de la
*Nouvelle Revue française,* le directeur recevait les éventuels auteurs de la revue avec leurs manuscrits — et les
lecteurs qui souhaitaient simplement discuter — certains
jours à certaines heures, mais il fallut bientôt y renoncer, et
Sartre ne reçut plus que sur rendez-vous.

Un jour de printemps 1946, Simone de Beauvoir passa
l'après-midi avec Elio Vittorini et Raymond Queneau dans
le bureau des *Temps modernes.* Dans les bureaux voisins se
trouvaient André Malraux et Roger Martin du Gard. Aux
réunions du groupe, on pouvait voir ensemble Merleau-
Ponty, Colette Audry, Jacques-Laurent Bost, Jean Cau,
François Erval, Francis Jeanson et Roger Stéphane. Une
fois par semaine, le comité de lecture Gallimard se
réunissait, et l'assemblée alors paraissait plus imposante
que l'Académie française, si l'on se place à un point de vue
purement littéraire. Un dimanche sur deux, Sartre invitait
l'équipe des *Temps modernes* et ses principaux collaborateurs à discuter politique, à émettre des suggestions ou à
proposer des articles. Jean Paulhan assistait parfois à ces
séances de travail, mais aussi l'éclectique Boris Vian
(auteur admiré par Sartre, mais qui venait parfois avec sa
trompette sous le bras pour ensuite aller directement jouer
dans un club — c'était ainsi qu'il gagnait sa vie). Sartre et
Simone de Beauvoir travaillaient désormais tous deux dans
l'appartement de la rue Bonaparte ; de leur table de travail,
ils pouvaient lever les yeux et voir par la fenêtre le
carrefour et les cafés que l'on s'accordait désormais à
reconnaître comme leur domaine.

A une rue seulement de là, un petit hôtel en retrait avec
un jardinet planté d'un seul arbre qui évoquait quelque
lointain chef-lieu de province plutôt que le centre géographique du Paris intellectuel, abritait les jeunes Éditions du
Seuil et, au troisième étage, la revue catholique de gauche
*Esprit,* dont le directeur, Emmanuel Mounier, recevait lui
aussi sur rendez-vous. Il était entouré de quelques-uns des

chefs de file de l'opinion d'aujourd'hui et de demain. De
même que la vieille maison Gallimard et la *Nouvelle Revue
française,* Le Seuil et *Esprit* conjuguaient une aventure
politico-littéraire avec les impératifs d'une entreprise commerciale. Certains des directeurs étaient écrivains, mais ils
devaient aussi se préoccuper des aspects techniques et
financiers de la société. Avec les directeurs de la maison
d'édition Paul Flamand et Jean Bardet, le groupe comprenait le romancier Jean Cayrol, l'ancien résistant et victime
des camps de concentration ; l'ami et futur biographe de
Sartre, Francis Jeanson ; Albert Béguin, qui avait publié
des livres français en territoire suisse pendant l'Occupation, et qui allait reprendre le poste de Mounier à la
direction d'*Esprit,* avec Jean-Marie Domenach comme
rédacteur en chef. Les réunions hebdomadaires du comité
étaient plus restreintes ici, et moins compassées peut-être
que chez Gallimard ; mais, dans l'atmosphère de passion
qui dominait l'époque, elles paraissaient aussi plus sérieuses : à *Esprit* ou au Seuil, un engagement était moral et
politique tout ensemble.

Un peu plus loin, du côté du quartier Latin, au 33 rue
Saint-André-des-Arts (où s'était, avant la guerre, tenu le
quartier général d'Action française), les communistes
publiaient la nouvelle version d'*Europe.* Aragon en dominait un comité de rédaction, qui réunissait Eluard, André
Chamson, Louis Martin-Chauffier et Vercors. Le directeur
recevait le premier mardi de chaque mois. [1]

Rue Saint-Benoît, à quelques pas de chez Sartre, on
trouvait le Club Saint-Germain, une cave où l'on jouait du
jazz, et le Montana, un bar, si peu voyant en comparaison
du café de Flore, la porte à côté, que le groupe des *Temps
modernes* put continuer à s'y réunir pendant toute la
première décennie de l'après-guerre. Il y avait enfin un
indescriptible restaurant, le Petit Saint-Benoît, où des

1. Entretien avec Dionys Mascolo. Simone de Beauvoir, *La Force
des choses,* Paris, 1963 ; Claude Mauriac, *Une amitié contrariée (Le
Temps immobile),* I, Paris, 1970 ; Claude Roy, *Nous,* Paris, 1972 ; *Sur
le Seuil,* Paris, 1979 ; Jean-Paul Sartre, « Merleau-Ponty vivant », *Les
Temps modernes,* Paris, n° 184-185, 1961.

dizaines d'écrivains et d'artistes, même s'ils pouvaient s'offrir mieux, avaient souvent pris leurs repas en compagnie de leurs pairs avant 1940, pendant l'Occupation, et après. Un établissement où il était bien difficile de souper en tête à tête, car les tables étaient alignées de telle manière que les repas y prenaient une allure communautaire (qu'on le voulût ou non).

Juste en face, l'appartement Duras était, selon l'expression de Claude Roy, « une de ces maisons comme il y en a dans les romans russes des temps de l'*intelligentsia,* où entrent et sortent, à chaque instant, trois idées, cinq amis, vingt journaux, trois indignations, deux plaisanteries, dix livres et un samovar d'eau bouillante ». C'était une ruche dominée par l'ex-demoiselle Donnadieu du Syndicat des éditeurs, celle qui avait aidé l'ambitieux poète Claude Roy à obtenir une allocation de papier sous l'Occupation. Marguerite Duras « avait un esprit abrupt, une véhémence baroque et souvent cocasse, une ressource infinie de fureur, d'appétit, de chaleur et d'étonnement... ». Comme elle l'a dit elle-même à l'auteur, elle se mêlait en vérité assez peu aux discussions. Mais elle se chargeait de la cuisine, écrivait ses livres, élevait un bébé. Avec le recul, elle décida que le silence imposé aux femmes par la coutume l'avait aidée à devenir un écrivain.

Marguerite Duras commençait à être connue d'un public clairvoyant pour ses petits livres pleins d'intensité, où les relations humaines ont priorité sur les affaires du monde ; mais, chez elle, l'idéologie dominait. « Il n'y avait jamais à ouvrir la séance, explique Claude Roy, parce qu'elle n'était jamais levée. » On y rencontrait l'ancien mari de l'hôtesse, Robert Antelme, Dionys Moscolo, Edgar Morin, Gilles Martinet, Jean-Toussaint Desanti, Jacques-François Rolland, André Ullmann, Jorge Semprun, Maurice Merleau-Ponty, Clara Malraux, Jean Duvignaud, Francis Ponge et Simon Nora. Les visiteurs inattendus devaient apporter leur repas et une baguette de pain supplémentaire. La discussion se poursuivait dans tout l'appartement, qui, la nuit, se transformait en dortoir. Morin y habita même pendant un certain temps, et Georges Bataille, Maurice

Blanchot ou Elio Vittorini y séjournaient quand ils venaient à Paris ; les autres visiteurs comprenaient notamment Raymond Queneau et Boris Vian.

Dans les premières années de l'après-guerre, les amis les plus proches de Marguerite Duras étaient communistes — nous verrons cela plus longuement. Les réunions de cellule avaient bien commodément lieu au 44 rue de Rennes, à mi-chemin entre l'immeuble de Sartre et les Deux-Magots, à cent mètres de chez Duras ; et c'est rue Saint-Benoît qu'ils revenaient, aussitôt après les réunions, pour continuer leurs discussions. Les rencontres présentaient alors un caractère « fractionnel », et en cela elles n'étaient nullement conformes à l'orthodoxie du Parti. [2]

Albert Camus apparaissait de plus en plus au centre de cette scène. Français d'Algérie, n'ayant aucune racine dans cette ville, il avait tout juste trente ans. La guerre et l'Occupation l'avaient fait échouer en France métropolitaine, puis sur la rive gauche de Paris, avec pour tout bagage une entrée prometteuse dans la littérature, et son charme de jeune homme renforcé par la persistance de son accent méditerranéen. Il semblait lui manquer le poli des auteurs Gallimard, de même qu'il lui manquait leurs camaraderies d'école — et ils étaient nombreux à le lui faire sentir. Mais *Combat* et ses premiers ouvrages avaient quand même fait de lui une vedette ; il constituait un atout pour son éditeur, et faisait figure de nouveau héros pour le monde qui s'étendait au-delà de la rue Sébastien-Bottin.

Peu de temps après son arrivée à Paris, Camus alla vivre dans le studio de Gide où était accroché le fameux trapèze. Dans les mois qui suivirent la libération de Paris, le 1 bis de la rue Vaneau redevint un lieu de rencontre pour l'élite politique et littéraire. Par la suite, Camus vécut dans d'anciens bureaux de Gallimard imparfaitement transformés en appartement, rue Séguier. De cette modeste demeure mal chauffée — car Camus ne roulait guère sur l'or à cette époque, et l'on ne se procurait pas de

---

2. Entretiens avec Marguerite Duras, Dionys Mascolo. Edgar Morin, *Autocritique,* Paris, 1970 ; Claude Roy, *Nous,* Paris, 1972.

combustible comme on voulait —, Camus passait devant la
plupart des hauts lieux de la rive gauche pour se rendre à
son travail. S'il tournait à gauche dans la rue de l'Ancienne-
Comédie, quittant la rue Dauphine avec le Tabou sur sa
droite, il passait devant le vieux café Procope et le
Méphisto. Il pouvait, en route, trouver Sartre et Beauvoir à
la Rhumerie martiniquaise, et s'arrêter s'il le souhaitait
au Bonaparte, au Montana, au Royal-Saint-Germain. A
moins de choisir le Pont-Royal, plus paisible, en bas de
chez Gallimard.

Ses journées, le jeune auteur les partageait entre *Combat*
et Gallimard. Le soir, quand la maladie ne l'empêchait pas
de sortir, quand il n'avait pas à lutter contre certains
blocages ou quand il n'écrivait pas, Camus fréquentait
Saint-Germain-des-Prés. Il en était l'un des plus séduisants
représentants : « Humphrey Bogart jeune », ainsi que le
décrivit le journaliste Jean Daniel. Celui-ci, plus tard,
devait raconter un incident survenu dans un night-club :
après avoir brisé plusieurs verres et une bouteille de
whisky, un jeune critique de cinéma grimpa sur le comptoir
et tint un discours : « Je vais vous parler d'une injustice
pire que celle que nous dénonçons [dans *Combat*], cette
injustice est vivante et elle est là, devant nous, c'est
Camus ; il a tout ce qu'il faut pour séduire, pour être
heureux, pour être célèbre, et en plus, l'insolent, il a toutes
les vertus ! » L'une de ces vertus, s'il faut en croire les
souvenirs de ses contemporains, consistait à savoir repérer
et séduire les plus belles femmes de tous les groupes avec
lesquels il avait des liens. « On me trouvait du charme,
imaginez cela ! » déclare le protagoniste du roman de
Camus, *la Chute*. « Vous savez ce qu'est le charme ? Une
manière de s'entendre répondre oui sans avoir posé aucune
question claire. » En lisant cela, Simone de Beauvoir
décida que Camus s'était pris pour modèle de son personnage.

Après la publication de *la Peste*, en 1947, le nom de
Camus commença à être mentionné lorsqu'on parlait,
chaque année, du prix Nobel de Littérature. S'il l'avait reçu
à cette époque-là, il eût été le plus jeune lauréat de
l'histoire du Prix. Il avait déjà une secrétaire dont la tâche

principale consistait à le protéger de ses admirateurs.[3]

Quant à Gide, il commençait désormais à laisser paraître son âge. Son admirable confidente, Maria van Rysselberghe, lui demeurait loyale, mais elle usait aussi de franchise avec lui. Le ton de son journal se faisait plus critique ; elle passait davantage de temps dans son propre appartement, sur le même palier, car le chaos qui entourait l'écrivain la bouleversait. Dans un Paris lugubre, où la pénurie régnait, Gide recevait ses visiteurs en djellaba, coiffé d'un chapeau de toile incongru. Pour vivre et écrire, il s'était réfugié dans une petite pièce où il se tenait stratégiquement assis entre deux radiateurs, « avec une chauffeuse électrique sous les pieds ».

Maria van Rysselberghe se trouvait là pour endiguer l'assaut des journalistes et des photographes au téléphone et à la porte d'entrée quand l'académie Nobel, en novembre 1947, proclama qu'il en était le lauréat.

Elle le jugeait à présent « obsédé par son personnage », sensible à la moindre critique, même de la part de ses compagnons les plus proches. A la fin, il lui paraîtra même irresponsable dans ses attitudes politiques, signant une pétition qu'il n'aurait pas dû signer, et puis oubliant qu'il l'avait fait. « Cette petite histoire est typique de son comportement de plus en plus vague, injustifiable, changeant, illogique ; il est déjà ainsi dans les petites choses de sa vie, alors, quand il s'agit du sort de l'Europe... » Cela se passait en août 1950. Gide vivait alors sa dernière année ; il devait mourir au mois de février suivant, âgé de quatre-vingt-un ans. Son nom déclenchait encore des polémiques : les communistes ne lui avaient jamais pardonné son rejet de l'URSS. « C'est un cadavre qui vient de mourir », déclare *l'Humanité*. Un journaliste écrivit que « Gide vivait dangereusement sous trois épaisseurs de gilets de flanelle ». C'est parce qu'il avait à l'esprit ce genre de commentaires que Sartre ouvrit le numéro suivant des

3. Jean Daniel, *Le temps qui reste*, Paris, 1973 ; Herbert R. Lottman, *Albert Camus*, Paris, 1978 ; Maria van Rysselberghe, « Les cahiers de la petite dame » (1945-1951), *Cahiers André Gide 7*, Paris, 1977.

*Temps modernes* sur un hommage au vieil homme : « Les restrictions mentales, l'hypocrisie, pour tout dire l'abjecte puanteur des articles nécrologiques qu'on lui a consacrés m'ont donné trop de déplaisir pour que je songe à marquer ici ce qui nous séparait de lui. » Et, plus loin, cette pointe dirigée contre les détracteurs du disparu : « On eût pardonné à Gide de risquer sa pensée et sa réputation s'il avait risqué sa vie et, singulièrement, bravé la fluxion de poitrine. » Bien sûr, Gide était demeuré prudent ; bien sûr, il avait pesé ses mots, et avait hésité avant de signer des pétitions.

> Mais le même homme [ajoutait Sartre] osa publier la profession de foi de *Corydon,* le réquisitoire du *Voyage au Congo,* il eut le courage de se ranger au côté de l'URSS quand il était dangereux de le faire et celui, plus grand encore, de se déjuger publiquement quand il estima, à tort ou à raison, qu'il s'était trompé. C'est peut-être ce mélange de cautèle et d'audace qui le rend exemplaire : la générosité n'est estimable que chez ceux qui connaissent le prix des choses...[4]

Des Américains étaient venus à Paris, et puis en étaient repartis : jusque vers la fin des années quarante, très peu avaient eu l'intention de s'y établir. Mais il en allait autrement pour une nouvelle vague, celle des Noirs américains : écrivains, artistes et musiciens. La guerre avait fait avancer à grands pas l'émancipation ; de plus en plus conscientes, les minorités commençaient à comprendre qu'elles pouvaient améliorer leur sort. Le changement interviendrait plus rapidement si des individus de plus en plus nombreux prenaient l'initiative de quitter le pays ; à cette époque, vivre en dehors des États-Unis représentait déjà une forme de contestation. Et Paris semblait un lieu de liberté aux Américains qu'ils fussent blancs ou noirs. S'il possédait un passeport américain, même un Noir avait quelque chose de blanc, découvrit l'un d'eux, le jeune

---

4. Maria van Rysselberghe, « Les cahiers de la petite dame » (1945-1951), *Cahiers André Gide 7,* Paris, 1977. Jean-Paul Sartre, « Gide vivant », *Les Temps modernes,* Paris, mars 1951.

romancier William Gardner Smith. Il se sentait mieux
traité par les Français que ne l'aurait été, disons, un
musulman d'Afrique du Nord. « Un Noir pouvait plus
facilement vivre en paix avec son entourage à Copenhague
ou à Paris qu'à New York, sans parler de Birmingham ou
de Jackson », devait-il par la suite écrire dans *l'Amérique
noire*. Il lui arrivait cependant d'avoir un peu plus de mal à
vivre en paix avec lui-même. « L'homme noir qui fondait
son foyer en Europe le payait extrêmement cher. Il le
payait en s'arrachant douloureusement à son passé... »

Richard Wright, qui avait déjà publié un certain nombre
d'œuvres favorablement accueillies, le roman *Un enfant du
pays* et le récit autobiographique *Black Boy,* comptait
parmi ceux qui considéraient Paris comme un lieu où un
Noir américain pouvait vivre en préservant sa dignité, et en
respirant un air frais. Il avait trouvé un ange gardien en
Gertrude Stein, alors doyenne des Américains à Paris, avec
qui il avait correspondu de New York. Au début de l'année
de 1946, il avait rencontré Sartre à New York et avait été
séduit par l'homme et sa doctrine. Sartre avait déjà publié
une nouvelle de Wright dans le premier numéro des *Temps
modernes,* et *Black Boy* allait par la suite y paraître en
feuilleton. Wright écrivit fréquemment pour *les Temps
modernes.* Arrivant à Paris en mai 1946 sous un parrainage
quasi officiel, il fut l'invité d'honneur d'une réception chez
Gallimard, où il rencontra les célébrités de la maison (et
également chez Albin Michel, qui publiait alors son *Enfant
du pays*). On eut tôt fait de le présenter à un nombre
considérable d'éminences culturelles de la rive gauche,
parmi lesquelles Gide. Ayant passé huit mois en France, il
retourna aux États-Unis ; mais le racisme y semblait plus
aigu que jamais et, dès 1947, il revenait en France avec sa
famille, cette fois pour y demeurer.

Les Noirs américains comme Wright, William Gardner
Smith, James Baldwin et Chester Himes, semblaient se
mouvoir fort aisément à Paris, et en particulier dans la
société littéraire de la rive gauche. C'était évidemment plus
facile pour Wright que pour tous les autres, car il était plus
âgé et bénéficiait du prestige d'une œuvre déjà accomplie,
ainsi que d'alliés politiques potentiels grâce à son passé

d'écrivain engagé. Il avait été communiste avant la Seconde Guerre mondiale, membre fondateur de la Ligue (communiste) des écrivains américains. La revue *Littérature internationale*, à Moscou, avait dès 1936 publié l'un de ses poèmes, dédié à Aragon comme auteur du poème incendiaire « Front rouge ». Bien que Wright eût commencé par se sentir mal à l'aise avec les sartriens, il avait des positions politiques proches de celles du groupe. Graduellement, il s'intégra à la vie des intellectuels français, mais sans perdre le contact avec les autres Noirs américains que l'on pouvait trouver au Tournon, un café situé dans la rue du même nom, ou au Monaco, carrefour de l'Odéon, à quelques pas de chez Wright (qui logeait rue Monsieur-le-Prince). Il mourut en novembre 1960, à l'âge de cinquante-deux ans. William Gardner Smith n'avait que quarante-sept ans, quand il mourut en 1974. Peu de Noirs américains étaient restés aussi longtemps que lui à Paris. Tandis que Smith écrivait *The Stone Face* au début des années soixante, le mouvement des droits civiques aux États-Unis commençait à remporter ses premières victoires. Smith procéda donc à un changement de dernière minute sur son manuscrit, faisant décider à son héros exilé de retourner dans son pays et « contribuant ainsi à faire des États-Unis un pays que nul ne voudra plus fuir ».[5]

Il y avait aussi des Américains du Sud qui choisissaient Paris pour refuge quand ils fuyaient les dictatures de leurs pays — ainsi, le poète Pablo Neruda, que son appartenance au parti communiste chilien obligea à s'exiler. Après la Seconde Guerre mondiale, le romancier Jorge Amado, représentant du parti communiste au parlement brésilien, en fut expulsé avec d'autres camarades ; comme il était déjà inculpé pour activités subversives, il quitta clandestinement le Brésil au début de 1948, pour venir grossir la colonie des écrivains et intellectuels brésiliens de France. Il avait déjà

---

5. Michel Fabre, *The Unfinished Quest of Richard Wright,* New York, 1973 ; William Gardner Smith, *L'Amérique noire,* Tournai, Belgique, 1972. Herbert R. Lottman, « The Action is Everywhere the Black Man Goes », *The New York Times Book Review,* New York, 21 avril 1968.

été publié à Paris — par Gallimard avant la guerre, et puis par l'un des éditeurs de Sartre, Nagel : en vérité, il fit la connaissance de Sartre lors d'une visite chez Nagel, et se lia très vite d'amitié avec lui et Simone de Beauvoir (dont il fut l'hôte au Brésil, bien des années plus tard). Il rencontrait Eluard ici et là, Aragon aussi, Picasso quand il le pouvait, et puis Tristan Tzara, Jean Cassou, l'écrivain allemande Anna Seghers, et des amis français qu'il avait déjà rencontrés au Brésil, comme Roger Caillois et Roger Bastide. Mais il ne fréquentait guère les cafés ni les salons littéraires. Jamais il se sentit réellement intégré au groupe de Sartre ni à aucun autre ; il était un écrivain latino-américain, et non français. En fait, la langue portugaise-brésilienne, sa culture et son expérience nationale spécifique et en particulier la participation presque inexistante du Brésil à la Seconde Guerre mondiale, c'étaient là autant d'éléments qui le tenaient avec ses camarades brésiliens en dehors de tout autre cercle que le leur propre. Il retrouvait d'autres Latino-Américains en certains lieux de rencontre habituels, comme l'appartement de Neruda dans l'île Saint-Louis. Lui-même, avec sa famille, logeait dans un petit hôtel de la rue Cujas, à deux pas de la Sorbonne.

Amado ne tarda pas à participer activement au Mouvement pour la paix (que manœuvrait le parti communiste) et il représenta l'Association des écrivains de gauche de son pays au Congrès des intellectuels pour la paix, à Wroclaw, en Pologne *. En outre, il assistait régulièrement aux réunions du CNE. Aragon publia l'un de ses livres en feuilleton dans *les Lettres françaises,* et le fit éditer par une maison d'édition communiste. A Wroclaw, il s'était lié d'amitié avec Ilya Ehrenbourg, qu'il revit par la suite à l'occasion de séjours à Moscou ou à Prague.

Car Amado allait de nouveau plier bagages et se rendre en Tchécoslovaquie. Invité par l'Union des écrivains tchécoslovaques à passer des vacances dans un château tout près de Prague, il avait trouvé la vie plus facile là-bas qu'en France, grâce aux droits d'auteur provenant de ses livres et qui s'accumulaient en Europe orientale sans qu'il pût les

* Voir chapitre 7 de la quatrième partie, « En guerre froide ».

transférer à l'Ouest. Il vécut deux ans dans ce château, où il termina un roman épique sur le fascisme brésilien avant la Seconde Guerre mondiale. Il put ensuite retourner au Brésil, dans sa villa bien-aimée de Bahia, où il écrivit ses romans les plus célèbres. [6]

6. Entretien avec Jorge Amado.

# 5

# Des chemins qui divergent

Quelle qu'eût été l'ambiguïté du comportement de tant de communistes français dans les premiers mois de la guerre, quelle que fût l'amertume réveillée au souvenir de leurs hésitations, de leurs compromissions et de leurs éventuelles déclarations proallemandes, pour tous ceux qui avaient été fidèlement antinazis avant, pendant et après la guerre, la coalition des communistes et non-communistes — qui avait marqué les années trente — semblait plus solide que jamais dans les derniers mois de l'occupation allemande. L'Union soviétique de Staline était l'alliée de la France, du Royaume-Uni et des États-Unis dans les batailles décisives. Avant même la fin de la guerre, le chef du gouvernement provisoire français, Charles de Gaulle, s'était rendu à Moscou pour y négocier un pacte franco-soviétique et, quand Staline souleva le cas de Maurice Thorez, un bon Français qui, à son avis, ne méritait pas la prison — « Du moins », ajouta Staline avec un sourire, « pas tout de suite ! » — de Gaulle répondit : « Le gouvernement français traite les Français d'après les services qu'il attend d'eux. » Thorez n'alla pas purger en prison la peine de huit ans qu'il encourait pour avoir déserté dans les premiers jours de la guerre. Au lieu de cela, il entra au cabinet du général.

Quant aux communistes, leur extrême modération allait dans le sens voulu par de Gaulle, celui de l'unité nationale : alors qu'ils auraient fort bien pu profiter des circonstances pour déclencher une révolution. Plus tard, certains d'entre eux s'interrogeront sur les raisons qui retinrent le Parti de chercher à prendre le pouvoir en 1944. Il y eut même l'euphorie de la France libérée, et dans le climat régnait après la défaite du fascisme, un plan pour rassembler les partis communiste et socialiste français et, bien qu'aucun des deux camps n'en eût attendu aucun résultat concret, les communistes se déclarèrent prêts, lors de leur congrès de juin 1945 à la porte de Versailles, à accepter cette conclusion logique aux exigences d'unité d'action qu'on entendait proclamer de toutes parts. C'était là oublier que les communistes n'étaient nullement indépendants de toute influence extérieure, ni libres d'agir comme ils le souhaitaient ; bref, qu'ils étaient demeurés les auxiliaires étrangers de l'URSS. Pendant les années d'avant-guerre, la « ligne » avait été déterminée par des émissaires de Moscou — très exactement du Komintern —, et jamais le Parti n'avait manqué à une discipline qui l'obligeait à défendre les moindres évolutions ou soubresauts du stalinisme ; il avait ainsi justifié en 1937 les procès des vieux bolcheviques à Moscou, et approuvé le pacte germano-soviétique d'août 1939. Après la Libération, il allait continuer à s'y montrer fidèle, même lorsque l'Union soviétique, défiant ses alliés occidentaux, s'arrogea le contrôle du centre de l'Europe et des nations indépendantes qui bordaient son territoire. En URSS même, la ligne relativement libérale qu'il avait fallu appliquer pendant la guerre — tolérance à l'égard de la culture occidentale et même de l'air frais qu'amenaient les communistes étrangers venant résider provisoirement à Moscou — fut rapidement abandonnée. Un abandon qui devint doctrine. Les partis étrangers, comme le PCF, devaient s'y conformer.

En France, les communistes conservèrent certains ministères jusqu'en mai 1947, et, en juin de cette même année, au XIe congrès du Parti, ils employaient encore un langage modéré, ne se montraient pas encore prêts à rejeter toute coopération avec l'Ouest. En septembre 1947, le Kominform — Bureau d'information communiste — fut créé, une sorte de version tempérée du Komintern d'avant-guerre. La vedette de l'assemblée inaugurale fut Andrei Jdanov, membre du bureau politique du parti soviétique ; général, il avait participé à la bataille de Leningrad et était devenu, après la guerre, le gardien de l'orthodoxie stalinienne.

Pour Jdanov, le monde était déjà divisé en deux camps,

l'un impérialiste, et l'autre anti-impérialiste ; le premier sous la domination des États-Unis, et l'autre sous la direction de l'URSS. Le rôle des communistes était de résister aux États-Unis grâce à une politique d' « indépendance nationale », et de mener une guerre idéologique contre les « socialistes de droite ». L'unité d'action appartenait au passé. Lors d'une réunion du comité central du PCF en octobre, Thorez confessa ses « erreurs », et la nouvelle ligne stalinienne fut renforcée. [1]

Il faut garder présent à l'esprit ce moment de l'histoire du parti communiste si l'on veut suivre les guerres intellectuelles qui divisèrent la rive gauche dans la décennie qui suivit la Libération. Il ne s'agit pas de suggérer que le mois de septembre 1947 marqua une séparation absolue entre deux époques, car Jdanov dénonçait depuis déjà plus d'un an l'influence occidentale, et l'on avait pu observer en France un durcissement parallèle. Il allait falloir attendre 1948 et l'affaire Tito — quand les communistes durent se rendre à l' « évidence » que la Yougoslavie n'était pas de ces nations libérées qui se dirigeaient allègrement vers le socialisme, mais représentait une déviation dangereuse du système, une alliée du fascisme et de l'impérialisme — pour que les choses prennent un tour différent : Tito, soudain, se trouva rejeté dans le camp des traîtres.

Ce changement de ligne entraîna des conséquences à tous les niveaux de la vie française. La Confédération générale du travail (CGT) se divisa, et l'on vit apparaître un nouveau syndicat sous le nom de CGT-Force ouvrière ; de la même façon, les écrivains, les artistes et les intellectuels se déterminèrent dans leurs organisations respectives. L'un des fondateurs du syndicat de journalistes Force ouvrière fut lui-même à l'origine d'une nouvelle scission au sein de l'équipe de *Franc-Tireur*, l'un des quotidiens nés de la Résistance. Les journalistes communistes ou sympathi-

1. Laurent Casanova, *Le Parti communiste, les Intellectuels et la Nation*, Paris, 1951 ; Charles de Gaulle, *Mémoires de guerre, III — Le Salut (1944-1946)*, Paris, 1965 ; Dominique Desanti, *Les Staliniens*, Verviers, Belgique, 1976 ; Jacques Fauvet, *Histoire du parti communiste français*, II *(1939-1965)*, Paris, 1965.

sants de *Franc-Tireur* qui demeuraient fidèles au Parti
récusèrent en effet l'antistalinisme du rédacteur Charles
Ronsac ; c'était à l'époque des purges en Europe de l'Est.
Lorsque la direction libérale de gauche du journal refusa de
licencier ledit Ronsac, les communistes démissionnèrent en
bloc et passèrent dans l'équipe du quotidien *Libération*,
publié avec le soutien du Parti par le compagnon de route
Emmanuel d'Astier de la Vigerie.

Dans la revue communiste *Démocratie nouvelle*, un
article intitulé « Expansionnisme idéologique des Yankees » exposait comment l'Amérique colonisait la France
avec sa culture :

> Ils savent qu'ils peuvent compter sur tel et tel éditeurs qui
> enterrent les livres, les journaux écrits par les Américains
> progressistes, et qui lancent à tous les échos le nom de
> [Henry] Miller, professeur d'érotisme, semeur de déses-
> poir... On garde chez soi la bombe atomique, secret
> d'État, mais on nous expédie Faulkner. Et si l'on veut des
> philosophes, certes on en trouvera sur place... C'est à
> Paris même, au Café de Flore, que s'élaborent les plus
> sûrs poisons...

— ce qui à l'époque apparut clairement comme une attaque
dirigée contre Sartre.

Au sein du Parti, la direction s'ingéniait à neutraliser les
personnalités les plus libres avant que leur influence ne
s'étendît. Des sections créées pour des groupes profession-
nels comme les médecins, les avocats ou les écrivains furent
dissoutes. Une commission des intellectuels fut créée dans
le Parti, sous la direction de Laurent Casanova, le principal
conseiller de Thorez en matière d'idéologie. Siégeaient
entre autres à cette commission Jean Kanapa et Pierre Daix
qui, tout jeune étudiant, avait participé à des manifestations publiques contre les forces d'occupation allemandes,
été arrêté comme « terroriste » et envoyé au camp de
concentration de Mauthausen. Il faisait à présent figure
d'étoile montante au sein du comité directeur du Parti. A la
requête de Casanova, Daix fonda un Cercle des critiques,
directement relié au Comité central, et le choix du mot
« critiques » au lieu d' « écrivains » n'était par fortuit : il

permettait au Parti d'y amener qui il voulait. Parmi les écrivains, le Cercle comprenait Aragon, Eluard, Guillevic, Claude Roy, Marguerite Duras, Dionys Mascolo, Edgar Morin, tous encore communistes et bien considérés. Il allait permettre au Parti d'exercer un contrôle encore plus rigoureux. Les intellectuels pouvaient discuter avec une relative liberté pendant les réunions, mais la libre discussion devait s'arrêter à la fin de chaque réunion.

Le PCF prit également en charge *les Lettres françaises* du CNE, en 1947. En effet, le journal traversait une crise financière aiguë due à une gestion d'amateurs (le tirage était alors de 95 000 exemplaires). Pierre Daix fut nommé rédacteur en chef des *Lettres françaises*, avec pour mission d'en exclure les éléments douteux et de revenir à une orthodoxie communiste stricte. Il rencontrait régulièrement Casanova, en secret, pour se tenir informé de la ligne du Parti, et, assez fréquemment, Aragon qui, progressivement, prenait le contrôle de l'hebdomadaire. En effet, pour ceux qu'intéresse la petite histoire, il est avéré que, si Aragon décida un jour de revenir aux *Lettres françaises* et d'en évincer Claude Morgan en employant l'appareil du Parti (Daix comme instrument de Casanova), c'était parce que ce dernier avait refusé de défendre Elsa Triolet quand un journaliste avait critiqué son style dans les colonnes des *Lettres...*

Désormais, *les Lettres françaises* allaient suivre la ligne communiste aussi étroitement que *l'Humanité* y était astreinte. On pouvait ainsi y lire par exemple en première page une déclaration de Staline sur littérature et nationalité, suivie d'un article de Daix intitulé : « Le 70e anniversaire de Staline et la littérature ».

Il n'était plus question qu'un intellectuel pût conserver sa carte du Parti et dire ce qu'il pensait. Même l'hebdomadaire *Action* publié par de jeunes intellectuels communistes — et dont le premier numéro contenait la déclaration de Pierre Hervé : « Nous ne sommes pas des enfants de chœur » — faisait l'objet de remontrances de la part du Parti quand il semblait secouer le joug. Quand Edgar Morin, alors membre du Parti, publia un article dans *l'Observateur* de Claude Bourdet, il dut comparaître devant

Annie Besse, membre de la commission des intellectuels et chien de garde de l'idéologie du Parti ; on lui apprit à cette occasion que Bourdet était un agent des services secrets britanniques. Par la suite, Annie Besse devait décider que Morin n'avait pas sa place au Parti, et l'essayiste fut expulsé. Annie Besse a tourné casaque, et compte aujourd'hui, sous le nom d'Annie Kriegel, au nombre des meilleurs analystes français du phénomène stalinien.

Les communistes fondèrent *la Nouvelle Critique.* Kanapa fut désigné comme rédacteur en chef, afin que les intellectuels de la revue eussent un guide. Quand Dominique Desanti y publia une violente attaque contre Gide, elle perdit ses amis — qui, eux, s'étaient écartés du Parti —, les amis qu'elle s'était faits chez Marguerite Duras... En Union soviétique, Jdanov condamnait des représentants de la culture soviétique aussi éminents que Boris Pasternak, Sergei Eisenstein, Sergei Prokofiev, Dimitri Chostakovitch et Aram Khatchatourian. A Paris, Casanova, Kanapa et Annie Besse procédaient à des épurations similaires. La différence était que, sur la rive gauche, on pouvait être « épuré » et demeurer vivant et libre, et peut-être même continuer à gagner sa vie.

Si l'on restait fidèle à la ligne comme le faisait André Stil, un protégé d'Aragon, on pouvait gagner le prix Lénine pour un roman et devenir l'auteur français le plus traduit du monde, être glorifié sur huit colonnes en première page de *l'Humanité,* faire l'objet de réunions quotidiennes dans toute la France, et se retrouver couvert de cadeaux. Le peintre André Fougeron, un autre protégé d'Aragon, allait bénéficier d'une promotion analogue et être « lancé » grâce à une campagne de presse comme jamais aucun artiste de son temps n'en avait connu.

Tel était le « monde » communiste, avec ses quotidiens et ses hebdomadaires, ses revues culturelles et politiques, ses réunions de cellules, ses réceptions mondaines et ses meetings, ses congrès nationaux et internationaux, et l'on pouvait sincèrement croire qu'il s'agissait là du monde entier. Le conditionnement y était si étroit qu'un Guillevic pouvait ne pas sentir qu'il écrivait ses vers — sur la bombe atomique américaine, par exemple — pour plaire au Parti, et croire qu'il cédait uniquement à une obligation morale. Si l'écrivain ne prit jamais au pied de la lettre la politique du Parti dans le domaine de l'art, il ne soulevait aucune objection, ne contestait jamais la *ligne* lors des séances du Cercle des critiques. Estimant qu'il fallait se donner une cause, il se trouvait en désaccord avec ceux qui, comme Francis Ponge, avaient quitté l'arène politique après la Libération. (Cependant, après avoir entendu condamner la poésie de Prévert au Cercle des critiques, il prit tout seul sa défense : si l'auteur de *Paroles* plaisait à un très large éventail de lecteurs, c'était parce qu'il exprimait leurs sentiments ; selon lui, les poètes communistes auraient dû tenter de marcher dans la même voie.) A l'occasion du 70e anniversaire de Staline, Guillevic avait publié un poème où il célébrait le Père des peuples ; lorsque les crimes du dictateur furent révélés, en 1956, grâce au courage de Nikita Khrouchtchev, il persista à penser que son poème était bon ; s'il décida, par la suite, de ne plus le laisser paraître, c'était parce qu'il avait compris qu'il l'avait construit sur une erreur. Il tomba dans une prostration qui, littéralement, pendant plusieurs mois, l'empêcha de réagir. [2]

Le jdanovisme allait faire des ravages dans le groupe de Marguerite Duras et de ses proches. L'un des premiers chocs se produisit lorsque de violentes attaques furent lancées contre certains écrivains non communistes de grande renommée comme Sartre et Paulhan, par le guerrier idéologique du PCF Jean Kanapa, dans les pages de la revue de Pierre Seghers, *Poésie 47*. L'article était intitulé : « Les mots ou le métier d'écrivain. » Kanapa y accusait les

2. Entretiens avec Pierre Daix, Eugène Guillevic, Charles Ronsac. Laurent Casanova, *Le Parti communiste, les Intellectuels et la Nation,* Paris, 1951 ; Pierre Daix, *J'ai cru au matin,* Paris, 1976 ; Dominique Desanti, *Les Staliniens,* Verviers, Belgique, 1976 ; Claude Morgan, *Les « Don Quichotte » et les Autres,* Paris, 1979 ; Edgar Morin, *Autocritique,* Paris, 1970 ; Claude Roy, *Nous,* Paris, 1972 ; André Stil, *L'Optimisme librement consenti,* Paris, 1979. Guy Besse, « L'expansionnisme idéologique des Yankees », *La Démocratie nouvelle,* Paris, n° 2, 1948 ; René Etiemble, « De deux ou trois noms de Dieu d'intellectuels », *Les Temps modernes,* Paris, novembre 1946.

auteurs français de créer une littérature neutre afin
d'échapper à la signification ; il notait également que ces
mêmes écrivains se révélaient justement procapitalistes, et
anticommunistes. Il fustigeait ceux qui, comme Sartre,
voulaient construire une Europe socialiste sans l'URSS,
accusait Koestler de défendre les fascistes, et reprochait
même à Mauriac d'avoir publié *la Pharisienne* sous l'Occupation, avec la bénédiction des Allemands. (Bien entendu,
Kanapa se gardait bien de mentionner qu'un roman
d'Aragon avait aussi été publié avec l'autorisation des
Allemands, et dans des circonstances encore plus compro-
mettantes puisque l'auteur avait accepté que l'on censurât
son livre.) Kanapa réclamait enfin que l'on prît « les
masses laborieuses » pour sujet, plutôt que l'univers
réservé de la bourgeoisie. « Littérature de propagande ?
Oui : *de propagande pour l'homme.* »

Le tumulte que provoqua le pamphlet conduisit Laurent
Casanova à faire organiser par Daix un débat sur la
question. Lors de cette réunion, au printemps de 1948,
Robert Antelme s'appuya sur un rapport établi au sein du
groupe de Duras, avec la collaboration — en particulier —
de Dionys Mascolo, pour affirmer que la création littéraire
devait demeurer indépendante. Daix, qui ne jugeait pas
qu'il y eût antinomie entre les positions d'Antelme et les
règles arrêtées par la direction, rapporta cet argument à
Casanova ; à la réunion suivante de la commission des
intellectuels, Casanova exigea un vote de soutien incondi-
tionnel aux thèses idéologiques du Parti, et il confia en
privé à Daix : « Le Parti n'est pas un parti de discussions »...

Il y eut aussi l'affaire Elio Vittorini. Les amis de
Marguerite Duras avaient connu cet écrivain italien quand
le CNE l'avait invité à Paris en 1946 (mais, en tant qu'invité
du CNE, il s'était trouvé virtuellement prisonnier des
« communistes mondains » gravitant autour d'Aragon : ce
dernier avait transformé en un véritable salon littéraire les
locaux du CNE, rue de l'Élysée). Romancier respecté et
traducteur, Vittorini avait travaillé dans la presse clandestine de la Résistance italienne et, à la Libération, il était
devenu rédacteur en chef du quotidien du Parti, *l'Unità.* Il

publiait également sa propre revue, *Il Politecnico,* où il se montrait partisan d'une politique de diversité culturelle : refusant d'écarter les artistes non communistes, il publiait des textes de Faulkner, un auteur qu'il avait lui-même traduit, d'Eliot, d'Hemingway, de Kafka et de Joyce. Quand Vittorini fit la connaissance de Sartre à Milan pendant l'été 1946, il découvrit qu'ils avaient beaucoup de choses en commun et, en effet, *Il Politecnico* était plus proche des *Temps modernes* que de l'*Europe* d'Aragon. Puis, dans une correspondance fameuse, le chef du PCI, Palmiro Togliatti, contesta la politique d'ouverture de l'écrivain. Vittorini répondit poliment que la doctrine esthétique soviétique ne pouvait pas s'appliquer à l'Italie. Désormais exclu pour cause de déviationnisme, l'auteur italien perdit le soutien du Parti ; sa revue cessa de paraître en décembre 1947, au moment où le jdanovisme en Occident battait son plein.

Vittorini revint à Paris pendant que la controverse faisait rage au-delà des Alpes. Cette fois, il échappa aux solennités de la rue de l'Élysée et s'installa rue Saint-Benoît, comme il allait désormais le faire à chacun de ses voyages en France. Duras et Mascolo commencèrent à prendre leurs vacances avec les Vittorini — en Italie, en France, ou même en Espagne. Sous le pseudonyme de « Jean Gratien », Mascolo, en compagnie d'Edgar Morin, interrogea Vittorini pour *les Lettres françaises.* Le lecteur non averti pourra juger aujourd'hui que ces pages marquent une grande fidélité à l'orthodoxie communiste, et qu'elles sont bien dans le ton de l'époque. Un écrivain devait-il être engagé ? Vittorini répondait : « Peu importe le mot. Pour moi, cela implique d'être communiste. Il est aussi naturel pour moi d'être communiste que d'écrire. » Pour lui, le principe selon lequel « la fin justifie les moyens » n'était pas un principe communiste, même s'il jugeait « collaboratrice » une neutralité à la Camus. Il ne pouvait pas exister de troisième voie ; et ceux qui croyaient le contraire, comme Camus et Sartre, n'étaient que des idéalistes naïfs.

A l'occasion d'une réunion du Cercle des critiques au palais de la Mutualité — dans l'une des petites salles —, Casanova chargea Edgar Morin de faire un rapport sur

l'affaire Vittorini. Morin entreprit aussitôt de plaider en
faveur d'une indépendance relative de la culture. Pourtant,
Morin resta ; il avala le coup de Prague en février 1948,
avala ensuite la condamnation soviétique de Tito et le
procès de Rajk ; il ne devait quitter le Parti, comme nous
l'avons vu, que quand le Parti l'expulsa. Duras, Mascolo et
Antelme furent également expulsés, apparemment pour
leur style de vie, que les membres-travailleurs de la cellule
de Saint-Germain-des-Prés ne pouvaient guère comprendre, tout autant que pour leurs idées. A l'époque, il y
avait environ 600 communistes qui avaient leur carte
dans le secteur et, d'un jour à l'autre, Duras connut
le sentiment brutal d'être exclue de l'univers. Morin
décrivit de la sorte la solitude à laquelle il se trouva
confronté : « Tous étaient au chaud, dans les foyers, dans
les meetings. J'étais seul comme un fantôme pendant que
partout dans le monde les ouvriers marchaient... A jamais
j'avais perdu la communion, la fraternité. Exclu de tout, de
tous, de la vie, de la chaleur, du parti. Je me suis mis à
sangloter. »

Qu'était-ce donc qui les retenait, les avait retenus au
Parti ? Les avait fait passer sur tant de nécessaires compromis avec la vérité et leur conscience ? Plus tard, Morin
devait analyser cette liaison amoureuse entre les intellectuels et le parti communiste, une liaison que même la
brutalité du stalinisme n'avait pu ébranler. Ce phénomène
s'expliquait, en partie, par l'accoutumance des individus et,
en partie, par le sentiment qu'une discipline devait s'imposer dans un climat de guerre. Il y entrait aussi une part de
rancœur contre le monde extérieur, le monde des anticommunistes. Mais comment des hommes et des femmes
intelligents, qui n'avaient pas cru à l'authenticité des procès
de Moscou, pouvaient-ils accepter l'affaire Rajk et l'excommunication de Tito ? Il était difficile de couper deux
fois les ponts, décida Morin. Et puis il existait une autre
responsabilité pour un intellectuel communiste : l'orthodoxie publiquement affichée, et le cynisme professé en
privé. Il était *aussi* vrai que les écrivains bien notés par le
Parti étaient assurés de faire carrière.

Claude Roy, qui resta bien plus longtemps membre de la

cellule communiste de Saint-Germain-des-Prés — jusqu'à
sa propre exclusion —, continuait cependant à fréquenter
le groupe Duras. Mais, quand il se trouvait en présence de
l'ardent communiste Eluard, il avait honte de ces nuits rue
Saint-Benoît, passées à « *blasphémer* la religion de la cité
socialiste, à en critiquer les prêtres, à en mettre en question
les prémisses. C'était comme en cachette que je lisais des
livres " défendus ". »

Dans ce climat, la plupart des communistes de la rive
gauche attendirent d'être expulsés du Parti ; fort peu
d'entre eux eurent le courage de rompre pendant la
décennie qui suivit la Libération. Parmi ceux qui, néanmoins, eurent ce courage, figure Édith Thomas, dont
l'appartement servait de lieu de réunion — nous le savons
— lorsque le CNE était clandestin. Pour elle, l'excommunication de Tito avait été la goutte d'eau, et elle était allée
avec Clara Malraux en Yougoslavie afin d'y témoigner. A
son retour, *l'Humanité* la dénonça comme étant de ceux
qui avaient adhéré au Parti aux temps de la « relative
facilité », suggérant ainsi qu'elle ne s'était inscrite qu'après
la Libération, alors qu'en vérité elle avait adhéré aux jours
dangereux de l'Occupation — quand cela pouvait signifier
la prison, la torture, la mort. Son amie Dominique Desanti
qui, comme Édith Thomas, avait adhéré aux heures
sombres, se rendit compte qu'elle allait désormais, en
loyale communiste, devoir faire semblant de ne pas la voir
dans la rue. Desanti savait qu'elle aussi, à présent, aurait
dû désavouer son allégeance communiste (elle avait écrit
un livre avec le dessein avoué de dénigrer Tito). « C'est le
contraire qui s'est produit », confessa par la suite Dominique Desanti. « Plus les " hérétiques " nous troublaient,
plus le Parti nous choquait, plus nous décidions de secouer
tout respect humain, de perdre la face aux yeux de la
bourgeoisie, de nous engager. »[3]

3. Entretiens avec Pierre Daix, Marguerite Duras, Dionys Mas-
colo. Nello Ajello, *Intellettuali e PC (1944-1958)*, Bari, Italie, 1979 ;
Pierre Daix, *J'ai cru au matin*, Paris, 1976 ; Dominique Desanti, *Les
Staliniens*, Verviers, Belgique, 1976 ; Elio Vittorini, *Gli Anni del
« Politecnico » : Lettere (1945-1951)*, Turin, 1977. Jean Gratien et

Le jdanovisme continuait à s'étendre ; non seulement les sartriens, mais les surréalistes se trouvèrent pris pour cibles. Il suffisait d'être à gauche sans appartenir au Parti pour s'entendre qualifier d'instrument de la bourgeoisie, d'impérialiste, d'allié du fascisme. Roger Vailland, extrémiste de droite avant la guerre et expulsé du cercle surréaliste de Breton, écrivit un petit livre pour les Éditions sociales (du parti communiste) où il dénonçait le surréalisme comme antirévolutionnaire. Henri Mougin, Roger Garaudy et Jean Kanapa concentrèrent leurs attaques contre l'existentialisme ; celui-ci en effet représentait une menace particulièrement aiguë pour les communistes, comme nous l'avons vu, car il attirait de jeunes intellectuels qui, autrement, auraient pu s'inscrire. Au début de 1949, Ilya Ehrenbourg, vétéran des guerres idéologiques et toujours au service de l'URSS stalinienne en tant que correspondant spécial, déclara dans *les Lettres françaises* que la pièce de Sartre *les Mains sales* était un « pamphlet anticommuniste et antisoviétique ». Notant que la pièce allait se jouer aux États-Unis, car elle constituait « un bon produit d'exportation, meilleur que les vins français et les produits de la parfumerie française », Ehrenbourg poursuivait :

> Une annonce en langue anglaise récemment parue dans « La Semaine à Paris » : les touristes étaient invités à visiter un café du quartier Saint-Germain-des-Prés, où ils seraient à même de voir, de leurs propres yeux, la principale attraction de Paris (France) : Jean-Paul Sartre. Les commerçants de Chicago et les planteurs d'Oxford (Mississippi) contemplent avec ferveur le « terrible révolté », sans se douter de ce que ce « révolté » est apprivoisé depuis longtemps...

Les gens qui se situaient politiquement à gauche, et qui sympathisaient avec les communistes sans être assujettis à

---

Edgar Morin, « Une interview d'Elio Vittorini », *Les Lettres françaises*, Paris, 27 juin 1947 ; Jean Kanapa, « Les mots ou le métier d'écrivain », *Poésie 47*, Paris, août-septembre 1947 ; Elio Vittorini, « Politique et culture », *Esprit*, Paris, janvier 1948.

la discipline du Parti, ne rencontrèrent pas moins de difficultés que leurs amis « inscrits » quand vint le moment de séparer les torchons des serviettes. Un homme éminemment sociable comme Jean Cassou, par exemple, qui était demeuré avec les communistes d'*Europe* après le départ de Jean Guéhenno, qui avait poursuivi ses relations avec eux dans l'euphorie de l'après-guerre, n'avait pu accepter la condamnation de Tito par Staline. A son retour d'un voyage en Yougoslavie, il décrivit dans *Esprit* ce qu'il avait vu, et découvrit qu'il n'était pas aussi libre qu'il l'avait cru. Convoqué à une réunion de la direction d'une organisation parallèle, Combattants de la paix et de la liberté, il fut l'objet d'une accusation solennelle. Un permanent du Parti le somma de se rétracter. Il refusa et devint un ennemi du peuple. Jean-Marie Domenach, le membre du groupe *Esprit* qui avait très étroitement sympathisé avec le Parti, fut également exclu des Combattants de la paix après un voyage en Yougoslavie.

En vérité, Cassou avait publié dans *Esprit* une défense raisonnable du socialisme yougoslave. Et, dans le même numéro, on pouvait lire un texte d'une veine analogue, de Vercors ; les deux articles étaient d'ailleurs regroupés sous un même titre : « Il ne faut pas tromper le peuple. » « Je ne passe pas dans le camp américain », insistait Cassou. « Comme beaucoup d'intellectuels de ma génération, j'ai combattu pour des causes que défendaient aussi les communistes, contre le fascisme et pour le Front populaire... » Il avait conscience de l' « effroyable danger » que représentait l' « empire » américain, mais fallait-il pour autant se soumettre au Kominform ? Apparemment, oui. Quand les communistes commencèrent à les attaquer, Vercors demanda qu'il lui soit permis de répondre dans *les Lettres françaises,* mais Daix lui en refusa le droit. Vercors répliqua que, s'il ne pouvait pas se servir des pages d'un journal auquel il collaborait régulièrement pour répondre à une attaque personnelle, il n'y écrirait plus. Daix lui fit alors remanier son texte pour y introduire des termes plus acceptables ; mais il refusa ensuite une préface où Vercors exposait la difficulté qu'il rencontrait pour faire publier son article. Vercors décréta que sa préface devait paraître, ou

bien qu'il reprendrait son article sans le publier. Confronté
à un refus continu, il cessa d'écrire pour la revue. Mais
il demeura au CNE pendant encore de nombreuses
années. [4]

---

4. Entretiens avec Jean Bruller (Vercors), Jean Cassou. Jean-Marie
Domenach, *Ce que je crois,* Paris, 1978 ; Roger Garaudy, *Une
littérature de fossoyeurs,* Paris, 1947 ; Claude Roy, *Nous,* Paris, 1972 ;
Roger Vailland, *Le Surréalisme contre la révolution,* Paris, 1948.
*Esprit,* Paris, décembre 1949 ; *Les Lettres françaises,* Paris, 10 février
1949.

# 6

# Communistes
# et anticommunistes

Au cours de la décennie qui suivit la Seconde Guerre mondiale, Louis Aragon devint l'un des personnages les plus puissants du Paris intellectuel. Non seulement il avait pris le contrôle de journaux quotidiens, hebdomadaires et mensuels, avec le pouvoir de faire et de défaire des réputations, mais il savait comment employer ce pouvoir. Au printemps 1947, il devint directeur de *Ce soir,* quotidien du Parti qui ressemblait plus ou moins à tous les autres quotidiens populaires, car il utilisait avec plus de subtilité la rhétorique idéologique que l'organe officiel du Parti, *l'Humanité,* était forcé de publier. Et, avec la bénédiction du Parti (par l'intermédiaire de Pierre Daix), il dirigeait également des coulisses *les Lettres françaises* qui, dans le Paris d'après-guerre, étaient devenues un hebdomadaire de culture générale couvrant les domaines du théâtre, du cinéma et des beaux-arts aussi bien que de la littérature. Il détenait également le pouvoir derrière la façade du mensuel politico-culturel *Europe,* dont les rédacteurs en titre furent après la guerre, d'abord Jean Cassou, et puis Pierre Abraham. Il occupait un certain nombre de fonctions dans des organisations, étant, par exemple, secrétaire général de l'Union nationale des intellectuels, constituée en 1945 par la fusion des groupes de résistants intellectuels. En outre, Aragon allait entrer au Comité central du PCF, et devenir le confident du secrétaire du Parti, Maurice Thorez. En sa qualité d'exécuteur principal de la ligne culturelle dure qu'avait instaurée Andrei Jdanov en URSS, il était à bien des titres le Jdanov français. Il ressemblait, autant qu'il était possible hors de l'URSS et de l'Europe de l'Est, à un commissaire de la Culture, et disposait, sur les écrivains et les artistes, d'un pouvoir plus complet qu'aucun ministre de la Culture ne pouvait en espérer dans un pays occidental.

La création, dans cette atmosphère, n'était pas facile ; et surtout lorsque Aragon l'emporté, le susceptible, se laissait aller à imiter les violentes colères de son bien-aimé Staline. Toutefois, si les excommunications de Staline pouvaient tuer, les foudres du poète ne pouvaient que blesser. Il arborait fièrement les responsabilités de sa charge, et les réceptions qu'il organisait dans les salons du CNE étaient souvent magnifiques. Dominique Desanti a parlé d'Aragon et d'Elsa Triolet en les appelant le « couple royal », et ces monarques avaient leur cour. Vu par un Claude Morgan qui avait cessé d'être courtisan, « Aragon a besoin de séduire. Pour y parvenir, il fait ce qu'il faut, dépensant des trésors d'ingéniosité, d'attention, de délicatesse. Est-ce sincère ? Est-ce calcul ? Probablement l'un et l'autre. » Et en même temps très bon poète. Edgar Morin s'émerveillait « que cet homme d'une fidélité imperturbable au parti depuis vingt-cinq ans soit en même temps demeuré esthète, que cet esthète ait cependant fondé sa fidélité sur une vision policière du monde, que ce militant ait pu constituer, au sein du parti, l'univers salonnard et mondain du CNE ». Si le Parti acceptait les manières d'Aragon, c'était parce qu'il ne s'attaquait jamais aux grands tabous. Même ses louanges publiques à l'égard d'un Maurice Barrès nationa-liste ou d'un Pierre Benoit passaient, étaient acceptées, car elles semblaient servir la campagne communiste contre l'américanisme et la politique « atlantique ».

Aragon avait cependant un rival dans les cercles commu-nistes, Paul Eluard, cet autre poète prestigieux du surréa-lisme et de la Résistance. L'angoisse d'Aragon au sujet de son collègue se devine aisément au fait qu'il parvint — un tour de force — à résumer l'histoire des *Lettres françaises* pendant l'Occupation sans même citer une seule fois le nom du poète. En dépit de son attachement enthousiaste, lyrique, à la « liberté », Eluard demeurait obstinément stalinien et refusait d'envisager que l'Union soviétique pût se tromper. Pablo Picasso présentait un tout autre visage : imperméable à la doctrine du réalisme socialiste, il ignorait Jdanov et le jdanovisme, que celui-ci fût moscovite ou

parisien. Pourtant, il gardait sa fidélité au Parti, un parti
auquel il avait adhéré en octobre 1944. Il n'avait assurément aucun besoin de la publicité qu'il allait désormais
recevoir dans les pages de la presse dominée par le parti
communiste et par Aragon (les lecteurs de ces journaux-là
ne risquaient pas d'acheter ses toiles). « Tu comprends,
expliqua-t-il à Claude Roy, j'étais un étranger et sans
famille. Je suis entré au Parti comme on trouve une
famille. » Picasso se rendait bien compte, en même temps,
que cette relation présentait des inconvénients semblables
à ceux de la vie de famille : celle-ci voulait faire de vous un
pharmacien quand, en vérité, vous aspiriez à devenir
artiste, ou bien un réaliste socialiste quand vous ne vouliez
être que Picasso. Reste que, dans les années de l'après-
guerre, plus d'un membre du parti communiste devait se
sentir fier de partager ses allégeances avec un Eluard et un
Picasso [1].

De même qu'Aragon, André Malraux savait soigner son
image. Et la fin de la guerre le vit reparaître en héros
intellectuel — héros des intellectuels et des lecteurs de
journaux, des participants de meetings, des électeurs ; en
outre, il était destiné à devenir un personnage encore plus
officiel qu'Aragon. Car il s'était arraché à son paradis
caché de la Côte d'Azur juste à temps, il était entré assez
tard dans la Résistance, mais au sommet. Et, ce faisant, il
avait créé un nouveau personnage au moins aussi irrésisti-
ble que n'importe lequel de ses personnages de roman.
Toutefois, les guerres mêmes ont une fin. Peu de temps
après, Malraux confia à Marcel Arland qu'il hésitait entre
« être écrivain, faire du cinéma et entrer dans l'action ».
Mais quel genre d'action ? Être ministre de l'Information,

1. Entretien avec Pierre Daix. Aragon, *La Lumière et la Paix,
discours prononcé au Congrès national de l'Union nationale des
intellectuels, le 29 avril 1950,* Paris, 1950 ; Pierre Daix, *Aragon, une vie
à changer,* Paris, 1975 ; *J'ai cru au matin,* Paris, 1976 ; *La Vie de
peintre de Pablo Picasso,* Paris, 1977 ; Dominique Desanti, *Les
Staliniens,* Verviers, Belgique, 1976 ; Claude Morgan, *Les « Don
Quichotte » et les Autres,* Paris, 1979 ; Edgar Morin, *Autocritique,*
Paris, 1970 ; Claude Roy, *Moi je,* Paris, 1978 ; *Nous,* Paris, 1972.

cela pouvait-il « satisfaire un homme de notre classe » ?
Les deux amis conversaient dans leur bistrot habituel de la
rue du Dragon. Deux jours plus tard, Marcel Arland se le
rappelle, Malraux devait « agir » en participant, lors d'un
congrès d'anciens résistants, à la fameuse réunion du
Mouvement de libération nationale où fut rejeté le principe
de l'unité avec les anciens de la Résistance communiste.

Malraux n'entra finalement pas dans l'univers du
cinéma ; il continua à écrire. Pas des romans, certes, mais
des œuvres où la fiction avait quand même sa part (car les
œuvres autobiographiques des dernières années de
Malraux contiennent autant d'inventions que de faits
réels), et aussi, surtout, des ouvrages ambitieux et controversés sur la psychologie de l'art. Il se retira de la vie
politico-littéraire de Paris qu'il avait animée avant la
guerre, et rejeta l'idée d'entrer à l'Académie française.
Malgré cela, depuis la fin de la guerre jusqu'à sa mort, une
manière de cour entoura le personnage officiel ou semi-
officiel. Un jour, l'écrivain refusa d'aider sa femme à
porter les paquets dont elle était chargée : « Si le général
de Gaulle porte les paquets, lui fit-il, il n'est plus le général
de Gaulle. » Incident dont son neveu et beau-fils Alain, qui
en fut le témoin, tira cette conclusion : « Quelle fragilité... »

Dans les mois qui s'écoulèrent entre la libération de Paris
et la défaite de l'Allemagne en mai 1945, l'harmonie entre
communistes et non-communistes parut totale. C'était
l'époque où de Gaulle était revenu de Moscou avec un
pacte d'amitié en poche, où il avait amnistié le secrétaire du
Parti, Thorez, avant de le faire entrer au gouvernement.
Mais c'était aussi l'époque où l'effort des communistes
pour unir tous les antifascistes en une seule organisation
facile à contrôler se trouva contrecarré de manière décisive. Le Front national, mouvement antifasciste d'anciens
résistants, qui était en vérité une organisation parallèle
étroitement tenue par les communistes, cherchait à s'unir
au Mouvement de libération nationale (MLN), coalition
plus homogène de groupes de Résistance, dont certains
étaient de gauche et même procommunistes, et d'autres
(comme Combat) indépendants ; le tout représentait envi-

ron 500 000 membres, ainsi qu'un certain nombre de publications, parmi lesquelles des quotidiens parisiens.

En janvier 1945, le premier congrès du MLN se déroula à Paris au palais de la Mutualité, et la fusion avec le Front national figurait à l'ordre du jour. Cette organisation avait même envoyé une délégation de ses dirigeants pour susciter le maximum de votes en faveur de la fusion. Malraux prit la parole, et son intervention contre la fusion avec les communistes fut reconnue comme déterminante (le congrès du MLN allait en rejeter le principe par 250 voix contre 119). Dans son discours, Malraux appela à la mobilisation des forces non communistes : « Le parti communiste n'est pas un ensemble de moyens de persuasion, mais un ensemble de moyens d'action », expliqua-t-il. « Or, n'oubliez pas, nous tous ici, nous sommes aussi un ensemble de moyens d'action... Si nous voulons maintenir ce qui a été notre mobilisation d'énergie, c'est bien par une technique semblable à celle des communistes que nous devons agir... » En effet, Malraux annonçait déjà son propre rôle dans le mouvement gaulliste et dans la croisade anticommuniste des années de guerre froide, et ce avant même d'avoir jamais rencontré le général.

De Gaulle avait transféré son gouvernement provisoire d'Alger à Paris pour combler le vide laissé par le départ des Allemands et le démantèlement de l'État de Vichy. En novembre 1945, il fut élu chef du gouvernement provisoire. Le même mois, il forma un nouveau gouvernement — Maurice Thorez en faisait partie, ainsi que quatre autres dirigeants communistes — et y introduisit Malraux — qu'il avait seulement rencontré pour la première fois deux mois auparavant — comme ministre de l'Information ; et il en fit son porte-parole. L'écrivain prit à son tour Raymond Aron comme chef de cabinet, et trouva également un poste pour son vieil ami réfugié, l'antifasciste Manès Sperber, qui était revenu de son exil en Suisse. Malraux lui confia la responsabilité des moyens d'information en Allemagne occupée. Mais, peu de temps après, de Gaulle démissionna pour marquer la réprobation que lui inspirait un régime parlementaire traditionnel qui semblait avoir la faveur des dirigeants politiques et des électeurs. « Suivant moi, il est

nécessaire que l'État ait une tête, c'est-à-dire un chef, en
qui la nation puisse voir, au-dessus des fluctuations,
l'homme en charge de l'essentiel et le gérant de ses des-
tinées », expliqua-t-il dans ses Mémoires. Il ne revien-
drait aux affaires que lorsque la France serait prête à
abandonner la constitution de la IVᵉ République, prête à
adopter un système de gouvernement attribuant au chef de
l'État plus d'autorité que ne le permettait jusqu'alors le
système parlementaire.

Entre le départ du général en janvier 1946 et son retour
— à la suite de ce qu'on appela un coup d'État —, en mai
1958, un groupe de fidèles, pour la plupart vétérans de la
France libre de Londres et d'Alger, s'acharnèrent à tenter
de le ramener, d'imposer sa conception du gouvernement
de la France. Il s'agissait d'un mouvement à la fois antiparti
et anticommuniste, dont Malraux était l'intellectuel. De
Gaulle y apparaissait comme l'incarnation de la France ; et
le PC faisait figure d'antéchrist. Les gaullistes fondèrent le
Rassemblement du peuple français — RPF —, organisèrent des meetings, publièrent des journaux, des revues, des
brochures de propagande, formèrent enfin un service
d'ordre, qui allait engager des batailles sans merci contre
l'adversaire communiste. Responsable de la propagande
gaulliste, Malraux s'attela à la tâche avec la même ardeur
qu'il avait déployée dans les causes communistes et antifascistes. Il avait installé son quartier général place de
l'Opéra, dans des locaux meublés avec élégance. Des
anecdotes circulaient sur le sentiment croissant qu'il avait
de son importance et sur son mode de vie luxueux, ses
automobiles et ses valets de chambre.

Le mouvement gaulliste publiait un hebdomadaire, *le
Rassemblement*, où l'on pouvait lire des éditoriaux de
Malraux, des articles de Raymond Aron et de Pascal Pia
(Albert Ollivier, directeur du journal, et Pia avaient fait
partie de l'équipe originale de *Combat* avec Camus). Il
allait également se créer un austère mensuel, *Liberté de
l'Esprit*, qui présenterait le message gaulliste à « la jeunesse
intellectuelle ». Claude Mauriac (alors âgé de trente-
quatre ans) en était le rédacteur en chef ; et certains de ses
collaborateurs s'appelèrent Malraux, bien sûr, Jean Les-

cure et Gaëtan Picon, Max-Pol Fouchet, René Tavernier
de *Confluences,* et le catholique de gauche Stanislas Fumet
Mais il se trouvait aussi dans l'équipe des gens de droite, et
le premier numéro contenait un papier méprisant de Roger
Nimier dirigé contre les intellectuels de gauche : « Nous ne
ferons pas [la guerre] avec les épaules de M. Sartre, ni avec
les poumons de M. Camus », ainsi qu'une allusion rica-
nante à l'intérêt porté par Albert Camus à « des nègres,
des palestiniens [juifs] ou des jaunes ». Dans un autre
article, Max-Pol Fouchet expliquait pourquoi il ne s'était
pas allié à « ces petits coquins et ces grands coquets de la
littérature » des *Lettres françaises* et du Comité national
des écrivains, non plus qu'avec les soi-disant neutralistes.
Citant l'expression dont Camus avait usé lors d'un meeting
en décembre 1948, « il faut se battre ou mourir », Fouchet
concluait : « Nous avons choisi de nous battre. » Claude
Mauriac déclarait à ses lecteurs que, s'ils rejetaient le
totalitarisme de droite comme de gauche, les disciples du
général de Gaulle préservaient au sein de leur mouvement
« une totale liberté de pensée et d'action ». Mais de Gaulle
allait lui confier peu de temps après : « Liberté de l'esprit.
Bien sûr, on n'est jamais tout à fait libre. Votre action
s'insère dans celle du RPF, il est donc nécessaire qu'il y ait
une certaine cohésion entre vos prises de position et celles
du Rassemblement. » En réalité, les gaullistes subvention-
naient le mensuel, et de Gaulle le censurait personnellement — ainsi, il refusa l'insertion de la « Lettre » de
Paulhan « aux directeurs de la Résistance ». Le rôle de
Malraux au sein de l'univers gaulliste — les *Antimémoires*
sur ce point sont clairs — était de mobiliser les énergies
intellectuelles dans la croisade anticommuniste, dans l'allégeance à l'idéologie gaulliste de l'État, de même que Willy
Münzenberg avait, au cours des années trente, manœuvré
la gauche dans le sens du communisme international. Dès
novembre 1945, Malraux — alors ministre de l'Information
— confia à Claude Mauriac : « Il faut oser tenir tête aux
communistes... Ici, où cela va barder dans les jours qui
viennent. Il y aura du sport, je vous l'assure. » En octobre
1947, au plus fort de la campagne gaulliste, Malraux fit
observer à Arthur Koestler qu'il prenait un risque en

servant les réactionnaires pour amener de Gaulle au pouvoir. Car, si de Gaulle une fois à la tête de l'État n'agissait pas comme il l'avait espéré, il considérerait alors qu'il avait trahi la classe ouvrière, et n'aurait plus qu'à se suicider.

« Ni la droite ni la gauche : le pays. » Ainsi Malraux concluait-il l'un de ses messages politiques (publié dans *le Rassemblement*). De même que les staliniens n'étaient pas vraiment sur la gauche de l'éventail politique, les gaullistes, estimait-il, n'étaient pas vraiment à droite.[2]

Si les appels de Malraux passaient par-dessus la tête de ses auditeurs, si sa mystique de la France contrastait avec le langage terre à terre de la subversion communiste, le discours politique de Camus véhiculait, lui, un message plus clair et bien laïque. Cependant, une vie privée difficile, la maladie, le désir de tenir la promesse de ses livres l'obligèrent à se tenir à l'écart pendant les premières années d'après-guerre, et cela en dépit des nombreuses sollicitations dont il était l'objet. Après son départ de *Combat* avec toute l'équipe de fondation, il ne trouva pas l'organe où il aurait pu s'exprimer ; son instinct, en effet, l'écartait du mouvement gaulliste, comme jadis du groupe des *Temps modernes*. Camus possédait une expérience que ni Malraux ni Sartre n'avaient — non plus d'ailleurs que la plupart des intellectuels de leur connaissance : il avait été membre à part entière du parti communiste d'Alger avant la guerre et, à l'âge de vingt-trois ans, en avait déjà été la

2. Entretiens avec Raymond Aron, Max-Pol Fouchet, Manès Sperber, René Tavernier. *L'Année politique,* Paris, 1946 ; Marcel Arland, *Ce fut ainsi,* Paris, 1979 ; Charles de Gaulle, *Mémoires de guerre, III — Le salut (1944-1946),* Paris, 1965 ; Alain Malraux, *Les Marronniers de Boulogne,* Paris, 1978 ; André Malraux, *Antimémoires,* Paris, 1967 ; Claude Mauriac, *Un autre de Gaulle — Journal (1944-1954) (Le Temps immobile),* Paris, 1970 ; Maria van Rysselberghe, « Les cahiers de la petite dame » (1945-1952) ; *Cahiers André Gide 7,* Paris, 1977 ; Manès Sperber, *Au-delà de l'oubli (Ces Temps-là, III),* Paris, 1979. André Malraux et James Burnham, « The Double Crisis », *Partisan Review,* New York, avril 1948 ; *Cahiers de l'Herne :* « Cahier Arthur Koestler », Paris, 1975. *Les Lettres françaises,* Paris, 17 janvier 1947 ; *Liberté de l'esprit,* Paris, 1949-1950.

victime : refusant de suivre le Parti lorsque celui-ci avait
décidé de cesser tout soutien au nationalisme musulman,
Camus avait été jugé et exclu. Toutefois, il se montrait
plein de méfiance à l'égard du pouvoir américain, de la
civilisation américaine, d'une méfiance alors très répandue
dans la gauche intellectuelle — car, si les communistes
n'avaient pas su communiquer ce message aux Français, les
gaullistes à coup sûr y étaient parvenus : dans son discours
de mars 1948 à la salle Pleyel, Malraux avait lancé un appel
pour le maintien et le développement d'une culture française et d'une culture européenne ; distinctes à la fois de la
civilisation mercantile de l'Amérique et du totalitarisme
stalinien (il mettait cependant l'accent sur le fait que le plus
grand danger provenait de l'Est).

Camus avait conscience de la nécessité de dénoncer les
atteintes à la liberté dans les pays de l'Est, et de le faire
avec la même vigilance que naguère lorsqu'il s'agissait des
crimes du nazisme et du fascisme. Ses informations lui
venaient pour partie d'Arthur Koestler, ancien militant
communiste, qui était revenu en France. A la suggestion de
Koestler, un petit groupe se réunit chez Malraux en
octobre 1946 pour étudier la possibilité de répondre de
façon concertée aux attaques communistes. Sartre et
Camus étaient présents, ainsi que Sperber. Camus
approuva la proposition de Koestler visant à constituer une
structure organisationnelle, mais l'affaire n'alla pas plus
loin, en partie à cause de l'opposition exprimée par Sartre :
un tel programme pouvait apparaître antisoviétique. Privé
du soutien de Sartre et des influents *Temps modernes,* les
autres ne virent plus aucun espoir de succès. C'est à ce
moment-là que Camus écrivit pour *Combat* une série
d'articles intitulée « Ni victimes ni bourreaux », qui constitua à l'époque sa principale prise de position politique. En
un temps de terreur, affirmait-il, ceux qui refusaient tout à
la fois les voies soviétique et américaine, et qui rejetaient
un monde où le meurtre était considéré comme un acte
légitime, ceux-là étaient des hommes sans pays. Les
socialistes auraient à choisir entre la doctrine communiste
de la fin qui justifie les moyens — c'est-à-dire du meurtre
considéré comme acte légitime — et le rejet du marxisme

(sauf comme outil critique). La fin de l'idéologie avait marqué le commencement d'un monde dominé par les grandes puissances ; l'alternative, c'était ou le bain de sang ou l'ordre universel, qui pour lui n'était pas une utopie. Désormais, le monde se divisait entre ceux qui acceptaient d'être des meurtriers au nom de principes abstraits, et ceux qui refusaient — de toute leur force.

Les communistes et leurs compagnons de route ne manquèrent pas de voir le danger que représentait l'analyse raisonnée de Camus, danger assurément aussi menaçant que l'approche dure d'un Malraux ou d'un Koestler. En refusant de choisir entre communisme et capitalisme, en essayant de « sauver les corps », Camus devenait — comme l'en accusa Emmanuel d'Astier de la Vigerie — un complice involontaire du capitalisme. L'engagement discret, introspectif, de Camus apparaissait souvent aux observateurs superficiels comme un non-engagement, ce qui le rendait plus vulnérable aux attaques de ceux qui s'engageaient de manière publique. L'écrivain précisa ses positions dans *l'Homme révolté,* qui représente une synthèse de sa philosophie antitotalitaire. « Mon rôle, écrit-il dans une réponse à d'Astier, n'est pas de transformer le monde, ni l'homme... Mais il est, peut-être, de servir, à ma place, les quelques valeurs sans lesquelles un monde, même transformé, ne vaut pas la peine d'être vécu. » Il ne signait pas les pétitions, se tenait à l'écart des campagnes lancées à grand bruit. La seule exception qu'il fit à sa propre règle, ce fut en faveur d'un Don Quichotte comme lui, Garry Davis, ce jeune Américain qui, déjà ancien combattant, renonça à sa nationalité américaine pour devenir citoyen du monde. Camus toutefois préférait agir par le biais de groupes plus restreints, et il constitua avec quelques amis une organisation destinée à secourir des réfugiés de l'Espagne franquiste et de l'Europe stalinienne.

Il y avait au moins un anticommuniste déclaré et notoire sur la scène de la rive gauche, et c'était Arthur Koestler. Cet auteur avait écrit l'un des plus terribles réquisitoires que l'on connaisse contre les méthodes staliniennes, *le Zéro de l'Infini,* roman où il relatait les procès des vieux

bolcheviques dans le Moscou d'avant-guerre. L'ouvrage
avait d'abord paru en Angleterre pendant la guerre ; il ne
fut traduit en français qu'après la Libération. Koestler tirait
une grande fierté du fait qu'un journal français avait
qualifié son livre d'élément essentiel dans la défaite des
communistes lors du référendum de mai 1946 sur la
nouvelle Constitution. Ses essais sur le totalitarisme à l'Est,
*le Yogi et le Commissaire,* furent condamnés dans *les Temps
modernes* par Maurice Merleau-Ponty : celui-ci se montrait
encore favorable au communisme soviétique. Dans sa
critique intitulée : « Le yogi et le prolétaire », Merleau-
Ponty trouva même le moyen de ne pas condamner les
procès de Moscou des années trente. Du fait de l'hostilité
des sartriens à l'égard de Koestler, Camus interrompit une
discussion avec Merleau-Ponty et Sartre, lors d'une fête
chez Boris Vian, et claqua la porte — c'était le début de la
fin de son amitié avec Sartre.

Pendant quelque temps, Koestler avait paradoxalement
été admis dans le cercle de Sartre. Le couple Sartre-
Beauvoir le jugeait égocentrique, toujours prêt à se citer
lui-même. « Nous fûmes gênés », a écrit Simone de
Beauvoir, « par sa pédanterie d'autodidacte, par l'assurance doctrinale et le scientisme qu'il tenait d'une médiocre
formation marxiste... Mais il avait aussi beaucoup de
chaleur, de vie et de curiosité ; il apportait dans les
discussions une passion infatigable ; il était toujours prêt, à
n'importe quelle heure du jour et de la nuit, à remuer
n'importe quelle question. » Koestler n'était économe ni
de son temps ni de son argent. Sartre et Simone de
Beauvoir vécurent des soirées mémorables avec lui et
Camus, soirées fastueusement arrosées d'alcool. Vint une
époque où le philosophe dut admettre que leurs rapports se
détérioraient. Un jour, Koestler lança un verre au visage
de Sartre, soit colère, soit mésentente, soit encore pure
jalousie. « Pas d'amitié sans entente politique », déclarait Koestler. Sartre décida qu'ils n'avaient plus rien à se
dire.

De même que Koestler et ses camarades — alors sous
l'aile de Münzenberg — avaient jadis fourni en arguments
les responsables de la campagne antifasciste, l'auteur du

*Zéro et l'Infini* proposait à présent des faits aussi bien que
des théories pour alimenter l'anticommunisme d'après-
guerre. On prétendit même que les communistes avaient
tenté d'empêcher la publication de l'ouvrage en France,
qu'ils avaient exercé de telles pressions sur le traducteur
que ce dernier avait fait supprimer son nom sur la page de
titre. Quand le livre apparut dans les librairies, ils en
achetèrent autant d'exemplaires qu'ils purent, mais ne
furent certainement pas les seuls acquéreurs du demi-
million d'exemplaires qui se vendit la première année — les
ventes totales pour la France s'élevant à 800 000 exemplaires. En première page des *Lettres françaises,* Claude
Morgan contre-attaqua : d'après lui, les procès de Moscou
avaient permis à Staline de purger l'Union soviétique,
d'écarter les traîtres qui se seraient révélés dangereux.
« Sans les procès de Moscou, demandait Morgan, la France
serait-elle libre ? » Morgan allait même — comme un
collaborateur de la revue *Esprit* ne manqua pas de le
relever — jusqu'à rappeler aux éditeurs juifs du livre de
Koestler que les juifs devaient beaucoup aux armées de
Staline. Vercors critiqua *le Zéro et l'Infini* au nom de
l'espérance, car il *fallait* croire à l'Union soviétique. « S'il
fallait croire que ce [progrès] ne fût obtenu qu'au prix de
tout ce qui vaut de vivre, concluait-il, alors il ne resterait
qu'à se couvrir la tête de cendre et prier qu'une miséricor-
dieuse bombe nucléaire veuille bien mettre fin à ce monde
sinistre. »

Le grand prêtre du conformisme communiste, Casanova,
lui consacra même un certain espace dans la revue théorique *les Cahiers du communisme* (numéro de mars-avril
1947). Koestler n'avait été naturalisé anglais que fort
récemment, observait Casanova — faisant allusion à ses
origines ; l'écrivain est né à Budapest —, mais son œuvre
était antifrançaise, elle attaquait la France, puisque Koestler s'opposait à la ligne communiste d'indépendance
nationale. Seul le conseiller idéologique de Casanova osa
aller plus loin. Dans un petit livre intitulé *le Traître et le
Prolétaire ou l'entreprise Koestler and co. ltd.*, Jean Kanapa
lança en effet une attaque plus personnelle contre l'auteur.
Il rappelait qu'après son arrestation par les troupes fran-

quistes à Malaga, en février 1937, Koestler avait été
relâché ; bien sûr, il s'était délibérément fait arrêter par
les fascistes. Il était donc un déserteur, et en plus un
traître. [3]

3. Simone de Beauvoir, *La Force des choses*, Paris, 1963 ; André
Breton, *Entretiens (1913-1952)*, Paris, 1969 ; *Cahiers de l'Herne :*
« Cahier Arthur Koestler », Paris, 1975 ; Laurent Casanova, *Le Parti
communiste, les Intellectuels et la Nation*, Paris, 1951 ; Pierre Daix, *La
Vie de peintre de Pablo Picasso*, Paris, 1977 ; *L'Heure du choix* [Vercors
et al.], Paris, 1947 ; Arthur Koestler, *Hiéroglyphes 2*, Paris, 1978 ; Jean
Kanapa, *Le Traître et le Prolétaire ou l'entreprise Koestler and co. ltd.*,
Paris, 1950 ; Herbert R. Lottman, *Albert Camus*, Paris, 1978 ; André
Malraux, *Les Conquérants*, (postface : discours du 5 mars 1948), Paris,
1959. Claude Morgan, « Nettoyer devant sa porte », *Les Lettres
françaises*, Paris, 1er février 1946.

# 7

# En guerre froide

Selon les opinions qu'on a, on définira la guerre froide comme la réaction occidentale aux menaces de l'Est, ou bien comme le contraire. La fondation du Kominform, en septembre 1947, peut être considérée comme la première manifestation officielle de la guerre froide du côté communiste, bien que des signes moins voyants l'eussent précédée et que, comme nous l'avons déjà vu, le durcissement de la ligne idéologique eût en vérité commencé, sous la direction de Jdanov et de ses collègues français, au milieu de l'année précédente. Il fallut simplement un certain temps aux Français pour comprendre que l'Union soviétique entrait dans une phase expansionniste, qu'elle avait ses armées dans les territoires qu'elle occupait encore bien après la fin des hostilités avec l'Allemagne nazie, et qu'elle y établissait des régimes fantoches, tout d'abord sous forme de gouvernements de coalition, puis de gouvernements étroitement contrôlés par le Parti. Il fallut le spectaculaire coup d'État de février 1948 en Tchécoslovaquie, pays jusqu'alors démocratique, pour attirer l'attention des Occidentaux sur ce qui se passait là-bas.

Toutefois, six mois plus tôt, à Rennes, en juillet 1947, Charles de Gaulle (qui n'était plus au pouvoir) avait dénoncé la menace que représentait la politique soviétique. L'URSS se trouvait déjà à la tête d'un bloc de 400 millions de personnes, maintenues ensemble « par la contrainte ». Bloc dont la frontière, avait-il proclamé, « n'est séparée de la nôtre que par cinq cents kilomètres, soit à peine la longueur de deux étapes du Tour de France cycliste. Il écrase à l'intérieur de lui-même toute opinion et toute action qui ne seraient pas complètement soumises à ses dirigeants, tandis qu'il dispose dans tous les pays libres de groupements à sa dévotion. »

La guerre froide datait en réalité du jour où le président américain Harry S. Truman (en mars 1947) avait demandé au Congrès américain une aide économique et militaire pour la Grèce et la Turquie, à l'époque où une insurrection d'inspiration communiste en Grèce menaçait d'entraîner l'un ou l'autre de ces pays (ou les deux) dans l'orbite soviétique. La Grèce et la Turquie reçurent une aide, mais la pression de Moscou s'accentua ailleurs. Le coup de Prague, en 1948, fut suivi du blocus de Berlin — blocus qui entraîna la création du fameux pont aérien destiné à garder la ville en vie —, et de l'excommunication de Tito par Staline. Le 4 avril 1949, les démocraties occidentales, parmi lesquelles la France, signèrent à Washington le traité de l'Atlantique Nord, qui garantissait une assistance mutuelle en cas d'agression armée ; cependant, l'OTAN n'allait s'organiser en commandement militaire unifié qu'en juin 1950, au début de la guerre de Corée.

Il est difficile aujourd'hui de concevoir combien l'hypothèse d'une guerre européenne, d'un coup d'État communiste en France, apparaissaient vraisemblables, même à des gens sensés — parmi lesquels les écrivains et les artistes de la rive gauche à la fin des années quarante. André Malraux faisait écho aux accents dramatiques du général de Gaulle, et son attitude fut sans doute déterminante dans la prise de conscience, par ses pairs, de la situation. Un certain nombre de témoignages nous révèlent son rôle de messager du désespoir — ou, tout au moins, de l'alerte. Pendant qu'il était ministre de l'Information dans le gouvernement du général (c'est-à-dire entre la fin de novembre 1945 et le 20 janvier 1946), il invita Marcel Arland à l'Opéra et le rejoignit à l'entracte pour lui chuchoter : « Avant huit jours, les communistes vont s'emparer de Paris ; au moins le tenter, par l'incendie et par le sang. » Mais il put rassurer son ami : « Un avion sera mis à votre disposition qui vous emmènera aussitôt à Bruxelles. » Malraux suggérait-il qu'une insurrection intérieure se préparait, ou bien une invasion soviétique ? Le naïf Arland, apolitique comme il l'était, n'aurait pas saisi la différence. Mais Malraux confia également à des journalistes américains — le 18 janvier 1946, juste avant la démission du général de Gaulle — que l'Union soviétique et les États-Unis allaient se heurter par-dessus le « corps prostré » de l'Europe, et que les Russes arriveraient jusqu'à Paris. Près d'un an plus tard, Malraux ne tenait pas un autre langage ; il annonça à Georges Bernanos que les Soviétiques allaient attaquer la France au plus tard au printemps 1947. Une fois de plus, Bernanos quitta la France, et un témoin affirme que ce fut à cause de la menace des tanks soviétiques à Paris. Jean Galtier-Boissière dîna avec Malraux en janvier 1948, et s'entendit avertir que le coup d'État communiste aurait lieu en mars ; il commencerait par des assassinats politiques et des déraillements de trains exécutés par des experts yougoslaves...

Les communistes aussi se préparaient au pire. Des titres effrayants s'étalaient en première page de *l'Humanité ;* on parlait de rafles policières au siège du Parti et dans les cercles communistes. Au début de la guerre de Corée, Sartre et Camus se trouvaient un jour attablés ensemble à la brasserie Balzar, à deux pas de la Sorbonne, à discuter de leurs positions respectives. « Avez-vous réfléchi à ce qui vous arrivera quand les Russes seront ici ? » aurait alors dit Camus, ajoutant : « Ne restez pas ! » Camus avait pour sa part décidé d'entrer dans la Résistance ; et Sartre riposta que jamais il ne pourrait lever la main contre le prolétariat. L'insistance de Camus, « Si vous restez, ils ne vous prendront pas seulement la vie mais aussi l'honneur », affecta Simone de Beauvoir, comme elle le nota dans son journal. Au cours des jours suivants, elle revint sur les injonctions de Camus dans les discussions qu'elle avait avec Sartre. La femme de Merleau-Ponty déclara à Sartre : « Ce qu'on attend de vous, c'est un suicide. » Une autre fois, d'après Simone de Beauvoir, Roger Stéphane s'écria : « En tout cas, Sartre, promettez-moi que vous n'avouerez jamais ! »

En octobre 1948, un hebdomadaire politique, *Carrefour,* commença une étude sur les chefs de file de l'opinion publique sous ce gros titre en rouge et noir :

### SI L'ARMÉE ROUGE
### OCCUPAIT LA FRANCE
### QUE FERIEZ-VOUS ?

« L'occupation russe n'est pas fatale, mais elle est possible », expliquait le rédacteur en chef de *Carrefour*. La réponse de Malraux arriva parmi les premières. « Vous me demandez : que feriez-vous ? Comme de 1940 à 1944. » Mais la plupart de ceux que l'on interrogeait éludaient la question en affirmant que les Français sauraient bien éviter la guerre. Certains, comme Louis Martin-Chauffier, considéraient la question elle-même comme dangereuse, parce qu'elle contribuait à créer une attitude fataliste. « Pourquoi l'armée rouge ? » s'étonna Vercors. « Pourquoi pas l'armée américaine ? » Mais il affirmait, ainsi que d'autres gens de gauche, qu'il résisterait à toute invasion, à toute occupation. Sartre refusa de répondre dans les colonnes de ce journal qui l'attaquait souvent ; cependant, il déclara lors d'un débat politique que, si les États-Unis ou l'URSS envahissaient la France, il entrerait avec ses amis dans la résistance clandestine. [1]

La guerre froide fut une époque de procès d'épuration en Europe orientale : les dirigeants des satellites soviétiques tombaient l'un après l'autre ; les mêmes hommes que la propagande communiste avait décrits comme des héros de la résistance au fascisme se métamorphosaient soudain en traîtres qui ne méritaient que le peloton d'exécution. Le dernier de ces grands procès fabriqués de toutes pièces se

---

1. Marcel Arland, *Ce fut ainsi,* Paris, 1979 ; Simone de Beauvoir, *La Force des choses,* Paris, 1963 ; Claude Bourdet, *L'Europe truquée,* Paris, 1977 ; Jean Galtier-Boissière, *Mon journal dans la grande pagaïe,* Paris, 1950 ; Jean-Paul Sartre, David Rousset, Gérard Rosenthal, *Entretiens sur la politique,* Paris, 1949 ; Roger Stéphane, *Toutes choses ont leur saison,* Paris, 1979 ; Michel Winock, *Histoire politique de la revue « Esprit » (1930-1950),* Paris, 1975. Henri Guillemin, « Les Mémoires du R.P. Bruck », *Le Monde,* Paris, 15 décembre 1978 ; Jean-Paul Sartre, « Merleau-Ponty vivant », *Les Temps modernes,* Paris, nº 184-185, 1961 ; *Carrefour,* Paris, 20 octobre, 27 octobre, 3 novembre, 9 novembre 1948.

déroula en Union soviétique même, dans les derniers mois de la vie de Staline, lorsqu'un groupe respectable de médecins du Kremlin, pour la plupart des juifs, furent accusés d'avoir assassiné des dirigeants soviétiques, parmi lesquels Jdanov.

Paris même était devenu la scène de deux grands procès, dont chacun prit sa source dans une plainte en diffamation, mais tous deux exemplaires de la lutte entre l'Est et l'Ouest.

Victor A. Kravchenko était fonctionnaire de la Commission d'achats soviétique aux États-Unis quand il demanda l'asile politique en 1944. Ses premières révélations concernant les crimes du stalinisme survinrent à une époque où la guerre contre l'Allemagne et le Japon battait son plein, et où la coopération américano-soviétique était essentielle ; sa dénonciation du régime policier régnant en Union soviétique, d'un état de choses qu'il avait longtemps, et de l'intérieur, pu observer, eut des répercussions internationales dès que son livre parut aux États-Unis, soit en 1946. En traduction française, *J'ai choisi la liberté* remporta un grand succès dès l'année suivante et constitua aussitôt une cible privilégiée pour les responsables du Parti. La première charge contre Kravchenko revint aux *Lettres françaises* qui, dans leur numéro du 13 novembre 1947, proclamèrent que le livre était un faux. L'article des *Lettres françaises* était attribué à un journaliste signant du nom de « Sim Thomas », prétendument un ancien agent des services secrets américains pendant la guerre, l'OSS (Office of Strategic Services). « Thomas » prétendait que le livre de Kravchenko était, justement, l'œuvre de spécialistes antisoviétiques des services secrets américains. (Il se révèle à présent que « Sim Thomas » n'a jamais existé, et que l'article affirmant que le livre de Kravchenko provenait des officines de renseignements américains, provenait en réalité d'officines soviétiques.) Le 25 avril 1948, *les Lettres françaises* publièrent un autre article sur la question, cette fois signé par un polémiste notoire, André Wurmser, qui concluait : « De deux choses l'une : ou Kravchenko ment, ou c'est un être abject. »

Kravchenko, qui avait expliqué dans la version originale

américaine de son livre qu'il avait rédigé son manuscrit en russe et qu'il avait contrôlé l'adaptation faite pour le public américain, avait déposé une plainte en diffamation contre *les Lettres françaises* et leur directeur Claude Morgan, ainsi que contre « Sim Thomas » ; il entama ensuite la même procédure contre Wurmser quand parut l'article de ce dernier. Le procès s'ouvrit le 24 janvier 1949, dans une salle refaite à neuf de la 17e chambre correctionnelle de Paris, et devint aussitôt une cause célèbre ; les journalistes se pressaient dans la partie de la salle qui leur était réservée, et il semblait que tout le monde à Paris eût assisté au moins en partie au déroulement des audiences. Il apparaissait clairement que c'était le système soviétique qui se trouvait là jugé, et des témoins y apportèrent des preuves qu'il y avait en URSS des camps de concentration. Juste avant le procès, Kravchenko donna une conférence de presse — plutôt un meeting — à la salle de Géographie, boulevard Saint-Germain. Wurmser présida une réunion de son côté, où il déclara de nouveau que Kravchenko était un déserteur, et un ennemi de la France. Le compte rendu de l'affaire dans *les Lettres françaises* était précédé d'un témoignage sur l'intégrité du journal, « La pureté des *Lettres françaises* », texte signé par Jean Cassou, dont le propre « procès », puis l'expulsion du monde des compagnons de route allait se dérouler un an plus tard (pour déviation titiste).

« Le 24 janvier 1949 », devait raconter Wurmser par la suite, « ce n'était pas l'ouverture d'un procès, c'était une grande première. Des caméras, des journalistes panaméens, néo-zélandais, allemands et américains, il y en avait partout, sur les bancs, sur les marches, si près des juges que c'en était indécent. »

Kravchenko s'exprimait en russe, et un interprète traduisait ses propos après chaque phrase. « Ce que j'ai fait », déclara-t-il, « je l'ai fait pour le monde entier, pour tous les gens libres, qui doivent savoir la vérité sur la vie du peuple soviétique sous la dictature soviétique, et qui doivent se convaincre que ce régime n'est pas un régime de progrès, mais un régime de barbarie ». Petit-fils et fils d'ouvrier, ouvrier lui-même, il avait adhéré au parti communiste, malgré l'opposition de son père. « J'en appelle à tous les ouvriers, aux paysans et aux intellectuels du monde entier... » Dédaignant les avocats de la défense, il poursuivit : « Le but de mes ennemis est de me salir et de me compromettre par tous les moyens possibles... une tâche qui leur a été imposée par le Kremlin. »

Dans son témoignage, Wurmser souligna l'exploitation de la défection de Kravchenko par la propagande nazie. Il ajoutait que quiconque est antisoviétique est aussi antifrançais. (Et la salle réagit par des « Oh! Oh! ».) La défense plaida que Kravchenko ne pouvait pas avoir écrit le livre ; il ne connaissait pas bien, par exemple, la pièce d'Ibsen *Maison de poupée* citée dans l'ouvrage. (Kravchenko admit que son livre avait fait l'objet d'adaptations pour le public occidental.) Des heures passèrent ainsi.

Un défilé de communistes et de sympathisants vint témoigner sur la moralité des défendeurs. Mais l'importance du procès pour les dirigeants de l'Union soviétique apparut de façon très claire quand des témoins débarquèrent de l'avion de Moscou, et cela à une époque où l'Union soviétique n'ouvrait pas volontiers ses frontières. L'ex-femme de Kravchenko prit la parole pour accuser le transfuge. Kravchenko riposta qu'elle avait été forcée de venir témoigner parce que son père était interné dans un camp. « C'est le système policier seul qui oblige cette femme à venir en France faire une déclaration qui, d'ailleurs, est indigne d'elle. »

Le camp communiste fit alors comparaître un ingénieur de Moscou pour accuser Kravchenko, et il fallut l'intervention d'huissiers pour séparer les deux hommes. Quand l'ingénieur interdit à Kravchenko d'oser prononcer le nom de Staline, Kravchenko rétorqua : « Je peux parler du " chef bien-aimé " parce que je me trouve dans la France libre et je me fous de ce qu'il peut en penser, le " chef bien-aimé "... J'ai attendu cette minute toute ma vie ! » Un général soviétique qui avait dirigé la Commission d'achats soviétique à Washington vint jeter le doute sur la personnalité de Kravchenko ; celui-ci l'accusa à son tour d'être un représentant du Parti, et non un militaire.

L'un des témoignages les plus positifs et qui venaient le

mieux consolider la thèse du plaignant fut celui de Margarete Buber-Neumann, la belle-fille du philosophe juif
Martin Buber, et l'épouse (ou la veuve, car on ne sut
jamais ce qu'il était advenu de lui) d'Ernst Neumann, un
dirigeant communiste allemand qui avait été arrêté en
Union soviétique par la police secrète en 1937. Elle-même
avait été envoyée en déportation dans un camp sibérien,
puis remise aux mains des nazis après la signature du pacte
germano-soviétique en août 1939. Les nazis l'enfermèrent
au camp de concentration de Ravensbrück, où elle
demeura quatre ans.

La confusion qui régnait alors chez les intellectuels
parisiens, avant et pendant le procès, la difficulté où se
trouvait Kravchenko de prouver la véracité des accusations
qu'il portait contre le système soviétique, tout cela apparaît
dans le journal de Simone de Beauvoir. Elle assista avec
Sartre à une audience. « Quels que fussent ses mensonges
et sa vénalité », écrivit-elle sur Kravchenko, « et bien que
la plupart de ses témoins fussent aussi suspects que lui, une
vérité ressortait de leurs dépositions : l'existence des camps
de travail. Logique, intelligent, confirmé d'ailleurs par de
nombreux faits, le récit de M^me [Buber-Neumann] emportait la conviction. » « Le témoignage de Margarete [Buber-
Neumann] fut bouleversant et j'en suis sortie tourmen-
tée », se rappela par la suite Dominique Desanti, alors
stalinienne déclarée. « Mais si Margarete Buber-Neumann
m'avait un instant ébranlée, je n'ai pas un instant cru à la
vérité de ce que racontaient tous les témoins... » Une autre
personne que ce procès ébranla mais qui demeura quelque
temps loyal au Parti : Edgar Morin. « Je sentais pourtant
bien à l'époque, quoique ignorant encore des pratiques
d'extermination systématique, qu'il y avait un peu trop de
victimes concentrationnaires pour que seuls les excès ou
abus puissent les expliquer. »

Le 4 avril 1949, le tribunal rendit son jugement ; la salle
était comble : Kravchenko, déclara le président, était
parfaitement capable d'avoir lui-même écrit *J'ai choisi la
liberté,* bien que le passé de résistant de Claude Morgan dût
également être pris en considération, face à l'abandon de
son pays par Kravchenko. Morgan était reconnu coupable

de diffamation et d'injures publiques, condamné à une amende et au versement de dommages-intérêts au profit de Kravchenko. Wurmser fut frappé d'une peine analogue, et *les Lettres françaises* réglèrent les frais de justice. Le journal continuerait cependant à servir la cause soviétique ; il ressemblerait de plus en plus à *l'Humanité* — et à la *Pravda* de Moscou ; il imprimerait le nom de Staline en caractères sans cesse plus gros, jusqu'au jour où la cruche cassa : le jour où Aragon et son acolyte Daix refusèrent de soutenir l'agression soviétique contre la Tchécoslovaquie, les communistes cessèrent de subventionner *les Lettres françaises*, qui fermèrent boutique.

L'accusé Claude Morgan avoua par la suite que, à la mort de Victor Kravchenko, il avait été tenté d'écrire un article intitulé, « Kravchenko, vous aviez raison ». Après le procès, écrivit-il, il participa à une manifestation communiste et quand avec son coïnculpé, André Wurmser, il défila devant la tribune officielle, Maurice Thorez et plusieurs autres officiels du Parti se levèrent pour leur rendre hommage. « Je suis persuadé aujourd'hui », écrivit-il encore, « que Maurice Thorez savait parfaitement ce qui se passait sous Staline... Je pense qu'Aragon ne l'ignorait pas non plus ». Mais voici ce que déclara Aragon à l'époque : « Le procès... s'inscrivait dans le plan de préparation à la guerre de l'opinion publique, dans lequel notre gouvernement souscrit à toutes les exigences des services américains[2]... »

Les dernières années de Staline n'allaient certes pas marquer un accroissement des libertés en URSS et cette

---

2. Entretien avec Pierre Daix. Louis Aragon, *La Lumière et la Paix, discours prononcé au Congrès national de l'Union nationale des intellectuels le 29 avril 1950,* Paris, 1950 ; Simone de Beauvoir, *La Force des choses,* Paris 1963 ; Dominique Desanti, *Les Staliniens,* Verviers, Belgique, 1976 ; Pierre et Renée Gosset, *Le Procès Kravchenko,* Paris, 1949 ; V. A. Kravchenko, *J'ai choisi la liberté* (réédition : préface de Pierre Daix), Paris, 1980 ; Claude Morgan, *Les « Don Quichotte » et les Autres,* Paris, 1979 ; Edgar Morin, *Autocritique,* Paris, 1970 ; André Wurmser, *Fidèlement vôtre,* Paris, 1979. *Les Lettres françaises,* Paris, 1947-1950.

situation rendait plus difficile encore la situation des communistes occidentaux. Désormais, non seulement ils devaient accepter les purges d'anciens dirigeants communistes autrefois glorifiés pour leur courage et leur loyauté, mais il leur fallait écrire et prononcer des discours pour justifier lesdites purges, parfois même se rendre à l'Est pour en juger sur place, exactement comme les collaborateurs français avaient été invités en Allemagne pendant l'occupation de la France... En Hongrie, le procès de Lazlo Rajk fut l'occasion pour ce dirigeant communiste, ministre de l'Intérieur dans le gouvernement fantoche mis en place par les Soviétiques, ancien membre des Brigades internationales en Espagne, de confesser tous ses crimes, selon le même scénario que dans les procès de Moscou des années trente. Les communistes à Paris organisèrent un meeting. Julien Benda, qui avait naguère manifesté tant de farouche indépendance, prit la parole pour justifier le procès de Rajk (il avait déjà écrit à ce sujet un article en première page des *Lettres françaises*). Il expliqua par la suite qu'il n'avait pas assisté personnellement au procès, mais qu'il avait ultérieurement visité la Hongrie à l'invitation du gouvernement hongrois. Quand Vercors proposa un article aux *Lettres françaises* faisant état des contradictions qui apparaissaient dans les confessions des dirigeants communistes de l'Europe de l'Est, Pierre Daix lui fit observer que le journal était *solidaire* du parti communiste hongrois et ne pouvait donc pas publier son article. *Les Lettres françaises* eurent très vite quelqu'un à Sofia pour rendre compte du procès de Traicho Kostov, l'adjoint communiste du Premier ministre bulgare devenu « traître et espion ». Quand la direction communiste tchécoslovaque fut ainsi purgée lors du procès de Rudolf Slanski, Vercors demanda de la place dans *les Lettres françaises* pour dénoncer la nature antisémite de l'affaire. Daix et Morgan le persuadèrent de retarder la publication de son article ; mais la lecture de la condamnation bouleversa Daix lui-même ; il se rendit compte que les accusés n'avaient rien fait de plus que lui-même au cours de sa vie politique. *Esprit* publia une dénonciation détaillée des purges hongroises, écrite par François Fejtö, jusqu'alors attaché culturel hongrois à

Paris. Son article, intitulé « L'affaire Rajk est une affaire Dreyfus internationale », était préfacé par Emmanuel Mounier, qui, en le publiant, se défendait de tout anticommunisme (c'était en pleine guerre froide). Dominique Desanti expliqua, beaucoup plus tard, pourquoi la plupart des intellectuels communistes ne croyaient toujours pas que ces procès pussent être factices. Il aurait alors fallu admettre non seulement l'erreur judiciaire, mais aussi l'existence d'un « plan véritablement démoniaque » derrière les procès. Aucun d'entre eux n'était capable d'un tel « cynisme politique » ; aucun d'entre eux, dans de telles conditions, ne serait resté au Parti. « C'était donc littéralement impossible pour nous, inconcevable, inadmissible, exclu. » Il fallut les révélations indiscutables, bien que secrètes, de Nikita Khrouchtchev concernant les crimes de Staline — révélations qui datent de 1956 — et l'entrée des tanks de Khrouchtchev dans Budapest — la même année — pour ébranler, finalement, leur foi[3].

A l'époque, les communistes se servaient des compagnons de route sans même faire semblant de leur laisser exercer la moindre initiative. Les événements étaient internationaux, Paris et sa rive gauche ne constituaient plus que d'infimes rouages dans la machine. Ainsi, les communistes occidentaux se trouvèrent dans l'obligation de défendre la philosophie soviétique de la science. Aragon consacra un numéro entier d'*Europe* à la défense des théories du biologiste préféré de Staline, T. D. Lyssenko, qui, au rebours de toutes les théories scientifiques admises, avançait que l'environnement pouvait affecter la génétique. Les intellectuels du parti français durent abonder dans son sens, ou bien affronter l'exclusion et l'infamie. Le Parti procéda à la dissolution de sa Commission des intellectuels, qui avait fourni un cadre à des débats à ce sujet. A l'avenir, en outre, tous les artistes et les écrivains auraient à se

3. Pierre Daix, *J'ai cru au matin*, Paris, 1976 ; Dominique Desanti, *Les Staliniens*, Verviers, Belgique, 1976 ; Michel Winock, *Histoire politique de la revue « Esprit » (1930-1950)*, Paris, 1975. *Esprit,* Paris, novembre 1949 ; *Les Lettres françaises,* Paris, 1949.

conformer à la doctrine du réalisme socialiste : le contrôle serait plus étroit.

A la mort du dictateur soviétique, Picasso dessina un portrait de Staline jeune, que son ami Pierre Daix publia dans *les Lettres françaises*. Contrastant vivement avec les images bienveillantes, paternelles, que les partis communistes du monde entier avaient répandues, Picasso présentait un personnage viril et même assez révolutionnaire. Une tempête de protestations s'éleva et Picasso fut moralement lynché. *Les Lettres françaises* furent mises en demeure de s'excuser et, pendant un certain temps, la nature sacrilège de ce portrait parut constituer la plus grave préoccupation de la direction.

Les communistes français, avec la bénédiction et l'assistance matérielle de leurs grands frères de Moscou, commençaient maintenant à déplacer leurs intellectuels par avions entiers à destination des grands congrès internationaux comme le Congrès des intellectuels pour la paix à Wroclaw, Pologne (anciennement Breslau, en Allemagne) ; y participèrent Picasso, Paul Eluard, Fernand Léger, Julien Benda, Pierre Seghers et Vercors. Laurent Casanova, Jean Kanapa et Pierre Daix se tenaient dans les coulisses tandis qu'Aleksandre Fadeïev, président de l'Union des écrivains soviétiques, donnait le ton idéologique au nom d'Andrei Jdanov, qui était le véritable instigateur de ce congrès mais qui, gravement malade, était demeuré à Moscou. Picasso prononça ce qu'on décrivit comme le premier discours public de sa vie (en faveur de Pablo Neruda, qui subissait des persécutions au Chili). Et Fadeïev dénonça Sartre, qui n'avait pas été invité à cause de sa pièce *les Mains sales,* où l'on voyait une attaque contre les méthodes communistes (Jdanov avait également opposé son veto à l'invitation d'autres non-communistes comme Malraux et Camus). Que l'on traitât Sartre d'hyène et de chacal ne fut pas du goût de tout le monde, et les participants britanniques Julian Huxley et Richard Hughes protestèrent contre la nature partisane de l'événement. « Il est de mode de nos jours de prétendre que toute culture est politisée, mais l'UNESCO nous démontre que ce n'est pas obligatoire », déclara Huxley au

congrès — puis il rentra plus tôt que prévu en Angleterre.
(On pouvait encore, à l'époque, dire cela à l'UNESCO.)
Irène Joliot-Curie voulut également quitter le congrès en
signe de protestation, mais Dominique Desanti parvint à l'y
retenir en téléphonant à Frédéric Joliot, qui n'avait pas fait
le voyage, pour lui demander de faire jouer son influence
sur son épouse. « Mais je croyais que vous teniez tellement
à Sartre », lança Joliot à Desanti. Elle répliqua que, s'il lui
fallait choisir entre Sartre et « la défense mondiale de la
paix... » Des témoins rapportèrent de quel scepticisme sain
Picasso fit preuve pendant toute la durée du congrès. Il
railla ouvertement Fadeïev pour son attaque contre l'art
formaliste — autrement dit, l'art moderne. Confronté à
l'antisémitisme polonais, un antisémitisme qui pénétrait
jusqu'aux sphères gouvernementales, Picasso déclara que
sa propre peinture était juive, que la poésie d'Eluard était
juive, de même que celle d'Apollinaire (dont la mère
provenait de l'aristocratie polonaise). Pendant le congrès,
Jdanov mourut, et Fadeïev ne cacha pas sa désolation.
« Que ferons-nous sans lui ? » l'entendit-on s'exclamer.
Lui-même allait se suicider après la révélation des crimes
de Staline.

L'événement international suivant fut une réunion à
New York en mars 1949 ; Eluard et plusieurs autres
délégués français se virent refuser le visa américain, et le
Comité national des écrivains dut organiser un meeting à
Paris pour leur permettre de prononcer les discours qu'ils
auraient dû faire à l'hôtel Waldorf-Astoria. En avril, à la
salle Pleyel, un Congrès mondial des partisans de la paix fut
organisé pour faire suite au congrès de Wroclaw. Fadeïev y
participa, ainsi qu'Ilya Ehrenbourg (qui se trouvait également à Wroclaw). Un comité permanent se constitua,
présidé par Frédéric Joliot-Curie, avec Aragon et Fadeïev
pour vice-présidents, et un permanent communiste, Jean
Laffitte, pour secrétaire général. Mais, de la réunion de
Paris, on se rappelle surtout l'emblème, une colombe
dessinée par Picasso (qui disait volontiers, en privé, qu'il ne
s'agissait pas du tout d'un symbole de paix, la colombe
étant un oiseau fort agressif). Puis, en mars 1950, en Suède,
une autre réunion du Congrès mondial des partisans de la

paix lança l' « Appel de Stockholm » pour l'interdiction
des armes atomiques — car les États-Unis disposaient de la
bombe à hydrogène, tandis que les Soviétiques ne la
possédaient pas encore. Cet « Appel » devint l'élément
essentiel de l'effort de propagande communiste dans le
monde entier pendant les mois qui suivirent, de sorte qu'un
journal comme *les Lettres françaises* lui consacra tout
simplement sa première page pendant des semaines et des
semaines, relatant le nombre croissant des signatures,
citant les non-communistes éminents qui avaient
« répondu » (parmi lesquels Pierre Benoit, Marc Chagall,
Gérard Philipe, Jacques Prévert, Pierre Renoir). Une fois
l'opération achevée, on prétendit que six cents millions de
signatures avaient ainsi été réunies. Ce devait être là le
dernier effort de paix inspiré par les communistes avant le
déclenchement, en juin, de la guerre de Corée. Trois ans
plus tard, l'année de la mort de Staline, l'Union soviétique
annonça qu'elle avait elle-même procédé à l'expérimentation de sa propre bombe à hydrogène. [4]

Ce qui troublait les intellectuels non-communistes, ainsi
qu'un nombre croissant de communistes, c'était l'accumu-
lation des preuves. Preuves que la société stalinienne
s'appuyait sur un univers de camps ; non pas sur ces
colonies idéales de réhabilitation que l'on rencontrait dans
la littérature soviétique, où d'anciens criminels pouvaient à
l'envi se rendre utiles à la société, mais un système où
d'innocents citoyens se trouvaient relégués par millions,
victimes d'arrestations arbitraires et de sentences indéter-
minées. Sans parler des cas où les gens tout simplement
disparaissaient... Toutefois, l'affaire Kravchenko contre *les
Lettres françaises* avait englobé trop de problèmes annexes
concernant la personnalité et la carrière du personnage
pour influer de manière décisive sur l'opinion publique. Il

    4. Pierre Daix, *Aragon, une vie à changer,* Paris, 1975 ; *J'ai cru au
matin,* Paris, 1976 ; *La Vie de peintre de Pablo Picasso,* Paris, 1977 ;
Dominique Desanti, *Les Staliniens,* Verviers, Belgique, 1976 ; Francis
Jeanson, *Sartre dans sa vie,* Paris, 1974 ; André Wurmser, *Fidèlement
vôtre,* Paris, 1979. *Les Lettres françaises,* Paris, 1949-1950.

allait falloir un second procès pour ébranler les représentants de la rive gauche intellectuelle.

David Rousset, un socialiste de gauche qui avait relaté
précédemment ses expériences de prisonnier dans un camp
de concentration allemand, lança le 12 novembre 1949, en
première page du *Figaro littéraire,* un appel aux anciens
prisonniers politiques des nazis — et il en nommait certains
comme Louis Martin-Chauffier, Jean Cayrol, Robert
Antelme et Claude Bourdet — pour qu'ils forment une
commission d'enquête sur les camps soviétiques. Cet appel
était illustré d'une carte de l'URSS mal reproduite, où l'on
avait tenté d'indiquer l'emplacement des camps. Le
17 novembre, Pierre Daix, lui-même ancien détenu d'un
camp nazi, répondit en première page des *Lettres françaises*
sur le ton habituel du journal de cette époque-là. Il
suggérait que Rousset cherchait à rallier les victimes des
nazis dans une guerre contre l'Union soviétique ; il l'accusait d'avoir truqué des documents, et même d'avoir trans-
posé des témoignages sur les camps nazis pour faire croire
qu'ils concernaient des camps russes. Pour Daix, les camps
de Staline étaient le « parachèvement... de la suppression
complète de l'exploitation de l'homme par l'homme ».
(Beaucoup plus tard, Daix devait révéler qu'il avait écrit
tout seul cet article contre Rousset, persuadé qu'il était de
dire la vérité, et qu'il ne l'avait montré à Aragon et
Casanova qu'après l'avoir terminé. Le bureau politique du
Parti l'avait chaleureusement félicité pour ses méritoires
efforts, et un certain nombre d'anciens déportés des camps
nazis — parmi lesquels Robert Antelme, alors communiste
— s'étaient laissé convaincre par son article de ne pas
répondre à l'appel de Rousset.)

Rousset porta plainte en diffamation. L'affaire fut portée
devant la 17ᵉ chambre correctionnelle. Cette fois, Claude
Morgan, en sa qualité de directeur, et Pierre Daix, comme
auteur, furent tous deux inculpés. Le procès s'ouvrit en
novembre 1950. Ils renoncèrent à leur droit de faire la
preuve de leurs allégations — dans l'espoir d'éviter la
comparution des témoins cités par les avocats de David
Rousset — mais le tribunal autorisa les auditions. On vit
alors les mêmes scènes qui s'étaient déroulées en présence

de Kravchenko : à un moment donné, le président fit expulser Morgan de la salle parce qu'il hurlait. Parmi les gens qui vinrent à la barre témoigner de leur expérience, il y avait Elinor Lipper, un communiste allemand qui s'était réfugié en Union soviétique en 1937, à la pire période des purges, et qui, victime d'une arrestation arbitraire, avait passé onze années dans les camps soviétiques ; Jules Margoline, Polonais émigré en Palestine, que la guerre avait surpris en visite chez ses parents, en Pologne, et qui était demeuré cinq ans prisonnier des Soviétiques ; Alexander Weissberg, un Autrichien juif et communiste qui avait été arrêté en 1937 alors qu'il travaillait dans un laboratoire scientifique soviétique, sous l'inculpation mensongère d'espionnage ; Valentin Gonzales, connu sous le nom d'El Campesino, communiste espagnol et héros de la guerre civile, envoyé dans un camp lorsqu'il s'était réfugié en URSS après la victoire de Franco ; et Margarete Buber-Neumann, l'héroïne du procès Kravchenko. Le verdict fut prononcé en janvier 1951, Morgan et Daix étaient condamnés à des amendes, et à verser des dommages-intérêts à Rousset. Dans une lettre collective adressée au *New York Times,* Arthur Koestler et un groupe d'intellectuels américains déclarèrent que ce procès « extraordinaire » n'avait été rien de moins qu'une « condamnation solennelle de tout le système d'esclavage... de l'Union soviétique... comparable par la signification morale mais dépassant en termes humains le procès de Dreyfus, il y a un demi-siècle ».

Qu'est-ce qui aurait pu faire bouger ceux qui s'entêtaient dans leur fidélité au stalinisme ? Une Dominique Desanti n'acceptait pas la démarche de David Rousset ; pourtant, elle avait connu l'homme dans la Résistance, et elle admirait son livre sur les camps de concentration nazis. Ce nouveau procès s'était déroulé dans un climat de tension accrue entre les deux blocs. La condamnation de Rajk et même l'excommunication de Tito avaient été avalées paisiblement par la base. Des questions plus graves avaient surgi. Les communistes étaient maintenant engagés dans une nouvelle campagne de propagande : ils accusaient les États-Unis de se servir en Corée d'armes bactériologiques.

Sartre en personne s'était inquiété de l'avantage que rapporterait aux États-Unis la condamnation des *Lettres françaises*. Peu de temps après la publication de l'appel de Rousset dans *le Figaro littéraire*, Sartre et Merleau-Ponty avaient publié dans *les Temps modernes* un long article, fort étrange, où ils admettaient l'existence des camps soviétiques, estimant même qu'il s'y trouvait emprisonné de dix à quinze millions de gens ; or il ne pouvait pas y avoir de socialisme « quand un citoyen sur vingt [était] au camp ». Toutefois, ils estimaient que des différences fondamentales subsistaient entre communisme et nazisme, de sorte que l'unique critique saine était celle que l'on dirigeait contre l'oppression soviétique — et non contre la philosophie ou les objectifs du régime. Sartre et Merleau-Ponty, de plus, souhaitaient situer les camps soviétiques dans le contexte des maux du *capitalisme ;* ils accusaient enfin Rousset de rester indifférent à l'existence de camps de détention pour les prisonniers politiques en Espagne et en Grèce. Les communistes apprécièrent la déclaration des *Temps modernes* à leur manière : un gros titre des *Lettres françaises* disait :

SARTRE ET

MERLEAU-PONTY

REFUSENT DE CHOISIR

MAIS LES DÉPORTÉS PRENNENT

LE PARTI DE LA PAIX

Avec le recul, Sartre devait se demander ce qu'il aurait pu faire d'autre ; n'était-il pas confronté aux révélations sur les camps soviétiques d'un côté, et de l'autre aux maux du capitalisme ? « Taper comme des sourds à droite et à gauche, sur deux géants qui ne sentiraient même pas nos coups ? »[5]

5. Entretien avec Pierre Daix. Simone de Beauvoir, *La Force des choses,* Paris, 1963 ; Pierre Daix, *J'ai cru au matin,* Paris, 1976 ; Dominique Desanti, *Les Staliniens,* Verviers, Belgique, 1976 ; *Le Procès des camps de concentration soviétiques,* Paris, 1951. Maurice Merleau-Ponty et Jean-Paul Sartre, « Les jours de notre vie », *Les Temps modernes,* Paris, janvier 1950 ; David Rousset, « Au secours

Les communistes français et étrangers étaient passés maîtres dans l'art de mobiliser l'opinion, de la téléguider, de remuer les masses. Ils disposaient de réseaux très structurés. Et les efforts de leurs adversaires pour tenter de les contrer dans cette forme de guerre psychologique visant les intellectuels auraient paru dérisoires. Pourtant, Malraux avait été parmi les premiers à dire (dans son discours au congrès du MLN en 1945) que les non-communistes allaient devoir employer « une technique semblable à celle des communistes ». En sa qualité de délégué à la Propagande dans le mouvement gaulliste, il essaya en effet de mener à bien un tel programme par la voie de la presse et en organisant des réunions publiques.

C'est à cette époque que fut fondé le Congrès pour la liberté de la culture, à Berlin, dans une atmosphère tendue : en juin 1950 (on venait d'apprendre la nouvelle de l'agression communiste en Corée ; on craignait que l'armée soviétique n'entrât dans Berlin et ne fît prisonniers tous les participants du congrès). Les délégués français les plus connus étaient David Rousset, Henri Frenay, du mouvement Combat, et Jules Romains (Sartre et Merleau-Ponty avaient refusé de venir). En tout, plus de cent délégués représentant vingt pays entendirent des exposés concernant les atteintes soviétiques aux droits de l'homme, et lancèrent un Message de Solidarité à leurs camarades de l'Est. Dans une allocution sur les méthodes d'action, Arthur Koestler insista sur le fait que les intellectuels devaient s'engager, et non plus se définir simplement comme n'étant ni communistes ni anticommunistes. Un comité international se constitua afin de créer une organisation permanente destinée à publier des preuves documentaires de la violation des libertés dans le bloc soviétique, et à aider les réfugiés des pays totalitaires. Dans *l'Observateur,* un nouveau journal résolument neutraliste, un article intitulé « K.K.K.K. le " Koestler's congress " à Berlin » concluait : « Manifesta-

---

des déportés », *Le Figaro littéraire,* Paris, 12 novembre 1949 ; Jean-Paul Sartre, « Merleau-Ponty vivant », *Les Temps modernes,* Paris, nᵒ 184-185, 1961 ; *The New York Times,* New York, 15 février 1951 : « Letters to the Times ».

tion politique, vaste démonstration de la volonté américaine de combattre sur tous les terrains la puissance soviétique, voilà ce que fut en réalité ce congrès qui comptait pourtant des hommes de bonne volonté, venus en toute bonne foi discuter des problèmes de l'esprit et de la défense de la liberté et de la culture… »

A Paris, les organisateurs du Congrès pour la liberté de la culture espéraient créer, comme avant la guerre Paul Desjardins, une sorte d'union pour la Vérité. Lors de l'inauguration officielle du congrès en août 1950, certains libéraux notoires furent élus présidents d'honneur : Benedetto Croce, John Dewey, Karl Jaspers, Salvador de Madariaga, Jacques Maritain et Bertrand Russell. Denis de Rougemont fut désigné comme directeur du bureau exécutif, et Nicolas Nabokov eut la présidence. Le quartier général international et les bureaux de la section française, les Amis de la liberté, se trouvaient à Paris. Bientôt, l'organisation publia des revues en anglais (*Encounter*), en français (*Preuves*), en italien (*Tempo Presente*) et en d'autres langues encore, suivant en cela l'exemple de la revue allemande *Der Monat*. L'équipe permanente de l'organisation recruta des hommes comme François Bondy, Manès Sperber et René Tavernier, qui refusaient à la fois le stalinisme et la nouvelle gauche représentée par les sartriens ; ils ne rejetaient pas le principe de la participation américaine dans une organisation vouée à la défense de la liberté.

Beaucoup plus tard, on apprit que les fonds du Congrès pour la liberté de la culture provenaient en majeure partie du gouvernement américain par le canal de la CIA ; mais les participants français n'en avaient rien su. D'ailleurs, s'il se révélait difficile de recruter des intellectuels non-communistes, c'est que, pour la plupart, ils avaient déjà été échaudés, et ne souhaitaient plus adhérer à rien ; il fallait les convaincre un par un. Koestler, qui habitait alors en France, s'y employait activement. La plus éminente recrue de l'organisation fut Raymond Aron, et il aidait à maintenir le débat à un niveau élevé ; mais lui-même se rendait bien compte qu'il n'était pas un intellectuel typique, et il avait été boudé par beaucoup de confrères à cause de sa position « atlantique ». La revue française *Preuves* visait le public à la fois des *Temps modernes* et d'*Esprit*. Parmi les membres de la gauche non communiste qui travaillaient avec le congrès, figuraient Jean Cassou, désormais écœuré par son compagnonnage avec le Parti, et Jean Guéhenno. Gide avait appuyé par une déclaration la fondation du Congrès de Berlin, et l'organisation défendit sa mémoire quand les communistes l'attaquèrent après son décès. Malraux était favorable au congrès ; il prit la parole lors de sa première réunion publique en France ; il participa également à un festival culturel qui s'appelait l'Œuvre du XXᵉ siècle, et qui se déroula en avril 1952 à Paris, en présence d'invités étrangers tels que William T. Farrell et Ignazio Silone. En plus de Cassou et de Guéhenno, *Preuves* réunit des écrivains comme Georges Altman, Pierre Emmanuel, Daniel Halévy et Jean Follain (les gens de droite comme Thierry Maulnier se recrutaient facilement, mais ils n'orientaient pas l'organisation dans la direction que souhaitaient ses responsables).

Le Congrès pour la liberté de la culture dura longtemps, mais jamais il ne concurrença vraiment l'appareil staliniste. [6]

6. Entretiens avec Raymond Aron, François Bondy, Manès Sperber, René Tavernier. Michèle Barat, « K.K.K.K. le " Koestler's congress " à Berlin », *L'Observateur*, Paris, 6 juillet 1950 ; Sidney Hook, « The Berlin Congress for Cultural Freedom », *Partisan Review*, New York, septembre-octobre 1950. *Preuves*, Paris, 1951.

# 8

# L'impossible troisième voie

Face aux deux blocs qui, tels des aimants, avaient désormais attiré ceux pour qui Staline représentait la paix et la concorde, et ceux qui voyaient dans l'alliance avec l'Amérique une garantie des libertés fondamentales, existait-il une troisième solution ? Certains le pensaient. Dès novembre 1947, *Esprit* avait publié un « Premier Appel à l'opinion internationale », signé par un groupe d'écrivains et d'intellectuels parmi lesquels Camus, Sartre et Simone de Beauvoir, Mounier et Domenach, Georges Altman du quotidien de gauche mais non communiste *Franc-Tireur,* et Claude Bourdet de *Combat.* Ils avaient rédigé cet appel au cours de plusieurs réunions organisées chez le fondateur du mouvement *Esprit,* Georges Izard.

Les signataires déclaraient que « la politique des blocs » et la recherche d'un équilibre entre les puissances n'assuraient en rien la paix, car « la paix armée n'est pas la paix ». L'Europe, proclamaient-ils, apparaissait déjà comme un champ de bataille entre les deux blocs, chacun d'entre eux travaillant à recruter des partisans et les réduisant de ce fait à un véritable asservissement : « [...] si nous consentons, fût-ce par notre inertie, à cet asservissement, nous cessons d'être des victimes pour devenir des complices. » L'espoir résidait dans une Europe unie, indépendante des États-Unis et de l'URSS ; les États membres choisiraient le socialisme, et se dépouilleraient de leurs colonies. Cet appel devait paraître simultanément dans *les Temps modernes* et dans *Esprit ;* mais, au dernier moment, Merleau-Ponty, pourtant signataire, refusa de le publier dans la revue qu'il dirigeait avec Sartre, apparemment pour éviter de heurter les communistes.

Ainsi commença l'ère du neutralisme — de la troisième force, de la troisième voie. C'était là une notion séduisante ; pouvoir à son gré se détourner de l'horrible univers qui se développait sous vos yeux : d'un côté une Union soviétique expansionniste qui annexait les petits États voisins, et, de l'autre, la course aux armements d'une coalition guidée par les États-Unis. Claude Bourdet, ancien résistant du mouvement Combat et rescapé d'un camp de concentration, qui avait repris la direction éditoriale du *Combat* de Camus-Pia-Ollivier, avait dès juin 1947 commencé à employer les colonnes de son journal pour réclamer la création d'une Europe socialiste et indépendante des deux grandes puissances. (Izard et lui-même présidaient ensemble la section française d'un Mouvement pour les États-Unis socialistes d'Europe.) Le 24 décembre 1947, peu après la publication de ce premier appel, *Combat* publia un « Appel pour la constitution de la Troisième Force », qui, une fois de plus, réclamait une Europe « indépendante de tout " bloc " ».

> Certains d'entre nous sont engagés dans l'action politique. D'autres au contraire ne veulent pas participer à une action de parti... Mais tous pensent aussi qu'il faut d'abord rassembler toutes les femmes et tous les hommes décidés à refuser la fatalité de la dictature et la fatalité de la guerre pour organiser dans le pays cette « Troisième Force » qui, pour la diversité légitime des nuances, sera unie pour sauver la PAIX, instaurer la JUSTICE SOCIALE et maintenir la LIBERTÉ.

Cette fois, parmi les signataires, il y avait Henri Frenay, fondateur du mouvement de résistance Combat, et ces deux vétérans des batailles politiques qu'étaient Jean Guéhenno et François Mauriac. Un comité exécutif fut nommé, et une réunion eut lieu dans la vieille salle de Géographie du boulevard Saint-Germain.

Dans un éditorial de *Combat* en date du 18 février 1948, Claude Bourdet réclamait la coalition des « plus intelligents et énergiques des SFIO [parti socialiste], des chrétiens de gauche, des révolutionnaires non staliniens, des esprits progressistes de toutes tendances... »

En février 1950, Bourdet était congédié de *Combat* par
les propriétaires du journal. Il s'associa peu de temps après
à Roger Stéphane et sa jeune équipe d'idéalistes de gauche
qui publiaient un modeste périodique modelé sur des
hebdomadaires britanniques comme *The Economist* ou *The
New Statesman and Nation*. *L'Observateur politique, économique et littéraire* : ainsi s'appela leur revue jusqu'à ce que
le titre fût revendiqué par une autre publication, et elle
devint alors *France-Observateur*, préfiguration du magazine
à grand tirage *Nouvel Observateur*. Là, dans son éditorial
hebdomadaire, Bourdet pouvait développer son thème
favori : une Europe neutre. *L'Observateur* publia le 8 juin
1950 un numéro spécial : « La Neutralité est-elle possible ? » Un débat réunissait des personnalités comme Sartre
et Jean Cassou. Celui-ci considérait que le pacte Atlantique
d'un côté et le Kominform de l'autre renforçaient l'éven-
tualité de la guerre. « Le dilemme irréfutable avec son
inéluctable fatalité étant posé », écrivait-il, « chacun des
deux blocs doit mener sa partie, y faire servir une propagande de plus en plus furieuse, imposer sa discipline aux
pays qu'il se soumet économiquement, politiquement ou
militairement. » Sartre, lui, définissait le pacte Atlantique
comme « une opération de guerre froide contre des nations
encore neutres comme la Finlande, la Suède, la Suisse, et
même contre les isolationnistes d'Amérique. Le résultat,
poursuivait-il, était que la moitié des Français considère
l'autre comme traître : le gouvernement considère comme
traîtres les communistes... Mais une très large minorité
accuse le gouvernement lui-même de trahison, lui reprochant sa soumission aux États-Unis... ».

La diffusion de *l'Observateur,* bien que le journal fût
influent, demeurait réduite. Mais le neutralisme avait le
soutien d'une voix beaucoup plus puissante : celle du
*Monde*, qui tirait alors à 150 000 exemplaires, et atteignait
pratiquement tous ceux en France qui avaient la moindre
prétention intellectuelle. Le directeur du *Monde*, Hubert
Beuve-Méry, avait été l'un des premiers avocats d'une
réponse neutraliste à la montée des grandes puissances à
l'Est et à l'Ouest. Étienne Gilson, professeur de philosophie médiévale, membre de l'Académie française, qui avait

naguère enseigné à Harvard, publia dans ses colonnes, le 2 mars 1949, un article intitulé « L'alternative », où il exprimait des doutes sur la sincérité du pacte Atlantique et accusait les États-Unis d'acheter l'Europe à coups de dollars. Son « alternative » à l'alliance américaine était la neutralité armée de l'Europe. Ce n'était pas la première fois que pareil point de vue s'exprimait dans *le Monde*, mais il s'agissait de la dénonciation la plus énergique des aspects négatifs de la solidarité atlantique, présentée par l'un des grands noms du journal. Avant même la fin de la controverse, deux membres du comité de direction du journal démissionnèrent en signe de protestation ; l'un d'eux accusa *le Monde* de faire preuve d'anti-américanisme violent.

*Esprit* se trouvait maintenant aussi dans le camp neutraliste. En mars 1951, le numéro entier de la revue fut consacré à ce sujet ; on y concluait que le neutralisme était le seul choix de la France. [1]

La « troisième force » de Bourdet n'avait jamais pris corps. Une nouvelle tentative eut lieu en février 1948 lorsque fut lancé le Rassemblement démocratique révolutionnaire (RDR), peu de temps après que ses principaux parrains eurent signé le « Premier Appel à l'opinion internationale » dans *Esprit*. Dans un manifeste, ses dirigeants dénoncèrent d'une part « les pourrissements de la démocratie capitaliste » et, de l'autre, « la limitation du communisme à sa forme stalinienne » — ainsi que « les tares d'une certaine social-démocratie » (pour faire bonne mesure). Le partisan le plus connu du nouveau mouvement était — avec Sartre — le socialiste de gauche David Rousset. La première assemblée générale se tint en mars 1948 dans la salle des Sociétés savantes, rue de l'Odéon. Le RDR n'allait pas être un parti ; et il encourageait même à la

1. Entretiens avec Claude Bourdet, Roger Stéphane. Abel Chatelain, « *Le Monde* » *et ses lecteurs sous la IV^e République,* Paris, 1962 ; Jean-Noël Jeanneney et Jacques Julliard, « *Le Monde* » *de Beuve-Méry,* Paris, 1979 ; Roger Stéphane, *Toutes choses ont leur saison,* Paris, 1979 ; Michel Winock, *Histoire politique de la revue « Esprit » (1930-1950),* Paris, 1975. *Combat,* Paris, 1947-1948 ; *Esprit,* Paris, 1949-1951 ; *L'Observateur,* Paris, 1950.

participation à ses travaux de socialistes et de communistes
déçus mais encore membres de la SFIO ou du PCF (le Parti
ne tarda pas à attaquer quand même une formation qui
menaçait de détourner de lui certains de ses adhérents).
Raymond Aron traita avec condescendance ces « héritiers
du romantisme révolutionnaire ».

Le RDR entreprit de publier une revue, *la Gauche*, à
laquelle Camus collabora. La principale activité du mouvement consistait à rassembler ses sympathisants. Le
13 décembre 1948, 4 000 personnes vinrent assister à un
meeting, et la moitié d'entre elles ne purent entrer dans la
salle ; l'accueil fut enthousiaste dans *Franc-Tireur* (dont le
directeur Georges Altman et le rédacteur en chef Charles
Ronsac comptaient parmi les premiers convertis du RDR),
et virulent dans *l'Humanité*, qui fustigeait ce « meeting
antisoviétique organisé par une clique d'intellectuels dont
les généralités clinquantes et les slogans de chapelle
littéraire dissimulent mal une acceptation délibérée du
régime capitaliste ». Camus prit la parole à ce meeting :
« Dans un temps où le conquérant, par la logique même de
son attitude, devient exécuteur et policier, l'artiste est forcé
d'être réfractaire. En face de la société politique contemporaine, la seule attitude cohérente de l'artiste, ou alors il lui
faut renoncer à l'art, c'est le refus sans concession. Il ne
peut être, quand même il le voudrait, complice de ceux qui
emploient le langage ou les moyens idéologues contemporains. » Sartre, lui, appela au désarmement européen : « Si
les hommes d'Europe choisissent un des " deux grands "
partis ou une des deux grandes nations pour se protéger
contre l'autre, ils contribuent par là à menacer celui dont ils
veulent se protéger et par là même ils rapprochent la
guerre. » On put entendre aussi André Breton, Claude
Bourdet, Merleau-Ponty, Richard Wright (dont Simone de
Beauvoir traduisit le discours), Theodore Plievier et Carlo
Levi. Certaines de ces personnalités prenaient également
part à des actions en faveur de Garry Davis, le « citoyen du
monde ».

Le RDR toutefois n'allait guère durer. Déjà, lors du
meeting de décembre 1948, Rousset avait fâché Sartre en
prononçant un discours que Simone de Beauvoir qualifia

dédaigneusement de « diatribe anticommuniste ». Car les sartriens du RDR étaient favorables à une alliance communiste sur les problèmes sociaux, tandis que Rousset et ses amis, selon les termes de Simone de Beauvoir, « glissaient à droite ». Rousset et Altman, observa-t-elle dans son journal, étaient disposés à recevoir une aide financière des syndicats américains, tandis que les sartriens se méfiaient des Américains de gauche. Le problème éclata au printemps suivant. Le RDR et l'équipe du *Franc-Tireur* annoncèrent une Journée de la résistance à la dictature et à la guerre, le 30 avril 1949 : rassemblement dans le grand amphithéâtre de la Sorbonne l'après-midi ; le soir, meeting au Vel' d'Hiv'. Ces événements suivaient de près le Congrès mondial des partisans de la paix, parrainé par les communistes et qui venait de s'ouvrir dix jours auparavant. Officiellement, toutefois, ils ne constituaient · pas une contre-manifestation ; le RDR craignait de heurter une partie du public qu'il visait.

Sartre décela cependant une motivation anticommuniste derrière la Journée de la résistance que mettait sur pied son organisation, et il décida de s'y opposer. Richard Wright se plaignit apparemment à l'écrivain que l'ambassade des États-Unis exerçât sur lui des pressions pour qu'il y participe. Ils décidèrent alors, avec Merleau-Ponty, de boycotter les réunions et de faire lire aux participants une déclaration condamnant les annexions territoriales de l'URSS et le pacte Atlantique dans des termes également durs. Sartre exigea ensuite la convocation d'une assemblée extraordinaire du RDR, et là, y convainquit les adhérents de désavouer les initiatives de Rousset. « Nous assassinâmes le RDR et je partis pour le Mexique, déçu mais rasséréné », relata Sartre par la suite. En revenant à Paris, cet automne-là, il confia à Merleau-Ponty : « Plus de politique active : la revue, la revue seule. »[2]

2. Simone de Beauvoir, *La Force des choses,* Paris, 1963 ; Michel-Antoine Burnier, *Les Existentialistes et la Politique,* Paris, 1966 ; Michel Fabre, *The Unifinished Quest of Richard Wright,* New York, 1973 ; Francis Jeanson, *Sartre dans sa vie,* Paris, 1974 ; Jean-Paul Sartre, David Rousset, Gérard Rosenthal, *Entretiens sur la politique,* Paris, 1949 ; Michel Winock, *Histoire politique de la revue « Esprit »*

Sartre ne fut pas le seul à être déçu. Les plus fervents avocats du mouvement neutraliste ne tardèrent pas à s'avouer qu'ils avaient échoué. Étienne Gilson lui-même parla d'échec dans *le Monde*. « Entre les deux blocs, écrivit Simone de Beauvoir, il n'y avait définitivement pas de troisième voie. » La réaction de Merleau-Ponty à la guerre de Corée — à la violation par les communistes de l'image qu'il avait choisi de leur donner — consista tout simplement à se détourner du combat vers l'*apolitisme*. « Les canons parlent », déclara-t-il à ses amis des *Temps modernes*, « nous n'avons plus qu'à nous taire. » Cependant, les élections parlementaires de juin 1951 apparurent comme une occasion de voir si les thèses neutralistes retenaient l'attention de l'électorat ; mais les candidats qui les défendaient échouèrent. Les éternels optimistes, les Bourdet, poursuivirent leur campagne pour une France solitaire par le truchement de mouvements comme la Nouvelle Gauche, et certains des partisans du neutralisme se tournèrent même vers de Gaulle quand sa politique d' « indépendance nationale » sembla rencontrer la leur. De leur côté, les communistes exploitaient le neutralisme comme une arme contre le pacte Atlantique, tout en affichant leur mépris pour ceux qui s'en réclamaient. Dans *le Figaro* (en février 1950), Raymond Aron avait affirmé que la neutralisation de l'Europe ne pouvait constituer qu'un « encouragement pour l'agresseur ».

Quant à Sartre, de toute façon, il n'était plus neutraliste. Il avait choisi son camp, et il construisait une idéologie pour justifier son choix. Simone de Beauvoir le trouvait différent : le succès ne l'avait pas changé, mais « il ne mettait plus les pieds dans les cafés qu'autrefois nous aimions tant » ; il était devenu un personnage public, et elle lui disait : « Ah ! que n'êtes-vous un poète obscur ! » Il consacrait ses journées à l'étude de la politique. D'un côté,

---

*(1930-1950)*, Paris, 1975. Sidney Hook, « Report on the International Day Against Dictatorship and War », *Partisan Review*, New York, juillet 1949 ; Jean-Paul Sartre, « Merleau-Ponty vivant », *Les Temps modernes*, Paris, n° 184-185, 1961. *Combat*, Paris, 1948.

il avait rejeté l'Appel de Stockholm inspiré par les communistes, attaqué le système des camps soviétiques ; de l'autre, il avait pris ses distances avec Merleau-Ponty quand celui-ci avait approuvé l'intervention américaine en Corée. Selon Francis Jeanson, il aurait définitivement accepté le communisme stalinien en 1951, l'année où il écrivit *le Diable et le Bon Dieu,* pièce qui marquait son rejet personnel du neutralisme. Car il fallait choisir, et lui-même savait qu'il avait choisi. « Jusqu'à nouvel ordre, déclara-t-il comme on l'interrogeait, le Parti représente à mes yeux le prolétariat... il est impossible de prendre une position anticommuniste sans être contre le prolétariat. » Le fruit de ses réflexions fut un gros essai, *les Communistes et la Paix,* dont la première partie parut dans *les Temps modernes* en juillet 1952. Il y expliquait que l'URSS ne souhaitait pas la guerre, et que la classe ouvrière le comprenait et ne se laissait nullement affecter par la propagande antisoviétique. Irrité par l'antistalinisme croissant de Merleau-Ponty, il se montra assez agressif dans la seconde moitié de l'ouvrage. Il adhéra au Mouvement pour la paix inspiré par les communistes, et se proclama fièrement compagnon de route. Il allait apparaître en héros lors de la prochaine manifestation internationale pour la paix, à Vienne, organisée par les communistes. Il choisit de garder le silence sur la terreur stalinienne, qui fit rage en Union soviétique et dans les pays satellites au cours des dernières années de la vie du dictateur, ainsi que sur les procès intentés aux vieux bolcheviques — dont beaucoup étaient juifs — dans les États d'Europe de l'Est englobés dans le bloc communiste.

Pendant ce temps, son ancien ami Albert Camus avait tiré des conclusions opposées du neutralisme de la troisième voie. Ni victime ni bourreau — mais il fallait quand même choisir. Pendant que Sartre apprenait à devenir un bon communiste, Camus composait en silence, et bien souvent dans les affres d'une rechute de tuberculose, loin de la foule parisienne qui ne demandait qu'à l'idolâtrer, sa réponse au stalinisme, *l'Homme révolté.* Dans cet essai touffu, il analysait les théories de la révolte, pour tenter de découvrir comment et pourquoi l'idéal révolutionnaire était perverti dans les formes modernes du totalitarisme (où la doctrine pouvait servir à justifier le meurtre). Son livre allait plaire aux socialistes révolutionnaires, aux militants syndicaux, et même aux anarchistes ; il ne pouvait pas plaire à un compagnon de route qui, en acceptant l'autorité de Staline, était obligé d'accepter la nécessité du meurtre.

Le livre de Camus parut en octobre 1951. Un peu plus tôt, un chapitre en avait été publié dans *les Temps modernes*. Mais la critique du livre entier dans la revue de Sartre allait être une tout autre affaire. La jeune équipe gravitant autour de Sartre était encore plus vulnérable que lui à la tentation stalinienne et, s'il espérait obtenir un jugement charitable sur l'essai de Camus, Sartre savait qu'il ne devait compter sur aucun de ces garçons en colère. Il demanda donc à son disciple Francis Jeanson de se charger de la critique, croyant apparemment que celui-ci procéderait avec ménagements. Le compte rendu parut dans le numéro de mai 1952. Jeanson n'y ménageait guère Camus, raillant ce qu'il appelait sa pseudo-philosophie, sa pseudo-histoire. Camus réagit brutalement : sa réponse à Jeanson fut publiée dans le numéro d'août des *Temps modernes*, et il ne s'y montrait guère plus conciliant que son censeur :

> Je commence à être un peu fatigué de me voir, et de voir surtout de vieux militants qui n'ont jamais rien refusé des luttes de leur temps, recevoir sans trêve leurs leçons d'efficacité de la part de censeurs qui n'ont jamais placé que leur fauteuil dans le sens de l'histoire.

Dans le même numéro paraissait une riposte de Jeanson, et une autre de Sartre. Bien entendu, l'attaque de Sartre allait mettre le point final à ce qui pouvait subsister d'une amitié qui « n'était pas facile », écrivait-il d'abord, « mais je la regretterai. Beaucoup de choses nous rapprochaient, peu nous séparaient. Mais ce peu était encore trop : l'amitié, elle aussi, tend à devenir totalitaire... ». Il accusait Camus d'avoir abandonné son « trotskisme du cœur » en faveur d'une loi morale. « Votre morale s'est d'abord changée en moralisme, aujourd'hui elle n'est plus que littérature, demain, elle sera peut-être immoralité. »

En fait de portes claquées (on se souvient de la manière dont s'était terminée une autre discussion politique entre Sartre et Camus), Sartre trouva des mots qui s'entendirent sur toute la rive gauche, et partout où l'on faisait écho aux bruits de la même rive. Même les lecteurs du *Figaro littéraire,* sur la rive droite, furent mis au courant de la querelle, ainsi que les braves gens qui préféraient un hebdomadaire à sensation comme *Samedi-Soir,* où ce titre s'étalait sur trois colonnes :

## LA RUPTURE SARTRE-CAMUS EST CONSOMMÉE

Aucune personne sensée ne vit là, ni alors ni plus tard, un différend personnel entre un M. Sartre et ur M. Camus. [3]

3. Entretiens avec Claude Bourdet, Pierre Daix, Roger Stéphane. Simone de Beauvoir, *La Force des choses,* Paris, 1963 ; Abel Chatelain, « *Le Monde* » *et ses lecteurs sous la IVe République,* Paris, 1962 ; Claude Estier, *La Gauche hebdomadaire (1914-1962),* Paris, 1962 ; René Etiemble, *Littérature dégagée (1942-1953) (Hygiène des lettres),* II, Paris, 1955 ; Francis Jeanson, *Sartre dans sa vie,* Paris, 1974 ; Herbert R. Lottman, *Albert Camus,* Paris, 1978. Francis Jeanson, « Albert Camus ou l'âme révoltée », *Les Temps modernes,* Paris, mai 1952 ; Albert Camus, « Lettre au directeur des *Temps modernes* » ; Jean-Paul Sartre, « Réponse à Albert Camus » ; Francis Jeanson, « Pour tout vous dire... », *Les Temps modernes,* août 1952 ; Jean-Paul Sartre, « Merleau-Ponty vivant », *Les Temps modernes,* no 184-185, 1961.

# Épilogue

Il pourrait y avoir une suite à cette histoire. Elle couvrirait les années paroxystiques de la fin du règne de Staline, se prolongerait au moins jusqu'à la première révélation autorisée de ses crimes par Nikita Khrouchtchev en 1956, ou bien jusqu'au récit du crime dont Khrouchtchev lui-même, et la même année, se rendit coupable à Budapest ; mais cela changerait-il quelque chose ? Suivre les mouvements de Sartre à travers la rive gauche, par exemple, cela présenterait-il la moindre utilité ? S'étant offert aux communistes, le philosophe ne bougeait plus guère que sur leurs instructions ; il pratiquait la « fameuse unité d'action : l'unité de mauvaise action », comme le lui déclara son vieux camarade René Etiemble, l'un des premiers collaborateurs des *Temps modernes,* dans une lettre ouverte datant de juillet 1953. « Enfin je comprenais votre querelle contre Camus », ajoutait Etiemble ; l'attaque de Sartre contre son ancien ami était « le premier des gages » que les communistes avaient attendus de lui.

Quant à Camus, il se réfugia dans un silence qu'il n'allait plus souvent interrompre. On pouvait en effet choisir d'être un paria, comme il l'avait fait, mais dans ce cas il ne fallait pas nourrir l'espoir d'exercer la moindre influence. Et Camus lui-même ne souhaitait guère qu'on le suivît. La plupart de ses pairs de la rive gauche littéraire l'avaient rejeté, après la publication des papiers de Sartre et de Jeanson ; la certitude qu'il avait eu raison depuis le début et qu'ils l'avaient lâché pour suivre le troupeau revient comme un leitmotiv dans tout ce qu'écrivent aujourd'hui encore les témoins de cette période tragique. Dans un récit allégorique intitulé « Jonas », Camus a tracé par exemple le portrait d'un artiste couronné de succès — semblable à l'écrivain qu'il était ; vivant dans un appartement fort semblable au sien — qui ne parvenait plus à travailler à cause de ses admirateurs et de ceux qui voulaient l'obliger à s'élever contre l'injustice. Jonas finit par se réfugier dans une loggia de fortune qu'il construit dans un coin de son appartement, et c'est là qu'un ami le découvre devant une toile nue où s'inscrit un seul mot, difficilement lisible : *solitaire* ou *solidaire* ?

La France était désormais réduite à être un champ de bataille entre l'Est et l'Ouest ; ce qu'on pouvait dire comptait-il encore ? Simone de Beauvoir nota le changement d'attitude de la génération d'après la Libération. « Ils s'intéressaient assez à la politique pour en discuter dans les bars de Saint-Germain-des-Prés, non pour y trouver une manière ni des raisons de vivre », écrivit-elle dans son journal. « Ce n'était pas leur faute. Que pouvaient-ils ? Que pouvait-on en ce moment, en France ? » André Breton, qui, depuis les années trente, avait observé avec beaucoup de lucidité les atermoiements de ses pairs, déclara en 1951, lors d'une interview : « La constitution de deux blocs antagonistes dont chacun ne rêve, ne prépare que l'anéantissement de l'autre et l'assujettissement de ce qui reste à ses propres fins, laisse peu de place à l'expression libre, au sens où on l'entendit toujours. » Il proposait lui-même d'éviter autant que possible les mensonges du stalinisme et la réaction idéologique du camp américain : maintenir la guerre froide hors des maisons d'édition, des revues, des galeries d'art de la rive gauche. Mais il reconnaissait qu'il ne pouvait s'agir là que d'un désir utopique. Pour Roger Stéphane, qui étudiait le cas de trois « aventuriers » — T. E. Lawrence, Malraux et Ernst von Salomon —, c'était la dimension même des événements mondiaux (il écrivait en 1950) qui réduisait ses contemporains à la passivité, sinon même à l'impuissance. « L'ère des aventures individuelles est close », proclamait-il. « Un homme seul, aujourd'hui, n'a plus de chances de marquer l'histoire. » Malraux, l'unique survivant des aventuriers de Stéphane, ne s'appartenait déjà plus à lui-même et vivait à l'intérieur d'un appareil politique.

Manifestement, les opinions des écrivains et des artistes quant aux grands événements du monde ne pesaient plus guère, et ne parlons même pas de ce qu'ils cherchaient à *faire*. L'un des premiers à en prendre conscience fut André Chamson.

Tout au début de la guerre froide, il publia un essai dans une anthologie intitulée *l'Heure du choix*. Il se rappelait les temps où « chaque geste et chaque parole de France avaient un pouvoir sur l'histoire universelle », où les intellectuels comme lui-même « [avaient] une responsabilité dans tout ce qui concernait le destin des hommes ». C'était de la naïveté, il le reconnaissait, mais une naïveté généreuse. L'illusion s'en était perdue avec la guerre, dans la défaite de juin 1940. Certes, après la Libération, il avait encore cru, avec ses camarades, qu'ils pourraient de nouveau se placer au-dessus de l'histoire.

> Mais aujourd'hui... dans cette paix précaire et dans ce désordre universel, comment croire encore que l'engagement de la France puisse être un des éléments qui feront l'histoire de demain ? Comment croire encore que nous sommes au centre de cette Histoire et que ce que nous ferons pourra peser d'un poids décisif sur l'avenir ?

Avec l'ère atomique, découvrait-il, « nous avons perdu la maîtrise des événements, le pouvoir de les susciter et de les conduire quand ils deviennent des événements capables d'avoir une valeur pour tout l'univers ». Tout ce que pouvait tenter la France pour se faire entendre, c'était de rappeler les valeurs éternelles : vérité, justice, dignité, grandeur.

Il était parfaitement vrai qu'aucune voix française ne s'entendait plus hors de France. On entendait le pouvoir ; on entendait les canons. La remarque attribuée à Staline pour railler la puissance de l'Église — « Combien de divisions possède le Pape ? » — aurait tout aussi bien pu servir pour les écrivains de Paris ; combien de divisions avaient-ils ? Mais ils semblaient aussi abdiquer le reste de pouvoir qu'ils auraient pu encore exercer. En adoptant le neutralisme, en cherchant une troisième issue, ils semblaient plutôt chercher à se retirer du combat. On ne pouvait guère s'attendre à soulever les foules au palais de la Mutualité en proclamant que l'on comptait surtout ne pas bouger ni réagir à ce qui se passait dans le monde extérieur (comme le découvrirent ceux qui avaient espéré lancer un mouvement politique de la troisième voie). Quant à ceux qui acceptaient le rôle de compagnons de route (et ils pouvaient aussi bien être compagnons de route de l'Ouest), ils abandonnaient aussi l'initiative à des forces extérieures.

Raymond Aron, qui fut alors et par la suite l'un des observateurs les plus attentifs du Paris intellectuel auquel il appartenait, expliqua la situation dans un rapport aux Américains en 1950, juste au début de la guerre de Corée. « Les écrivains, artistes et philosophes français n'ont jamais douté dans le passé que leur œuvre ou leur pensée eût une signification universelle. Le cours que la France choisissait de suivre, que ce soit dans le domaine des affaires intérieures ou dans la conduite de sa politique étrangère, concernait aussitôt le monde entier. » Si la culture française était encore prisée, « la politique française et les opinions politiques des Français ne [comptaient] plus pour rien au-delà des frontières nationales ». Aron se souvenait du temps où un écrivain pouvait influencer la politique de sa nation ; désormais, le « pacifisme » des intellectuels en France lui rappelait la situation des Belges ou des Hollandais sans défense en 39-40 : « Citoyens d'un pays coincé entre des grandes puissances, et assurés d'être occupés par l'un des camps en cas de guerre, ils ont de bonnes raisons d'avoir peur. Mais l'histoire ne se préoccupe guère des personnes et des peuples qui se laissent réduire au rôle d'objets. »

Car on était assurément un objet quand on se laissait offrir un billet d'avion pour Wroclaw, Vienne ou Varsovie, là où le Parti décidait d'organiser le prochain congrès de la paix, quand on écrivait pour un journal ou une revue dont le financement était visiblement assuré par les communistes. Plus tard, les plus lucides — ou les plus déçus — d'entre eux allaient faire des aveux publics. Vercors, par exemple, reconnut qu'il n'avait été qu'une « potiche d'honneur » pendant douze ans : de l'époque où il avait émergé

de la France occupée en héros de la presse résistante
jusqu'au jour où « la potiche n'est plus présentable. Où il
devient déraisonnable qu'elle figure à l'étagère ».

Pendant ces douze années où elles avaient fait la loi dans
le Paris intellectuel, les potiches étaient parvenues à
intimider bon nombre de ceux qui ne partageaient pas leurs
opinions. Leurs railleries réduisirent un Camus au silence,
étiquetèrent comme « fascistes » les vétérans assagis du
communisme d'avant-guerre, tel Arthur Koestler qui avait
commis l'erreur d'être déçu une génération trop tôt. Et si
l'on s'obstinait à juger qu'il n'était pas indispensable de
prendre parti, pouvait-on prétendre suivre la tradition des
intellectuels des années trente et quarante qui, eux, avaient
pris parti ?

Beaucoup plus tard, avec le recul, Ilya Ehrenbourg
comprit lui aussi la diminution de l'importance des artistes
et des écrivains : le développement de l'énergie atomique
et la menace d'une guerre nucléaire faisaient qu'il était
beaucoup plus urgent d'écouter les savants que les poètes.
En France, le jour approchait où les technocrates allaient
prendre les rênes des mains des philosophes, et l'École
nationale d'administration remplacer dans l'esprit des jeunes ambitieux la classique Sorbonne où — selon les termes
d'un observateur de cette nouvelle donne — « Jean-Paul
Sartre [pouvait] signer mille pétitions par jour, il [restait],
au mieux, respectablement sans influence ».

En effet, et bien que les observateurs même les plus
lucides ne l'aient pas compris sur le moment (il allait
appartenir aux sociologues de le révéler), le déclin de
l'impact des intellectuels de Paris coïncida avec le déclin de
Paris comme capitale de l'Europe, et comme capitale
intellectuelle du monde. Cela se produisit dans les années
cinquante, quand les urbanistes donnèrent priorité à la
croissance économique sur les institutions culturelles dans
le paysage urbain. L'automobile conquit une partie des
trottoirs, s'empara de l'espace où s'étaient étalées les
terrasses des cafés, où l'on avait aimé à déambuler. Les
bistrots, les librairies, les boutiques d'artisans disparurent
devant les commerces nés de la prospérité et de l'industrie
touristique (la plupart des touristes rencontrés jusqu'alors

dans les hauts lieux de la rive gauche traditionnelle avaient tout simplement traversé le fleuve pour s'évader un peu des quartiers plus ennuyeux de la rive droite). Saint-Germain-des-Prés cessa d'être un village. L'un de ses cafés célèbres commença à se vanter d'être « le rendez-vous de l'élite intellectuelle », mais, le jour où parut cette publicité, ce n'était déjà plus vrai. Un habitant de la rive gauche littéraire aurait-il encore pu regarder par la fenêtre s'il repérait des amis au café d'en face (comme le faisait Cassou dans les années trente) ? Il aurait fallu un sacré coup d'œil, et puis quelle patience, pour discerner une silhouette au-dessus du flot des voitures ! Et même si l'on pouvait « voir » d'un bout à l'autre de la place Saint-Germain-des-Prés, sans même parler de se risquer à la traverser, on ne risquait plus guère de reconnaître un visage ami, dans cette foule respirant des vapeurs d'essence.

Ils rentrèrent donc en eux-mêmes, se réfugièrent chez eux. Il allait s'écouler près de dix ans avant qu'on entendît parler d'une nouvelle génération sur la rive gauche ; quand celle-ci donna de la voix, ce fut pour prendre parti sur des questions nationales définies beaucoup plus précisément, comme la défense de la République contre de Gaulle (une cause perdue), la décolonisation de l'Afrique du Nord (une victoire difficile), et quelques menaces très réelles pesant sur les libertés fondamentales (jusque-là jugées définitivement acquises depuis le début du siècle). A la fin, après une résistance de principe, nombreux furent ceux qui succombèrent aux tentations du nationalisme gaulliste, de même que leurs aînés avaient été captifs de l'internationalisme stalinien.

Dans les années cinquante, là où prend fin notre histoire, la rive gauche se mit pour longtemps en congé de la politique. On avait été assez souvent échaudé, et même une fois de trop. « Comment pourrions-nous oublier les soumissions et les démissions successives, les brouilles retentissantes, les excommunications, les emprisonnements, les suicides ? » objectait un Alain Robbe-Grillet en 1957, à l'âge de trente-cinq ans, pleinement résolu à ne pas répéter les erreurs des générations précédentes. « Redonnons donc à la notion d'engagement le seul sens qu'elle

peut avoir pour nous », concluait-il. « Au lieu d'être de
nature politique, l'engagement, c'est, pour l'écrivain, la
pleine conscience des problèmes actuels de son propre
langage, la conviction de leur extrême importance, la
volonté de les résoudre de l'intérieur. »

« Signifier ? Nous, signifier ? » s'exclamait un personnage dans *Fin de partie* de Samuel Beckett, avec un rire
bref. « Ah, elle est bonne. »[1]

1. Entretiens avec Raymond Aron, Jérôme Lindon. Samuel
Beckett, *Fin de partie,* Paris, 1977 ; Simone de Beauvoir, *La Force des
choses,* Paris, 1963 ; Ilya Ehrenbourg, *La nuit tombe,* Paris, 1966 ;
René Etiemble, *Littérature dégagée (1942-1953) (Hygiène des lettres),*
II, Paris, 1955 ; *L'Heure du choix,* Paris, 1947 ; Alain Robbe-Grillet,
*Pour un nouveau roman,* Paris, 1963 ; Roger Stéphane, *Portrait de
l'aventurier,* Paris, 1950. *Travaux et Recherches de prospective* 39 :
*Paris ville internationale,* Paris, 1973 ; Raymond Aron, « Politics and
the French Intellectuals », *Partisan Review,* New York, juillet-août
1950 ; Claude Jeantet, « Quant l'ENA chasse la Sorbonne », *Le
Monde,* Paris, 24 avril 1979 ; Jean-Paul Sartre, « Merleau-Ponty
vivant », *Les Temps modernes,* Paris, n° 184-185, 1961.

*Index*

*Table*

PREMIÈRE PARTIE

# Le décor

DEUXIÈME PARTIE

# Les années trente

# TROISIÈME PARTIE

# Les années allemandes

# QUATRIÈME PARTIE

# 1944 et après

IMP. BUSSIÈRE À SAINT-AMAND
D.L. MARS 1984. N° 6776 (2995).

# Collection Points

# Collection Points

## SÉRIE HISTOIRE

## Nouvelle histoire de la France contemporaine

# Collection Points

## SÉRIE POLITIQUE

# Collection Points

# Collection Points

## SÉRIE BIOGRAPHIE